[318]

CATALOGUE

DES

ACTES DE FRANÇOIS Iᴱᴿ

ACADÉMIE DES SCIENCES MORALES ET POLITIQUES

COLLECTION DES ORDONNANCES DES ROIS DE FRANCE

CATALOGUE

DES

ACTES DE FRANÇOIS Iᴱᴿ

TOME QUATRIÈME

7 MAI 1539 – 30 DÉCEMBRE 1545

PARIS

IMPRIMERIE NATIONALE

NOVEMBRE 1890

CATALOGUE

DES

ACTES DE FRANÇOIS Iᴱᴿ.

1515-1547.

1539 (*Suite*). — Pâques, 6 avril.

1539.

✗ 11020. Mandement au grand maître des Eaux et forêts, ou à son lieutenant au siège de la Table de marbre du Palais à Paris, de faire procéder à la réformation des bois appartenant à Jean Le Cirier, conseiller au Parlement de Paris, tenus en fief de la baronnie de la Queue-en-Brie et faisant partie de la garde de la forêt de Sénart. Paris (*sic*), 7 mai 1539.

7 mai.

> *Enreg. à la Chambre des Eaux et forêts, le 14 mai suivant. Arch. nat., Z¹ᵉ 326, fol. 80. 3 pages.*

11021. Mandement à Guillaume Prudhomme, trésorier de l'épargne, de payer à Claude Dulyon, payeur de la compagnie du sʳ de Beaumont-Brisay, la somme de 1,023 livres 5 sous tournois qui forme le complément d'une somme de 4,051 livres 5 sous tournois à lui due pour le payement du quartier de juillet-septembre 1538. Châtillon-sur-Loing, 7 mai 1539.

7 mai.

> *Original. Bibl. nat., ms. fr. 25722, n° 531.*

11022. Mandement au trésorier de l'épargne de délivrer au payeur de la compagnie des quarante

7 mai.

lances des ordonnances sous la conduite du prince de Melphe la somme de 3,657 livres 10 sous tournois. Châtillon-sur-Loing, 7 mai 1539.

Original. Collection de M. L. Jarry, à Orléans (Loiret).

11923. Mandement au trésorier de l'épargne de payer à Antoine Hellin, ambassadeur auprès de la reine douairière de Hongrie, 1,350 livres en déduction de ce qui pourra lui être dû pour sa charge. Châtillon-sur-Loing, 7 mai 1539.

Bibl. nat., ms, Clairambault 1215, fol. 77 v°. (Mention.)

11924. Lettres portant rétablissement sur les comptes du receveur et payeur des gages des officiers de la Cour des Aides de Normandie des années 1526 à 1534, de la somme de 179 livres 7 sous 6 deniers rayée chaque année au nom de Jean Dufour, greffier civil et criminel de ladite cour, à lui ordonnée par forme de pension et pour fournitures de papier, encre, etc., et validation des comptes de dépenses dudit receveur en ce qui touche ladite somme depuis l'année 1534. 7 mai 1539.

Enreg. à la Chambre des Comptes de Paris, le 21 août 1539, anc. mém. 2 J, fol. 207. Arch. nat., invent. PP. 136, p. 470. (Mention.)

11925. Lettres interdisant à toutes personnes, de quelque condition qu'elles soient, le port des armes secrètes, des masques et des déguisements. Châtillon-sur-Loing, 9 mai 1539.

Enreg. au Parl. de Paris, le 19 du même mois. Arch. nat., U. 446, fol. 169, 3 pages.
Enreg. au Parl. de Bordeaux, le 22 mai 1539. Arch. de la Gironde, B. 31, fol. 32, 4 pages.
Enreg. au Parl. de Grenoble, le 31 mai 1539. Arch. de l'Isère, Chambre des Comptes de Grenoble, B. 2910, cah. 69, 7 pages.
Enreg. au Parl. de Toulouse, le 3 juin 1539. Arch. de la Haute-Garonne, Édits, reg. 4, fol. 136, 2 pages 1/2.
Imp. Pièce. Bibl. nat., Inv. Réserve, F. 1642.
Les loix, ordonnances et édictz, etc., depuis le

1539.

7 mai.

7 mai.

9 mai.

roy S. Lois. . . Paris, Galiot du Pré, 1559, in-fol.,
fol. 86 v°.

P. Rebuffi, *Édits et ordonnances des rois, etc.*
Lyon, 1573, in-fol., p. 263.

A. Fontanon, *Édits et ordonnances, etc.* Paris,
1611, in-fol., t. I, p. 644.

Guillaume Marcel, *Hist. de la monarchie française, etc.* Paris, 4 vol. in-12, t. IV, 1686, p. 385.

Isambert, *Anc. lois françaises, etc.* Paris, 1827,
in-8°, t. XII, p. 557.

11026. Lettres portant défenses aux hôteliers du
royaume, et spécialement des frontières, de
loger les étrangers et gens inconnus suspects, et leur enjoignant, s'il s'en présente,
d'en avertir les officiers des lieux. Châtillon-sur-Loing, 9 mai 1539.

Enreg. au Parl. de Paris, le 19 du même mois,
Arch. nat., U, 446, fol. 170 v°. 2 pages.

Enreg. au Parl. de Bordeaux, le 29 mai 1539.
Arch. de la Gironde, B. 31, fol. 34. 2 pages 1/2.

Enreg. au Parl. de Toulouse, le 3 juin 1539.
Arch. de la Haute-Garonne, Édits, reg. 4, fol. 137.
1 page.

Enreg. à la Chambre des Comptes de Grenoble,
Arch. de l'Isère, B. 2910, cah. 70. 4 pages 1/2.

IMP. Les loix, ordonnances et édictz, etc., depuis
le roy S. Lois. . . Paris, Galiot du Pré, 1559,
in-fol., fol. 125 v°.

P. Rebuffi, *Édits et ordonnances des rois, etc.*
Lyon, 1573, in-fol., p. 1050.

A. Fontanon, *Édits et ordonnances, etc.* Paris,
1611, in-fol., t. I, p. 673.

Isambert, *Anc. lois françaises, etc.* Paris, 1827,
in-8°, t. XII, p. 556.

11027. Mandement à Guillaume Prudhomme, trésorier
de l'épargne, de payer à Martin de Troyes,
commis à l'exercice de la trésorerie et recette
générale du Languedoc, la somme de 1,350 livres qui doit être employée au payement des
gens de guerre chargés de la défense des
places de Narbonne et de Leucate, pour leurs
gages de six mois à compter du 1er octobre
1538. Châtillon-sur-Loing, 10 mai 1539.

Original. Bibl. nat., ms. fr. 25722, n° 532.

11028. Mandement à Guillaume Prudhomme, trésorier
de l'épargne, de payer à Nicolas de Cosil, dit

1539.

9 mai.

10 mai.

10 mai.

1.

Agaffin, trésorier et receveur général de Pro-   1539.
vence, la somme de 1,890 livres tournois
qu'il doit employer au payement des capitaines, canonniers, etc., chargés de la garde
des tours d'If et de Toulon, pour leurs gages
de six mois à compter du 1er octobre 1538.
Châtillon-sur-Loing, 10 mai 1539.

Original. Bibl. nat., ms. fr. 25722, n° 533.

11029. Mandement au Parlement de Bordeaux de   12 mai.
ne point se saisir des affaires relatives aux
infractions sur le fait des monnaies, dont la
connaissance a été attribuée à Jean de Bé-
rard, général des monnaies, commissaire en
Guyenne et en Languedoc. Grignon, 12 mai
1539.

Enreg. au Parl. de Bordeaux, le 4 août 1539.
Arch. de la Gironde, B. 31, fol. 37. 2 pages.

11030. Mandement à la Chambre des Comptes tou-   14 mai.
chant la liquidation d'un compte de Guillaume Ruzé, trésorier et receveur général
des finances de la feue duchesse d'Angoulême, qui ne pouvait justifier complètement
de la dépense faite pour des tapisseries de la
chambre à coucher de ladite dame. Montargis, 14 mai 1539.

Arch. nat., KK. 90, Compte de Guillaume Ruzé,
fol. 14. (Mention.)

11031. Permission à maître Alain Le Guriec, docteur   18 mai.
en médecine de Quimper, d'acquérir 300 li-
vres de rente en terres et fiefs nobles. Montargis, 18 mai 1539.

Enreg. à la Chambre des Comptes de Bretagne.
Archives de la Loire-Inférieure, B. Mandements
royaux, II, fol. 194.

11032. Lettres confirmatives et règlement pour l'exé-   19 mai.
cution de l'indult accordé par le pape Paul III
(Rome, 12 des calendes de février 1538) à
Robert de Lénoncourt, cardinal, évêque et
comte de Châlons, pair de France, pour la
collation des bénéfices dépendant de son

évêché et de ses abbayes. Fontainebleau, 1539.
19 mai 1539.

> *Enreg. au Parl. de Paris, sous les réserves ordi-*
> *naires, le 10 juin suivant. Arch. nat., X¹ᵃ 8613,*
> *fol. 149 et 151 v°. 7 pages.*
> *Arrêt d'enregistrement. Idem, X¹ᵃ 4908, Plai-*
> *doiries, fol. 273 v°.*

11033. Lettres portant défense d'employer le chêne à 22 mai.
la fabrication des échalas pour les vignes.
Fontainebleau, 22 mai 1539.

> *Enreg. au Parl. de Paris, le 6 juin 1539. Arch.*
> *nat., X¹ᵃ 8613, fol. 148 v°. 1 page 1/2.*
> *Enreg. à la Chambre des Eaux et forêts, le 23 juin*
> *1539. Arch. nat., Z¹ᵉ 326, fol. 100. 2 pages.*
> *IMP. Pièce. Ensuyvent les ordonnances fuictes par*
> *le roy nostre sire sur le faict des guerres... Paris,*
> *J. André et Ch. Langelier, 1540, in-12 goth.,*
> *fol. 62 r°. (Bibl. nat., F. 1537, réserve.)*
> *Les loix, ordonnances et édictz, etc., depuis le*
> *roy S. Lois... Paris, Galiot du Pré, 1559, in-fol.,*
> *fol. 97 r°.*
> *P. Rebuffi, Édits et ordonnances des rois, etc.*
> *Lyon, 1573, in-fol., p. 1100.*
> *A. Fontanon, Édits et ordonnances, etc. Paris,*
> *1611, in-fol., t. I, p. 979.*
> *Durant, Edicts et ordonnances des Eaues et fo-*
> *restz, reveues et augmentées... Paris, 1621, in-8°,*
> *p. 198.*
> *Cl. Rousseau, Édits et ordonnances des Eaux et*
> *forêts. Paris, 1649, in-4°, p. 156.*
> *Isambert, Anc. lois françaises, etc. Paris, 1827,*
> *in-8°, t. XII, p. 559.*

11034. Mandement au trésorier de l'épargne de payer 24 mai.
à Charles de Marillac, ambassadeur en Angleterre, 900 livres pour quatre-vingt-dix
jours d'exercice de sa charge, du 9 juin 1539
au 6 septembre suivant. Fontainebleau,
24 mai 1539.

> *Bibl. nat., ms. Clairambault 1215, fol. 77 v°.*
> *(Mention.)*

11035. Commission donnée au duc de Guise, gou- 26 mai.
verneur de Bourgogne et de Champagne, à
Claude Patarin, premier président du Parlement de Dijon, à Pierre d'Apestigny, général
des finances, président à la Chambre des

Comptes de Dijon, et à Antoine Lemaçon, receveur général des finances en Bourgogne, pour assister à l'assemblée des États du comté d'Auxonne et demander un octroi de 10,000 livres. Fontainebleau, 26 mai 1539.

> Original. Arch. de la Côte-d'Or, États, C. 7484.

1539.

11036. Mandement au Prévôt de Paris de tarifer et de notifier au public le prix de vente des tonneaux et futailles, en prévision d'une récolte de vin exceptionnellement abondante. Fontainebleau, 27 mai 1539.

> Enreg. au Châtelet de Paris, Bannières. Arch. nat., Y. 9, fol. 137 v°. 1 page.
> Bibl. nat., ms. fr. 8125, fol. 26 v°. (Mention.)
> IMP. Delamare, Traité de la police, etc. Paris, 1719, in-fol., t. III, p. 539.

27 mai.

11037. Déclaration portant que les dons faits par le roi ne pourront, après le décès des donataires, être transmis à leurs enfants ou héritiers, mais feront retour au domaine. Fontainebleau, 30 mai 1539.

> Enreg. au Parl. de Paris, sauf réserve, le 19 juin 1539. Arch. nat., X¹ᵃ 8613, fol. 154 v°. 3 pages.
> Enreg. à la Chambre des Comptes de Paris. Arch. nat., P. 2306, p. 723. 4 pages.
> Idem. P. 2537, fol. 301 v°; AD. IX 124, n° 66.
> IMP. Isambert, Anc. lois françaises, etc. Paris, 1827, in-8°, t. XII, p. 564.

30 mai.

11038. Ordonnance fixant à six le nombre des sergents royaux à établir dans la châtellenie de Château-Renard, appartenant à Louise de Montmorency, veuve de Gaspard de Coligny, seigneur de Châtillon, maréchal de France, et réglant leurs fonctions et leur salaire. Châtillon-sur-Loing, mai 1539.

Lettres de surannation pour l'enregistrement de ladite ordonnance. Paris, 15 juillet 1540.

> Enreg. au Parl. de Paris, le 19 juillet 1540. Arch. nat., X¹ᵃ 8613, fol. 229 et 231. 5 pages.

Mai.

11039. Lettres de naturalité en faveur de Nicolas de

Mai.

Bonnaire, archer du prévôt de l'hôtel, natif de Rhodes. Châtillon-sur-Loing, mai 1539.

Enreg. à la Chancellerie de France. Arch. nat., Trésor des Chartes, JJ. 254, n° 293, fol. 56 v°.
1 page.

1539.

11040. Lettres de naturalité en faveur de Michel Radiot, garde de la forêt de Romorantin, natif de Rhodes. Châtillon-sur-Loing, mai 1539.

Enreg. à la Chancellerie de France. Arch. nat., Trésor des Chartes, JJ. 254, n° 296, fol. 57. 1 page.

Mai.

11041. Lettres de légitimation accordées à Conrad et à Françoise Reinger, enfants naturels de Conrad Reinger, prêtre, chantre ordinaire de la chapelle du roi, et de Marie Huet, femme mariée. Châtillon-sur-Loing, mai 1539.

Enreg. à la Chancellerie de France. Arch. nat., Trésor des Chartes, JJ. 254, n° 303, fol. 58. 1 page.

Mai.

11042. Ordonnance autorisant l'établissement de blanques dans toutes les villes du royaume et faisant choix de Jean Laurent comme maître et facteur de la blanque à Paris, moyennant un fermage annuel de 2,000 livres tournois. Château-Renard, mai 1539.

Enreg. à la Chancellerie de France. Arch. nat., Trésor des Chartes, JJ. 253¹, n° 289, fol. 102 v°. 4 pages.
Enreg. au Châtelet de Paris, le 12 juillet 1539. Arch. nat., Bannières, Y. 9, fol. 137 v°. 6 pages.
Copie du XVIII° siècle. Arch. de la Préfecture de police, coll. Lamoignon, t. VI, p. 540.
Imp. Delamare, Traité de la police, etc. Paris, 1705, in-fol., t. I, p. 470.
Isambert, Anc. lois françaises, etc., Paris, 1827, in-8°, t. XII, p. 560.

Mai.

11043. Don à Colleson Vastil, neveu et seul héritier de feu Louis de Liège, gentilhomme de la vénerie du roi, de tous les biens de feu Jean de Liège, échus à Sa Majesté par droit d'aubaine et à elle adjugés par sentence du bailli de Chaumont. Montargis, mai 1539.

Enreg. à la Chancellerie de France. Arch. nat., Trésor des Chartes, JJ. 256¹, n° 184, fol. 65 v°. 1 page.

Mai.

11044. Exemption de toutes aides et impositions accordée aux officiers du Châtelet de Paris, pour les vins, grains et fruits provenant de leur cru. Fontainebleau, mai 1539.

1539.
Mai.

> *Enreg. au Parl., le 16 juin 1539, à la Chambre des Comptes, le 26 juin, et à la Cour des Aides, le 5 septembre.*
> *Copie collationnée faite par ordre de la Cour des Aides. Arch. nat., Z^{1a} 526.*

11045. Lettres de committimus en faveur des lieutenants civil et criminel, des avocats et procureur du roi et des douze conseillers anciens du Châtelet de Paris. Leurs causes et celles de leurs veuves sont commises aux Requêtes du palais. Fontainebleau, mai 1539.

Mai.

> *Enreg. au Parl. de Paris, sauf réserve, le 16 juin 1539, Arch. nat., X¹ᵃ 8613, fol. 153. 3 pages.*
> *Arrêt d'enregistrement. Idem, X¹ᵃ 4909, Plaidoiries, fol. 18.*
> *Enreg. au Châtelet de Paris, le 11 septembre 1539, Archives nat., Bannières, Y. 9, fol. 148. 3 pages.*
> *Enreg. à la Cour des Aides de Paris, le 5 septembre 1539.*
> *Enreg. à la Chambre des Comptes de Paris, anc. mém. 2 J, fol. 169. Arch. nat., invent. PP. 136, p. 470; AD.IX 124, n° 65. (Mentions.)*
> *Copie du xvie siècle. Bibl. nat., ms. fr. 25722, n° 534.*

11046. Permission aux habitants d'Eschilleuses en Gâtinais (bailliage de Montargis) de fortifier leur bourg, donnée à la requête de Jean de Bretagne, duc d'Étampes, comte de Penthièvre. Fontainebleau, mai 1539.

Mai.

> *Enreg. à la Chancellerie de France. Arch. nat., Trésor des Chartes, JJ. 253¹, n° 280, fol. 100. 1 page.*

11047. Établissement de trois foires annuelles et d'un marché chaque semaine à Eschilleuses en Gâtinais. Fontainebleau, mai 1539.

Mai.

> *Enreg. à la Chancellerie de France. Arch. nat., Trésor des Chartes, JJ. 253¹, n° 287, fol. 102. 1 page.*

11048. Établissement de deux marchés chaque se-

Mai.

maine et d'une foire par an à Montrésor, au bailliage de Touraine, en faveur de René de Batarnay, gentilhomme de la chambre, seigneur du lieu, outre les deux foires créées par Charles VIII. Fontainebleau, mai 1539.

1539.

> *Enreg. à la Chancellerie de France. Arch. nat.,*
> *Trésor des Chartes, JJ. 254, n° 295, fol. 57.*
> 1 page.

11049. Création et établissement en la ville de Nîmes de collèges et écoles de grammaire et des arts, sur le modèle et avec tous les privilèges des Universités de Paris et de Toulouse. Fontainebleau, mai 1539.

Mai.

> *Enreg. à la Chancellerie de France. Arch. nat.,*
> *Trésor des Chartes, JJ. 253¹, n° 281, fol. 100 v°.*
> 1 page 1/2.
> *Enreg. au Parl. de Toulouse. Arch. de la Haute-*
> *Garonne, Édits, reg. 4, fol. 151 v°.*
> Imp. Ménard, *Hist. de la ville de Nîmes.* Paris,
> 1750-1755, 6 vol. in-4°, t. IV, Preuves, p. 145.
> Dom Vaissète, *Hist. générale de Languedoc.*
> Paris, in-fol., t. V, 1745, Preuves, p. 95 (avec la
> date inexacte de mars 1539).

11050. Lettres de création d'un marché le vendredi de chaque semaine à Saint-Germer-de-Fly, au diocèse de Beauvais et bailliage d'Amiens. Fontainebleau, mai 1539.

Mai.

> *Enreg. à la Chancellerie de France. Arch. nat.,*
> *Trésor des Chartes, JJ. 253¹, n° 290, fol. 103.*
> 1 page.

11051. Confirmation en faveur de Claude de Savoie, comte de Tende et de Sommerive, d'un privilège accordé en 1531, par Charles de Savoie à Honorat de Savoie, alors comte de Sommerive et de Villars, pour ses moulins de Sommerive. Fontainebleau, mai 1539.

Mai.

> *Enreg. à la Chancellerie de France. Arch. nat.,*
> *Trésor des Chartes, JJ. 253¹, n° 286, fol. 101 v°.*
> 1 page 1/2.

11052. Lettres de chevalerie en faveur de Simon Rotte,

Mai.

de Bergame, à la recommandation du duc
d'Atri. Fontainebleau, mai 1539.

> Enreg. à la Chancellerie de France. Arch. nat.,
> Trésor des Chartes, JJ. 253¹, n° 284, fol. 101.
> 1 page.

1539.

11053. Déclaration portant que les grosses des enquêtes
faites par les officiers de la prévôté d'Orléans, le conservateur des privilèges de l'Université et les enquêteurs du bailliage dudit
lieu, en vertu d'une commission du roi ou
de la cour de Parlement, appartiendront au
greffier de ladite prévôté. Paris, 6 juin 1539.

6 juin.

> Enreg. au Parl. de Paris, sauf restrictions, le
> 16 juin 1539. Arch. nat., X¹ᵃ 8613, fol. 160.
> 2 pages.
> Arrêt d'enregistrement. Idem, X¹ᵃ 4909, Plai-
> doiries, fol. 18.

11054. Lettres confirmant l'assignation de 15 livres
tournois sur chaque muid de sel pour être
appliquée aux gages des cours souveraines.
Paris, 12 juin 1539.

12 juin.

> Copie collationnée faite par ordre de la Cour des
> Aides, le 5 mars 1779. Arch. nat., Z¹ᵃ 526.

11055. Mandement aux généraux des finances de faire
payer à François de Jarente, conseiller lai au
Parlement de Toulouse, 397 livres tournois
qui lui sont dues pour ses gages d'une année,
depuis le 12 août 1538, date de la création
de son office et de sa nomination. Saint-Prix
près Paris, 14 juin 1539.

14 juin.

> Original. Bibl. nat., ms. fr. 25722, n° 535.

11056. Lettres pour la provision du sel accordées aux
Chartreux du couvent du Val-de-Bénédic-
tion à Villeneuve-lès-Avignon. Paris, 16 juin
1539.

16 juin.

> Enreg. à la Chambre des Comptes de Montpellier.
> Archives départ. de l'Hérault, B. 341, fol. 205.
> 2 pages 1/2.

11057. Lettres confirmant les droits des Chartreux du

16 juin.

Val-de-Bénédiction, à Villeneuve-lès-Avignon, 1539.
sur le péage d'Aramon. Paris, 16 juin 1539.

Vidimus et copie collationnée du xvie siècle. Arch.
départ. du Gard, H. 337.

11058. Ordonnance pour la tenue des Grands jours 17 juin.
à Angers, du 1er septembre au 31 octobre
1539, leur ressort devant s'étendre sur l'Anjou, le Poitou, le Berry, la Touraine, le
Maine, le Perche, Blois, la Marche, l'Angoumois et le gouvernement de la Rochelle.
Paris, 17 juin 1539.

Enreg. au Parl. de Paris, le 23 juin 1539.
Arch. nat., X¹ª 8613, fol. 162. 4 pages.
Arrêt d'enregistrement. Idem, X¹ª 4909. Plai-
doiries, fol. 49 v°.

11059. Lettres autorisant les capitouls de Toulouse 17 juin.
à prélever sur la somme de 20,000 livres,
destinée aux travaux de défense de Toulouse, la somme de 1,000 livres due par la
ville pour les fortifications de Narbonne.
Paris, 17 juin 1539.

Copie. Arch. municipales de Toulouse, ms. 439,
fol. 310.

11060. Mandement au Parlement de Rouen, aux baillis 17 juin.
et aux autres juges royaux de Normandie
de délivrer au baron de Saint-Blancard cinquante forçats prisonniers pour servir sur les
galères dont il a le commandement. Paris,
17 juin 1539.

Enreg. au Parl. de Rouen, le 25 du même mois.
Copie du xviie siècle. Arch. nat., U. 754, fol. 49.
3 pages.

11061. Mandement à la Chambre des Comptes de Bre- 18 juin.
tagne de laisser pendant six ans Anne de
Vernon, dame de Broons, jouir des revenus
de la terre et seigneurie d'Auray, au diocèse
de Vannes. Paris, 18 juin 1539.

Enreg. à la Chambre des Comptes de Bretagne.
Archives de la Loire-Inférieure, B. Mandements
royaux, II, fol. 182.

2.

11062. Ordonnance portant règlement pour l'imposition du bétail à pied fourché entrant dans la ville de Paris, et mandement de prélever sur cet octroi la somme de 72,000 livres tournois pour la solde, pendant quatre mois, de trois mille hommes de pied que ladite ville devait entretenir. Paris, 19 juin 1539.

1539.
19 juin.

Enreg. au Parl. de Paris, le 24 juillet 1539.
Arch. nat., X^{1a} 8613, fol. 169. 5 pages.
Enreg. à la Chambre des Comptes de Paris, le 4 août 1539.
Copie collationnée faite par ordre de la Cour des Aides, le 4 février 1779. Arch. nat., Z^{1a} 526.
Copie. Arch. de la ville de Lyon, série CC.
Imp. Pièce in-4°. Paris, veuve Saugrain et Pierre Prault, à l'entrée du quai de Gesvres. Arch. nat., AD. I 21. 8 pages.

11063. Mandement à la Chambre des Comptes de Paris d'allouer aux comptes de dépense de Jacques Hurault, secrétaire et audiencier de la chancellerie, la somme de 1,859 livres 7 sous 6 deniers tournois qu'il a payée à Girard Laurent, à Jean Le Pelletier et à Guillaume Torcheux, tapissiers de Paris, à Girard Josse et à Jean Labru, peintres de la ville, et à d'autres personnes, pour une tapisserie livrée au chancelier Antoine Du Bourg. Paris, 19 juin 1539.

19 juin.

Original. Bibl. nat., ms. fr. 25722, n° 536.
Imp. Bulletin de la Société de l'histoire de Paris et de l'Ile-de-France, 1889, 1re livraison. Paris, Champion, 1889, in-8°, p. 27.

11064. Lettres portant exemption du droit de gabelle en faveur des officiers du Parlement de Toulouse. Paris, 20 juin 1539.

20 juin.

Enreg. au Parl. de Toulouse. Arch. de la Haute-Garonne, Édits, reg. 4, fol. 142. 3 pages.
Enreg. à la Chambre des Comptes de Montpellier. Archives départ. de l'Hérault, B. 341, fol. 208. 3 pages.

11065. Ordonnance touchant la liberté du commerce et des transports des grains, vins et autres

20 juin.

denrées dans tout le royaume. Paris, 20 juin 1539.   **1539.**

> *Enreg. au Parl. de Paris, le 30 juin 1539. Arch. nat., X¹ᵃ 8613, fol. 164. 2 pages.*
> Imp. Pièce. *Bibl. nat., Inv. Réserve,* F. 1642.
> *Les loix, ordonnances et edictz, etc.... depuis le roy S. Lois... Paris,* Galiot du Pré, 1559, in-fol., fol. 150 r°.
> P. Rebuffi, *Édits et ordonnances des rois, etc.* Lyon, 1573, in-fol., p. 1087.
> A. Fontanon, *Édits et ordonnances, etc.* Paris, 1611, in-fol., t. I, p. 957.
> Delamare, *Traité de la police, etc.* Paris, 1710, in-fol., t. II, p. 922.

11066. Déclaration portant qu'il est permis aux habitants du Languedoc de faire le commerce des grains sans permission des gouverneurs, et défendu d'acheter ou de vendre les grains en vert. Paris, 20 juin 1539.   **20 juin.**

> *Copie. Arch. départ. de l'Hérault,* C. États de Languedoc, coll. dom Pacotte, t. IX.

11067. Mandement au trésorier de l'épargne de payer à Jean Statille, ambassadeur du roi Jean de Hongrie, 22,500 livres qu'il doit faire parvenir à son maître pour l'aider à supporter les frais de la guerre entreprise contre les ennemis de la foi catholique. Paris, 20 juin 1539.   **20 juin.**

> *Bibl. nat.,* ms. Clairambault 1215, fol. 78. (*Mention.*)

11068. Lettres portant que le nombre des juges de la Tournelle criminelle sera augmenté de deux, pris parmi les conseillers de la troisième chambre des enquêtes dernièrement créée, et qui serviront par quartier. Paris, 21 juin 1539.   **21 juin.**

> *Enreg. au Parl. de Paris, le 23 du même mois. Arch. nat.,* U. 446, fol. 171 v°. 3 pages.

11069. Lettres adressées au conseil de ville d'Angers, prescrivant l'envoi d'un état des revenus et des charges de la ville. Paris, 22 juin 1539.   **22 juin.**

> *Original. Arch. de la mairie d'Angers,* CC. 1.
> *Copie. Idem,* BB. 21, fol. 103.

11070. Lettres portant mandement aux officiers de la ville de Montluçon d'envoyer au roi un état des deniers communs, dons et octrois et des charges ordinaires de la ville. Paris, 22 juin 1539.

1539.
22 juin.

Original. Arch. municipales de Montluçon (Allier).

11071. Édit portant défense aux Bohémiens d'entrer dans le royaume, et injonction à ceux qui y sont d'en sortir. Paris, 24 juin 1539.

24 juin.

Enreg. au Parl. de Paris, le 4 août 1539. Arch. nat., X¹ᵃ 8613, fol. 171 v°. 1 page 1/2.
Enreg. au Parl. de Toulouse, le 12 août 1539. Arch. de la Haute-Garonne, Édits, reg. 4, fol. 138. 1 page 1/2.
Enreg. au Parl. de Bordeaux, le 28 août 1537. Arch. de la Gironde, B. 31, fol. 43. 2 pages.
Enreg. au Parl. de Grenoble, le 24 juillet 1539. Arch. de l'Isère, Chambre des Comptes de Grenoble, B. 2910, cah. 108. 2 pages.
Copie. Arch. municip. de Béziers, registre de Omnibus, t. I, fol. 24.
Copie. Arch. municip. de Toulouse, ms. 8508, fol. 199.
Copie du XVIII⁰ siècle. Arch. de la Préfecture de police, coll. Lamoignon, t. VI, fol. 549.
Copie du XVIII⁰ siècle. Bibl. nat., Portefeuilles de Fontanieu, vol. 248.
Imp. Isambert, Anc. lois françaises, etc. Paris, 1827, in-8°, t. XII, p. 566.

11072. Ordonnance attribuant aux cours souveraines la connaissance et la poursuite des hérésies, particulièrement celle de Luther. Paris, 24 juin 1539.

24 juin.

Enreg. au Parl. de Bordeaux, le 28 août 1539. Arch. de la Gironde, B. 31, fol. 40. 6 pages.
Enreg. au Parl. de Toulouse, le 12 août 1539. Arch. de la Haute-Garonne, Édits, reg. 4, fol. 139. 3 pages.
Enreg. au Parl. de Dijon, le 24 juillet suivant. Arch. départ. de la Côte-d'Or, Parl., reg. II, fol. 5.
Enreg. au Parl. de Grenoble, le 24 juillet 1539. Arch. de l'Isère, Chambre des Comptes de Grenoble, B. 2910, cah. 111. 5 pages.
Copies. Arch. municipales de Toulouse, ms. 220 fol. 822, et ms. 8508, fol. 193.

11073. Lettres du don fait au duc de Guise, gouver-

24 juin.

neur de Bourgogne, du revenu des greniers
à sel de Pouilly et d'Arnay-le-Duc pendant
un an. Paris, 24 juin 1539.

1539.

*Enreg. à la Chambre des Comptes de Dijon, le
23 décembre suivant. Arch. de la Côte-d'Or, reg. B.
20, fol. 46.*

11074. Lettres d'attribution à la Cour des Aides de la
connaissance des dettes d'Antoine Cornu,
receveur de Poitou. 25 juin 1539.

25 juin.

*Enreg. à la Cour des Aides de Paris. Arch. nat.,
Recueil Cromo, U. 665, fol. 287. (Mention.)*

11075. Lettres portant mandement aux consuls de
Nîmes d'envoyer au roi un état au vrai des
deniers communs, dons et octrois et des
charges ordinaires de cette ville. Paris, 27 juin
1539.

27 juin.

*Imp. Ménard, Hist. de la ville de Nîmes. Paris,
1750-1755, 6 vol. in-4°, t. IV, p. 144.*

11076. Lettres portant mandement aux consuls de Limoges d'envoyer au roi un état des ressources
et des charges de leur ville. Paris, 28 juin
1539.

28 juin.

*Imp. Registres consulaires de Limoges, t. I, pu-
blié par E. Rubén. Limoges, 1863, in-8°, p. 326.*

11077. Édit portant que le domaine de la couronne est
inaliénable et imprescriptible, et règlement
de procédure pour la réunion des portions
engagées. Paris, 30 juin 1539.

30 juin.

*Enreg. au Parl. de Paris, le 3 juillet 1539. Arch.
nat., X1a 8613, fol. 165 v°. 2 pages.*
*Arrêt d'enregistrement. Idem, X1a 4909, Plaidoi-
ries, fol. 101 v°.*
*Enreg. au Parl. de Bordeaux, le 18 mars 1540
n. s. Arch. de la Gironde, B. 31, fol. 63. 4 pages.*
*Enreg. au Parl. de Toulouse, le 18 juin 1540.
Arch. de la Haute-Garonne, Édits, reg. 4, fol. 200.
3 pages.*
*Enreg. au Parl. de Dijon. Arch. de la Côte-d'Or,
Parl., reg. III, fol. 10 v°.*
*Enreg. à la Chambre des Comptes de Provence,
le 3 juillet 1539. Arch. des Bouches-du-Rhône,
B. 34 (Fenix), fol. 210.*
Imp. Pièce in-4°. Arch. nat., AD. I 21. 3 pages
Idem. Bibl. nat., Inv. Réserve, F. 1537.

Ensuyvent les ordonnances du roy sur le faict des guerres... Paris, André et Ch. Langelier, 1540, in-4° goth., fol. 59 v°.

Les loix, ordonnances et edictz, etc.... depuis le roy S. Lois... Paris, Galiot du Pré, 1559, in-fol., fol. 169 r°.

P. Rebuffi, *Édits et ordonnances des rois, etc.* Lyon, 1573, in-fol., p. 384.

A. Fontanon, *Édits et ordonnances, etc.* Paris, 1611, t. II, p. 348.

Guill. Marcel, *Hist. de la monarchie françoise.* Paris, 4 vol. in-12, 1686, t. IV, p. 387.

Berthelot du Ferrier, *Traité de la connoissance des droits et des domaines du roy.* Paris, 1725, in-4°, p. 262.

Bellami, *Traité de la perfection et confection des papiers terriers du roy.* Paris, 1746, in-4°, p. 259.

Isambert, *Anc. lois françaises, etc.* Paris, 1827, in-8°, t. XII, p. 567.

11078. Ordonnance touchant le payement des officiers du Parlement envoyés en commission pour le service du roi, et fixant leur salaire à cent sous tournois par jour, outre leurs gages ordinaires. Paris, 30 juin 1539.   30 juin.

> *Enreg. au Parl. de Paris, le 7 juillet 1539. Arch. nat.,* X¹ª 8613, fol. 165. 1 page 1/2.
> *Enreg. au Parl. de Toulouse, le 7 juillet 1539. Arch. de la Haute-Garonne, Édits,* reg. 5, fol. 210. 1 page.

11079. Déclaration en faveur de David Beton (*aliàs* Beaton), cardinal d'Écosse, évêque de Mirepoix, portant que ses héritiers, quoique originaires d'Écosse et n'ayant point obtenu de lettres de naturalité, hériteront cependant de tous ses biens, meubles et immeubles. Paris, 30 juin 1539.   30 juin.

> *Enreg. à la Chambre des Comptes de Paris. Arch. nat.,* P. 2537, fol. 307, et P. 2553, fol. 294 v°. 2 pages.

11080. Lettres portant rachat et réunion au domaine royal de la ville de Lorgues en Provence. Paris, 30 juin 1539.   30 juin.

> *Enreg. à la Chambre des Comptes de Provence. Archives des Bouches-du-Rhône,* B. 34 (*Feniœ*), fol. 51 v°. 1 page 1/2.

11081. Lettres mandant aux prévôt des marchands et échevins de Paris de payer 20,000 livres tournois à Guillaume Prudhomme, trésorier de l'épargne, sur les aides concédées à la ville par lettres du 19 juin précédent (n° 11062). Paris, 30 juin 1539.

>   1539.
>   30 juin.

> Original. Arch. nat., Cahiers paléographiques, MM. 897, n° 26.

11082. Érection et création d'une chambre à sel à Quillebeuf sous les grènetier et contrôleur de Pont-Audemer. Paris, 30 juin 1539.

>   30 juin.

> Enreg. à la Cour des Aides de Normandie, le 5 août 1539. Arch. de la Seine-Inférieure, Mémoriaux, 2° volume, fol. 187. 4 pages.

11083. Lettres d'érection de la Chambre des Comptes de Piémont. Saint-Prix, juin 1539.

>   Juin.

> Enreg. au Parl. de Piémont, le 23 octobre 1539, et à la Chambre des Comptes de Piémont, le 5 novembre 1539.
> Copie du XVI° siècle. Arch. des Bouches-du-Rhône, B, 723. 2 pages.

11084. Ordonnance et statuts pour les douze courtiers de chevaux créés à Lyon par François I°. Paris, juin 1539.

>   Juin.

> Enreg. à la Chancellerie de France. Arch. nat., Trésor des Chartes, JJ. 254, n° 305, fol. 58 v°. 2 pages.

11085. Confirmation des privilèges et exemptions accordés aux habitants des treize maisons dites les Francs-Mureaux, près de Notre-Dame-des-Champs-lès-Paris, à la requête des chanoines de la Sainte-Chapelle du Palais. Paris, juin 1539.

>   Juin.

> Enreg. à la Chancellerie de France. Arch. nat., Trésor des Chartes, JJ. 253¹, n° 404, fol. 115. 1 page.

11086. Confirmation et vidimus des statuts et privilèges des maîtres épiciers et merciers de Chartres. Paris, juin 1539.

>   Juin.

> Enreg. à la Chancellerie de France. Arch. nat., Trésor des Chartes, JJ. 253¹, n° 423, fol. 120 v°. 2 pages.

IMPRIMERIE NATIONALE.

11087. Confirmation des privilèges, franchises et libertés concédés à la ville de Bourg-en-Bresse par les comtes et ducs de Savoie. Paris, juin[1] 1539.

> Original. Arch. municipales de Bourg-en-Bresse (Ain), AA. 10.
> Enreg. à la Chancellerie de France. Arch. nat., Trésor des Chartes, JJ. 253³, n° 282, fol. 100 v°.
> 1 page.
> Enreg. au Parl. de Chambéry, le 9 août 1539. Copie collationnée. Arch. nat., Q¹ 1.
> Imp. J. Brossard, Cartulaire de Bourg-en-Bresse. Bourg, 1882, in-4°, p. 577.

1539. Juin.

11088. Permission aux habitants d'Annay-la-Coste, au bailliage d'Auxois, d'enclore leur bourg de murs et de fortifications. Paris, juin 1539.

> Enreg. à la Chancellerie de France. Arch. nat., Trésor des Chartes, JJ. 253¹, n° 427, fol. 122.
> 1 page.

Juin.

11089. Échange de la ville et du château de Caorso en Piémont, cédés à François Ier par Lyonnette de Villeneuve, du consentement d'Alleraïn de Valpergue, son mari, contre les terres de Pisançon et de la Tour-du-Pin, en Dauphiné. Paris, juin 1539.

> Enreg. à la Chancellerie de France. Arch. nat., Trésor des Chartes, JJ. 253¹, n° 424, fol. 121.
> 3 pages.

Juin.

11090. Permission aux habitants de Courgis, au diocèse d'Auxerre et au bailliage de Villeneuve-le-Roi, de fortifier leur village. Paris, juin 1539.

> Copie de 1763. Archives de l'Yonne, E. 115.

Juin.

11091. Confirmation des trois foires annuelles et des deux marchés hebdomadaires de Riom en Auvergne. Paris, juin 1539.

> Enreg. à la Chancellerie de France. Arch. nat., Trésor des Chartes, JJ. 253¹, n° 417, fol. 119.
> 1 page.
> Enreg. à la Chambre des Comptes de Paris. Arch. nat., invent. PP. 136, p. 471. (Mention.)
> Imp. Pièce in-4°. Arch. nat., AD.I 21. 3 pages.

Juin.

[1] Mai, suivant le registre du Trésor des Chartes JJ. 253¹.

11092. Lettres de sauvegarde octroyées aux religieux et au monastère de Saint-Honorat en l'île de Lérins. Paris, juin 1539.

1539. Juin.

Enreg. à la Chancellerie de France. Arch. nat., Trésor des Chartes, JJ. 253, n° 411, fol. 170. 2 pages.

11093. Lettres de naturalité en faveur de Thadée Benci et de Bernard Acciaioli, marchands florentins demeurant à Rouen. Paris, juin 1539.

Juin.

Enreg. à la Chancellerie de France. Arch. nat., Trésor des Chartes, JJ. 254, n° 299, fol. 57 v°. 1 page.

11094. Lettres de naturalité et permission d'acquérir des biens dans le royaume accordées à Marguerite de Levant, native de Grèce, femme de chambre de la dauphine. Paris, juin 1539.

Juin.

Enreg. à la Chancellerie de France. Arch. nat., Trésor des Chartes, JJ. 254, n° 297, fol. 57. 1 page.
Enreg. au Parl. de Paris, le 20 août 1571. Arch. nat., X¹ᵃ 8629, fol. 166 v°. 3 pages.

11095. Déclaration portant que les prévôts des maréchaux de France, auxquels la connaissance du fait des chasses est attribuée par lettres du 12 décembre 1538 (n° 10528), auront la moitié des amendes auxquelles les infracteurs seront condamnés, et les accusateurs le quart. Paris, 1ᵉʳ juillet 1539.

1ᵉʳ juillet.

Imp. Pièce in-8°. Arch. nat., AD.I 19. 5 pages.
Pièce in-4°. Idem. AD.I 21. 3 pages.
Les loix, ordonnances et edictz, etc.... depuis le roy S. Lois.... Paris, Galiot du Pré, 1559, in-fol. fol. 98 r°.
P. Rebuffi, Édits et ordonnances des rois, etc. Lyon, 1573, in-fol. p. 462.
A. Fontanon, Édits et ordonnances, etc. Paris, 1611, in-fol., t. I, p. 391.
E. Girard et J. Joly, Troisiesme livre des offices de France. Paris, 1647, in-fol., t. II, p. 1142.
[G. Saugrain], La maréchaussée de France ou recueil des ordonnances, édits et privilèges de tous les officiers et archers des maréchaussées. Paris, G. Saugrain, 1697, in-4°, p. 14.

3.

11096. Lettres relatives à l'augmentation des frais de
justice du Parlement de Toulouse : 1,100 livres à prendre, chaque année, sur les
amendes, avec privilège de prélever, en
dehors de ladite somme, les sommes nécessaires pour payer la cire, le bois, le papier,
l'encre, le parchemin et la buvette de ladite
cour. Paris, 1er juillet 1539.

> *Enreg. au Parl. de Toulouse. Arch. de la Haute-*
> *Garonne, Édits, reg. 4, fol. 141. 2 pages 1/2.*
> *Enreg. à la Chambre des Comptes de Paris, le*
> *6 août 1539, anc. mém. 2 J, fol. 193. Arch.*
> *nat., PP. 136, p. 472, et AD.IX 124, n° 70.*
> *(Mentions.)*

1539.
1er juillet.

11097. Lettres autorisant la levée d'une imposition de
12 deniers par livre sur le bétail à pied fourché vendu aux marchés de Poissy, Pontoise
et Houdan, comme à celui de Paris. Paris,
2 juillet 1539.

> *Enreg. à la Chambre des Comptes de Paris, le*
> *9 juillet 1539, anc. mém. 2 J, fol. 159. Arch.*
> *nat., invent. PP. 136, p. 472. (Mention.)*
> *Enreg. à la Cour des Aides, le 11 juillet 1539,*
> *en l'élection de Paris, le 12 juillet 1539.*
> *Copie collationnée faite par ordre de la Cour des*
> *Aides. Arch. nat., Z¹ᵉ 526.*
> *Copie du XVIIᵉ siècle. Arch. de la Préfecture de*
> *police, coll. Lamoignon, t. VI, fol. 552.*
> *IMP. Pièce in-4°. Paris, veuve Saugrain et*
> *Prault, imprimeurs, quai de Gesvres. Arch. nat.,*
> *AD.I 21. 3 pages.*
> *Delamare, Traité de la police, etc. Paris, 1710,*
> *in-fol., t. II, p. 1242.*

2 juillet.

11098. Lettres autorisant les consuls de Lyon à faire
démolir un vieux mur et la porte de la Lanterne et à transférer la boucherie de Saint-
Nizier sur les fossés de la Lanterne. Paris,
2 juillet 1539.

> *Original. Arch. de la ville de Lyon, série EE.*
> *Copie du XVIᵉ siècle. Idem, AA. 151, fol. 64.*

2 juillet.

11099. Lettres accordant le revenu du sceau et du
greffe de la sénéchaussée de Toulouse à Antoine de Rochechouart, sénéchal de Toulouse, nonobstant l'édit de réunion au do-

7 juillet.

maine des sceaux, greffes et tabliers des
cours royales. Paris, 7 juillet 1539. 1539.

> *Enreg. au Parl. de Toulouse. Arch. de la Haute-*
> *Garonne, Édits, reg. 4, fol. 148. 2 pages.*
> *Bibl. nat., ms. fr. 4402, fol. 76 v°. (Mention.)*

11100. Lettres d'acquit de quatre galères en faveur du 7 juillet.
baron de Saint-Blancard. Paris, 7 juillet
1539.

> *Enreg. à la Chambre des Comptes de Provence.*
> *Archives des Bouches-du-Rhône, B. 34 (Fenix),*
> *fol. 59. 1 page.*

11101. Mandement à la Chambre des Comptes de Paris 7 juillet.
de faire payer par Nicolas de Saimbault, receveur des exploits et amendes du Parlement,
à Louise Poussard, veuve du sieur d'Aigreville, la somme de 1,575 livres tournois dont
le roi lui avait fait don le 6 mars 1527 n. s.,
en considération des services rendus par son
mari, mais qu'Étienne La Pitte, prédécesseur
de Nicolas de Saimbault, ne lui avait pas
payée. Paris, 7 juillet 1539.

> *Original. Bibl. nat., ms. fr. 25722, n° 537.*

11102. Mandement au trésorier de l'épargne de payer 7 juillet.
112 livres 10 sous à Jean Fessart, chevau-
cheur, qui va en Angleterre porter des lettres
du roi à son ambassadeur, Charles de Marillac. Paris, 7 juillet 1539.

> *Bibl. nat., ms. Clairambault 1215, fol. 77.*
> *(Mention.)*

11103. Lettres touchant l'augmentation des gages des 8 juillet.
officiers du Parlement de Toulouse. Le pre-
mier président aura par année 1,800 livres;
les trois autres présidents chacun 1,200 livres, et les conseillers en la chambre criminelle 80 livres chacun, outre leurs gages accoutumés; avec règlement pour la chambre
criminelle. Paris, 8 juillet 1539.

> *Enreg. au Parl. de Toulouse, le 21 août 1539.*
> *Arch. de la Haute-Garonne, Édits, reg. 4, fol. 143.*
> *3 pages.*
> *Enreg. à la Chambre des Comptes de Paris, le*

29. juillet 1539, anc. mém., 2 J. fol. 178. Arch. 1539.
nat., invent. PP. 136, p. 472; AD.IX 124, n° 72.
(Mentions sous la date du 6 juillet.)
Enreg. à la Chambre des Comptes de Montpellier,
le 15 septembre 1539. Arch. départ. de l'Hérault,
B. 341, fol. 206. 4 pages.

11104. Provisions de l'office de président au Parlement   9 juillet.
de Bordeaux en faveur de René Brinon, con-
seiller au Parlement de Paris. Paris, 9 juillet
1539.
Enreg. au Parl. de Bordeaux, le 12 novembre
1539. Archives de la Gironde, B. 31, fol. 44.
2 pages.

11105. Lettres portant commission à André Guillart,   10 juillet.
maître des requêtes ordinaires de l'hôtel du
roi, et à Nicole Thibaut, procureur général
au Parlement de Paris, pour la revision,
réforme, rédaction et publication des coutumes du bailliage de Senlis. Paris, 10 juillet 1539.
Enreg. à la suite du texte original desdites coutumes. Arch. nat., X¹ᵃ 9285. 4 pages.
Imp. Bourdot de Richebourg, Nouveau coutu-
mier général, etc. Paris, 1724, in-fol., t. II, p. 738.

11106. Mandement à Breton de Villandry, général des   10 juillet.
finances des comtés de Blois, Soissons,
Coucy et autres terres du patrimoine de la
maison d'Orléans qui ne sont pas de l'apanage de la couronne, de faire payer à Clé-
rembault Le Clerc, secrétaire du roi, commis
à la recette desdites terres, 6,000 livres tournois par la veuve et les héritiers de François
Viart, jadis receveur de ces terres. Paris,
10 juillet 1539.
Original. Bibl. nat., Pièces orig., Viart, vol.
2981, p. 32.

11107. Don de 1,125 livres à Charles de Marillac,   10 juillet.
ambassadeur en Angleterre, pour l'aider à
supporter les dépenses qu'il est obligé de
faire dans l'exercice de sa charge. Paris,
10 juillet 1539.
Bibl. nat., ms. Clairambault 1215, fol. 78.
(Mention.)

1108. Mandement à la Chambre des Comptes de Paris, confirmant des lettres du 3 février 1533 n. s. (n° 5375), lui ordonnant d'allouer aux comptes de Claude Aligre, ancien trésorier des menus plaisirs du roi, 19,683 livres 1 sou 9 deniers tournois qu'il a payés pour le fait du tournoi qui eut lieu à Paris, à l'entrée de la reine Éléonore, en février 1531 n. s. Paris, 10 juillet 1539. — 1539, 10 juillet.

Bibl. nat., ms. fr. 10387, fol. 5. (Mention.)

1109. Commission adressée au Parlement de Bordeaux pour faire une enquête sur l'utilité de la création de nouveaux lieutenants criminels en divers sièges de la sénéchaussée de Guyenne. Paris, 11 juillet 1539. — 11 juillet.

Enreg. au Parl. de Bordeaux, le 4 août 1539. Arch. de la Gironde, B. 31, fol. 38. 3 pages.

1110. Lettres portant défense au lieutenant criminel de la prévôté de Paris et à tous juges, autres que les gens des comptes, de connaître des comptes ordinaires ou extraordinaires, amendes, forfaitures, confiscations, etc. Paris, 11 juillet 1539 [1]. — 11 juillet.

Enreg. à la Chambre des Comptes de Paris, le 21 juillet 1539, anc. mém. J, fol. 180. Arch. nat., P. 2306, p. 729. 3 pages.
Idem. Arch. nat., invent. PP. 136, p. 472, et AD.IX 124, n° 71. (Mentions.)

1111. Provisions de l'office de marqueur et « échantilleur » général des poids et mesures de la ville et des faubourgs de Lyon, en faveur de Barthélemy Péronnet. Paris, 14 juillet 1539. — 14 juillet.

Copie. Arch. départ. du Rhône, G. Armoire Abram, vol. 42, n° 4.

1112. Lettres de renvoi devant le Grand conseil du procès pendant devant le Conseil privé entre Jean Chopin et les habitants de Condom. Paris, 17 juillet 1539. — 17 juillet.

Copie du xvi⁰ siècle. Bibl. nat., ms. fr. 5124, fol. 152 v°.

---

[1] Le 2 juillet, suivant les inventaires PP. 136 et AD.IX 124.

11113. Lettres de committimus en faveur de Guy Breslay, conseiller au Grand conseil. Paris, 18 juillet 1539.

> *Copie du xvie siècle. Bibl. nat., ms. fr. 5124, fol. 151 v°.*

1539. 18 juillet.

11114. Édit de règlement sur les matières qui ressortissent de la juridiction du Conseil de Bretagne. Paris, 20 juillet 1539.

> *Enreg. au Parl. de Bretagne, le 6 septembre 1539.*
> *Imp. Pièce in-4°. Arch. nat., AD.I 21. 5 pages.*
> *Dom. Morice, Hist. de Bretagne, etc. Paris, 1746, in-fol., Preuves, t. III, p. 1032.*
> *Isambert, Anc. lois françaises, etc. Paris, 1827, in-8°, t. XII, p. 570.*

20 juillet.

11115. Lettres d'adresse et mandement à la Chambre des Comptes de Paris pour l'enregistrement du don fait, le 7 juillet précédent (n° 11099), à Antoine de Rochechouart du revenu du sceau de la sénéchaussée de Toulouse. Paris, 22 juillet 1539.

> *Enreg. au Parl. de Toulouse. Arch. de la Haute-Garonne, Édits; reg. 4, fol. 149. 1 page.*
> *Bibl. nat., ms. fr. 4402, fol. 76 v°. (Mention.)*

22 juillet.

11116. Déclaration portant règlement pour les états, gages et droits des trésoriers, commissaires et contrôleurs des mortes-payes du royaume. Becoiseau, 23 juillet 1539.

> *Enreg. à la Chambre des Comptes de Paris, le 4 août 1539. Arch. nat., P. 2306, p. 733. 3 pages.*
> *Imp. Pièce in-4°. Arch. nat., AD.I 21, et AD.IX 124, n° 73. 2 pages.*

23 juillet.

11117. Lettres enjoignant à la ville de Lyon de payer les commissaires du roi nommés sur le fait des draps de soie et du commerce de Gênes, conformément aux règlements établis entre eux et ladite ville. Becoiseau, 25 juillet 1539.

> *Original. Arch. de la ville de Lyon, CC. 316.*
> *Copie du xvie siècle. Idem, AA. 24, fol. 2.*

25 juillet.

11118. Commission à Guillaume Poyet de recevoir des enfants et héritiers d'Antoine Du Prat, car-

25 juillet.

dinal de Sens, la somme de 300,000 livres que le roi leur demande par forme de prêt, remboursable en douze années. Villers-Cotterets, 25 juillet 1539 [1].

> *Enreg. à la Chambre des Comptes de Paris. Arch. nat.*, P. 2537, fol. 335 v°; P. 2554, fol. 2 v°; AD.IX 124, n° 74. 2 pages.

1539.

11119. Lettres adressées aux Trésoriers de France au sujet des droits du domaine sur la juridiction et propriété des îles, brotteaux et créments (alluvions) du Rhône, de la Saône et de la Garonne. Meaux, 25 juillet 1539.

> *Copie du* XVIe *siècle. Arch. départ. du Rhône,* G. 47.
> *Autre copie. Arch. départ. du Rhône,* G. 63.

25 juillet.

11120. Mandement à [Martin de Troyes, chargé de la levée des finances dans la généralité de Languedoc], d'adjoindre à la commission ordinaire qui juge les appels relatifs aux fiefs, arrière-fiefs et redevances du domaine, un président et deux conseillers du Parlement de Toulouse et de leur soumettre sans retard les affaires pendantes [2]. Meaux, 25 juillet 1539.

> *Copie collat. du* XVIe *siècle. Bibl. nat.*, ms. fr. 25722, n° 538.

25 juillet.

11121. Déclaration portant suppression et révocation du droit de chauffage que les maîtres particuliers des Eaux et forêts prenaient dans les forêts du roi. Meaux, 26 juillet 1539.

> *Enreg. à la Chambre des Comptes de Paris*, anc. mém. coté 2 J, fol. 200. *Arch. nat.*, invent. PP. 136, p. 472. (*Mention.*)
> IMP. Blanchard, *Compilation chronologique, etc.* Paris, 1715, in-fol., col. 525. (*Mention.*)

26 juillet.

11122. Lettres réglementant l'usage des lettres de justice expédiées en chancellerie et défendant de s'en servir ailleurs que dans le ressort du Par-

26 juillet.

---

[1] *Sic.* Cet acte paraît devoir être reporté au 25 juillet 1535.
[2] La pièce étant à moitié déchirée, l'analyse n'est pas très sûre.

IMPRIMERIE NATIONALE.

lement où est établie la chancellerie dont lesdites lettres sont émanées. Meaux, 26 juillet
1539.

*Enreg. au Parl. de Paris, le 7 août 1539. Arch.
nat., X¹ᵃ 8613, fol. 172 v°. 1 page.*
*Enreg. au Parl. de Dijon, le 7 août suivant.
Arch. de la Côte-d'Or, Parl., reg. III, fol. 21 v°.*
*Copie collat. du xvɪ° siècle. Arch. nat., V² 3,
n° 766.*

11123. Déclaration confirmative des lettres du 28 septembre 1535 (n° 8138), portant que le roi
ne fera plus à l'avenir à qui que ce soit
aucun don d'amendes, confiscations ou forfaitures, et interdisant à toute personne d'en
faire la sollicitation. Meaux, 26 juillet 1539.

26 juillet.

*Enreg. au Parl. de Paris, le 11 août 1539. Arch.
nat., U. 446, fol. 173. 2 pages.*
*Enreg. à la Chambre des Comptes de Paris, le
13 août 1539. Arch. nat., P. 2306, p. 745.
3 pages 1/2.*
*Imp. Les loix, ordonnances et edictz, etc...,
depuis le roy S. Lois.... Paris, Galiot du Pré,
1539, in-fol., fol. 170 r°.*
*P. Rebuffi, Edits et ordonnances des rois, etc.
Lyon, 1573, in-fol., p. 344.*
*A. Fontanon, Edits et ordonnances, etc. Paris,
1611, in-fol., t. II, p. 559.*
*Isambert, Anc. lois françaises, etc. Paris, 1827,
in-8°, t. XII, p. 575.*

11124. Déclaration portant que les deniers du comté
d'Asti ne seront distribués que sur mandement du roi et ordonnance du général des
finances en la charge du comté de Blois, et
que les comptes desdits deniers seront rendus
à la Chambre des Comptes de Blois. Meaux,
26 juillet 1539.

26 juillet.

*Enreg. à la Chambre des Comptes de Blois, le
19 août 1539. Arch. nat., KK. 897, fol. 291.*

11125. Lettres relatives à la poursuite des hérétiques,
adressées au Parlement de Grenoble, qui
n'avait pas été désigné dans l'ordonnance du
24 juin précédent (n° 11072), exécutoire
dans les ressorts des Parlements de Tou-

26 juillet.

louse, Bordeaux et Rouen seulement. Crécy,
26 juillet 1539.

1539.

> *Arch. de l'Isère, Chambre des Comptes de Gre-
> noble, B. 2910, cah. 110. 4 pages.*

11126. Lettres de nomination faites par le roi en con-
séquence de l'indult accordé par le pape
Paul III au chancelier et aux membres du
Parlement. Paris, 27 juillet 1539.

27 juillet.

> *Imp.* Jacques Corbin, *Le code de Louis XIII, roi
> de France et de Navarre, etc.* Paris, J. Quesnel,
> 1628, in-fol., t. I, p. 179. *(Bibl. nat., F. inv. 2057.)*

11127. Lettres relatives à la nomination de Guillaume
Lateranne, abbé de Bon-Repos, au prieuré
de Jully-les-Nonnains. Paris, 27 juillet 1539.

27 juillet.

> *Original. Arch. départ. de l'Yonne, série H.*
> *Imp.* L'abbé Jobin, *Histoire du prieuré de Jully-
> les-Nonnains,* 1881, in-8°, p. 404.

11128. Mandement à la Chambre des Comptes de
Paris pour la vérification du don fait, le
7 juillet précédent (n° 11099), à Antoine
de Rochechouart du revenu du sceau de la
sénéchaussée de Toulouse. Chantilly, 31 juillet 1539.

31 juillet.

> *Enreg. au Parlement de Toulouse. Arch. de la
> Haute-Garonne, Édits, reg. 4, fol. 149. 1 page.*
> *Bibl. nat., ms. fr. 4402, fol. 76 v°. (Mention.)*

11129. Édit portant règlement pour la procédure et
l'abréviation des procès au Grand conseil,
contenant 45 articles. Paris, juillet 1539.

Juillet.

> *Enreg. au Grand conseil, le 16 dudit mois.*
> *Imp.* P. Rebuffi, *Édits et ordonnances des rois de
> France, etc.,* Lyon, 1573, in-fol., p. 16.
>   A. Fontanon, *Édits et ordonnances, etc.* Paris,
> 1611, in-fol., t. I, p. 119.
>   E. Girard et J. Joly, *Troisiesme livre des of-
> fices de France, etc.* Paris, 1647, in-fol., t. I,
> p. 647.
>   Isambert, *Anc. lois françaises, etc.* Paris, 1827,
> in-8°, t. XII, p. 575.

11130. Confirmation des statuts et ordonnances du

Juillet.

4.

métier et commerce de chanevacier. Paris,   1539.
juillet 1539.

> *Enreg. au Châtelet de Paris, le 23 août 1539.*
> *Arch. nat., Bannières, Y. 9, fol. 144. 6 pages.*

11131. Permission aux habitants de Conflans-sur-Seine,   Juillet.
au bailliage de Sézanne, d'entourer leur ville
de murs, fossés et autres fortifications. Paris,
juillet 1539.

> *Enreg. à la Chancellerie de France. Arch. nat.,*
> *Trésor des Chartes, JJ. 254, n° 298, fol. 57.*
> *1 page.*

11132. Institution de quatre foires par an et d'un mar-   Juillet.
ché chaque semaine à Volvic (Auvergne),
en faveur de Jean d'Albon de Saint-André,
seigneur du lieu. Paris, juillet 1539.

> *Enreg. à la Chancellerie de France. Arch. nat.,*
> *Trésor des Chartes, JJ. 254, n° 300, fol. 57 v°.*
> *1 page.*

11133. Don à Guillaume Reverdy, à Verdun Bonneau   Juillet.
et à Hubert Pellerin, officiers domestiques
de la reine, des biens meubles et immeubles
de Jean Fleury et de Jeanne, sa fille, décédés
sans hoirs en la baronnie d'Amboise. Paris,
juillet 1539.

> *Enreg. à la Chancellerie de France. Arch. nat.,*
> *Trésor des Chartes, JJ. 254, n° 304, fol. 58.*
> *1 page.*

11134. Don à Clément Marot d'une maison avec jardin,   Juillet.
rue du Clos-Bruneau, à Paris. Tournan en
Brie, juillet 1539.

> *Enreg. à la Chancellerie de France. Arch. nat.,*
> *Trésor des Chartes, JJ. 254, n° 301, fol. 57 v°.*
> *1 page.*

11135. Lettres réglant la forme de lever la traite fo-   Juillet.
raine sur le pastel et autres marchandises,
en la sénéchaussée de Toulouse et en celle
de Bigorre. Meaux, juillet 1539.

> *Enreg. au Parl. de Toulouse, le 11 mars 1540 n. s.*
> *Arch. de la Haute-Garonne, Édits, reg. 4, fol. 160.*

11136. Permission aux habitants d'Asquiem (*sic*) en   Juillet.

Bourbonnais de fortifier leur ville. Royaumont, juillet 1539.

1539.

> *Enreg. à la Chancellerie de France. Arch. nat., Trésor des Chartes, JJ. 254, n° 302, fol. 58.*
> 1 page.

11137. Lettres ratifiant l'institution du jeu de papegaut en la ville de Vitré et concédant à celui qui remportera le prix la même franchise dont jouit le roi du papegaut de Saint-Malo. Chantilly, 1er août 1539.

1er août.

> *Enreg. à la Chambre des Comptes de Bretagne. Archives de la Loire-Inférieure, B. Mandements royaux, II, fol. 195.*

11138. Lettres ratifiant l'établissement d'un jeu de papegaut en la ville de Montfort, diocèse de Rennes, et accordant au roi du papegaut les franchises dont il jouit à Saint-Malo. Chantilly, 1er août 1539.

1er août.

> *Enreg. à la Chambre des Comptes de Bretagne. Archives de la Loire-Inférieure, B. Mandements royaux, II, fol. 197.*

11139. Mandement au trésorier de l'épargne de payer à Jean-Joachim de Passano, ambassadeur à Venise, 1,553 livres pour cent vingt-deux jours d'exercice de sa charge, du 1er avril au 31 juillet 1539. Chantilly, 3 août 1539.

3 août.

> *Bibl. nat., ms. Clairambault 1215, fol. 77 v°.*
> (*Mention.*)

11140. Mandement au trésorier de l'épargne de payer à Jean-Joachim de Passano 974 livres pour dépenses extraordinaires faites pendant son ambassade à Venise. Chantilly, 3 août 1539.

3 août.

> *Bibl. nat., ms. Clairambault 1215, fol. 77 v°.*
> (*Mention.*)

11141. Mandement au trésorier de l'épargne de payer à Antoine de Castelnau, évêque de Tarbes et ambassadeur du roi auprès de l'empereur, 3,600 livres pour cent quatre-vingts jours d'exercice de sa charge, du 17 août 1539 au 12 février suivant. Chantilly, 4 août 1539.

4 août.

> *Bibl. nat., ms. Clairambault 1215, fol. 77 v°.*
> (*Mention.*)

11142. Mandement au trésorier de l'épargne de payer à Antoine de Castelnau, ambassadeur auprès de l'empereur, 798 livres pour les habits de deuil qu'il a dû faire prendre à ses serviteurs à la suite de la mort de l'impératrice. Chantilly, 4 août 1539.

> *Bibl. nat., ms. Clairambault 1215, fol. 78.*
> *(Mention.)*

1539.
4 août.

11143. Édit portant que tous les biens, meubles, immeubles, allodiaux ou rôturiers, des criminels de lèse-majesté et de félonie seront confisqués au profit du roi, ainsi que leurs biens féodaux. Villers-Cotterets, 10 août 1539.

Lettres rectificatives d'une disposition contenue dans l'édit ci-dessus. Fontainebleau, 14 novembre 1540.

> *Enreg. au Parl. de Paris, le 24 mars 1540 n. s. Arch. nat., X¹ᵃ 8613, fol. 247. 2 pages.*
> *Enreg. à la Chambre des Comptes de Paris, le 24 mars 1540 n. s. Arch. nat., P. 2306, p. 903. 4 pages.*
> *Idem, P. 2537, fol. 334; P. 2554, fol. 1; AD.IX 124; n° 78.*
> *Enreg. au Parl. de Toulouse, le 29 novembre 1539, avec autres lettres patentes sur ce sujet, datées de Paris, le 6 janvier 1540 n. s. Arch. de la Haute-Garonne, Édits, reg. 4, fol. 155. 2 pages 1/2.*
> *Enreg. au Parl. de Bordeaux, le 23 décembre 1539. Arch. de la Gironde, B. 31, fol. 56 v°. 4 pages.*
> *Enreg. au Parl. de Grenoble, le 1ᵉʳ septembre 1539. Arch. de l'Isère, Chambre des Comptes de Grenoble, B. 2910, cah. 126. 4 pages.*
> *Copie collationnée du XVIᵉ siècle. Arch. nat., suppl. du Trésor des Chartes, J. 954, n° 29.*
> *Imp. Isambert, Anc. lois françaises, etc. Paris, 1827, in-8°, t. XII, p. 590.*

10 août.

11144. Lettres portant mandement aux prévôt des marchands et échevins de Paris de rembourser à Antoine Abelly, marchand de Paris, fermier du huitième du vin vendu en détail au quartier de Grève, la somme qu'il a perdue par suite de la moins-value de ladite ferme. Villers-Cotterets, 10 août 1539.

> *Original scellé. Arch. nat., K. 955, n° 2.*

10 août.

11145. Provisions en faveur de Jean de Mareau de l'office de prévôt d'Orléans et conservateur des privilèges royaux de l'Université du lieu. 10 août 1539.

1539. 10 août.

> *Réception au Parl. de Paris, le 16 décembre 1539. Arch. nat., X¹ª 1544, reg. du Conseil, fol. 38. (Mention.)*

11146. Lettres d'attributions à la Cour des Aides de la connaissance des procès relatifs aux biens meubles et immeubles de Jacques Ragueneau, receveur des tailles de Poitou. 12 août 1539.

12 août.

> *Enreg. à la Cour des Aides de Paris. Arch. nat., recueil Cromo, U. 665, fol. 288. (Mention.)*

11147. Lettres de ratification d'un accord touchant la succession de Gaillard Spifame, général des finances, conclu entre le roi d'une part, la veuve et les enfants dudit Spifame, dont les biens avaient été confisqués, d'autre. Villers-Cotterets, 14 août 1539.

14 août.

> *Enreg. au Parl. de Paris, entre le 6 septembre et le 17 novembre 1539. Arch. nat., X¹ª 8613, fol. 197 v°. 8 pages 1/2.*

11148. Mandement au trésorier de l'épargne de payer à Charles de Marillac, ambassadeur en Angleterre, 358 livres à titre de remboursement d'une pareille somme qu'il a dépensée en frais extraordinaires. Villers-Cotterets, 15 août 1539.

15 août.

> *Bibl. nat., ms. Clairambault 1215, fol. 77 v°. (Mention.)*

11149. Lettres de commission adressées à François Crespin, président au Parlement de Bretagne, à Nicole Quélain, président des enquêtes au Parlement de Paris, à Martin Ruzé, conseiller de ladite cour, à Pierre d'Argentré, sénéchal de Rennes, et à Pierre Marec, maître des requêtes de Bretagne, pour procéder à la revision, réforme, rédaction et publication des

16 août.

coutumes du duché de Bretagne. Villers-Cot- 1539.
terets, 16 août 1539.

> *Enreg. à la suite du texte original des coutumes*
> *réformées de Bretagne. Arch. nat., X¹ˢ. 9286.*
> *8 pages.*
>   Iᴍᴘ. *Coustumes génêralles des pays et duché de*
> *Bretagne, nouvellement réformées.* Rennes et Nantes,
> Ph. Bourguignon, pet. in-4°, 1540. (*Bibl. nat.,*
> *Réserve,* F. 867.)
>   Bourdot de Richebourg, *Nouveau coutumier*
> *général, etc.* Paris, 1724, in-fol., t. IV, p. 333.

11150. Mandement au trésorier de l'épargne de payer 17 août.
à Charles de Marillac, ambassadeur en Angleterre, 900 livres pour quatre-vingt-dix
jours d'exercice de sa charge, du 7 septembre
1539 au 5 décembre suivant. Villers-Cotterets, 17 août 1539.

> *Bibl. nat.,* ms. Clairambault 1215, fol. 77 v°.
> (*Mention.*)

11151. Édit portant règlement pour la gendarmerie, 20 août.
les munitions de guerre, l'expédition des rôles
au temps de la montre des congés, et les certificats que ceux qui s'absentent sont tenus
de prendre. Villers-Cotterets, 20 août 1539.

> *Enreg. à la Chambre des Comptes de Grenoble.*
> *Arch. de l'Isère,* B. 2910, cah. 76. 4 pages.
>   *Copie du* xᴠɪᵉ *siècle. Bibl. nat.,* ms. fr. 3051,
> fol. 35.
>   *Copie du* xᴠɪɪɪᵉ *siècle. Bibl. nat.,* Portefeuilles
> Fontanieu, vol. 248.
>   Iᴍᴘ. *Ensuyvent les ordonnances du roy nostre*
> *sire sur le faict des guerres, etc.* Paris, J. André
> et Ch. Langelier, 1540, in-12 goth., fol. 52 v°.
> (*Bibl. nat., inv. Réserve,* F. 1537.)
>   *Les loix, ordonnances et edictz, etc. . . . , depuis*
> *le roy S. Lois. . .* Paris, Galiot du Pré, 1559,
> in-fol., fol. 76 v°,
>   P. Rebuffi, *Édits et ordonnances des rois de*
> *France, etc.* Lyon, 1573, in-fol. p. 953.
>   A. Fontanon, *Édits et ordonnances, etc.* Paris,
> 1611, in-fol., t. III, p. 93.

11152. Lettres de commission adressées à André Guil- 20 août.
lart, maître des requêtes de l'hôtel, et à Nicole
Thibault, procureur général au Parlement de
Paris, pour procéder à la revision et à la ré-

daction des coutumes du duché de Valois, comprenant les châtellenies de Crépy, la Ferté-Milon, Pierrefonds, Béthisy et Verberie. Villers-Cotterets, 20 août 1539.

1539.

Enregi. à la suite du texte original des coutumes réformées du duché de Valois. Arch. nat., X¹ᵃ 9287. 5 pages.

11153. Lettres portant que la Chambre des Comptes de Montpellier ne connaîtra des comptes des deniers communs, frais d'étapes, équivalent, etc., que comme faisait la Chambre de Paris avant l'érection de celle de Montpellier. 20 août 1539.

20 août.

Arch. départ. de l'Hérault, B. 455. (Mention.)

11154. Commission à M. de Châteaubriant, lieutenant général en Bretagne, de demander aux États du duché, qui doivent s'assembler à Vannes le 5 septembre, un impôt de 7 sous par feu. Villers-Cotterets, 20 août 1539.

20 août.

Mentionné dans un mandement du 5 octobre suivant (n° 11233). Bibl. nat., coll. Dupuy, vol. 7, fol. 58 v°.

11155. Mandement pour l'exécution d'une sentence du sénéchal réglant le différend entre les maîtres et les ouvriers imprimeurs de Lyon. Villers-Cotterets, 21 août 1539.

21 août.

Copie du xvɪᵉ siècle. Arch. de la ville de Lyon, AA. 151, fol. 67.

11156. Provisions de l'office de bailli et gouverneur de Blois pour Jean Breton, sʳ de Villandry, en remplacement de feu Claude de Beauvillier, comte de Saint-Aignan. Villers-Cotterets, 21 août 1539.

21 août.

Reçu au Parl. de Paris, le 17 octobre 1539. Arch. nat., X¹ᵃ 1543, reg. du Conseil, fol. 744 v°. (Mention.)

11157. Rôle dressé par ordonnance du roi, contenant les noms des chanceliers de France, présidents, conseillers et autres officiers du Parlement, et des prélats, patrons et collateurs,

22 août.

sur lesquels ils ont nommé, selon l'induit à 1539.
eux octroyé par le pape[1]. A la suite, un spé-
cimen de lettres patentes de nomination.
Elles sont adressées aux prieur et couvent de
Saint-Martin-des-Champs à Paris, et remplies
au nom du chancelier Poyet. Villers-Cotterets, 22 août 1539 [2].

*Sans date d'enregistrement, mais entre deux actes
du 6 septembre. Arch. nat., Parl. de Paris, X¹ᵃ 8613,
fol. 175 et 180. 15 pages.*

*Imp. Pinsson, Traité singulier des régales ou des
droits du roi. Paris, 1688, 2 vol. in-4°, t. I, p. 234,
et t. II, p. 847.*

*[Lemère], Recueil des actes, titres et mémoires
concernant les affaires du clergé de France, . . di-
visé en 12 tomes, Paris, 1716-1750, in-fol., t. XI,
col. 1479. (Date du 23 août.)*

11158. Ordonnance touchant la justice exercée par le   23 août.
bailli de Montfort-l'Amaury dans les châtel-
lenies de Gambais, de Neauphle et de Saint-
Léger. Villers-Cotterets, 23 août 1539.

*Enreg. au Parl. de Paris, le 6 septembre 1539.
Arch. nat., X¹ᵃ 8613, fol. 181. 2 pages.*

11159. Don d'une certaine somme à Louis de Rabo-   23 août.
danges. Villers-Cotterets, 23 août 153[9] [3].

*Original mutilé. Bibl. nat., ms. fr. 25721,
n° 437.*

11160. Lettres relatives aux mortes-payes de Carcas-   25 août.
sonne, portant exemption et affranchisse-
ment de tailles, aides et impositions quelconques en faveur des gardes et habitants de
la cité. Villers-Cotterets, 25 août 1539.

*Enreg. au Parl. de Toulouse, le 8 avril 1540.
Arch. de la Haute-Garonne, Édits, reg. 4, fol. 162.
3 pages 1/2.*

11161. Lettres enjoignant aux possesseurs de fiefs en   25 août.
Provence de faire la déclaration et reconnais-

---

[1] Nombreuses corrections à la marge.
[2] La date n'est pas de la même écriture; elle a été ajoutée posté-
rieurement.
[3] La portion de la pièce qui contenait la fin de la date a disparu.
On ne voit plus que «xv trente». C'est en 1539 seulement que des actes
royaux ont été donnés à Villers-Cotterets, au mois d'août.

sance de leurs terres. Villers-Cotterets, 25 août
1539.

*Enreg. à la Chambre des Comptes de Provence.
Archives des Bouches-du-Rhône, B. 34 (Fenix),
fol. 89 v°. 2 pages.*

11162. Autorisation à Reforciat de Pontevès de faire
des fouilles dans ses seigneuries de Pontevès
et de Sainte-Catherine pour y chercher des
mines d'or, d'argent, de fer, de cuivre et de
plomb. Villers-Cotterets, 27 août 1539.

*Enreg. à la Chambre des Comptes de Provence.
Archives des Bouches-du-Rhône, B. 34 (Fenix),
fol. 86 v°. 1 page.*

11163. Déclaration portant que le sr d'Ouarty (*alias*
de Warty), chambellan du roi, grand maître
et général réformateur des Eaux et forêts,
lequel office est supérieur à celui des maîtres particuliers, a droit aux cent môles de
bûches par an accordées aux maîtres particuliers, que la Chambre des Comptes hési-
tait à lui reconnaître, et prendra à l'avenir
deux cents môles par an. Villers-Cotterets,
27 août 1539.

*Original. Bibl. nat., Pièces orig., Ouarty,
vol. 2174, p. 2.
Bibl. nat., ms. Clairambault 782, p. 299.
(Mention.)*

11164. Lettres ordonnant le retour au domaine royal de
tous les fiefs dont il n'aura pas été fait hommage au roi. Villers-Cotterets, 28 août 1539.

*Enreg. à la Chambre des Comptes de Provence.
Archives des Bouches-du-Rhône, B. 34 (Fenix),
fol. 87. 2 pages 1/2.*

11165. Lettres maintenant la défense faite précédemment à Jean Ferrier, archevêque d'Arles, de
reconnaître, en sa qualité de seigneur de Mon-
dragon, d'autre souveraineté que celle du roi
de France. Villers-Cotterets, 28 août 1539.

*Enreg. à la Chambre des Comptes de Provence.
Arch. des Bouches-du-Rhône, B. 34 (Fenix), fol. 87.
2 pages.*

27 août.

27 août.

28 août.

28 août.

5.

11166. Mandement à Guillaume Prudhomme, trésorier de l'épargne, de délivrer au payeur des gages du Parlement de Bordeaux les deniers provenant de certains greniers à sel. Villers-Cotterets, 3o août 1539.

> *Enreg. au Parl. de Bordeaux (s. d.). Arch. de la Gironde, B. 31, fol. 46. 3 pages.*

1539.
3o août.

11167. Lettres donnant satisfaction aux remontrances des procureurs et députés des États et de divers officiers royaux du pays de Provence, réglant différents points et portant certaines modifications à l'ordonnance de réformation de la justice en Provence. Villers-Cotterets, 3o août 1539.

> *Enreg. au Parl. de Provence, le 23 décembre suivant.*
> IMP. *Pièce. Bibl., nat., Inv. Réserve,* F. 618.
> E. Girard *et* J. Joly, *Troisiesme livre des offices de France, etc.* Paris, 1647, in-fol., t. 1, p. 544.

3o août.

11168. Édit portant approbation et confirmation des articles et statuts réglementant le métier d'imprimeur. Villers-Cotterets, 31 août 1539.

> *Enreg. au Châtelet de Paris, le 13 septembre 1539. Arch. nat., Bannières,* Y. 9, fol. 162 v°. 7 *pages.*
> *Copie du* XVIIe *siècle. Arch. de la Préfecture de police,* coll. Lamoignon, t. VI, fol. 558.

31 août.

11169. Ordonnance relative à la canalisation de la Vilaine, depuis Rennes jusqu'au gué Notre-Dame, et imposition, pour en faire les frais, d'une somme de 6,000 livres sur les habitants de Rennes qui ne contribuent ni à la taille ni aux fouages. Chantilly, août 1539.

> *Enreg. à la Chancellerie de France. Arch. nat., Trésor des Chartes,* JJ. 254, n° 323, fol. 61. 2 pages.

Août.

11170. Lettres de naturalité en faveur de Lambert de La Bange, natif de Nancy en Lorraine, tailleur et valet de chambre du sr de La Ferté, gentilhomme de la maison du roi. Chantilly, août 1539.

> *Enreg. à la Chancellerie de France. Arch. nat., Trésor des Chartes,* JJ 254, n° 319, fol. 60 v°. 1 page.

Août.

11171. Ordonnance générale sur le fait de la justice, police, finances, fixant les limites des juridictions ecclésiastiques et séculières; établissant les registres de l'état civil pour les naissances et les décès; ordonnant l'emploi de la langue française dans tous les actes notariés et de procédure, et dans les jugements, etc., en 192 articles : « 1er. C'est assavoir que nous avons défendu et défendons à tous noz subjectz..... » Villers-Cotterets, août 1539.

1539.
Août.

Enreg. au Parl. de Paris, le 6 septembre 1539. Arch. nat., X1a 8613, fol. 182 v°. 30 pages.

Enreg. au Parl. de Provence, le 23 octobre 1539. Arch. de ladite cour à Aix, reg. in-fol. parchemin de 16 feuillets.

Enreg. au Parl. de Toulouse, sauf remontrances sur certains articles, le 20 novembre 1539. Arch. de la Haute-Garonne, Édits, reg. 4, fol. 170, 32 pages.

Enreg. au Parl. de Grenoble. Arch. de l'Isère, B. 2334, fol. 39, 32 pages.

Imp. Plaquette in-4°. Paris, Galyot Du Pré et Jehan André, libraires, M.D.XXXIX. Arch. nat., AD.I 21, et Bibl. nat., Inv. Réserve, F. 846, F. 1822 et F. 2016.

Autres. Arch. nat., AD.I 21, et Bibl. nat., Inv. Réserve, F. 268, F. 618, F. 844, F. 867, F. 1642, 8° F. Actes royaux (cartons).

Autre. Lyon, 1540, in-4°. Londres, British Museum.

Autre. Rouen, s. d. Bibl. nat., Inv. Réserve, F. 1533.

Autre. In-8° de VIII-80 p. Orléans, Éloy Gibier, 1572.

Les loix, ordonnances et edictz, etc... depuis le roy S. Lois... Paris, Galiot du Pré, 1559, in-fol., fol. 134 v°.

A. Fontanon, Édits et ordonnances des rois, etc. Paris, 1611, in-fol., en divers endroits indiqués au t. I, p. 31.

Jacques Corbin, Le code de Louis XIII, roi de France et de Navarre, etc. Paris, 1628, in-fol., t. I, p. 581.

P. Néron, Les édits et ordonnances, etc. Paris, 1666, t. I, p. 161.

Ch. Dumoulin. C. Molinæi, in supremo Parisiorum senatu advocati, omnia opera. Paris, 1681, 5 vol. in-fol., t. II, p. 765.

Langlet du Fresnoy, Commentaire de Du Puy sur le traité des libertés de l'Église gallicane de Pithou. Nouv. édit., Paris, 1715, t. II, p. 263.

Guy du Rousseaud de la Combe, *Recueil de*
jurisprudence canonique, etc, Nouv. édit., Paris,
1755, in-fol., p. 55. (Fragments.)
Isambert, *Anc. lois françaises, etc.* Paris, 1827,
in-8°, t. XII, p. 600.

11172. Édit touchant la juridiction des maîtres des re-   Août.
quêtes de l'hôtel; ils auront à connaître en
première instance les procès des officiers
royaux. Villers-Cotterets, août 1539.

> *Enreg: au Parl. de Paris, le 17 novembre 1539.*
> *Arch. nat.,* X¹ª 8613, fol. 202. 2 pages.
> Iмp. *Les loix, ordonnances et edictz, etc...,*
> *depuis le roy S. Lois...* Paris, Galiot Du Pré,
> 1559, in-fol., fol. 143 v°.
> P. Rebuffi, *Édits et ordonnances des rois, etc.*
> Lyon, 1573, in-fol., p. 11.
> A. Fontanon, *Édits et ordonnances, etc.* Paris,
> 1611, in-fol., t. I, p. 134.
> E. Girard et J. Joly, *Troisiesme livre des of-*
> *fices de France.* Paris, 1647, in-fol., t. I, p. 667.
> Isambert, *Anc. lois françaises, etc.* Paris, 1827,
> in-8°, t. XII, p. 592.

11173. Déclaration portant modifications et complé-   Août.
ment de l'ordonnance du 30 août 1536
(n° 8620) concernant le style et la manière
de procéder en Bretagne. Villers-Cotterets,
août 1539.

> Iмp. *Ordonnances royaux sur le faict de la jus-*
> *tice... en Bretagne.* Impr. à Rennes par Jehan
> Georget, petit in-4°, 1540. (*Bibl. nat., Inv. Ré-*
> *serve,* F. 867.)
> E. Girard et J. Joly, *Troisiesme livre des of-*
> *fices de France, etc.* Paris, 1647, in-fol., t. I,
> p. 581.
> Isambert, *Anc. lois françaises, etc.* Paris, 1827,
> in-8°, t. XII, p. 594.

11174. Permission aux habitants de Baugé en Anjou   Août.
de clore leur ville de murs, fossés et autres
fortifications. Villers-Cotterets, août 1539.

> *Enreg. à la Chancellerie de France. Arch. nat.,*
> *Trésor des Chartes,* JJ. 254, n° 328, fol. 62.
> 1 page.

11175. Confirmation des statuts et privilèges des me-   Août.

nuisiers de Beauvais. Villers-Cotterets, août 1539.

1539.

> *Enreg. à la Chancellerie de France. Arch. nat.,
> Trésor des Chartes, JJ. 254, n° 311, fol. 59 v°.
> 1 page.*

11176. Création d'un marché hebdomadaire à Brantôme dans le Périgord, à la requête de Pierre de Mareuil, abbé du lieu et aumônier du roi. Villers-Cotterets, août 1539.

Août.

> *Enreg. à la Chancellerie de France. Arch. nat.,
> Trésor des Chartes, JJ. 254, n° 315, fol. 60. 1 page.*

11177. Lettres d'incorporation à la baronnie de Glères, au bailliage de Gisors, d'un quart de fief de haubert. Villers-Cotterets, août 1539.

Août.

> *Enreg. à la Chancellerie de France. Arch. nat.,
> Trésor des Chartes, JJ. 254, n° 313, fol. 59 v°.
> 1 page.*

11178. Lettres d'érection de la châtellenie de Lucé en baronnie, en faveur de Charles de Couesmes, vicomte de Saint-Nazaire, chambellan du roi. Villers-Cotterets, août 1539.

Août.

> *Enreg. à la Chancellerie de France. Arch. nat.,
> Trésor des Chartes, JJ. 254, n° 325, fol. 61 v°.
> 2 pages.
> Enreg. au Parl. de Paris, le 6 septembre 1539.
> Arch. nat., X¹ª 8613, fol. 178 v°. 2 pages 1/2.
> Arrêt d'enregistrement, X¹ª 1543, reg. du Conseil, fol. 719 v°.
> Enreg. à la Chambre des Comptes de Paris, le
> 10 septembre 1539. Arch. nat., P. 2306, p. 749.
> Idem, p. 761. 9 pages.*

11179. Lettres portant confirmation de celles des 31 octobre 1448 et novembre 1483, concernant les privilèges des habitants de la ville de Vienne, en Dauphiné. Villers-Cotterets, août 1539.

Août.

> *Enreg. à la Chancellerie de France. Arch. nat.,
> Trésor des Chartes, JJ. 254, n° 314, fol. 60 v°.
> 1 page.
> Enreg. à la Chambre des Comptes de Grenoble, le
> 11 mars 1544. Arch. de l'Isère, B. 2968, fol. 628.
> 54 pages.*

11180. Lettres d'amortissement, en faveur des religieux   1539.
et abbé du Val-Secret, d'une maison et cense   Août.
appelée la Grange-Marie, sise en la haute
justice de Château-Thierry, et d'autres biens
à eux cédés par Pierre et Philippe de Ligny,
père et fils, dans une transaction conclue
entre eux le 15 février précédent. Villers-
Cotterets, août 1539.

Enreg. à la Chancellerie de France. Arch. nat.,
Trésor des Chartes, JJ. 254, n° 334, fol. 63.
2 pages.

11181. Lettres de naturalité en faveur de « Georges   Août.
Caluo Corressy », grec, résidant à Péra près
Constantinople. Villers-Cotterets, août 1539.

Enreg. à la Chancellerie de France. Arch. nat.,
Trésor des Chartes, JJ. 254, n° 318, fol. 60 v°.
1 page.

11182. Lettres de naturalité accordées à Antoine Dé-   Août.
métrius et Nicolas Corressy, fils de Georges
Caluo Corressy, grec. Villers-Cotterets, août
1539.

Enreg. à la Chancellerie de France. Arch. nat.,
Trésor des Chartes, JJ. 254, n° 320, fol. 60 v°.
1 page.

11183. Lettres de naturalité en faveur de César Can-   Août.
telme, natif du royaume de Naples, gentil-
homme ordinaire de l'hôtel du roi. Villers-
Cotterets, août 1539.

Enreg. à la Chancellerie de France. Arch. nat.,
Trésor des Chartes, JJ. 254, n° 321, fol. 60 v°.
1 page.

11184. Lettres de naturalité en faveur d'André Fabre   Août.
et d'Étienne Sarradel, cousins germains, na-
tifs de Perpignan, marchands établis à Avignon et en Languedoc. Villers-Cotterets,
août 1539.

Enreg. à la Chancellerie de France. Arch. nat.,
Trésor des Chartes, JJ. 254, n° 312, fol. 59 v°.
1 page.

11185 Lettres de naturalité en faveur de don Diégo   Août.

de Mendoça, valet tranchant du roi, natif   1539.
d'Espagne. Villers-Cotterets, août 1539.

> *Enreg. à la Chancellerie de France. Arch. nat.,*
> *Trésor des Chartes, JJ. 254, n° 324, fol. 61 v°.*
> 1 page.

11186. Lettres de naturalité en faveur de François de   Août.
Torrès, docteur en médecine, natif d'Es-
pagne, marié et établi en France. Villers-
Cotterets, août 1539.

> *Enreg. à la Chancellerie de France. Arch. nat.,*
> *Trésor des Chartes, JJ. 254, n° 327, fol. 62.*
> 1 page.

11187. Lettres de légitimation accordées à Gilles Ar-   Août.
nault, fils naturel de Raymond Arnault,
habitant de Montpellier. Villers-Cotterets,
août 1539.

> *Enreg. à la Chancellerie de France. Arch. nat.,*
> *Trésor des Chartes, JJ. 254, n° 329, fol. 62.*
> 1 page.

11188. Lettres de légitimation accordées à Charles   Août.
Chefnoir, de Reims, fils naturel de feu Jean
Chefnoir et d'Isabelle de Montguyon. Villers-
Cotterets, août 1539.

> *Enreg. à la Chancellerie de France. Arch. nat.,*
> *Trésor des Chartes, JJ. 254, n° 306, fol. 58 v°.*
> 1 page.

11189. Lettres de légitimation accordées à Pierre Fer-   Août.
rant, écuyer, fils naturel de Robert Ferrant,
chevalier, seigneur de Beauverger au Maine.
Villers-Cotterets, août 1539.

> *Enreg. à la Chancellerie de France. Arch. nat.,*
> *Trésor des Chartes, JJ. 254, n° 316, fol. 60.*
> 1 page.

11190. Lettres de légitimation accordées à Marie, fille   Août.
naturelle de Pierre, seigneur de la Brande.
Villers-Cotterets, août 1539.

> *Enreg. à la Chancellerie de France. Arch. nat.,*
> *Trésor des Chartes, JJ. 254, n° 317, fol. 60.*
> 1 page.

11191. Mandement au trésorier de l'épargne de payer   Août.
à Honorat de Queis (Caix), ambassadeur en

Portugal, 3,600 livres pour ses dépenses
dans l'exercice de sa charge du 1er avril 1538
au 31 mars suivant. Villers-Cotterets, [août
ou septembre [1]] 1539.

> Bibl. nat., ms. Clairambault 1215, fol. 77.
> (Mention.)

11192. Lettres de confirmation du contrat de mariage — 1er septembre.
de François d'Estouteville, comte de Saint-
Pol, avec Adrienne, duchesse d'Estouteville.
Villers-Cotterets, 1er septembre 1539.
Suivies dudit contrat, passé en présence du
roi, à Paris, le 9 février 1535 n. s.

> Enreg. au Parl. de Paris, le 16 avril 1540.
> Arch. nat., X¹ᵃ 8613, fol. 207 et v°. 1 page de
> lettres et 20 pages de contrat.
> Impr. Le P. Anselme, Hist. généal. de la maison
> de France, etc. Paris, in-fol., 1730, t. V, p. 554.

11193. Lettres d'évocation au Parlement de Paris des — 2 septembre
procès relatifs à la réunion au domaine royal
de diverses seigneuries de Provence. Villers-
Cotterets, 2 septembre 1539.

> Enreg. à la Chambre des Comptes de Provence.
> Archives des Bouches-du-Rhône, B. 34 (Fenix),
> fol. 100 v°. 2 pages.

11194. Mandement au duc de Guise, gouverneur de — 4 septembre.
Bourgogne et de Champagne, d'empêcher la
traite des blés de ces pays, dont les habitants
pourraient pâtir. Villers-Cotterets, 4 septembre 1539.

> Ordonnance du bailli de Dijon qui en prescrit la
> publication, le 13 septembre. Arch. municip. de
> Dijon, G. 256. (Mention.)

11195. Provisions pour François de Conan de l'office — 7 septembre.
de conseiller maître clerc en la Chambre
des Comptes de Paris, en remplacement de
Michel de Champront. 7 septembre 1539.

> Réception dudit de Conan, le 12 septembre sui-
> vant, anc. mém. 2 K, fol. 178. Arch. nat., invent.
> PP. 136, p. 474. (Mention.)

[1] Le quantième ni le mois ne sont indiqués.

11196. Lettres portant don de l'office de maître des
ports, ponts et passages en la sénéchaussée
de Beaucaire, et de la capitainerie de la tour
de Villeneuve-lès-Avignon, en faveur de
Guillaume de Sabran. Villers-Cotterets, 8 septembre 1539.

> Enreg. au Parl. de Toulouse. Arch. de la Haute-Garonne, Édits, reg. 4, fol. 165, 2 pages.

1539.
8 septembre.

11197. Mandement au trésorier de l'épargne de payer
450 livres à Jean de Monluc, protonotaire
du Saint-Siège, venu en France pour entretenir le roi de diverses affaires, et sur le point
de retourner à Rome. Villers-Cotterets, 8 septembre 1539.

> Bibl. nat., ms. Clairambault 1215, fol. 77 v°.
> (Mention.)

8 septembre.

11198. Lettres permettant au chapitre de Sens de
couper 30 arpents de bois dans la forêt
de Merry, pour en employer le produit à
achever la tour de gauche de la cathédrale.
Villers-Cotterets, 9 septembre 1539.

> Arch. de l'Yonne, G. 1790, Inventaire des titres
> du Chapitre.

9 septembre.

11199. Mandement au trésorier de l'épargne de payer
à Louis d'Adhémar de Monteil 2,140 livres
pour cent sept jours d'exercice de sa charge,
du 16 août 1539 au 30 novembre suivant.
Villers-Cotterets, 9 septembre 1539.

> Bibl. nat., ms. Clairambault 1215, fol. 77 v°.
> (Mention.)

9 septembre.

11200. Mandement au trésorier de l'épargne de payer
à Jean de Langeac, évêque de Limoges,
3,600 livres pour cent quatre-vingts jours
d'exercice de sa charge, du 9 septembre au
11 mars suivant. Villers-Cotterets, 9 septembre 1539.

> Bibl. nat., ms. Clairambault 1215, fol. 77 v°.
> (Mention.)

9 septembre.

11201. Confirmation des privilèges de la ville de Pont-

11 septembre.

Audemer en Normandie. Villers-Cotterets,   1539.
11 septembre 1539.

*Enreg. à la Cour des Aides de Normandie, le
14 août 1540. Archives de la Seine-Inférieure,
Mémoriaux, 2ᵉ vol., fol. 203. 3 pages.*

11202. Lettres notifiant une réduction de 300,000 li-   12 septembre.
vres sur les 4 millions imposés pour la con-
struction des places frontières et pour l'armement des galères. Elles sont adressées au
connétable de Montmorency, gouverneur de
Languedoc, au sʳ de Saint-Amand, sénéchal
de Toulouse, à Aymar Nicolaï, premier président de la Chambre des Comptes de Paris,
à Charles de Pierrevive, seigneur de Lézigny,
trésorier de France, à Charles du Plessis,
sʳ de Savonnières, général des finances en
Languedoc, et à Charles de Magny, capitaine
de la porte de l'hôtel du roi, commissaires
de Sa Majesté sur le fait des finances. Villers-
Cotterets, 12 septembre 1539.

*Copie du xvɪᵉ siècle. Arch. de la ville de Nar-
bonne, AA. 182, pièce.*

11203. Mandement aux élus du Lyonnais leur faisant   12 septembre.
savoir qu'ils ont à lever dans leur élection
la somme de 38,614 livres 19 sous 2 deniers tournois pour la taille. Villers-Cotterets,
12 septembre 1539.

*Copie du xvɪᵉ siècle. Bibl. nat., ms. fr. 2702,
fol. 217 vᵒ.*

11204. Pouvoirs des commissaires du roi aux États de   12 septembre.
Languedoc, convoqués à Béziers pour le
12 octobre. Villers-Cotterets, 12 septembre
1539.

*Copie. Arch. départ. de l'Hérault, C. États de
Languedoc, Procès-verbaux, 1539. 6 pages.*

11205. Lettres du roi à ses commissaires aux États de   12 septembre.
Languedoc, portant instructions spéciales
touchant le bail du droit d'équivalent. Villers-
Cotterets, 12 septembre 1539.

*Copie. Arch. départ. de l'Hérault, C. États de
Languedoc, Procès-verbaux, 1539. 2 pages.*

11206. Mandement au trésorier de l'épargne de payer à Georges de Selve 1,125 livres pour les frais d'un voyage que le roi le charge de faire auprès du roi de Hongrie et d'autres princes de ce pays. Villers-Cotterets, 16 septembre 1539.

> *Bibl. nat., ms. Clairambault 1215, fol. 77.*
> (*Mention.*)

1539.
16 septembre.

11207. Lettres portant accroissement du don fait, le 20 janvier précédent (n° 10694), à César de Cantelme, gentilhomme ordinaire du roi, avec permission d'occuper un logement au château de la Colonne près de Sennecey, et de prélever annuellement 100 livres sur les revenus de la châtellenie. Villers-Cotterets, 18 septembre 1539.

> *Enreg. à la Chambre des Comptes de Dijon, le 21 décembre suivant. Arch. de la Côte-d'Or, reg. B. 20, fol. 59.*

18 septembre.

11208. Commission à Guillaume Prudhomme, trésorier de l'épargne, pour faire le payement des dépenses de la construction du « Collège des trois langues » que le roi a décidé de fonder à l'hôtel de Nesle à Paris. Villers-Cotterets, 19 décembre (*corr.* septembre) 1539.

> *Copie du xviii° siècle. Bibl. nat., Portefeuilles de Fontanieu, vol. 250.*
> *Imp.* E. Baluze, *Petri Castellani, magni Franciæ eleemosynarii, vita, auctore Petro Gallandio, edito à St. Baluzio.* Paris, Muguet, 1674, in-8°, p. 154.
> F. Pinsson, *Traité singulier des régales ou des droits du roi.* Paris, 1688, 2 vol. in-4°, t. II, p. 1304.
> L'abbé Lambert, *Mémoires de Martin et Guillaume du Bellai-Langei, etc.* Paris, Nyon fils, 1753, 7 vol. in-12, t. II, p. 462.

19 septembre.

11209. Provisions en faveur du maréchal d'Annebaut de la charge de lieutenant général du roi et gouverneur de Piémont. Compiègne, 20 septembre 1539.

> *Copie du xvi° siècle. Bibl. nat., ms. fr. 3115, fol. 24.*
> *Copie du xviii° siècle. Bibl. nat., Portefeuilles de Fontanieu, vol. 248.*

20 septembre.

11210. Déclaration portant que la seigneurie et la ville — 1539. de Montélimar sont et ont toujours été dis- 20 septembre. tinctes et séparées du Dauphiné, et que partant ses habitants ne doivent pas être taxés sur les rôles d'impositions et subsides dudit pays. Paris (sic), 20 septembre 1539.

> IMP. L'abbé C.-U.-J. Chevalier, *Cartulaire municipal de la ville de Montélimar*. Montélimar, 1871, in-8°, p. 347.

11211. Mandement au trésorier de l'épargne de payer — 21 septembre. à Antoine de Rincon, ambassadeur à Constantinople, 4,500 livres tant pour sa pension que pour diverses dépenses. Compiègne, 21 septembre 1539.

> *Bibl. nat.*, ms. Clairambault 1215, fol. 77. (*Mention.*)

11212. Lettres commettant à la cour des Grands jours — 22 septembre. d'Angers la connaissance d'un procès criminel intenté par Jacques Du Chesne, écuyer, s' de la Ragotière, et Jeanne Vachereau, sa femme, contre René de La Jaille, chevalier, et René Bourré. Compiègne, 22 septembre 1539.

> *Visés dans un arrêt du Parlement de Paris du 24 juillet 1540. Arch. nat.*, X²ᵃ 89, à la date. (*Mention.*)

11213. Mandement au trésorier de l'épargne de payer — 23 septembre. 56 livres à Pierre Prévost, qui va rapporter à son maître Charles de Marillac, ambassadeur en Angleterre, la réponse du roi. Compiègne, 23 septembre 1539.

> *Bibl. nat.*, ms. Clairambault 1215, fol. 78. (*Mention.*)

11214. Mandement au Parlement de Rennes de faire — 24 septembre. publier et observer l'ordonnance du mois d'août précédent (n° 11173), modifiant les précédentes sur le fait de la justice en Bretagne. Compiègne, 24 septembre 1539.

> IMP. *Ordonnances royaulx sur le faict de la justice en Bretagne...* Impr. à Rennes par Jean

Georget, pet. in-4°, 1540. (*Bibl. nat., inv. Réserve,*   1539.
F. 867.)
    E. Girard et J. Joly, *Troisiesme livre des offices
de France,* etc. Paris, 1647, in-fol., t. I, p. 584.
    Isambert, *Anc. lois françaises,* etc. Paris, 1827,
in-8°, t. XII, p. 646.

11215. Lettres confirmant le privilège du sel aux offi-   24 septembre.
ciers de la Chambre des Comptes de Langue-
doc, aux Généraux de la justice des aides de
Montpellier et aux officiers du Parlement de
Toulouse. Compiègne, 24 septembre 1539.

    *Enreg. à la Chambre des Comptes de Montpellier.
Arch. départ. de l'Hérault, B, 341, fol. 210.*

11216. Mandement aux prévôt des marchands et   26 septembre.
échevins de Paris pour l'ouverture de la
porte de Bucy, à Paris. Compiègne, 26 septembre 1539.

    Original. Arch. nat., K. 955, n° 4.

11217. Lettres autorisant la comtesse de Villars à   29 septembre.
acheter 3,000 charges de blé en Bourgogne.
Compiègne, 29 septembre 1539.

    *Vidimus du XVI° siècle. Arch. de la ville de
Lyon, série GG.*

11218. Lettres ordonnant de procéder contre les ou-   29 septembre.
vriers imprimeurs de Lyon qui refusaient
de travailler et s'étaient mutinés. Compiègne,
29 septembre 1539.

    *Copie du XVI° siècle. Arch. de la ville de Lyon,
AA. 151, fol. 168.*

11219. Lettres de confirmation des privilèges des prieur,   Septembre.
religieux et couvent de Sainte-Catherine du
Val-des-Écoliers, à Paris. Villers-Cotterets,
septembre 1539.

    *Enreg. au Parl. de Paris, le 12 janvier 1540
n. s. Arch. nat., X^{1a} 8643, fol. 204. 2 pages 1/4.
    Enreg. à la Chambre des Comptes de Paris, le
12 mars 1540 n. s.
    Enreg. au Châtelet de Paris. Arch. nat., Ban-
nières, Y. 9, fol. 189 v°. 4 pages.
    Enreg. à la Cour des Aides, suivant la mention du
recueil Cromo. Arch. nat., U. 665, fol. 288.*

11220. Lettres accordant aux marguilliers de l'église
paroissiale de Blois décharge d'une rente
annuelle de 60 sous qu'ils devaient au roi
pour une maison joignant ladite église, qu'ils
avaient acquise récemment de Jean Mille-
teau et fait démolir. Villers-Cotterets, septembre 1539.

> *Enreg. à la Chancellerie de France. Arch. nat.,*
> *Trésor des Chartes, JJ. 254, n° 349, fol. 66. 1 p.*

1539.
Septembre.

11221. Permission aux habitants d'Étigny, au bailliage
de Sens, de clore leur bourg de murs, fossés, etc. Villers-Cotterets, septembre 1539.

> *Enreg. à la Chancellerie de France. Arch. nat.,*
> *Trésor des Chartes, JJ. 254, n° 338, fol. 64. 1 page.*

Septembre.

11222. Établissement de trois foires annuelles à Neuf-
châtel-sur-Aisne, au bailliage de Vermandois,
en faveur de Guillemette de Sarrebrück,
veuve du s^r de Sedan, comtesse de Brienne,
dame du lieu. Villers-Cotterets, septembre
1539.

> *Enreg. à la Chancellerie de France. Arch. nat.,*
> *Trésor des Chartes, JJ. 254, n° 337, fol. 64. 1 page.*

Septembre.

11223. Confirmation et ampliation, en faveur du chancelier Guillaume Poyet, du don qui lui avait
été fait, en août 1537, des biens et rentes
provenant de feu Gaillard Spifame, sur les
fiefs et seigneuries des Clayes, de la Mairie, de
Plaisir, des Petits-Prés, de l'Hébergerie, etc.,
près Montfort-l'Amaury, Neauphle et Ville-
preux. Villers-Cotterets, septembre 1539.

> *Enreg. à la Chancellerie de France. Arch. nat.,*
> *Trésor des Chartes, JJ. 254; n° 351, fol. 66 v°.*
> *2 pages.*

Septembre.

11224. Permission à Jean Lambert de construire un
moulin à foulon sur le Chalouet, faubourg
Saint-Martin d'Étampes, à condition de payer
chaque année à la recette d'Étampes 8 livres
tournois de rente et 4 deniers parisis de cens.
Villers-Cotterets, septembre 1539.

> *Enreg. à la Chancellerie de France. Arch. nat.,*

Septembre.

Trésor des Chartes, JJ. 254, n° 346, fol. 65 v°.
1 page.   1539.

    Enreg. à la Chambre des Comptes de Paris, le 1ᵉʳ octobre 1539, anc. mém. 2 J, fol. 202. Arch. nat., invent. PP. 136, p. 474. (Mention.)

11225. Lettres de naturalité octroyées à Marguerite   Septembre.
    Paléologue, duchesse douairière de Man-
    toue, marquise de Montferrat, et à ses en-
    fants, à cause des biens qu'ils tiennent en
    France de la maison d'Alençon. Villers-Cot-
    terets, septembre 1539.

     Copie du xvɪᵉ siècle. Arch. nat., KK. 1111, fol. 75.
     Imp. Les Mémoires de M. le duc de Nevers, prince de Mantoue, etc. Paris, Billaine, 1665, 2 vol. in-fol., t. I, 1ʳᵉ partie, p. 30.
     Le comte de Soultrait, Inventaire des titres de Nevers de l'abbé de Marolles. Nevers, 1873, in-4°, p. 408. (Mention.)

11226. Lettres de naturalité en faveur de Pierre de   Septembre.
    Caluze, natif de Piémont, fourrier ordinaire
    de Mesdames la Dauphine et Marguerite de
    France. Villers-Cotterets, septembre 1539.

     Enreg. à la Chancellerie de France. Arch. nat., Trésor des Chartes, JJ. 254, n° 340, fol. 64 v°.
     1 page.

11227. Lettres de légitimation pour Jeanne de Pomiers,   Septembre.
    fille naturelle de Saubert de Pomiers, prési-
    dent des enquêtes au Parlement de Bordeaux.
    Villers-Cotterets, septembre 1539.

     Enreg. à la Chancellerie de France. Arch nat., Trésor des Chartes, JJ. 254, n° 344, fol. 65 v°.
     1 page.

11228. Lettres de naturalité pour les enfants de deux   Septembre.
    lits de Pierre Sanglier, mercier et bourgeois
    de Paris, nés à Valenciennes, de mères origi-
    naires de cette ville. Villers-Cotterets, sep-
    tembre 1539.

     Enreg. à la Chancellerie de France. Arch. nat., Trésor des Chartes, JJ. 254, n° 350, fol. 66 v°.
     1 page et demie.

11229. Permission aux habitants de Vienne en Dau-   Septembre.
    phiné d'établir des poids publics pour peser

le blé et la farine. Compiègne, septembre 1539.
1539.

*Enreg. à la Chancellerie de France. Arch. nat.,
Trésor des Chartes, JJ. 254, n° 343, fol. 65.
1 page 1/2.*

11230. Confirmation du don de sel fait annuellement
aux docteurs et régents de l'Université de
Montpellier. Compiègne, septembre 1539.

Septembre.

*Imp. Courtaud, Monspeliensis medicorum uni-
versitas, oratio pronunciata à Curtaudo. Montpellier,
1645, in-4°, p. 86. (Mention.)*

11231. Lettres de naturalité en faveur de Claude de
Tarvenu, natif de Vézelise, au diocèse de
Toul, données à la requête et en récompense
des services de son oncle, Jean bâtard du
Fay, capitaine de Verdun et gouverneur du
Rethelais. Compiègne, septembre 1539.

Septembre.

*Enreg. à la Chancellerie de France. Arch. nat.,
Trésor des Chartes, JJ. 254, n° 345, fol. 65 v°.
1 page.*

11232. Lettres de légitimation pour Thomas Lefebvre,
fils naturel d'André Lefebvre et de Jeanne
Despie. Compiègne, septembre 1539.

Septembre.

*Enreg. à la Chancellerie de France. Arch. nat.,
Trésor des Chartes, JJ. 254, n° 347, fol. 66. 1 page.*

11233. Mandement au général des finances de Bretagne
de lever, en vertu de l'édit rendu à Chantilly au mois d'août précédent (n° 11169),
18,000 livres sur les contribuables du duché
de Bretagne, pour les travaux de canalisation
de la Vilaine depuis Rennes jusqu'au gué de
Notre-Dame, au-dessous de Messac. Compiègne, 5 octobre 1539.

5 octobre.

*Copie du xvi° siècle. Bibl. nat., coll. Dupuy,
vol. 7, fol. 55.
Copie du xviii° siècle. Bibl. nat., ms. fr. 3908,
fol. 55.*

11234. Mandement au général des finances de Bretagne de procéder sans retard à la levée de
l'impôt de 7 sous par feu que M. de Château-

5 octobre.

briant, chevalier de l'ordre et lieutenant
général du roi en Bretagne, a été chargé,
par commission royale du 20 août précédent
(n° 11154), de demander aux États du duché
assemblés à Vannes, le 5 septembre, et que
ceux-ci ont refusé. Compiègne, 5 octobre
1539.

1539.

> *Copie du XVI° siècle. Bibl. nat., coll. Dupuy,
> vol. 7, fol. 56 v°.*
>
> *Copie du XVII° siècle. Bibl. nat., ms. fr. 3908,
> fol. 58.*

11235. Mandement au trésorier de l'épargne de payer
2,475 livres à Georges de Selve pour le
complet payement (1,125 livres lui ayant été
données pour un voyage auprès du roi de
Hongrie qu'il ne fera pas) d'une somme de
3,600 livres qui lui est ou sera due pour
cent quatre-vingts jours, comptés du 9 octobre 1539 au 6 avril suivant, d'exercice de
la charge d'ambassadeur auprès de l'empereur qui vient de lui être donnée, à la mort
d'[Antoine de Castelnau], évêque de Tarbes.
Compiègne, 9 octobre 1539.

9 octobre.

> *Bibl. nat., ms. Clairambault 1215, fol. 77.*
> *(Mention.)*

11236. Mandement au trésorier de l'épargne de payer
900 livres à Georges de Selve pour ses dépenses dans le voyage qu'il va faire en Espagne. Compiègne, 9 octobre 1539.

9 octobre.

> *Bibl. nat., ms. Clairambault 1215, fol. 77.*
> *(Mention.)*

11237. Provisions en faveur du s^r de Saint-André, chevalier de l'ordre, sénéchal de Lyon, de l'office
de gouverneur et lieutenant général du roi
à Lyon, vacant par la mort de Pomponio
Trivulce. Compiègne, 11 octobre 1539.

11 octobre.

> *Copie du XVII° siècle. Bibl. nat., ms. Clairam-
> bault 958, fol. 151.*

11238. Mandement au trésorier de l'épargne de payer
180 livres à Jean Goy qui, venu de la part
de Charles de Marillac, ambassadeur en An-

12 octobre.

gleterre, va lui porter la réponse du roi. 1539.
Compiègne, 12 octobre 1539.

*Bibl. nat., ms. Clairambault 1215, fol. 78.
(Mention.)*

11239. Lettres ordonnant la mise à exécution de l'édit   14 octobre.
du 31 août 1539 (11168), réglementant la
profession d'imprimeur et enjoignant au prévôt de Paris de faire cesser l'opposition mani-
festée et les désordres commis par les compagnons imprimeurs. Compiègne, 14 octobre
1539.

*Enreg. au Châtelet de Paris. Arch. nat., Ban-
nières, Y. 9, fol. 166. 3 pages.*

11240. Lettres ordonnant aux possesseurs de fiefs et   15 octobre.
arrière-fiefs d'envoyer la déclaration du
nombre et de la valeur des fiefs qu'ils dé-
tiennent, des devoirs et charges de ces fiefs,
et ce dans le délai de six mois pour les ducs,
comtes et barons, et de trois mois pour les
châtelains et hauts justiciers. Compiègne,
15 octobre 1539.

*Enreg. au Châtelet de Paris, le 14 janvier 1540
n. s. Arch. nat., Bannières, Y. 9, fol. 150 v°.
3 pages.
Imp. Pièce in-4°. Arch. nat., AD.I 21; AD.IX
124, n° 79. 3 pages 1/2.
Idem. Bibl. nat., Inv., Réserve, F. 1642.
Les lois, ordonnances et edictz, etc... depuis le
roy Saint Loys... Paris, Galiot du Pré, 1559,
in-fol., fol. 170 v°.
A. Fontanon, Édits et ordonnances, etc. Paris,
1611, in-fol., t. II, p. 351.
Jacques Corbin, Le code de Louis XIII, roy de
France et de Navarre, etc. Paris, 1628, in-fol.,
t. II, p. 81.
Guillaume Terrien, Commentaires du droit civil...
observé au duché de Normandie, etc. Rouen, Vaul-
tier, 1654, in-fol., p. 110. (Fragment.)
Berthelot du Ferrier, Traité de la connoissance
des droits et des domaines du roy. Paris, 1725,
in-4°, p. 265.
Isambert, Anc. lois françaises, etc. Paris, 1827,
in-8°, t. XII, p. 641.*

11241. Mandement au bailli de Vienne de faire pro-   15 octobre.
clamer que les possesseurs de fiefs et arrière-

fiefs de son bailliage aient à les déclarer par   1539.
devers lui, et en donner le dénombrement
pour régler le nombre d'hommes qu'ils doivent fournir. Compiègne, 15 octobre 1539.

> *Enreg. à la Chambre des Comptes de Grenoble.*
> *Arch. de l'Isère, B. 2910, cah. 102. 6 pages 1/2.*

11242. Mandement au bailli de Dijon d'enjoindre à   15 octobre.
tous les possesseurs de fiefs de son ressort
de fournir dans les trois mois une déclaration de la valeur de ces fiefs. Compiègne,
15 octobre 1539.

> *Original. Arch. municip. de Dijon, B, Ban et*
> *arrière-ban.*

11243. Lettres en forme de mandement au bailli   16 octobre.
d'Amiens concernant la perception d'un
octroi sur les marchandises vendues dans la
ville d'Amiens. Compiègne, 16 octobre 1539.

> *Arch. de l'hôtel de ville d'Amiens, pièce cotée*
> *T. 6, n° 11.*
> *Imp. Aug. Thierry, Recueil des monuments inédits*
> *de l'hist. du Tiers état, in-4°, t. II, 1853, p. 603.*

11244. Lettres portant règlement pour le cours et la   17 octobre.
valeur des monnaies et renouvelant l'ordon-
nance du 5 mars 1533 n. s. (n° 5515).
Compiègne, 17 octobre 1539.

> *Original sur parchemin dans les minutes d'ordon-*
> *nances de la Cour des Monnaies. Arch. nat., Z¹ᵇ 536.*
> *Enreg. à la Cour des Monnaies, le 22 octobre*
> *1539. Arch. nat., Z¹ᵇ 62, fol. 239. 3 pages.*

11245. Mandement au Parlement d'Aix d'enregistrer   17 octobre.
et de faire publier et observer les ordon-
nances générales sur le fait de la justice en
Provence et les modifications contenues dans
les lettres du 30 août précédent (n° 11167).
Compiègne, 17 octobre 1539.

> *Enreg. au Parl. de Provence, le 23 décembre 1539.*
> *Imp. E. Girard et J. Joly, Troisiesme livre des*
> *offices de France, etc. Paris, 1647, in-fol., t. I,*
> *p. 548.*

11246. Provisions de l'office de receveur ordinaire et   18 octobre.
voyer de la ville et prévôté de Paris, vacant

par la résignation de Nicolas Séguier en fa-   1539.
veur de Jean Turquain. Compiègne, 18 octobre 1539.

Enreg. au Châtelet de Paris, le 29 octobre 1539.
Arch. nat., Bannières, Y. 9, fol. 149 v°. 2 pages.

11247. Lettres enjoignant à la ville de Lyon de payer   21 octobre.
immédiatement Jean Picard et Claude Mon-
parlier, envoyés à Lyon pour la vérification
et recherche des draps de soie de Gênes.
Compiègne, 21 octobre 1539.

Original. Arch. de la ville de Lyon, CC. 316.

11248. Édit portant défense de faire entrer les épi-   22 octobre.
ceries du Levant en France autrement que
par les ports de mer et après avoir payé les
droits. Compiègne, 22 octobre 1539.

Enreg. au Parl. de Bordeaux, le 15 décembre
1539. Arch. de la Gironde, B, 31, fol. 54. 4 pages.
Enreg. au Parl. de Paris, le 19 février 1540 n. s.
Arch. nat., X¹ᵃ 8613, fol. 244 v°, 2 pages.
Enreg. au Parl. de Toulouse, le 4 mai 1540,
Arch. de la Haute-Garonne, Édits, reg. 4, fol. 166.
Enreg. au Châtelet de Paris, le 27 septembre
1540. Arch. nat., Bannières, Y. 9, fol. 186. 4 pages.
Imp. Pièce in-4°. Arch. nat., AD. I 21. — Bibl.
nat., Inv. Réserve, F. 1642.
Autre pièce in-4°. Paris, J. Nyvent, 1540. Bibl.
nat., Inv. Réserve, F. 1899.
Les loix, ordonnances et edictz... depuis le roy
S. Lois... Paris, Galiot du Pré, 1559, in-fol.
fol. 103 r°.
P. Rebuffi, Édits et ordonnances des rois de
France, etc. Lyon, 1573, in-fol. p. 746.
A. Fontanon, Édits et ordonnances, etc. Paris,
1611, in-fol., t. II, p. 502.
Isambert, Anc. lois françaises, etc. Paris, 1827,
in-8?, t. XII, p. 643.

11249. Déclaration concernant le droit de bûche ac-   24 octobre.
cordé aux présidents et maîtres des comptes
et aux autres officiers de la Chambre. Compiègne, 24 octobre 1539.

Enreg. à la Chambre des Comptes de Paris, le
21 novembre 1539. Arch. nat., P. 2306, p. 783.
Imp. Pièce in-4°. Arch. nat. AD. I 21; AD. IX
124, n° 80. 3 pages.

11250. Lettres portant attribution à Mathieu Aubert, viconte et receveur ordinaire d'Évreux, de 400 livres tournois par an comme indemnité pour la distraction faite de sa vicomté des seigneuries de Pacy, Ezy et Nonancourt, érigées en vicomté particulière en faveur de Jacques Le Maçon. 25 octobre 1539.

1539.
25 octobre.

> *Enregt à la Chambre des Comptes de Paris, anc. mém. 2 J, fol. 303. Arch. nat., invent. PP. 136, p. 475. (Mention.)*

11251. Mandement au trésorier de l'épargne de délivrer la somme de 64,199 livres 8 sous 4 deniers tournois à Pierre Potier pour le payement des gages des officiers du Parlement de Toulouse. Compiègne, 27 octobre 1539.

27 octobre.

> *Enreg. au Parl. de Toulouse. Arch. de la Haute-Garonne, Édits, reg. 4, fol. 158.*
> *Bibl. nat., ms. fr. 4402, fol. 78, n° 122. (Mention.)*

11252. Lettres autorisant le sr de Langey à acheter des blés en Champagne, Bourgogne, Bresse, Dombes et Lyonnais, pour les transporter en Piémont. Compiègne, 27 octobre 1539.

27 octobre.

> *Copie collat. du XVIe siècle. Arch. de la ville de Lyon, série HH.*

11253. Lettres autorisant les Lyonnais à tirer des provinces de Bourgogne, Bresse, Bourbonnais, Auvergne et Dombes tout le blé dont ils auront besoin, à condition de payer les droits. Compiègne, 28 octobre 1539.

28 octobre.

> *Original. Arch. de la ville de Lyon, série GG.*

11254. Mandement au trésorier de l'épargne de payer à Guillaume Pellissier, ambassadeur à Venise, 1,250 livres pour cent vingt-cinq jours d'exercice de sa charge, comptés du 1er octobre au 2 février suivant. Compiègne, 28 octobre 1539.

28 octobre.

> *Bibl. nat., ms. Clairambault 1215, fol. 77. (Mention.)*

11255. Mandement au trésorier de l'épargne de payer 495 livres à Guy Karuel, commissaire ordi-

29 octobre.

naire des guerres, qui part le jour même pour aller porter des lettres au roi d'Angleterre et lui parler de diverses affaires. Compiègne, 29 octobre 1539.

Bibl. nat., ms. Clairambault 1215, fol. 77 v°. (*Mention.*)

11256. Don de 900 livres à Charles de Marillac, ambassadeur en Angleterre, pour l'aider à supporter les dépenses qu'il lui convient de faire dans l'exercice de sa charge. Compiègne, 29 octobre 1539.

29 octobre.

Bibl. nat., ms. Clairambault 1215, fol. 78. (*Mention.*)

11257. Lettres en forme de mandement aux commissaires sur le fait de l'emprunt demandé en 1537 et 1538 aux prélats du royaume, portant exemption de cet emprunt en faveur du cardinal de Lorraine, abbé de Cluny. Compiègne, 30 octobre 1539.

30 octobre.

Original. Bibl. nat., fonds latin des Nouvelles acquisitions, ms. 2268, n° 42.

11258. Provisions pour Antoine Benoist de l'office de garde de la Monnaie de Tours, vacant à cause de la forfaiture de Louis de Coussy. Compiègne, 30 octobre 1539.

30 octobre.

Enreg. à la Cour des Monnaies, le 1er juin 1541. Copie. Arch. nat., Z¹ᵇ 548.

11259. Provisions pour Jean Barthélemy de l'office de président des enquêtes au Parlement de Toulouse. Compiègne, 31 octobre 1539.

31 octobre.

Copie collat. du xvi° siècle. Bibl. nat., ms. fr. 25722, n° 540.

11260. Ordonnance portant que toutes rentes constituées sur les maisons des villes seront rachetables moyennant le prix de la constitution, ou, s'il ne peut être établi, au denier quinze. Compiègne, octobre 1539.

Octobre.

Enreg. au Parl. de Paris, sauf restrictions et modifications (lesquelles sont au registre du Conseil), le

5 février 1540 n. s. Arch. nat., X¹ª 8613, fol. 206.
1 page 1/4.

   Enreg. au Parl. de Dijon. Arch. de la Côte-d'Or, Parl., reg. III, fol. 12 v°.

   Enreg. au Parl. de Grenoble, le 29 avril 1540. Arch. de l'Isère, Chambre des Comptes de Grenoble, B. 2911, II, fol. 7. 2 pages 1/2.

   Enreg. au Parl. de Bordeaux, le 29 janvier 1543. Arch. de la Gironde, B. 31, fol. 292 v°. 2 pages 1/2.

   Enreg. à la Chambre des Comptes de Provence. Archives des Bouches-du-Rhône, B. 35 (*Solis*), fol. 243.

   Copie. Arch. de la Gironde, fonds de l'archevêché de Bordeaux, G. 271 (*portefeuille*).

   Copie. Arch. municipales de Toulouse, ins. 8508, fol. 327.

   IMP. *Bibl. nat., Inv. Réserve*, F. 618 et 1642. Pièce in-4°. Lyon, 1540. Londres, *British Museum*.

   Les loix, ordonnances et edictz, etc... *depuis le roy S. Lois*... Paris, Galiot du Pré, 1559, in-fol., fol. 172 v°.

   P. Rebuffi, *Édits et ordonnances des rois de France.* Lyon, 1573, in-fol., p. 1307.

   A. Fontanon, *Édits et ordonnances*, etc. Paris, 1611, in-fol., t. I, p. 794.

   Delamare, *Traité de la police*, etc. Paris, 1738, in-fol., t. IV, p. 355.

   Isambert, *Anc. lois françaises*, etc. Paris, in-8°, t. XII, p. 645.

11261. Édit ordonnant la création dans chaque élection du royaume de sergents sur le fait des aides, tailles et gabelles. Compiègne, octobre 1539.   *Octobre.*

   Enreg. aux Requêtes de l'Hôtel, le 17 novembre 1539.

   Copie collationnée faite par ordre de la Cour des Aides, en juillet 1779. Arch. nat., Z¹ª 526.

   IMP. Jacques Corbin, *Nouveau recueil des édits*, etc..., *de l'autorité, juridiction*, etc., *des Cours des Aides de Paris, Rouen*, etc. Paris, 1623, in-4°, p. 529.

11262. Édit de création d'offices de sergents royaux dans les greniers à sel du royaume. Compiègne, octobre 1539.   *Octobre.*

   Enreg. aux requêtes de l'hôtel, le 11 novembre 1539.

   IMP. Jacques Corbin, *Nouveau recueil des...*

IV.   8

édits, etc... de l'autorité, juridiction, etc., des Cours
des Aides de Paris, Rouen, etc. Paris, 1623,
in-4°, p. 592.

1539.

11263. Création de deux nouvelles foires, outre trois
anciennes, à Aurillac. Compiègne, octobre
1539.

> *Enreg. à la Chancellerie de France. Arch. nat.,*
> *Trésor des Chartes, JJ. 254, n° 355, fol. 67 v°.*
> 1 page.

Octobre.

11264. Établissement de deux foires par an et d'un
marché hebdomadaire au lieu dit le Ban-de-
Saint-Rémy en Champagne, à la requête du
cardinal de Lenoncourt, évêque de Châlons.
Compiègne, octobre 1539.

> *Original. Arch. munitip. de Reims, fonds de*
> Saint-Rémy, liasse 20, n° 1.
> *Enreg. à la Chancellerie de France. Arch. nat.,*
> *Trésor des Chartes, JJ. 254, n° 361, fol. 68. 1 page.*

Octobre.

11265. Permission au duc de Lorraine et à ses enfants
d'acquérir et de posséder dans le royaume
des terres, seigneuries et tous autres biens,
comme les régnicoles. Compiègne, octobre
1539.

> *Enreg. à la Chancellerie de France. Arch. nat.,*
> *Trésor des Chartes, JJ. 254, n° 358, fol. 67 v°.*
> 1 page.

Octobre.

11266. Établissement de deux foires par an et d'un
marché chaque semaine à Loubaresse en
Vivarais, à la requête de Louis de Borne,
seigneur du lieu. Compiègne, octobre 1539.

> *Enreg. à la Chancellerie de France. Trésor des*
> *Chartes. Arch. nat., JJ. 254, n° 352, fol. 67.*
> 1 page.

Octobre.

11267. Confirmation en faveur de Sébastien de Montbel des privilèges, libertés et immunités des
comtés de Montbel et d'Entremont, en Savoie. Compiègne, octobre 1539.

> *Enreg. à la Chancellerie de France. Arch. nat.,*
> *Trésor des Chartes, JJ. 254, n° 357, fol. 67 v°.*
> 1 page.

Octobre.

11268. Permission aux habitants de Saint-Brieuc de
s'exercer au tir de l'arquebuse et de la coule-

Octobre.

vrine et d'établir un concours annuel. Compiègne, octobre 1539.

Enreg. à la Chancellerie de France. Arch. nat.,
Trésor des Chartes, JJ. 254, n° 364, fol. 68 v°.
1 page.
Enreg. à la Chambre des Comptes de Bretagne.
Archives de la Loire-Inférieure, B. Mandements
royaux, II, fol. 196.

11269. Don à Antoine des Préz, s' de Montpezat, chevalier de l'ordre, à Honorat de Savoie, comte
de Villars, et à Antoine de Hallwin, s' de
Piennes, gentilshommes de la chambre, de
tous les biens provenant de Jean Dutertre,
de Grosville en la vicomté de Valognes, condamné pour crime de fausse monnaie. Compiègne, octobre 1539.

Enreg. à la Chancellerie de France. Arch. nat.,
Trésor des Chartes, JJ. 254, n° 359, fol. 68.
1 page.

11270. Lettres de naturalité en faveur de Laurent
Charli, marchand florentin, marié et domicilié à Lyon. Compiègne, octobre 1539.

Enreg. à la Chancellerie de France. Arch. nat.,
Trésor des Chartes, JJ. 254, n° 356, fol. 67 v°.
1 page.

11271. Lettres de naturalité en faveur de Livio Crotto,
gouverneur et capitaine de Melun, commissaire ordinaire des guerres. Compiègne, octobre 1539.

Enreg. à la Chancellerie de France. Arch. nat.,
Trésor des Chartes, JJ. 254, n° 365, fol. 68 v°.
1 page.

11272. Lettres de légitimation accordées à Mathurin
de la Hardière, sommelier de paneterie de
la reine, fils naturel de Pierre de la Hardière
et de Charlotte de la Chalopinière. Compiègne, octobre 1539.

Enreg. à la Chancellerie de France. Arch. nat.,
Trésor des Chartes, JJ. 254, n° 367, fol. 69.
1 page.

11273. Lettres de légitimation accordées à Claude de
la Rivière, fils naturel de Gilbert de la Ri-

1539.

Octobre.

Octobre.

Octobre.

Octobre.

Octobre.

8.

vière et de Marguerite Nicole. Compiègne,   1539.
octobre 1539.

> *Enreg. à la Chancellerie de France. Arch. nat. ;*
> *Trésor des Chartes, JJ. 254, n° 353, fol. 67.*
> *1 page.*

11274. Lettres de légitimation en faveur de Charles   Octobre.
de Vesc, fils naturel de Charles de Vesc,
écuyer, seigneur d'Espeluche, et d'Anne Salomon. Compiègne, octobre 1539.

> *Enreg. à la Chancellerie de France. Arch. nat.,*
> *Trésor des Chartes, JJ. 254, n° 360, fol. 68.*
> *1 page.*

11275. Commission donnée à Nicolas Le Jay pour le   1er novembre.
payement des dépenses qui seront faites à
cause de la venue et du passage de l'Empereur. Compiègne, 1er novembre 1539.

> *Copie du XVIIe siècle. Bibl. nat., ms. latin 9041,*
> *fol. 100.*

11276. Lettres annonçant aux habitants de Poitiers   1er novembre.
l'arrivée de l'empereur Charles-Quint et leur
ordonnant de le bien recevoir lors de son
passage dans leur ville. Compiègne, 1er novembre 1539.

> *Copie du XVIe siècle. Arch. municip. de Poitiers,*
> *reg. des délibérations, t. XXII, p. 125.*

11277. Mandement au trésorier de l'épargne de payer   3 novembre.
1,350 livres à François de Rohan, gentil-
homme de la chambre, envoyé par le roi à
Rome. Compiègne, 3 novembre 1539.

> *Bibl. nat., ms. Clairambault 1215, fol. 78.*
> *(Mention.)*

11278. Don à Charles Thomas, avocat au Grand   4 novembre.
conseil, de 300 livres tournois de pension
pendant six ans, à prendre sur les exploits et
amendes de ladite cour. 4 novembre 1539.

> *Enreg. à la Chambre des Comptes de Paris, le*
> *12 janvier 1540 n. s., anc. mém. 2 J, fol. 235.*
> *Arch. nat., invent. PP. 136, p. 476. (Mention.)*

11279. Lettres autorisant l'abbaye de Lérins à vendre   4 novembre.
une vigne qu'elle possédait au terroir de Dra-

guignan, au lieu dit Notre-Dame-de-Bellient, laquelle vigne faisait l'objet d'un procès entre l'économe de l'abbaye et André Miralhet, de Riez. 4 novembre 1539.

1539.

Arch. départ. des Alpes-Maritimes, H. 678, anc. invent. (Mention.)

11280. Mandement au trésorier de l'épargne de payer 1,125 livres à Claude Dodieu, qui va porter au roi de Hongrie des lettres du roi de France. Pont-Sainte-Maxence, 4 novembre 1539.

4 novembre.

Bibl. nat., ms. Clairambault 1215, fol. 77. (Mention.)

11281. Mandement au trésorier de l'épargne de payer 1,350 livres à Antoine Hellin, ambassadeur auprès de la reine douairière de Hongrie, en déduction de ce qui pourra lui être dû pour les dépenses de sa charge. Maisons-sur-Seine, 8 novembre 1539.

8 novembre.

Bibl. nat., ms. Clairambault 1215, fol. 77 v°. (Mention.)

11282. Mandement à Guillaume Prudhomme, trésorier de l'épargne, de délivrer à Julien Bonacoursy, commis au payement des gages des cent gentilshommes de l'hôtel placés sous les ordres du sieur de Canaples, 10,427 livres 10 sous tournois pour le quartier d'octobre-décembre 1538. Paris, 12 novembre 1539.

12 novembre.

Original. Bibl. nat., ms. fr. 25722, n° 541.

11283. Ordonnance interdisant aux officiers comptables du Trésor de laisser en souffrance aucune partie de leurs comptes et leur prescrivant de les faire apurer. Fontainebleau, 18 novembre 1539.

18 novembre.

Enreg. à la Chambre des Comptes de Paris, le 17 janvier 1540 n. s. Arch. nat., P. 2306, p. 787. 3 pages 1/2.

Enreg. au Châtelet de Paris, le 4 février 1540 n. s. Archives nat., Bannières, Y. 9, fol. 154. 3 pages.

Impr. Pièce in-4°. Arch. nat., AD.I 21, et AD.IX 124, n° 83. 2 pages.

11284. Provisions de l'office de conseiller au Parlement de Bordeaux en faveur de Pierre de Valier. Fontainebleau, 19 novembre 1539.

1539.
19 novembre.

> *Enreg. au Parl. de Bordeaux, le 2 janvier 1540 n. s. Arch. de la Gironde, B. 31, fol. 58 v°. 2 p. 1/2.*

11285. Ordonnance défendant la traite des blés des provinces de Champagne, Bourgogne, Lyonnais, Forez, Beaujolais, Auvergne, Dauphiné et Provence. Fontainebleau, 20 novembre 1539.

20 novembre.

> *Enreg. à la Chambre des Comptes de Grenoble. Arch. de l'Isère, B. 2910, cah. 89. 8 pages. Vidimus du XVI° siècle. Arch. municip. de Dijon, G. 256.*

11286. Lettres exemptant de tous péages les blés conduits à Lyon pour la subsistance des pauvres de l'aumône générale. Fontainebleau, 20 novembre 1539.

20 novembre.

> *Vidimus du XVI° siècle. Arch. de la ville de Lyon, série CC.*

11287. Ordonnance portant règlement pour l'habillement et l'armement des sergents à verge de la douzaine au Châtelet de Paris, leur accordant les mêmes privilèges et exemptions qu'aux archers et arbalétriers de la ville de Paris. Fontainebleau, 20 novembre 1539.

20 novembre.

> *Enreg. au Châtelet de Paris, le 29 décembre 1539. Arch. nat., Bannières, Y. 9, fol. 152. 3 pages.*

11288. Mandement au trésorier de l'épargne de payer 247 livres 10 sous à Guy Karuel, commissaire ordinaire des guerres, à titre de remboursement de pareille somme qu'il avait donnée, au mois d'octobre précédent, pour faire arrêter à Loudun deux personnages et les conduire à Boulogne-sur-Mer, où ils ont été placés sous la garde d'Oudart du Biez, capitaine de la ville. Fontainebleau, 21 novembre 1539.

21 novembre.

> *Bibl. nat., ms. Clairambault 1215, fol. 77 v°. (Mention.)*

11289. Lettres portant que les certificats de temps d'études délivrés par les facultés auront la même valeur que s'ils émanaient des Universités elles-mêmes. Fontainebleau, 22 novembre 1539.

1539.
22 novembre.

Enreg. au Parl. de Bordeaux, le 15 décembre 1539. Arch. de la Gironde, B. 31. fol. 52. 4 pages. Présentées au Parl. de Paris, le 20 janvier 1540 n. s. Arch. nat., X^{1a} 4910, Plaidoiries, fol. 174 v°. (Mention.)

11290. Don à François, duc d'Estouteville, comte de Saint-Pol, d'une somme de 5,609 livres 9 sous à prendre sur les deniers de l'octroi voté au roi par les États du duché de Bourgogne. Fontainebleau, 22 novembre 1539.

22 novembre.

Original. Arch. de la Côte-d'Or, B. 339.

11291. Lettres portant assignation de gages en faveur de François de Jarente, conseiller au Parlement de Toulouse. Fontainebleau, 22 novembre 1539.

22 novembre.

Enreg. à la Chambre des Comptes de Montpellier. Archives départ. de l'Hérault, B. 341, fol. 212. 3 pages.

11292. Lettres de privilège accordées à Philippe Bourgoignon, libraire juré de l'Université d'Angers, pour l'impression des *Coustumes réformées du duché de Bretagne.* Fontainebleau, 22 novembre 1539.

22 novembre.

Imp. Coustumes généralles des pays et duché de Bretagne, nouvellement réformées..., publiées en la ville de Nantes, etc. Rennes et Nantes, Ph. Bourgoignon, libraire juré de l'Université d'Angers, pet. in-4°, 1540. En tête. (Bibl. nat., inv. Réserve, F. 867.)

11293. Édit portant que les officiers royaux seront tenus de résider au siège de leur juridiction, avec défense de s'absenter sans permission, sous peine de privation de leurs offices. Fontainebleau, 23 novembre 1539.

23 novembre.

Enreg. à la Chancellerie, le 19 décembre 1539. Enreg. au Parl. de Paris, le 5 janvier 1540 n. s. Arch. nat., X^{1a} 8613, fol. 203. 2 pages.

Arrêt d'enregistrement. Idem, X¹ᵉ 4910, Plai- 1539.
doiries, fol. 117.

*Enreg. à la Chambre des Comptes de Paris, le
21 janvier 1540 n. s. Arch. nat.*, P. 2306, p. 791.
3 pages.

*Enreg. à la Cour des Aides de Normandie, le
16 mars 1540 n. s. Arch. de la Seine-Inférieure, Mémoriaux*, 2ᵉ vol., fol. 198. 4 pages.

*Enreg. au Parl. de Bordeaux, le 18 mars 1540
n. s. Arch. de la Gironde*, B. 31, fol. 61 v°.
3 pages 1/2.

*Enreg. au Parl. de Dijon, le 20 mars 1540 n. s.
Arch. de la Côte-d'Or, Parl.*, reg. III, fol. 9.

*Enreg. au Parl. de Grenoble, le 28 avril 1540.
Arch. de l'Isère, Chambre des Comptes de Grenoble*,
B. 2911, II, cah. 11. 3 pages 1/2.

*Enreg. au Parl. de Toulouse. Arch. de la Haute-
Garonne, Édits*, reg. 4, fol. 164. 2 pages.

*Enreg. à la Chambre des Comptes de Montpellier.
Arch. départ. de l'Hérault*, B. 341, fol. 211.
2 pages.

Imp. Paris, J. André (s. d.), pièce in-4°. *Bibl.
nat.; Inv. Réserve*, F. 618, 1642 et 1901.
Autre pièce. *Lyon*, 1540, in-4°. *Londres, British
Museum.*

*Les loix, ordonnances et edictz, etc... depuis le
roy S. Lois... Paris, Galiot du Pré*, 1559,
in-fol., fol. 144 r°.

*P. Rebuffi, Édits et ordonnances des rois de
France, etc. Lyon*, 1573, in-fol., p. 47.

A. Fontanon, Édits et ordonnances, etc. Paris,
1611, in-fol. t. I, p. 549.

*E. Girard et J. Joly, Troisiesme livre des offices des
rois de France, etc. Paris*, 1647, in-fol., t. II, p. 910.

Isambert, Anc. lois françaises, etc. Paris, 1827,
in-8°, t. XII, p. 649.

11294. Lettres affranchissant l'Hôtel-Dieu de Paris des   23 novembre.
droits d'aide sur tout le bétail acheté pour
sa provision. Fontainebleau, 23 novembre
1539.

*Copies du XVIIIᵉ siècle. Arch. de l'Assistance pu-
blique, fonds de l'Hôtel-Dieu, layette 170, liasse 90,
n° 4.*

*Imp. Inventaire sommaire des archives hospitalières
de Paris*, t. I. Paris, 1882, in-4°, n° 4727. (Mention.)

11295. Lettres allouant à Pierre Deshôtels 1,200 li-   24 novembre.
vres de gages annuels pour sa charge de con-
trôleur et directeur des bâtiments de Fon-

tainebleau, du Louvre, de Boulogne, de
Saint-Germain-en-Laye et de Villers-Cotterets.
Fontainebleau, 24 novembre 1539.

> *Copie. Bibl. nat.*, ms. fr. 11179 (anc. suppl.
> fr. 336).
> *IMP.* L. de Laborde, *Les comptes des bâtiments
> du roi.* Paris, in-8°, 1877, t. I, p. 127.

1539.

11296. Mandement à Guillaume Prudhomme, trésorier de l'épargne, de payer aux chanoines
de la Sainte-Chapelle du bois de Vincennes
160 livres tournois complétant la somme
de 1,500 livres qui leur est donnée tous les
ans pour l'accomplissement d'une fondation
royale. Fontainebleau, 26 novembre 1539.

26 novembre.

> *Original. Bibl. nat.*, ms. fr. 25722, n° 542.

11297. Édit portant création d'un office de président
et de quatre offices d'huissiers au Parlement
de Grenoble, avec règlement de leurs fonctions. Compiègne, novembre 1539.

Novembre.

> *Enreg. à la Chambre des Comptes de Paris*, anc.
> mém. coté 2 K, fol. 52. *Arch. nat.*, invent. PP.
> 136, p. 476. (*Mention.*)
> *Enreg. à la Chambre des Comptes de Grenoble,
> le 5 avril 1540.*
> *IMP.* Blanchard, *Compilation chronologique, etc.*
> Paris, 1715, in-fol., col. 528. (*Mention.*)

11298. Lettres portant ratification des statuts des
maîtres apothicaires de Troyes. Compiègne,
novembre 1539.

Novembre.

> *Enreg. à la Chancellerie de France. Arch. nat.,
> Trésor des Chartes, JJ.* 254, n° 371, fol. 69, v°.
> *Enreg. au Parl. de Paris, le 31 juillet 1587, avec
> une nouvelle confirmation de Henri III. Arch. nat.,
> X¹ª* 8639, fol. 20 v°. 12 pages.

11299. Édit en 32 articles portant règlement pour la
police de Paris. Paris, novembre 1539.

Novembre.

> *IMP.* Paris, J. Nyverd (s. d.), in-4°, pièce,
> *Bibl. nat., Inv. Réserve*, F. 1642, 1900.
> *Les loix, ordonnances et édictz... depuis le roy
> S. Lois...* Paris, Galiot du Pré, 1559, in-fol.,
> fol. 153 v°.
> P. Rebuffi, *Édits et ordonnances des rois de
> France, etc.* Lyon, 1573, in-fol., p. 1129.

IV.

9

A. Fontanon, *Édits et ordonnances, etc.* Paris, 1611, in-fol., t. I, p. 876.

Félibien, *Hist. de la ville de Paris.* Paris, in-fol., 1725, t. III (*Preuves*, I), fol. 616, col. 2.

Delamare, *Traité de la police, etc.* Paris, 1738, in-fol., t. IV, p. 208.

Isambert, *Anc. lois françaises, etc.* Paris, 1827, in-8°, t. XII, p. 651.

11300. Lettres de naturalité en faveur d'Olivier de la Torre, natif de Burgos en Espagne, retiré à Rouen auprès de son oncle, Olivier de Parde, marchand d'origine espagnole, naturalisé Français. Fontainebleau, novembre 1539. — Novembre.

> *Enreg. à la Chancellerie de France. Arch. nat., Trésor des Chartes, JJ. 254, n° 370, fol. 69 v°. 1 page.*

11301. Exemption de l'emprunt des années 1537 et 1538 sur le clergé, accordée au cardinal du Bellay, pour son évêché de Paris et ses abbayes de Barbeaux, de Longpont, de la Trappe, de Notre-Dame-de-l'Aumône, dite le Petit-Citeaux, de Cormery, de Saint-Honorat et de Saint-Vincent du Mans. Chenonceaux, 4 décembre 1539. — 4 décembre.

> *Copie collat. du xvi° siècle. Bibl. nat., Pièces orig., Bellay, vol. 271, p. 121.*

11302. Déclaration portant exemption, en faveur de l'Université de Paris, de l'imposition sur le bétail à pied fourché, établie à Paris par l'ordonnance du 19 juin précédent (n° 11062). Blois, 17 décembre 1539. — 17 décembre.

> *Enreg. au Parl. de Paris, le 19 janvier 1540 n. s. Arch. nat., X1a 8613, fol. 205. 2 pages.*
> *Arrêt d'enregistrement. Idem, X1a 4910, Plaidoiries, fol. 164.*
> *Enreg. à la Cour des Aides, Copie collationnée faite par ordre de cette Cour, le 8 janvier 1778. Arch. nat., Z1a 526.*
> *Copie du xvi° siècle. Bibl. nat., ms. fr. 4052, fol. 108.*
> *Imp. Recueil des privilèges de l'Université de Paris accordez par les rois, depuis sa fondation jusqu'à Louis XIV. Paris, v° Cl. Thiboust, 1674, in-4°, p. 118.*

11303. Lettres interdisant la traite des blés des provinces de Champagne, Bourgogne, Lyonnais, Forez, Beaujolais, Auvergne, Dauphiné et Provence, dont on avait fait abus pour l'approvisionnement du Piémont. Fontainebleau, 26 décembre 1539.

1539.
26 décembre.

> *Vidimus du xvie siècle. Arch. municip. de Dijon,*
> G. 256.

11304. Lettres de naturalité données en faveur de Guillaume de Plaisance, originaire du diocèse de Besançon, fourrier des logis du roi, demeurant à Amboise, bien que les personnes nées dans le comté de Bourgogne ne soient pas considérées comme étrangères. Nogent-sur-Seine, 28 décembre 1539.

28 décembre.

> *Enreg. à la Chambre des Comptes de Paris, le*
> *10 septembre 1540. Arch. nat., P. 2553, fol. 313.*
> 1 page.

11305. Lettres de naturalité accordées à David Mac Leban, natif d'Écosse, archer des ordonnances sous le commandement du comte de Loyaux. Fontainebleau, décembre 1539.

Décembre.

> *Enreg. à la Chancellerie de France. Arch. nat.,*
> *Trésor des Chartes, JJ. 254, n° 372, fol. 70.*
> 1 page.

11306. Lettres portant nomination du s^r de Roberval comme chef de l'armée envoyée au Canada, pour s'emparer du pays non occupé par des princes chrétiens, et l'autorisant à se faire livrer les prisonniers condamnés à mort pour les mener à cette expédition. 1539.

1539.

> *Imp. Catalogue des archives du baron de Jour*
> *sanvault. Paris, 1838, in-8°, t. I, p. 30. (Original*
> *mentionné.)*

11307. Lettres portant confirmation de l'évocation au Grand conseil des différends des officiers de la Chambre des Comptes de Montpellier avec le Parlement de Toulouse. 1539.

1539.

> *Arch. départ. de l'Hérault, B. 455. (Mention.)*

11308. Commission à l'évêque de Sisteron, pour s'as-

1539.

surer de la possibilité de conduire la Garonne   1539.
de Toulouse à Narbonne. 1539.

Arch. départ. de l'Hérault, États de Languedoc,
C. Procès-verbaux, 1539. (*Mention.*)

1540. — Pâques, 28 mars.

1540.

11309. Lettres autorisant Guillaume du Bellay, sr de   3 janvier.
Langey, à transporter en Piémont 40,000 sacs
de blé. Paris, 3 janvier 1539.

Vidimus du XVIe siècle. Arch. de la ville de Lyon,
série GG.

11310. Lettres commettant Artus Prunier, receveur   4 janvier.
général de Dauphiné, pour faire transporter
en Piémont les blés nécessaires à l'approvisionnement des garnisons françaises. Paris,
4 janvier 1539.

Enreg. au Parl. de Grenoble, le 29 janvier sui-
vant. Arch. de l'Isère, Chambre des Comptes de
Grenoble, B. 2910, cah. 101. 4 pages.

11311. Mandement au Parlement de Paris d'homolo-   5 janvier.
guer le texte des coutumes de Berry, revisé
par Pierre Lizet, premier président, et Pierre
Mathé, conseiller de ladite cour, commissaires à cet effet. Paris, 5 janvier 1539.

Enreg. à la suite du texte desdites coutumes.
Arch. nat.; X¹ᵃ 9284. 4 pages.
Imp. Bourdot de Richebourg, Nouveau cou-
tumier général, etc. Paris, 1724, in-fol., t. III,
p. 988.

11312. Mandement au trésorier de l'épargne de payer   5 janvier.
1,000 livres à Georges de Selve, ambassa-
deur auprès de l'Empereur, pour ses dépenses
dans l'exercice de sa charge. Paris, 5 janvier
1539.

Bibl. nat., ms. Clairambault 1215, fol. 78.
(*Mention.*)

11313. Lettres ratifiant le choix du cardinal Alexandre   6 janvier.
Farnèse comme légat du pape et l'autorisant

à exercer sa légation dans le royaume. Paris, 6 janvier 1539.

> Avec le texte des bulles de Paul III, contenant les provisions dudit cardinal. Rome, le 8 des calendes de décembre 1539.
> *Enreg. au Parl. de Paris, sauf restrictions, le 19 janvier 1540. Arch. nat.*, X^{1a} 8613, fol. 236 et 243. 14 pages et 2 pages 1/2.
> *Arrêt d'enregistrement. Idem,* X^{1a} 4910, Plaidoiries, fol. 163 v°.
> *Copie du XVIe siècle. Arch. nat.,* K. 87, n° 10^2.
> IMP. [Dupuy], *Preuves des libertés de l'Église gallicane,* 3e édit. Paris, 1651, 2 vol. in-fol., 3e partie, p. 89.

1540.

11314. Lettres relatives à la confiscation au profit du roi des biens meubles et immeubles des criminels de lèse-majesté et de félonie. Paris, 6 janvier 1539.

> *Enreg. au Parl. de Toulouse. Arch. de la Haute-Garonne, Édits,* reg. 4, fol. 156.

6 janvier.

11315. Lettres portant remise aux maire, échevins et habitants de Poitiers, d'une somme de 3,200 livres, restant due sur celle de 7,200 livres qui avait été imposée sur la ville pour subside de guerre, à condition d'employer ces 3,200 livres à la continuation des travaux entrepris pour rendre le Clain navigable. Paris, 6 janvier 1539.

> *Original. Arch. municip. de Poitiers,* D. 38.
> IMP. Thibaudeau, *Abrégé de l'hist. du Poitou,* in-8°, t. III, p. 377.

6 janvier.

11316. Mandement de payer 9,000 livres tournois à Antoine, duc de Vendôme, gouverneur et lieutenant général du roi en Picardie, pour l'année 1539. Paris, 6 janvier 1539.

> *Original. Bibl. nat., Pièces orig.,* Bourbon, vol. 457 (doss. 10263), p. 56.

6 janvier.

11317. Mandement à Jean Laguette, trésorier et receveur des parties casuelles, de payer à François de Marsillac, premier président au Parlement de Rouen, 6,000 livres tournois, formant la première moitié d'une somme de

6 janvier.

12,000 livres qu'il devait d'abord payer tout entière (n° 10696), mais dont la seconde moitié est maintenant assignée sur la recette des amendes du Parlement et des Eaux et forêts de Normandie. Paris, 6 janvier 1539. 1540.

Original. Bibl. nat., ms. fr. 25722, n° 543.

11318. Mandement à Jean Duval, trésorier de l'épargne, de payer à Gabriel de la Guisete, lieutenant de la compagnie du connétable de Montmorency, 2,000 livres tournois pour sa pension de l'année 1539. Paris, 6 janvier 1539. — 6 janvier.

Original. Bibl. nat., Nouv. acquisitions franç., ms. 1483, n° 63.

11319. Mandement à Jean Duval, trésorier de l'épargne, de payer à Louise de Polignac, veuve de François du Fou, seigneur du Vigean, chambellan du roi, 6,666 livres 13 sous 4 deniers tournois, dont elle avait été assignée sur Guillaume Prudhomme, alors trésorier de l'épargne, et sur le troisième quartier de 1539, mais dont elle n'a rien reçu, ledit Prudhomme n'étant plus trésorier de l'épargne, et le troisième quartier ayant été employé à des besoins pressants. Paris, 7 janvier 1539. 7 janvier.

Original. Bibl. nat., Pièces orig., vol. 1208, Fou (doss. 27201), p. 2.

11320. Mandement à la Chambre des Comptes d'allouer aux comptes de dépense de Jean Laguette, trésorier et receveur des parties casuelles, la somme de 5,106 livres 13 sous tournois qu'il a payée à Jean Bertrand, président au Parlement de Paris, et à Jean Coutel, maître ordinaire des requêtes de l'hôtel, pour leurs frais d'un voyage en Bourgogne, du 29 mars au 31 octobre 1539. Paris, 8 janvier 1539. 8 janvier.

Original. Bibl. nat., ms. fr. 25722, n° 544.

11321. Provisions de l'office de maître auditeur des 12 janvier.

comptes de Bretagne octroyées à Pierre Pi-
raud. Villers-Cotterets, 12 janvier 1539.

> *Enreg. à la Chambre des Comptes de Bretagne.*
> *Arch. de la Loire-Inférieure, B. Mandements royaux,*
> II, fol. 197.

11322. Mandement à Jean Duval, trésorier de
l'épargne, de délivrer à Martin de Troyes,
4,099 livres 16 sous tournois qu'il doit payer
à [Georges d'Armagnac], évêque de Rodez,
ancien ambassadeur du roi à Venise, pour
parfaire une somme de 8,599 livres 16 sous
tournois qui lui était due, tant pour ses frais
que pour les avances faites pendant son ambassade. Villers-Cotterets, 12 janvier 1539.

> *Original. Bibl. nat., ms. fr. 25722, n° 545.*

11323. Lettres ordonnant aux maîtres des Monnaies
de marquer toutes les espèces d'or et d'argent
de leurs *différents*, représentés par des lettres
de l'alphabet pour chaque Monnaie. Soissons,
14 janvier 1539.

> *Original dans les minutes d'ordonnances de la*
> *Cour des Monnaies. Arch. nat., Z^{1b} 536.*
> *Enreg. à la Cour des Monnaies, le 31 janvier*
> *1540 n. s. Arch. nat., Z^{1b} 62, fol. 246. 2 pages.*

11324. Lettres autorisant l'achat de 3,000 charges de
blé en Bourgogne et en Lyonnais, pour l'approvisionnement de la flotte à Marseille. La
Fère-sur-Oise, 16 janvier 1539.

> *Vidimus du xvie siècle. Arch. de la ville de Lyon,*
> *série GG.*

11325. Lettres de relief d'adresse au grand maître et
réformateur général des Eaux et forêts, pour
l'entérinement des provisions de lieutenant
particulier au siège de Châtillon-sur-Marne,
données en faveur de Didier Béguin, le
22 mars précédent (n° 10937). Paris (*sic*),
17 janvier 1539.

> *Enreg. aux Eaux et forêts, le 21 février 1540*
> *n. s. Arch. nat., Z^{1e} 326, fol. 168 v°. 1 page 1/2.*

11326. Mandement à Jean Duval, trésorier de
l'épargne, de payer à Pierre de Louvain,

1540.

12 janvier.

14 janvier.

16 janvier.

17 janvier.

18 janvier.

serviteur du duc de Prusse, marquis de Bran-   1540.
debourg, 225 livres tournois dont le roi lui
fait don pour être venu à la Fère lui apporter
douze faucons de la part de son maître. La
Fère-sur-Oise, 18 janvier 1539.

> *Original. Bibl. nat., ms. fr. 25722, n° 546.*

11327. Ordonnance touchant la revision des comptes   20 janvier.
des officiers comptables en la Chambre des
Comptes de Bretagne, sans appel. La Fère-
sur-Oise, 20 janvier 1539.

> *IMP. Les ordonnances faictes par le roi et ses pré-*
> *décesseurs sur le faict de la Chambre des Comptes*
> *de Bretagne... Tours, J. Rousset, 1556, in-4°,*
> *p. 132.*

11328. Mandement au trésorier de l'épargne de payer   21 janvier.
à Charles de Marillac, ambassadeur en An-
gleterre, 1,800 livres pour cent quatre-vingts
jours d'exercice de sa charge, du 6 décembre
1539 au 2 juin suivant. La Fère-sur-Oise,
21 janvier 1539.

> *Bibl. nat., ms. Clairambault 1215, fol. 78.*
> *(Mention.)*

11329. Lettres portant continuation pendant six ans   23 janvier.
de l'« apetissement » du vin accordé à la ville
de Poitiers. La Fère-sur-Oise, 23 janvier
1539.

> *Original. Arch. municip. de Poitiers, G. 49.*

11330. Commission adressée au sénéchal de Poitou   23 janvier.
ou à son lieutenant, pour obliger les proprié-
taires de moulins ou écluses sur le Clain à
faire, moyennant indemnité, les concessions
nécessaires pour rendre la rivière navigable.
La Fère-sur-Oise, 23 janvier 1539.

> *Original. Arch. municip. de Poitiers, D. 39.*

11331. Édit portant confirmation de celui de René de   24 janvier.
Sicile, comte de Provence, au sujet de la
répartition des amendes. La Fère-sur-Oise,
24 janvier 1539.

> *Enreg. au Parl. de Provence, le 16 février 1540.*
> *IMP. Pièce. Bibl. nat., Inv. Réserve., F. 618.*

11332. Lettres de renvoi en la grand'chambre des enquêtes du Parlement de Paris d'un procès
appointé au conseil, entre le procureur général et le curateur des enfants de feu Jean
de Harlus, s^r de Cramailles, La Fère-sur-
Oise, 24 janvier 1539.

1540.
24 janvier.

> *Entérinées au Parl. de Paris, le 5 février suivant,
> Arch. nat., X^{1a} 1544, reg. du Conseil, fol. 124,
> (Mention.)*

11333. Lettres ordonnant au Parlement de Paris de
faire procéder au jugement de Jean et François de Granville, écuyers, poursuivis pour le
meurtre d'Antoine de Godechart, écuyer, seigneur de Bachevillier, en la chambre de la
Tournelle criminelle, nonobstant le privilège
des nobles d'être jugés par la grand'chambre,
La Fère-sur-Oise, 24 janvier 1539.

24 janvier.

> *Visées dans un arrêt du 21 mai 1540, Arch.
> nat., X^{2a} 89, à la date. (Mention.)*

11334. Mandement à Jean Duval, trésorier de
l'épargne, de payer à Francis Perrin, gentilhomme aveugle, ancien homme d'armes des
ordonnances, 90 livres tournois pour son
entretien pendant l'année 1539. La Fère-sur-
Oise, 24 janvier 1539.

24 janvier.

> *Original. Bibl. nat., ms. fr. 25722, n° 547.*

11335. Ordonnance délimitant l'étendue de la gruerie
du duché de Valois avec les droits y afférents,
et ordonnant de procéder à la réformation
de ladite gruerie, à la reconnaissance des
droits d'usage, ainsi qu'à la répression de tous
abus. La Fère, 25 janvier 1539.

25 janvier.

> *Enreg. le 8 avril 1540, à la Chambre des Eaux
> et forêts (siège de la Table de marbre). Arch. nat.,
> Z^{1a} 326, fol. 195 v°. 8 pages.*

11336. Mandement au trésorier de l'épargne de payer
126 livres à Charles Valette, chevaucheur,
qui part le jour même pour aller porter des
lettres du roi à Charles de Marillac, am-

25 janvier.

IV.

bassadeur en Angleterre. La Fère-sur-Oise, 1540.
25 janvier 1539.

> Bibl. nat., ms. Clairambault 1215, fol. 78.
> (Mention.)

11337. Édit sur le fait des surséances, ordonnant qu'à 26 janvier.
l'avenir aucune partie des comptes des offi-
ciers comptables ne devra demeurer en souffrance, mais qu'ils seront simplement jugés
sur le vu des pièces produites par les comptables. La Fère-sur-Oise, 26 janvier 1539.

> Enreg. à la Chambre des Comptes de Dijon. Arch.
> de la Côte-d'Or, reg. B. 20, fol. 48.

11338. Provisions en faveur de François de Guermen- 26 janvier.
guy (Kermenguy), alloué au siège de Nantes,
de l'office de second président de la Chambre
des Comptes de Bretagne. La Fère-sur-Oise,
26 janvier 1539.

> Enreg. à la Chambre des Comptes de Bretagne.
> Arch. de la Loire-Inférieure, B. Mandements, II,
> fol. 221.

11339. Mandement à Jean Duval, trésorier de 26 janvier.
l'épargne, de payer à Marc Béchot, « tailleur
d'images », 45 livres tournois pour différents
« visaiges de matière semblant agathe et de
cyre », offerts par lui au roi. La Fère-sur-Oise,
26 janvier 1539.

> Original. Bibl. nat., ms. fr. 25722, n° 548.

11340. Don à Michel le Vernoy, valet de la fourrière, 26 janvier.
d'une somme de 67 livres 10 sous tournois
pour l'aider « à entretenir ses enfants aux es-
tudes ». La Fère-sur-Oise, 26 janvier 1539.

> Original. Bibl. nat., ms. fr. 25722, n° 549.

11341. Lettres portant que les appels des jugements 27 janvier.
de la Chambre des Comptes de Bretagne au
sujet de la revision des comptes seront portés
devant une commission composée de trois
membres de ladite chambre et de quatre
conseillers du Parlement. La Fère-sur-Oise,
27 janvier 1539.

> Impr. Les ordonnances faictes par le roy et ses pré-

decesseurs sur le faict de la Chambre des Comptes de
Bretagne... Tours, J. Rousset, 1556, in-4°,
p. 134.
   J. A. de la Gibonays, *Recueil des édits*... concernant la Chambre des Comptes de Bretagne. Nantes,
1721, t. I, 2° partie, p. 258.

1540.

11342. Mandement de payer à Guillemette de Sarre-
    bruck, veuve de Robert de la Marck, sei-
    gneur de Sedan, les 2,400 livres tournois
    que le roi avait données au défunt, mais qui
    n'avaient pu lui être payées de son vivant.
    La Fère-sur-Oise, 27 janvier 1539.

27 janvier.

    Original. Bibl. nat., Pièces orig., Marck (doss.
42564), vol. 1841, p. 91.

11343. Lettres de don à la dame de Honnéteville,
    veuve de Philippe Le Roux, de la garde de
    ses enfants mineurs, échue au roi à cause
    de la seigneurie de Viette dans le ressort du
    bailliage de Rouen. 27 janvier 1539.

27 janvier.

    *Enreg. à la Chambre des Comptes de Paris, le
18 février suivant.* Arch. nat., invent. PP. 136,
p. 478. (*Mention.*)

11344. Provisions pour Laurent Le Blanc d'un office
    de notaire et secrétaire du roi. 27 janvier
    1539.

27 janvier.

    *Enreg. à la Chambre des Comptes de Paris, le
3 décembre 1541.* Arch. nat., invent. PP. 136,
p. 478. (*Mention.*)

11345. Déclaration ampliative de l'édit de novembre
    1539 (n° 11299), concernant la police et
    l'entretien des rues de Paris. La Fère-sur-
    Oise, 28 janvier 1539.

28 janvier.

    Copie du XVIII° siècle. Arch. de la Préfecture de
police, coll. Lamoignon, t. VI, fol. 584.
    Imp. Pièce in-4°. Paris, J. Nyverd (s. d.). *Bibl.
nat.*, F. 1642 et 1874.
    P. Rebuffi, *Édits et ordonnances des rois de
France.* Lyon, 1573, in-fol., p. 1132.
    Fontanon, *Édits et ordonnances, etc.* Paris,
1611, in-fol., t. I, p. 879.
    Delamare, *Traité de la Police.* Paris, in-fol.,
1738, t. IV, p. 211.
    Isambert, *Anciennes lois françaises, etc.* Paris,
1827, in-8°, t. XII, p. 657.

10.

11346. Lettres portant réunion au domaine des châtellenies de Bagé et de Pont-de-Veyle, données
précédemment au comte de Furstemberg.
Paris, janvier 1539.

> *Enreg. au Parl. de Dijon. Arch. de la Côte-d'Or,
> Parl., reg. II, fol. 236 v°.*
> *Enreg. à la Chambre des Comptes de Dijon. Arch.
> de la Côte-d'Or, reg. B. 20, fol. 52 v°.*

1540.
Janvier.

11347. Création de deux foires annuelles et d'un marché, chaque semaine, à Poix au bailliage
d'Amiens, en faveur de Jean de Créquy, seigneur de Canaples et de Poix. Paris, janvier
1539.

> *Enreg. à la Chancellerie de France. Arch. nat.,
> Trésor des Chartes, JJ. 254, n° 239, fol. 47.
> 1 page.*
> *IMP. Aug. Thierry, Recueil des monuments iné-
> dits de l'histoire du Tiers état, Paris, in-4°, t. III,
> 1856, p. 642.*

Janvier.

11348. Création d'un nouvel office de monnayeur du
serment de France en la Monnaie de Rouen,
en faveur de Guillaume le Forestier. Paris,
janvier 1539.

> *Enreg. à la Cour des Monnaies, le 3 mars 1540
> n. s. Arch. nat., Z¹ᵇ 62, fol. 248 v°. 1 page.*

Janvier.

11349. Création de trois foires annuelles à Ay, au bailliage de Vitry-en-Champagne. Soissons, janvier 1539.

> *Enreg. à la Chancellerie de France. Arch. nat.,
> Trésor des Chartes, JJ. 254, n° 244, fol. 48.
> 1 page.*

Janvier.

11350. Lettres de naturalité accordées au sr de Gibra-
leone, gentilhomme natif du royaume de
Naples. Coucy, janvier 1539.

> *Enreg. à la Chancellerie de France. Arch. nat.,
> Trésor des Chartes, JJ. 254, n° 240, fol. 47.
> 1 page.*

Janvier.

11351. Lettres étendant aux états de Provence la loi
qui interdit aux étrangers de disposer par
testament, donation ou autrement, des biens
qu'ils ont acquis dans le royaume et qui

Janvier.

doivent faire retour après leur mort au do-   1540.
maine royal. La Fère-sur-Oise, janvier 1539.

> *Enreg. à la Chambre des Comptes de Provence,*
> *le 30 mai 1540. Arch. des Bouches-du-Rhône,*
> *B. 34 (Fenix), fol. 168. 2 pages.*

11352. Ordonnance portant que toute condamnation   Janvier.
entraînant une peine corporelle entraînera
aussi une peine pécuniaire. La Fère-sur-Oise,
janvier 1539.

> *Enreg. à la Chambre des Comptes de Provence,*
> *le 22 mai 1540. Arch. des Bouches-du-Rhône,*
> *B. 34 (Fenix), fol. 162. 2 pages.*

11353. Établissement de trois foires par an et d'un   Janvier.
marché, chaque semaine, à Fontenailles-lès-
Courson au bailliage d'Auxerre. La Fère-sur-
Oise, janvier 1539.

> *Enreg. à la Chancellerie de France. Arch. nat.,*
> *Trésor des Chartes, JJ. 254, n° 245, fol. 48.*
> *1 page.*

11354. Création d'un nouvel office de monnayeur en   Janvier.
la Monnaie de Rouen, en faveur de Guil-
laume de la Vallée. La Fère-sur-Oise, janvier
1539.

> *Enreg. à la Chancellerie de France. Arch. nat.,*
> *Trésor des Chartes, JJ. 254, n° 238, fol. 47.*
> *1 page.*
> *Enreg. à la Cour des Monnaies, le 3 mars 1540*
> *n. s. Arch. nat., Z¹ᵇ 62, fol 247 v°. 1 page.*

11355. Lettres de naturalité accordées à Claude et   Janvier.
Anne de Cernay, nés en Lorraine, et aux
autres enfants légitimes à naître de Claude de
Cernay, chevalier, originaire du Bourbonnais,
écuyer d'écurie de la duchesse de Lorraine.
La Fère-sur-Oise, janvier 1539.

> *Enreg. à la Chancellerie de France. Arch. nat.,*
> *Trésor des Chartes, JJ. 254, n° 243, fol. 48.*
> *1 page.*

11356. Ordonnance de police sur le guet de la ville   Janvier.
de Paris et la manière d'y procéder. Saint-
Quentin, janvier 1539.

> *Copie du XVIII⁰ siècle. Arch. de la Préfecture de*

police, coll. Lamoignon, t. VI, fol. 576 (d'après
le *Livre de la Chambre criminelle du Châtelet*,
fol. 1).

Imp. Pièce in-4°, Paris, J. Nyverd (s. d.). *Bibl. nat.*, *Inv. Réserve*, F. 1642, 1902.

P. Rebuffi, *Édits et ordonnances des rois de France*. Lyon, 1573, in-fol., p. 1133.

A. Fontanon, *Édits et ordonnances*, etc. Paris, 1611, in-fol., t. I, p. 880.

Félibien, *Hist. de la ville de Paris*. Paris, 1725, in-fol., t. III (Preuves, I), p. 620.

Isambert, *Anc. lois françaises*, etc. Paris, 1827, in-8°, t. XII, p. 660.

11357. Mandement au sénéchal de Ponthieu de faire **1.. février.**
vendre aux enchères les blés et autres grains
saisis dans les ports de son ressort, sur des
marchands qui voulaient les transporter hors
du royaume, sans avoir acquitté les droits de
traite. Amiens, 1ᵉʳ février 1539.

*Copie collationnée du XVIᵉ siècle. Arch. nat.,
suppl. du Trésor des Chartes, J. 963, n° 24.*

11358. Mandement au trésorier de l'épargne de payer **2 février.**
les dépenses faites pour l'artillerie, lors du
passage en France de l'empereur Charles-
Quint. Corbie, 2 février 1539.

*Imp. V. de Beauvillé, Recueil de documents iné-
dits concernant la Picardie. Paris, 1860-1882,
5 vol. in-4°, t. II, p. 203.*

11359. Mandement à Guillaume de Villemontiers, tré- **5 février.**
sorier de la vénerie, de payer à Jean Binet,
l'un des valets de limiers de la vénerie, 57 livres 6 sous 8 deniers tournois dont le roi lui
fait don pour l'aider à vivre, en attendant
qu'il soit porté sur l'état de ladite vénerie.
Saint-Fuscien, 5 février 1539.

Original. Bibl. nat., ms. fr. 25722, n° 550.

11360. Don de 1,200 livres tournois sur l'épargne à **6 février.**
Guy de Maugiron, sʳ de Maugiron. Saint-
Fuscien, près Amiens, 6 février 1539.

*Original. Bibl. nat., Pièces orig., vol. 990,
Demangeron (sic), p. 2.*

11361. Don de 4,000 livres tournois accordé à Ni- **7 février.**

cole Cappel, avocat général au Parlement de   1540.
Paris. Abbaye de Saint-Fuscien, 7 [février[1]]
1539.

> Original. Bibl. nat., ms. fr. 25722, n° 539.

11362. Lettres ordonnant que la somme de 3,074 livres   8 février.
5 sous 8 deniers tournois due par le roi à la
succession de feu Léon Saugeon, secrétaire
de Sa Majesté, commis aux réparations du
Châtelet de Gênes, à la construction du château de « Gotpha » près Gênes, et aux munitions de l'armée envoyée pour la réduction
et conquête de ladite ville, sera baillée au
receveur des aumônes de la ville de Paris
par le receveur des exploits et amendes du
Parlement, pour être distribuée aux pauvres.
Amiens, 8 février 1539.

> Entérinées au Parl. de Paris, le 4 août 1540.
> Arch. nat., X¹ᵃ 1545, reg. du Conseil, fol. 545 v°.
> (Mention.)

11363. Lettres par lesquelles le roi cède au dauphin   9 février.
Henri l'administration et la jouissance du
duché de Bretagne. Amiens, 9 février 1539.

> Enreg. à la Chambre des Comptes de Paris, le
> 11 février suivant. Arch. nat., P. 2306, p. 801.
> 4 pages.
> Idem, P. 2537, fol. 322; P. 2553, fol. 306 v°;
> P. 2562, p. 407; AD.IX 124, n° 61.
> Enreg. à la Chambre des Comptes de Bretagne.
> Arch. de la Loire-Inférieure, B. Mandements royaux,
> II, fol. 199.
> Enreg. au Parl. de Paris, le 19 avril 1540. Arch.
> nat., X¹ᵃ 8613, fol. 232. 2 pages 1/3.
> Arrêt d'enregistrement. Idem, X¹ᵃ 4911, Plai-
> doiries, fol. 81.
> Imp. Dom Morice, Hist. de Bretagne, Paris,
> 1746, in-fol., Preuves, t. III, col. 1038. (Arrêt
> d'enregistrement.)

11364. Lettres portant création d'un nouvel office   9 février.
d'huissier et sergent à la Connétablie et maréchaussée de France, siège de la Table de
marbre du Palais, et provisions dudit office

---

[1] Le nom du mois manque; nous le restituons d'après l'itinéraire du
roi.

en faveur de Louis Barbier. Amiens, 9 fé-   1540.
vrier 1539.

Enreg. audit siège de la Connétablie, le 8 juillet
1540. Arch. nat., Z^ie 4, fol. 139. 2 pages.

11365. Lettres portant continuation aux habitants de   9 février.
Nuits en Bourgogne, pendant six ans, des
octrois sur le rouage et le sel, qui leur ont
été accordés pour l'entretien des fortifications
de la ville. Amiens, 9 février 1539.

Enreg. à la Chambre des Comptes de Dijon, le
2 mars suivant. Arch. de la Côte-d'Or, reg. B. 20,
fol. 49.

11366. Ordonnance portant que les sergents créés par   9 février.
les maire, prévôt et échevins d'Amiens,
pourront exécuter les commissions et sentences du bailli d'Amiens dans les limites de
la prévôté. Amiens, 9 février 1539.

Copie du xvie siècle. Arch. de l'hôtel de ville
d'Amiens, reg. aux chartes, coté E, fol. 267.
Imp. Aug. Thierry, Recueil des monuments iné-
dits de l'histoire du Tiers état. Paris, in-4°, t. II,
1853, p. 609.

11367. Mandement de payer 600 livres tournois à   9 février.
Jean de Monluc, protonotaire apostolique
chargé à Rome des affaires du roi, pour ses
frais à la cour pontificale du 1er janvier dernier au 30 juin prochain. Amiens, 9 février
1539.

Original. Bibl. nat., Pièces orig., Monluc,
vol. 2028, p. 2.

11368. Don fait par le roi à Hector de Fauville, son   9 février.
porte-manteau, de 45 livres tournois. Amiens,
9 février 1539.

Original. Bibl. nat., ms. fr. 25722, n° 552.

11369. Mandement à Jean Duval, trésorier de   9 février.
l'épargne, de payer à Charles de Mouy, seigneur de la Meilleraye, 1,200 livres tournois
qui lui sont dues pour sa pension d'une
année. Amiens, 9 février 1539.

Original. Bibl. nat., ms. fr. 25722, n° 551.

11370. Mandement à Jean Duval, trésorier de
l'épargne, de payer à Bernard de Saint-Sé-
verin, duc de Somma, 1,000 livres tournois
en déduction de 2,000 livres tournois qui
lui sont dues pour sa pension de l'année 1539.
Amiens, 10 février 1539.

1540.
10 février.

Original. Bibl. nat., ms. fr. 25722, n° 553.

11371. Mandement à Jean Duval, trésorier de
l'épargne, de payer à Françoise, duchesse
douairière de Vendôme, 1,500 livres tournois, en déduction des 12,000 livres tournois qui lui sont dues pour sa pension des
années 1538 et 1539. Amiens, 10 février
1539.

10 février.

Original. Bibl. nat., ms. fr. 25722, n° 554.

11372. Lettres adressées au Parlement et à la Chambre
des Comptes, leur notifiant que le roi a reçu
comptant la somme de 35,000 livres tournois, prix de l'adjudication des terres de Limours, de « Garnevoisin », du Cormier, du Jardin, de Roussigny, etc., cédées à Sa Majesté
par les enfants de feu Jean de Poncher et
Catherine Hurault, sa femme, en payement
de partie de la somme de 380,000 livres à
laquelle ledit de Poncher avait été condamné
envers le roi par les juges commis à la réformation des finances, lesdites terres depuis
mises aux enchères et adjugées à la duchesse
d'Étampes. Amiens, 11 février 1539.

11 février.

Enreg. au Parl. de Paris, le 17 février suivant.
Arch. nat., X¹ᵃ 1544, reg. du Conseil, fol. 164 v°.
2 pages.

11373. Lettres donnant acte de la remise faite au roi
par Jean du Tillet, greffier du Parlement,
de la somme de 35,000 livres consignées en
ses mains, provenant de la vente aux enchères
de la terre de Limours. Amiens, 11 février
1539.

11 février.

Enreg. au Parl. de Paris, le 9 mars suivant.
Arch. nat., X¹ᵃ 8613, fol. 246. 2 pages.

IMPRIMERIE NATIONALE.

11374. Mandement à Jean Duval, trésorier de
l'épargne, de payer la somme de 675 livres
au peintre Francisque de Bologne, pour ses
frais du voyage qu'il va faire à Rome, afin
de pourtraire plusieurs médailles, tableaux,
arcs triomphaux et autres anticailles, et
adviser celles que nous pourrons recouvrer
et achapter ». Doullens, 13 février 1539.

1540.
13 février.

> *Copie du* xviiie *siècle. Bibl. nat., portefeuilles
> de Fontanieu, vol.* 250.

11375. Mandement au trésorier de l'épargne de payer
à Charles de Marillac, ambassadeur en Angleterre, 598 livres 10 sous à titre de remboursement d'une pareille somme qu'il avait
avancée, du 10 septembre 1539 au 18 janvier suivant. Doullens, 15 février 1539.

15 février.

> *Bibl. nat., ms. Clairambault* 1215, *fol.* 78.
> (Mention.)

11376. Lettres portant union de toutes les justices
seigneuriales de Paris au domaine de la couronne, avec règlement pour l'indemnité et
le remboursement des seigneurs qui les possèdent. Doullens, 16 février 1539.

16 février.

> IMP. *Pièce* in-4°. *Paris, J. André* (s. d.). *Bibl.
> nat., Inv. Réserve, F.* 1642 *et* 1875.
> *Pièce* in-fol. *Bibl. nat., F. Actes royaux (car-
> tons).*
> *Les loix, ordonnances et édictz, etc., depuis le
> roy S. Lois... Paris,* 1559, in-fol., fol. 156 r°.
> P. Rebuffi, *Édits et ordonnances des rois, etc.
> Lyon,* 1573, in-fol., p. 385.
> A. Fontanon, *Édits et ordonnances, etc. Paris,*
> 1611, in-fol., t. II, p. 349.
> Berthelot du Ferrier, *Traité des droits et des
> domaines du Roy. Paris,* 1725, in-4°, p. 256.
> Delamare, *Traité de la police, etc. Paris,* 1705,
> in-fol., t. I, p. 143.
> Bellami, *Traité de la perfection et confection des
> papiers terriers du roy. Paris,* 1746, in-4°, p. 254.
> Isambert, *Anc. lois françaises, etc. Paris,* 1827,
> in-8°, t. XII, p. 665.

11377. Lettres attribuant à la Chambre des Comptes
de Provence la connaissance des causes rela-

16 février.

tives aux droits et domaines royaux. Doullens, 16 février 1539.

> *Enreg. à la Chambre des Comptes de Provence.*
> *Arch. des Bouches-du-Rhône, B. 34 (Fenix),*
> *fol. 115, 2 pages.*

11378. Lettres autorisant les marchands Guillaume 16 février.
Berry et Antoine Hermand à acheter en
Bourgogne 6,000 émines de blé pour l'approvisionnement de Marseille. Doullens, 16 février 1539.

> *Vidimus du XVI° siècle. Arch. de la ville de Lyon,*
> *série GG.*

11379. Mandement à Jean Duyal, trésorier de 16 février.
l'épargne, de payer à Francisque d'Albe, Napolitain, 22 livres 10 sous tournois, dont le
roi lui fait don, pour le récompenser d'avoir
fait « plusieurs sallades d'herbaiges, cytrons,
oranges et autres diverses sortes de fruictz »,
qui ont été servies au festin donné au Palais
à Paris, le 1er janvier 1540 à l'empereur Charles-Quint. Doullens, 16 février
1539.

> *Original. Bibl. nat., ms. fr. 25722, n° 555.*

11380. Ordonnance en 440 articles, portant règle- 23 février.
ment pour l'administration de la justice en
Dauphiné. Abbeville, 23 février 1539.

> *Enreg. au Parl. et en la Chambre des Comptes*
> *de Grenoble, le 9 avril 1540. Arch. de l'Isère,*
> *Parl. de Grenoble, B. 2334, fol. 3 (incomplet).*
> *Imp. Pièce in-4°, Lyon, R. Romain (s. d.).*
> *Bibl. nat., Inv. Réserve, F. 846.*
> *Autre pièce in-8°, Grenoble, A. Verdier, 1646.*
> *Bibl. nat., F. Actes royaux (cartons).*
> *Recueil des édits, déclarations, arrêts du Conseil*
> *et du Parlement de Grenoble concernant les provinces*
> *du Dauphiné, Grenoble, A. Giroud, 1690-1720,*
> *19 vol. in-4°, t. I, p. 3.*

11381. Ordonnance portant règlement du poids, de 24 février.
l'aloi et de la valeur des différentes espèces
d'or et d'argent. Abbeville, 24 février 1539.

> *Enreg. au Parl. de Bordeaux, le 18 mars 1540*

11.

n. s. *Arch. de la Gironde*, B. 3₁, fol. 65 v°.   1540.
10 pages.
> *Enreg. au Parl. de Dijon, le 20 mars 1540 n. s.*
> *Arch. de la Côte-d'Or, Parl., reg. III, fol. 1.*

11382. Lettres ordonnant d'interrompre la fabrication   24 février.
des testons, faciles à rogner, de frapper en
leur lieu et place de nouveaux douzains, et
de continuer la frappe des écus d'or. Abbeville, 24 février 1539.

> *Original dans les minutes d'ordonnances de la Cour*
> *des Monnaies. Arch. nat., Z¹ᵇ 536.*
> *Enreg. à la Cour des Monnaies, le 6 mars 1540*
> *n. s. Arch. nat., Z¹ᵇ 62, fol. 249 v°. 1 page 1/2.*

11383. Règlement pour les gages de l'office de prési-   24 février.
dent au Parlement de Grenoble, créé par
l'édit de novembre 1539 (n° 11297). Abbeville, 24 février 1539.

> *Enreg. à la Chambre des Comptes de Grenoble,*
> *le 5 avril 1540.*
> *Imp. G. Blanchard, Compilation chronol., etc.*
> *Paris, 1715, in-fol., col. 530. (Mention.)*

11384. Provisions pour Charles Berthault de l'office   25 février.
d'enquêteur au bailliage et chancellerie d'Au-
tun. Abbeville, 25 février 1539.

> *Copie du xvIᵉ siècle. Bibl. nat., ms. fr. 5126,*
> *fol. 123.*

11385. Lettres portant renvoi à la petite chambre des   26 février.
enquêtes du Parlement de Paris de la con-
naissance des criées des terres qui appar-
tinrent à feu Jean Ruzé, commencées et
poursuivies, à la requête du procureur général, par-devant les juges de la Tour carrée,
commis à la réformation des finances. La
Fère-sur-Oise, 26 février 1539.

> *Entérinées au Parl. de Paris, le 5 mars suivant.*
> *Arch. nat., X¹ᵃ 1544, reg. du Conseil, fol. 211.*
> *(Mention.)*

11386. Déclaration portant qu'il sera pris chaque année   27 février.
600 livres sur les amendes pour les frais des
procès criminels qui se poursuivent à la re-

quête du procureur général au Parlement
de Grenoble. Noyon, 27 février 1539.

1540.

> *Enreg. au Parl. de Grenoble, le 21 mai 1540,*
> *Arch. de l'Isère, Chambre des Comptes de Grenoble,*
> *B. 2911, II, fol. 1. 2 pages.*

11387. Déclaration portant règlement pour les menues
nécessités du Parlement et de la Chambre
des Comptes de Grenoble. Noyon, 27 février
1539.

27 février.

> *Enreg. à la Chambre des Comptes de Grenoble, le*
> *21 mai 1540. Arch. de l'Isère, B, 2911, II, fol. 3.*
> *2 pages.*

11388. Déclaration portant règlement pour la séance
et les audiences du Parlement de Grenoble,
les matières qui y doivent être portées, etc.
Noyon, 27 février 1539.

27 février.

> *Enreg. au Parl. de Grenoble, le 9 avril 1540.*
> *Arch. de l'Isère, Chambre des Comptes de Grenoble,*
> *B. 2911, II, fol. 12. 2 pages.*

11389. Lettres prescrivant de faire construire une
conciergerie contiguë au Parlement de Grenoble. Noyon, 27 février 1539.

27 février.

> *Enreg. à la Chambre des Comptes de Grenoble.*
> *Arch. de l'Isère, B. 2911, II, fol. 6. 2 pages.*

11390. Déclaration portant que le règlement fait par
le Parlement de Paris sur l'exercice des fonctions de greffier sera exécutoire en Dauphiné.
Noyon, 27 février 1539.

27 février.

> *Enreg. au Parl. de Grenoble. Arch. de l'Isère,*
> *B. 2334, fol. 58 v°. 2 pages.*

11391. Lettres portant injonction à tous possesseurs
de fiefs en Dauphiné, titrés ou non titrés, de
remettre à la Chambre des Comptes le dénombrement de leurs fiefs, leur valeur, leurs
devoirs, le nom de ceux qui les possèdent.
Noyon, 27 février 1539.

27 février.

> *Enreg. à la Chambre des Comptes de Grenoble.*
> *Arch. de l'Isère, B. 2911, II, fol. 9. 4 pages 1/2.*

11392. Mandement au trésorier de l'épargne de payer
à Claude de Bellièvre, procureur général au

27 février.

Parlement de Dauphiné, 1,815 livres tournois qui lui sont dues, tant pour ses gages que pour les dépenses qu'il a faites pour le roi. . . .[1]; 27 février 1539.

> *Copie imparfaite du XVIII° siècle. Bibl. nat.,*
> *portefeuilles de Fontanieu, vol. 250.*

1540.

11393. Lettres ordonnant au grand maître des Eaux et forêts de faire une enquête sur les droits d'usage prétendus, ainsi que sur les coupes de bois indûment et violemment faites, par les habitants de Grand-Rù et de Pont-l'Évêque dans la forêt de Laigle, au préjudice du chapitre de Notre-Dame de Noyon. Noyon, 28 février 1539.

> *Enreg. à la Chambre des Eaux et forêts (siège*
> *de la Table de marbre), le 7 juin 1540. Arch. nat.,*
> *Z¹ˢ 326, fol. 220 v°. 5 pages.*

28 février.

11394. Lettres de confirmation des privilèges, franchises, libertés, etc., des habitants de Benauge au duché de Guyenne. Amiens, février 1539.

> *Enreg. à la Chancellerie de France. Arch. nat.,*
> *Trésor des Chartes, JJ. 254, n° 259, fol. 50 v°.*
> *1 page.*

Février.

11395. Création de deux foires annuelles à Montrigaud en Dauphiné. Amiens, février 1539.

> *Enreg. à la Chancellerie de France. Arch. nat.,*
> *Trésor des Chartes, JJ. 254, n° 257, fol. 50 v°.*
> *1 page.*

Février.

11396. Création de trois foires annuelles et d'un marché hebdomadaire à Saint-Pastour en Agénais. Amiens, février 1539.

> *Enreg. à la Chancellerie de France. Arch. nat.,*
> *Trésor des Chartes, JJ. 254, n° 261, fol. 51.*
> *1 page.*

Février.

11397. Lettres de légitimation données en faveur de Verdun de Genouilhac, écuyer, fils naturel de Jacques Galyot de Genouilhac, chambellan du roi, capitaine général de l'artillerie et grand écuyer de France, et d'Anne de

Février.

---

[1] Le nom du lieu manque.

Saint-Amand, damoiselle. Amiens, février 1539.

1540.

> *Enreg. à la Chancellerie de France. Arch. nat., Trésor des Chartes, JJ. 254, n° 262, fol. 51.* 1 page.

11398. Lettres de légitimation en faveur de Guy de Belleville, fils naturel de feu Guy de Belleville, seigneur de Mirambeau, et de Marguerite de Coué. Hesdin, février 1539.

Février.

> *Enreg. à la Chancellerie de France. Arch. nat., Trésor des Chartes, JJ. 254, n° 253, fol. 49.* 1 page.

11399. Permission aux habitants de Lormes en Nivernais d'établir un octroi sur le vin, et d'en appliquer le produit à fortifier leur ville. Abbeville, février 1539.

Février.

> *Enreg. à la Chancellerie de France. Arch. nat., Trésor des Chartes, JJ. 254, n° 254, fol. 50.* 1 page.

11400. Création de quatre foires annuelles à Châtelus en Bourbonnais, de trois à Saint-Martin-d'Estreaux et d'une à Saint-Pierre de Laval en Forez, en faveur de Jean de Lévis, baron de Châteaumorant, seigneur desdits lieux. Noyon, février 1539.

Février.

> *Enreg. à la Chancellerie de France. Arch. nat., Trésor des Chartes, JJ. 254, n° 252, fol. 49 v°.* 1 page.

11401. Création de quatre foires annuelles, et d'un marché hebdomadaire à Vauvert, près Nîmes, en faveur de Jean de Lévis, baron de Châteaumorant, et de Vauvert, gentilhomme de la chambre du roi. Noyon, février 1539.

Février.

> *Enreg. à la Chancellerie de France. Arch. nat., Trésor des Chartes, JJ. 254, n° 251, fol. 49 v°.* 1 page.

11402. Lettres de commission d'intendant des bâtiments du château de Villers-Cotterets, pour Blaise de Cormicé. 1er mars 1539.

1er mars.

> *Enreg. à la Chambre des Comptes, le 11 mai 1540, anc. mém. 2 J, fol. 270. Arch. nat., invent. PP. 136, p. 480. (Mention.)*

11403. Don de 1,350 livres tournois en faveur d'Ed-
mond Bonner, [évêque de Londres], ambassadeur du roi d'Angleterre en France, au
moment de son départ. Noyon, 1er mars
1539.

> Bibl. nat., ms. Clairambault 1215, fol. 79.
> (Mention.)

1540.
1er mars.

11404. Mandement au trésorier de l'épargne de payer
à Jean Vigenere, contrôleur ordinaire des
guerres, 60 livres tournois pour ses gages de
trois mois. Noyon, 2 mars 1539.

> Original. Bibl. nat., Pièces orig., Vigenere,
> vol. 2992, p. 9.

2 mars.

11405. Commission à François Olivier, André Gallart
et Imbert de Saveuses, maîtres des requêtes
ordinaires de l'hôtel, à François Crespin, conseiller au Parlement de Paris et président au
Parlement de Bretagne, à Nicolas de Ganay,
Nicolas Corbin, Jacques Leclerc dit Coittier,
Jean Belot, François Dupré, conseillers au
Grand conseil, d'instruire le procès criminel
d'Étienne Duval, de Jacques Duval, de Marion Duval, de Jean Malherbe, etc., accusés
d'avoir pris et enlevé Anne de Prétouville,
fille unique et héritière de feu Jean de Prétouville, sr de Lormigny. Noyon, 3 mars 1539.

> Copie du xvie siècle. Bibl. nat., ms. fr. 5124,
> fol. 155.

3 mars.

11406. Lettres autorisant la comtesse de Villars à faire
transporter 3,000 charges de blé achetées en
Bourgogne. Noyon, 3 mars 1539.

> Vidimus du xvie siècle. Arch. de la ville de Lyon,
> série GG.

3 mars.

11407. Mandement à la Chambre des Comptes de Bretagne, portant mainlevée du temporel de
l'évêché de Dol, en faveur de François de
Laval, évêque du lieu. Abbeville (sic), 4 mars
1539.

> Imp. Albert Padioleau, sr de Launay, Traité de
> la juridiction de la Chambre des Comptes de Bre-
> tagne sur le faict de la régale. Nantes, 1631, in-4°,
> p. 115.

4 mars.

11408. Mandement à Jean Duval, trésorier de l'é-
pargne, de payer à Nicolas de Bossut, seigneur de Longueval, maître d'hôtel ordinaire
du roi, 800 livres tournois pour sa pension de l'année 1539. Noyon, 6 mars 1539.

    Original. Bibl. nat., ms. fr. 25722, n° 556.

1540.
6 mars.

11409. Mandement à Jean Laguette, trésorier des parties casuelles, de payer à Vespasien Carvoisin,
écuyer ordinaire de l'écurie du roi, 2,250 livres tournois dont il lui est fait don. Noyon,
6 mars 1539.

    Original. Bibl. nat., ms. fr. 25722, n° 557.

6 mars.

11410. Déclaration interprétative de l'article 133 de
l'édit d'août 1539 (n° 11171), touchant les
donations faites en l'absence des donataires,
portant qu'elles pourront être acceptées par
procureurs. Noyon, 7 mars 1539.

    *Présentées au Parl. de Paris, le 15 mars suivant,
et arrêt de remontrances. Arch. nat., X¹ᵃ 1544,
reg. du Conseil, fol. 242 v°.*
    *Enreg. au Parl., sans date. Arch. nat., X¹ᵃ 8613,
fol. 245 v°. 1 page.*
    *Imp. Les loix, ordonnances et édictz, etc., depuis
le roy S. Lois... Paris, 1559, in-fol., fol. 172 v°.*
    *Rebuffi, Édits et ordonnances des rois de France.
Lyon, 1573, in-fol., p. 1279.*
    *A. Fontanon, Édits et ordonnances, etc. Paris,
1611, in-fol., t. I, p. 753.*
    *Isambert, Anc. lois françaises, etc. Paris, 1827,
in 8°, t. XII, p. 670.*

7 mars.

11411. Mandement à la Chambre des Comptes de dé-
charger Georges d'Armagnac, évêque de Rodez, ci-devant ambassadeur à Venise, de
2,000 écus d'or soleil restant d'une somme
de 10,000 écus d'or, dépensée pour soutenir
l'entreprise de Philippe Strozzi et de ses fils
contre Cosme de Médicis. Noyon, 7 mars
1539.

    *Enreg. à la Chambre des Comptes de Paris, le
12 février 1546. Arch. nat., P. 2307, p. 1009.
5 pages.*
    *Idem, P. 2538, fol. 43; P. 2554, fol. 91 v°.
3 pages.*

7 mars.

IV.

11412. Lettres commettant Simon de Neufville pour
procéder au recouvrement des deniers adjugés au Trésor pour les contraventions
commises au fait du transport des grains hors
du royaume, et lui donnant pleins pouvoirs
pour réglementer l'enlèvement des grains.
Noyon, 8 mars 1539.

1540.
8 mars.

> *Enreg. au Châtelet de Paris, Bannières. Arch.
> nat., Y. 9, fol. 159, 5 pages.*
> Imp. *Pièce in-4°. Paris, J. Nyverd (s. d.). Bibl.
> nat., Inv. Réserve, F. 1642 et 1903.*
> *Les loix, ordonnances et édictz, etc., depuis le roy
> S. Lois... Paris, 1559, in-fol., fol. 150 v°.*
> Delamare, *Traité de la police, etc. Paris, in-fol.,
> t. II, 1710 (livre V, titre XIII, chap. II), p. 920.*

11413. Mandement au sr Boulhier, conseiller au Parlement de Dijon, touchant l'exécution des ordonnances relatives à la traite des blés en
Bourgogne et aux droits que doivent payer
les marchands étrangers qui viennent s'approvisionner dans le pays. Noyon, 8 mars
1539.

8 mars.

> *Vidimus du XVIe siècle. Arch. municipales de
> Dijon, G. 256.*

11414. Commission adressée à Pierre Beluche pour
faire une enquête sur la traite des blés en
Bourgogne et les profits qui en reviennent
au roi. Noyon, 8 mars 1539.

8 mars.

> *Vidimus du XVIe siècle. Arch. municipales de
> Dijon, G. 256.*

11415. Provisions en faveur de Jean Hénart, notaire et
secrétaire du roi, de l'office de receveur et
payeur des gages et droits des présidents,
maîtres des requêtes, conseillers et autres officiers du Parlement de Paris, en remplacement et sur la résignation de Jean Duval.
Noyon, 8 mars 1539.

8 mars.

> *Réception au Parl. le 23 mars suivant. Arch. nat.,
> XIa 1544, reg. du Conseil, fol. 248. (Mention.)*

11416. Mandement à Jean Duval, trésorier de l'é-
pargne, de faire payer par Guillaume Rivière,
payeur des gages des conseillers et officiers

8 mars.

du Grand conseil, 500 livres tournois à Jean   1540.
Coutel, conseiller audit conseil, pour ses
gages de six mois à partir du mois d'octobre 1538, bien qu'il n'ait pas siégé et qu'il
ait été depuis pourvu de l'office de maître
ordinaire des requêtes de l'hôtel, à la place
de Pierre Dufour, nommé président au Parlement de Toulouse. Noyon, 8 mars 1539.

> *Original. Bibl. nat., ms. fr. 25722, n° 558.*

11417. Mandement au trésorier de l'épargne de payer   8 mars.
1350 livres à Georges d'Armagnac, évêque
de Rodez, pour le voyage qu'il va faire à
Rome, où il est envoyé comme ambassadeur.
Noyon, 8 mars 1539.

> *Bibl. nat., ms. Clairambault 1215, fol. 78 v°.*
> (*Mention.*)

11418. Lettres en faveur de Nectaire de Senneterre,   8 mars.
bailli des Montagnes d'Auvergne, écuyer
d'écurie du dauphin. Noyon, 8 mars 1539.

> *Bibl. nat., ms. Clairambault 782, p. 301.*
> (*Mention.*)

11419. Mandement au trésorier de l'épargne de payer   9 mars.
2,045 livres à Guillaume Pellissier, évêque
de Montpellier, ambassadeur à Venise, pour
cent quarante-neuf jours d'exercice de sa
charge, du 3 février 1539 au 30 juin suivant. Noyon, 9 mars 1539.

> *Copie du XVIIIe siècle. Bibl. nat., portefeuilles*
> *Fontanieu, vol. 250.*
> *Bibl. nat., ms. Clairambault 1215, fol. 78 v°.*
> (*Mention.*)

11420. Lettres de commission adressées à Étienne de   9 mars.
Montmirel, conseiller au Parlement de Paris.
Noyon, 9 mars 1539.

> *Présentées au Parl., le 14 mai 1540. Arch. nat.,*
> *X^{1a} 1545, reg. du Conseil, fol. 346. (Mention.)*

11421. Mandement à Jean Duval, trésorier de l'épargne,   10 mars.
de faire payer par Martin de Troyes,
commis à la trésorerie et recette générale
de Languedoc, à Jean Godet, commis à la

trésorerie de l'extraordinaire des guerres, 24,135 livres 10 sous tournois pour employer pendant le mois d'avril comme suit : 18,555 livres 10 sous tournois pour la solde de 2,120 hommes de pied défendant le Piémont; 2,440 livres pour la solde de 300 hommes de guerre à pied également en Piémont; 2,340 livres pour l'état du sr d'Annebaut, lieutenant général en Piémont, et les gages des gouverneurs et capitaines des places dudit pays; 750 livres pour les officiers de l'artillerie, et 500 livres pour l'imprévu. Noyon, 10 mars 1539.

1540.

> *Original. Bibl. nat.*, nouv. acquisitions franç., ms. 1483, n° 64.

11422. Lettres portant commission aux Généraux des monnaies pour l'ouverture de la Monnaie de Marseille et l'installation des officiers, monnayeurs et ouvriers. Noyon, 12 mars 1539.

12 mars.

> *Enreg. à la Cour des Monnaies, le 10 avril 1540. Arch. nat.*, Z¹ᵇ 62, fol. 252. 2 pages.

11423. Lettres portant délégation du général des monnaies pour procéder à l'ouverture de la Monnaie de Grenoble et y installer les officiers et ouvriers. Noyon, 12 mars 1539.

12 mars.

> *Enreg. à la Cour des Monnaies, le 10 avril 1540. Arch. nat.*, Z¹ᵇ 62, fol. 253. 2 pages.

11424. Mandement à Jean Duval, trésorier de l'épargne, de payer à Jean Chartier, commis au payement des archers de la garde du roi, 8,651 livres 2 sous 6 deniers tournois pour le quartier d'octobre-décembre 1539. Noyon, 12 mars 1539.

12 mars.

> *Original. Bibl. nat.*, ms. fr. 25722, n° 559.

11425. Don de 67 livres 10 sous tournois à Nicolas de Faverolles, gentilhomme de la vénerie. Noyon, 12 mars 1539.

12 mars.

> *Original. Bibl. nat.*, Pièces orig., Faverolles, vol. 1111, p. 4.

11426. Ordonnance portant qu'à l'avenir les rece-

13 mars.

veurs des dons, octrois, « gets » et impôts, 1540.
votés par les États du duché de Bourgogne,
en rendront compte, non plus devant la
Chambre des Comptes de Dijon, mais devant
les États ou leurs délégués. Noyon, 13 mars
1539.

*Enreg. à la Chambre des Comptes de Dijon, le
5 mai 1542. Archives de la Côte-d'Or, reg. B. 20,
fol. 77 v°.*

11427. Lettres portant règlement pour la fixation de   13 mars.
l'impôt en Provence. Noyon, 13 mars 1539.

*Enreg. à la Chambre des Comptes de Provence,
le 2 juin 1540. Arch. des Bouches-du-Rhône, B. 34
(Fenix), fol. 169. 1 page.*

11428. Lettres portant défense de se fournir de sel   13 mars.
en Provence, ailleurs qu'aux greniers royaux.
Noyon, 13 mars 1539.

*Enreg. à la Chambre des Comptes de Provence.
Archives des Bouches-du-Rhône, B. 34 (Fenix),
fol. 206. 1 page.*

11429. Lettres portant réunion au domaine royal de   13 mars.
l'île de la Camargue. Noyon, 13 mars 1539.

*Enreg. à la Chambre des comptes de Provence, le
23 avril 1540. Arch. des Bouches-du-Rhône, B. 34
(Fenix), fol. 152. 1 page 1/2.*

11430. Mandement à Jean Duval, trésorier de l'épargne,   14 mars.
de payer à Jacques de Coucy, seigneur de
Vervins, lieutenant dans la compagnie d'ordonnance commandée par Oudart Du Biez,
400 livres tournois pour sa pension de
l'année 1538. Noyon, 14 mars 1539.

Original. Bibl. nat., ms. fr. 25722, n° 560.

11431. Lettres rendant obligatoires les visites et tour-   15 mars.
nées des grènetiers et contrôleurs des gabelles,
qui devront chaque année, sous peine de
privation de leurs états et offices, aller inspecter les provisions de sel, de lard et viande
salée dans toutes les villes, bourgs et paroisses
de leur ressort, et envoyer leurs procès-ver-

baux. à la Cour des Aides. Noyon, 15 mars 1539.

Enreg. à la Cour des Aides de Paris.
Copie du XVIᵉ siècle. Archives nat., Z¹ᵃ 205,
fol. 193. 2 pages.
Copie collationnée faite par ordre de la Cour des
Aides, le 7 septembre 1779. Arch. nat., Z¹ᵃ 526.
Enreg. à la Chambre des Comptes de Dijon. Arch.
de la Côte-d'Or, reg. B. 20, fol. 53.

1540.

11432. Ordonnance édictant la pénalité applicable aux faux sauniers et réglant la procédure à suivre contre eux. Noyon, 15 mars 1539.

15 mars.

Enreg. à la Cour des Aides, le 28 septembre 1540.
Copie du XVIᵉ siècle. Arch. nat., Z¹ᵃ 205, fol. 199.
Copie collationnée, faite par ordre de la Cour des
Aides, le 7 septembre 1779. Arch. nat., Z¹ᵃ 526
(sous la date du 25 mars).

11433. Nouvelles lettres sur la réunion au domaine royal des châteaux, terres et fiefs de Provence, dont les seigneurs n'ont pas fait hommage au roi. Noyon, 15 mars 1539.

15 mars.

Enreg. à la Chambre des Comptes de Provence,
le 22 avril 1540. Archives des Bouches-du-Rhône,
B. 34 (Fenix), fol. 149. 1 page.

11434. Défense faite aux habitants de Marseille de s'affranchir de la gabelle et d'acheter le sel ailleurs qu'aux greniers royaux. Noyon, 15 mars 1539.

15 mars.

Enreg. à la Chambre des Comptes de Provence,
le 22 avril 1540. Archives des Bouches-du-Rhône,
B. 34 (Fenix), fol. 150 vᵒ. 2 pages.

11435. Commission donnée à Bénigne Serre, premier président de la Chambre des Comptes de Dijon, J. Tisserand, conseiller au Parlement, B. Jacqueron, P. Millet, conseillers maîtres à la Chambre des Comptes, et P. Prévot, lieutenant général au bailliage de Dijon, pour informer des abus commis par les marchands et fournisseurs de sel. Boulogne (sic), 19 mars 1539.

19 mars.

Enreg. à la Chambre des Comptes de Dijon. Arch.
de la Côte-d'Or, B. 20, fol. 68 vᵒ.

11436. Lettres de relief de surannation pour l'enregistrement de l'ordonnance du 24 janvier 1539
n. s. (n° 10719), relative aux examinateurs
enquêteurs de la sénéchaussée de Guyenne.
Bordeaux (*sic*), 20 mars 1539.

> *Enreg. au Parl. de Bordeaux (s. d.). Arch. de la
> Gironde, B. 31, fol. 73. 2 pages.*

1540.
20 mars.

11437. Mandement au trésorier de l'épargne de payer
1,300 livres à Louis d'Adhémar de Monteil,
ancien ambassadeur à Rome, pour soixante-
cinq jours d'exercice de ses fonctions, du
1er décembre 1539 au 19 février suivant.
Noyon, 24 mars 1539.

> *Bibl. nat., ms. Clairambault 1215, fol. 78 v°.
> (Mention.)*

24 mars.

11438. Mandement au trésorier de l'épargne de payer
587 livres à Louis d'Adhémar de Monteil,
ancien ambassadeur à Rome, pour les frais
extraordinaires qu'il a dû faire. Noyon,
24 mars 1539.

> *Bibl. nat., ms. Clairambault 1215, fol. 78 v°.
> (Mention.)*

24 mars.

11439. Lettres de garde gardienne en faveur des religieuses de Notre-Dame de Nidoiseau, au diocèse d'Angers. Abbeville, mars 1539.

> *Enreg. au Parl. de Paris, le 15 décembre 1571.
> Arch. nat., X¹ᵃ 8629, fol. 290. 7 pages.*

Mars.

11440. Lettres de don à la duchesse d'Étampes, à
Claude de Clermont et à Jacques d'Albon,
gentilshommes de la chambre du dauphin,
duc de Bretagne, de tous les biens meubles
et immeubles d'Étienne Duval, grènetier de
Caen, de Marion Duval et de Nicolas Moges,
procureur du roi à Caen, condamnés au
bannissement et à la confiscation. Étaples,
mars 1539.

> *Enreg. à la Chancellerie de France. Arch. nat.,
> Trésor des Chartes, JJ. 254, n° 268, fol. 52.
> 1 page 1/2.*

Mars.

11441. Lettres de provisions de l'office de batteur en

Mars.

la Monnaie de Bordeaux, en faveur d'Armand Du Périer. Noyon, mars 1539.

1540.

> *Enreg. à la Chancellerie de France. Arch. nat.,*
> *Trésor des Chartes, JJ. 254, n° 287, fol. 55 v°.*
> 1 page.
> *Enreg. à la Cour des Monnaies, le 22 avril 1540.*
> *Arch. nat., Z¹ᵇ 62, fol. 255 v°. 1 page.*

11442. Don à Philippe de Montespedon, veuve de
Réné de Montejean, maréchal de France,
et à leurs enfants, de la terre de Villefallet
(Villafalletto, province de Coni) et autres
biens confisqués de Melchior de Villefallet,
condamné par le Parlement de Turin à avoir
la tête tranchée, pour crime de lèse-majesté.
Noyon, mars 1539.

Mars.

> *Enreg. à la Chancellerie de France. Arch. nat.,*
> *Trésor des Chartes, JJ. 254, n° 285, fol. 55.*
> 1 page.

11443. Lettres de noblesse accordées aux trois frères
François, Dominique et Michel Spada, originaires de San Germano au diocèse de Ver-
ceil en Piémont. Noyon, mars 1539.

Mars.

> *Enreg. à la Chancellerie de France. Arch. nat.,*
> *Trésor des Chartes, JJ. 254, n° 286, fol. 55 v°.*
> 1 page.

11444. Lettres de légitimation données en faveur de
François de Laval, évêque de Dol, conseiller
et orateur du roi, fils naturel de Guy, comte
de Laval, chevalier de l'ordre, et d'Anne
d'Espinay, damoiselle. Noyon, mars 1539.

Mars.

> *Enreg. à la Chancellerie de France. Arch. nat.,*
> *Trésor des Chartes, JJ. 254, n° 278, fol. 54.*
> 1 page.
> *Enreg. à la Chambre des Comptes de Bretagne.*
> *Arch. de la Loire-Inférieure, B. Mandements royaux,*
> II, fol. 217.

11445. Lettres de naturalité accordées à Laurent Leblanc, dit Camart, écuyer, sʳ de Houdan,
ancien archer des ordonnances, natif de
Bruxelles en Brabant, fixé dans le royaume

Mars.

depuis plus de quarante ans. Noyon, mars 1539.

Enreg. à la Chancellerie de France. Arch. nat.,
Trésor des Chartes, JJ. 254, n° 273, fol. 53.
1 page.

1540.

11446. Lettres de naturalité et permission d'acquérir des fiefs, seigneuries et bénéfices dans le royaume, octroyées à Catherine Sault, femme, et à Antoine et Anne de Passano, enfants de Jean-Joachim de Passano, s' de Vaux, maître d'hôtel ordinaire du roi. Noyon, mars 1539.

Enreg. à la Chancellerie de France. Arch. nat.,
Trésor des Chartes, JJ. 254, n° 280, fol. 54.
1 page 1/2.

Mars.

11447. Lettres de naturalité en faveur de Lucrèce Visconti, native du duché de Milan, veuve d'un gentilhomme français. Noyon, mars 1539.

Enreg. à la Chancellerie de France. Arch. nat.,
Trésor des Chartes, JJ. 254, n° 283, fol. 55.
1 page.

Mars.

11448. Lettres de don à Madeleine de Chavagnac, femme de Jean de Ulmo, et à ses enfants, de ce qui pouvait revenir au roi par suite de la confiscation des biens de son mari. Mars 1539.

Enreg. à la Chambre des Comptes de Paris, le
9 janvier 1541, anc. mém. 2 L, fol. 232. Arch.
nat., invent. PP. 136, p. 480. (Mention.)

Mars.

11449. Lettres données à la requête du procureur des trois États du Dauphiné, accordant un nouveau délai de six mois aux vassaux du roi pour fournir leurs dénombrements, et un délai de trois mois aux villes et bourgs de la province qui ont des deniers communs, pour fournir leurs titres. Noyon, 29 mars 1540.

Enreg. au Parl. de Grenoble, le 10 mai 1540.
Arch. de l'Isère, Chambre des Comptes de Grenoble,
B. 2911, II, cah. VIII. 3 pages.

29 mars.

11450. Lettres de légitimation accordées à Antoine de Palladuc, fils naturel de noble Antoine

Mars.

de Palladuc, seigneur dudit lieu et prieur
d'Alleyras, près Notre-Dame du Puy, et de
Marguerite Pressaige, veuve Noyon, mars
1540.

*Enreg. à la Chancellerie de France. Arch. nat.,
Trésor des Chartes, JJ. 254, n° 460, fol. 85 v°.
1 page.*

1540.

11451. Mandement à Jean Duval, trésorier de l'épargne,
de payer à frère Jean Cyret, procureur du
couvent des Minimes du Plessis-du-Parc-lez-
Tours, 700 livres tournois, et 300 livres tournois à frère Antoine Alochon, procureur du
couvent des Minimes d'Amboise, dont le roi
leur fait don pour les messes que ces couvents sont tenus de dire tous les ans, pour lui
et ses prédécesseurs. Aumale, 2 avril 1540.

Original. Bibl. nat., ms. fr. 25722, n° 561.

2 avril.

11452. Déclaration portant surséance de six mois, en
faveur des officiers du Parlement de Paris,
pour donner la déclaration des titres de leurs
fiefs, conformément à l'édit. Aumale, 3 avril
1540.

*Enreg. au Parl. de Paris, sans date. Arch. nat.,
X¹ᵃ 8613, fol. 233. 1 page 1/2.*

3 avril.

11453. Mandement au trésorier de l'épargne de payer
à Georges de Selve, ambassadeur auprès de
l'Empereur, 2,600 livres pour cent quatre-
vingts jours d'exercice de sa charge, du
7 avril 1540 au 3 octobre suivant. Aumale,
3 avril 1540.

*Bibl. nat., ms. Clairambault 1215, fol. 78 v°.
(Mention.)*

3 avril.

11454. Lettres interdisant à tous gentilshommes de
tenir, directement ou indirectement, aucune
ferme ou censive, sous peine d'être imposés
à la taille, et aux gens d'église de faire pro-
fiter leurs fermiers de leurs privilèges portant
exemption de droits de huitième et autres.
Aumale, 4 avril 1540.

*Enreg. à la Cour des Aides de Paris. Arch. nat.,
Z¹ᵃ 526. (Mention.)*

4 avril.

Imp. Pièce in-4°. Paris, J. Nyverd (s. d.).   1540.
Bibl. nat., Inv. Réserve, F. 1642 et F. 1905.
  Les loix, statuts et ordonnances roiaux faictes par
les feus rois de France... Paris, Poncet le Preux,
1542, in-fol., 2° partie, fol. 136 v°.
  Les loix, ordonnances et édictz, etc., depuis le
roy S. Loys... Paris, 1559, in-fol., fol. 104 v°.
  P. Rebuffi, Édits et ordonnances des rois de
France. Lyon, 1573, in-fol., p. 1001.
  A. Fontanon, Édits et ordonnances, etc. Paris,
1611, in-fol., t. III, p. 56.
  J. Corbin, Nouveau recueil des édits... de la juridiction des Cours des Aides... Paris, 1623, in-4°.
p. 977.
  Isambert, Anc. lois françaises, etc. Paris, 1827,
in-8°, t. XII, p. 671.

11455. Édit portant que les amendes adjugées par le   4 avril.
    Parlement de Dijon pour frivoles appellations
    ne dépasseront pas la somme de 20 livres.
    Aumale, 4 avril 1540.

      Arch. de la Côte-d'Or, reg. des États, C. 2978,
    fol. 99.
      Imp. Recueil des édits et ordonnances des États
    de Bourgogne. In-4°, t. I, p. 405.

11456. Déclaration portant que les écus soleil et autres   5 avril.
    espèces d'or auront cours dans le royaume,
    pourvu qu'elles soient de bon titre, sans s'ar-
    rêter à leur poids. Aumale, 5 avril 1540.

      Enreg. à la Cour des Monnaies, le 17 avril 1540.
    Arch. nat., Z¹ᵇ 62, fol. 254, 2 pages.
      Imp. Pièce in-4°. Bibl. nat., Inv. Réserve, F.
    1642.
      Les loix, statuts et ordonnances roiaux faictes par
    les feus rois de France... Paris, Poncet le Preux,
    1542, in-fol., 2° partie, fol. 137 v°.
      Les loix, ordonnances et édictz, etc., depuis le
    roy S. Loys... Paris, Galyot du Pré, 1559, in-
    fol., fol. 162 r°.

11457. Mandement à Jean Duval, trésorier de l'épargne,   5 avril.
    de payer à Guillaume de Gaillon, archer de
    la garde du roi, 45 livres tournois dont il lui
    est fait don pour le dédommager des dépenses
    d'entretien de trois laniers confiés à sa garde.
    Aumale, 5 avril 1540.

      Original. Bibl. nat., ms. fr. 25722, n° 562.

13.

11458. Lettres accordant aux capitouls de Toulouse un
délai de six mois et d'un an pour payer, en
deux parts égales, la somme de 16,000 livres,
restant due par eux sur leur quote-part des
fonds imposés pour la solde de 20,000 hommes
de pied, pendant quatre mois. Aumale, 6 avril
1540.

1540.
6 avril.

> *Expédition originale, signée de La Chesnaye.*
> *Arch. municip. de Toulouse, carton 71.*

11459. Lettres au Parlement de Normandie au sujet
de la suppression du siège et juridiction
d'Évreux. Écouis, 8 avril 1540.

8 avril.

> Imp. Ch. de Bourgueville, *Les recherches et*
> *antiquités de la province de Neustrie.* Caen, in-4°,
> 1588, 2° partie, p. 129. (Autres édit., 1705 et
> 1740.)

11460. Lettres portant permission à frère Joseph Cor-
rigi, de l'ordre des Frères prêcheurs, d'exercer l'office d'inquisiteur général de la foi dans
le royaume. Écouis, 10 avril 1540.

10 avril.

> *Enreg. au Parl. de Paris, le 21 juin 1540.*
> *Arch. nat.*, X¹ᵃ 8613, fol. 217 v°. 2 pages.
> *Arrêt d'enregistrement. Idem*, X¹ᵃ 1545, reg. du
> Conseil, fol. 441 v°.
> *Enreg. au Parl. de Toulouse, le 21 août 1540.*
> *Arch. de la Haute-Garonne, Édits*, reg. 4, fol. 168.
> 2 pages.

11461. Mandement au trésorier de l'épargne de payer
à Pierre Rémond, payeur des quarante lances
de la compagnie du s* de Langey, 7,967 livres
10 sous tournois complétant les 8,102 livres
10 sous tournois de la solde de ladite compagnie, y compris les capitaine, lieutenant,
guidon, etc., pendant les deuxième et troisième quartiers de 1539. Abbaye de Bonport,
12 avril 1540.

12 avril.

> *Original. Bibl. nat.*, nouv. acquisitions franç.,
> ms. 1483, n° 65.

11462. Mandement au trésorier de l'épargne de payer
à Jean Durant, commis au payement des
gages des gens de guerre du duché de Bourgogne, une somme de 9,720 livres tournois

12 avril.

destinée au payement, pour les quartiers
d'avril-juin et juillet-septembre 1539, des
mortes-payes chargées de la garde du château
et de la ville d'Auxonne, des châteaux de
Dijon, de Talant, de Beaune, de Semur, de
Saulx-le-Duc, et des forêts d'Argilly et des
Grolles. Abbaye de Bonport, 12 avril 1540.

1540.

Original. Bibl. nat., ms. fr. 25722, n° 563.

11463. Mandement à Jean Crosnier, trésorier de la
marine, de payer pour l'entretien de vingt-
cinq galères, pendant les quartiers d'avril-
juin et juillet-septembre 1539, la somme de
135,000 livres tournois aux capitaines dont
les noms suivent : Anne de Montmorency,
connétable, lieutenant général en Provence,
Bernard d'Ornezan, fils du baron de Saint-
Blancard, Christophe de Lubiano, Magdelon
d'Ornezan, Jacques d'Ancienville, seigneur
de Revillon, et le sr de Saint-Bonnet, commissaire de la marine. Abbaye de Bonport,
12 avril 1540.

12 avril.

Original. Bibl. nat., ms. fr. 25722, n° 564.

11464. Mandement au trésorier de l'épargne de bailler
à Vincent Delacroix, payeur des compagnies
des seigneurs d'Assier et de Crussol, une
somme de 15,762 livres destinée au payement des hommes d'armes de ces deux compagnies, pour les quartiers d'avril-juin et
juillet-septembre 1539. Abbaye de Bonport,
12 avril 1540.

12 avril.

Original. Bibl. nat., ms. fr. 25722, n° 565.

11465. Mandement au bailli de Dijon pour la publication de l'ordre donné aux possesseurs de
fiefs et arrière-fiefs d'en faire la déclaration
au bailliage. Abbaye de Bonport, 16 avril
1540.

16 avril.

Original. Arch. munieip. de Dijon, A. Bailliage.

11466. Ordonnance pour le payement de l'arriéré des
gages dus aux officiers de la Chambre des

17 avril.

Comptes de Dijon, sur le produit des greniers à sel. Abbaye de Bonport, près le Pont-de-l'Arche, 17 avril 1540.

1540.

Enreg. à la Chambre des Comptes de Dijon. Arch. de la Côte-d'Or, reg. B. 19, fol. 21 v°; reg. B. 20, fol. 55.

11467. Lettres portant que les nobles et roturiers devront faire aux baillis et sénéchaux la déclaration des fiefs et arrière-fiefs dont ils sont tenanciers. Abbaye de Bonport, 17 avril 1540.

17 avril.

Imp. Pièce. Bibl. nat., Inv. Réserve, F. 1642.
Les loix, statuts et ordonnances roiaulx faictes par les feus rois de France... Paris, Poncet le Preux, 1542, in-fol., 2ᵉ partie, fol. 137 v°.
Les loix, ordonnances, édictz, etc., depuis le roy S. Loys... Paris, Galyot du Pré, 1559, in-fol., fol. 170 v°.
P. Rebuffi, *Édits et ordonnances des rois de France.* Lyon, 1573, in-fol., p. 388.
A. Fontanon, *Édits et ordonnances, etc.* Paris, 1611, in-fol., t. II, p. 352.

11468. Édit portant que le capitaine du guet de Bordeaux et ses lieutenants pourront exécuter dorénavant toutes provisions et décrets de prise de corps décernés pour crimes et délits commis en cette ville, dans tous les lieux du ressort du Parlement de Bordeaux. Abbaye de Bonport, 17 avril 1540.

17 avril.

Enreg. au Parl. de Bordeaux, le 29 avril 1540. Arch. de la Gironde, B. 31, fol. 74. 3 pages.
Arch. municip. de Bordeaux, Livre des privilèges.
Imp. Gabriel de Lurbe, Les anciens et nouveaux statuts de la ville de Bordeaux. Bordeaux, 1701, in-4°, p. 126.

11469. Ordonnance interdisant toute commission d'enquêtes ou d'exécutions des arrêts et jugements aux avocats, procureurs et clercs des greffes. Abbaye de Bonport, 17 avril 1540.

17 avril.

Enreg. au Parl. de Bordeaux, le 4 mai 1540. Arch. de la Gironde, B. 31, fol. 75 v°. 2 pages.
Enreg. au Parl. de Toulouse, le 1ᵉʳ juillet 1540. Archives de la Haute-Garonne, Édits, reg. 4, ol. 168. 1 page.

11470. Mandement à Jean Duval, trésorier de l'épargne, de faire payer par le receveur général de Bourgogne une somme de 2,500 livres due aux vignerons et tâcherons qui ont entrepris la culture des vignes de Chenôve, Talant, Beaune et Germolles. Abbaye de Bonport, près le Pont-de-l'Arche, 17 avril 1540.

1540.
17 avril.

> Enreg. à la Chambre des Comptes de Dijon. Arch. de la Côte-d'Or, B. 20, fol. 53 v°.

11471. Mandement à Jean Duval, trésorier de l'épargne, de payer à Pierre d'Harcourt 225 livres tournois, pour un voyage que le roi l'envoie faire de Bonport à Turin, afin de porter des lettres au maréchal d'Annebaut, lieutenant général en Piémont. Abbaye de Bonport, 19 avril 1540.

19 avril.

> Original. Bibl. nat., nouv. acquisitions franç., ms. 1483, n° 66.

11472. Don de 202 livres 10 sous tournois à Vincent d'Imagy, gentilhomme du pays de Bresse, pour ses frais à la cour, en attendant ses lettres de créance pour un voyage dans le Levant où le roi l'envoie. Elbeuf, 19 avril 1540.

19 avril.

> Original. Bibl. nat., Pièces orig., vol. 1556. Imagi, p. 2.

11473. Provisions en faveur de Charles Baillet, dit des Hayes, gentilhomme de la vénerie, de l'office de maître particulier des Eaux et forêts du comté du Maine, vacant par la résignation pure et simple de Louis Duboys. Abbaye du Bec[-Hellouin], 24 avril 1540.

24 avril.

> Enreg. aux Eaux et forêts, le 6 juillet 1540. Arch. nat., Z¹ᵉ 326, fol. 234. 2 pages.

11474. Lettres données à la requête de François Carreau, abbé de Vaas au Maine, portant relief d'appel d'un procès intenté au possesseur du lieu de la Baussonnière, à Aubigné, par Philippe Hamelet, prédécesseur dudit Car-

24 avril.

reau, au sujet d'une rente d'un setier de fro- 1540.
ment. . . . [1], 24 avril 1540.

Original. Arch. de la Sarthe, B. 501.

11475. Mandement au trésorier de l'épargne de payer 25 avril.
à Claude Dodieu, seigneur d'« Espercieu », la
somme de 675 livres tournois destinée à
couvrir les frais du voyage qu'il va faire en
Écosse, pour porter des lettres au roi et à la
reine. Neufbourg, 25 avril 1540.

Original. Bibl. nat., ms. fr. 25722, n° 566.

11476. Mandement d'assignation devant le Conseil, 26 avril.
décerné contre le fermier de la foraine, qui,
malgré les lettres d'exemption de cet impôt
obtenues par les élus des États de Bourgogne,
prétendait exercer ses droits dans cette province. Aumale, 26 avril 1540.

*Arch. de la Côte-d'Or, Cartulaire des États de
Bourgogne, C. 2978, fol. 201.*

11477. Lettres portant mainlevée d'une saisie du 29 avril.
temporel du chapitre de Langres. Évreux,
29 avril 1540.

*Original scellé. Arch. départ. de la Haute-Marne,
Chapitre de Langres, série G, liasse 15.*

11478. Mandement au trésorier de l'épargne de payer 29 avril.
à Jérôme Belarmato, gentilhomme italien,
ingénieur, la somme de 450 livres tournois
comme acompte de ce qui pourra lui être
dû pour les devis qu'il est chargé de faire des
réparations des fortifications de différentes
villes. Évreux, 29 avril 1540.

Original. Bibl. nat., ms. fr. 25722, n° 567.

11479. Lettres de sauvegarde accordées au chapitre de Avril.
l'église de Soissons. Aumale, avril 1540.

*Enreg. à la Chancellerie de France. Arch. nat.,
Trésor des Chartes, JJ. 254, n° 399, fol. 73 v°.
2 pages.*

11480. Lettres de naturalité en faveur de Jean de Avril.

[1] Le nom du lieu est lacéré.

Tardes, seigneur d'Arancou, gentilhomme   1540.
de la chambre du roi, natif de Mixe près
Garris en la baronnie de Luxe (Basse-Navarre).
Abbaye de Bonport, avril 1540.

> *Enreg. à la Chancellerie de France. Arch. nat.,*
> *Trésor des Chartes, JJ. 254, n° 395, fol. 72 v°.*
> 1 page.

11481. Création de trois foires l'an et d'un marché,   Avril.
chaque semaine, à Lesmont au bailliage de
Chaumont-en-Bassigny, en faveur d'Antoine
de Luxembourg, comte de Brienne, Ligny et
Roucy, seigneur de Lesmont. Le Bec-Hellouin, avril 1540.

> *Enreg. à la Chancellerie de France. Arch. nat.,*
> *Trésor des Chartes, JJ. 254, n° 391, fol. 72 v°.*
> 1 page.

11482. Don à Marie d'Albret, duchesse de Nevers, des   Avril.
biens de Jacques d'Albret, évêque de Nevers,
échus au roi par droit de régale. Condé en
Normandie, avril 1540.

> *Enreg. à la Chancellerie de France, Arch. nat.,*
> *Trésor des Chartes, JJ. 254, n° 390, fol. 72 v°.*
> 1 page.

11483. Ordonnance établissant l'unité de l'aune dési-   Avril.
gnée sous le nom d'*aune du Roi*, d'après un
étalon qui servira de type pour le mesurage
des étoffes dans tout le royaume. Évreux,
avril 1540.

> *Enreg. au Châtelet de Paris, le 13 mai 1540.*
> *Arch. nat., Bannières, Y. 9, fol. 170 v°. 4 pages.*
> *Copies. Arch. munioip. de Toulouse, ms. 4116*
> *et ms. 8508, fol. 209. 7 pages.*
> *Copie du XVIII° siècle. Arch. de la Préfecture de*
> *police, coll. Lamoignon, t. VII, fol. 612.*
> *Imp. Pièce in-8°. Arch. nat., AD.I 22 et 23.*
> *Autre pièce in-4°. Paris, J. Nyverd (s. d.). Bibl.*
> *nat., Inv. Réserve, F. 1642 et F. 1904.*
> *Les loix, statuts et ordonnances roiauls faictes par*
> *les feus rois de France... Paris, Poncet le Preux,*
> *1542, 2° partie, fol. 138 v°.*
> *Les loix, ordonnances, édictz, etc., depuis le roy*
> *S. Loys... Paris, Galyot du Pré, 1559, in-fol.,*
> *fol. 121 v°.*

P. Rebuffi, *Édits et ordonnances des rois de*   1540.
France, Lyon, 1573, in-fol., p. 1097.
    A. Fontanon, *Édits et ordonnances, etc.* Paris,
1611, in-fol., t. I, p. 974.
    Isambert, *Anc. lois françaises, etc.* Paris, 1827,
in-8°, t. XII, p. 672.

11484. Provisions de l'office de receveur des exploits   1er mai.
et amendes du Parlement de Paris et des
Requêtes de l'hôtel et du Palais, pour Nicolas
Hardy, en remplacement de Nicolas Saimbault, décédé, Évreux, 1er mai 1540.
    Réception au Parl., le 7 juin 1540, Arch. nat.,
    X¹ᵃ 1545, reg. du Conseil, fol. 408. (Mention.)

11485. Mandement au trésorier de l'épargne de payer   1er mai.
à Antoine de Rincon, ambassadeur, dans le
Levant, 10,476 livres 2 sous 6 deniers, pour
deux années d'exercice de sa charge, du
5 janvier 1538 n. s. au 4 janvier 1540 n. s.
Évreux, 1er mai 1540.
    Bibl. nat., ms. Clairambault 1215, fol. 78 v°.
    (Mention.)

11486. Mandement au trésorier de l'épargne de payer   1er mai.
à Antoine de Rincon, ambassadeur dans le
Levant, une somme de 4,500 livres tournois
pour deux cent vingt-cinq jours d'exercice
de sa charge, du 5 janvier au 16 août 1540.
Évreux, 1er mai 1540.
    Original, Bibl. nat., ms. fr. 25722, n° 568.
    Bibl. nat., ms. Clairambault 1215, vol. 78 v°.
    (Mention.)

11487. Mandement à Jean Duval, trésorier de l'épar-   5 mai.
gne, de payer la somme de 112 livres 10 sous
tournois à François de Longecombe, sʳ de
Poisieu, destinée aux frais d'un voyage qu'il
va faire en Piémont, à pour soy enquerir se-
cretement d'aucunes choses de grande importance », Anet, 5 mai 1540.
    Original. Bibl. nat., ms. fr. 26127, fol. 2015.

11488. Mandement au trésorier de l'épargne de bailler   6 mai.
à Jean Godet, commis à la trésorerie de l'extraordinaire des guerres, une somme de
6,000 livres tournois destinée au payement,

des fortifications du Piémont, ainsi qu'il en   1540.
sera ordonné par le maréchal d'Annebaut,
lieutenant général dans ce pays. Anet, 6 mai
1540.

> Original. Bibl. nat., ms. fr. 25722, n° 569.

11489. Mandement au trésorier de l'épargne de bailler   6 mai.
à Martin de Troyes une somme de 1,719 li-
vres 1 sou 10 deniers tournois pour le payement aux maire et échevins d'Abbeville des
vivres qu'ils ont fournis à l'armée récemment
rassemblée dans cette ville. Anet, 6 mai
1540.

> Original. Bibl. nat., ms. fr. 25722, n° 570.

11490. Mandement au trésorier de l'épargne de payer   6 mai.
à Lazare de Baïf, ambassadeur à Venise,
2,427 livres 8 sous pour dépenses dans l'exercice de sa charge. Anet, 6 mai 1540.

> Bibl. nat., ms. Clairambault 1215, fol. 78 v°.
> (Mention.)

11491. Confirmation de l'indult accordé par le pape   16 mai
Paul III au cardinal de Ferrare, à Rome, le
4 des ides de novembre 1539, pour la collation des bénéfices qu'il possède en France.
Saint-Germain-en-Laye, 16 mai 1540.

> Enregistré au Parl. de Paris, sauf les restrictions ha-
> bituelles, le 14 juin 1540. Arch. nat., X¹ᵃ 8613,
> fol. 221 v° et 224. 7 pages.
> Arrêt d'enregistrement. Idem, X¹ᵃ 4911, Plai-
> doiries, fol. 310.

11492. Mandement au trésorier de l'épargne de payer   16 mai.
1,800 livres tournois à Lazare de Baïf, conseiller et maître des requêtes de l'hôtel, pour
quatre-vingt-dix journées (du 16 mai au
14 août 1540) que durera son ambassade en
Allemagne, où le roi l'envoie pour conférer
avec certains princes de ce pays dans l'intérêt
de toute la chrétienté. Saint-Germain-en-
Laye, 16 mai 1540.

> Original. Bibl. nat., Pièces orig., vol. 166,
> Baïf, p. 5.
> Bibl. nat., ms. Clairambault 1215, fol. 78 v°.
> (Mention.)

11493. Lettres d'évocation devant le Conseil privé d'un procès pendant au Parlement de Paris en la petite chambre des enquêtes, entre la dame de la Rocheguyon et ses enfants, d'une part, et la duchesse d'Estouteville, d'autre. Saint-Germain-en-Laye, 17 mai 1540.

1540.
17 mai.

> *Entérinées au Parl., le 22 mai suivant. Arch. nat., X¹ᵃ 1545, reg. du Conseil, fol. 368. (Mention.)*

11494. Provisions en faveur de Paris Hesselin de l'office de clerc auditeur en la Chambre des Comptes de Paris, en remplacement de Louis Allegrain. Limours, 19 mai 1540.

19 mai.

> *Reçu à la Chambre des Comptes, le 1ᵉʳ juin suivant, anc. mém. 2 J, fol. 274. Arch. nat., invent. PP. 136, p. 482. (Mention.)*
> *Bibl. nat., ms. Clairambault 782, p. 300. (Mention.)*

11495. Mandement au trésorier de l'épargne de payer 117 livres tournois à Antoine de Heu, chevaucheur de l'écurie royale, qui va présentement en poste de Rochefort en Flandre, où sera l'Empereur, porter des lettres importantes du roi à Georges de Selve, évêque de Lavaur, et à Antoine Hélin, ambassadeurs auprès de Charles-Quint, et rapportera leur réponse. Rochefort, 22 mai 1540.

22 mai.

> *Original. Bibl. nat., Pièces originales, Hélin, vol. 1503, p. 5.*

11496. Déclaration en faveur de la liberté du commerce du blé et des autres grains, à l'intérieur et à l'extérieur du royaume, excepté dans le pays de Gênes. Fontainebleau, 27 mai 1540.

27 mai.

> *Enreg. au Parl. de Paris, le 6 juillet 1540. Arch. nat., X¹ᵃ 8613, fol. 227. 2 pages.*
> *Enreg. au Parl. de Bordeaux, le 8 juillet 1540. Arch. de la Gironde, B. 31, fol. 76 v°. 3 pages.*
> *Enreg. au Parl. de Grenoble, le 25 juin 1540. Arch. de l'Isère, Parl., B. 2334, fol. 66. 1 page 1/2.*
> *IMP. Isambert, Anciennes lois françaises, etc. Paris, 1827, in-8°, t. XII, p. 674.*

11497. Mandement au trésorier de l'épargne de bailler

28 mai.

à Jean Charretier, commis au payement des
archers de la garde placés sous les ordres du
sénéchal d'Agénais, une somme de 31,872 livres 17 sous 6 deniers tournois destinée au
payement de la solde de ces archers, pour
l'année 1540. Fontainebleau, 28 mai 1540.

1540.

Original. Bibl. nat., ms. fr. 25722, n° 571.

11498. Commission à Claude Genton, prévôt général
des connétable et maréchaux de France, et
à ses lieutenants, pour exécuter les ordonnances de prise de corps qui seront rendues
par la cour des Grands jours qui doit siéger
à Moulins, dans le courant de la présente année. Fontainebleau, 29 mai 1540.

29 mai.

*Enreg. sur le reg. desdits Grands jours, à la date
du 10 septembre 1540. Arch. nat., Parl. de Paris,
X²ᵃ 90, à la date. 3 pages.*

11499. Mandement au trésorier de l'épargne de payer
à Claude Genton, seigneur des Brosses, grand
prévôt des maréchaux, la somme de 1,876 livres 17 sous 6 deniers tournois pour ses frais
de voyage et de séjour aux Grands jours tenus
l'année précédente à Angers. Fontainebleau,
31 mai 1540.

31 mai.

Original. Bibl. nat., ms. fr. 25722, n° 573.

11500. Mandement au trésorier de l'épargne de payer
à Georges d'Armagnac, ambassadeur auprès
du Saint-Siège, une somme de 3,600 livres
tournois, pour cent quatre-vingts jours d'exercice de sa charge, du 8 avril au 4 octobre
1540. Fontainebleau, 31 mai 1540.

31 mai.

*Original. Bibl. nat., ms. fr. 25722, n° 572.
Bibl. nat., ms. Clairambault 1215, fol. 78 v°.*
(*Mention.*)

11501. Don de 2,250 livres à Charles de Marillac, ambassadeur en Angleterre, en considération
des services qu'il a rendus. Fontainebleau,
31 mai 1540.

31 mai.

Bibl. nat., ms. Clairambault 1215, fol. 79.
(*Mention.*)

11502. Érection des seigneuries de Batarnay et de Saint-   1540.
Donat réunies à la baronnie du Bouchage en   Mai.
comté, en faveur de René de Batarnay,
gentilhomme ordinaire de la chambre et
capitaine du Mont-Saint-Michel. Évreux, mai
1540.

> *Original. Bibl. nat., ms. fr. 6458, n° 57.*

11503. Érection de la terre et châtellenie d'Auberive   Mai.
en baronnie, en faveur de René de Batarnay,
sʳ du Bouchage. Évreux, mai 1540.

> *Original. Bibl. nat., ms. fr. 2982, fol. 73.*
> *Copie du XVIII° siècle. Bibl. nat., Portefeuilles*
> *de Fontanieu, vol. 250.*

11504. Confirmation d'une délibération du chapitre de   Mai.
Notre-Dame d'Évreux, touchant la collation
des chapellenies de ladite église. Évreux,
mai 1540.

> *Enreg. à la Chancellerie de France. Arch. nat.,*
> *Trésor des Chartes, JJ. 254, n° 402, fol. 74.*
> *1 page 1/2.*

11505. Confirmation des privilèges, franchises et li-   Mai.
bertés des habitants de Saint-Genis en Bugey.
Oulins, mai 1540.

> *Enreg. à la Chancellerie de France. Arch. nat.,*
> *Trésor des Chartes, JJ. 254, n° 400, fol. 73 v°.*
> *1 page.*

11506. Lettres accordant affranchissement de toutes   Mai.
tailles, subsides et impôts à tous ceux qui
viendront dans les deux ans s'établir à Ville-
Françoise-de-Grâce (le Havre). Saint-Germain-en-Laye, mai 1540.

> *Enreg. à la Chancellerie de France. Arch. nat.,*
> *Trésor des Chartes, JJ. 254, n° 406, fol. 74 v°,*
> *1 page.*
> *Enreg. à la Cour des Aides de Normandie, le 16 dé-*
> *cembre 1540. Arch. de la Seine-Inférieure, Mémo-*
> *riaux, 2° vol., fol. 213. 3 pages.*

11507. Création d'un office de monnayeur en la Mon-   Mai.
naie de Saint-Lô, en faveur d'Antoine Caradas.
Beynes, mai 1540.

> *Enreg. à la Cour des Monnaies, le 7 juin 1540.*
> *Arch. nat., Z¹ᵇ 62, fol. 256 v°. 1 page.*

11508. Lettres de don à Pierre Moifant, seigneur de 1540.
Villeneuve-le-Comte, pour lui et ses hoirs Mai.
de la partie des fossés dudit lieu de Villeneuve comprise entre le pont de Gouilly et
le grand conduit outre le pont de Lagny, pour
la commodité de sa maison. Limours, mai
1540.[1]

> *Enreg. à la Chancellerie de France. Arch. nat.,*
> *Trésor des Chartes, JJ. 254, n° 499, fol. 75.*
> *1 page 1/2.*

11509. Édit portant règlement pour les poursuites à 1er juin.
exercer contre les luthériens et partisans des
fausses doctrines propagées dans le royaume.
Fontainebleau, 1er juin 1540.

> *Enreg. au Parl. de Paris, le 7 juin 1540. Arch.*
> *nat., U. 446, fol. 174. 7 pages.*
> *Enreg. au Châtelet de Paris, le 12 juin 1540.*
> *Arch. nat., Bannières, Y. 9, fol. 172 v°, et Livre*
> *jaune grand, Y. 6b, fol. 44 v°. 9 pages.*
> *IMP. Pièce in-4°. Paris, J. Nyverd (s. d.).*
> *Bibl. nat., Inv. Réserve, F. 1906.*
> *Les loix, statuts et ordonnances roiaulx faictes par*
> *les feus rois de France... Paris, Poncet le Preux,*
> *1542, in-fol., 2e partie, fol. 139 v°.*
> *Les loix, ordonnances et édictz, etc., depuis le*
> *roy S. Loys... Paris, Galyot du Pré, 1559, in-fol.,*
> *fol. 168 v°.*
> *P. Rebuffi, Édits et ordonnances des rois de*
> *France. Lyon, 1573, in-fol., p. 892.*
> *A. Fontanon, Édits et ordonnances, etc. Paris,*
> *1611, in-fol., t. IV, p. 246.*
> *J. le Gentil, Recueil des actes, titres et mémoires*
> *concernant les affaires du clergé de France... Pa-*
> *ris, 1675, in-fol., t. VI, p. 13.*
> *[Le Mère], Recueil des actes, titres et mémoires*
> *concernant les affaires du clergé. Paris, 1716-1746,*
> *12 vol. in-fol., t. I, col. 1090.*
> *Isambert, Anc. lois françaises, etc. Paris, 1821,*
> *in-8°, t. XII, p. 676.*
> *Eug. et Em. Haag, La France protestante. Pièces*
> *justificatives (t. X). Paris, 1858, in-8°, n° 5, p. 8.*

11510. Lettres ordonnant la clôture de la forêt de Bière 1er juin.

> [1] François Ier était à Limours le 19 (n° 11494) et le 21 mai (X1a 1545,
> fol. 372).

et défendant d'y laisser pâturer le bétail. Fon-   1540.
tainebleau, 1er juin 1540.

Visées dans des lettres du 19 juin 1541, enreg. à
la Chambre des Eaux et forêts (siège de la Table
de marbre), le 15 octobre 1541. Arch. nat., Z. 4584
(nunc Z¹ᵉ 327), fol. 204. (Mention.)

11511. Lettres portant règlement pour les gages des   1er juin.
huissiers du Parlement de Rouen. Fontaine-
bleau, 1er juin 1540.

Enreg. à la Chambre des Comptes de Paris,
anc. mém. 2 J, fol. 240. Arch. nat., invent. PP.
136, p. 483. (Mention.)

11512. Mandement aux trésoriers de France de faire   2 juin.
payer aux religieux de l'ordre de la Trinité,
chapelains du château de Fontainebleau, en
deniers comptants, la valeur des douze muids
de blé et huit muids d'avoine à eux dus. Fontainebleau, 2 juin 1540.

Exécutoire de la Chambre des Comptes, du
24 janvier 1541 n. s.
Enreg. à la Chambre des Comptes de Paris. Arch.
nat., P. 2306, p. 895. 2 pages 1/2.

11513. Mandement au trésorier de l'épargne de payer   2 juin.
2,485 livres à Guillaume Pellissier, ambassa-
deur à Venise, pour cent vingt et un jours
d'exercice de sa charge, du 1er janvier au
30 juin 1540. Fontainebleau, 2 juin 1540.

Bibl. nat., ms. Clairambault 1215, fol. 79.
(Mention.)

11514. Confirmation des provisions de l'office de fores-   3 juin.
tier de la forêt de Bière octroyées à Louis
Foucquet, le 5 décembre 1538 (n° 10505),
sa vie durant et non, comme le porte son
institution par le grand maître des Eaux et
forêts, pendant la durée du bannissement de
Claude de Villiers, sᵗ de Chailly, son prédécesseur. Fontainebleau, 3 juin 1540.

Enreg. aux Eaux et forêts, le 28 juin suivant.
Arch. nat., Z¹ᵉ 326, fol. 229 v°. 2 pages 1/2.

11515. Supplique de François Iᵉʳ et confirmation en   3 juin.
conséquence par Paul III de l'indult du

pape Eugène IV, en faveur du chancelier de 1540.
France, des présidents et des conseillers au
Parlement de Paris. Rome, la veille des nones
de juin [1540].

> Enreg. au Parl. de Paris, sans date. Arch. nat.,
> X¹ᵃ 8613, fol. 260. 2 pages.
> Imp. Fr. Pinsson, Notes sommaires sur les in-
> dults accordés au roi, etc. Paris, 1673, in-12, t. I,
> p. 151.
> J. le Gentil, Recueil des actes, titres et mémoires
> concernant les affaires du clergé de France... Pa-
> ris, 1675, in-fol., t. II, part. II, p. 281.

11516. Lettres autorisant les conseillers de la chambre   4 juin.
des vacations au Parlement d'Aix à ne plus
venir vers le roi demander le mandat de
payement de leurs honoraires, ce qui les for-
çait à un voyage dispendieux, et à se le faire
délivrer par le général des finances, sur un
certificat de service signé du premier président. Fontainebleau, 4 juin 1540.

> Enreg. au Parl. de Provence. Arch. de ladite
> cour, à Aix, reg. petit in-fol. de 253 feuillets,
> fol. 174.

11517. Mandement au trésorier de l'épargne de payer   4 juin.
562 livres 10 sous à Jean Sleidan, Allemand,
pour un voyage qu'il va faire sur l'ordre du
roi auprès de divers princes d'Allemagne.
Fontainebleau, 4 juin 1540.

> Bibl. nat., ms. Clairambault 1215, fol. 78 v°.
> (Mention.)

11518. Lettres d'institution d'un prévôt des maréchaux   5 juin.
dans les élections de Meaux, Soissons, Reims,
Château-Thierry, Provins, Melun et Laon,
et provisions dudit office en faveur de Gilles
Berthelot, écuyer, pour l'exercer avec un
lieutenant, un greffier et douze archers qu'il
choisira lui-même. Fontainebleau, 5 juin
1540.

> Enreg. à la Connétablie et maréchaussée de
> France (Table de marbre du Palais), le 21 du
> même mois. Arch. nat., Z¹ᶜ 4, fol. 133. 6 pages.
> Imp. Pièce in-4°. Arch. nat., AD.I 21. 6 pages.
> Pinson de la Martinière, La Connétablie et

maréchaussée de France... Paris, 1661, in-fol.,
p. 519.
Saugrain, *La Maréchaussée de France ou recueil
des ordonnances, etc.* Paris, 1697, in-4°, p. 19.

11519. Lettres prorogeant pour six ans les octrois con-   5 juin.
cédés à la ville de Lyon, par lettres du
19 janvier 1523 n.s. (n° 1733) Fontainebleau, 5 juin 1540.

    Original. Arch. de la ville de Lyon, série CC.

11520. Ordonnance de règlement pour la juridiction   6 juin.
de la Chambre des Comptes de Piémont.
Fontainebleau, 6 juin 1540.

    *Enreg. à la Chambre des Comptes de Piémont,
le 8 octobre 1540.
Copie du xvi° siècle. Arch. des Bouches-du-Rhône,
B. 723, 12 pages.
Enreg. à la Chambre des Comptes de Grenoble.
Vidimus du xvi° siècle. Arch. de l'Isère, B. 3189.*

11521. Ordonnance pour la tenue des Grands jours   7 juin.
à Moulins, du 1ᵉʳ septembre au 31 oc-
tobre 1540, leur ressort devant s'étendre
sur le Bourbonnais, le Berry, le Nivernais,
l'Orléanais, le Forez, le Beaujolais, le Lyonnais, le Combraille, le Mâconnais, la Marche
et l'Auvergne. Fontainebleau, 7 juin 1540.

    *Enreg. au Parl. de Paris, le 14 juin 1540. Arch.
nat., X¹ᵃ 8613, fol. 218 v°. 3 pages 1/2.
Arrêt d'enregistrement. Idem, X¹ᵃ 4911, Plaidoiries, fol. 310.*

11522. Lettres portant continuation du don de la pres-   7 juin.
tation des marcs, obtenue pour six ans par
les habitants de la ville de Dijon. Fontainebleau, 7 juin 1540.

    *Original. Arch. municip. de Dijon, série H. 159.
Enreg. à la Chambre des Comptes de Dijon, le
4 mars 1541. Arch. de la Côte-d'Or, reg. B. 20,
fol. 62 v°.*

11523. Lettres enjoignant au Parlement de Bordeaux   7 juin.
de faire maintenir les habitants de Périgueux
dans l'entière jouissance de leurs libertés et
privilèges, sur lesquels le sénéchal voulait
entreprendre, en présidant aux assemblées

1540.

de ville, aux élections consulaires, à la clô-   1540.
ture des comptes, etc. Fontainebleau, 7 juin
1540.

Original. Arch. municip. de Périgueux, FF. 19.

11524. Mandement au trésorier de l'épargne de payer   7 juin.
225 livres à Jean Sleidan, envoyé auprès de
divers princes d'Allemagne. Fontainebleau,
7 juin 1540.

Bibl. nat., ms. Clairambault 1215, fol. 79.
(*Mention.*)

11525. Lettres enjoignant aux bouchers de Lyon d'al-   8 juin.
ler tuer et écorcher dans la nouvelle bou-
cherie, au bout des fossés de la Lanterne.
Fontainebleau, 8 juin 1540.

Original. Arch. de la ville de Lyon, série HH.

11526. Édit attribuant aux maîtres et aux verdiers   11 juin.
des Eaux et forêts de Normandie, du duché
d'Alençon et du comté du Perche, la connaissance des forfaits et délits commis dans
lesdites forêts, et à leurs sergents le droit
de faire tous exploits et exécutions y relatifs,
sans prendre de *pareatis.* Fontainebleau,
11 juin 1540.

Enreg. au Parl. de Paris, le 20 avril 1542.
Arch. nat., X¹ᵃ 8613; fol. 338 v°. 3 pages 1/2.
Arrêt d'enregistrement. Idem, X¹ᵃ 4916, non
folioté, Plaidoiries (à la date).
Imp. Pièce in-8°. Paris, J. André (s. d.).
Bibl. nat., Inv. Réserve, F. 1907; idem, Arch. nat.,
AD.I, 22.
Les loix, statuts et ordonnances roiauls faictes par
les feus rois de France. . . Paris, Poncet le Preux,
1542, in-fol., 2ᵉ partie, fol. 142 r°.
Les loix, ordonnances, édictz, etc., depuis le roy
S. Loys. . . Paris, Galyot du Pré, 1559, in-fol.,
fol. 97 v°.
P. Rebuffi, *Édits et ordonnances des rois de*
France. Lyon, 1573, in-fol., p. 442.
A. Fontanon, *Édits et ordonnances, etc. Paris,*
1611, in-fol., t. II, p. 279.
Durant, *Édits et ordonnances des Eaux et forests.*
Paris, Cramoisy, 1621, in-8°, 1ʳᵉ partie, p. 201.
A. Rousseau, *Édits et ordonnances des Eaux et*
forêts. Paris, 1649, in-4°, p. 158.

11527. Lettres portant règlement pour les gages de quatre offices d'huissiers au Parlement de Grenoble, créés par l'édit de novembre 1539 (n° 11297). Fontainebleau, 12 juin 1540.

> *Enreg. à la Chambre des Comptes de Grenoble, le 30 juillet 1544.*
> *Enreg. à la Chambre des Comptes de Paris, le 28 juin 1540, anc. mém. 2 K, fol. 52. Arch. nat., invent. PP. 136, p. 483, et AD.IX 124, n° 94. (Mentions.)*

1540. 12 juin.

11528. Lettres portant don à Charles, second fils du roi, du duché de Châtellerault, des comtés de Clermont-en-Beauvoisis, de la haute et basse Marche, des duchés d'Orléans et d'Angoulême, et des baronnies, terres et seigneuries d'Aulnay, de Melle, de Chizé, de Civray, d'Usson et de Saint-Maixent, pour son apanage. Fontainebleau, 12 juin 1540.

> *Enreg. au Parl. de Paris, le 14 août 1540. Arch. nat., X¹ᵃ 8613, fol. 248. 5 pages 1/2.*
> *Enreg. à la Chambre des Comptes de Paris, le 18 août 1540. Arch. nat., P. 2306, p. 817 et 833. 9 pages.*
> *Idem, P. 2537, fol. 325; P. 2553, fol. 309; P. 2562, p. 410; AD.IX 124, n° 93.*
> *Enreg. à la Cour des Aides, le 20 août 1540. Arch. nat., U. 665, Recueil Cromo, fol. 289. (Mention.)*
> *Copie collationnée le 19 octobre 1540. Arch. nat., suppl. du Trésor des Chartes, J. 975, n° 37.*

12 juin.

11529. Lettres confirmant et prorogeant pour six années, en faveur des consuls de Montpellier, l'octroi d'un denier tournois sur chaque livre de chair vendue à la boucherie de cette ville, outre le droit de 3 deniers déjà perçu, sous le nom d'équivalent, au profit du roi. Fontainebleau, 13 juin 1540.

> *Enreg. à la Chambre des Comptes de Montpellier. Arch. départ. de l'Hérault, B. 342, fol. 136 v°. 2 pages.*
> *Copie du xvi° siècle. Arch. munici. de Montpellier, grand Thalamus, fol. 268 v°. 1 page.*

13 juin.

11530. Lettres autorisant pour six années consécutives

13 juin.

la continuation de la levée du droit de robi- 1540.
nage ou péage perçu au profit de la ville sur
les navires, barques et marchandises arrivant
à Narbonne par la rivière d'Aude, ou abor-
dant à l'étang de Capelles. Fontainebleau,
13 juin 1540.

> *Copie du xvi° siècle. Arch. de la ville de Nar-*
> *bonne, AA. 112, fol. 54.*

11531. Lettres de confirmation, en faveur du duc 14 juin.
d'Estouteville, de l'office de gouverneur du
Dauphiné. Fontainebleau, 14 juin 1540.

> *Enreg. au Parl. de Grenoble, le 19 juillet 1540.*
> *Arch. de l'Isère, Parl., B. 2334, fol. 63 v°. 2 pages.*

11532. Lettres confirmant aux consuls de Montpellier 15 juin.
le privilège dont ils jouissent de fournir de
sel le grenier de cette ville [1]. Fontainebleau,
15 juin 1540.

> *Copie du xvi° siècle. Arch. municip. de Mont-*
> *pellier, grand Thalamus, fol. 270 v°. 1 page.*

11533. Mandement aux trésoriers de France de faire 15 juin.
verser par Pierre Rome, receveur ordinaire
de Toulouse, à Jean Laguette, receveur général des finances, tous les deniers qui ont
été ou seront produits par la réduction des
offices de notaires et sergents de la sénéchaussée. Fontainebleau, 15 juin 1540.

> *Original. Bibl. nat., ms. fr. 25722, n° 574.*

11534. Mandement au trésorier de l'épargne de distri- 15 juin.
buer une première somme de 1,100 livres
tournois aux gentilshommes napolitains Marie d'Alemaigne, Tiberio Imperator, Jeronimo Imperator, Claude Imperator, Francisque de Vinteville, Colas Marie d'A... [2],
Camille Pantaléon et Jeronimo Caramarino,
pour les dédommager de la perte de leurs
maisons et de leurs biens. Fontainebleau,
15 juin 1540.

> *Original. Bibl. nat., ms. fr. 25722, n° 575.*

---

[1] Voir les lettres données à Cognac, le 6 mars 1520 n. s. (n° 1152)
et à Paris, le 8 février 1529 n. s. (n° 3318).
[2] Le reste du nom manque.

11535. Lettres données à la requête des États de Languedoc, portant que les privilégiés, possesseurs de biens ruraux, doivent payer les tailles. Fontainebleau, 17 juin 1540.

> *Vidimus du xvi° siècle. Arch. départ. de l'Hérault, C. États de Languedoc, Ordonnances et arrêts, IV, pièce 18.*
> *Copie. Arch. municip. de Toulouse, ms. 4116. 6 pages.*

1540.
17 juin.

11536. Lettres portant qu'au pays de Quercy les ecclésiastiques, nobles et autres privilégiés doivent payer la taille pour leurs biens ruraux, données à la requête du syndic de la sénéchaussée de Quercy. Fontainebleau, 17 juin 1540.

> *Enreg. à la Chambre des Comptes de Montpellier, le 24 mai 1542. Arch. municip. de la ville d'Albi, CC. 119.*
> *Vidimus du xvi° siècle. Arch. départ. de Tarn-et-Garonne, fonds de l'abbaye de Moissac, série G.*
> *Imp. Jean Philippi, Édits et ordonnances du Roi concernant l'autorité des Cours des Aides de France. Lyon, 1561, in-fol., p. 125.*
> *A. Fontanon, Édits et ordonnances, etc. Paris, 1611, in-fol., t. II, p. 814.*
> *J. Corbin, Nouveau recueil des édits .... de la juridiction des Cours des Aides de Rouen, etc. Paris, 1623, in-4°, p. 265.*

17 juin.

11537. Lettres adressées aux États de Languedoc assemblés à Lavaur, portant que le pays de Languedoc sera déchargé de 4,874 livres sur la taxe qui lui avait été imposée pour sa quote-part des 3,700,000 livres réparties sur tout le royaume. Fontainebleau, 17 juin 1540.

> *Copie. Arch. départ. de l'Hérault, C. États de Languedoc, Procès-verbaux, 1540. 2 pages.*
> *Copie baillée aux États particuliers du Vivarais assemblés à Charmes. Arch. départ. de l'Ardèche, A. 1.*

17 juin.

11538. Lettres déclarant les États de Languedoc libres de distribuer à leur volonté aux commissaires du roi près de cette assemblée, les dons et

17 juin.

gratifications qu'elle accorde annuellement. 1540.
Fontainebleau, 17 juin 1540.

Original. Arch. départ. de l'Hérault, C. États de Languedoc, Ordonnances et arrêts, IV, pièce, 19.
Copie. Idem, Procès-verbaux des États de Languedoc, 1540. 2 pages.

11539. Lettres de commission à Jean de Cezelli, pré-   17 juin.
sident en la Chambre des Comptes de Mont-
pellier, pour faire imposer sur le pays de
Languedoc une somme de 5,021 livres
18 sous 6 deniers pour les frais de charrois
fournis par les habitants de Narbonne. Fontainebleau, 17 juin 1540.

Copie. Arch. départ. de l'Hérault, C. États de Languedoc, coll. dom Pacotte, t. VII.

11540. Création d'un office de procureur à la Chambre   17 juin.
des Comptes de Provence. Fontainebleau,
17 juin 1540.

Enreg. à la Chambre des Comptes de Provence. Arch. des Bouches-du-Rhône, B. 34 (Fenix), fol. 218. 1 page.

11541. Lettres d'évocation au Conseil du roi d'un   17 juin.
procès pendant au Parlement de Toulouse,
touchant le franc-alleu de Languedoc. Fontainebleau, 17 juin 1540.

Arch. départ. de l'Hérault, C. États de Languedoc, Procès-verbaux, 1540. (Mention.)
Imp. P. de Caseneuve, Le franc-alleu de la province de Languedoc... Toulouse, 1645, in-fol., p. 135.

11542. Lettres enjoignant à la Chambre des Comptes   18 juin.
de Paris de faire payer à Jean Badonvilliers,
maître ordinaire des comptes, ses gages depuis le 30 septembre de l'année précédente,
que défenses lui avaient été faites d'entrer
en ladite chambre, jusqu'à la date des pré-
sentes. Fontainebleau, 18 juin 1540.

Enreg. à la Chambre des Comptes de Paris, le 28 juin suivant. Arch. nat., P. 2537, fol. 324, et P. 2553, fol. 308 v°. (Arrêt d'enregistrement.)

11543. Mandement aux trésoriers de France de faire   19 juin.
rembourser par le receveur des amendes et

exploits du Parlement de Toulouse, à Pantaléon Joubert, président au Parlement, une somme de 4,000 livres tournois qu'il avait prêtée au roi en 1519. Fontainebleau, 19 juin 1540.

Original. Bibl. nat., ms. fr. 25722, n° 576.

1540.

11544. Mandement au trésorier de l'épargne de délivrer à François Odin, trésorier des salpêtres en Languedoil, une somme de 2,000 livres tournois pour les besoins de sa charge. Fontainebleau, 19 juin 1540.

Original. Bibl. nat., ms. fr. 25722, n° 577.

19 juin.

11545. Mandement au Parlement de Paris, lui ordonnant de procéder au jugement du procès pendant entre la dame de Barbezieux et le s^r de Ricey. Fontainebleau, 19 juin 1540.

Présenté au Parl., les 21 juin et 6 juillet. Arch. nat., X^{1a} 1545, reg. du Conseil, fol. 441 et 472 v°. (Mentions.)

19 juin.

11546. Mandement aux trésoriers de France de faire verser par le receveur ordinaire de Carcassonne entre les mains de Jean Laguette, receveur général des finances, tous les deniers qui ont été ou seront produits par la réduction des offices de notaires et sergents dans la sénéchaussée. Fontainebleau, 20 juin 1540.

Original. Bibl. nat., ms. fr. 25722, n° 578.

20 juin.

11547. Provisions en faveur de Simon Hennequin de l'office de clerc auditeur en la Chambre des Comptes, que tenait Guy Le Pelé. 24 juin 1540.

Reçu à la Chambre des Comptes, le 20 juillet suivant, anc. mém. 2 J, fol. en blanc. Arch. nat., invent. PP. 136, p. 483. (Mention.)

24 juin.

11548. Lettres d'évocation et renvoi à la grande chambre du Parlement de Paris d'une instance pendante devant les commissaires sur le fait de la réforme des finances, siégeant en la Tour carrée du Palais, entre Robert Albisse, marchand de Lyon, d'une part, et les

30 juin.

veuves et héritiers de R. Hurault, Guillaume   1540.
de Beaune et Henri Bohier, généraux des
finances, d'autre part, pour le payement de
74,000 livres tournois dues audit Albisse.
Paris, 30 juin 1540.

> *Enreg. au Parl. de Paris, le 31 décembre 1541.*
> *Arch. nat., X¹ᵃ 8613, fol. 332. 2 pages.*

11549. Lettres accordant le droit de « chiquet » aux   30 juin.
habitants de Mirebeau en Poitou. Paris,
30 juin 1540.

> *Copie du XVIII⁰ siècle. Bibl. municip. de Poitiers,*
> coll. dom Fonteneau, t. XVIII, p. 223.

11550. Confirmation de la nomination faite par le   30 juin.
prieur des Dominicains de frère Joseph Cor-
rigi comme inquisiteur des Dominicains de
Saint-Jacques, et assignation des revenus dudit inquisiteur sous le titre d'inquisiteur de
Carcassonne. 30 juin 1540.

> *Arch. nat.,* S. 4237, sommaire du chartrier
> des Dominicains de la rue Saint-Jacques, p. 211.
> (*Mention.*)

11551. Mandement à Jean Duval, trésorier de   30 juin.
l'épargne, de payer à Cécile de Viefville,
« dame des filles de joye suyvant la court »
45 livres tournois que le roi lui a données,
« tant pour elle que pour les autres femmes et
filles de sa vaccation, à despartir entre elles et
ce pour leur droict du mois de may ». Paris,
30 juin 1540.

> *Original. Bibl. nat., ms. fr. 10191, n° 4.*
> *Imp. Champollion, Documents hist. inédits tirés*
> *des collections de la Bibl. nat. ou des Archives.*
> Paris, 1841-1848, in-4°, t. IV, p. 479.

11552. Édit de règlement pour la juridiction de la   Juin.
grande chambre du Parlement de Paris et de
la chambre de la Tournelle, en ce qui concerne les procès criminels des nobles, des
officiers royaux et des ecclésiastiques. Fontainebleau, juin 1540.

> *Enreg. au Parl. de Paris, le 7 juin 1540. Arch.*
> *nat.,* X¹ᵃ 8613, fol. 251. 3 pages.

1540.

Autre copie collationnée, signée du greffier criminel. Arch. nat., U. 446, fol. 178. 2 pages 1/2. Imp. Isambert, Anc. lois françaises, etc. Paris, 1827, in-8°, t. XII, p. 681 (sous la date du 1er juin).

11553. Édit réglant la compétence de la Chambre des requêtes du Parlement de Dijon en matière criminelle. Fontainebleau, juin 1540.

Juin.

Enreg. au Parl. de Dijon, le 7 juin 1541. Arch. de la Côte-d'Or, Parl., reg. III, fol. 19.

11554. Ordonnance fixant le remède ou écart de poids, accordé aux maîtres particuliers des Monnaies pour la fabrication des espèces, et réglant l'exercice des charges de gardes et d'essayeurs. Fontainebleau, juin 1540.

Juin.

Enreg. à la Cour des Monnaies, le 17 septembre 1540. Arch. nat., Z1b 62, fol. 259 v°. 5 pages.

11555. Confirmation des privilèges, franchises et immunités du chapitre et de l'église de Saint-André de Bordeaux. Fontainebleau, juin 1540.

Juin.

Enreg. à la Chancellerie de France. Arch. nat., Trésor des Chartes, JJ. 254, n° 442, fol. 81. 1 page.

11556. Création d'un marché hebdomadaire à Maffliers dans l'Île-de-France, en faveur de Claude de la Fayette. Fontainebleau, juin 1540.

Juin.

Enreg. au Châtelet de Paris, le 31 juillet 1540. Arch. nat., Bannières, Y. 9, fol. 184 v°. 3 pages.

11557. Permission à Adrien de Saint-Rémy de faire construire un moulin à vent à Guigny, près Hesdin. Fontainebleau, juin 1540.

Juin.

Enreg. à la Chancellerie de France. Arch. nat., Trésor des Chartes, JJ. 254, n° 430, fol. 78 v°. 1 page.

11558. Création d'un office de monnayeur en la Monnaie de la Rochelle, en faveur de Guillaume Guyot. Fontainebleau, juin 1540.

Juin.

Enreg. à la Cour des Monnaies, le 28 juin 1540. Arch. nat., Z1b 62, fol. 257 v°. 1 page.

11559. Création d'un office d'ouvrier en la Monnaie de la Rochelle, en faveur d'André Morisson. Fontainebleau, juin 1540.

1540.
Juin.

> *Enreg. à la Cour des Monnaies, le 28 juin 1540. Arch. nat., Z¹ᵇ 62, fol. 258. 2 pages.*

11560. Lettres de naturalité en faveur de Léonard de Comitibus, natif de Florence en Italie, fixé depuis trente ans et marié à Bordeaux. Fontainebleau, juin 1540.

Juin.

> *Enreg. à la Chancellerie de France. Arch. nat., Trésor des Chartes, JJ. 254, n° 431, fol. 78 v°. 1 page.*

11561. Lettres de naturalité en faveur de Berthomieu Gonnault, prêtre, chanoine de Saint-Étienne d'Agen, natif de Nice. Fontainebleau, juin 1540.

Juin.

> *Enreg. à la Chancellerie de France, Arch. nat., Trésor des Chartes, JJ. 254, n° 439, fol. 80. 1 page.*

11562. Lettres de naturalité accordées à Hugues Hugo, natif de Rouvrois-sur-Meuse, au diocèse de Verdun, argentier du duc de Guise, marié à Montierender. Fontainebleau, juin 1540.

Juin.

> *Enreg. à la Chancellerie de France. Arch. nat., Trésor des Chartes, JJ. 254, n° 428, fol. 78. 1 page.*

11563. Lettres de naturalité pour Georges de Savigny, écuyer, étudiant à l'Université de Paris, né près de Metz en Lorraine de parents français, Guillaume de Savigny, chevalier, et Élisabeth du Mesnil, résidant en la prévôté de Montigny, au bailliage de Chaumont en Bassigny. Paris, juin 1540.

Juin.

> *Enreg. à la Chancellerie de France. Arch. nat., Trésor des Chartes, JJ. 254, n° 434, fol. 79. 1 page 1/2.*

11564. Mandement au premier huissier du Grand conseil de citer et d'ajourner devant cette cour, à la requête des Jacobins, Carmes, Augustins et religieuses de Saint-Bernard de Bayonne, l'évêque de Bayonne ou ses commis

2 juillet.

au fait des décimes octroyées au roi par le
clergé en 1535, qui voulaient contraindre les
appelants à contribuer au payement desdites
décimes. Paris, 2 juillet 1540.

> *Original. Archives départ. des Basses-Pyrénées,*
> H. 74.

11565. Mandement au trésorier de l'épargne de délivrer comptant à Jean Godet une somme de
1,840 livres tournois, destinée au payement
des gens de guerre de la garnison d'Ardres.
Paris, 2 juillet 1540.

> *Original. Bibl. nat.,* ms. fr. 25722, n° 579.

11566. Provisions de Robert Guillotte, sʳ de Fran-
quetot, avocat au bailliage de Cotentin, en
l'office de vicomte et receveur ordinaire de
Carentan, en remplacement d'Aignan Cailly.
Paris, 3 juillet 1540.

> *Bibl. nat.,* ms. Clairambault 732, p. 300.
> (*Mention.*)

11567. Mandement au trésorier de l'épargne de payer
à Jean Pellissier, évêque de Montpellier et
ambassadeur à Venise, une somme de
2,515 livres tournois, pour cent quatre-vingt-
quatre jours d'exercice de sa charge, du
1ᵉʳ juillet au 31 décembre 1540. Paris,
4 juillet 1540.

> *Original. Bibl. nat.,* ms. fr. 25722, n° 580.
> *Bibl. nat.,* ms. Clairambault 1215, fol. 78 v°.
> (*Mention.*)

11568. Provisions pour Macé Marchant de l'office de
notaire et secrétaire du roi et maison de
France, en remplacement et sur la résignation de son père, Macé Marchant, avec réserve de survivance. Paris, 4 juillet 1540.

> *Copie collationnée du xviiᵉ siècle. Arch. nat.,*
> V² 32 (doss. Secrétaires du roi).
> *Enreg. à la Chambre des Comptes, le 12 juillet
> suivant. Archives nat.,* invent. PP. 136, p. 484.
> (*Mention.*)

11569. Provisions données par le roi, comme administrateur des biens du dauphin, comte de

Blois, en faveur de Claude Marchant, de
l'office de maître des comptes au comté de
Blois, vacant par la résignation de son père,
Macé Marchant. Paris, 4 juillet 1540.

> *Copie collationnée du xvi° siècle. Bibl. nat.,*
> *Pièces orig., Marchant (doss. 42500), vol. 1838,*
> *p. 46.*

11570. Mandement à Jean Duval, trésorier de
l'épargne, de faire délivrer à Henri Maréchal, commis au payement des gens de
guerre montés sur chevaux légers, 16,310 livres tournois, soit : 13,320 livres tournois
pour leur solde du deuxième quartier de la
présente année; 2,550 livres tournois pour
la solde de 60 chevaux légers en garnison à
la Mirande (la Mirandole, Mirandola), pendant le mois de mai; 140 livres tournois pour
les deux contrôleurs, et 300 livres tournois
pour ledit Maréchal, en attendant la mise à
jour de son compte. Paris, 4 juillet 1540.

> *Original. Bibl. nat., Nouv. acquisitions franç.,*
> *ms. 3548, n° 6.*

11571. Lettres portant abolition d'un impôt sur l'exportation hors de la Provence des grains et
autres marchandises. Paris, 5 juillet 1540.

> *Original. Arch. des Bouches-du-Rhône, série C,*
> *n° 273.*
> *Enreg. à la Chambre des Comptes de Provence,*
> *Archives des Bouches-du-Rhône, B. 34 (Fenix),*
> *fol. 221. 1 page.*

11572. Ordonnance pour la tenue des Grands jours à
Agen par un président et dix conseillers du
Parlement de Bordeaux, du 1er septembre au
31 octobre 1540. Paris, 5 juillet 1540.

> *Enreg. au Parl. de Bordeaux, le 3 août 1540.*
> *Arch. de la Gironde, B. 31, fol. 78 v°. 5 pages.*

11573. Commission adressée à Pierre Flote, prévôt
des maréchaux d'Agénais, pour exécuter les
prises de corps décrétées par le tribunal des
Grands jours qui se tiendront à Agen, du

1540.

4 juillet.

5 juillet.

5 juillet.

5 juillet.

1er septembre au 15 octobre 1540. Paris,   1540.
5 juillet 1540.

Enreg. au Parl. de Bordeaux (s. d.). Arch. de la Gironde, B. 31, fol. 82. 3 pages.

11574. Lettres portant adjonction du bailliage de Gien   5 juillet.
au ressort des Grands jours qui doivent se
tenir à Moulins, du 1er septembre au 31 octobre 1540, et élevant de quinze à dix-huit
le nombre des conseillers du Parlement
chargés de cette mission. Paris, 5 juillet
1540.

Enreg. au Parl. de Paris, le 8 juillet 1540. Arch. nat., X^{1a} 8613, fol. 228. 2 pages.
Arrêt d'enregistrement. Idem, X^{1a} 4911, Plaidoiries, fol. 397 v^e.

11575. Provisions d'un office de conseiller clerc au   5 juillet.
Parlement de Paris, pour Jean Belot, ci-
devant conseiller au Grand conseil, en remplacement de Guérin d'Alzon, transféré avec
le même titre au Parlement de Toulouse.
Paris, 5 juillet 1540.

Réception au Parl. de Paris, le 19 mars 1541 n. s. Arch. nat., X^{1a} 1646, reg. du Conseil, fol. 230. (Mention.)

11576. Provisions d'un office de conseiller lai au Parle-   5 juillet.
ment de Bordeaux, en faveur de Louis Chap-
pelier. Paris, 5 juillet 1540.

Enreg. au Parl. de Bordeaux, le 11 août 1540. Arch. de la Gironde, B. 31, fol. 83 v^e. 2 pages.

11577. Mandement au trésorier de l'épargne de payer   5 juillet.
à Claude de Bombelles, valet de chambre
ordinaire du roi, une somme de 180 livres
tournois pour ses frais d'un voyage en
Flandre auprès de l'Empereur, auquel il est
chargé de remettre des lettres. Paris, 5 juillet
1540.

Original. Bibl. nat., ms. fr. 25722, n° 581.

11578. Confirmation en faveur de Thomas de Dam-   5 juillet.
pont, chevalier, de l'office de capitaine et
garde du Château-Gaillard près les Andelys,
et annulation des prétentions de Renée de

France, duchesse de Ferrare, de nommer à
cette charge. Paris, 5 juillet 1540.

*Vidimus du XVIᵉ siècle. Bibl. nat., ms. fr. 25722,
n° 582.*

1540.

11579. Provisions de l'office de conseiller lai au Parlement de Dijon pour Bénigne Baissey, licencié
en lois. Meudon, 7 juillet 1540.

*Enreg. au Parl. de Dijon, le 28 juillet suivant.
Arch. de la Côte-d'Or, Parl., reg. II, fol. 149.*

7 juillet.

11580. Commission au Grand conseil, au Parlement
de Bordeaux et au sénéchal des Lannes, de
faire procéder à une enquête sur les fins
d'un procès pendant au Grand conseil
entre l'évêque de Bayonne et les Jacobins,
Carmes, Augustins et religieuses de Saint-
Bernard de cette ville, au sujet de la contribution de ceux-ci au payement des décimes
octroyées au roi par le clergé. Paris, 9 juillet
1540.

*Original. Arch. départ. des Basses-Pyrénées,
H. 74.*

9 juillet.

11581. Provisions de l'office de lieutenant général du
bailli de Sens, pour Jean Richer, conseiller
au Châtelet de Paris et procureur du roi en
l'élection de Paris, en remplacement de Guillaume Boucher, décédé. Houdan, 13 juillet
1540.

*Réception au Parl. de Paris, le 23 juillet suivant.
Arch. nat., Xᴵᵃ 4911, Plaidoiries, fol. 458 v°.
(Mention.)*

13 juillet.

11582. Provisions en faveur de Jean et Louis Dubois,
frères, gentilshommes de la vénerie, de
l'office de maître particulier des Eaux et
forêts du duché de Bourbonnais et de celui
de capitaine de la Bruyère-Laubespin y
annexé, vacants par la résignation pure
et simple du sʳ de la Rochepozay. Anet,
14 juillet 1540.

*Enreg. aux Eaux et forêts, le 21 juillet suivant.
Arch. nat., Zᴵᵃ 327, fol. 8. 3 pages.*

14 juillet.

11583. Lettres de relief de surannation pour l'enregistrement de l'édit fixant à six le nombre des sergents royaux en la châtellenie de Château-Renard, mai 1539 (n° 11038). Paris (sic), 15 juillet 1540.

> *Enreg. au Parl. de Paris, le 19 juillet suivant.*
> *Arch. nat.*, X¹ᵃ 8613, fol. 231. 1 page.

1540.
15 juillet.

11584. Édit portant défense de sortir du royaume sans permission, excepté à ceux qui ont des bénéfices à l'étranger, ou aux marchands qui commercent sans fraude. Anet, 16 juillet 1540.

> *Enreg. au Parl. de Grenoble, le 2 août 1540.*
> *Arch. de l'Isère, Chambre des Comptes de Grenoble,*
> B. 2911, II, fol. 10. 2 pages.
> IMP. Isambert, *Anc. lois françaises, etc.* Paris, 1827, in-8°, t. XII, p. 685.

16 juillet.

11585. Traité d'alliance conclu entre François Iᵉʳ et Guillaume, duc de Gueldres et de Clèves. Anet, 17 juillet 1540.

> IMP. G. Ribier, *Lettres et mémoires d'État, etc.*
> Paris, 1666, in-fol., t. I, p. 538.
> Du Mont, *Corps universel diplomatique, etc.*
> Amsterdam, 1726, in-fol., t. IV, partie II, p. 196.

17 juillet.

11586. Déclaration portant règlement pour l'entrée et la vente dans le royaume des draps d'or, d'argent et de soie, et de tous tissus analogues, venant d'Espagne et d'Italie, avec tarif y annexé. Anet, 18 juillet 1540.

> *Copie collationnée faite par ordre de la Cour des Aides. Arch. nat.*, Z¹ᵃ 526.
> *Enreg. à la Chambre des Comptes de Paris,* anc. mém. 2 J, fol. 293. *Arch. nat.*, invent. PP. 136, p. 484; AD.IX 124, n° 96. (*Mentions.*)
> *Vidimus du XVIᵉ siècle. Arch. municip. de Dijon,* G. 233.
> IMP. Pièce in-4°. Paris, J. Nyverd (s. d.). *Bibl. nat., Inv. Réserve,* F. 1908.
> Autre pièce in-8°. Lyon, A. Jullieron, 1661. *Bibl. nat.,* F. *Actes royaux* (cartons).
> Autre pièce in-8°. Valence, C. Barbier, 1687. *Bibl. nat., Inv. Réserve,* F. 1529.
> Autre. *Bibl. nat., Inv. Réserve,* F. 1642.
> *Les loix, statuts et ordonnances roiaulx faictes par les feus rois de France,...* Paris, Poncet le Preux, 1542, in-fol., 2ᵉ part., fol. 143 rᵒ.

18 juillet.

1540.

*Les loix, ordonnances, édictz, etc., depuis le roy
S. Loys...* Paris, 1559, in-fol., fol. 104 v°.
P. Rebuffi, *Édits et ordonnances des rois de
France.* Lyon, 1573, in-fol., p. 747.
A. Fontanon, *Édits et ordonnances, etc.* Paris,
1611, in-fol., t. II, p. 503.
Jacques Corbin, *Le code de Louis XIII, etc.*
Paris, 1628, in-fol., t. II, p. 134.
Isambert, *Anc. lois françaises, etc.* Paris, 1827,
in-8°, t. XII, p. 687.

11587. Lettres portant injonction aux fermiers de
l'équivalent de rendre des comptes, et mandement à la Chambre des Comptes de Montpellier d'en prendre connaissance. Anet,
18 juillet 1540.

> *Enreg. à la Chambre des Comptes de Montpellier.
> Arch. départ. de l'Hérault,* B. 341, fol. 213 v°.
> 2 pages.
> *Idem,* B. 455. (*Mention.*)

18 juillet.

11588. Commission au procureur général de la
Chambre des Comptes de Montpellier de
contraindre Gaspard de Sailhans (*aliàs* de
Sallèles), grènetier du Saint-Esprit, à rendre
ses comptes. Anet, 18 juillet 1540.

> *Enreg. à la Chambre des Comptes de Montpellier.
> Arch. départ. de l'Hérault,* B. 341, fol. 214. 2 pages.
> *Idem,* B. 455. (*Mention.*)

18 juillet.

11589. Mandement à Jean Laguette, trésorier et receveur général des finances et parties casuelles,
de payer 21,000 livres tournois à Pierre de
Lagrange, qui doit employer 8,000 livres aux
fortifications d'Ardres, 2,000 livres à celles
de Boulogne, 3,000 à celles de Montreuil,
et 4,000 à celles de Doullens. « La Meilleraye », 19 juillet 1540.

> *Original. Bibl. nat.,* ms. fr. 25722, n° 590.

19 juillet.

11590. Mandement au trésorier de l'épargne de payer
2,075 livres à Claude Lyébard, ambassadeur
auprès de Charles de Savoie, pour six cent
quarante jours d'exercice de sa charge, du
11 juillet 1538 au 10 avril 1540. Évreux,
20 juillet 1540.

> *Bibl. nat.,* ms. Clairambault 1215, fol. 78 v°.
> (*Mention.*)

20 juillet.

11591. Lettres conférant aux gens du conseil et de la
chancellerie de Bretagne le pouvoir de juger
définitivement les procès instruits contre les
débiteurs du fisc royal. Neufbourg, 22 juillet
1540.

1540.
22 juillet.

> Enreg. à la Chambre des Comptes de Bretagne,
> Archives de la Loire-Inférieure, B. Mandements
> royaux, II, fol. 208.

11592. Mandement à Jean Laguette, receveur général
des finances extraordinaires et parties casuelles; de délivrer à Pierre de Lagrange,
commis au payement des réparations et fortifications des places fortes de Picardie, la
somme de 1,200 livres tournois pour employer aux réparations et fortifications de la
ville de Corbie. Neufbourg, 23 juillet 1540.

23 juillet.

> IMP. V. de Beauvillé, Recueil de documents iné-
> dits, concernant la Picardie. Paris, 1860, in-4°,
> t. I, p. 241.

11593. Permission à Nicole Ballivy, natif du diocèse
de Toul en Lorraine, de tenir et posséder
en France, tous bénéfices, dignités et offices
ecclésiastiques, dont il a été et sera pourvu
canoniquement. Paris, juillet 1540.

Juillet.

> Enreg. à la Chancellerie de France. Arch. nat.,
> Trésor des Chartes, JJ. 254, n° 452, fol. 82 v°.
> 1 page.

11594. Lettres de légitimation accordées à Jean des
Riaulx, fils naturel d'Emery des Riaulx,
chevalier de Saint-Jean-de-Jérusalem, et
d'Adrienne Motoguiet. Limours, juillet 1540.

Juillet.

> Enreg. à la Chancellerie de France. Arch. nat.,
> Trésor des Chartes, JJ. 254, n° 491, fol. 91.

ʃ.

11595. Permission de clore de murs et de fortifier le
bourg de Montlhéry, accordée aux habitants.
Anet, juillet 1540.

Juillet.

> Enreg. au Châtelet de Paris, le 29 juillet 1540.
> Arch. nat., Bannières, Y. 9, fol. 212; 3 pages.

11596. Création d'un office d'ouvrier du serment de

Juillet.

France en la Monnaie de Bordeaux, au profit
de François Marcou. Anet, juillet 1540.

*Enreg. à la Cour des Monnaies, le 4 avril 1541
n. s. Arch. nat., Z¹ᵇ 62, fol. 264. 1 page.*

11597. Lettres d'anoblissement octroyées à Sylvestre
Billes, capitaine de la marine, en récom-
pense de ses services sur mer. Le Havre-de-
Grâce, juillet 1540.

*Enreg. à la Chancellerie de France. Arch. nat.,
Trésor des Chartes, JJ. 254, n° 443, fol. 81.
1 page.*

11598. Mandement à la Chambre des Comptes de Paris d'allouer aux comptes de l'année 1531 de
Jacques Bernard, maître de la chambre aux
deniers et de l'argenterie du roi, 2,913 livres
8 sous 9 deniers tournois, qu'il a employés
aux funérailles de la mère du roi sur l'ordre
de Jean de la Barre, chevalier, premier
gentilhomme de la chambre, et de François
de Raisse, chevalier, maître ordinaire de
l'hôtel du roi, commis à ces funérailles, et
que la Chambre des Comptes a rayés de
son compte parce que le mandement n'était
pas signé du roi, ainsi qu'il est requis. Vatteville, 1ᵉʳ août 1540.

*Original. Bibl. nat., Nouv. acquisitions franç.,
ms. 1483, n° 67.*

11599. Mandement à Jean Laguette, receveur général
des finances extraordinaires et parties casuelles, de délivrer à Pierre de Lagrange,
commis au payement des réparations et fortifications des places fortes de Picardie, la
somme de 4,000 livres tournois pour employer aux réparations et fortifications de la
ville de Doullens. Vatteville, 2 août 1540.

*Imp. V. de Beauvillé, Recueil de documents in-
édits, concernant la Picardie. Paris, 1860, in-4°,
t. I, p. 242.*

11600. Lettres accordant à la ville de Brives, prorogation pour six ans d'un octroi, dont le produit est destiné à l'entretien des murailles,

1540.

Juillet.

1ᵉʳ août.

2 août.

4 août.

tours, portes et chaussées de la ville. Vatteville, 4 août 1540.

*Copie du XVIIIe siècle. Arch. départ. de la Cor-
rèze, titres non classés de la série E.*

11601. Mandement à Jean Laguette, trésorier et receveur général des finances extraordinaires et
parties casuelles, de payer à Jean Godet,
une somme de 3,000 livres tournois qu'il
devra employer aux réparations des villes et
places fortes de la Champagne. Vatteville,
6 août 1540.

Original. Bibl. nat., ms. fr. 25722, n° 584.

11602. Lettres accordant aux consuls de Cahors, le
droit de « souchet » pour six ans. Vatteville,
7 août 1540.

*Original. Archives municip. de Cahors (Lot),
liasse 20, n° 46.*

11603. Provisions de l'office de bailli et maître des
foires de Chalon-sur-Saône, pour Georges de
la Guiche, s' de la Perrière, écuyer d'écurie
de la reine, en remplacement de M. de Lugny, décédé. Vatteville, 7 août 1540.

*Enreg. au Parl. de Dijon, le 20 novembre sui-
vant. Arch. de la Côte-d'Or, Parl., reg. II, fol. 150.*

11604. Don au s' Delage, maître d'hôtel du roi, de la
somme de 4,000 livres sur les amendes du
Parlement de Bordeaux. 7 août 1540.

*Enreg. à la Chambre des Comptes de Paris, le
13 septembre 1540, anc. mém. 2 J, fol. 284. Arch.
nat., invent. PP. 136, p. 485. (Mention.)*

11605. Mandement au trésorier de l'épargne de payer
à Bertrand Delisle, serviteur du s' de Mont-
falconet, premier maître d'hôtel de l'Empereur, venu pour porter des lettres au roi,
45 livres tournois dont il lui est fait don. Vatteville, 8 août 1540.

Original. Bibl. nat., ms. fr. 25722, n° 585.

11606. Lettres de ratification de l'indult accordé par
le pape Paul III à Antoine Sanguin, dit le
cardinal de Meudon, archevêque de Tou-

1540.

6 août.

7 août.

7 août.

7 août.

8 août.

10 août.

louse (Rome, calendes de juin 1540), tou-
chant la collation des bénéfices dépendant de
son archevêché et de ses abbayes. Vatteville,
10 août 1540. .

> *Enreg. au Parl. de Paris, sauf les réserves d'usage,*
> *le 7 septembre 1540. Archives nat., X¹ᵃ 8613,*
> fol. 252 v° et 254 v°. 5 pages.

11607. Lettres portant attribution à chacun des huis-
siers du Parlement de Rouen de 25 livres
d'augmentation de gages, sur la recette gé-
nérale de Rouen. 10 août 1540.

> *Enreg. à la Chambre des Comptes de Paris, le*
> *3 septembre suivant,* anc. mém. 2 J, fol. 283.
> *Arch. nat.,* invent. PP. 136, p. 485. *(Mention.)*

11608. Provisions de l'office de lieutenant du maître
des Eaux et forêts au siège de Chaumont-en-
Vexin, pour Thibaut Escouvette, en rem-
placement de Louis Viren. Vatteville, 11 août
1540.

> *Enreg. aux Eaux et forêts, le 23 août 1540.*
> *Arch. nat.,* Z¹ᵉ 327, fol. 21 v°. 1 page.

11609. Mandement à Jean Laguette, trésorier et rece-
veur général des finances et parties casuelles,
de payer 3,000 livres tournois à Pierre de
Lagrange, qui doit employer 2,000 livres pour
les fortifications de Péronne et 1,000 livres
pour celles de Chauny. Vatteville, 12 août
1540.

> *Original. Bibl. nat.,* ms. fr. 25722, n° 586.

11610. Mandement au trésorier de l'épargne de payer
1,800 livres à Charles de Marillac, ambassa-
deur en Angleterre, pour cent quatre-vingts
jours d'exercice de sa charge, du 3 juin 1540
au 21 novembre suivant. Vatteville, 12 août
1540.

> *Bibl. nat.,* ms. Clairambault 1215, fol. 78 v°.
> *(Mention.)*

11611. Mandement au trésorier de l'épargne de faire
délivrer à Alexandre Hays, payeur des com-
pagnies des sʳˢ de la Meilleraye et de Ville-
bon, une somme de 7,609 livres 10 sous

tournois pour le payement du quartier d'octobre-décembre 1539. Vatteville, 16 août
1540.

> Original. Bibl. nat., ms. fr. 25722, n° 587.

11612. Mandement au trésorier de l'épargne de faire
verser par Pierre Le Vassor, ancien payeur
des compagnies des s^rs de la Meilleraye et
de Villebon, entre les mains de son succes-
seur Alexandre Hays, pour le payement du
quartier d'octobre-décembre 1539, un ré-
sidu de 493 livres tournois des quartiers
d'avril-juin et juillet-septembre. Vatteville,
16 août 1540.

> Original. Bibl. nat., ms. fr. 25722, n° 588.

11613. Mandement au trésorier de l'épargne de payer
à Galiot Pic, comte de la Mirandole, 225 livres tournois en déduction de la somme de
3,000 livres tournois qui lui est allouée pour
son entretien au service du roi, du 1er juillet
au 31 décembre 1540. Vatteville, 17 août
1540.

> Original. Bibl. nat., ms. fr. 25722, n° 589.

11614. Lettres de don à Eustache Pichon d'un office
d'huissier au Parlement de Paris, à la survivance de Louis Bonnevin. 21 août 1540.

> Réception au Parl., le 6 septembre suivant. Arch.
> nat., X^1a 1545, reg. du Conseil, fol. 638 v°.
> (Mention.)

11615. Lettres données à la requête d'Adam des Hayes,
valet de chambre et premier barbier du roi,
pour le maintenir dans les privilèges et prérogatives attachés à son titre et ouvrir une
enquête sur les empiètements des barbiers
dans les faubourgs de la ville de Paris. Mauny,
26 août 1540.

> Enreg. au Châtelet de Paris, Livre Jaune grand.
> Arch. nat., Y. 6^5, fol. 83 v°, 2 pages.

11616. Lettres données en faveur de Marguerite Pape,
veuve d'Étienne de Rocquart, sommelier de

1540.

16 août.

17 août.

21 août.

26 août.

26 août.

bouche du roi, héritière de son fils feu Rostaing de Rocquart, aumônier du roi en l'église collégiale de Notre-Dame de Cléry, portant confirmation d'une déclaration du 12 décembre 1538, accordant audit Étienne de pouvoir acquérir dans le royaume et disposer de ses biens, quoiqu'il fût originaire du comtat Venaissin. Mauny, 26 août 1540.

Enreg. à la Chambre des Comptes de Paris, le 10 septembre suivant. Arch. nat., P. 2537, fol. 330, et P. 2553, fol. 312 v°. 3 pages.

11617. Mandement au trésorier de l'épargne de payer 1,460 livres tournois à Pierre Poussin, chevecier de la Sainte-Chapelle de Paris, pour les besoins de sa charge. Mauny, 26 août 1540.

Original. Bibl. nat., ms. fr. 25722, n° 591.

11618. Commission adressée au sénéchal de Poitou, pour contraindre tous les habitants de la ville et des faubourgs de Poitiers, privilégiés ou non, à payer leur quote-part de l'impôt que le roi a permis à la ville de lever pour la navigation du Clain. Mauny, 28 août 1540.

Original. Arch. munioip. de Poitiers, D. 41.
Imp. Thibaudeau, Abrégé de l'hist. du Poitou, in-8°, t. III, p. 385.

✗ 11619. Provisions en faveur de François Errault, président au Parlement de Turin, d'un office de maître des requêtes de l'hôtel, en remplacement de Guillaume Budé, décédé. 28 août 1540.

Réception au Parl. de Paris, le 13 juillet 1541. Arch. nat., X¹ᵃ 1547, reg. du Conseil, fol. 107. (Mention.)

11620. Mandement à Jean Laguette, receveur général des finances extraordinaires et parties casuelles, de délivrer à Pierre de Lagrange, commis au payement des réparations et fortifications des places fortes de Picardie, la somme de 6,000 livres tournois pour employer par parties égales aux réparations et

1540.

26 août.

28 août.

28 août.

29 août.

fortifications de Péronne, de Guise et de Chauny. Mauny, 29 août 1540.

1540.

> Imp. V. de Beauvillé, *Recueil de documents inédits, concernant la Picardie*. Paris, 1860, in-4°, t. I, p. 242.

11621. Lettres portant émancipation de Gilles de Coutances, dont les biens situés en Normandie étaient sous la garde noble du roi, à condition de payer 100 livres par an jusqu'à sa majorité à la recette ordinaire de Saint-Sauveur-Landelin. 30 août 1540.

30 août.

> *Enreg. à la Chambre des Comptes, le 22 septembre 1540*, anc. mém. 2 J, fol. 281. *Arch. nat.*, invent. PP. 136, p. 485. (*Mention.*)

11622. Mandement au trésorier de l'épargne de faire rembourser par le receveur des amendes et exploits de la Cour des Aides de Rouen, à Guillaume Henry, héritier par sa femme de Robert Surreau, en son vivant général des aides en ladite cour, une somme de 3,000 livres tournois que ledit Surreau avait prêtée au roi en 1539. Mauny, 31 août 1540.

31 août.

> *Original. Bibl. nat.*, ms. fr. 25722, n° 592.

11623. Lettres portant établissement d'un grenier à sel à Bayeux. Vatteville, août 1540.

Août.

> *Enreg. à la Cour des Aides de Normandie, le 28 avril 1541. Arch. de la Seine-Inférieure, Mémoriaux*, 2° vol., fol. 238. 4 pages.
> *Enreg. à la Chambre des Comptes de Paris*, anc. mém. 2 J, fol. 307. *Arch. nat.*, invent. PP. 136, p. 485. (*Mention.*)

11624. Permission aux habitants de Ceyrat en Auvergne de clore leur bourg de fortifications. Vatteville, août 1540.

Août.

> *Enreg. à la Chancellerie de France. Arch. nat., Trésor des Chartes*, JJ. 254, n° 447, fol. 81 v°. 1 page.

11625. Lettres de naturalité en faveur de Gaspard d'Aiguevive, écuyer, originaire de Catalogne, fixé

Août.

en France depuis dix ans. Vatteville, août 1540.

> *Enreg. à la Chancellerie de France. Arch. nat.,*
> *Trésor des Chartes, JJ. 254, n° 451, fol. 82 v°.*
> 1 page.

11626. Lettres portant défenses aux teinturiers de Bourges d'employer certains produits, tels que couperose, limaille, etc., nuisibles aux draps; lesdites lettres données sur la plainte des drapiers de la ville, qui attribuaient à cet usage la décadence et la dépréciation de leur industrie. Mauny, août 1540.

> *Enreg. à la Chancellerie de France. Arch. nat.,*
> *Trésor des Chartes, JJ. 254, n° 493, fol. 91 v°.*
> 2 pages.
> *Enreg. au Parl. de Paris, le 10 mars 1541 n. s.*
> *Arch. nat., X^{1a} 8613, fol. 261 v°. 4 pages.*
> *Imp. Jean Chenu, Recueil des antiquitez et privi-*
> *lèges de la ville de Bourges. Paris, 1621, in-4°, p. 164.*
> *Privilèges de la ville de Bourges et confirmation*
> *d'iceux, avec la liste des maires, etc. Bourges,*
> J. Chaudière, 1661, in-4°, p. 42.

11627. Création de trois foires par an et d'un marché, chaque semaine, à Couesmes au Maine, en faveur de Charles de Couesmes, baron de Lucé, gentilhomme de la chambre du roi. Mauny, août 1540.

> *Enreg. à la Chancellerie de France. Arch. nat.,*
> *Trésor des Chartes, JJ. 254, n° 450, fol. 82 v°.*
> 1 page.

11628. Création de trois foires l'an et d'un marché, chaque semaine, à Saint-Nazaire au comté de Nantes, en faveur de Charles de Couesmes, vicomte de Saint-Nazaire, baron de Lucé. Mauny, août 1540.

> *Enreg. à la Chancellerie de France. Arch. nat.,*
> *Trésor des Chartes, JJ. 254, n° 449, fol. 82.*
> 1 page.

11629. Lettres de naturalité en faveur de Jean-Jacques de Castion, gentilhomme ordinaire de l'hôtel du roi, natif de Milan. Mauny, août 1540.

> *Enreg. à la Chancellerie de France. Arch. nat.,*
> *Trésor des Chartes, JJ. 254, n° 444, fol. 81.*

11630. Pouvoirs adressés à Mathieu de Longuejoue, évêque de Soissons, conseiller d'État, pour acheter au nom du roi et moyennant 6,000 livres tournois, une maison que possédait le chancelier Du Prat, près du château de Fontainebleau, et nécessaire aux écuries du roi. Mauny, 1er septembre 1540.

> *Copie du XVIIe siècle. Bibl. nat., ms. Cinq cents de Colbert, vol. LIV, fol. 67.*

1540.
1er septembre.

11631. Nomination de Jean Bernard à la charge de garde du château de Nîmes, en remplacement d'Antoine Sabatier. Rouen, 6 septembre 1540.

> *Vidimus du XVIe siècle. Bibl. nat., ms. fr. 25722, n° 593.*

6 septembre.

11632. Édit prescrivant les poursuites et réglant la pénalité contre les boutefeux. Rouen, 8 septembre 1540.

> *Enreg. au Parl. de Dijon. Arch. de la Côte-d'Or, Parl., reg. III, fol. 22 v°.*

8 septembre.

11633. Don de 50 livres tournois par an, fait pour six ans, en faveur des religieuses de Sainte-Claire de Rouen. Rouen, 8 septembre 1540.

> *Original. Bibl. nat., ms. fr. 25722, n° 594.*

8 septembre.

11634. Mandement au Parlement de Paris de procéder, pendant les vacations, au jugement définitif d'un grand nombre de criminels prisonniers à la Conciergerie et appelants de diverses juridictions, désignés nominativement. Paris (sic), 9 septembre 1540.

> *Enreg. le même jour au Parl. de Paris. Arch. nat., Xia 89, à la date. 3 pages.*

9 septembre.

11635. Lettres ordonnant que le Parlement de Normandie, à cause de nombreuses plaintes portées contre plusieurs de ses membres, cessera de siéger jusqu'à nouvel ordre. Rouen, 10 septembre 1540.

> *Enreg. au Parl. de Normandie, le 7 janvier 1541 n. s.*
> *Copie du XVIIe siècle. Arch. nat., U. 760, p. 48. 2 pages 1/2.*

10 septembre.

11636. Mandement à Jean Laguette, receveur général des finances extraordinaires et parties casuelles, de délivrer à Pierre de Lagrange, commis au payement des fortifications de Picardie, la somme de 4,000 livres tournois employée aux réparations et fortifications de la ville d'Ancre° (Albert, Somme, depuis 1620). Rouen, 10 septembre 1540.

1540.
10 septembre.

IMP. V. de Beauvillé, Recueil de documents inédits, concernant la Picardie. Paris, 1867, in-4°, t. II, p. 205.

11637. Défense de transporter hors du royaume or ni argent, monnayé ou non, ni billon. Rouen, 11 septembre 1540.

11 septembre.

Enreg. au Châtelet de Paris, le 17 septembre 1540. Arch. nat., Bannières, Y. 9, fol. 188. 3 pages.
IMP. Pièce in-4°. Paris, J. Nyverd (s. d.), Bibl. nat., Inv. Réserve, F. 1909.
Autre. Idem, F. 1642.
Les loix, statuts et ordonnances roiauls faictes par les feus rois de France... Paris, Poncet le Preux, 1542, in-fol., 2ᵉ part., fol. 145 v°.
Les loix, ordonnances, édictz, etc., depuis le roy S. Loys... Paris, Galyot du Pré, 1559, in-fol., fol. 106 r°.
P. Rebuffi, Édits et ordonnances des rois de France. Lyon, 1573, in-fol., p. 555.
A. Fontanon, Édits et ordonnances, etc. Paris, 1611, t. II, p. 113.

11638. Lettres de survivance de l'office de juge mage d'Agénais, en faveur d'Armand Sevin. Rouen, 12 septembre 1540.

12 septembre.

Enreg. au Parl. de Bordeaux, le 20 décembre 1540. Arch. de la Gironde, B. 31, fol. 86. 3 pages.

11639. Mandement à Jean Duval, trésorier de l'épargne, de payer à Guillaume de Lalande, receveur des tailles en l'élection d'Évreux et commis à tenir le compte des dépenses de la fonte de l'artillerie de fer que le roi faisait exécuter à Breteuil, 199 livres 16 sous tournois particulièrement «pour le charroy et conduicte de quatre couleuvrines bastardes, quatre moyennes et quatre faulcons de fer de ladicte fonte, que naguères avons faict

15 septembre.

mener dudict Bretheuil en l'abbaye de Bonport, près le Pont de l'Arche, afin de les
faire essayer et tirer en nostre presence ».
Louviers, 15 septembre 1540.

> *Original. Bibl. nat.*, Nouv. acquisitions franç.,
> ms. 3548, n° 8.
> *Imp.* L. Delisle, *Mélanges de paléographie et de
> bibliographie*, p. 391. (*Mention.*)

11640. Lettres affectant une portion des revenus de la
gabelle à l'entretien des docteurs de l'Université de Valence. 16 septembre 1540.

> *Arch. de la ville de Lyon*, invent. Chappe,
> t. XIII, p. 617. (*Mention.*)

11641. Mandement à Jacques Hurault, audiencier de
France, de se rembourser sur les revenus de
la chancellerie de 51 livres tournois qu'il avait
payée, au mois d'août précédent, à Jean Du-
bosc, orfèvre de Rouen, à Guillaume de
Gouy, graveur en armoiries, à Vincente Gaillard, brodeuse, et à Jean Aubert, gainier,
pour un sceau et contre-sceau d'argent avec
un étui de velours vert et un coffre de cuir
aux armes du roi, destiné à sceller les arrêts
du Parlement de Rouen et des Grands jours
qui se tiendront à Coutances, en septembre et
en octobre. Évreux, 16 septembre 1540.

> *Original. Bibl. nat.*, ms. fr. 25722, n° 595.

11642. Lettres portant bail à ferme, pour une pé-
riode de neuf ans, à Gabriel, baron de Letti,
gentilhomme napolitain, des seigneuries de
Montbonnot et Nyons en Dauphiné, pour
le dédommager de la perte de ses biens au
royaume de Naples. Évreux, 17 septembre
1540.

> *Enreg. à la Chambre des Comptes de Grenoble*,
> *le 21 novembre 1541. Arch. de l'Isère*, B. 2908,
> cah. 332. 10 pages.

11643. Mandement au trésorier de l'épargne de payer
1,635 livres à Jean-Jacques de Castion, ambassadeur chez les Grisons, pour deux cent

(marges droite)
1540.

16 septembre.

16 septembre.

17 septembre.

17 septembre.

seize jours d'exercice de sa charge, du 6 mars   1540.
au 7 octobre 1539. Évreux, 17 septembre
1540.

> *Bibl. nat.*, ms. Clairambault 1215, fol. 78 v°.
> (*Mention.*)

11644. Mandement au trésorier de l'épargne de payer   17 septembre.
513 livres à Colin Caron, tenant la poste de
Boulogne-sur-Mer, qui est allé dix-neuf fois
à Londres pour y remettre des paquets à
Charles de Marillac, ambassadeur du roi.
Évreux, 17 septembre 1540.

> *Bibl. nat.*, ms. Clairambault 1215, fol. 78 v°.
> (*Mention.*)

11645. Lettres portant confirmation de l'indult donné   21 septembre.
à Rome, le 17 des calendes de novembre
1539, octroyant au cardinal Salviati la libre
disposition des bénéfices dépendant de son
évêché. Anet, 21 septembre 1540.

> *Enreg. au Parl. de Toulouse. Arch. de la Haute-*
> *Garonne, Édits, reg. 4, fol. 202. 4 pages 1/2.*

11646. Mandement au Parlement de Paris, lui ordon-   21 septembre.
nant de permettre à Pierre Mathé, conseiller
en ladite cour, de procéder, durant la présente session, à l'exécution d'un arrêt obtenu
par Mᵐᵉ de la Rochefoucauld contre le sʳ de
Gourville. Anet, 21 septembre 1540.

> *Présenté au Parl., le 12 novembre 1540. Arch.*
> *nat., Xˡᵃ 1546, reg. du Conseil, fol. 2, (Mention.)*

11647. Mandement aux élus du Lyonnais, leur faisant   22 septembre.
savoir qu'ils ont à lever pour la taille, dans
leur élection, la somme de 38,614 livres
19 sous 2 deniers tournois. Anet, 22 septembre 1540.

> *Copie du XVIᵉ siècle. Bibl. nat., ms. fr. 2702,*
> fol. 218 v°.

11648. Pouvoirs des commissaires du roi aux États de   22 septembre.
Languedoc qui s'assembleront à Lavaur, le
5 octobre 1540. Anet, 22 septembre 1540.

> *Copie. Arch. départ. de l'Hérault, C. États de*
> *Languedoc, Procès-verbaux, 1540. 6 pages.*

11649. Lettres relatives aux aides que le roi a le droit
de lever en certaines occasions sur les nobles
de Normandie. Anet, 23 septembre 1540.

1540.
23 septembre.

> *Copie. Bibl. de la ville de Rouen, coll. Ménant
> (Extraits des mémoriaux de la Chambre des
> Comptes de Paris), t. XI, fol. 82.*

11650. Lettres portant remise d'une somme de
15,065 livres que devaient les héritiers d'Olivier Barraud, trésorier et receveur général
des finances en Bretagne sous Charles VIII,
et d'une autre somme de 11,065 livres, à la
condition de payer 4,000 livres. Anet, 23 septembre 1540.

23 septembre.

> *Enreg. à la Chambre des Comptes de Bretagne.
> Arch. de la Loire-Inférieure, B. Mandements, II,
> fol. 211.*

11651. Déclaration pour le fait de la chancellerie, portant défense aux cours souveraines et à leurs
greffiers de n'expédier ni délivrer d'arrêts,
congés et défauts emportant exécution, sinon
en due forme et signés de greffiers faisant
partie du collège ancien des notaires et secrétaires du roi. Anet, 24 septembre 1540.

24 septembre.

> *Lue et publiée en la Chancellerie à Melun, le
> 24 janvier 1541 n. s. Enreg. au Parl. de Toulouse,
> sauf modifications, le 13 septembre 1552. Copie
> collat. du XVIe siècle. Arch. nat., V² 3, n° 767.*
> *Enreg. à la Cour des Aides de Normandie, le 9 fé-
> vrier 1541 n. s. Arch. de la Seine-Inférieure, Mé-
> moriaux, 2° vol., fol. 228 v°. 4 pages.*

11652. Provisions en faveur de Jean de la Chesnaye,
notaire et secrétaire du roi, de l'office de
clerc auditeur en la Chambre des Comptes
de Paris, qu'exerçait François Framberge.
Mantes, 26 septembre 1540.

26 septembre.

> *Enreg. à la Chambre des Comptes, le 7 mai 1541.
> Arch. nat., invent. PP. 136, p. 486. (Mention.)*
> *Bibl. nat., ms. Clairambault 782, p. 300. (Men-
> tion.)*

11653. Lettres accordant audit Jean de la Chesnaye
délai d'un an pour prêter serment dudit of-

26 septembre.

fice, et jouissance en attendant des gages y
attribués. Mantes, 26 septembre 1540.

1540.

Enreg. à la Chambre des Comptes, le 7 mai
1541, anc. mém. 2 K., fol. 24. Arch. nat., invent.
PP. 136, p. 486. (Mention.)

11654. Mandement au trésorier de l'épargne de payer
135 livres à Jean Gouy, venu d'Angleterre à
Anet auprès du roi, pour lui remettre des
lettres de son ambassadeur, Charles de Marillac. Mantes, 27 septembre 1540.

27 septembre.

Bibl. nat., ms. Clairambault 1215, fol. 78 v².
(Mention.)

11655. Mandement au trésorier de l'épargne de payer
1,800 livres à Claude Dodieu, ambassadeur
auprès de l'Empereur, pour quatre-vingt-dix
jours d'exercice de sa charge, du 27 septembre au 25 décembre 1540. La Roche-
Guyon, 27 septembre 1540.

27 septembre.

Bibl. nat., ms. Clairambault 1215, fol. 78 v°.
(Mention.)

11656. Lettres de don à Jacques Du Mas, sommelier
de paneterie de bouche de la reine, des biens
meubles et immeubles de feu Marie Arnauld,
sa femme, et d'Étienne Du Mas, son fils,
échus au roi par droit d'aubaine, les défunts
étant étrangers non naturalisés. Rouen,
septembre 1540.

Septembre.

Enreg. à la Chancellerie de France. Arch. nat.,
Trésor des Chartes, JJ. 254, n° 412, fol. 75 v°:
1 page.

11657. Lettres de naturalité accordées à Thomas Corbe,
natif d'Angleterre, marié avec Jeanne Davy
et établi à Rouen. Rouen, septembre 1540.

Septembre.

Enreg. à la Chancellerie de France. Arch. nat.,
Trésor des Chartes, JJ. 254, n° 419, fol. 77.
1 page.

11658. Lettres de naturalité et permission de tenir
bénéfices en France, octroyées à Jean Dupuis,
natif de Quiers (Chieri) en Piémont, fils légitime de Jacques Dupuis et de Marguerite de

Septembre.

Garisse, établi et ordonné prêtre à Corbie
en Picardie. Rouen, septembre 1540.

Enreg. à la Chancellerie de France. Arch. nat.,
Trésor des Chartes, JJ. 254, n° 422, fol. 77. 1 page.

1540.

11659. Lettres de naturalité en faveur de Renée et
Anne de Houdon, natives de Ferrare, filles
d'Adam de Houdon, écuyer, seigneur de Va-
rennes, premier panetier de Renée de France,
duchesse de Ferrare, et de Marguerite Té-
ronneau, demoiselle de la chambre de ladite
dame, tous deux Français au service de la duchesse. Rouen, septembre 1540.

Enreg. à la Chancellerie de France. Arch. nat.,
Trésor des Chartes, JJ. 254, n° 414, fol. 76.
1 page.

Septembre.

11660. Lettres de naturalité en faveur de Milan Ricii,
l'un des greffiers des cours des soumissions
de Provence à Aix, natif du comté de Nice.
Rouen, septembre 1540.

Enreg. à la Chancellerie de France. Arch. nat.,
Trésor des Chartes, JJ. 254, n° 417, fol. 76 v°.
1 page.

Septembre.

11661. Lettres de naturalité en faveur de Louis Sa-
porta, docteur en médecine de la faculté de
Montpellier, natif du royaume de Catalogne,
fixé en France depuis cinquante ans et domicilié actuellement à Arles. Évreux, septembre
1540.

Enreg. à la Chancellerie de France. Arch. nat.,
Trésor des Chartes, JJ. 254, n° 421, fol. 77.
1 page.

Septembre.

11662. Lettres d'évocation au Grand conseil d'un
procès d'appel intenté par les Jacobins,
Carmes, Augustins et religieuses de Saint-
Bernard de Bayonne, contre l'évêque de cette
ville et ses vicaires, qui voulaient les obliger
à contribuer au payement des décimes dernièrement octroyées au roi par le clergé du
royaume. Paris, 2 octobre 1540.

Original. Arch. départ. des Basses-Pyrénées,
H. 74.

2 octobre.

11663. Concession pour six ans d'un octroi sur le vin
vendu en détail, à la Ferté-sous-Jouarre, en
faveur des habitants, octroi dont le produit
est affecté à l'entretien de leurs remparts.
Saint-Germain-en-Laye, 5 octobre 1540.

> *Enreg. au Châtelet de Paris, le 8 janvier 1541
> n. s. Arch. nat., Bannières, Y. 9, fol. 205. 2 pages.*

1540.
5 octobre.

11664. Mandement à Jean Laguette, receveur général
des finances extraordinaires et parties casuelles, de délivrer à Pierre de Lagrange,
commis au payement des réparations et fortifications de Picardie, la somme de 1,500 livres tournois destinée à payer en partie le
marché passé pour l'agrandissement des fossés
de la ville d'Ardres. Saint-Germain-en-Laye,
6 octobre 1540.

> *Imp. V. de Beauvillé, Recueil de documents in-
> édits concernant la Picardie. Paris, 1867, in-4°,
> t. II, p. 205.*

6 octobre.

11665. Lettres de don à Guy, comte de Laval, gentilhomme de la chambre, de tous les droits de
relief et autres droits seigneuriaux échus au
domaine à cause de la mort d'Henri de Foix,
s^r de Lautrec, frère de Claude et femme dudit comte. Saint-Germain-en-Laye, 6 octobre
1540.

> *Copie collationnée du XVIe siècle. Arch. de la
> Côte d'Or, B. 339.*

6 octobre.

11666. Don au s^r d'Allonville, gentilhomme de la
maison du comte de Saint-Pol, de 200 livres
tournois. Saint-Germain-en-Laye, 7 octobre
1540 [1].

> *Original. Bibl. nat., ms. fr. 25722, n° 596.*

7 octobre.

11667. Confirmation de l'édit de réduction du nombre
des notaires en Dauphiné, avec défense expresse à ceux qui se trouvent supprimés de
continuer à exercer leur office. Saint-Germain-en-Laye, 8 octobre 1540.

> *Enreg. au Parl. de Grenoble. Arch. de l'Isère,
> B. 2334, fol. 70. 2 pages.*

8 octobre.

[1] Cette pièce est à moitié lacérée.

11668. Lettres attribuant à Gabriel de Letti, gentilhomme napolitain, une pension annuelle de
900 livres pour ses gages de maître d'hôtel
du roi, en récompense des services par lui
rendus à Charles VIII, à Louis XII et à François Ier. Saint-Germain-en-Laye, 8 octobre
1540.

> *Enreg. à la Chambre des Comptes de Grenoble,
> le 21 novembre 1541. Arch. de l'Isère, B. 2998,
> cah. 332. 4 pages.*

1540.
8 octobre.

11669. Provisions pour Claude Le Fèvre, docteur ès
droits et avocat au Parlement de Paris, de
l'office de conseiller lai en ladite cour vacant
par le décès de Nicole Coton. Saint-Germain-
en-Laye, 8 octobre 1540.

> *Réception au Parl., le 12 novembre suivant. Arch.
> nat., X^{ia} 1546, reg. du Conseil, fol. 100. (Mention.)*

8 octobre.

11670. Mandement à Jean Laguette de payer à Pierre
de Lagrange, commis au payement des réparations de Picardie, 1,000 livres tournois
pour les fortifications de Térouanne. Saint-
Germain-en-Laye, 8 octobre 1540.

> *Original. Bibl. nat., Pièces orig., Grange (doss.
> 31413), vol. 1394, p. 47.*

8 octobre.

11671. Mandement à Jean Laguette de payer à Pierre
de Lagrange, commis au payement des réparations de Picardie, 5,000 livres tournois
pour les fortifications d'Ardres. Saint-Prix,
10 octobre 1540.

> *Original. Bibl. nat., Pièces orig., Grange (doss.
> 31413), vol. 1394, p. 48.*

10 octobre.

11672. Édit sur le fait des requêtes au Parlement de
Dijon, de la prestation de serment des avocats et procureurs, et du nombre des conseillers qu'il faut pour juger. Saint-Prix, 11 octobre 1540.

> *Enreg. au Parl. de Dijon, le 12 décembre suivant.
> Arch. de la Côte-d'Or, Parl., reg. III, fol. 18.*

11 octobre.

11673. Mandement au trésorier de l'épargne de payer
à Claude Perronier, commis au payement des

11 octobre.

mortes-payes du duché de Guyenne, 8,670 livres tournois pour les quartiers de janvier-mars et avril-juin 1540 des mortes-payes des châteaux de Blaye, Bordeaux, Dax et Bayonne, et de la ville de Mauléon de Soule. Saint-Prix, 11 octobre 1540.

Original. Bibl. nat., ms. fr. 25722, n° 597.

11674. Mandement au trésorier de l'épargne de payer à Jean Durant, commis au payement des mortes-payes du duché de Bourgogne, 9,720 livres tournois destinées aux mortes-payes des villes d'Auxonne, Dijon, Talant, Beaune, Semur et Saulx-le-Duc et aux gardes des forêts d'Argilly et des Grolles. Saint-Prix, 11 octobre 1540.

11 octobre.

Original. Bibl. nat., ms. fr. 25722, n° 598.

11675. Ordonnance interdisant en Bourgogne et dans le comté d'Auxonne l'usage du sel provenant des salines de Salins. Saint-Prix, 12 octobre 1540.

12 octobre.

Enreg. à la Chambre des Comptes de Dijon, le 13 novembre suivant. Arch. de la Côte-d'Or, reg. B. 20, fol. 57 v°.

11676. Mandement au trésorier de l'épargne de payer à Guillaume de Lalande, receveur des tailles de l'élection d'Évreux, 5,873 livres 11 sous 1 denier tournois à employer pour les frais de la fonderie d'artillerie de Breteuil. Saint-Prix, 14 octobre 1540.

14 octobre.

Original. Bibl. nat., ms. fr. 25722, n° 599.

11677. Défense d'introduire par voies détournées dans le royaume de l'or, de l'argent et toute autre marchandise sujette au droit d'imposition foraine, à peine de confiscation. Saint-Prix, 16 octobre 1540.

16 octobre.

Enreg. au Châtelet de Paris, le 20 octobre 1540. Arch. nat., Bannières, Y. 9, fol. 191 v°. 4 pages. Enreg. à la Cour des Aides de Paris. Arch. nat., Z¹ᵇ 526. (Mention.) IMP. Pièce. Bibl. nat., Inv. Réserve, F. 1642. Les loix, statuts et ordonnances roiauls faictes par les feus rois de France... Paris, Poncet le Preux, 1542, in-fol., 2ᵉ part., fol. 146 v°.

P. Rebuffi, *Édits et ordonnances des rois de France.* Lyon, 1573, in-fol., p. 705.

A. Fontanon, *Édits et ordonnances, etc.* Paris, 1611, in-fol., t. II, p. 453.

J. Corbin, *Nouveau recueil des édits... de la juridiction des Cours des Aides...* Paris, 1623, in-4°, p. 807.

Isambert, *Anc. lois françaises, etc.* Paris, 1827, in-8°, t. XII, p. 692.

11678. Provisions pour Christophe de Siresmes de l'office de vicomte et receveur ordinaire de Bayeux, en remplacement et sur la résignation à survivance d'Hervé Daneau. 16 octobre 1540.

Enreg. à la Chambre des Comptes de Paris, le 1ᵉʳ mars 1541 n. s., anc. mém. 2 K, fol. 91. *Arch. nat.*, invent, PP. 136, p. 487. (*Mention.*)

11679. Ordonnance portant règlement pour les hôteliers et fixant un tarif maximum qu'ils ne pourront dépasser pour le logis de leurs hôtes, avec défenses de fermer les hôtelleries. Saint-Prix, 17 octobre 1540.

Enreg. au Châtelet de Paris, le 4 novembre 1540. Arch. nat., Bannières, Y. 9, fol. 193 v°. 4 pages.
Enreg. au Parl. de Grenoble, le 13 novembre 1540. Arch. de l'Isère, Parl., B. 2334, fol. 71. 4 pages.
Imp. Pièce. *Bibl. nat., Inv. Réserve,* F. 1642.
Pièce in-4°. Paris, J. Nyverd (s. d.). *Bibl. nat., Inv. Réserve,* F. 1910. (Sous la date de « Maisons, 24 octobre 1540 »).
Les loix, statuts et ordonnances roiauls faictes par les feus rois de France. Paris, Poncet le Preux, 1542, in-fol., 2ᵉ part., fol. 147 v°.
Les loix, ordonnances, édictz, etc., depuis le roy S. Loys... Paris, Galyot du Pré, 1559, in-fol., fol. 125 v°.
A. Fontanon, *Édits et ordonnances, etc.* Paris, 1611, in-fol., t. I, p. 931.

11680. Lettres instituant Jacques Cartier capitaine général et maître-pilote de tous les navires qui devaient partir prochainement pour le Ca-

nada, l'Hochelaga, etc. Saint-Prix, 17 oc- 1540.
tobre 1540.

> *Copie du XVIe siècle. Arch. de la ville de Saint-*
> *Malo, HH. 1, n° 4. 8 pages.*
> *Copie du XVIe siècle. Bibl. nat., ms. fr. 5503,*
> *fol. 197.*

11681. Lettres portant défense à tous marchands 20 octobre.
d'acheter du sel ailleurs qu'aux salines du
royaume. Maisons - sur - Seine, 20 octobre
1540.

> *Enreg. à la Cour des Aides de Normandie, le*
> *12 novembre 1540. Arch. de la Seine-Inférieure,*
> *Mémoriaux, 2° vol., fol. 206. 2 pages.*

11682. Provisions de l'office de clerc et auditeur or- 20 octobre.
dinaire en la Chambre des Comptes de Dijon
pour Étienne Noblet, en remplacement et
sur la résignation de Nicolas Noblet, son
père. Maisons-sur-Seine, 20 octobre 1540.

> *Enreg. à la Chambre des Comptes de Dijon, le*
> *15 décembre suivant. Arch. de la Côte-d'Or, B. 18,*
> *fol. 343 v°.*

11683. Mandement au trésorier de l'épargne de payer 20 octobre.
à Alard Plommier, joaillier de Paris, une
somme de 5,400 livres tournois pour divers
bijoux vendus au roi. Maisons-sur-Seine,
20 octobre 1540.

> *Original. Bibl. nat., ms. fr. 25722, n° 600.*

11684. Don de 300 écus d'or soleil à Nicolas Lavernot, 24 octobre.
chirurgien, et à Julien Baugé, apothicaire du
dauphin. Saint-Prix, 24 octobre 1540.

> *Original. Bibl. nat., ms. fr. 25722, n° 601.*

11685. Contrat d'échange entre François Ier et Jacques 30 octobre.
Billot, valet de chambre de la duchesse de
Ferrare, de la terre du Pinet, destinée à être
enclose dans le parc de Chambord. 30 octobre 1540.

> *Enreg. au Parl. de Paris, avec la confirmation de*
> *Henri II, le 30 juin 1557. Arch. nat., X^{ia} 8621,*
> *fol. 149. 10 pages.*

11686. Lettres confirmant l'exemption des tailles ac- Octobre.

cordée aux docteurs, régents, licenciés, bacheliers, écoliers et suppôts de la faculté de
médecine de Montpellier. Paris, octobre 1540.

*Enreg. à la Chambre des Comptes de Montpellier.
Arch. départ. de l'Hérault, B. 342, fol. 128.
7 pages.
Imp. Courtaud, Monspeliensis medicorum univer-
sitas, oratio pronunciata à Curtaudo. Montpellier,
1645, in-4°, p. 86.*

1540.

11687. Ordonnance portant que, pour remédier aux
abus résultant pour le commerce des étoffes
d'aunes de différentes grandeurs, il leur sera
substitué une seule aune dite *du roi,* ayant
3 pieds 7 pouces 8 lignes de longueur et
dont l'étalon sera envoyé dans les princi-
pales villes du royaume. Saint-Germain-en-
Laye, octobre 1540.

Octobre.

Arch. municip. de Dijon. A. Chambre des Comptes.

11688. Lettres de naturalité en faveur d'Adam de Fou-
gères, chevaucheur de l'écurie du roi, maître
de la poste à Senlis, natif de Grenade en Espagne. Saint-Germain-en-Laye, octobre 1540.

Octobre.

*Enreg. à la Chancellerie de France. Arch. nat.,
Trésor des Chartes, JJ. 254, n° 424, fol. 77 v°.
1 page.*

11689. Permission à Démétrius Paléologue, dit le Grec,
natif de Grèce, sommelier de paneterie du
roi, de posséder et acquérir tous biens
meubles et immeubles dans le royaume et
d'en disposer à sa guise, comme s'il était
Français d'origine. Saint-Prix, octobre 1540.

Octobre.

*Enreg. à la Chancellerie de France. Arch. nat.,
Trésor des Chartes, JJ. 254, n° 461, fol. 86.
1 page.*

11690. Édit de création d'un office de président au
Grand conseil, pour y présider en l'absence
du chancelier, avec règlement de ses droits,
gages, etc. Maisons-sur-Seine, octobre 1540.

Octobre.

*Imp. P. de Miraulmont, Traicté de la Chancel-
lerie, avec un recueil des chanceliers, etc. Paris,
1610, in-8°, fol. 68 v°.*

11691. Lettres d'amortissement pour les religieuses du

Octobre.

couvent de Saint-François près Rouen, 1540.
d'un pré qu'elles ont acquis par échange de
Jacques Lelieur, notaire et secrétaire du roi.
Maisons-sur-Seine, octobre 1540.

Enreg. à la Chancellerie de France. Arch. nat.,
Trésor des Chartes, JJ. 255¹, n° 56, fol. 22 v°.
1 page.

11692. Confirmation d'un contrat d'échange et de Octobre.
transaction passé entre Antoine des Prez,
sʳ de Montpezat, chevalier de l'ordre, sénéchal de Poitou, et l'évêque et le chapitre de
Cahors, touchant le domaine et la juridiction
de ladite ville. Maisons-sur-Seine, octobre
1540.

Enreg. à la Chancellerie de France. Arch. nat.,
Trésor des Chartes, JJ. 254, n° 426, fol. 77 v°.
1 page 1/2.

11693. Lettres de légitimation et de naturalité octroyées Octobre.
à Étienne de La Baume, guidon de la com-
pagnie du comte de Montrevel, gouverneur
de Bresse, fils naturel de feu Marc de La
Baume, comte de Montrevel, et de Jeanne
Violet, né en Bresse avant la réunion de ce
pays à la couronne. Maisons-sur-Seine, octobre 1540.

Enreg. à la Chancellerie de France. Arch. nat.,
Trésor des Chartes, JJ. 255¹, n° 23, fol. 12 v°.
1 page.
Enreg. à la Chambre des Comptes de Dijon, le
2 juin 1541. Arch. de la Côte-d'Or, B. 72,
fol. 160 v°.

11694. Établissement de trois foires annuelles et d'un Octobre.
marché hebdomadaire à Lucy-le-Bois, au
bailliage de Blois. Fontainebleau (*sic*), octobre
1540.

Enreg. à la Chancellerie de France. Arch. nat.,
Trésor des Chartes, JJ. 254, n° 425, fol. 77 v°.
1 page.

11695. Lettres de naturalité en faveur de Rodrigo Fer- Octobre.
nandez, marchand originaire d'Espagne, fixé
en France depuis trente ans, marié et rési-

dant à Marseille. Fontainebleau (*sic*), octobre 1540.
1540.

Enreg. à la Chancellerie de France. Arch. nat.,
Trésor des Chartes, JJ. 254, n° 423, fol. 77 v°.
1 page.

11696. Provisions de l'office de conseiller lai au Par-   2 novembre.
lement de Dijon pour Philippe Bataille, en
remplacement de Philippe Moisson, décédé.
Paris, 2 novembre 1540.

Enreg. au Parl. de Dijon, le 22 novembre suivant.
Arch. de la Côte-d'Or, Parl., reg. II, fol. 151.

11697. Mandement au trésorier de l'épargne de payer   2 novembre.
à Paul de Termes, capitaine de chevau-
légers, 800 livres tournois pour ses gages du
1er janvier au 31 décembre de l'année courante. Paris, 2 novembre 1540.

Original. Bibl. nat., ms. fr. 25722, n° 602.

11698. Mandement au trésorier de l'épargne de payer   2 novembre.
à Georges d'Armagnac, ambassadeur à Rome,
3,600 livres pour cent quatre-vingts jours
d'exercice de sa charge, du 5 octobre 1540
au 2 avril suivant. Paris, 2 novembre 1540.

Bibl. nat., ms. Clairambault 1215, fol. 79.
(Mention.)

11699. Lettres de renvoi à la grande chambre des en-   3 novembre.
quêtes du Parlement de Paris d'un procès
pendant au Conseil privé entre le cardinal du
Bellay et Louis Braillon, médecin du roi.
Paris, 3 novembre 1540.

Enreg. au Parl. de Paris, le 26 janvier 1541
n. s. Arch. nat., X¹ᵃ 8613, fol. 256. 1 page.

11700. Lettres d'attribution à la Cour des Aides de la   3 novembre.
connaissance de tous procès entre Jean Gro-
lier, trésorier de France, fils et héritier
d'Étienne Grolier, trésorier des guerres à
Milan, et les héritiers d'Antoine Turpin,
trésorier et receveur général audit Milan.
Paris, 3 novembre 1540.

Enreg. à la Cour des Aides de Paris. Arch. nat.,
recueil Cromo; U. 665, fol. 289. (Mention.)

11701. Lettres touchant la création de sergents pour le fait des gabelles. Paris, 3 novembre 1540.

> *Enreg. à la Cour des Aides de Normandie, le 4 octobre 1543. Arch. de la Seine-Inférieure, Mémoriaux, 2ᵉ vol., fol. 217. 10 pages.*

1540.
3 novembre.

11702. Lettres adressées par le roi aux baillis, sénéchaux, prévôts, consuls, maires, échevins et gardes des bonnes villes, leur ordonnant de fournir toute aide et assistance au général de l'ordre des religieux Augustins, chargé par bref du pape Paul III, donné à Rome le 9 juin 1540, de procéder à la visite et réforme des couvents de son ordre. Paris, 3 novembre 1540.

> *Enreg. au Parl. de Toulouse. Arch. de la Haute-Garonne, Édits, reg. 4, fol. 197.*

3 novembre.

11703. Lettres portant mise hors de tutelle de Guy, comte de Laval, et déclarant qu'il aura désormais l'administration de ses biens, quoiqu'il n'ait pas encore atteint l'âge de sa majorité. Paris, 3 novembre 1540.

> *Présentées et entérinées au Parl. de Paris, le 2 décembre 1540. Arch. nat., Xˡᵃ 4912, Plaidoiries, fol. 52. (Mention.)*

3 novembre.

11704. Mandement au trésorier de l'épargne de payer à Jean de Monluc, chargé à Rome des affaires du roi, 450 livres pour ses frais de voyage de Paris à Rome. Paris, 4 novembre 1540.

> *Bibl. nat., ms. Clairambault 1215, fol. 79. (Mention.)*

4 novembre.

11705. Lettres de déclaration au sujet de la réunion au domaine royal des biens qui en avaient été aliénés en Provence. Fontainebleau (sic), 5 novembre 1540.

> *Original. Arch. des Bouches-du-Rhône, B. 728. Enreg. à la Chambre des Comptes de Provence. Archives des Bouches-du-Rhône, B. 36 (Luna), fol. 44 v°. 9 pages.*

5 novembre.

11706. Mandement à la Chambre des Comptes de Bretagne, portant mainlevée du temporel de

6 novembre.

l'abbaye de Saint-Meen-de-Gaël, en faveur   1540.
de Jean Jouvenel des Ursins, pourvu de ladite abbaye. Paris, 6 novembre 1540.

> IMP. Albert Padioleau, sᵣ de Launay, *Traité de
> la juridiction de la Chambre des Comptes de Bre-
> tagne sur le fuict de la régale, etc.* Nantes, 1631,
> in-4°, p. 117.

11707. Lettres d'évocation et renvoi par-devant René   8 novembre.
Brinon, président au Parlement de Bordeaux,
d'un procès intenté au grènetier et au contrôleur du grenier à sel de Libourne. Paris,
8 novembre 1540.

> *Enreg. au Parl. de Bordeaux (s. d.). Arch. de la
> Gironde, B. 31, fol. 84 v°. 3 pages.*

11708. Mandement à Jean Laguette, trésorier et rece-   8 novembre.
veur général des finances extraordinaires et
parties casuelles, de payer sur les deniers
provenant de l'office de sergent de Vihiers en
Anjou, vacant par la forfaiture de Jean Gar-
nier, à René de Rennes, dit Michelet, premier
huissier de la chambre du roi, 100 écus tournois que le roi lui a donnés en récompense
de ses services. Saint-Germain-en-Laye, 8 novembre 1540.

> *Original. Bibl. nat., Nouv. acquisitions franç.,
> ms. 1482, n° 68.*

11709. Lettres confirmant l'arrangement conclu avec   9 novembre.
Antoine Bohier, général des finances, fils
et héritier de Thomas Bohier, général des
finances, demeuré reliquataire de 190,000 livres tournois, laquelle somme a été réduite à
150,000 livres. 9 novembre 1540.

> *Enreg. à la Chambre des Comptes de Paris et à
> la Cour des Aides. Arch. nat., recueil Cromo, U.
> 665, fol. 290. (Mention.)*

11710. Déclaration touchant les lettres de dons, de   11 novembre.
provisions et de grâces, émanant de la grande
Chancellerie. Si quinze jours après la signature du roi, elles ne sont point expédiées
en forme, elles seront considérées comme

nulles et non avenues. Fontainebleau, 11 novembre 1540.

1540.

> *Enreg. au Parl. de Paris, le 27 janvier 1541 n. s.*
> *Arch. nat., X¹ᵃ 8613, fol. 256. v°. 1 page 1/4.*
> *Arrêt d'enregistrement. Idem., X¹ᵃ 4912, Plaidoiries, fol. 235 v°.*

11711. Mandement à la Chambre des Comptes de Paris d'allouer sur les comptes de Jean Duval, trésorier de l'épargne, une somme de 920 livres tournois qu'il a distribuée à plusieurs églises et aux indigents de Paris, à la suite des prières qui avaient été demandées pour la guérison du dauphin, malade à Saint-Prix. Fontainebleau, 11 novembre 1540.

11 novembre.

> *Original. Bibl. nat., ms. fr. 25722, n° 603.*

11712. Don à Jean de Gomme, gentilhomme de la maison du cardinal de Lorraine, de 600 livres tournois sur les biens échus au roi par droit d'aubaine, de Jean le Maire, Anglais, mort à Rouen. Fontainebleau, 12 novembre 1540.

12 novembre.

> *Original. Bibl. nat., Pièces orig., Gomme, vol. 1351, p. 2.*

11713. Mandement au trésorier de l'épargne de payer à Georges de Selve, ambassadeur auprès de l'Empereur, 1,347 livres à titre de remboursement. Fontainebleau, 12 novembre 1540.

12 novembre.

> *Bibl. nat., ms. Clairambault 1215, fol. 79.*
> *(Mention.)*

11714. Mandement au trésorier de l'épargne de payer à Lazare de Baïf, ancien ambassadeur en Allemagne et en Roumanie, 484 livres 15 sous à titre de remboursement. Fontainebleau, 12 novembre 1540.

12 novembre.

> *Bibl. nat., ms. Clairambault 1215, fol. 79.*
> *(Mention.)*

11715. Ordonnance préparatoire relative à l'unification

13 novembre.

des poids et mesures dans tout le royaume. Fontainebleau, 13 novembre 1540.

1540.

Enreg. au Châtelet de Paris, Bannières. Arch. nat., Y. 9. fol. 195 v°. 2 pages.

11716. Mandement au trésorier de l'épargne de payer à Antoine Hellin, ancien ambassadeur en Flandre, 2621 livres 10 sous tournois qui lui étaient dues pour six cent cinquante-cinq jours d'exercice de sa charge, du 1er octobre 1538 au 16 juillet 1540. Fontainebleau, 13 novembre 1540.

13 novembre.

Original. Bibl. nat., ms. fr. 25722, n° 604.

11717. Lettres rectificatives d'une disposition contenue dans l'édit du 10 août 1539 (n° 11143), portant que tous les biens des criminels de lèse-majesté et de félonie seront confisqués au profit du roi. Fontainebleau, 14 novembre 1540.

14 novembre.

Enreg. au Parl. de Paris, le 24 mars 1541. Arch. nat., X¹ᵃ 8613, fol. 247.
Présentées au Parl., le 24 février 1541 n. s. Idem, X¹ᵃ 1546, reg. du Conseil, fol. 179 v°.

11718. Lettres portant règlement des gages de l'avocat du roi au Parlement de Grenoble. Fontainebleau, 14 novembre 1540.

14 novembre.

Enreg. à la Chambre des Comptes de Grenoble, le 12 décembre 1540.
Imp. Blanchard, Compilation chronologique, etc. Paris, 1715, in-fol., t. I, col. 535. (Mention.)

11719. Commission pour demander aux États de Provence 15 florins par feu. Fontainebleau, 14 novembre 1540.

14 novembre.

Original. Arch. des Bouches-du-Rhône, B. 728.

11720. Ordonnance portant confirmation des lettres du 22 octobre 1539 (n° 11248) et prohibant de nouveau l'introduction des marchandises d'épicerie dans le royaume, sinon par les ports, ainsi que le transport de l'or, argent et billon, monnayé ou non monnayé, hors

15 novembre.

du royaume. Fontainebleau, 15 novembre   1540.
1540.

> *Enreg. au Châtelet de Paris, le 20 novembre.*
> *Arch. nat., Bannières, Y. 9, fol. 197. 5 pages.*
> *Imp. Pièce, in-4°. Paris, J. Nyverd (s. d.). Bibl.*
> *nat., Inv. Réserve, F. 1911.*
> Autre pièce in-4° (s. l. n. d.). *Bibl. nat., F. pa-*
> *quets; idem, Inv., Réserve, F. 1642.*
> Autre pièce in-4°. *Arch. nat., AD. I 22. 4 pages.*
> *Les loix, statuts et ordonnances roiauls faictes par*
> *les feus rois de France...* Paris, Poncet le Preux,
> 1542, in-fol., 2ᵉ partie, fol. 150 rᵒ.
> *Les loix, ordonnances et édictz, etc., depuis le*
> *roy S. Lois...* Paris, Galyot du Pré, 1559, in-fol.,
> fol. 107 vᵒ.
> P. Rebuffi, *Édits et ordonnances des rois de*
> *France.* Lyon, 1573, in-fol., p. 749.
> A. Fontanon, *Édits et ordonnances, etc.* Paris,
> 1611, in-fol., t. II, p. 505.
> Jacques Corbin, *Le code de Louis XIII, etc.*
> Paris, 1628, in-fol., t. II, p. 140.
> Isambert, *Anc. lois françaises, etc.* Paris, 1827,
> in-8°, t. XII, p. 695.

11721. Mandement au trésorier des parties casuelles   15 novembre.
de bailler à Pierre de Lagrange, commis aux
comptes des fortifications de Picardie, 2,000
livres tournois destinées au payement des
entrepreneurs qui se sont chargés de creuser
les fossés d'Ardres. Fontainebleau, 15 novembre 1540.

> *Original. Bibl. nat., ms. fr. 25722, n° 605.*

11722. Mandement au trésorier des parties casuelles   15 novembre.
de payer à Pierre de Lagrange, 5,000 livres
tournois pour les travaux à faire, en 1541,
aux fortifications de Doullens. Fontainebleau,
15 novembre 1540.

> *Original. Bibl. nat., ms. fr. 25722, n° 608.*

11723. Mandement au trésorier de l'épargne de payer   15 novembre.
31 livres 10 sous tournois à Guillaume Ba-
sille, chevaucheur d'écurie, chargé de porter
à Saint-Riquier, à Claude Dodieu, ambassadeur auprès de l'Empereur, des lettres du
roi. Fontainebleau, 15 novembre 1540.

> *Original. Bibl. nat., ms. fr. 25722, n° 606.*

11724. Lettres réglant les attributions respectives de   1540.
la Chambre des Comptes et des lieutenants   16 novembre.
du sénéchal en Provence. Fontainebleau,
16 novembre 1540.

> *Enreg. à la Chambre des Comptes de Provence,*
> *le 16 avril 1541. Arch. des Bouches-du-Rhône,*
> B. 34 (*Fenix*), fol. 283. 1 page.

11725. Déclaration en faveur du roi de Navarre et de   19 novembre.
la reine, sœur de François Iᵉʳ, les maintenant
et confirmant dans leur droit de pourvoir
aux offices de lieutenants généraux et particuliers des baillis et vicomtes du duché
d'Alençon et du comté du Perche. Fontainebleau, 19 novembre 1540.

> *Enreg. au Parl. de Paris, sauf réserve, le 10 fé-*
> *vrier 1541 n. s. Arch. nat.*, X¹ᵃ 8613, fol. 259.
> 1 page 2/3.
> *Arrêt d'enregistrement. Idem*, X¹ᵃ 1546, Con-
> seil, fol. 142, et X¹ᵃ 4912, Plaidoiries, fol. 296.

11726. Mandement au trésorier de l'épargne de payer   22 novembre.
à Georges de Selve, évêque de Lavaur et
ancien ambassadeur auprès de l'Empereur,
920 livres tournois pour les frais de sa
charge du 4 octobre au 18 novembre 1540.
Fontainebleau, 22 novembre 1540.

> *Original. Bibl. nat.*, ms. fr. 25722, n° 609.
> *Bibl. nat.*, ms. Clairambault 1215, fol. 79.
> (*Mention.*)

11727. Mandement au trésorier de l'épargne de délivrer   22 novembre.
sur le compte d'Honorat de Queys (Caix),
ambassadeur en Portugal, une somme de
2,750 livres tournois pour les frais de sa
charge, du 1ᵉʳ avril au 31 décembre 1540,
que Luiz-Fernando d'Almeida, ambassadeur
du roi de Portugal, est chargé de lui remettre.
Fontainebleau, 22 novembre 1540.

> *Original. Bibl. nat.*, ms. fr. 25722, n° 611.
> *Bibl. nat.*, ms. Clairambault 1215, fol. 79.
> (*Mention.*)

11278. Lettres relatives à l'exécution de la déclaration   23 novembre.
du 12 février 1536 n. s. (n° 8305), accor-
dant aux notaires et secrétaires du roi et à

leurs veuves l'exemption des droits dus pour
l'expédition des lettres du greffe des Requêtes
de l'hôtel. Fontainebleau, 23 novembre
1540.

> *Copie du XVIe siècle. Bibl. nat., ms. fr. 14019,*
> *fol. 156 bis.*

1540.

11729. Lettres portant défense aux châtelains du Dauphiné de s'immiscer dans la juridiction des
juges ordinaires ni de connaître d'aucune
matière excédant trente sous. Fontainebleau,
23 novembre 1540.

23 novembre.

> *Enreg. au Parl. de Grenoble, le 23 décembre 1540.*
> *Arch. de l'Isère, Chambre des Comptes de Grenoble,*
> *B. 2911, II, cah. 4. 3 pages.*

11730. Déclaration portant règlement pour les foi et
hommages, aveux et dénombrements des fiefs
tenus du roi en Dauphiné. Fontainebleau,
23 novembre 1540.

23 novembre.

> *Enreg. au Parl. de Grenoble, le 23 décembre*
> *1540. Arch. de l'Isère, Chambre des Comptes de*
> *Grenoble, B. 2911, II, cah. 5. 3 pages.*
> *Imp. Pièce in-4°. Arch. nat., AD.IX 124, n° 99.*
> *3 pages.*

11731. Ordonnance portant règlement en sept articles
sur le mode de perception de l'imposition
foraine. Fontainebleau, 25 novembre 1540.

25 novembre.

> *Enreg. à la Chambre des Comptes de Paris. Arch.*
> *nat., P. 2306, p. 875. 6 pages.*
> *Enreg. à la Chambre des Comptes de Dijon. Arch.*
> *de la Côte-d'Or, reg. B. 18, fol. 352.*
> *Enreg. à la Chambre des Comptes de Grenoble,*
> *le 11 mai 1541. Arch. de l'Isère, B. 2911, II,*
> *cah. 14. 5 pages.*
> *Enreg. à la Cour des Aides de Paris. Arch. nat.,*
> *Z^{1a} 526. (Mention.)*
> *Copie du XVIe siècle. Bibl. nat., ms. fr. 2702,*
> *fol. 214.*
> *Imp. Pièce in-4°. Paris, J. Nyverd (s. d.). Bibl.*
> *nat., Inv. Réserve, F. 1912.*
> *Autre pièce in-4°. Bibl. nat., Inv. Réserve,*
> *F. 1642.*
> *Les loix, statuts et ordonnances roiauls faictes*
> *par les feus rois de France... Paris, Poncet le*
> *Preux, 1542, in-fol., 2e partie, fol. 151 v°.*
> *Les loix, ordonnances et édictz, etc., depuis le*

roy *S. Lois*..., Paris, Galyot du Pré, 1559, in-fol.,
fol. 108 r°.

P. Rebuffi, *Édits et ordonnances des rois de
France*. Lyon, 1573, in-fol.; p. 704.

A. Fontanon, *Édits et ordonnances, etc*. Paris,
1611, in-fol., t. II, p. 452.

J. Corbin, *Nouveau recueil des édits...... de la
juridiction des Cours des Aides, etc*. Paris, 1623,
in-4°, p 895.

Jacques Corbin, *Le code de Louis XIII, etc*.
Paris, 1628, in-fol., t. II, p. 131. (Sous la date
du 5 novembre.)

Isambert, *Anc. lois françaises, etc*. Paris, 1827,
in-8°, t XII, p. 698.

(Voy. ci-dessous, 31 décembre 1540, n° 11777.)

1540.

11732. Lettres ordonnant de procéder contre ceux qui
auront débité du sel provenant des greniers
à sel du duché de Bourgogne, sans l'avoir
laissé sécher et égoutter pendant deux ans.
Fontainebleau, 25 novembre 1540.

25 novembre.

> *Enreg. à la Cour des Aides de Paris. Copie du
> XVIe siècle. Arch. nat., Z^{1a} 205, fol. 195. 1 page.
> Copie collationnée faite par ordre de la Cour des
> Aides, le 7 septembre 1779. Arch. nat., Z^{1a} 526.*

11733. Ordonnance de règlement pour les privilèges
du garde des sceaux et autres officiers de la
chancellerie du Parlement d'Aix en Provence.
Fontainebleau, 26 novembre 1540.

26 novembre.

> *Enreg. à la Chambre des Comptes de Provence.
> Arch. des Bouches-du-Rhône, B. 35 (Solis), fol. 346.
> 2 pages.
> Imp. A. Tessereau, Hist. de la Chancellerie de
> France. Paris, 1710, in-fol., t. I, p. 100. (Extrait.)*

11734. Mandement aux élus du Lyonnais, leur faisant
savoir qu'ils ont à défendre aux gentilshommes ou gens d'église de tenir des fermes
ou des cens, ou bien qu'ils doivent exiger
d'eux le payement des tailles ordinaires. Fontainebleau, 26 novembre 1540.

26 novembre.

> *Copie du XVIe siècle. Bibl. nat., ms. fr. 2702,
> fol. 219 v°.*

11735. Mandement au trésorier de l'épargne de délivrer à Jean Godet, commis au payement de
l'extraordinaire des guerres, 1,000 livres

26 novembre.

tournois qu'il doit employer à la réparation
de l'artillerie placée dans les villes du Piémont. Fontainebleau, 26 novembre 1540.

Original. Bibl. nat., ms. fr. 25722, n° 613.

11736. Lettres portant réduction de l'impôt sur le vin
octroyé aux prévôt des marchands et échevins de la ville de Paris, par ordonnance
du 31 octobre 1536, et application des deniers en provenant à la construction de
l'Hôtel de Ville, ou aux réparations des remparts. Fontainebleau, 27 novembre 1540.

Enreg. au Parl. de Paris, le 13 décembre 1540.
Arch. nat., X¹ᵃ 8613, fol. 255. 2 pages.
Arrêt d'enregistrement. Idem, X¹ᵃ 4912, Plai-
doiries, fol. 83.

11737. Lettres données en faveur de Jean Meigret,
conseiller au Parlement, tuteur des enfants
mineurs de feu Lambert Meigret, son frère,
portant qu'en payant la somme de 25,000 livres aux parties casuelles, la succession dudit
Lambert sera déchargée de tout ce que
celui-ci redevait à sa mort sur les comptes
de son administration de l'extraordinaire des
guerres et des pensions des Suisses, depuis
l'année 1516 jusqu'en février 1522 n. s.
27 novembre 1540.

Enreg. à la Chambre des Comptes de Paris, le
8 février 1547. Arch. nat., invent. PP. 136, p. 488.
(Mention.)
Enreg. à la Cour des Aides. Arch. nat., recueil
Cromo, U. 665, fol. 332. (Mention.)

11738. Ordonnance portant défenses de transporter le
salpêtre hors du royaume et d'empêcher les
salpêtriers de pénétrer dans les maisons pour
le recueillir. Fontainebleau, 28 novembre
1540.

Enreg. au Châtelet de Paris, le 2 décembre 1540.
Arch. nat., Bannières, Y. 9, fol. 200. 4 pages.
Copie du XVIᵉ siècle. Arch. municip. de Dijon,
H. 124. (Sous la date du 25 novembre.)
IMP. Pièce. Bibl. nat., Inv. Réserve, F. 1642.
Pièce in-4°. Paris, J. Nyverd (s. d.). Bibl. nat.,
Inv. Réserve, F. 1913.
Les loix, statuts et ordonnances roianls faictes

par les feus rois de France... Paris, Poncet le   1540.
Preux, 1542, in-fol., 2ᵉ partie, fol. 152 v°.
    Les loix, ordonnances et édictz, etc., depuis le
roy S. Lois... Paris, Galyot du Pré, 1559, in-fol.,
fol. 108 v°.
    P. Rebuffi, *Édits et ordonnances des rois de*
France. Lyon, 1573, in-fol., p. 997.
    A. Fontanon, *Les édits et ordonnances, etc.* Paris,
1611, in-fol., t. III, p. 179.
    Isambert, *Anc. lois françaises, etc.* Paris, 1827,
in-8, t. XII, p. 701.

11739. Mandement au trésorier des parties casuelles   28 novembre.
de payer à Francisque de Carpi, Italien, me-
nuisier du roi, 800 livres tournois pour ses
gages de 1539 et de 1540. Fontainebleau,
28 novembre 1540.

    Original. Bibl. nat., ms. fr. 25722, n° 614.

11740. Lettres de don à Louis Lemaire, valet de four-   Novembre.
rière du roi, en récompense de ses services,
des biens et héritage de feu Guyotte Fauchet,
de Flins au bailliage de Mantes, échus au
roi parce que ladite dame s'est suicidée.
Milly, novembre 1540.

    Enreg. à la Chancellerie de France. Arch. nat.,
Trésor des Chartes, JJ. 255¹, n° 57, fol. 23. 1 page.

11741. Lettres de légitimation accordées à Jean Cous-   Novembre.
tant, fils de Jean Coustant et de Jeanne De-
lôme, non mariés, natifs du Poitou. Fontainebleau, novembre 1540.

    Enreg. à la Chancellerie de France. Arch. nat.,
Trésor des Chartes, JJ. 255¹, n° 55, fol. 22. 1 page.

11742. Provisions de l'office de conseiller lai au Parle-   2 décembre.
ment de Bordeaux, en faveur de Gaillard
de La Vie. Fontainebleau, 2 décembre 1540.

    Enreg. au Parl. de Bordeaux, le 20 décembre
1540. Arch. de la Gironde, B. 31, fol. 88. 2 pages.

11743. Lettres portant que toutes matières à procès,   3 décembre.
instances et différends pour raison du do-
maine, dans la sénéchaussée de Toulouse,
seront jugées au bureau de la Trésorerie de
Toulouse, et non ailleurs. Fontainebleau,
3 décembre 1540.

Avec le consentement des trésoriers de
France, du 20 décembre 1540.

1540.

> *Enreg. au Parl. de Toulouse, le 14 février 1541*
> *n. s. Arch. de la Haute-Garonne, Édits, reg. 4,*
> *fol. 198. 3 pages.*

11744. Lettres réduisant à 40,000 livres les 20,000
écus que les commissaires députés sur le fait
des emprunts avaient demandés aux états du
Dauphiné. 3 décembre 1540.

3 décembre.

> *Enreg. à la Chambre des Comptes de Grenoble,*
> *le 5 mars 1543. Arch. de l'Isère, B. 2911, cah. 8.*
> *2 pages.*

11745. Mandement au trésorier de l'épargne de délivrer
à Pierre Raymond, payeur de la compagnie
de [Guillaume du Bellay], sr de Langey,
1,891 livres 8 sous 4 deniers tournois pour
le payement du quartier de janvier-mars
1540. Fontainebleau, 4 décembre 1540.

4 décembre.

> *Original. Bibl. nat., ms. fr. 25722, n° 615.*

11746. Mandement au trésorier de l'épargne de payer
aux Célestins de Lyon les 100 livres tournois qui leur sont donnés tous les ans, pour
la grand'messe de fondation royale qu'ils
célèbrent tous les jours. Fontainebleau, 4 décembre 1540.

4 décembre.

> *Original. Bibl. nat., ms. fr. 25722, n° 616.*

11747. Mandement au trésorier de l'épargne de délivrer à Nicolas Pinon, payeur de la compagnie
du sr de Boutières, 3,667 livres 18 sous
4 deniers tournois pour le payement du
quartier de janvier-mars 1540. Fontainebleau, 4 décembre 1540.

4 décembre.

> *Original. Bibl. nat., ms. fr. 25722, n° 617.*

11748. Mandement au trésorier de l'épargne de délivrer à Antoine Béchet, payeur des compagnies du sr de La Fayette et du baron de
Curton, 7,405 livres tournois pour le payement du quartier de janvier-mars 1540.
Fontainebleau, 4 décembre 1540.

4 décembre.

> *Original. Bibl. nat., ms. fr. 25722, n° 618.*

11749. Mandement au trésorier de l'épargne de payer
à François Oudin, trésorier des salpêtres en
Languedoïl, 2,000 livres tournois pour les
besoins de son office. Fontainebleau, 4 décembre 1540.

1540.
4 décembre.

Original. Bibl. nat., ms. fr. 25722, n° 619.

11750. Mandement au trésorier de l'épargne de faire
délivrer à Jean Godet, commis au payement
de l'extraordinaire des guerres, une somme
de 22,585 livres 10 sous tournois destinée
à l'armée du Piémont, pour la solde du mois
de janvier. Fontainebleau, 4 décembre
1540.

4 décembre.

Original. Bibl. nat., ms. fr. 25722, n° 620.

11751. Mandement à Nicolas de Troyes, argentier du
roi, de payer à Galliot d'Albraneque, marchand florentin, et à René Tardif, marchand
en l'argenterie, la somme de 13,256 livres
tournois pour draps d'or, d'argent et de soie
fournis, les années 1539 et 1540, pour l'habillement des dames et demoiselles des maisons de la reine, de la dauphine et de Marguerite de France. Fontainebleau, 4 décembre
1540.

4 décembre.

Arch. nat., Comptes de l'argenterie, KK. 92,
fol. 225. (Mention.)

11752. Mandement à Nicolas de Troyes, argentier du
roi, de payer aux héritiers de Jean Robi-
quet, pelletier du roi, une somme de
19,397 livres 4 sous 6 deniers tournois à lui
redue, pour ses fournitures des années 1518
à 1524, alors que Jean Teste, puis Marc
Delarue étaient argentiers. Fontainebleau,
4 décembre 1540.

4 décembre.

Arch. nat., Comptes de l'argenterie, KK. 92,
fol. 222. (Mention.)

11753. Mandement à Nicolas de Troyes, argentier du
roi, de payer aux héritiers de Pierre Durand,
cordonnier du roi, 1,343 livres 3 sous 6 de-

4 décembre.

niers, à lui redus des années 1521 à 1528.
Fontainebleau, 4 décembre 1540.

1540.

> *Arch. nat., Comptes de l'argenterie,* KK, 92,
> fol. 223 v°. (*Mention.*)

11754. Lettres autorisant Guillaume du Bellay, sʳ de
Langey, à conduire en franchise dans le Piémont 40,000 charges de blé. Fontainebleau,
6 décembre 1540.

6 décembre.

> *Vidimus du* xvıᵉ *siècle. Arch. de la ville de Lyon,*
> série GG.

11755. Provisions en faveur de René Bouwery, conseiller au Parlement de Paris, d'un office de
maître des requêtes ordinaire de l'hôtel, en
remplacement de Girard Le Coq, décédé.
Fontainebleau, 11 décembre 1540.

11 décembre.

> *Réception au Parl. de Paris, le 26 août 1541.*
> *Arch. nat.,* X¹ᵃ 1547, reg. du Conseil, fol. 286 v°.
> (*Mention.*)
> Iᴍᴘ. Blanchard, *Généalogies des maistres des*
> *requestes.* Paris, 1670, in-fol., p. 273. (*Mention.*)

11756. Mandement au sénéchal de Rennes, ou à son
lieutenant, d'informer sur les empêchements
mis au départ de Jacques Cartier pour le
Canada. Fontainebleau, 12 décembre 1540.

12 décembre.

> *Copie du* xvıᵉ *siècle. Arch. de la ville de Saint-*
> *Malo,* HH. 1, n° 2. 1 page.

11757. Provisions de l'office de juge des exempts et
cas royaux du duché d'Angoumois, pour
Jacques Benoist, licencié ès lois, sur la nomination du duc d'Orléans. Fontainebleau,
12 décembre 1540.

12 décembre.

> *Reçu au Parl. de Paris, le 30 décembre suivant.*
> *Arch. nat.,* X¹ᵃ 4912, fol. 140 v°. (*Mention.*)

11758. Lettres relatives à l'exécution d'un arrêt rendu
contre les Luthériens et les Vaudois de Mérin-
dol. Fontainebleau, 14 décembre 1540.

14 décembre.

> *Enreg. à la Chambre des Comptes de Provence, le*
> *31 mars 1541. Arch. des Bouches-du-Rhône,* B. 34
> (*Fenix*), fol. 288. 1 page.

11759. Lettres portant don, en faveur de Jean de Beauvoir, de l'office de maître des ports et passages

14 décembre.

dans les sénéchaussées de Toulouse et de Bi-   1540.
gorre. Fontainebleau, 14 novembre 1540.

Réception et prestation de serment au Parl. de
Toulouse, le 7 février 1541 n. s. Arch. de la Haute-
Garonne, Édits, reg. 4, fol. 198. 1 page 1/2.

11760. Don de 50 écus soleil à Philippe du Mans,   14 décembre.
hâteur, et à Guillaume Rousselet, dit Monta-
visard, potager en la cuisine du roi. Fontainebleau, 14 décembre 1540.

Original. Bibl. nat., ms. fr. 25722, n° 621.

11761. Lettres portant que le Parlement de Normandie   16 décembre.
reprendra ses séances suspendues par ordon-
nance du 10 septembre précédent (n° 11635),
l'interdiction étant maintenue toutefois contre
neuf conseillers. Fontainebleau, 16 décembre
1540.

Enreg. au Parl. de Rouen, le 7 janvier 1541 n. s.
Copie du XVII' siècle. Arch. nat., U. 760,
p. 50. 2 pages.

11762. Lettres contenant décharge, pendant six ans,   17 décembre.
en faveur des habitants d'Auxonne, de la
taille de 15 sous abonnée. Fontainebleau,
17 décembre 1540.

Enreg. à la Chambre des Comptes de Dijon, le
4 mars 1541 n. s. Arch. de la Côte-d'Or, reg. B. 20,
fol. 60 v°.

11763. Lettres portant prorogation, pendant six ans,   17 décembre.
en faveur des habitants d'Auxonne, du droit
de banvin qui leur avait été engagé par le roi
Louis XI. Fontainebleau, 17 décembre 1540.

Enreg. à la Chambre des Comptes de Dijon, le
4 mars 1541 n. s. Arch. de la Côte-d'Or, reg. B. 20,
fol. 61 v°.

11764. Lettres portant octroi, pendant six ans, aux   17 décembre.
habitants d'Auxonne, de 200 livres à prendre
sur les revenus de la prévôté dudit lieu.
Fontainebleau, 17 décembre 1540.

Lettres de jussion pour l'entérinement de ces
lettres. Fontainebleau, 11 décembre 1541.

Enreg. à la Chambre des Comptes de Dijon, le
27 janvier 1542. Arch. de la Côte-d'Or, reg. B. 20,
fol. 74 v°.

11765. Édit de création d'un office d'huissier au siège de la Table de marbre du Palais à Rouen, outre celui qui y est établi. Fontainebleau, 17 décembre 1540.

> IMP. Blanchard, *Compilation chronologique*, etc. Paris, 1715, in-fol., t. I, col. 536. (*Mention.*)

1540.
17 décembre.

11766. Défense faite aux habitants de Marseille d'acheter du sel non gabellé. Fontainebleau, 20 décembre 1540.

> *Enreg. à la Chambre des Comptes de Provence. Arch. des Bouches-du-Rhône, B. 35 (Solis), fol. 132. 1 page.*

20 décembre.

11767. Mandement au Parlement de Dijon de s'adjoindre un certain nombre de conseillers du Parlement de Paris et du Grand conseil, pour procéder au jugement définitif du procès pendant en ladite cour entre Claude de La Baume et Nicolas de Baufremont, touchant la baronnie de Senecey. Fontainebleau, 20 décembre 1540.

> *Présenté au Parl. de Paris qui décide des remontrances, le 27 avril 1541. Arch. nat., X¹ᵃ 1546, reg. du Conseil, fol. 317 v°. (Mention.)*

20 décembre.

11768. Mandement au trésorier de l'épargne de payer la somme de 225 livres tournois à Jeronimo Bellarmato, gentilhomme génois, que le roi envoye au Havre pour en examiner les travaux. Fontainebleau, 21 décembre 1540.

> *Copie du XVIIIᵉ siècle. Bibl. nat., portefeuilles de Fontanieu, vol. 250.*

21 décembre.

11769. Don de 50 écus soleil fait à Bernardin du Bulioud, du Piémont. Nemours, 21 décembre 1540.

> *Original. Bibl. nat., ms. fr. 25722, n° 622.*

21 décembre.

11770. Lettres portant don à François de Francheville, écuyer, de la garde de la geôle du palais de Poitiers et des droits et émoluments y appartenant, pour en jouir sa vie durant. 21 décembre 1540.

> *Enreg. à la Chambre des Comptes, sur lettres de*

21 décembre.

jussion des 6 août 1541 et 23 janvier 1542, le   1540.
4 avril 1542 n. s., anc. mém. 2 K, fol. 111.
Arch. nat., invent. PP. 136, p. 489. (Mention.)

11771. Lettres commettant Pierre Petit pour diriger   24 décembre.
et surveiller les ouvriers occupés aux nou-
velles constructions du château de Saint-
Germain-en-Laye. Fontainebleau, 24 décembre 1540.

> *Copie. Bibl. nat., ms. fr. 11179 (anc. suppl.*
> *fr. 336).*
> *Imp. L. de Laborde, Les comptes des bâtiments*
> *du roi. Paris, in-8°, 1877, t. I, p. 148.*

11772. Lettres de don à François de Bourbon, duc   24 décembre.
d'Estouteville, comte de Saint-Pol, de l'usu-
fruit du comté de Melun. 24 décembre
1540.

> *Enreg. à la Chambre des Comptes de Paris. Arch.*
> *nat., invent. PP. 136, p. 489. (Mention.)*

11773. Don de 3,375 livres fait à Philibert Ferrier,   27 décembre.
évêque d'Ivrée et ambassadeur du pape, au
moment de son départ pour Rome. Fontainebleau, 27 décembre 1540.

> *Bibl. nat., ms. Clairambault 1215, fol. 79.*
> *(Mention.)*

11774. Lettres portant que tous détenteurs de por-   28 décembre.
tions, droits, cens et rentes du domaine,
seront tenus de les révéler dans trois mois
au roi, ou au chancelier, à peine d'amende
et de punition, et défendant à tous les vicomtes et châtelains qui sont receveurs ordinaires du domaine, de tenir directement ou
indirectement aucune ferme, qui n'appar-
tienne pas au roi, et d'accepter aucune charge
ou pension de prélats, chapitres, etc. Fontainebleau, 28 décembre 1540.

> *Enreg. à la Chambre des Comptes de Paris. Arch.*
> *nat., P. 2306, p. 887. 7 pages.*
> *Enreg. à la Chambre des Comptes de Grenoble.*
> *Arch. de l'Isère, B. 3287, fol. 184 et 193.*
> *Imp. Pièce in-4°. Arch. nat., AD.I 22; AD.IX*
> *124, n° 101. 5 pages.*
> *Les loix, statuts et ordonnances roiaulx faictes par*

les feus rois de France... Paris, Poncet le Preux, 1542, in-fol., 2ᵉ part., fol. 160.

Les loix, ordonnances et édictz, etc., depuis le roy S. Lois... Paris, Galyot du Pré, 1559, in-fol., fol. 151 vᵒ.

P. Rebuffi, *Les édits et ordonnances des rois de France.* Lyon, 1573, in-fol., p. 391.

A. Fontanon, *Édits et ordonnances*, etc. Paris, 1611, in-fol., t. II, p. 353.

Isambert, *Anc. lois françaises*, etc. Paris, 1827, in-8ᵒ, t. XII, p. 703.

11775. Lettres relatives à la contrebande du sel dans la vicomté de Martigues. Fontainebleau, 29 décembre 1540.   29 décembre.

> *Enreg. à la Chambre des Comptes de Provence. Archives des Bouches-du-Rhône*, B. 36 (*Luna*), fol. 249. 1 page.

11776. Lettres portant défenses à toutes personnes, ecclésiastiques, nobles ou autres, possédant des bois taillis dans le royaume, de les faire couper ou abattre et mettre en vente, s'ils n'ont dix ans d'âge pour le moins. Fontainebleau, 29 décembre 1540.   29 décembre.

> *Remontrances résolues par le Parl. de Paris, le 25 février 1544 n. s. Arch. nat.*, Xⁱᵃ 1546, reg. du Conseil, fol. 179 vᵒ. (*Mention.*)

11777. Ordonnance pour l'imposition foraine en Normandie. Fontainebleau, 31 décembre 1540.   31 décembre.

> *Enreg. à la Cour des Aides de Normandie, le 18 janvier 1541 n. s. Arch. de la Seine-Inférieure, Mémoriaux*, 2ᵉ vol., fol. 225. 6 pages.
>
> *Bibl. nat., Mss. Moreau*, t. 1386, fol. 43. (*Mention.*)
>
> (Voir ci-dessus, 25 novembre 1540, nᵒ 11731.)

11778. Lettres de commission au viguier et juge d'Albi pour informer sur l'exécution des lettres de 1539, relatives à un approvisionnement de salpêtre. Il doit visiter le grenier d'Albi et, si les habitants n'ont pas fait leur devoir, se saisir des deniers communs jusqu'à complète satisfaction. Fontainebleau, 31 décembre 1540.   31 décembre.

> *Original. Arch. comm. de la ville d'Albi*, EE. 28.

11779. Mandement à Antoine des Prez, s^r de Montpezat, lieutenant général en Languedoc,
touchant l'approvisionnement de salpêtre ordonné pour la ville de Nîmes. Fontainebleau,
31 décembre 1540.

> Imp. Ménard, *Hist. de la ville de Nîmes*. Paris,
> 1753, in-4°, t. IV, Preuves, p. 180.

11780. Mandement aux élus du Lyonnais de procéder
à l'audition des comptes des procureurs
nommés pour régler toutes les affaires concernant le passage des gens de guerre, et de
les rembourser de leurs frais. Fontainebleau,
31 décembre 1540.

> Copie du xvie siècle. *Bibl. nat.*, ms. fr. 2702,
> fol. 220.

11781. Mandement au trésorier des parties casuelles
de payer à Jean Levallois, Hugues de Rochechouart, Jean de Brignac, Jean de Vouzy,
Jean de Buc et Antoine Prot, archers de la
garde du corps, 762 livres tournois pour
leurs gages, du 17 avril au 24 décembre
1540. Fontainebleau, 31 décembre 1540.

> *Original. Bibl. nat.*, ms. fr. 25722, n° 623.

11782. Don de 50 écus soleil fait à Pierre Santarel de
Benousse, Napolitain. Fontainebleau,.... [1]
décembre 1540.

> *Original. Bibl. nat.*, ms. fr. 25722, n° 624.

11783. Confirmation d'un don de 1,000 écus soleil
fait à Vespasien Carvoisin, écuyer de l'écurie
du roi... [2] Décembre 1540.

> *Original. Bibl. nat.*, ms. fr. 25722, n° 625.

11784. Édit de réformation de la justice dans le duché
de Normandie, en trente-neuf articles. Fontainebleau, décembre 1540.

> *Enreg. au Parl. de Rouen, le 8 janvier suivant.*
> *Imp.* Pièce in-8°. Paris, C. Leroy, 1540. *Bibl.*

[1] La pièce est en partie lacérée et l'indication du quantième du mois
manque.
[2] Même observation; le nom de lieu et le quantième du mois manquent.

Colonne de droite (dates):

1540.
31 décembre.

31 décembre.

31 décembre.

Décembre.

Décembre.

Décembre.

nat., *Inv. Réserve*, F. 1915, et *Londres, British Museum.*

Pièce in-4°. Paris, J. Nyverd (s. d.). *Bibl. nat., Inv. Réserve*, F. 1914.

Pièce in-12. *Bibl. nat., Inv. Réserve*, F. 1642.

Autre. Rouen, Martin le Mégissier, imprimeur. *Arch. nat.*, AD.I 22. 24 pages.

Les loix, statuts et ordonnances roiauls faictes par les feus rois de France... Paris, Poncet le Preux, 1542, in-fol., 2° part., fol. 154 r°.

Les loix, ordonnances et édictz, etc., depuis le roy S. Lois... Paris, Galyot du Pré, 1559, in-fol., fol. 144 v°.

P. Rebuffi, *Les édits et ordonnances des rois de France.* Lyon, 1573, in-fol., p. 316.

A. Fontanon, *Édits et ordonnances, etc.* Paris, 1611, in-fol., t. I, p. 232.

E. Girard et J. Joly, *Troisiesme livre des offices de France.* Paris, 1647, in-fol., t. I, p. 415.

Isambert, *Anc. lois françaises, etc.* Paris, 1827, in-8°, t. XII, p. 707.

11785. Établissement de deux foires annuelles et d'un marché hebdomadaire à Avenay au bailliage de Vitry, diocèse de Reims, en faveur de Jacqueline de Bossut, abbesse de Saint-Pierre d'Avenay, et de Nicolas de Bossut, chevalier, seigneur de Longueval, bailli de Vermandois, son père. Fontainebleau, décembre 1540. Décembre.

Enreg. à la Chancellerie de France. Arch. nat., Trésor des Chartes, JJ. 254, n° 380, fol. 71. 1 page.

11786. Confirmation des privilèges des habitants de Castéras et de Pradelles en Languedoc. Fontainebleau, décembre 1540. Décembre.

Enreg. à la Chancellerie de France. Arch. nat., Trésor des Chartes, JJ. 255¹, n° 2, fol. 1. 1 page.

11787. Établissement de trois foires par an et d'un marché, le jeudi de chaque semaine, à Connée au Maine, en faveur de Charles de Couesmes, baron de Lucé. Fontainebleau, décembre 1540. Décembre.

Enreg. à la Chancellerie de France. Arch. nat., Trésor des Chartes, JJ. 254, n° 375, fol. 70. 1 page.

11788. Lettres de confirmation des privilèges, fran- Décembre.

22.

chises et libertés des habitants de Murello en
Piémont. Fontainebleau, décembre 1540.

*Enreg. à la Chancellerie de France. Arch. nat.,
Trésor des Chartes, JJ. 254, n° 373, fol. 70.
1 page.*

1540.

11789. Don à Guillaume Postel, lecteur au Collège
de France, des biens d'Agathius Guidacerius,
lecteur du roi, originaire de Calabre, échus
au roi par droit d'aubaine. Fontainebleau,
décembre 1540.

*Enreg. à la Chancellerie de France. Arch. nat.,
Trésor des Chartes, JJ. 255¹, n° 1, fol. 1. 1 page.*

Décembre.

11790. Lettres de naturalité en faveur de Guillaume
Richard, libraire de l'Université, marié et
domicilié à Paris, natif de Louvain en Brabant. Fontainebleau, décembre 1540.

*Enreg. à la Chancellerie de France. Arch. nat.,
Trésor des Chartes, JJ. 254, n° 381, fol. 71.
1 page.*

Décembre.

11791. Lettres de naturalité en faveur de Vincent de
San Donino et de Marguerite Bernard, sa
femme, natifs de Lucques en Italie, et de
leurs enfants, ledit Vincent établi marchand
à Lyon depuis trente-cinq ans. Fontainebleau, décembre 1540.

*Enreg. à la Chancellerie de France. Arch. nat.,
Trésor des Chartes, JJ. 254, n° 377, fol. 70 v°.
1 page.*

Décembre.

11792. Lettres de naturalité en faveur de Ludovic de
Thiolles, écuyer, natif de Bologne, demeurant à Marseille, veuf, chargé de quatre enfants. Fontainebleau, décembre 1540.

*Enreg. à la Chancellerie de France. Arch. nat.,
Trésor des Chartes, JJ. 254, n° 382, fol. 71.
1 page.*

Décembre.

11793. Lettres de légitimation octroyées à Louis de
Bueil, fils naturel de Louis de Bueil, comte
de Sancerre, et d'une noble demoiselle non
nommée. Fontainebleau, décembre 1540.

*Enreg. à la Chancellerie de France. Arch. nat.,
Trésor des Chartes, JJ. 255¹, n° 53, fol. 21 v°.
1 page.*

Décembre.

11794. Lettres de légitimation accordées à Guillaume
Gilles, fils naturel de Michel Gilles, marchand de Paris, et de Jeanne Courtois, aussi
de Paris. Fontainebleau, décembre 1540.

> *Enreg. à la Chancellerie de France. Arch. nat.,*
> *Trésor des Chartes, JJ. 254, n° 385, fol. 71 v°.*
> *1 page.*

1540.
Décembre.

11795. Lettres de légitimation accordées à René du
Ruyau, dit de Villiers, fils naturel de René
du Ruyau, écuyer, sr de Villiers-au-Bouin.
Fontainebleau, décembre 1540.

> *Enreg. à la Chancellerie de France. Arch. nat.,*
> *Trésor des Chartes, JJ. 254, n° 374, fol. 70.*
> *1 page.*

Décembre.

11796. Lettres relatives aux privilèges et statuts des orfèvres de Chartres... [Décembre, 1540 [1].]

> *Enreg. à la Chancellerie de France. Arch. nat.,*
> *Trésor des Chartes, JJ. 255¹, n° 4, fol. 2. 1 page.*

Décembre.

1541. — Pâques, 17 avril.

1541.

11797. Mandement au trésorier de l'épargne de payer
à Claude Dodieu, ambassadeur auprès de
l'empereur, 3,600 livres pour cent quatre-
vingts jours d'exercice de sa charge, du 26 décembre 1540 au 23 juin suivant. Fontainebleau, 1er janvier 1540.

> *Bibl. nat., ms. Clairambault 1215, fol. 79.*
> *(Mention.)*

1er janvier.

11798. Déclaration portant règlement pour les gages des
quatre présidents et du second avocat du roi
au Parlement de Rouen. Fontainebleau,
4 janvier 1540.

> *Enreg. à la la Chambre des Comptes de Paris,*
> *anc. mém. 2 K, fol. 18. Arch. nat., invent.*
> *PP. 136, p. 490. (Mention.)*
> *Imp. Blanchard, Compilation chronologique, etc.*
> *Paris, 1715, in-fol., col. 536. (Mention.)*

4 janvier.

---

[1] Ces lettres sont incomplètement transcrites, au milieu d'actes de
décembre 1540 et de janvier 1541 n. s. Elles peuvent donc être aussi
bien de cette dernière date.

11799. Mandement à Jean Laguette de payer à François le Beauvoisien et à M. Du Boys, l'une des suivantes de la reine, la somme de 2,000 livres tournois, dont il leur est fait don à l'occasion de leur prochain mariage. Fontainebleau, 7 janvier 1540.

1541.
7 janvier.

Original. Bibl. nat., ms. fr. 25722, n° 626.

11800. Mandement au trésorier de l'épargne de payer 450 livres à Barnabé d'Urre, ambassadeur en Allemagne, en déduction de ce qui lui est dû pour les dépenses de sa charge. Fontainebleau, 9 janvier 1540.

9 janvier.

Bibl. nat., ms. Clairambault 1215, fol. 79. (Mention.)

11801. Commission à la Chambre des Comptes de procéder séparément à l'évaluation du revenu des terre et seigneurie de Montmorillon, du droit de haillage de Niort, de la ferme de la mine à sel d'Orléans et de la terre de Sézanne, pour savoir de quelles parties se devra dessaisir Claude Gouffier de Boisy, engagiste du tout, à mesure des remboursements qui lui seront faits. Fontainebleau, 11 janvier 1540.

11 janvier.

Enreg. à la Chambre des Comptes de Paris. Arch. nat., P. 2306, p. 883. 2 pages 1/2.

11802. Mandement à Jean Duval, trésorier de l'épargne, de payer à Georges Reckenrot, capitaine allemand, la somme de 675 livres tournois en sus de sa pension, pour le récompenser de ses services. Fontainebleau, 11 janvier 1540.

11 janvier.

Original. Arch. nat., K. 87, n° 14.

11803. Lettres accordant permission aux marchands et fournisseurs de sel de s'approvisionner où bon leur semblera. Fontainebleau, 15 janvier 1540.

15 janvier

Enreg. à la Chambre des Comptes de Dijon, le 4 février suivant. Arch. de la Côte-d'Or, reg. B. 19, fol. 20 v°.

11804. Lettres concernant l'envoi d'une expédition au Canada et pays voisins, sous le commandement de Jean-François de La Rocque, seigneur de Roberval, et conférant à celui-ci tous les pouvoirs pour recruter les hommes, réunir les navires, se procurer les équipages et munitions nécessaires, etc., ainsi que pour le gouvernement et administration des pays dont il prendra possession au nom du roi. Fontainebleau, 15 janvier 1540. — 1541. 15 janvier.

> *Enreg. au Parl. de Bordeaux (s. d.). Arch. de la Gironde, B. 31, fol. 96; 16 pages.*
> *Enreg. au Parl. de Rouen, le 11 février suivant. Copie collationnée du XVIᵉ siècle, extraite des registres du Parlement de Rouen. Arch. nat., K. 1232.*
> *Autre copie du XVIIᵉ siècle. Arch. nat., U. 754, fol. 57. 12 pages.*
> *IMP. Harrisse, Bibliographie de la Nouvelle France. Paris, in-8°, p. 243.*

11805. Lettres autorisant Jean-François de La Rocque, sʳ de Roberval, nommé lieutenant général de certaine armée, envoyée « en divers pays transmarins pour l'augmentation et accroissement de nostre saincte foy », à se procurer les navires et vaisseaux nécessaires, avec leurs équipages et munitions, en payant, et de faire lever des gens de guerre et des artisans pour l'accompagner dans cette expédition, pourvu que ce soit de bon gré. Fontainebleau, 15 janvier 1540. — 15 janvier.

> *Enreg. au Parl. de Rouen, le 11 février suivant. Copie du XVIIᵉ siècle. Arch. nat., U. 754, fol. 52. 3 pages.*

11806. Lettres ordonnant d'employer le produit des amendes aux réparations et fortifications, et d'adresser mensuellement au sʳ de Montpezat, lieutenant général en Languedoc, un état de ces travaux. Nemours, 17 janvier 1540. — 17 janvier.

> *Enreg. à la Chambre des Comptes de Montpellier. Arch. départ. de l'Hérault, B. 343, fol. 30. 2 pages.*

11807. Déclaration attribuant aux administrateurs de — 18 janvier.

l'hôpital des Enfants-Rouges, fondé en 1534, les mêmes droits et pouvoirs qu'au gouverneur de l'hôpital du Saint-Esprit en Grève. Fontainebleau, 18 janvier 1540.

1541.

Enreg. au Parl. de Paris, le 8 mars 1541 n. s. Arch. nat., X¹ᵃ 8613, fol. 261. 1 page 1/2.
Arrêt d'enregistrement. Idem, X¹ᵃ 4912. Plaidoiries, fol. 404.
Enreg. à la Chambre des Comptes de Paris, le 19 mars 1541 n. s., anc. mém. 2 K, fol. 10. Arch. nat., invent. PP. 136, p. 490. (Mention.)
Enreg. au Châtelet de Paris, le 11 mai 1540. Arch. nat., Y. 9, fol. 216 vº. 2 pages.

11808. Nomination de nouveaux commissaires pour juger de tous les abus et malversations commis dans les gabelles. Fontainebleau, 18 janvier 1540.

18 janvier.

Enreg. à la Cour des Aides de Paris. Arch. nat., recueil Cromo, U. 665, fol. 293. (Mention.)

11809. Permission aux adjudicataires du fournissement des greniers à sel de Bourgogne de s'approvisionner où bon leur semblera, pourvu que le sel ait été recueilli dans le royaume. Fontainebleau, 18 janvier 1540.

18 janvier.

Arch. de la Côte-d'Or, Chambre des Comptes, invent. Peincedé, t. II, p. 120.

11810. Lettres d'évocation des procès et matières concernant la punition et correction des abus sur le fait du sel. Fontainebleau, 18 janvier 1540.

18 janvier.

Présentées au Parl., qui décide des remontrances, le 29 avril 1541. Arch. nat., X¹ᵃ 1546, reg. du Conseil, fol. 319. (Mention.)
Idem, le 20 janvier 1542 n. s., X¹ᵃ 1548, fol. 140 vº. (Mention.)

11811. Déclaration touchant les privilèges accordés par Philippe le Bel aux descendants d'Eudes Le Maire, dit de Challo-Saint-Mars. Le roi les confirme, sauf règlement et mesures pour remédier aux abus. Fontainebleau, 19 janvier 1540.

19 janvier.

Enreg. au Parl. de Paris, le 8 février suivant. Arch. nat., X¹ᵃ 8613, fol. 257. 3 pages 1/2.

Arrêt d'enregistrement. Idem, X¹ᵃ 4912, Plai-   1541.
doiries, fol. 285 v°.

IMP. *Les loix, statuts et ordonnances roiauls
faictes par les feus rois de France, etc.* Paris, Poncet le Preux, 1542, in-fol., 2ᵉ partie, fol. 162 r°.
(*Bibl. nat.*, F. inv. 2012.)

*Les loix, ordonnances et édictz, etc., depuis le
roy S. Loys.*.. Paris, Galiot du Pré, 1559, in-fol.,
fol. 173 v°.

B. Fleureau, *Les antiquités d'Étampes*, in-4°,
1683, p. 84. (Sous la date du 10 janvier.)

11812. Pouvoir donné au grand maître des Eaux et   20 janvier.
forêts de taxer les vacations et salaires des
officiers chargés de procéder à la réformation
des forêts de Thelle et d'Arthies, près Chaumont en Vexin. Fontainebleau, 20 janvier
1540.

*Enreg. en la Chambre des Eaux et forêts (siège
de la Table de marbre), le 9 février 1541 n. s.
Arch. nat., Z¹ᵉ 327, fol. 55. 2 pages.*

11813. Mandement au grand maître des Eaux et forêts   20 janvier.
de faire visiter par ses officiers de Compiègne
les triages de la forêt de Cuise, dont plusieurs
sont dévastés, particulièrement les bois de
Saint-Ouen, près Compiègne, et d'y remédier,
en suspendant ou transférant ailleurs les droits
des usagers et le pacage des bestiaux. Fontainebleau, 20 janvier 1540.

*Enreg. à la Chambre des Eaux et forêts, le 9 fé-
vrier 1541 n. s. Arch. nat., Z¹ᵉ 327, fol. 53 v°.
2 pages 1/2.*

11814. Lettres portant levée de la mainmise sur une   Janvier.
maison et jardin que Jacques Galyot de Ge-
nouilhac, grand écuyer de France, avait fait
acheter pour lui à Chizé, par Jean Dupré,
receveur de la feue duchesse d'Angoulême
audit lieu. Fontainebleau, janvier 1540.

*Enreg. à la Chancellerie de France. Arch. nat.,
Trésor des Chartes, JJ. 255¹, n° 3, fol. 1 v°.
1 page.*

11815. Anoblissement de Mathieu, dit le Capitaine,   Janvier.

bâtard, né en Italie. Fontainebleau, janvier 1540.

Enreg. à la Chancellerie de France. Arch. nat., Trésor des Chartes, JJ. 255¹, n° 14, fol. 7 v°. 1 page 1/2.

1541.

11816. Lettres de naturalité en faveur de Georges de Chambonnet, bâtard du chevalier de Chambonnet, natif de Rhodes, demeurant à Solliès en Provence. Fontainebleau, janvier 1540.

Janvier.

Enreg. à la Chancellerie de France. Arch. nat., Trésor des Chartes, JJ. 255¹, n° 18, fol. 10 v°. 1 page.

11817. Lettres de naturalité en faveur d'Allonet Chillon, natif de Cordoue en Espagne, demeurant à Marseille. Fontainebleau, janvier 1540.

Janvier.

Enreg. à la Chancellerie de France. Arch. nat., Trésor des Chartes, JJ. 255¹, n° 48, fol. 20 v°. 1 page.

11818. Lettres enjoignant aux propriétaires des salins d'Hyères de fournir une quantité de sel déterminée à la gabelle de Nice. Fontainebleau, 1ᵉʳ février 1540.

1ᵉʳ. février.

Enreg. à la Chambre des Comptes de Provence. Archives des Bouches-du-Rhône, B. 37 (Stella), fol. 158. 1 page.

11819. Lettres de continuation pendant neuf ans du don fait à Camille Pardo Orsini, comte de Monopollo, du revenu de la châtellenie, terre et seigneurie de Marmande en Agénais. Fontainebleau, 3 février 1540.

3 février.

Enreg. à la Chambre des Comptes de Paris, le 27 avril 1541, anc. mém. 2 K, fol. 18. Arch. nat., invent. PP. 136, p. 481. (Mention.) Bibl. nat., ms. Clairambault 782, p. 301. (Mention.)

11820. Lettres portant exemption de tous péages pour les blés nécessaires à l'approvisionnement des galères. Fontainebleau, 4 février 1540.

4 février.

Vidimus du XVIᵉ siècle. Arch. de la ville de Lyon, série CC.

11821. Mandement au trésorier de l'épargne de payer
à Charles de Marillac, ambassadeur en Angleterre, 758 livres 5 sous à titre de remboursement de frais extraordinaires. Fontainebleau, 4 février 1540.

> Bibl. nat., ms. Clairambault 1215, fol. 79.
> (Mention.)

1541.
4 février.

11822. Mandement aux Parlements de Paris, Toulouse, Bordeaux, Rouen et Dijon, et aux
autres cours de justice, de délivrer à Jean-
François de La Rocque, seigneur de Roberval, les condamnés enfermés dans leurs prisons, qu'il choisira, pour servir sur les galères
qui l'accompagneront dans son expédition au
Canada. Fontainebleau, 7 février 1540.

> *Expédition originale et copie authentique du*
> *12 février suivant. Arch. nat., K. 1232.*
> *Enreg. au Parl. de Bordeaux. Arch. de la Gi-*
> *ronde, B. 31, fol. 101.*
> *Enreg. au Parl. de Rouen, le 18 février suivant.*
> *Copie du XVIIe siècle. Arch. nat., U. 754,*
> *fol. 53 v°.*
> IMP. Harrisse, *Bibliographie de la nouvelle*
> *France. Paris, in-8°, p. 245.*

7 février.

11823. Mandement au trésorier de l'épargne de payer
1,350 livres à Pierre Rémond, avocat du
roi au Parlement de Paris, pour un voyage
qu'il va faire auprès de divers princes d'Allemagne, comme ambassadeur du roi. Fontainebleau, 7 février 1540.

> Bibl. nat., ms. Clairambault 1215, fol. 79.
> (Mention.)

7 février.

11824. Lettres à l'adresse du grand maître des Eaux
et forêts, ordonnant de faire une enquête sur
les délits de chasse, dégâts et autres abus
commis dans la forêt de Joigny par les habitants de cette ville, et de poursuivre et juger
les délinquants. Fontainebleau, 8 février
1540.

> *Enreg. à la Chambre des Eaux et forêts (siège*
> *de la Table de marbre), le 26 mars 1541 n. s.*
> *Arch. nat., Z[i] 327, fol. 78 v°. 4 pages.*

8 février.

23.

11825. Lettres réglant la responsabilité de la ville de
Marseille, dans une affaire relative aux droits
de gabelle. Fontainebleau, 8 février 1540.

> *Enreg. à la Chambre des Comptes de Provence.*
> *Archives des Bouches-du-Rhône, B. 35 (Solis),*
> *fol. 133 v°. 1 page.*

1541.
8 février.

11826. Lettres adressées au Parlement de Provence,
portant que pardon et rémission seront accordés aux Vaudois qui renonceront dans
trois mois à leur secte et retourneront à la
religion catholique. Fontainebleau, 8 février
1540.

> *Imp. La Popelinière, L'histoire de France, enri-*
> *chie des plus notables occurances, etc. 2 vol. in-fol.,*
> *1581, t. I, 1re partie, fol. 25 v°.*
> *Jean Crespin, Histoire des martyrs persécutés et*
> *mis à mort pour la vérité de l'Évangile... Paris,*
> *1608, in-fol., fol. 137.*
> *L'abbé Papon, Hist. générale de Provence. Paris,*
> *1786, t. IV, p. 95. (Mention.)*

8 février.

11827. Lettres contenant l'arrêt des commissaires chargés d'instruire le procès de l'amiral Philippe
Chabot. Fontainebleau, 8 février 1540.

> *Copie du xvie siècle. Bibl. nat., ms. fr. 3050,*
> *fol. 39.*
> *Imp. Isambert, Anc. lois françaises, etc. Paris,*
> *1827, in-8°, t. XII, p. 721.*

8 février.

11828. Mandement à la Chambre des Comptes de
passer en décharge dans les comptes de Jean
Duval, trésorier de l'épargne, une somme
de 417,498 livres 15 sous tournois provenant des finances de la charge de Normandie,
qu'il a sur l'ordre du roi et en présence de
Nicolas de Neufville, secrétaire des finances,
et de Guillaume Prudhomme, seigneur de
Fontenay-en-Brie, général des finances, dé-
posée au trésor du Louvre. Fontainebleau,
8 février 1540.

> *Original. Bibl. nat., ms. fr. 25722, n° 627.*

8 février.

11829. Mandement au trésorier de l'épargne de payer
à Jean-Joachim de Passano 900 livres, à titre
de remboursement d'une pareille somme

8 février.

qu'il avait avancée à Venise, au mois de novembre 1540, à Guillaume Pellissier pour le payement de livres et « choses antiques » achetés par celui-ci pour le roi. Fontainebleau, 8 février 1540.

Bibl. nat., ms. Clairambault 1215, fol. 79 v°. (*Mention.*)

11830. Don à Jean Regnault, saucier de la cuisine du commun, de 35 écus d'or soleil qui seront à prendre sur les revenus de l'office de sergent à cheval au siège de Donzy, vacant par suite de la mort de Pierre Marion. Saint-Mathurin [-de-Larchant], 9 février 1540.

Original. Bibl. nat., ms. fr. 25722, n° 628.

11831. Provisions accordées à Pierre Fraguier d'un office de conseiller maître en la Chambre des Comptes de Paris, en remplacement de feu Jean Brinon. Chambord, 21 février 1540.

Enreg. à la Chambre des Comptes de Paris, anc. mém. 2 K, fol. 40. Arch. nat., P. 2306, p. 925. (*Mention.*)

11832. Lettres portant donation à Henri II, roi de Navarre, des produits et revenus des mines d'or, d'argent, de plomb, de laiton, de cuivre et de fer qui seront ouvertes, aux frais de ce prince, dans les terres et seigneuries qu'il possédait au pays et gouvernement de Guyenne. Chambord, 22 février 1540.

Original. Archives départ. des Basses-Pyrénées, E. 572.

11833. Lettres enjoignant à toutes les personnes prétendant droits dans les forêts du comté de Blois de soumettre leurs titres à Lazare de Baïf, maître des requêtes de l'hôtel, et à Gabriel de La Châtre, maître des Eaux et forêts du comté de Blois. Chambord, 24 février 1540.

Visées dans un arrêt des Eaux et forêts du 3 mai 1542. Arch. nat., Z¹ᵉ 328, fol. 12. (Mention.)

11834. Création d'un marché hebdomadaire à Imphy

1541.

9 février.

21 février.

22 février.

24 février.

Février.

en Bourbonnais, en faveur de Guillaume de
La Platière, seigneur de Prie et d'Imphy.
Fontainebleau, février 1540.

1541.

Enreg. à la Chancellerie de France. Arch. nat.,
Trésor des Chartes, JJ. 255¹, n° 21, fol. 11 v°.
1 page.

11835. Création d'une foire annuelle à Prie en Nivernais, en faveur de Guillaume de La Platière,
seigneur de Prie et d'Imphy. Fontainebleau,
février 1540.

Février.

Enreg. à la Chancellerie de France. Arch. nat.,
Trésor des Chartes, JJ. 255¹, n° 22, fol. 12. 1 page.

11836. Anoblissement d'Oudin Aubert, dit le Rat,
originaire de Cusset en Auvergne, colonel
d'une bande de gens de guerre actuellement
en Piémont. Fontainebleau, février 1540.

Février.

Enreg. à la Chancellerie de France. Arch. nat.,
Trésor des Chartes, JJ. 255¹, n° 13, fol. 7. 1 page.

11837. Confirmation des privilèges, franchises et libertés des habitants de Saint-Denis de Fontiers
en la sénéchaussée de Carcassonne. Fontainebleau, février 1540.

Février.

Enreg. à la Chancellerie de France. Arch. nat.,
Trésor des Chartes, JJ. 255¹, n° 66, fol. 24 v°.
1 page.

11838. Lettres de don à Jean Audineau, valet de garde-
robe du roi, en récompense de ses services,
d'une métairie à Villiers-sur-Marne en Brie,
provenant de la confiscation de Jean Du
Bourg, condamné pour crime d'hérésie à être
brûlé vif, par sentence du prévôt de Paris
confirmée par arrêt du Parlement. Fontainebleau, février 1540.

Février.

Enreg. à la Chancellerie de France. Arch. nat.,
Trésor des Chartes, JJ. 255¹, n° 61, fol. 24.
1 page.

11839. Lettres de légitimation accordées à Antoine,
Jeanne et François de Montarnaud, fils de
Bernard de Montarnaud, marchand de Mont-

Février.

pellier, marié, et de Maurine Badosse, veuve. 1541.
Fontainebleau, février 1540.

Enreg. à la Chancellerie de France. Arch. nat.,
Trésor des Chartes, JJ. 255¹, n° 59, fol. 23 v°.
1 page.

11840. Lettres de naturalité en faveur de Jean de   Février.
Glennes et ses deux fils, l'aîné et son père
natifs du pays de Vaud, diocèse de Lau-
sanne, le cadet né à Bourg en Bresse, tous
établis en Dauphiné. Fontainebleau, février
1540.

Enreg. à la Chancellerie de France. Arch. nat.,
Trésor des Chartes, JJ. 255¹, n° 10, fol. 5.
1 page 1/2.

11841. Lettres de naturalité en faveur de Thomas et   Février.
François de Rivière, fils d'Antoine de Rivière,
et Laurent de Rivière, fils de Claude, s⁰ de
Sainte-Marie, nés dans le Comtat-Venaissin,
de père et mère d'origine française. Fontainebleau, février 1540.

Enreg. à la Chancellerie de France. Arch. nat.,
Trésor des Chartes, JJ. 255¹, n° 9, fol. 4 v°.
1 page.

11842. Lettres de naturalité en faveur de Baptiste Bou-   Février.
bon, commis de galères, habitant de Mar-
seille depuis sa jeunesse, natif de San Remo
au pays de Gênes. Fontainebleau, février
1540.

Enreg. à la Chancellerie de France. Arch. nat.,
Trésor des Chartes, JJ. 255¹, n° 64, fol. 24 v°.
(Mention.)

11843. Lettres de naturalité en faveur de «Jacomi Es-   Février.
clairon», patron de galères, marié et domi-
cilié depuis sa jeunesse à Marseille, natif
d'Esclavonie. Fontainebleau, février 1540.

Enreg. à la Chancellerie de France. Arch. nat.,
Trésor des Chartes, JJ. 255¹, n° 63, fol. 24.
1/2 page.

11844. Lettres de naturalité en faveur de Barthélemy   Février.

Brun, natif du comté de Nice, demeurant à
Marseille. Melun, février 1540.

> *Enreg. à la Chancellerie de France. Arch. nat.,*
> *Trésor des Chartes, JJ. 255¹, n° 7, fol. 3.*
> *1 page 1/2.*

1541.

11845. Lettres de naturalité en faveur de Jean Rica,
originaire de la Rivière de Gênes, demeurant
à Marseille, chargé de femme et enfants.
Melun, février 1540.

> *Enreg. à la Chancellerie de France. Arch. nat.,*
> *Trésor des Chartes, JJ. 255¹, n° 8, fol. 3 v°.*
> *1 page 1/2.*

Février.

11846. Don à Gillette de la Grésille, dame de la Haye,
dame d'honneur de la duchesse de Vendôme,
en récompense des services rendus au roi par
le feu sʳ de la Haye, son mari, des biens
meubles et immeubles de feu Étienne François, prêtre, natif du Loudunais, exécuté à
mort à Paris pour crime d'hérésie. Chambord, février 1540.

> *Enreg. à la Chancellerie de France. Arch. nat.,*
> *Trésor des Chartes, JJ. 255¹, n° 62, fol. 24.*
> *1/2 page.*

Février.

11847. Lettres de naturalité en faveur de Pierre de
Notre-Dame, natif d'Avignon, demeurant à
Arles depuis trente ans. Chambord, février
1540.

> *Enreg. à la Chancellerie de France. Arch. nat.,*
> *Trésor des Chartes, JJ. 255¹, n° 65, fol. 24 v°.*
> *1/2 page.*

Février.

11848. Lettres de naturalité en faveur de Jean Calvi,
originaire du pays de Gênes, habitant Antibes depuis cinquante ans. Chambord, février 1540.

> *Enreg. à la Chancellerie de France. Arch. nat.,*
> *Trésor des Chartes, JJ. 255¹, n° 67, fol. 24 v°.*
> *1/2 page.*

Février.

11849. Mandement au trésorier de l'épargne de délivrer
à Jacques Bernard, maître de la chambre
aux deniers, une somme de 338 livres 7 sous
8 deniers tournois pour les besoins de sa
charge et en particulier pour le payement à

1ᵉʳ mars.

Pierre Mangot, orfèvre, d'un « fer à goffres   1541.
d'argent ». Blois, 1er mars 1540.

Original. Bibl. nat., ms. fr. 25722, n° 629.

11850. Mandement à la Chambre des Comptes d'allouer   1er mars.
dans ses comptes les 195,546 livres 11 sous
5 deniers tournois, que feu Guillaume Du
Seigne, en son vivant trésorier et receveur ordinaire de l'artillerie, a payés au fait de son
office, par l'ordre de Jacques Galyot de Genouilhac, maître et capitaine général de l'artillerie. Blois, 1er mars 1540.

*Copie du xvie siècle. Bibl. nat., ms. fr. 10383,
sub fine (non folioté).*

11851. Déclaration en faveur de Jean de Costa, portant   4 mars.
que ceux qui sont nés à Avignon sont naturels
français et peuvent résider dans le royaume
et y acquérir des biens. Blois, 4 mars 1540.

*Enreg. à la Chambre des Comptes de Paris, le
29 décembre 1541. Arch. nat., P. 2537, fol. 338
(d'après l'anc. mém. coté 2 K, fol. 72), et
P. 2554, fol. 4 v°. 2 pages.*

11852. Mandement au trésorier de l'épargne de délivrer   5 mars.
à Jacques Bernard, maître de la chambre aux
deniers, une somme de 226 livres 2 sous
tournois pour les besoins de son office, et en
particulier pour le payement des frais de
transport par eau et par terre de poinçons de
vin, de Coucy à Fontainebleau et de Fontainebleau à Blois et à Amboise. Blois, 5 mars
1540.

Original. Bibl. nat., ms. fr. 25722, n° 630.

11853. Mandement au trésorier de l'épargne de dé-   5 mars.
livrer à Bénigne Serre, receveur général des
finances, une somme de 1,946 livres tournois
pour les besoins de son office, et en particulier pour le payement : 1° du louage de plusieurs bateaux et gens qui servirent, lors des
voyages faits par le roi sur la Seine, dans son
dernier passage en Normandie; 2° d'un ba-
teau qui fut acheté pour le dauphin; 3° des
frais de lice, barrières et échafauds pour le

tournoi qui eut lieu en janvier, à Fontainebleau. Blois, 5 mars 1540.

Original. Bibl. nat., ms. fr. 25722, n° 631.

1541.

11854. Mandement au trésorier de l'épargne de payer
à Jean-Joachim de Passano 675 livres, à titre
de remboursement d'une pareille somme qu'il
avait avancée à Guillaume Pellissier, pour
le payement de six copistes employés à trans-
crire des livres que le roi désirait avoir. Blois,
5 mars 1540.

*Bibl. nat., ms. Clairambault 1215, fol. 79 v°.
(Mention.)*

5 mars.

11855. Don de 2,700 livres fait au moment de son
départ à Jean Wallop, ambassadeur du roi
d'Angleterre. Blois, 5 mars 1540.

*Bibl. nat., ms. Clairambault 1215, fol. 79 v°.
(Mention.)*

5 mars.

11856. Lettres ordonnant au grand maître des Eaux et
forêts d'ouvrir une enquête au sujet des coupes
de bois et dégâts commis, à main armée, au
préjudice de Jean de Maricourt, baron de
Rolleboise, par les habitants de Freneuse
dans une pièce de bois appelé « Galliche [1] »,
dépendant de la seigneurie de Rolleboise,
près de la Rocheguyon. Blois, 8 mars 1540.

*Enreg. en la Chambre des Eaux et forêts (siège
de la Table de marbre), le 28 avril 1541. Arch.
nat., Z¹ᵉ 327, fol. 90 v°. 2 pages.*

8 mars.

11857. Provisions de l'office de lieutenant-criminel au
siège d'Agen pour François d'Estrades, en
remplacement de Jean d'Estrades, suspendu
de son office. Blois, 8 mars 1540.

*Enreg. au Parl. de Bordeaux, le 2 avril 1540.
Arch. de la Gironde, B. 31, fol. 104. 2 pages.*

8 mars.

11858. Lettres ordonnant aux Parlements, baillis, sénéchaux, prévôts et autres juges du royaume
de délivrer à Jean-François de La Rocque,
sʳ de Roberval, les criminels condamnés à
mort ou à d'autres peines, qu'il choisira, pour

9 mars.

[1] Le bois Galicet. (*Carte de l'État-major.*)

les emmener au Canada, sans attendre que les sentences aient été confirmées ou infirmées, le roi désirant que l'expédition se mette en route le mois prochain. Blois, 9 mars 1541.

1541.

> *Enreg. au Parl. de Bordeaux (s. d.). Arch. de la Gironde, B. 31, fol. 112. 2 pages 1/2.*
> *Enreg. au Parl. de Normandie, le 14 du même mois.*
> *Copie du XVIIᵉ siècle. Arch. nat., U. 754, fol. 65. 3 pages.*

11859. Lettres déterminant dans quelle proportion les seigneurs doivent contribuer au ban et à l'arrière-ban en Provence. Blois, 10 mars 1540.

10 mars.

> *Enreg. à la Chambre des Comptes de Provence. Archives des Bouches-du-Rhône, B. 37 (Stella), fol. 187. 2 pages.*

11860. Déclaration portant que les officiers de la Chambre des Comptes de Grenoble recevront les foi et hommages des fiefs relevant du roi en Dauphiné, et qui n'excéderont pas 100 livres de revenu. Blois, 12 mars 1540.

12 mars.

> *Enreg. à la Chambre des Comptes de Grenoble, le 12 mai 1541. Arch. de l'Isère, B. 2911, II, cah. 13. 3 pages.*
> *Imp. Pièce in-4°. Arch. nat., AD.IX 124, n° 79. 2 pages.*

11861. Lettres autorisant les capitouls de Toulouse à lever la somme de 20,000 livres tournois pour la construction d'un pont sur la Garonne. Blois, 12 mars 1540.

12 mars.

> *Expédition originale, signée Bayard. Arch. municip. de Toulouse, carton 71.*

11862. Lettres portant remise en faveur de l'amiral Philippe Chabot, sʳ de Brion, de toutes les sommes auxquelles il avait été condamné envers le roi, soit comme restitution, soit comme amende, par arrêt des commissaires, du 8 février précédent. Blois, 12 mars 1540.

12 mars.

> *Copie du XVIIIᵉ siècle. Bibl. nat., ms. fr. 3876, fol. 319.*

24.

11863. Lettres d'évocation devant les maîtres des requêtes de l'hôtel et le lieutenant criminel de
la prévôté de Paris, de la cause pendante à
Montpellier entre Jehan Leignadier, de Mon-
tagnac, et Antoine Bucelly, l'un des maîtres
de la Chambre des Comptes de Montpellier.
Blois, 14 mars 1540.

> *Enreg. à la Chambre des Comptes de Montpellier.
> Arch. départ. de l'Hérault, B. 342, fol. 139 v°.
> 3 pages.*

1541.
14 mars.

11864. Mandement au trésorier de l'épargne de payer
à Charles de Marillac, ambassadeur en Angleterre, 1,800 livres pour cent quatre-vingts
jours d'exercice de ses fonctions, du 30 novembre 1540 au 28 mai suivant. Blois,
15 mars 1540.

> *Bibl. nat., ms. Clairambault 1215, fol. 79 v°.
> (Mention.)*

15 mars.

11865. Lettres ordonnant au grand maître des Eaux
et forêts d'instruire à nouveau le procès pendant, en la maîtrise des eaux et forêts de Châtillon-sur-Marne, à raison des coupes et ventes
de bois faites par les religieux de Saint-Mé-
dard de Soissons, au préjudice des droits
de gruerie, dans la forêt des Montagnes de
Reims, et à raison des défrichements et dégra-
dations de cette même forêt. Blois, 16 mars
1540.

> *Enreg. en la Chambre des Eaux et forêts (siège
> de la Table de marbre), le 20 mai 1541. Arch. nat.,
> Z¹ᵉ 327, fol. 97 v°, et Z¹ᵉ 328, fol. 4. 3 pages.*

16 mars.

11866. Mandement au sénéchal de Carcassonne, lui
notifiant le don de la chapellenie de Montréal fait en faveur de Pierre Fabre, chantre
de la chapelle de la reine. Blois, 16 mars
1540.

> *Vidimus du XVIᵉ siècle. Bibl. nat., ms. fr. 25722,
> n° 583.*

16 mars.

11867. Lettres portant continuation, pour six ans, au
profit des habitants de la ville de Chalon-sur-
Saône, des droits de péage et des revenus de

18 mars.

la châtellenie de cette ville. Le Logis, 18 mars   1541.
1540.

> Enreg. à la Chambre des Comptes de Dijon. Arch.
> de la Côte-d'Or, reg. B. 20, fol. 66 v°.

11868. Provisions en faveur de René de Birague, doc-   18 mars.
teur ès droits, de l'office de conseiller lai au
Parlement de Paris, vacant par la promotion
de René Bouvery à l'office de maître des requêtes ordinaire de l'hôtel. Blois, 18 mars
1540.

> Réception au Parl. de Paris, les 22 et 23 mars
> 1541 n. s. Arch. nat., X¹ᵃ 1546, reg. du Conseil,
> fol. 243 v° et 244 r°. (Mentions.)

11869. Mandement au trésorier de l'épargne de payer   18 mars.
337 livres 15 sous à Barnabé d'Urre, seigneur
de la Fosse, ambassadeur en Allemagne, à
titre de remboursement de frais extraordinaires. Blois, 18 mars 1540.

> Bibl. nat., ms. Clairambault 1215, fol. 79.
> (Mention.)

11870. Ordonnance sur le fait des monnaies. Règle-   19 mars.
ment général pour la fabrication, l'émis-
sion, le cours, le transport hors du royaume,
les falsifications, la juridiction et les fonctions des officiers des monnaies, la poursuite
des faux monnayeurs, etc. « Et premierement
que la fabrication, cours et mise des escuz
soleil... » Blois, 19 mars 1540.

> Enreg. au Parl. de Paris, le 11 avril suivant.
> Arch. nat., X¹ᵃ 8613, fol. 264. 23 pages.
> Enreg. à la Cour des Monnaies, le 27 avril 1541.
> Arch. nat., Z¹ᵇ 62, fol. 268 v°. 28 pages.
> Enreg. au Parl. de Bordeaux, le 20 mai 1541.
> Arch. de la Gironde, B. 31, fol. 114. 38 pages.
> Enreg. au Parl. de Toulouse. Arch. de la Haute-
> Garonne, Édits, reg. 4, fol. 208. 20 pages.
> Enreg. à la Chambre des Comptes de Paris, le
> 27 avril 1541, anc. mém. coté 2 K, fol. 25. Arch.
> nat., invent. PP. 136, p. 492, et AD.IX 124, n° 88.
> (Mentions.)
> Imp. Paris, en l'hostel de Estienne Rosset, dict
> le Faulcheur, sur le pont Saint-Michel, à l'enseigne

de la Rose. (Ordonn. 27 feuillets, planches et figures, 13 feuillets), *Londres, British Museum.* A. Fontanon, *Édits et ordonnances, etc.* Paris, 1611, in-fol.; t. II, p. 114.

1541.

11871. Lettres de ratification de l'indult accordé par le pape Paul III, à Rome le 4 des calendes de juin 1539, au cardinal de Tournon, touchant la collation des bénéfices dépendant de son archevêché et de ses abbayes. Blois, 19 mars 1540.

19 mars.

Enreg. au Parl. de Paris, sous les réserves d'usage, le 12 décembre 1541. Archives nat., X¹ª 8613, fol. 291. 5 pages.

11872. Lettres ordonnant la remise en vigueur de l'édit du 12 juillet 1519 (n° 1056), tombé en désuétude, qui instituait une chambre des vacations au Parlement de Bordeaux, avec règlement de sa composition et de sa compétence. Blois, 19 mars 1540.

19 mars.

Enreg. au Parl. de Bordeaux, le 7 avril 1541 n. s. Arch. de la Gironde, B. 31, fol. 105. 4 pages 1/2. Copie collationnée du xvɪᵉ siècle. Bibl. nat., ms. fr. 25722, n° 632.

11873. Ordonnance pour l'augmentation des gages des présidents, procureur général et avocats du roi, et des conseillers de la Tournelle du Parlement de Bordeaux. Blois, 19 mars 1540.

19 mars.

Enreg. au Parl. de Bordeaux, le 7 avril 1540. Arch. de la Gironde, B. 31, fol. 107 v°. 3 pages. Enreg. à la Chambre des Comptes de Paris, anc. mém. coté 2 K, fol. 73. Arch. nat., invent. PP. 136, p. 492, et AD.IX 124, n° 90. (Mentions.)

11874. Ordonnance pour l'augmentation des gages du procureur général et des conseillers du Parlement de Bordeaux, chargés de commissions pour le roi. Blois, 19 mars 1540.

19 mars.

Enreg. au Parl. de Bordeaux, le 7 avril 1540. Arch. de la Gironde, B. 31, fol. 109. 2 pages.

11875. Ordonnance réglementant les récusations des présidents et conseillers du Parlement de Bordeaux. Blois, 19 mars 1540.

19 mars.

Enreg. au Parl. de Bordeaux, le 7 avril 1540. Arch. de la Gironde, B. 31, fol. 110. 3 pages.

11876. Lettres enjoignant au prévôt de Paris de   1541.
convoquer le ban et l'arrière-ban de la pré-   19 mars.
vôté et vicomté de Paris pour en faire la
montre, le 15 mai suivant. Blois, 19 mars
1540.

> *Enreg. au Châtelet de Paris, le 2 mai 1541.*
> *Vidimus de même date. Arch. nat., K. 955, n° 19.*
> *Imp. Pièce in-4°. Paris, J. Nyverd (s. d.). Bibl.*
> *nat., Inv. Réserve, F.*
> *Les loix, statuts et ordonnances roiauls faictes*
> *par les feus rois de France... Paris, Poncet le*
> *Preux, 1542, in-fol., 2ᵉ partie, fol. 163 v°. (Bibl.*
> *nat., F, inv. 2012.)*
> *Les loix, ordonnances et édictz, etc., depuis le*
> *roy S. Loys... Paris, Galyot du Pré, 1559,*
> *in-fol., fol. 171 r°.*
> *P. Rebuffi, Édits et ordonnances des rois de*
> *France. Lyon, 1573, in-fol., p. 389.*
> *A. Fontanon, Édits et ordonnances, etc. Paris,*
> *1611, in-fol., t. II, p. 352.*
> *Jacques Corbin, Le code de Louis XIII, etc.*
> *Paris, 1628, in-fol., t. II, p. 84.*
> *Berthelot du Ferrier, Traité de la connoissance*
> *des droits et domaines du roi. Paris, 1725, in-4°,*
> *p. 267.*

11877. Lettres enjoignant au sénéchal de Toulouse   19 mars.
de convoquer le ban et l'arrière-ban de sa sénéchaussée pour le 15 mai suivant, avec fixation du service dû par les divers possesseurs
de fiefs. Blois, 19 mars 1540.

> *Copies. Arch. municip. de Toulouse, ms. 4116, et*
> *ms. 153, p. 916.*

11878. Mandement au trésorier de l'épargne de déli-   30 mars.
vrer à Jean Godet, commis au payement de
l'extraordinaire des guerres, une somme de
45,000 livres tournois, qu'il doit faire porter
à Soleure en Suisse et distribuer selon qu'il
en sera avisé et ordonné par le sᵣ de Saint-
Julien, écuyer ordinaire du roi, envoyé en
Allemagne. Vendôme, 30 mars 1540.

> *Original. Bibl. nat., ms. fr. 25722, n° 633.*

11879. Mandement au trésorier de l'épargne de déli-   30 mars.
vrer à Bénigne Serre, receveur général des
finances, la somme de 742 livres 10 sous

tournois pour les besoins de son office, et en
particulier pour le payement des gages des
trois chevaucheurs de l'écurie du roi. Vendôme, 30 mars 1540.

1541.

Original. Bibl. nat., ms. fr. 25722, n° 634.

11880. Mandement au trésorier de l'épargne de payer
225 livres à Louis d'Angerant, ambassadeur
en Suisse, à titre de remboursement de dépenses extraordinaires. Vendôme, 31 mars
1540.

31 mars.

Bibl. nat., ms, Clairambault 1215, fol. 79 v°.
(Mention.)

11881. Lettres de sauvegarde accordées à l'évêque de
Cahors, Paul de Carretto, et règlement de
juridiction. Blois, mars 1540.

Mars.

Enreg. à la Chancellerie de France. Arch. nat.,
Trésor des Chartes, JJ. 255¹, n° 85, fol. 28 v°.
2 pages.

11882. Lettres de légitimation en faveur de Pierre de
Beaupoil de Saint-Aulaire, fils naturel de feu
Jean de Beaupoil de Saint-Aulaire et de Mar-
guerite de Pommiers. Blois, mars 1540.

Mars.

Enreg. à la Chancellerie de France. Arch. nat.,
Trésor des Chartes, JJ. 255¹, n° 75, fol. 26.
1/2 page.

11883. Lettres de légitimation accordées à Andrée
Aymer, fille naturelle de feu Jean Aymer,
clerc, et de Jeanne Boudaud, native de Poitou. Blois, mars 1540.

Mars.

Enreg. à la Chancellerie de France. Arch. nat.,
Trésor des Chartes, JJ. 255¹, n° 77, fol. 27.
1/2 page.

11884. Lettres de naturalité en faveur de Pierre de
Brandis et d'Antoinette de Bene, sa femme,
natifs de Nice, établis à Aix en Provence.
Blois, mars 1540.

Mars.

Enreg. à la Chancellerie de France. Arch. nat.,
Trésor des Chartes, JJ. 255¹, n° 37, fol. 17 v°.
1 page.

11885. Lettres de naturalité en faveur d'Antoine de

Mars.

Caluze, natif de Piémont, marié et établi à
Bourges. Blois, mars 1540[1].

*Enreg. à la Chancellerie de France. Arch. nat.,
Trésor des Chartes, JJ. 255¹, n° 25, fol. 13.
1 page.*

1541.

11886. Lettres de naturalité en faveur d'Antoine Charlot, natif du pays de Gênes, amené en Provence par feu son père Étienne Charlot, et
sa mère Catherine Habe, alors au service de
la comtesse de Villars et de Tende. Blois,
mars 1540.

*Enreg. à la Chancellerie de France. Arch. nat.,
Trésor des Chartes, JJ. 255¹, n° 69, fol. 25.
1/2 page.*

Mars.

11887. Lettres de naturalité en faveur d'André Fabri
et d'Étienne Sarradel, cousins germains, originaires de Perpignan, marchands établis à
Avignonnet. Blois, mars 1540.

*Enreg. à la Chambre des Comptes de Montpellier.
Archives départ. de l'Hérault, B. 342, fol. 133.
3 pages.*

Mars.

11888. Lettres de naturalité en faveur de Jean-Antoine Gros, valet de chambre du roi, et de
ses deux frères, marchands natifs de Rive
près Quiers (Riva di Chieri), en Piémont.
Blois, mars 1540.

*Enreg. à la Chancellerie de France. Arch. nat.,
Trésor des Chartes, JJ. 255¹, n° 83, fol. 28 v°.
1/2 page.*

Mars.

11889. Lettres de naturalité en faveur de Jean Girard,
natif de Bologne en Italie, fruitier de Mᵐᵉ la
Dauphine, marié à Blois. Blois, mars 1540.

*Enreg. à la Chancellerie de France. Arch. nat.,
Trésor des Chartes, JJ. 255¹, n° 83, fol. 28 v°.
1/2 page.*

Mars.

11890. Lettres de naturalité en faveur d'Ambroise de
Romestain, né à «Chimery», Rivière de
Gênes, établi à Marseille, fils de Baptiste

Mars.

[1] Mention d'autres lettres de naturalité pour le même, datées de
Moulins, août 1541. (JJ. 255¹, n° 123, fol. 35 v°.)

de Romestain, originaire de Marseille. Blois, mars 1540.

*Enreg. à la Chancellerie de France. Arch. nat.,
Trésor des Chartes, JJ. 255¹, n° 39, fol. 18.
1/2 page.*

1541.

11891. Lettres de don à Jean de Fontaines, valet de garde-robe du roi, en récompense de ses services, «d'une portion de la maison et estables estans joignans le portail de la basse court ou sont noz lisses de nostre chastel du Louvre à Paris », l'autre moitié lui ayant été donnée précédemment. Le Tertre, mars 1540.

*Enreg. à la Chancellerie de France. Arch. nat.,
Trésor des Chartes, JJ. 255¹, n° 80, fol. 27 v°.
1 page.*

Mars.

11892. Lettres de naturalité en faveur de Jean de Sado, écuyer, natif d'Avignon et y demeurant, fils de feu Jean de Sado, conseiller au Parlement de Provence. Amboise, mars 1540.

*Enreg. à la Chancellerie de France. Arch. nat.,
Trésor des Chartes, JJ. 255¹, n° 35, fol. 17. 1 page.*

Mars.

11893. Lettres de naturalité en faveur d'Antoine Guillon, natif de Franche-Comté, établi depuis dix ans en Forez. Amboise, mars 1540.

*Enreg. à la Chancellerie de France. Arch. nat.,
Trésor des Chartes, JJ. 255¹, n° 32, fol. 16.
1 page.*

Mars.

11894. Lettres de naturalité en faveur d'Antoine Pons, natif de Saint-Étienne en Terreneuve, dépendant du comté de Nice, demeurant à Villecroze en Provence. Amboise, mars 1540.

*Enreg. à la Chancellerie de France. Arch. nat.,
Trésor des Chartes, JJ. 255¹, n° 29, fol. 15.
1 page.*

Mars.

11895. Mandement au trésorier de l'épargne de délivrer à Jean Godet, commis au payement de l'extraordinaire des guerres, la somme de 1,840 livres tournois qu'il doit employer

7 avril.

au payement de la solde de la garnison

1541.

d'Ardres. Amboise, 7 avril 1540.

Original. Bibl. nat., ms. fr. 25722, n° 635.

11896. Lettres portant continuation pour six ans des
octrois accordés aux habitants de Noyers en
Bourgogne, pour en employer le produit à
leurs fortifications. Amboise, 8 avril 1540.

8 avril.

*Enreg. à la Chambre des Comptes de Dijon. Arch.
de la Côte-d'Or, reg. B. 20, fol. 96 v°.*

11897. Confirmation des lettres données, le 29 mars
1539 n. s., à l'abbaye de Vauluisant, abandonnant à Raoul de Cahideuc, écuyer tranchant de la reine, le droit de rachat dû par
suite du décès de Françoise de Maillé, dame
de la Benaste, et étendant cette cession à la
terre et seigneurie de Pontchâteau, dont il
n'était pas fait mention dans les susdites lettres. Amboise, 8 avril 1540.

8 avril.

*Copie du xviiie siècle. Bibl. nat., ms. fr. 10186,
fol. 233.*
*Imp. Dom Morice, Histoire de Bretagne, etc.
Paris, 1746, in-fol., Preuves, t. III, col. 1635.*

11898. Provisions de l'office de conseiller clerc au
Parlement de Dijon pour Guillaume Rémond,
licencié ès droits, en remplacement de Nicolas Le Roy, décédé. Amboise, 10 avril 1540.

10 avril.

*Enreg. au Parl. de Dijon, le 10 mai suivant.
Arch. de la Côte-d'Or, Parl., reg. II, fol. 66.*

11899. Lettres ordonnant le remboursement par le receveur des amendes du Parlement de Paris
d'une somme de 4,500 livres tournois prêtée
au roi par Nicolas Hurault, conseiller en ladite cour, lorsqu'il fut pourvu dudit office.
Amboise, 12 avril 1540.

12 avril.

*Enreg. à la Chambre des Comptes de Paris, le
25 août 1541. Arch. nat., P. 2537, fol. 337.
(Arrêt d'enregistrement.)*

11900. Provisions pour Edme Gramain de l'office de
gruyer des eaux et forêts du comté d'Auxerre,

12 avril.

25.

vacant par la résignation de Nicolas Durand. Amboise, 12 avril 1540.

1541.

> *Enreg. aux Eaux et forêts, le 13 juin 1541.*
> *Arch. nat., Z¹ᵉ 327, fol. 108 v°. 1 page 1/2.*

11901. Édit contre les Luthériens. Amboise, 14 avril 1540.

14 avril.

> *Enreg. au Parl. de Toulouse, le 23 mai 1541.*
> *Arch. de la Haute-Garonne, Édits, reg. 4, fol. 206.*
> *4 pages.*

11902. Lettres portant que la chambre des vacations au Parlement de Toulouse sera composée d'un président et de dix conseillers pour juger les matières criminelles et civiles. Amboise, 14 avril 1540.

14 avril.

> *Enreg. au Parl. de Toulouse. Arch. de la Haute-Garonne, Édits, reg. 4, fol. 221. 2 pages.*

11903. Édit de règlement pour les récusations de conseillers et autres officiers en la cour du Parlement de Toulouse. Amboise, 14 avril 1540.

14 avril.

> *Enreg. au Parl. de Toulouse, le 2 septembre 1541.*
> *Arch. de la Haute-Garonne, Édits, reg. 4, fol. 224.*
> *1 page 1/2.*

11904. Lettres réglant à 4 livres par jour, outre leurs gages, l'indemnité qui sera payée aux officiers du Parlement de Toulouse, envoyés en commission. Amboise, 14 avril 1540.

14 avril.

> *Enreg. au Parl. de Toulouse. Arch. de la Haute-Garonne, Édits, reg. 4, fol. 232. 1 page.*
> *Bibl. nat., ms. fr. 4402, fol. 84, n° 160. (Mention, sous la date inexacte d'Amboise, 24 avril 1540.)*

11905. Lettres de jussion à la Chambre des Comptes de Paris pour l'enregistrement pur et simple des lettres de don à Camille Pardo Orsini, comte de Monopollo, du revenu de la châtellenie, terre et seigneurie de Marmande en Agénais, pendant neuf ans. 14 avril 1540.

14 avril.

> *Enreg. à la Chambre des Comptes, le 27 avril 1541, anc. mém. 2 K, fol. 40. Arch. nat., invent. PP. 136, p. 481. (Mention.)*

11906. Mandement au trésorier de l'épargne de payer

15 avril.

à Georges d'Armagnac, ambassadeur à Rome, 3,600 livres pour ce qui lui sera dû jusqu'au 9 septembre 1541. Amboise, 15 avril 1540. — *1541.*

> *Bibl. nat., ms. Clairambault 1215, fol. 79. v°.*
> (*Mention.*)

11907. Lettres portant obligation pour les consuls, receveurs et administrateurs des deniers destinés aux réparations des chemins et à l'entretien des villes, de rendre leurs comptes devant les juges royaux plus prochains des lieux, appelé le procureur du roi, Amboise, avril 1540. — *Avril.*

> *Enreg. au Parl. de Toulouse, le 2 septembre 1541.*
> *Arch. de la Haute-Garonne, Édits, reg. 4, fol. 223.*
> 2 pages.
> *Copie du xvi siècle. Archives de l'Ardèche, C. 265 bis.*
> *Bibl. nat., ms. fr. 4402, fol. 82 v°, n° 150.*
> (*Mention.*)

11908. Lettres de don à Claude de Bardat, porte-guidon de la compagnie des ordonnances commandée par le sr de Montpezat, des biens meubles et immeubles d'Arnaud de Gout, condamné au bannissement et à la confiscation par sentence du sénéchal de Toulouse. Amboise, avril 1540. — *Avril.*

> *Enreg. à la Chancellerie de France. Arch. nat., Trésor des Chartes, JJ. 255¹, n° 202, fol. 59.*
> 1 page.

11909. Lettres de naturalité en faveur de Nicolas Buchdoni, natif de l'île de Corse, établi à Marseille depuis quarante ans. Amboise, avril 1540. — *Avril.*

> *Enreg. à la Chancellerie de France. Arch. nat., Trésor des Chartes, JJ. 255¹, n° 43, fol. 19.*
> 1/2 page.

11910. Lettres de naturalité en faveur d'Antoine de Colago, natif de «Morassane», Rivière de Gênes, établi à Marseille depuis quarante ans. Amboise, avril 1540. — *Avril.*

> *Enreg. à la Chancellerie de France. Arch. nat., Trésor des Chartes, JJ. 255¹, n° 44, fol. 19 v°.*
> 1/2 page.

11911. Lettres de naturalité en faveur de Jacques de   1541.
Lubia, fils de Pierre de Lubia, marchand,   Avril.
originaire de Barcelonne en Catalogne, demeurant à Avignon avec sa femme et ses
enfants. Amboise, avril 1540.

Enreg. à la Chancellerie de France. Arch. nat.,
Trésor des Chartes, JJ. 255¹, n° 41, fol. 18 v°.
1/2 page.

11912. Lettres de naturalité en faveur de Durand Si-   Avril.
mon, d'Augustin, Charles et Pierre Simon,
frères, natifs de Puget-Théniers en Terre-
Neuve, au comté de Nice, établis depuis cinquante ans à Marseille. Amboise, avril 1540.

Enreg. à la Chancellerie de France. Arch. nat.,
Trésor des Chartes, JJ. 255¹, n° 45, fol. 19 v°.
1/2 page.

11913. Lettres de naturalité en faveur de Baptiste   Avril.
Vias, dit de Versilon, natif d'Ivrée en Pié-
mont, demeurant à Marseille. Amboise, avril
1540.

Enreg. à la Chancellerie de France. Arch. nat.,
Trésor des Chartes, JJ. 255¹, n° 42, fol. 19.
1 page.

11914. Mandement à Jean Duval, trésorier de l'épargne,   18 avril.
de payer à Antoine de Rincon, ambassadeur
du roi dans le Levant, la somme de 17,920
livres 10 sous tournois pour deux cent vingt
jours d'exercice de sa charge comptés jusqu'au 5 mars 1541 n. s., date de son retour
à Blois. Amboise, 18 avril 1541.

Original. Bibl. nat., ms. fr. 2811, fol. 225.
Bibl. nat., ms. Clairambault 1215, fol. 79 v°.
(Mention.)
IMP. Charrière, Négociations de la France dans
le Levant. Doc. inédits, in-4°. Paris, 1848, t. I,
p. 486.

11915. Lettres données à la requête de la corpora-   19 avril.
tion des drapiers de Paris, pour le maintien
de leur confrérie et chapelle en l'église des
Innocents, qui sera exceptée de l'abolition

générale des confréries. Amboise, 19 avril
1540.

Enreg. au Châtelet de Paris, Livre Jaune grand.
Arch. nat., Y. 6⁵, fol. 49 v°. 2 pages.

11916. Mandement au Parlement de Dijon de s'adjoindre un certain nombre de conseillers du
Parlement de Paris et du Grand conseil, pour
procéder au jugement du procès pendant en
ladite cour entre Claude de La Baume et Nicolas de Baufremont, touchant la baronnie
de Senecey. Amboise, 20 avril 1541.

20 avril.

Présenté au Parl. de Paris, qui décide des re-
montrances, le 27 avril suivant. Arch. nat., X¹ª 1546,
reg. du Conseil, fol. 317 v°. (Mention.)

11917. Provisions pour Étienne Fleury, conseiller au
Châtelet de Paris, de l'office de conseiller lai
au Parlement de Paris, vacant par le décès
de Robert Thiboust. Chenonceaux, 24 avril
1541.

24 avril.

Réception au Parl., le 3 mai suivant. Arch. nat.,
X¹ᵒ 1546, reg. du Conseil, fol. 328 v°. (Mention.)

11918. Mandement au trésorier de l'épargne de délivrer à Nicolas de Cosil, dit Agassin, trésorier
et receveur général de Provence, la somme
de 2,550 livres tournois qu'il doit employer
au payement des gages, du 1ᵉʳ juillet 1539
au 31 décembre 1540, des mortes-payes
chargés de la défense de Notre-Dame-de-la-
Garde, près Marseille. Chenonceaux, 25 avril
1541.

25 avril.

Original. Bibl. nat., ms. fr. 25722, n° 636.

11919. Mandement au trésorier de l'épargne de délivrer à Claude Grandin, payeur de la compagnie de quatre-vingts lances placée sous les
ordres du duc d'Estouteville, comte de Saint-
Pol, la somme de 8,082 livres 10 sous tournois destinée au payement des gages du quartier d'avril-juin 1540. Pontlevoy, 27 avril
1540.

27 avril.

Original. Bibl. nat., ms. fr. 25722, n° 638.

11920. Mandement au trésorier de l'épargne de délivrer à Jacques Servant, payeur de la compagnie de cinquante lances placée sous les ordres de Jean-Paul de Cère, la somme de 4,772 livres 18 sous 4 deniers tournois destinée au payement du quartier d'avril-juin 1540. Pontlevoy, 27 avril 1541.

Original. Bibl. nat., ms. fr. 25722, n° 639.

1541.
27 avril.

11921. Mandement au trésorier de l'épargne de délivrer à Pierre Ouyn, payeur de la compagnie de quarante lances placée sous les ordres du comte d'Aumale, la somme de 3,831 livres 5 sous tournois destinée au payement du quartier d'avril-juin 1540. Pontlevoy, 27 avril 1541.

Original. Bibl. nat., ms. fr. 25722, n° 640.

27 avril.

11922. Mandement au trésorier de l'épargne de délivrer à Constantin de La Tour, payeur de la compagnie de quarante lances, placée sous les ordres du marquis de Rethel, la somme de 4,021 livres 5 sous tournois destinée au payement des gages du quartier d'avril-juin 1540. Pontlevoy, 27 avril 1541.

Original. Bibl. nat., ms. fr. 25722, n° 641.

27 avril.

11923. Mandement au trésorier de l'épargne de délivrer à Jérôme Pajonnet, payeur de la compagnie de quatre-vingts lances placée sous les ordres du seigneur d'Annebaut, maréchal de France, la somme de 8,093 livres tournois destinée au payement des gages du quartier d'avril-juin 1540. Pontlevoy, 27 avril 1540.

Original. Bibl. nat., ms. fr. 25722, n° 637.

27 avril.

11924. Mandement au trésorier de l'épargne de délivrer à Jérôme Pajonnet, payeur de la compagnie du seigneur d'Annebaut, la somme de 720 livres tournois destinée au payement des gages du prévôt Pommereul et des vingt archers qui sont en Piémont, sous les ordres dudit s^r d'Annebaut, pour l'exercice de la justice. Pontlevoy, 27 avril 1541.

Original. Bibl. nat., ms. fr. 25722, n° 642.

27 avril.

11925. Mandement au trésorier de l'épargne de délivrer à Alain Veau, payeur de la compagnie de quatre-vingts lances placée sous les ordres du seigneur de la Rochepot, la somme de 8,041 livres 5 sous tournois destinée au payement des gages du quartier d'avril-juin 1540. Pontlevoy, 27 avril 1541.

1541.
27 avril.

Original. Bibl. nat., ms, fr. 25722, n° 643.

11926. Lettres de ratification de l'indult accordé par le pape Paul III à Nicolas de Gaddi, cardinal de Saint-Théodore, évêque de Sarlat (Rome, 6 des calendes de février 1540), touchant la collation des bénéfices dépendant de son évêché et de ses abbayes. Pontlevoy, 30 avril 1541.

30 avril.

Enreg. au Parl. de Paris, sauf les réserves d'usage, le 15 juillet 1541. Arch. nat., X¹ª 8613, fol. 280 et 282 v°. 7 pages.
Enreg. au Parl. de Grenoble. Arch. de l'Isère, B. 2334, fol. 246. 2 pages.

11927. Déclaration du roi concernant les monnayeurs dans les monnaies de Normandie. Amboise, 30 avril 1541.

30 avril.

Enreg. à la Cour des Aides de Normandie, le 4 août 1541. Arch. de la Seine-Inférieure, Mémoriaux, 2° vol., fol. 242 v°. 4 pages.

11928. Lettres de naturalité en faveur de Jean Charlot, établi en Provence, natif du pays de Gênes, fils de feu Étienne Charlot et de Catherine Albe, autrefois au service de la comtesse de Villars et de Tende. Amboise, avril 1541.

Avril.

Enreg. à la Chancellerie de France. Arch. nat., Trésor des Chartes, JJ. 255¹, n° 87, fol. 29 v°. 1/2 page.

11929. Lettres de naturalité en faveur de Jean Martin, natif du marquisat de Saluces, demeurant depuis sa jeunesse à Banon en Provence. Amboise, avril 1541.

Avril.

Enreg. à la Chancellerie de France. Arch. nat., Trésor des Chartes, JJ. 255¹, n° 88, fol. 29 v°. 1/2 page.

11930. Lettres portant mandement au prévôt de Paris,   1541.
sur le vu d'une enquête *de commodo et incom-*   5 mai.
modo, de faire procéder à la vente aux enchères de l'hôtel épiscopal, dit de Saint-Maur-
des-Fossés, sis à Paris, rues des Barres et de
la Mortellerie, qui tombait en ruine, pour en
appliquer le prix à la construction d'un nouvel hôtel épiscopal. Amboise, 5 mai 1541.

> *Enreg. au Châtelet de Paris, Bannières. Arch.*
> *nat., Y. 9, fol. 280, 6 pages.*

11931. Mandement au trésorier de l'épargne de déli-   5 mai.
vrer à Jean Godet, commis au payement de
l'extraordinaire des guerres, la somme de
40,623 livres 10 sous tournois destinée au
payement des gages des hommes de guerre
qui sont dans les garnisons du Piémont.
Amboise, 5 mai 1541.

> *Original. Bibl. nat., ms. fr. 25722, n° 644.*

11932. Mandement au trésorier de l'épargne de rem-   5 mai.
bourser à Jacques Hurault, notaire du roi,
secrétaire et audiencier de la Chancellerie
de France, la somme de 558 livres 2 sous
10 deniers tournois qu'il a payée à Jean Cousin, orfèvre de Paris, à Guillaume Cerfaye,
serrurier, à Jean Drouyn, marchand de soie,
à Claude Lemay, graveur, et à Catherine
Gayant, mercière, « pour les coffres à mettre
les sceaulx de France, Daulphiné et des Grans
jours d'Angers ». Amboise, 5 mai 1541.

> *Imp. Catalogue du cabinet de M. le comte de*
> *G... Paris, Gabriel Charavay, 1889, in-8°. (Ori-*
> *ginal mentionné.)*

11933. Mandement au trésorier de l'épargne de payer   5 mai.
2,626 livres 5 sous à Jean de Langeac, an-
cien ambassadeur du roi à Rome, pour le
complet payement de deux cent vingt-cinq
jours d'exercice de sa charge, du 9 septembre
1539 au 30 juin 1540. Amboise, 5 mai
1541.

> *Bibl. nat., ms. Clairambault 1215, fol. 79 v°.*
> *(Mention.)*

11934. Lettres renvoyant au siège de la Table de marbre
l'examen des titres produits par les usagers
de la forêt de Blois, conformément aux ordres
donnés au nom du roi, par Lazare de Baïf,
maître des requêtes de l'hôtel, et Claude
de La Châtre, maître particulier des Eaux et
forêts du comté de Blois. Amboise, 7 mai
1541.

1541.
7 mai.

*Enreg. à la Chambre des Eaux et forêts (siège
de la Table de marbre), le 9 juillet 1541. Arch.
nat., Z¹ᵉ 327, fol. 139. 2 pages.*

11935. Mandement au trésorier de l'épargne de payer
7,200 livres à Antoine de Rincon, ambassadeur du roi dans le Levant, pour ses dépenses d'une année entière dans l'exercice de
sa charge, comptée à partir du 6 mars précédent. Amboise, 8 mai 1541.

8 mai.

*Bibl. nat., ms. Clairambault 1215, fol. 79 v°.
(Mention.)*

11936. Lettres déterminant la date des deux foires
annuelles instituées à Saint-Paul de Vence en
août 1537 (n° 9263). Le Coudray, 13 mai
1541.

13 mai.

*Enreg. à la Chambre des Comptes de Provence.
Archives des Bouches-du-Rhône, B. 33. (Arietis),
fol. 380 v°. 1 page.*

11937. Mandement au trésorier de l'épargne de payer
à Philibert Babou, trésorier de France, la
somme de 1,150 livres tournois qui lui est
due pour les chevauchées qu'il a faites pendant qu'il était trésorier de Langued'oïl. Châtellerault, 22 mai 1541.

22 mai.

Original. Bibl. nat., ms. fr. 25722, n° 645.

11938. Mandement au trésorier de l'épargne de payer
à Robert Cusson, joueur de farces, dialogues
et moralités à la suite du roi, la somme de
112 livres 10 sous tournois pour ses dépenses personnelles et celles de sa troupe.
Châtellerault, 22 mai 1541.

22 mai.

Original. Bibl. nat., ms. fr. 25722, n° 646.

26.

11939. Mandement au trésorier de l'épargne de payer
à Pierre Wallevin, serviteur du comte palatin
Frédéric, venu à Châtellerault pour remettre
au roi avec des lettres de son maître deux
douzaines de couteaux tranchants, « de la fa-
çon du païs » d'Allemagne, une somme de
112 livres 10 sous tournois pour ses frais
de voyage. Châtellerault, 23 mai 1541.

1541.
23 mai.

> Original. Bibl. nat., ms. fr. 25722, n° 647.

11940. Provisions de l'office de premier président au
Parlement de Grenoble, en faveur de Claude
de Bellièvre. Châtellerault, 24 mai 1541.

24 mai.

> Enreg. au Parl. de Grenoble. Arch. de l'Isère,
> B. 2334, fol. 82. 1 page 1/2.

11941. Lettres permettant au cardinal de Lenoncourt
de jouir des privilèges contenus dans l'indult
à lui accordé par le pape Paul III (Rome,
3 des calendes de novembre 1540), touchant
la collation des bénéfices dépendant de son
évêché et de ses abbayes. Châtellerault,
26 mai 1541.

26 mai.

> Enreg. au Parl. de Paris, sauf les réserves d'usage,
> le 13 août 1541. Arch. nat., X¹ᵃ 8613, fol. 286 v°
> et 290. 8 pages.

11942. Lettres ordonnant de procéder à la réformation de la forêt d'Arthies, et, après enquête,
à la répression de tous abus, délits et empiètements constatés. Châtellerault, 26 mai
1541.

26 mai.

> Enreg. à la Chambre des Eaux et forêts (siège
> de la Table de marbre), le 14 juin 1541. Arch. nat.,
> Z¹ᵉ 327, fol. 110. 3 pages.

11943. Déclaration portant règlement pour les gages
des avocats du roi au Parlement de Rouen.
Châtellerault, 26 mai 1541.

26 mai.

> Enreg. à la Chambre des Comptes de Paris, le
> 11 juillet 1541, anc. mém. coté 2 K, fol. 47.
> Arch. nat., invent. PP. 136, p. 494, et AD.IX 125,
> n° 10. (Mentions.)

11944. Commission de receveur des exploits et amendes
de la juridiction des Eaux et forêts pour Nicolas

26 mai.

Hardy, jusqu'à ce que le titulaire Thomas
Rouillon ait rendu ses comptes et qu'il y soit
autrement pourvu. Châtellerault, 26 mai
1541.

> *Enreg. à la Chambre des Eaux et forêts (siège de
> la Table de marbre), le 22 juin 1541. Arch. nat.,
> Z¹ᵉ 327, fol. 118 v°. 2 pages.*

1541.

11945. Lettres enjoignant au Parlement de Paris de
renvoyer au grand maître des Eaux et forêts
les procès faits à l'occasion de la réformation
générale des forêts. Châtellerault, 27 mai
1541.

> *Enreg. à la Chambre des Eaux et forêts (siège de
> la Table de marbre), le 13 mai 1542. Arch. nat.,
> Z¹ᵉ 328, fol. 19 v°. 3 pages.*

27 mai.

11946. Lettres portant que les orphelins de la banlieue
de Paris seront recueillis et nourris à l'hôpital des Enfants-Dieu (Enfants-Rouges), près
le Temple, comme ceux de la ville même le
sont à l'hôpital du Saint-Esprit. Châtellerault,
27 mai 1541.

> *Enreg. au Parl. de Paris, le 2 juin 1541. Arch.
> nat., X¹ᵃ 8613, fol. 275 v°. 2 pages 1/4.*
> *Arrêt d'enregistrement. Idem, X¹ᵃ 4913, Plai-
> doiries, fol. 207 v°.*
> *Enreg. à la Chambre des Comptes de Paris, le
> 3 juin, et au Châtelet de Paris, le 22 juin 1541.
> Arch. nat., Châtelet, Bannières, Y. 9, fol. 218 v°.
> 3 pages.*
> *Imp. Pièce in-4° (s. l. n. d.), sous la date inexacte
> du 22 juin 1541. Bibl. nat., F. Paquets.*
> *L'Hôpital général de Paris, etc. Paris, 1745,
> in-4°, p. 249.*
> *Isambert, Anc. lois françaises, etc. Paris, 1827,
> in-8°, t. XII, p. 743.*

27 mai.

11947. Évocation et renvoi à la troisième chambre
des enquêtes d'une instance pendante entre
Imbert de Saveuse, maître des requêtes, et
Marie d'Abbeville, tuteurs de Charlotte de
Mailly, d'une part, et Antoinette de Mouy,
veuve de Jean de Mailly, d'autre. Châtellerault, 27 mai 1541.

> *Enreg. au Parl. de Paris, sans date. Arch. nat.,
> X¹ᵃ 8613, fol. 294 v°. 1 page.*

27 mai.

11948. Lettres obtenues par demoiselle Andrée Pré-   1541.
vost, dame du Lizon, pour être admise à ar-   27 mai.
ticuler de nouvelles preuves à l'appui de la
demande qu'elle avait formée, devant le juge
châtelain de Mirebeau, du payement d'une
rente de 12 deniers tournois et une poule
qui lui était due sur une pièce de terre dépendant de son fief du Lizon. Châtellerault,
27 mai 1541.

> Original. Bibl. de la ville de Poitiers. Pièces du
> xvi⁰ siècle.

11949. Provisions de l'un des offices de notaire au   28 mai.
Parlement de Bordeaux, en survivance, pour
Pierre Cantarel. Châtellerault, 28 mai 1541.

> Enreg. au Parl. de Bordeaux (s. d.). Arch. de
> la Gironde, B. 31, fol. 135. 3 pages.

11950. Pouvoir donné au grand maître des Eaux et fo-   29 mai.
rêts de taxer les frais de procès quelconques
pendants au siège de la Table de marbre, tant
pour raison du fond et propriété des forêts
que pour les droits royaux. Le Fou, 29 mai
1541.

> Enreg. en la Chambre des Eaux et forêts (siège
> de la Table de marbre), le 13 juin 1541. Arch. nat.,
> Z¹ᵉ 327, fol. 107. 2 pages.

11951. Mandement au trésorier de l'épargne de payer   30 mai.
à Guillaume Perrot, Simon de La Haye,
Hervé Maulcart, Jean Bucquet, Jean Baudry
et Pantaléon Hubert, gardes de la forêt de
Cuise-lès-Compiègne, les 60 livres tournois
qui sont dues à chacun d'eux pour leurs gages
de l'année 1540. Châtellerault, 30 mai
1541.

> Original. Bibl. nat., ms. fr. 25722, n° 649.

11952. Mandement au trésorier de l'épargne de payer   30 mai.
à Jean Le Cordier, Jean Le Boucher, Phi-
lippe de Cheviéville, René de Brison, Guillaume Auzoulx, Noël Du Fayel, Jean Des-
roches et Pierre Nicolle, gardes des forêts
d'Évreux, Breteuil, Conches et Beaumont-
le-Roger, les 60 livres tournois qui sont dues

à chacun d'eux pour leurs gages de l'année   1541.
1540. Châtellerault, 30 mai 1541.

Original. Bibl. nat., ms. fr. 25722, n° 648.

11953. Ordonnance faisant défense de livrer du sel à   31 mai.
quelque personne ou communauté que ce
soit, sans payer le droit de gabelle. Châtellerault, 31 mai 1541.

> *Enreg. à la Chambre des Comptes de Dijon. Arch.*
> *de la Côte-d'Or, reg. B. 20, fol. 65 v°.*
> *Enreg. à la Chambre des Comptes de Montpel-*
> *lier. Arch. départ. de l'Hérault, B. 342, fol. 146.*
> *1 page 1/2.*
> *Enreg. à la Chambre des Comptes de Provence.*
> *Arch. départ. des Bouches-du-Rhône, B. 35 (Solis),*
> *fol. 86.*

11954. Lettres de naturalité en faveur de Jean Lau-   Mai.
rens, médecin, natif de Massouins au comté
de Nice, demeurant à Pertuis en Provence.
Amboise, mai 1541.

> *Enreg. à la Chancellerie de France. Arch. nat.,*
> *Trésor des Chartes, JJ. 255¹, n° 46, fol. 20.*
> *1/2 page.*

11955. Lettres accordant à Gaucher de Brancas, sieur   Mai.
de Céreste, à son fils et à son petit-fils, Gas-
pard et Jean, natifs du Comtat-Venaissin,
l'autorisation de résider en France, d'y acquérir et d'y posséder des biens meubles et
immeubles et d'en disposer à leur gré. Châtellerault, mai 1541.

> *Enreg. au Parl. de Provence. Arch. de la cour à*
> *Aix, Lettres royaux, reg. pot. in-fol. de 253 feuil-*
> *lets, fol. 168.*

11956. Lettres de naturalité en faveur de Jean Tho-   Mai.
mas, valet de fourrière de Mme la Dauphine,
natif de Bologne en Italie. Châtellerault,
mai 1541.

> *Enreg. à la Chancellerie de France. Arch. nat.,*
> *Trésor des Chartes, JJ. 255¹, n° 97, fol. 33.*
> *1 page.*

11957. Déclaration contenant règlement en quarante-   1er juin.
cinq articles pour la conservation des droits

de gabelle, la recherche et la punition des
faux sauniers, etc. Châtellerault, 1ᵉʳ juin 1541.

*Enreg. à la Chambre des Comptes de Paris, le
22 juin 1541. Archives nat., P. 2306, p. 927.
33 pages.
Copie collationnée faite par ordre de la Cour des
Aides, le 14 décembre 1778. Arch. nat., Zˡⁿ 526.*
Iᴍᴘ. Pièce in-4°. Paris, Galiot Dupré, 1542.
Bibl. nat., Inv. Réserve, F. 1917.
*Les loix, statuts et ordonnances roiauls faictes par
les feus rois de France... Paris, Poncet le Preux,
1542, in-fol., 2ᵉ partie, fol. 176 r°.*
*Les loix, ordonnances et édictz, etc., depuis le
roy S. Loys... Paris, Galiot du Pré, 1559, in-fol.,
fol. 109 v°.*
P. Rebuffi, *Les édits et ordonnances des rois de
France.* Lyon, 1573, in-fol., p. 625.
A. Fontanon, *Édits et ordonnances, etc.* Paris,
1611, in-fol., t. II, p. 995.
J. Corbin, *Nouveau recueil des édits... de la juridiction des Cours des Aides...* Paris, 1623, in-4°,
p. 1004.
Isambert, *Anc. lois françaises, etc.* Paris, 1827,
in-8°, t. XII, p. 745.

11958. Lettres de nomination de commissaires pour
juger le procès extraordinaire de trois conseillers au Parlement de Paris, René Gentils,
Charles de La Mothe et Jean Ravier, avec dérogation pour cette fois au privilège des officiers du Parlement de ne pouvoir être jugés
que toutes chambres assemblées. Châtellerault, 1ᵉʳ juin 1541.

*Enreg. au Parl. de Paris, sans date. Arch. nat.,
Xˡ* 8613, fol. 283 v°. 3 pages.*

11959. Lettres d'évocation et de renvoi en la grande
chambre du Parlement de Paris d'un procès
pendant au Parlement de Toulouse, entre
Charles de Crussol, sénéchal de Beaucaire,
et Mᵉ Guillaume David, curateur d'Antoine
de Lévis, seigneur de Caylus. Châtellerault,
1ᵉʳ juin 1541.

*Enreg. au Parl. de Paris, le 28 novembre 1541.
Arch. nat., Xˡ* 8613, fol. 299. 1 page 1/4.
Arrêt d'enregistrement. Idem, Xˡ* 1548, Con-
seil, fol. 22.*

1541.

1ᵉʳ juin.

1ᵉʳ juin.

11960. Lettres portant augmentation des épices des
officiers du Parlement de Grenoble. Châtellerault, 1ᵉʳ juin 1541.

1541.
1ᵉʳ juin.

Enreg. au Parl. de Grenoble, le 4 novembre 1541.
Arch. de l'Isère, B. 2334, fol. 89. 1 page.

11961. Lettres portant tarif des droits à percevoir par
les greffiers, procureurs, avocats, huissiers
et sergents du Dauphiné. Châtellerault,
1ᵉʳ juin 1541.

1ᵉʳ juin.

Enreg. au Parl. de Grenoble, Arch. de l'Isère,
B. 2334, fol. 86. 6 pages.
Imp. Grenoble, Guillaume Verdier, 1607, in-16.
Arch. départ. de la Drôme.

11962. Déclaration portant règlement pour les gages
du procureur du roi au Parlement de Bordeaux. Châtellerault, 1ᵉʳ juin 1541.

1ᵉʳ juin.

Enreg. à la Chambre des Comptes de Paris, anc.
mém. 2 K, fol. 101. Arch. nat., invent. PP. 136,
p. 495. (Mention.)

11963. Prorogation pour six ans du droit de 12 deniers
par quarte de sel, concédé à la ville de Lyon
pour le lever dans la ville et dans tout le
Lyonnais. Châtellerault, 2 juin 1541.

2 juin.

Original. Arch. de la ville de Lyon, série CC.

11964. Provisions de l'office de lieutenant général du
bailliage des Montagnes d'Auvergne au siège
de Saint-Flour, pour Antoine de Hurye, en
remplacement et sur la résignation de Jean
de Hurye, son père. Châtellerault, 2 juin
1541.

2 juin.

Reçu au Parl. de Paris, le 7 septembre 1541.
Arch. nat., X¹ᵃ 4913, Plaidoiries, fol. 657. (Men-
tion.)

11965. Mandement au trésorier de l'épargne de payer
315 livres tournois à Jean Gouy, sʳ des
Formes, venu d'Angleterre à Châtellerault,
apporter au roi des lettres de Charles de
Marillac, son ambassadeur en Angleterre, et
renvoyé présentement vers ce dernier avec la
réponse du roi. Châtellerault, 2 juin 1541.

2 juin.

Original. Bibl. nat., Pièces orig., vol. 1382,
Gouy, p. 4.

IV.

11966. Provisions pour Charles de Chantecler, juge au bailliage de Touraine, d'un office de conseiller lai au Parlement de Paris, vacant par le décès de Jacques Boulent. Dissay, 4 juin 1541.

> Réception au Parl. de Paris, le 2 juillet suivant. Arch. nat., X¹ᵃ 1547, reg. du Conseil, fol. 83 et 85. (Mentions.)

11967. Déclaration portant règlement pour les gages des présidents et autres officiers du Parlement de Toulouse qui assisteront aux Grands jours de Nîmes. Châtellerault, 6 juin 1541.

> Enreg. au Parl. de Toulouse. Arch. de la Haute-Garonne, Édits, reg. 4, fol. 220.
> Bibl. nat., ms. fr. 4402, fol. 81, n° 145. (Mention.)
> Imp. Dom Vaissète, Hist. générale de Languedoc. Paris, 1745, in-fol., t. V, Preuves, col. 99.

11968. Mandement au trésorier de l'épargne de payer 675 livres à Pierre Rémond, envoyé du roi à la diète de Ratisbonne, en déduction de ce qui lui sera dû pour ses dépenses dans l'exercice de sa charge. Châtellerault, 6 juin 1541.

> Bibl. nat., ms. Clairambault 1215, fol. 79 v°. (Mention.)

11969. Lettres enjoignant au prévôt de Paris de procéder au recouvrement des sommes imposées sur les prélats et bénéficiers de son ressort, qui n'avait pas été compris dans les contributions demandées au clergé, en 1537 et 1538. Châtellerault, 8 juin 1541.

> Enreg. au Châtelet de Paris, Bannières. Arch. nat., Y. 9, fol. 222. 3 pages.

11970. Déclaration portant que les marchands ne seront point tenus de donner caution ni de payer l'imposition foraine, sinon aux frontières du royaume. Châtellerault, 10 juin 1541.

> Enreg. à la Cour des Aides de Paris, le 25 juin 1541. Simple mention dans les lettres patentes de ladite Cour. Arch. nat., Z¹ᵃ 526.

1541.
4 juin.

6 juin.

6 juin.

8 juin.

10 juin

Enreg. à la Cour des Aides de Normandie, le 2 mai **1541.**
1542. Arch. de la Seine-Inférieure, Mémoriaux,
2° vol., fol. 259. 3 pages.
Enreg. à la Chambre des Comptes de Paris, le
22 juin 1541, anc. mém. 2 K, fol. 41. Arch. nat.,
invent. PP. 136, p. 495. (Mention.)
Enreg. à la Chambre des Comptes de Grenoble.
Arch. de l'Isère, B, 2910, cah. 147. 8 pages.
Imp. Pièce in-4°. Paris, Galiot Dupré, 1542.
Bibl. nat., Inv. Réserve, F. 1919.
Les loix, statuts et ordonnances roiaulx faictes par
les feus rois de France... Paris, Poncet le Preux,
1542, in-fol., 2° partie, fol. 283 v°.
Les loix, ordonnances et édictz, etc., depuis le
roy S. Loys... Paris, Galiot du Pré, 1559,
in-fol., fol. 112 v°.
P. Rebuffi, Les édits et ordonnances des rois de
France. Lyon, 1573, in-fol., p. 706.
A. Fontanon, Édits et ordonnances, etc. Paris,
1611, in-fol., t. II, p. 454.
J. Corbin, Nouveau recueil des édits.... de la ju-
ridiction des Cours des Aides... Paris, 1623, in-4°,
p. 809.

11971. Déclaration portant règlement pour les gages   10 juin.
des officiers du Parlement de Grenoble, tant
pour le temps des vacations que pendant les
sessions. Châtellerault, 10 juin 1541.

> *Enreg. à la Chambre des Comptes de Paris, anc.*
> *mém. 2 L, fol. 100.*
> *Imp. G. Blanchard, Compilation chronolo-*
> *gique, etc. Paris, 1715, in-fol., t. I, col. 538.*
> *(Mention.)*

11972. Déclaration portant règlement pour les gages   10 juin.
des présidents et conseillers du Parlement
de Grenoble qui servent pendant les vacations. Châtellerault, 10 juin 1541.

> *Enreg. à la Chambre des Comptes de Paris, anc.*
> *mém. 2 L, fol. 42. Arch. nat., invent. PP. 136,*
> *p. 495. (Mention.)*
> *Enreg. à la Chambre des Comptes de Grenoble.*
> *Arch. de l'Isère, B. 2910, cah. 141. 5 pages.*

11973. Commission adressée à Jean Robert, conseiller   10 juin.
au Parlement de Toulouse, pour tenir le
sceau et diriger la chancellerie à la session

des Grands jours qui se tiendront à Nîmes.
Châtellerault, 10 juin 1541.

> *Enreg. au Parl. de Toulouse. Arch. de la Haute-Garonne, Édits, reg. 4, fol. 221.*
> *Bibl. nat., ms. fr. 4402, fol. 82, n° 147. (Mention.)*

11974. Lettres autorisant les capitouls de Toulouse à lever chaque année, jusqu'à l'entier achèvement du pont de pierre, la somme de 20,000 livres tournois sur la ville de Toulouse et sur les diocèses de Comminges, Lombez, Auch, Lectoure, Conserans, Condom, Pamiers et Rieux. Châtellerault, 11 juin 1541.

> *Expédition originale, signée Breton. Arch. municip. de Toulouse, carton 71.*
> *Copie. Idem, ms. 439, fol. 327.*

11975. Don de 135 livres tournois à Charles Deshayes et à Pierre Le Bégat, gentilshommes de la vénerie du roi. Châtellerault, 12 juin 1541.

> *Original. Bibl. nat., ms. fr. 25722, n° 651.*

11976. Don à Jean Heullier, aide à la fruiterie du roi, de 67 livres 10 sous tournois à prendre en partie sur les produits de la vente de l'office de sergent royal de la prévôté de la Rochelle, vacant depuis la mort de Nicolas Urgeault. La Berlandière, 13 juin 1541.

> *Original. Bibl. nat., ms. fr. 25722, n° 652.*

11977. Lettres portant don à Antoine Du Prat, seigneur de Nantouillet, du revenu des aides et équivalent en l'élection et recette de Paris, évalué à 47,000 livres par an, jusqu'au parfait payement de la somme de 280,000 livres tournois qu'il avait prêtée au roi, après la mort de son père. Châtellerault, 14 juin 1541.

> *Enreg. à la Chambre des Comptes de Paris, le 12 juillet 1541. Arch. nat., P. 2306, p. 963. 9 pages 1/2.*
> *Copie du XVI° siècle. Bibl. nat., ms. fr. 2963, fol. 60.*
> *Copie du XVIII° siècle. Bibl. nat., Portefeuilles de Fontanieu, vol. 251.*

11978. Lettres ordonnant une session des Grands jours à Nîmes, du 15 septembre au 31 octobre 1541, commettant un président et douze conseillers, deux clercs et six lais, du Parlement de Toulouse pour les tenir, avec un avocat général et un substitut du procureur général; réglant le ressort et la compétence de cette cour, etc. Châtellerault, 14 juin 1541.

1541.
14 juin.

> *Enreg. au Parl. de Toulouse. Arch. de la Haute-Garonne, Édits, reg. 4, fol. 218. 4 pages.*
> *Copie collationnée du xvi⁰ siècle. Bibl. nat., ms. fr. 25722, n° 658.*
> Imp. Dom Vaissète, *Hist. générale de Languedoc.* Paris, in-fol., 1745, t. V, Preuves, col. 96.

11979. Provisions sur la présentation du duc d'Orléans, en faveur de Jérôme Groslot, licencié ès lois, fils de Jacques Groslot, bailli d'Orléans, de l'office de juge des exempts et cas royaux au duché et bailliage d'Orléans, vacant par la résignation de son père, avec réserve de survivance. Châtellerault, 14 juin 1541.

14 juin.

> *Reçu au Parl. de Paris, le 13 juillet 1545. Arch. nat., Xᴵᵃ 4925, fol. 369. (Mention.)*

11980. Lettres enjoignant aux capitouls de Toulouse de verser entre les mains de Jean Laguette la somme de 5,900 livres 10 deniers tournois, pour la réparation des places frontières. Châtellerault, 16 juin 1541.

16 juin.

> *Original. Arch. municip. de Toulouse, carton 7 1.*
> *Copie du xvi⁰ siècle. Idem, ms. 439, fol. 337.*

11981. Lettres de création d'un maître de chaque métier dans toutes les villes du royaume, à l'occasion du mariage de la princesse de Navarre, nièce du roi, avec le duc de Clèves. Châtellerault, 16 juin 1541.

16 juin.

> *Enreg. au Parl. de Paris, sauf modifications, le 11 juillet 1541. Arch. nat., Xᴵᵃ 8613, fol. 280. 1 page 1/2.*
> *Arrêt d'enregistrement. Idem, Xᴵᵃ 4913, Plaidoiries, fol. 386.*
> *Enreg. au Châtelet de Paris, le 21 juillet 1541.*

Arch. nat., Bannières, Y. 9, fol. 223 v°, et Livre
jaune grand, Y. 6³, fol. 59. 2 pages.
    Enreg. au Parl. de Bordeaux, le 5 mars 1542.
Arch. de la Gironde, B. 31, fol. 210. 2 pages.
    Enreg. au Parl. de Toulouse, avec des lettres de
surannation, données à Joinville, le 26 juin 1542,
le 28 mai 1543. Arch. de la Haute-Garonne, Édits,
reg. 5, fol. 40.
    Copie. Arch. municip. de Toulouse, ms. 153,
p. 920.

11982. Mandement adressé aux magistrats municipaux
de Dijon, leur ordonnant de verser le plus tôt
possible entre les mains du receveur général
des finances extraordinaires la somme de
1,423 livres 12 sous 9 deniers, pour la part
de la ville dans l'impôt levé pour les fortifications des villes frontières. Châtellerault,
16 juin 1541.

16 juin.

    *Original. Arch. municip. de Dijon, Trésor des
Chartes, L.*

11983. Lettres enjoignant aux consuls de Lyon de
verser entre les mains du receveur général
des finances la somme de 11,032 livres
7 sous 3 deniers, montant d'une année du
produit des deniers communs de la ville,
pour sa part de l'impôt des fortifications des
places frontières du royaume. Châtellerault,
16 juin 1541.

16 juin.

    Original. Arch. de la ville de Lyon, série EE.

11984. Lettres ordonnant aux habitants de Reims de
payer la somme de 3,159 livres 1 sou 8 deniers tournois, produit d'une année des deniers communs et d'octroi de la ville, pour
être employée aux réparations et fortifications des villes de frontière et places fortes
du royaume. Châtellerault, 16 juin 1541.

16 juin.

    Arch. municip. de Reims, Fortifications, rensei-
gnements.

11985. Lettres adressées au sénéchal de Beaucaire et
de Nîmes, portant que la bulle de sécular-
sation du chapitre de l'église cathédrale de
Nîmes a été présentée au roi et qu'il l'a trou-

16 juin.

vée conforme à ses intentions. Châtellerault,   1541.
16 juin 1541.

Vidimus donné à Nîmes, le 11 septembre 1543.
Arch. départ. du Gard, G. 433.

11986. Lettres ordonnant à la Cour des Aides d'enre-   8 juin.
gistrer les lettres de confirmation des privi-
lèges de l'ordre de Fontevrault, données en
janvier 1537 n. s. (n° 8771). Châtellerault,
18 juin 1541.

Copie collationnée du 26 juillet 1554. Arch.
municip. de Reims, fonds du prieuré de Longaut,
boîte 1re, liasse 1re, n° 6.
Copie du xviie siècle. Arch. nat., L. 1018.

11987. Commission de la charge d'amiral de France,   19 juin.
Guyenne et Bretagne, en faveur de Philippe
Chabot, comte de Buzançais, gouverneur et
lieutenant général en Bourgogne. Châtellerault, 19 juin 1541.

Enreg. à la Chambre des Comptes de Dijon, le
5 juillet suivant. Arch. de la Côte-d'Or, B. 20,
fol. 54 v°.
Copie du xviiie siècle. Bibl. nat., ms. Clairam-
bault 952, p. 293.

11988. Lettres renvoyant au siège de la Table de   19 juin.
marbre l'examen des titres produits par les
habitants des localités voisines de la forêt
de Bière, telles que Moret, Bois-le-Roi,
Thomery, Chailly et autres, comme usagers
de ladite forêt. Châtellerault, 19 juin 1541.

Enreg. à la Chambre des Eaux et forêts (siège
de la Table de marbre), le 15 octobre 1541. Arch.
nat., Z1e 327, fol. 204. 2 pages.

11989. Lettres d'évocation d'un procès pendant au Par-   20 juin.
lement de Bordeaux, entre le président Bri-
non et le sieur de Pomiers, président en la
chambre des enquêtes, touchant la garde du
sceau. Châtellerault, 20 juin 1541.

Enreg. au Parl. de Bordeaux, le 1er juillet 1541.
Arch. de la Gironde, B. 31, fol. 133. 3 pages.

11990. Lettres portant que tous nobles et seigneurs,   20 juin.
acquéreurs de biens soumis à la taille, seront
tenus d'en acquitter les charges, comme les

premiers propriétaires. Châtellerault, 20 juin 1541.

1541.

> *Enreg. à la Chambre des Comptes de Provence.*
> *Archives des Bouches-du-Rhône, B. 35 (Solis),*
> *fol. 134 v°.*
> *IMP. Pièce. Bibl. nat., Inv. Réserve, F. 618.*

11991. Lettres au sujet des droits de confiscation et d'aubaine en Provence. Châtellerault, 20 juin 1541.

20 juin.

> *Enreg. à la Chambre des Comptes de Provence.*
> *Archives des Bouches-du-Rhône, B. 35 (Solis),*
> *fol. 134. 1 page.*

11992. Déclaration portant règlement pour la réception des contrôleurs des aides et des tailles. Châtellerault, 20 juin 1541.

20 juin.

> *Enreg. à la Chambre des Comptes de Paris, anc.*
> *mém. 2 K, fol. 138. Arch. nat., invent. PP. 136,*
> *p. 495, et AD.IX 125, n° 18. (Mentions.)*

11993. Lettres accordant une augmentation de gages de 75 livres par an, en faveur des neuf conseillers lais du Parlement de Grenoble. Châtellerault, 20 juin 1541.

20 juin.

> *Enreg. au Parl. de Grenoble, le 11 juillet suivant.*
> *Arch. de l'Isère, Chambre des Comptes de Gre-*
> *noble, B. 2910, cah. 144. 4 pages.*
> *Enreg. à la Chambre des Comptes de Paris, anc.*
> *mém. 2 K, fol. 47. Arch. nat., invent. PP. 136,*
> *p. 495. (Mention.)*

11994. Lettres portant renvoi par-devant le grand maître des Eaux et forêts de Mathieu Curet (aliàs Cœuret), écuyer de cuisine du roi, de Jacques Curet, archer de la garde, de Jean Coulon, Jean Cordon et Jean Lemoyne, requérant mainlevée de bois sis dans la gruerie de Saint-Germain-en-Laye. Châtellerault, 20 juin 1541.

20 juin.

> *Enreg. à la Chambre des Eaux et forêts (siège de*
> *la Table de marbre), le 30 juin suivant. Arch. nat.,*
> *Z^1e 327, fol. 127 v°. 1 page.*

11995. Lettres de don à Guillaume du Maine, conseiller et aumônier du duc d'Orléans, de l'administration de la trésorerie de Saint-Hilaire-

20 juin.

le-Grand de Poitiers, vacante par la fuite   1541.
hors du royaume de Thomas de Dinteville.
Châtellerault, 20 juin 1541.

> *Copie du xviii⁰ siècle. Bibl. municip. de Poitiers,*
> *coll. dom Fonteneau, t. XII, p. 251.*

11996. Lettres confirmatives de l'exemption du ban et   21 juin.
de l'arrière-ban en faveur des conseillers et
autres officiers du Parlement de Paris. Châtellerault, 21 juin 1541.

> *Enreg. au Parl. de Paris, sans date. Arch. nat.,*
> X¹ᵃ 8613, fol. 279. 2 pages.
> *Bibl. nat., Ms. Moreau, t. 1392, fol. 14. (Men-*
> *tion.)*

11997. Mandement au trésorier de l'épargne de déli-   21 juin.
vrer à Bénigne Serre, receveur général des
finances, une somme de 358 livres 19 sous
6 deniers tournois pour les besoins de son
office et en particulier pour le payement des
bateaux qui, au mois de mai précédent, ont
transporté le roi par la Loire d'Amboise à
Tours. Châtellerault, 21 juin 1541.

> *Original. Bibl. nat., ms. fr. 25722, n° 654.*

11998. Mandement au trésorier de l'épargne de payer   21 juin.
à Michel de Barbançon, seigneur de Cany,
une somme de 225 livres tournois qui lui
est allouée pour un voyage de Châtellerault
à Ardres, où il va inspecter les fortifications.
Châtellerault, 21 juin 1541.

> *Original. Bibl. nat., ms. fr. 25722, n° 655.*

11999. Lettres ordonnant la publication des indul-   22 juin.
gences pour la restauration de l'église d'An-
gers, en partie détruite par un incendie.
22 juin 1541.

> *Bibl. nat., coll. de Touraine, t. IX, n° 4234.*
> *(Mention.)*

12000. Lettres de don fait par Charles de France, duc   25 juin.
d'Orléans, à Émilio Florano de la Cabriane,
d'une métairie, appelée «le Dhuis», dans la

IMPRIMERIE NATIONALE.

châtellenie de Vitry-aux-Loges. Chauvigny,
25 juin 1541.

> *Enreg. au Parl. de Paris, avec des lettres de confirmation d'Henri II, le 4 mai 1558. Arch. nat., X¹ᵃ 8621, fol. 437. 2 pages 1/2.*

12001. Provisions pour Étienne Jousselin, licencié ès
lois, de l'office de lieutenant général du
bailliage de Touraine, vacant par la promotion de Charles Chantecler à un office de
conseiller au Parlement de Paris. Lussac,
28 juin 1541.

> *Reçu au Parl. de Paris, le 20 juillet suivant. Arch. nat., X¹ᵃ 4913, Plaidoiries, fol. 46 r. (Mention.)*

28 juin.

12002. Lettres de rétablissement de la baronnie de
Civray en comté, avec adjonction des châtellenies d'Usson, de Melle, de Chizé et de Saint-Maixent, en faveur de Charles, duc d'Orléans, second fils du roi. Châtellerault, juin
1541.

> *Enreg. au Parl. de Paris, le 30 juin 1541. Arch. nat., X¹ᵃ 8613, fol. 276 v°. 4 pages.*
> *Arrêt d'enregistrement. Idem, X¹ᵃ 4913, Plaidoiries, fol. 333 v°.*
> *Enreg. à la Chambre des Comptes de Paris. Arch. nat., p. 2306, p. 827-832 et 845-846. 8 pages.*
> *Imp. Thibaudeau, Abrégé de l'histoire du Poitou, in-8°, t. III, p. 499.*

Juin.

12003. Édit de création d'un verdier général et réduction du nombre des sergents des Eaux et forêts, dans le duché de Bourbonnais. Châtellerault, juin 1541.

> *Enreg. à la Chambre des Eaux et forêts, le 15 mars 1542. Arch. nat., Z¹ᵉ 328, fol. 164. 7 pages.*
> *Enreg. au Parl. de Paris, sur mandement de Henri III, le 31 juillet 1577. Arch. nat., X¹ᵃ 8633, fol. 405. 8 pages.*
> *Enreg. à la Chambre des Comptes de Paris, le 13 mars 1542, anc. mém. coté 2 K, fol. 232. Arch. nat., invent. PP. 136, p. 495. (Mention.)*

Juin.

12004. Don à Jean de La Baume, comte de Montrevel, lieutenant général et gouverneur de Bresse, Bugey et Valromey, des biens de la

Juin.

succession de feu Amy Godard, homme de mainmorte et de serve condition. Châtellerault, juin 1541.

Enreg. à la Chancellerie de France. Arch. nat., Trésor des Chartes, JJ. 255¹, n° 5, fol. 2 v°. 1 page.

1541.

12005. Lettres de naturalité en faveur d'Auger de Albi, procureur au Parlement de Provence, habitant de la ville d'Aix, originaire d'auprès de Barcelonne. Châtellerault, juin 1541.

Juin.

Enreg. à la Chancellerie de France. Arch. nat., Trésor des Chartes, JJ. 255¹, n° 129, fol. 36, et n° 146, fol. 37 v°. (Mentions.)

12006. Lettres de naturalité en faveur de Claude Allez, dit Ribeyrier, habitant d'Arles, natif du diocèse de Belley. Châtellerault, juin 1541.

Juin.

Enreg. à la Chancellerie de France. Arch. nat., Trésor des Chartes, JJ. 255¹, n° 128, fol. 36, et n° 143, fol. 37. (Mentions.)

12007. Lettres de naturalité en faveur de Jean et d'Aignan Ardesson, natifs du diocèse d'Albenga en Italie, demeurant à Fréjus en Provence. Châtellerault, juin 1541.

Juin.

Enreg. à la Chancellerie de France. Arch. nat., Trésor des Chartes, JJ. 255¹, n°⁵ 120 et 121, fol. 35 r° et v°. (Mentions.)

12008. Lettres de naturalité en faveur de Jacques Courtin, de Porto-Maurizio, diocèse d'Albenga en Italie, habitant de Solliès en Provence. Châtellerault, juin 1541.

Juin.

Enreg. à la Chancellerie de France. Arch. nat., Trésor des Chartes, JJ. 255¹, n° 134, fol. 36 v°, et n° 139, fol. 37. (Mentions.)

12009. Lettres de naturalité en faveur de Pierre Pissarel, natif du diocèse d'Albenga en Italie, habitant du Puget en Provence. Châtellerault, juin 1541.

Juin.

Enreg. à la Chancellerie de France. Arch. nat., Trésor des Chartes, JJ. 255¹, n° 118, fol. 35. (Mention.)

12010. Lettres de naturalité en faveur de François
Rodulfi, marchand chaussetier, établi à Arles
depuis trente ans, natif du Piémont. Châtellerault, juin 1541.

1541.
Juin.

> *Enreg. à la Chancellerie de France. Arch. nat.,*
> *Trésor des Chartes, JJ, 255¹, n° 125, fol. 35 v°,*
> *et n° 140, fol. 37. (Mentions.)*

12011. Lettres d'abolition octroyées à Louis d'Aumalle,
écuyer, vicomte du Mont-Notre-Dame, poursuivi pour un meurtre. La Berlandière, juin
1541.

Juin.

> *Enreg. au Parl. de Paris, le 1ᵉʳ avril 1542 n. s.*
> *Arch. nat., X²ᵃ 92, reg. criminel non folioté (à la*
> *date). 5 pages.*

12012. Provisions en faveur de Jean Arnault, licencié
ès lois, sur la présentation du duc d'Orléans,
fils du roi, de l'office de juge des exempts et
cas royaux du comté de Civray, auquel il
n'avait encore été pourvu depuis l'érection
de ce comté. Laleu, 2 juillet 1541.

2 juillet.

> *Reçu au Parl. de Paris, le 8 août suivant. Arch.*
> *nat., X¹ᵃ 4913, Plaidoiries, fol. 547. (Mention.)*

12013. Mandement au trésorier de l'épargne de payer
à Jacques Simon une somme de 90 livres
tournois pour ses frais d'un voyage qu'il va
faire pour le roi, de Moulins en Allemagne.
Le Vigean, 4 juillet 1541.

4 juillet.

> *Original. Bibl. nat., ms. fr. 25722, n° 657.*

12014. Provisions en faveur de Just de Tournon de
l'office de sénéchal d'Auvergne, vacant par
le décès de Jean de Lévis, seigneur de Châteaumorant. Persac, 6 juillet 1541.

6 juillet.

> *Reçu le 22 août suivant, au Parl. de Paris. Arch.*
> *nat., X¹ᵃ 4913, Plaidoiries, fol. 619. (Mention.)*

12015. Mandement au trésorier de l'épargne de payer
à Claude Dodieu, seigneur d'« Espercieu », la
somme de 1,350 livres tournois qui lui est
allouée pour aller à Ratisbonne en Allemagne,
porter des lettres du roi à son oncle Claude
Dodieu, abbé de Saint-Riquier, ambassadeur

10 juillet.

auprès de l'empereur, et se rendre de là à
Milan. Le Blanc en Berry, 10 juillet 1541.

1541.

Original. Bibl. nat., ms. fr. 25722, n° 659.

12016. Déclaration portant règlement pour le cours
des deniers doubles et petits deniers tournois, frappés en exécution de l'ordonnance
du 19 mars 1541 n. s. (n° 11870), et pour
la fabrication de la menue monnaie. Le Bouchet, 12 juillet 1541.

12 juillet.

Enreg., le 5 août 1541, à la Cour des Monnaies.
Arch. nat., Z¹ᵇ 63, fol. 1. 2 pages.

12017. Lettres ordonnant l'ouverture de la Monnaie
de Turin, pour y fabriquer des écus d'or et
douzains aux coins et armes de France, et
autorisant provisoirement, pendant deux
mois, les menues monnaies en circulation
dans le Piémont. Le Bouchet, 12 juillet
1541.

12 juillet.

Original sur parchemin, dans les minutes d'or-
donnances de la Cour des Monnaies. Arch. nat.,
Z¹ᵇ 536.
Enreg. à ladite cour, le 5 août suivant. Arch. nat.,
Z¹ᵇ 63, fol. 2. 2 pages.
Imp. F. de Saulcy, Hist. numismatique du règne
de François Iᵉʳ. Paris, C. Van Peteghem, 1876,
in-4°, p. 254 [1].

12018. Lettres autorisant le cours des écus de Flandre,
malgré leur titre inférieur. Le Bouchet,
12 juillet 1541.

12 juillet.

Original sur parchemin, dans les minutes d'ordon-
nances de la Cour des Monnaies. Arch. nat., Z¹ᵇ 537.
Enreg. à la Cour des Monnaies, le 5 août 1541.
Arch. nat., Z¹ᵇ 63, fol. 3 v°. 2 pages.

12019. Lettres autorisant le cours, pendant deux mois,
des onzains fabriqués en Savoie, et portant
que, passé ce délai, ils seront décriés et in-
terdits. Le Bouchet, 12 juillet 1541.

12 juillet.

Original sur parchemin, dans les minutes d'or-
donnances de la Cour des Monnaies. Arch. nat.,
Z¹ᵇ 537.
Enreg. à la Cour des Monnaies, le 5 août 1541.
Arch. nat., Z¹ᵇ 63, fol. 4 v°. 2 pages.

[1] Sous la date inexacte du «Bourget, le 12ᵉ jour de juillet l'an de
grâce 1540».

12020. Lettres autorisant provisoirement le cours des
gros frappés en Lorraine, malgré leur titre
inférieur. Le Bouchet, 12 juillet 1541.

1541.
12 juillet.

> *Original sur parchemin, dans les minutes d'ordon-
> nances de la Cour des Monnaies. Arch. nat., Z¹ᵇ 537.
> Enreg. à la Cour des Monnaies, le 5 août 1541.
> Arch. nat., Z¹ᵇ 63, fol. 5 v°. 2 pages.*

12021. Mandement au trésorier de l'épargne de payer
une somme de 78 livres 15 sous tournois à
Bernard Belot, tenant la poste audit lieu de
« Belot » en Piémont, pour être venu au Bouchet, à la place d'un courrier de Rome qui
s'était cassé une jambe, porter des lettres au
roi. Le Bouchet, 12 juillet 1541.

12 juillet.

> *Original. Bibl. nat., ms. fr. 25722, n° 660.*

12022. Mandement au trésorier de l'épargne de payer
à Bastien Marmoulin, courrier de banque
demeurant à Lyon, une somme de 123 livres 15 sous tournois, pour être venu au
Bouchet porter au roi des lettres du lieutenant de la sénéchaussée de Lyon. Le Bouchet, 12 juillet 1541.

12 juillet.

> *Original. Bibl. nat., ms. fr. 25722, n° 661.*

12023. Mandement au trésorier de l'épargne de payer
une somme de 56 livres 5 sous tournois à
Claude de Grandval, piqueur de la fauconnerie royale, pour aller en Champagne vers
le duc de Guise, lui remettre deux « lasniers
et deux lasneretz », dont le roi lui fait don. Le
Bouchet, 13 juillet 1541.

13 juillet.

> *Original. Bibl. nat., ms. fr. 25722, n° 662.*

12024. Commission à Nicolas Picart pour tenir les
comptes des travaux du château de la Muette
dans la forêt de Saint-Germain, outre ceux
des bâtiments de Fontainebleau, Boulogne,
Villers-Cotterets, Saint-Germain-en-Laye,
Sénart et Dourdan, dont il était déjà chargé.
Châteauroux, 16 juillet 1541.

16 juillet.

> *Copie. Bibl. nat., ms. fr. 11179 (anc. suppl.
> fr. 336).*

IMP. L. de Laborde, *Les comptes des bâtiments du roi*. Paris, in-8°, 1877, t. I, p. 214.

1541.

12025. Provisions en faveur de Geoffroy Pastoureau, licencié ès lois, sur la présentation du duc d'Orléans et de Châtellerault, de l'office de juge des exempts et cas royaux du duché de Châtellerault. Châteauroux, 16 juillet 1541.

16 juillet.

> Reçu au Parl. de Paris, le 24 novembre 1541. *Arch. nat.*, X¹ª 4914, Plaidoiries, fol. 24 v°. (*Mention.*)

12026. Mandement au trésorier de l'épargne de payer une somme de 45 livres tournois à Nicolas d'Herbouville, archer de la garde, pour aller de Châteauroux en Saintonge prendre la compagnie du comte de Buzançais, amiral de France, et la conduire en Bourgogne. Châteauroux, 17 juillet 1541.

17 juillet.

> *Original. Bibl. nat.*, ms. fr. 25722, n° 663.

12027. Mandement à Nicolas de Troyes, argentier du roi, de payer à Robert Fichepain et ses associés, marchands fournisseurs du roi, la somme de 19,495 livres 12 sous 3 deniers tournois pour draps d'or et de soie, toiles d'or et d'argent, etc., livrés à l'argenterie en 1539 et 1540, lors du séjour de l'empereur à la cour de France, et à l'occasion de mariages de demoiselles de la reine, de mascarades, etc. Châtellerault (*sic*), 17 juillet 1541.

17 juillet.

> *Arch. nat.*, *Comptes de l'argenterie*, KK. 92, fol. 293 v°. (*Mention.*)

12028. Mandement à l'argentier du roi, Nicolas de Troyes, de payer à Gabriel Hardouineau, mercier suivant la cour, la somme de 127 livres 8 sous 4 deniers tournois qui lui restait due des années 1521 et 1522, Jean Teste, puis Marc Delarue étant argentiers. Châteauroux, 17 juillet 1541.

17 juillet.

1541.

12029. Lettres portant règlement pour l'exécution de
la déclaration du 12 juin 1540 (n° 11527),
concernant les gages des quatre huissiers du
Parlement de Grenoble, créés par édit de
novembre 1539 (n° 11297). Paris, 20 juillet
1541.

20 juillet.

> *Enreg. à la Chambre des Comptes de Grenoble, le
> 30 juillet 1541.*
> IMP. G. Blanchard, *Compilation chronolo-
> gique, etc.* Paris, 1715, in-fol., t. I, col. 539. (*Men-
> tion.*)

12030. Mandement au trésorier de l'épargne de payer
à Claude Dodieu, ambassadeur auprès de l'empereur, 3,600 livres pour cent quatre-vingts
jours d'exercice de sa charge, du 24 juin
au 20 décembre 1541. Châtellerault (*sic*),
21 juillet 1541.

21 juillet.

> *Bibl. nat., ms. Clairambault 1215, fol. 79.
> (Mention.)*

12031. Mandement au trésorier de l'épargne de payer
une somme de 180 livres tournois à Joseph
de Boniface, capitaine de gens de pied, envoyé par le roi en Provence. La Chaussière,
27 juillet 1541.

27 juillet.

> *Original. Bibl. nat., ms. fr. 25722, n° 664.*

12032. Ordonnance pour la tenue des Grands jours à
Poitiers, du 9 septembre au 10 novembre
1541, leur ressort devant comprendre le
Poitou, l'Anjou, le Maine, l'Angoumois, la
haute et basse Marche, le gouvernement de
la Rochelle, la Touraine, le Berry, Blois, le
Loudunais et le Perche. Bourbon, 28 juillet
1541.

28 juillet.

> *Enreg. au Parl. de Paris, le 2 août 1541. Arch.
> nat., X¹ᵃ 8613, fol. 297. 4 pages.*

12033. Lettres commettant et déléguant, pour tenir
les Grands jours à Nîmes, Jean de Mansencal,
premier président au Parlement de Tou-

28 juillet.

louse, Jean Robert, Pierre de Lagarde, Jean
Bosquet, Jean de L'Hôpital, François de
Nupas, Guillaume de Lamamie, Antoine de
Paulo, Jean d'Aussonne, Odard d'Aries, Gué-
rin d'Alzon, Guillaume de Durfort et Arnaud
de Saint-Pierre, conseillers en ladite cour.
Bourbon, 28 juillet 1541.

> *Enreg. au Parl. de Toulouse. Arch. de la Haute-*
> *Garonne, Édits, reg. 4, fol. 222. 1 page 1/2.*
> *Imp. Dom Vaissète, Hist. générale de Languedoc.*
> *Paris, in-fol., 1745, t. V, Preuves, col. 99.*

12034. Lettres portant règlement pour la convocation
du ban et de l'arrière-ban en Dauphiné.
Moulins, 29 juillet 1541. 29 juillet.

> *Enreg. au Parl. de Grenoble. Arch. de l'Isère,*
> *B. 2334, fol. 85. 1 page.*

12035. Lettres portant ordre de lever une décime par
forme de don gratuit, sur une année du revenu du clergé du diocèse de Lodève. Moulins, 31 juillet 1541. 31 juillet.

> *Original. Arch. nat., K. 87, n° 18.*

12036. Mandement au cardinal Du Bellay, évêque de
Paris, d'obtenir de son clergé et de faire
lever une décime, pour la fin de la présente
année. Moulins, 31 juillet 1541. 31 juillet.

> *Original. Bibl. nat., ms. fr. 25722, n° 665.*

12037. Mandement au cardinal de Lenoncourt, évêque
de Châlons, d'obtenir de son clergé et de
faire lever une décime, pour la fin de la présente année. Moulins, 31 juillet 1541. 31 juillet.

> *Original. Bibl. nat., ms. fr. 25722, n° 667.*

12038. Mandement à l'archevêque de Vienne, d'obtenir
de son clergé et de faire lever une décime,
pour la fin de la présente année. Moulins,
31 juillet 1541. 31 juillet.

> *Original. Bibl. nat., ms. fr. 25722, n° 666.*

12039. Lettres d'abolition en faveur de Palamèdes
Gontier, secrétaire du roi, greffier de l'amirauté sous Philippe Chabot, impliqué dans
le procès de l'amiral. Moulins, 31 juillet
1541. 31 juillet.

1541.

Minute. Bibl. nat., ms. fr. 3873, fol. 48.
Copie du xvi⁰ siècle. Bibl. nat., ms. fr. 3873,
fol. 46.

1541.

12040. Don à Pierre de Montçaux (*aliàs* Monceaux),
valet de pied du roi, d'une maison sise au
Bourgneuf-lès-Blois et de la moitié des biens
meubles de feu Henriette Regnault, femme
de Jean Mestivier, décédée sans hoirs, lesdits
biens et maison adjugés au roi par sentence
du bailli de Blois, dès l'an 1531. Lussac, juillet 1541.

Juillet.

> *Enreg. à la Chancellerie de France. Arch. nat.,
> Trésor des Chartes,* JJ. 256¹, n° 108, fol. 41.
> 1 page.
> *Enreg. à la Chambre des Comptes de Blois, le
> 21 mai 1542. Arch. nat.,* KK. 897, fol. 318.

12041. Lettres de naturalité en faveur de Jean de Bourg,
marchand natif de Carpentras, fils et cohéri-
tier de feu Gallus de Bourg, de Carpentras,
et de Catherine Prevost, de Cavaillon, demeurant à Aix en Provence. Châtellerault,
juillet[1] 1541.

Juillet.

> *Enreg. à la Chancellerie de France. Arch. nat.,
> Trésor des Chartes,* JJ. 255¹, n° 130, fol. 36.
> (*Mention.*)

12042. Lettres de naturalité en faveur d'Aimé Pellier,
dit le Courbe, natif du diocèse de Genève,
demeurant à Arles depuis trente ans. Châtellerault, juillet 1541.

Juillet.

> *Enreg. à la Chancellerie de France. Arch. nat.,
> Trésor des Chartes,* JJ. 255¹, n° 126, fol. 35 v°,
> et n° 141, fol. 37. (*Mentions.*)

12043. Lettres de naturalité en faveur de Jacques
Sasso, natif de Bonifacio en Corse, habitant
Marseille depuis trente ans. Châtellerault,
juillet 1541.

Juillet.

> *Enreg. à la Chancellerie de France. Arch. nat.,
> Trésor des Chartes,* JJ. 255¹, n° 131, fol. 36 v°.
> (*Mention.*)

[1] *Aliàs* «juin» (JJ. 255¹, n° 145, fol. 37 v°).

12044. Édit de création d'un office de lieutenant, d'un de procureur du roi, d'un de greffier et de trois sergents en la juridiction des Eaux et forêts de Poitou. Juillet 1541.

> *Enreg. à la Chambre des Comptes de Paris, le 28 avril 1543*, anc. mém., 2 L, fol. 13. *Arch. nat.*, invent. PP, 119, p. 2, et PP. 136, p. 496; AD.IX 152, n° 19. (*Mentions.*)

1541. Juillet.

12045. Lettres permettant à toute personne, aux étrangers comme aux sujets du roi, d'exporter du blé hors du comté de Provence, en payant certains droits déterminés. Moulins, 1er août 1541.

> *Enreg. à la Chambre des Comptes de Provence. Archives des Bouches-du-Rhône*, B. 35 (*Solis*), fol. 102. 2 pages.

1er août.

12046. Mandement au trésorier de l'épargne de payer une somme de 112 livres 10 sous tournois à François de Cadenet, médecin du comte Guillaume de Furstemberg, que le roi charge d'une mission auprès de son maître. Moulins, 2 août 1541.

> *Original. Bibl. nat.*, ms. fr. 25722, n° 668.

2 août.

12047. Mandement au trésorier de l'épargne de payer une somme de 360 livres tournois à Arcangelo Sacquetto, gentilhomme italien, chargé par le roi d'une mission auprès de divers personnages d'Italie. Moulins, 2 août 1541.

> *Original. Bibl. nat.*, ms. fr. 25722, n° 669.

2 août,

12048. Provisions pour Jacques Lelieur, avocat en Parlement, d'un office de conseiller correcteur en la Chambre des Comptes de Paris, en remplacement de Simon Teste. Moulins, 2 août 1541.

> *Reçu à la Chambre des Comptes, le 15 septembre suivant*, anc. mém. 2 K, fol. 56. *Arch. nat.*, P. 2306, p. 979. 2 pages.

2 août.

12049. Lettres portant que Guillaume Prudhomme, seigneur de Fontenay-en-Brie, a rendu foi et hommage au roi pour les terres et seigneuries

3 août.

des Essergens, du Pré-Gontier, de la Bourgo-
gnerie et de la Motte-Grappin, relevant de la
châtellenie de Tournan en Brie. Paris (*sic*),
3 août 1541.

Enreg. au Châtelet de Paris, Bannières. Arch.
nat., Y. 9, fol. 225. 2 pages.

1541.

12050. Mandement à la Chambre des Comptes de
Paris de faire rembourser Nicolas Hurault,
conseiller au Parlement de Paris, d'une
somme de 4,500 livres qu'il avait prêtée au
roi. Moulins, 4 août 1541.

4 août.

Enreg. à la Chambre des Comptes de Paris, le
25 août suivant, Arch. nat., P. 2537, fol. 337 v°.
(Arrêt d'enregistrement.)

12051. Mandement au trésorier de l'épargne de payer
une somme de 675 livres tournois à Louis
de Lestrange, panetier ordinaire du roi,
envoyé de Moulins vers divers personnages
d'Allemagne et en particulier vers le duc de
Clèves. Moulins, 4 août 1541.

4 août.

Original. Bibl. nat., ms. fr. 25722, n° 670.

12052. Mandement au trésorier de l'épargne de payer
à Trajan et à Jules Caraccioli, fils du prince
de Melphe, la somme de 600 livres tournois, pour le premier semestre de la pension
annuelle de 600 livres que le roi fait à chacun d'eux. Moulins, 5 août 1541.

5 août.

Original. Bibl. nat., ms. fr. 25722, n° 671.

12053. Mandement au trésorier de l'épargne de payer
une somme de 45 livres tournois à Jean de
Boisbaudry, serviteur du duc de Wurtemberg, chargé par le roi d'une mission auprès
de certains personnages d'Allemagne. Moulins, 5 août 1541.

5 août.

Original. Bibl. nat., ms. fr. 25722, n° 672.

12054. Lettres de jussion pour l'enregistrement du
don fait, le 21 décembre 1540 (n° 11770),
à François de Francheville des droits et émo-

6 août.

luments de la geôle du palais de Poitiers, sa   1541.
vie durant. 6 août 1541.

Enreg. à la Chambre des Comptes de Paris, le
4 avril 1542 n. s., anc. mém. 2 K, fol. 111.
Arch. nat., invent. PP. 136, p. 489. (Mention.)

12055. Mandement au trésorier de l'épargne de payer   7 août.
une somme de 1,350 livres tournois à James
de Saint-Julien, seigneur dudit lieu, envoyé
par le roi vers divers capitaines et personnages d'Allemagne. Moulins, 7 août 1541.

Original. Bibl. nat., ms. fr. 25722, n° 673.

12056. Mandement au trésorier de l'épargne de payer   7 août.
une somme de 94 livres 10 sous tournois à
Michel Berlant, chevaucheur de l'écurie du
roi, pour un voyage qu'il a fait de la Chaussière à Paris et de là à Chantilly, pour remettre au connétable de Montmorency, à
Nicolas de Neufville et à Guillaume Prudhomme, des lettres du roi, leur donnant
commission d'ouvrir le coffre du trésor royal
au Louvre et d'y prendre une somme déterminée. Moulins, 7 août 1541.

Original. Bibl. nat., ms. fr. 25722, n° 674.

12057. Lettres d'ampliation de pouvoirs et commis-   8 août.
sion générale pour les officiers du Parlement
de Paris, chargés de tenir les Grands jours
à Poitiers, du 9 septembre au 10 novembre
1541. Moulins, 8 août 1541.

Enreg. au Parl. de Paris, le 22 août 1541.
Arch. nat., X¹ᵃ 8613, fol. 296, 2 pages.
Arrêt d'enregistrement. Idem, X¹ᵃ 4913, Plai-
doiries, fol. 619 v°.

12058. Lettres d'évocation et renvoi par-devant le   8 août.
chancelier de France d'un appel interjeté de
Jean Morin, lieutenant criminel de la prévôté de Paris, au Parlement par Jean de Ha-
bacq, écuyer, sᵣ de Brun. 8 août 1541.

Présentées au Parl. de Paris, le 18 août suivant.
Arch. nat., X¹ᵃ 1547, reg. du Conseil, fol. 251.
(Mention.)

12059. Continuation de l'octroi de l'apetissement de la
pinte de vin, en faveur des habitants de la
ville de Montargis. Moulins, 8 août 1541.

1541.
8 août.

> *Original. Arch. municip. de Montargis, CC. 11.*

12060. Provisions pour Jacques de Varade, avocat au
Parlement de Paris, d'un office de conseiller
clerc en ladite cour, vacant par suite du
décès de Nicole Brachet. Chevagnes, 10 août
1541.

10 août.

> *Réception au Parl. de Paris, le 23 août suivant.
> Arch. nat., X[1a] 1547, reg. du Conseil, fol. 283.
> (Mention.)*

12061. Provisions de l'office de lieutenant général en
Guyenne, en faveur de Jacques de Ge-
nouilhac, seigneur d'Assier, grand écuyer et
maître de l'artillerie, au lieu et durant l'absence du roi de Navarre, gouverneur. Chevagnes, 12 août 1541.

12 août.

> *Enreg. au Parl. de Bordeaux, le 19 septembre
> 1541. Arch. de la Gironde, B. 31, fol. 136 v°.
> 3 pages.*

12062. Provisions en faveur du chevalier de Montpezat, de l'état et office de lieutenant général pour le roi en Languedoc. Chevagnes,
12 août 1541.

12 août.

> *Copie du xvie siècle. Arch. de la ville de Nar-
> bonne, AA. 105, fol. 114 v°.*

12063. Mandement à Jean Duval, trésorier de l'épargne, de payer à Pierre de Bourdic, s[r] de Villeneuve, valet de chambre ordinaire du roi,
450 livres tournois pour se rendre de suite
en Languedoc, où le roi le dépêche en qualité de commissaire à faire la montre des
6,000 légionnaires levés en ce pays. Chevagnes, 12 août 1541.

12 août.

> *Original. Bibl. nat., Nouv. acquisitions fran-
> çaises, ms. 1483, n° 70.*

12064. Provisions en faveur du seigneur de Grignan

15 août.

de la charge de lieutenant général en Provence. Bourbon-Lancy, 15 août 1541.

1541

Copie collationnée du xvi° siècle. Bibl. nat.;
Pièces orig., Grignan, vol. 1409, p. 12.

12065. Nomination de Benoit Bonot, prêtre, comme
chapelain de la chapelle de Saint-Louis, fon-
dée au château de Mâcon. Bourbon-Lancy,
17 août 1541.

17 août.

Vidimus du xvi° siècle. Arch. de la Côte-d'or,
B. 11619.

12066. Mandement au bailli de Dijon de convoquer
les officiers, domestiques, gentilshommes et
archers de la garde pour se trouver armés
et équipés, le 15 septembre, à Villefranche.
Bourbon-Lancy, 17 août 1541.

17 août.

Original. Arch. munic. de Dijon, A, bailliage.

12067. Provisions en faveur de Noël Brulart, avocat
au Parlement de Paris, de l'office de procureur général du roi près ladite cour, en
remplacement de Nicole Thibault, décédé.
Bourbon[-Lancy], 18 août 1541.

18 août.

Réception au Parl. de Paris, le 29 août suivant.
Arch. nat., X¹ᵃ 1547, reg. du Conseil, fol. 309 v°.
(Mention.)

12068. Provisions en faveur de Gilles Le Maistre de l'office d'avocat général clerc du roi au Parlement de Paris, en remplacement de Nicolas
Cappel, décédé. Bourbon[-Lancy], 18 août
1541.

18 août.

Réception au Parl., le 29 août suivant. Arch. nat.,
X¹ᵃ 1547, reg. du Conseil, fol. 309 v°. (Mention.)

12069. Lettres de dispense accordées à Gilles Le
Maistre pour exercer ledit office d'avocat gé-
néral clerc, bien qu'il fût marié. Bourbon
[-Lancy], 18 août 1541.

18 août.

Présentées au Parl. de Paris, le 29 août suivant.
Arch. nat., X¹ᵃ 1547, reg. du Conseil, fol. 309 v°.
(Mention.)

12070. Mandement au trésorier de l'épargne de payer
à Guillaume Pellissier, évêque de Montpellier et ambassadeur à Venise, la somme de

21 août.

2,515 livres tournois pour ses gages, du
1er juillet au 31 décembre 1541, et pour les
autres besoins de sa charge. Decize, 21 août
1541.

> Original. Bibl. nat., ms. fr. 25722, n° 675.
> Bibl. nat., ms. Clairambault 1215, fol. 79.
> (Mention.)

1541.

12071. Mandement au trésorier de l'épargne de délivrer à Bénigne Serre, receveur général des
finances, une somme de 1,000 livres tournois pour le payement des menus voyages que
font les chevaucheurs de l'écurie du roi. Decize, 21 août 1541.

> Original. Bibl. nat., ms. fr. 25722, n° 676.

21 août.

12072. Mandement au trésorier de l'épargne de payer
à Charles de Marillac, ambassadeur en Angleterre, 2,170 livres pour ce qui lui sera dû
jusqu'au 31 décembre 1541. Decize, 21 août
1541.

> Bibl. nat., ms. Clairambault 1215, fol. 79 v°.
> (Mention.)

21 août.

12073. Lettres notifiant la prestation d'hommage pour
la seigneurie de Saligny faite au roi par
Lourdin de Saligny. Chevagnes, 23 août
1541.

> Imp. Du Bouchet, Preuves de l'Hist. généal. de
> la maison de Coligny. Paris, Dupuis, 1662, in-fol.,
> p. 1166.

23 août.

12074. Déclaration portant règlement pour la signature des lettres d'office. 23 août 1541.

> Enreg. à la Chambre des Comptes de Paris,
> anc. mém. 2 K, fol. 131.
> Imp. G. Blanchard, Compilation chronolo-
> gique, etc. Paris, 1715, in-fol., t. I, col. 540.
> (Mention.)

23 août.

12075. Lettres relatives aux gages des officiers de la
chambre des vacations au Parlement de Toulouse, avec consentements fournis par les
généraux des finances à l'assignation desdits
gages, par le trésorier de l'épargne, le 6 septembre 1541, et par le trésorier de France,

24 août.

le 7 septembre de la même année. Moulins, 1541.
24 août 1541.

> *Enreg. au Parl. de Toulouse. Arch. de la Haute-Garonne, Édits, reg. 4, fol. 225. 1 page.*

12076. Mandement de payer à Nicolas Le Jay 200 écus   25 août.
d'or, pour diverses expéditions d'actes sous
le général des finances de Normandie. Chevagnes, 25 août 1541.

> *Original. British Museum de Londres, Add. Charters 3273.*

12077. Lettres taxant à 180,655 livres 6 sous 2 deniers   26 août.
tournois le pays et élection de Poitou pour
sa contribution à la taille imposée sur le
royaume pour l'année prochaine, et montant
à 2,400,000 livres tournois. 26 août 1541 [1].

> *Imp. Thibaudeau, Abrégé de l'hist. du Poitou. In-8°, t. IV, p. 375.*

12078. Mandement aux élus du Lyonnais, leur faisant   27 août.
savoir qu'ils ont à lever dans leur élection
une augmentation de taille de 5,868 livres
3 sous 1 denier tournois, Chevagnes, 27 août
1541.

> *Copie du XVI° siècle. Bibl. nat., ms. fr. 2702, fol. 225.*

12079. Provisions pour Élie Odeau, secrétaire et clerc   27 août.
d'office de la dauphine, de la charge de gref-
fier du bailliage de Touraine au siège de
Loches, vacante par suite de la résignation
de Pierre Forget. Chevagnes, 27 août 1541.

> *Original. Bibl. nat., ms. fr. 25722, n° 677.*

12080. Pouvoirs des commissaires du roi aux États de   28 août.
Languedoc, qui s'assembleront à Montpellier
le 20 septembre 1541. Chevagnes, 28 août
1541.

> *Copie du XVI° siècle. Arch. départ. de l'Hérault, C. États de Languedoc, Procès-verbaux, 1541. 4 pages.*

12081. Mandement à Jean Duval, trésorier de l'épargne,   29 août.

---

[1] Le lieu de la date manque.

de payer à Ulrich Chelius, Allemand, docteur en médecine, 675 livres tournois que le roi lui a données en récompense des services qu'il a rendus en Allemagne. Jaligny, 29 août 1541.

> *Original. Bibl. nat., Nouv. acquisitions françaises, ms. 1483, n° 69.*

1541.

12082. Ordonnance portant règlement pour la gabelle en Bretagne. Jaligny, 30 août 1541.

> *Enreg. à la Chambre des Comptes de Bretagne. Archives de la Loire-Inférieure, B. Mandements royaux, II, fol. 225.*

30 août.

12083. Lettres portant règlement pour les droits des présidents, généraux et greffier des Monnaies sur les deniers des boîtes, et fixant une allocation pour leurs chevauchées. Jaligny, 31 août 1541.

> *Enreg. à la Cour des Monnaies. Archives nat., Z^{1b} 63, fol. 15 v°. 3 pages.*
> *Copie collationnée à l'original, dans les minutes d'ordonnances de la Cour des Monnaies. Arch. nat., Z^{1b} 537.*
> *Enreg. à la Chambre des Comptes de Paris, le 21 novembre 1541, anc. mém. 2 K, fol. 62. Arch. nat., invent. PP. 136, p. 497. (Mention.)*
> *Imp. Germain Constans, Traité de la Cour des Monnoies, etc. Paris, Cramoisy, 1658, in-fol., Preuves, p. 88.*

31 août.

12084. Lettres autorisant les gens des États de Bourgogne à se fournir de sel dans les salines du royaume, en acquittant le droit de gabelle. Jaligny, 31 août 1541.

> *Enreg. à la Chambre des Comptes de Dijon, le 18 septembre suivant. Arch. de la Côte-d'Or, reg. B 20, fol. 70.*
> *Imp. Recueil des édits et ordonnances des États de Bourgogne. In-4°, t. I, p. 412.*

31 août.

12085. Ordonnance portant règlement de fonctions pour les enquêteurs examinateurs, créés dans les bailliages et sénéchaussées du royaume. Moulins, août 1541.

> *Enreg. à la Chancellerie de France. Arch. nat., Trésor des Chartes, JJ. 255¹, n° 158, fol. 38 v°. 1 page.*

Août.

12086. Confirmation des privilèges, franchises et libertés des habitants de Moulins. Moulins,
août 1541.

> Enreg. à la Chancellerie de France. Arch. nat.,
> Trésor des Chartes, JJ. 255¹, n° 162, fol. 41.
> 1 page.

1541.
Août.

12087. Établissement de trois foires annuelles et d'un
marché hebdomadaire à Cui (Normandie),
en faveur de Charles de Couesmes, baron
de Lucé. Moulins, août 1541.

> Enreg. à la Chancellerie de France. Arch. nat.,
> Trésor des Chartes, JJ. 255¹, n° 163, fol. 41 v°.
> 1 page.

Août.

12088. Lettres de création de deux foires par an à
Pompignan en la sénéchaussée de Beaucaire
et de Nîmes, données à la requête de Jacques
Allemand, seigneur de Mirabel et coseigneur
de Pompignan. Moulins, août 1541.

> Enreg. à la Chancellerie de France. Arch. nat.,
> Trésor des Chartes, JJ. 255¹, n° 96, fol. 32 v°.
> 1 page.

Août.

12089. Lettres de légitimation accordées à Jean de
Sully, fils naturel de Guillaume de Sully et
de Marguerite Prost, natifs du duché de
Bourgogne. Moulins, août 1541.

> Enreg. à la Chancellerie de France. Arch. nat.,
> Trésor des Chartes, JJ. 255¹, n° 92, fol. 30 v°.
> 1 page.
> Enreg. à la Chambre des Comptes de Dijon, le
> 6 septembre 1541. Arch. de la Côte-d'Or, B. 72,
> fol. 162. 1 page.

Août.

12090. Lettres de naturalité en faveur de Macé de Caprilis, prêtre, natif du duché de Milan, sacristain de l'église de Fréjus. Moulins, août
1541.

> Enreg. à la Chancellerie de France. Arch. nat.,
> Trésor des Chartes, JJ. 255¹, n° 115, fol. 35. (Men
> tion.)

Août.

12091. Lettres de naturalité en faveur de Joseph Della
Sede et de Jéronime Cutin, sa femme, natifs

Août.

30.

de Pise, établis à Marseille. Moulins, août   1541.
1541.

> *Enreg. à la Chancellerie de France. Arch. nat.,*
> *Trésor des Chartes, JJ. 255¹, n° 98, fol. 33 v°.*
> *1/2 page.*

12092. Ordonnance portant création de trois gardes   Août.
pour les forêts de Tronçais, Dreuille, Gros-
bois et Messarges, dans le duché de Bourbonnais. Bourbon-Lancy, août 1541.

> *Enreg. à la Chambre des Eaux et forêts (siège de*
> *la Table de marbre), le 5 juillet 1542. Arch. nat.,*
> *Eaux et forêts, Z¹ᵉ 328, fol. 39 v°. 2 pages.*
> *Enreg. à la Chambre des Comptes de Paris,*
> *anc. mém. 2 K, fol. 125. Arch. nat., invent. PP.*
> *136, p. 497. (Mention.)*

12093. Établissement de deux foires par an et d'un   Août.
marché, chaque semaine, à Nyons. Bourbon-
Lancy, août 1541.

> *Original. Arch. municipales de Nyons (Drôme),*
> *HH. 1.*
> *Enreg. à la Chambre des Comptes de Grenoble, le*
> *13 février 1542. Arch. de l'Isère, B. 2911, cah. 36.*
> *5 pages.*
> *Copie. Arch. départ. de la Drôme, E. 4926.*

12094. Lettres portant distraction des châtellenies de   Août.
Bellac, de Rancon et de Champagnac du
duché de Châtellerault, auquel elles avaient
été unies par celles de février 1515 n. s.
(n° 106), et réunion desdites terres au comté
de la basse Marche, en faveur de Charles,
duc d'Orléans, second fils du roi. Decize,
août 1541.

> *Enreg. au Parl. de Paris, le 7 septembre 1541.*
> *Arch. nat., X¹ᵃ 8613, fol. 285. 2 pages 1/2.*
> *Arrêt d'enregistrement. Idem, X¹ᵃ 4913, Plai-*
> *doiries, fol. 657.*
> *Copie collationnée du xvɪᵉ siècle. Arch. nat.,*
> *suppl. du Trésor des Chartes, J. 954, n° 30.*

12095. Lettres de naturalité en faveur de Barthélemy   Août.
Asquier, natif du comté de Nice, demeurant
à Vallauris en Provence. Decize, août 1541.

> *Enreg. à la Chancellerie de France. Arch. nat.,*
> *Trésor des Chartes, JJ. 255¹, n° 106, fol. 34.*
> *(Mention.)*

12096. Lettres de naturalité en faveur de Jacques Do- 1541.
melin, natif du comté de Nice, demeurant à Août.
Vallauris en Provence. Decize, août 1541.

Enreg. à la Chancellerie de France. Arch. nat.,
Trésor des Chartes, JJ. 255¹, n° 107, fol. 34.
(Mention.)

12097. Lettres de naturalité en faveur de François Août.
Lansse, natif de Tende, demeurant à An-
tibes. Decize, août 1541.

Enreg. à la Chancellerie de France. Arch. nat.,
Trésor des Chartes, JJ. 255¹, n° 109, fol. 34 v°.
(Mention.)

12098. Lettres de naturalité en faveur d'Antoine Ro- Août.
beco, natif du pays de Gênes, demeurant à
Antibes. Decize, août 1541.

Enreg. à la Chancellerie de France. Arch. nat.,
Trésor des Chartes, JJ. 255¹, n° 105, fol. 34.
(Mention.)

12099. Lettres de naturalité en faveur d'Antoine Sin- Août.
gas, natif d'« Anduze, près nostre pays de Pied-
mont », établi à Toulon depuis vingt-cinq ans.
« Breulhes », août 1541.

Enreg. à la Chancellerie de France. Arch. nat.,
Trésor des Chartes, JJ. 255¹, n° 155, fol. 38 v°.
(Mention.)

12100. Permission octroyée à Jean-Jacques de Mesmes, Août.
seigneur de Roissy, d'élever un moulin à vent
à Roissy, pour l'usage des habitants de cette
seigneurie, qui étaient obligés de faire
moudre leurs blés aux moulins de Gonesse.
Jaligny, août 1541.

Enreg. à la Chambre des Comptes de Paris, le
4 octobre 1541. Arch. nat., P. 2306, p. 983.
9 pages.
Enreg. au Châtelet de Paris, le 11 février 1542
n. s. Arch. nat., Bannières, Y. 9, fol. 239. 5 pages.

12101. Lettres de don à Jean de Silly, archer des toiles Août.
de chasse du roi, des biens meubles et im-
meubles de feu Jean Girard, chanoine d'An-
dely, natif d'Avignon, non naturalisé, échus

au roi par droit d'aubaine. Jaligny, août 1541. : 1541.

Enreg. à la Chancellerie de France. Arch. nat.,
Trésor des Chartes, JJ. 255[1], n° 192, fol. 53 v°.
1 page 1/2.

12102. Lettres de don à David Moray, archer de la   Août.
garde écossaise sous le commandement du
s[r] d'Aubigny, des biens provenant de la succession de Robert Rynd, Écossais, échus au
roi par droit d'aubaine et sentence du lieutenant du bailli de Caux, à Arques. Jaligny,
août 1541.

Enreg. à la Chancellerie de France. Arch. nat.,
Trésor des Chartes, JJ. 255[1], n° 249, fol. 74.
1 page.
Enreg. à la Chambre des Comptes de Paris, le
30 septembre 1541, anc. mém. 2 K, fol. 57.
Arch. nat., invent. PP. 136, p. 497. (Mention.)

12103. Lettres autorisant les notaires du Châtelet de   1er septembre.
Paris à faire grossoyer, de la main de leurs
clercs, les contrats passés par eux, à charge
de les collationner sur leurs registres rigoureusement tenus. Jaligny, 1er septembre
1541.

Enreg. au Châtelet de Paris, Bannières. Arch.
nat., Y. 9, fol. 245 v°. 2 pages.
IMP. G. Lévesque, Chartres, lettres, titres et
arrests de l'antiquité, etc., des notaires et gardes
nottes du Roy au Chastelet de Paris. Paris, 1663,
in-4°, p. 141.
S.-F. Langloix, Traité des droits, privilèges et
fonctions des notaires, gardes-notes, etc. Paris,
1738, in-4°, p. 22.

12104. Don à Philippe de Laloue, gentilhomme de la   5 septembre.
vénerie du roi, de la somme de 900 livres
tournois, pour le dédommager des dépenses
qu'il fait pour l'entretien d'une bande de
chiens, non comprise dans l'état de la vénerie. Cluny, 5 septembre 1541.

Original. Bibl. nat., ms. fr. 25722, n° 679.

12105. Don à Antoine Delahaye, organiste ordinaire   5 septembre.
du roi, d'une somme de 112 livres 10 sous
tournois en plus de ses gages, pour l'aider à

supporter des frais de maladie. Cluny, 5 septembre 1541.

1541.

Original. Bibl. nat., ms. fr. 25722, n° 680.

12106. Mandement au trésorier de l'épargne de payer
à Louis de Lestrange, panetier ordinaire du
roi, chargé d'une mission auprès du duc de
Clèves et d'autres personnages d'Allemagne,
une somme de 450 livres tournois en plus
de celle qui lui a déjà été allouée. Mâcon,
7 septembre 1541.

7 septembre.

Original. Bibl. nat., ms. fr. 25722, n° 681.

12107. Mandement au trésorier de l'épargne de payer
à Laurent Delomast, serviteur du duc de
Ferrare, une somme de 225 livres tournois
dont il lui est fait don pour quatorze laniers
qu'il est venu porter au roi de la part de son
maître. L'Abergement, 11 septembre 1541.

11 septembre.

Original. Bibl. nat., ms. fr. 25722, n° 682.

12108. Mandement au trésorier de l'épargne de payer
à Jean Godet, commis au payement de l'extraordinaire des guerres, une somme de
600 livres tournois qu'il doit donner, pour
ses dépenses, au sr de Montpezat, lieutenant
général en Languedoc. Saint-Trivier-en-
Dombes, 13 septembre 1541.

13 septembre.

Original. Bibl. nat., ms. fr. 25722, n° 683.

12109. Lettres accordant aux Génois la permission
de voyager, séjourner et trafiquer dans le
royaume. 15 septembre 1541.

15 septembre.

*Mentionnées dans des lettres de juillet 1542, en
faveur de J.-B. Cibo. Arch. nat., Trésor des Chartes,
JJ. 256¹, n° 179, fol. 62 v°.*

12110. Mandement aux trésoriers de France de faire
payer comptant par le receveur ordinaire du
Poitou, à Charles de Merlier, échanson ordinaire de Marguerite de France, le produit
des lods et ventes de la seigneurie de Cloué.
Pont-d'Ain, 18 septembre 1541.

18 septembre.

Original. Bibl. nat., ms. fr. 25722, n° 684.

12111. Mandement au trésorier de l'épargne de payer

18 septembre.

à Jean Cotel, serviteur du s^r de Boisrigault, 1541.
ambassadeur en Suisse, une somme de
22 livres 10 sous tournois dont le roi lui
fait don, pour deux aigles qu'il est venu lui
porter à Pont-d'Ain, de la part de son maître.
Pont-d'Ain, 18 septembre 1541.

Original. Bibl. nat., ms. fr. 25722, n° 685.

12112. Lettres prorogeant pour six ans le droit con- 19 septembre.
cédé à la ville de Lyon, de lever 10 deniers
sur chaque quarte de sel. Bourg-en-Bresse,
19 septembre 1541.

Original. Arch. de la ville de Lyon, série CC.

12113. Provisions de l'office de général des finances 19 septembre.
d'Outre-Seine, Yonne et Picardie, vacant par
le décès d'Antoine de Lamet, en faveur de
Jean d'Estoutmel, maître d'hôtel ordinaire
du roi, en récompense de ses services.
19 septembre 1541.

Enreg. à la Cour des Aides de Paris. Arch. nat.,
recueil Cromo, U. 665, fol. 291. (Mention.)

12114. Mandement à Jean Laguette, trésorier et rece- 20 septembre.
veur général des finances extraordinaires et
parties casuelles, de payer à Geoffroy de La
Bretonnière, chanoine de Romans en Dauphiné, chargé de poursuivre les malversations commises dans les salines de Peccais et
les péages du Rhône et de la Saône, 50 écus
soleil à valoir sur ce qui lui est dû pour
cette commission. Saint-Germain-en-Savoie,
20 septembre 1541.

Original. Bibl. nat., ms. lat. 17059, n° 207.

12115. Lettres exemptant du droit de rève Raoulet 24 septembre.
Viard, de Lyon, pour le transport de la soie
qu'il fait filer et retordre à Avignon et rapporter ensuite à Lyon, pour la fabrication des
draps de velours et de soie. Lyon, 24 septembre 1541.

Copie du XVIe siècle. Bibl. nat., ms. fr. 2702,
fol. 221.
Copie du XVIe siècle. Arch. de la ville de Lyon,
AA. 151, fol. 105.

12116. Mandement à Jean Duval, trésorier de l'épargne, de payer à Jean de Laurens, peintre, demeurant à Lyon, la somme de 168 livres 15 sous tournois, pour deux tableaux « de Nostre-Dame », vendus au roi ledit jour. Lyon, 24 septembre 1541.

Original. Arch. nat., K. 87, n° 20.

12117. Mandement au trésorier de l'épargne de délivrer à Alain Veau, payeur de la compagnie de quatre-vingts lances placée sous les ordres du sᵣ de La Rochepot, une somme de 16,184 livres 11 sous 8 deniers tournois pour le payement du quartier d'avril-juin 1541. Lyon, 24 septembre 1541.

24 septembre.

Original. Bibl. nat., ms. fr. 25722, n° 686.

12118. Mandement au trésorier de l'épargne de délivrer à Thomas Aubert, payeur de la compagnie de quarante lances, placée sous les ordres du duc de Montpensier, une somme de 8,122 livres 10 sous tournois, pour le payement des quartiers d'avril-juin et juillet-septembre 1540. Lyon, 24 septembre 1541.

24 septembre.

Original. Bibl. nat., ms. fr. 25722, n° 688.

12119. Mandement au trésorier de l'épargne de délivrer à Jacques Berthault, payeur de la compagnie de cinquante lances placée sous les ordres de César Frégose, une somme de 5,444 livres 7 sous tournois pour le payement du quartier de juillet-septembre 1540. Lyon, 24 septembre 1541.

24 septembre.

Original. Bibl. nat., ms. fr. 25722, n° 689.

12120. Mandement au trésorier de l'épargne de délivrer à René Fontenay, payeur de la compagnie de quarante lances placée sous les ordres du duc d'Étampes, une somme de 8,040 livres tournois pour le payement des quartiers d'avril-juin et juillet-septembre 1540. Lyon, 24 septembre 1541.

24 septembre.

Original. Bibl. nat., ms. fr. 25722, n° 690.

12121. Mandement au trésorier de l'épargne de délivrer
à Pierre Godefroy, payeur de la compagnie
de quarante lances placée sous les ordres
d'Oudart Du Biez, maréchal de France, une
somme de 8,447 livres tournois pour le
payement des quartiers d'avril-juin et juillet-
septembre 1540. Lyon, 24 septembre 1541.

1541.
24 septembre.

> Original. Bibl. nat., ms. fr. 25722, n° 691.

12122. Mandement au trésorier de l'épargne de délivrer à Jérôme Pajonnet, payeur de la compagnie de quatre-vingts lances placée sous
les ordres du s' d'Annebaut, maréchal de
France, la somme de 16,179 livres 8 sous
4 deniers tournois pour le payement des
quartiers d'avril-juin et juillet-septembre
1540. Lyon, 24 septembre 1541.

24 septembre.

> Original. Bibl. nat., ms. fr. 25722, n° 692.

12123. Mandement au trésorier de l'épargne de délivrer à Jérôme Pajonnet, payeur de la compagnie du s' d'Annebaut, la somme de
140 livres tournois pour le payement des
gages du prévôt Pommereul et de ses vingt
archers, pour le quartier de juillet-septembre
1540. Lyon, 24 septembre 1541.

24 septembre.

> Original. Bibl. nat., ms. fr. 25722, n° 693.

12124. Mandement au trésorier de l'épargne de délivrer à Jean Deschamps, payeur de la compagnie de quarante lances placée sous les
ordres du duc de Nevers, une somme de
8,422 livres 10 sous tournois pour le payement des quartiers d'avril-juin et juillet-septembre 1540. Lyon, 24 septembre 1541.

24 septembre.

> Original. Bibl. nat., ms. fr. 25722, n° 694.

12125. Nomination de commissaires pour instruire les
procès suscités par la réunion de diverses
terres de Provence au domaine royal. Lyon,
25 septembre 1541.

25 septembre.

> Enreg. à la Chambre des Comptes de Provence.
> Arch. des Bouches-du-Rhône, B. 36 (Luna), fol. 49.
> 2 pages.

12126. Lettres de jussion adressées à la Chambre des
Comptes de Grenoble, pour l'enregistrement
de la déclaration du 10 juin précédent
(n° 11972), concernant les gages des officiers
du Parlement de Grenoble qui servent durant
les vacations. Lyon, 27 septembre 1541.

1541.
27 septembre.

> Imp. G. Blanchard, *Compilation chronolo-
> gique, etc.* Paris, 1715, in-fol., t. I, col. 541.
> (*Mention.*)

12127. Lettres touchant l'expédition des procès criminels en la chambre des vacations du Parlement de Bordeaux. Lyon, 27 septembre
1541.

27 septembre.

> Enreg. au Parl. de Bordeaux (s. d.). Arch. de
> la Gironde, B. 31, fol. 138. 1 page 1/2.

12128. Don à Pierre Vatigné, aide des tapissiers du
roi, d'une somme de 22 livres 10 sous tournois. Chazay, 28 septembre 1541.

28 septembre.

> Original. Bibl. nat., ms. fr. 25722, n° 695.

12129. Mandement au trésorier de l'épargne de payer
à Saladin d'Anglure, seigneur de Bourlemont, capitaine du château de Montigny-le-
Comte [1], une somme de 400 livres tournois,
pour ses dépenses de l'année 1540. Chazay,
28 septembre 1541.

28 septembre.

> Original. Bibl. nat., ms. fr. 25722, n° 696.

12130. Lettres de chevalerie accordées à Philippe de
La Grenerie, capitaine des gardes du duc
d'Orléans. Jaligny, septembre 1541.

Septembre.

> Enreg. à la Chancellerie de France. Arch. nat.,
> Trésor des Chartes, JJ. 255¹, n° 167, fol. 42 v°.
> 1 page.

12131. Lettres de naturalité en faveur de Claude
Guerre, fourbisseur, natif de Savoie, demeurant à Marseille. Cosne, septembre 1541.

Septembre.

> Enreg. à la Chancellerie de France. Arch. nat.,
> Trésor des Chartes, JJ. 255¹, n° 237. Fol. 72 v°.
> 1/2 page.

12132. Ordonnance relative aux douze offices de con-

Septembre.

---

[1] La moitié de la pièce manque.

trôleurs ordinaires des guerres. Le roi se 1541.
réserve le droit d'y pourvoir lui seul désormais. Cluny, septembre 1541.

> *Enreg. à la Chancellerie de France, le 15 septembre. Arch. nat., Trésor des Chartes, JJ. 255[1], n° 165, fol. 42. 1 page.*
>
> *Enreg. à la Chambre des Comptes de Paris, le 1er octobre 1541. Arch. nat., P. 2306, p. 1023. 2 pages 1/2.*
>
> *Imp. Pièce in-4°. Arch. nat., AD.I 22 et AD.IX 125, n° 22. 2 pages.*

12133. Lettres portant rétablissement de deux foires Septembre.
à Berre en Provence. Mâcon, septembre 1541.

> *Enreg. à la Chancellerie de France. Arch. nat., Trésor des Chartes, JJ. 255[1], n° 211, fol. 63. 1 page.*

12134. Lettres de naturalité en faveur de François Septembre.
de Constantin, patron de *la Perle*, natif de Corse, demeurant à Marseille. Mâcon, septembre 1541.

> *Enreg. à la Chancellerie de France. Arch. nat., Trésor des Chartes, JJ. 255[1], n° 124, fol. 35 v°.*
> *(Mention.)*

12135. Lettres de naturalité en faveur d'Antoine Ferrier, natif de Sainte-Marguerite près Nice, Septembre.
établi à Toulon depuis cinquante ans. Mâcon, septembre 1541.

> *Enreg. à la Chancellerie de France. Arch. nat., Trésor des Chartes, JJ. 255[1], n° 148, fol. 37 v°.*
> *(Mention.)*

12136. Lettres de naturalité en faveur d'Octavien Septembre.
Fosse, autrement dit Crost, marinier, natif de Bonifacio en Corse, demeurant à Marseille. Mâcon, septembre 1541.

> *Enreg. à la Chancellerie de France. Arch. nat., Trésor des Chartes, JJ. 255[1], n° 240, fol. 72 v°.*
> *(Mention.)*

12137. Lettres de naturalité en faveur de Jeannette Septembre.
Gironde, native du Comtat-Venaissin, établie à Apt depuis soixante-dix ans, veuve de

Robert Pugnet, notaire audit lieu. Mâcon, septembre 1541.

1541.

Enreg. à la Chancellerie de France. Arch. nat., Trésor des Chartes, JJ. 255¹, n° 244, fol. 73.
1 page.

12138. Lettres de naturalité accordées à Benoît et Jean Ravier, prêtres, natifs du Val de Rougemont en Savoie, résidant dans le Mâconnais. Mâcon, septembre 1541.

Septembre.

Enreg. à la Chancellerie de France. Arch. nat., Trésor des Chartes, JJ. 255¹, n° 149, fol. 37 v°.
Enreg. à la Chambre des Comptes de Dijon, le 1er juin 1542. Archives de la Côte-d'Or, B. 72, fol. 166.

12139. Lettres de naturalité accordées à Jérôme Rousset, natif de « Scomere », près Barcelone en Catalogne, résidant à Mâcon. Mâcon, septembre 1541.

Septembre.

Enreg. à la Chambre des Comptes de Dijon, le 26 avril 1542. Archives de la Côte-d'Or, B. 72, fol. 165.

12140. Confirmation des privilèges, franchises et libertés accordés par les ducs de Savoie aux habitants de Montmélian. Bourg-en-Bresse, septembre 1541.

Septembre.

Enreg. à la Chancellerie de France. Arch. nat., Trésor des Chartes, JJ. 255¹, n° 171, fol. 44 v°.
1 page.

12141. Lettres de légitimation accordées à Jean de Bias, écuyer, fils de feu François de Bias, écuyer du diocèse de Limoges, et de Perrine de Lartihassan. Bourg-en-Bresse, septembre 1541.

Septembre.

Enreg. à la Chancellerie de France. Arch. nat., Trésor des Chartes, JJ. 255¹, n° 247, fol. 73 v°.
1 page.

12142. Confirmation des privilèges, franchises et libertés des habitants de Grenoble. Lyon, septembre 1541.

Septembre.

Enreg. à la Chancellerie de France. Arch. nat.,

Trésor des Chartes, JJ. 255¹, n° 170, fol. 44 v°.   1541.
1 page.
Enreg. au Parl. de Grenoble. Arch. de l'Isère,
B. 2334, fol. 198 v°. 2 pages.

12143. Lettres de naturalité en faveur de Claude de   Septembre.
Beauvau, écuyer, natif de Lorraine. Lyon,
septembre 1541.

> *Enreg. à la Chancellerie de France. Arch. nat.*,
> *Trésor des Chartes*, JJ. 255¹, n° 150, fol. 38.
> (*Mention.*)

12144. Lettres de naturalité en faveur de Jean de   Septembre.
Beauvau, écuyer, natif de Lorraine, bailliage
de Saint-Mihiel. Lyon, septembre 1541.

> *Enreg. à la Chancellerie de France. Arch. nat.*,
> *Trésor des Chartes*, JJ. 255¹, n° 151, fol. 38.
> (*Mention.*)

12145. Mandement à Jean Duval, trésorier de l'épargne,   1ᵉʳ octobre.
de délivrer à Robert Estienne, imprimeur du
roi, 225 livres tournois pour les remettre à
Claude Garamond, fondeur, comme acompte
sur le prix des poinçons, dits les *Grecs du roi*.
Bourg-en-Bresse, 1ᵉʳ octobre 1541.

> *Original auj. détruit. Bibl. du Louvre*, ms. F.
> 145⁵, fol. 136 (coll. Joursanvault, 855).
> *Imp.* Le Roux de Lincy, dans le *Journal de*
> *l'amateur de livres*, *1839* (tirage à part).
> Vallet de Viriville, *Bibl. de l'École des chartes*,
> t. XIII (3ᵉ série, t. III), p. 170.
> Aug. Bernard, *Les Estienne et les types grecs du*
> *roi*, in-8°, p. 15.

12146. Don de 45 livres tournois à Didier de La Char-   1ᵉʳ octobre.
naye, pour avoir retrouvé un chien de la
vénerie royale, qui avait été perdu en Bresse.
Bourg-en-Bresse, 1ᵉʳ octobre 1541.

> *Original. Bibl. nat.*, *Pièces orig.*, Charnaye,
> vol. 682, p. 2.

12147. Mandement au trésorier de l'épargne de payer   2 octobre.
à Jean Privat, de Molières, serviteur de
Guillaume Pellissier, évêque de Montpellier,
ambassadeur à Venise, une somme de 225 livres tournois pour le dédommager des dépenses qu'il a faites pour conduire de Venise
à Chevagnes, où le roi les a reçues, quatre

caisses de manuscrits grecs destinés à la 1541.
librairie royale. Bourg-en-Bresse, 2 octobre
1541.

> *Original. Bibl. nat., ms. fr. 25722, n° 697.*

12148. Confirmation des privilèges des officiers du   6 octobre.
Grand conseil, et exemption en leur faveur
du ban et de l'arrière-ban. Cuisery, 6 octobre
1541.

> *Enreg. à la Chambre des Comptes de Grenoble.*
> *Arch. de l'Isère, B. 2912, cah. 32, 2 pages 1/2.*
> *Imp. Privilèges des officiers du Grand conseil.*
> *In-4°, p. 1.*

12149. Provisions pour Jacques de Nully, avocat en   10 octobre.
Parlement, d'un office de conseiller lai au Par-
lement de Paris, en remplacement de Pierre
Brulart, décédé. Cuisery, 10 octobre 1541.

> *Présentées au Parl., les 24 et 26 octobre suivants.*
> *Arch. nat., X¹ᵃ 5547, reg. du Conseil, fol. 375 v°*
> *et 376. (Mentions.)*

12150. Création d'un office de compagnon monnayeur   13 octobre.
en la Monnaie de Grenoble, au profit de Jean
Gaultier. La Bruyère (près Pagny), 13 octobre 1541.

> *Enreg. à la Cour des Monnaies, le 20 juin 1542.*
> *Arch. nat., Z¹ᵇ 63, fol. 49. 2 pages.*

12151. Lettres de naturalité en faveur de Grégoire Dyac   13 octobre.
(aliàs Dyas), médecin, demeurant à Castel-
naudary, sénéchaussée de Toulouse, natif de
Molina au royaume de Castille. La Bruyère,
13 octobre 1541.

> *Enreg. à la Chancellerie de France, Arch. nat.,*
> *Trésor des Chartes, JJ. 255¹, n° 190, fol. 52 v°.*
> *1/2 page.*
> *Enreg. à la Chambre des Comptes de Montpel-*
> *lier. Arch. départ. de l'Hérault, B. 342, fol. 160.*
> *2 pages.*

12152. Lettres portant rétablissement de la Monnaie   15 octobre.
de Villefranche en Rouergue. Pagny, 15 oc-
tobre 1541.

> *Enreg. à la Cour des Monnaies, le 29 octobre 1541.*
> *Arch. nat., Z¹ᵇ 63, fol. 9 v°. 2 pages.*

12153. Mandement au trésorier de l'épargne de payer   15 octobre.

à François de Bourbon, comte d'Enghien, une somme de 2,000 livres tournois, en déduction de ce qui lui est alloué pour sa pension de la présente année commençant au 1er janvier et finissant au 31 décembre 1541. Pagny, 15 octobre 1541. — 1541.

Original. Bibl. nat., ms. fr. 25722, n° 698.

12154. Mandement au trésorier de l'épargne de payer à Guy de Maugiron la somme de 1,125 livres tournois, montant des frais par lui faits à Lyon pour la détention de l'évêque de Valence. Pagny, 15 octobre 1541. — 15 octobre.

Original. Arch. nat., K. 87, n° 23.

12155. Mandement au trésorier de l'épargne de délivrer à un payeur de compagnie une somme de 4,500 livres tournois, pour le payement du terme de juillet-septembre 1541. Pagny, 15 [octobre 1541 [1]]. — 15 octobre.

Original. Bibl. nat., ms. fr. 25722, n° 699.

12156. Mandement au trésorier de l'épargne de payer à Jean de La Palu, chevalier, seigneur de Bersac, capitaine de la ville de Narbonne, 1,200 livres tournois pour ses gages de l'année 1540. Pagny, 15 octobre 1541. — 15 octobre.

Original. Bibl. nat., ms. fr. 25722, n° 700.

12157. Lettres de mainlevée des saisies faites et contraintes exercées par le Prévôt de Paris sur les prélats et bénéficiers de son ressort, à l'occasion de l'emprunt forcé levé au nom du roi. Pagny, 16 octobre 1541. — 16 octobre.

Enreg. au Châtelet de Paris, Bannières. Arch. nat., Y. 9, fol. 227 v°. 2 pages.

12158. Lettres ordonnant aux détenteurs de maisons et héritages sis à Marseille, de produire devant la Chambre des Comptes de Provence leurs — 17 octobre.

---

[1] Cette pièce est au trois quarts lacérée; il n'y est resté aucun nom propre.

titres de franchises et privilèges. La Bruyère,   1541.
17 octobre 1541.

> *Enreg. à la Chambre des Comptes de Provence.*
> *Arch. des Bouches-du-Rhône, B. 35 (Solis), fol. 243.*
> 2 pages 1/2.

12159. Don de 112 livres 10 sous tournois à Jacques,   17 octobre.
Adam et Pierre Du Juglart, en récompense
des services qu'ils ont rendus au dauphin.
Pagny, 17 octobre 1541.

> *Original. Bibl. nat., ms. fr. 25722, n° 701.*

12160. Don de 112 livres 10 sous tournois à Alexandre   17 octobre.
de Court, gentilhomme du Milanais, en dé-
dommagement des pertes qu'il a subies pour
tenir le parti du roi. Pagny, 17 octobre
1541.

> *Original. Bibl. nat., ms. fr. 25722, n° 702.*

12161. Lettres portant ratification de l'indult octroyé   20 octobre.
par le pape Paul III au cardinal de La Baume
(Rome, le 16 des calendes de juillet 1540),
pour la collation des bénéfices dépendant
de son évêché et de ses abbayes. Pagny,
20 octobre 1541.

> *Enreg. au Parl. de Paris, sous les réserves d'usage,*
> *le 20 février 1542 n. s. Arch. nat., X¹ᵃ 8613,*
> *fol. 335 v° et 338. 6 pages.*

12162. Provisions de l'office de lieutenant criminel en   22 octobre.
la sénéchaussée d'Agénais, au siège d'Agen,
pour François d'Estrades. La Bruyère, près
Pagny, 22 octobre 1541.

> *Enreg. au Parl. de Bordeaux, le 29 novembre*
> *1541. Arch. de la Gironde, B. 31, fol. 138 v°.*
> 1 page 1/2.

12163. Mandement à Nicolas de Troyes, argentier,   23 octobre.
de payer à Pierre Lussault, marchand suivant
la cour, 760 livres 10 sous tournois pour
fourniture de toile d'or frisée d'or et d'argent,
donnée par le roi à Mademoiselle d'Heilly.
Pagny, 23 octobre 1541.

> *Arch. nat., Comptes de l'argenterie, KK. 92,*
> *fol. 331. (Mention.)*

12164. Lettres d'abolition en faveur de Zacharie Chapelain, greffier du Parlement de Bourgogne,
commis au payement des fortifications dudit
pays et de Montbéliard, de Blamont et autres
places acquises du duc de Wurtemberg,
arrêté le 10 septembre 1538, pour avoir dé-
tourné les fonds dont il avait la charge.
Pagny, 23 octobre 1541.

1541.
23 octobre.

> *Copie du XVIᵉ siècle. Bibl. nat., ms. fr. 3873,*
> *fol. 51.*

12165. Lettres enjoignant au sénéchal de Quercy de
faire de nouveau exprès commandement aux
gouverneur, échevins et receveur des deniers
communs de la ville de Cahors, de verser
entre les mains de Jean Laguette, la somme
de 1,491 livres 9 sous 11 deniers imposée à
la ville, pour les réparations et l'entretien des
fortifications des villes frontières et autres
places. Auxonne, 25 octobre 1541.

25 octobre.

> *Original. Arch. municip. de Cahors, liasse 15,*
> *n° 2.*

12166. Lettres enjoignant au sénéchal de Toulouse
de faire verser par les capitouls, dans le délai d'un mois, entre les mains de Jean Laguette, trésorier des finances extraordinaires
et parties casuelles, la somme de 5,900 livres
10 deniers tournois imposée à la ville, pour
les réparations et fortifications des villes frontières. Auxonne, 25 octobre 1541.

25 octobre.

> *Expédition en parchemin, signée Bayard. Arch.*
> *municip. de Toulouse, carton 71.*
> *Copie. Idem, ms. 439, fol. 334.*

12167. Mandement au trésorier de l'épargne de payer
à Jean Lubier, gouverneur de la civette du
roi, une somme de 22 livres 10 sous tournois
pour les frais de transport de ladite civette
à Amboise. Dijon, 26 octobre 1541.

26 octobre.

> *Original. Bibl. nat., ms. fr. 25722, n° 703.*

12168. Lettres de naturalité en faveur d'Antoine
Bouyn, natif de « Cestego en Rivière de

27 octobre.

Gênes », demeurant à Tourves en Provence.   1541.
Pagny, 27 octobre 1541.

> Enreg. à la Chancellerie de France. Arch. nat.,
> Trésor des Chartes, JJ. 255¹, n° 183, fol. 50 v°.
> 1 page.

12169. Lettres portant réduction du nombre des ju-   Octobre.
ridictions foraines dans le Bourbonnais.
Bourg-en-Bresse, octobre 1541.

> Enreg. au Parl. de Paris, le 12 janvier 1542
> n. s. Arch. nat., X¹ᵃ 8613, fol. 295. 1 page 1/2.
> Arrêt d'enregistrement. Idem, X¹ᵃ 4914, Plai-
> doiries, fol. 221 v°.

12170. Lettres de sauvegarde accordées à l'abbaye de   Octobre.
Saint-Jean-d'Angély. Bourg-en-Bresse, oc-
tobre 1541.

> Enreg. à la Chancellerie de France. Arch. nat.,
> Trésor des Chartes, JJ. 255¹, n° 179, fol. 48 v°.
> 2 pages.

12171. Confirmation des privilèges, franchises et li-   Octobre.
bertés accordés par les ducs de Savoie aux
habitants de Treffort en Bresse. Bourg-en-
Bresse, octobre 1541.

> Enreg. à la Chancellerie de France. Arch. nat.,
> Trésor des Chartes, JJ. 255¹, n° 181, fol. 49 v°.
> 1 page.
> Enreg. à la Chambre des Comptes de Dijon. Arch.
> de la Côte-d'Or, reg. B. 20, fol. 106.

12172. Confirmation des privilèges, franchises et li-   Octobre.
bertés accordés par les ducs de Savoie à
Claude-Nicolas Medici, docteur en médecine
et en chirurgie, et à ses prédécesseurs. Bourg-
en-Bresse, octobre 1541.

> Enreg. à la Chancellerie de France. Arch. nat.,
> Trésor des Chartes, JJ. 255¹, n° 172, fol. 45.
> 1/2 page.

12173. Lettres de légitimation accordées à Laurent de   Octobre.
Tornus, fils d'Antoine de Tornus, juge ordi-
naire de Carcassonne. Chalon, octobre 1541.

> Enreg. à la Chambre des Comptes de Montpellier.
> Arch. départ. de l'Hérault, B. 342, fol. 155 v°.
> 2 pages.

12174. Lettres de naturalité en faveur de Louis de Sa-   Octobre.

lures, natif du pays de Gueldres, ayant charge
d'une enseigne de lansquenets sous le capitaine Bossu, marié et établi à Chauny en
Picardie. Pagny, octobre 1541.

> *Enreg. à la Chancellerie de France. Arch. nat.,*
> *Trésor des Chartes, JJ. 255¹, n° 250, fol. 74.*
> *1 page.*

12175. Lettres de naturalité en faveur de Georges
Henoignes, natif de Middelbourg (Hollande),
à présent marié et résidant à Marseille. La
Bruyère, octobre 1541.

> *Enreg. à la Chancellerie de France. Arch. nat.,*
> *Trésor des Chartes, JJ. 254, n° 477, fol. 88.*
> *1 page.*

12176. Lettres de naturalité en faveur de Gillette Da-
yenne, native d'Avignon, femme de Paul
Dony, marchand de Lyon. La Bruyère, octobre 1541.

> *Enreg. à la Chancellerie de France. Arch. nat.,*
> *Trésor des Chartes, JJ. 255¹, n° 186, fol. 52.*
> *(Mention.)*

12177. Confirmation des contrats de pariages passés
entre l'abbaye de Remiremont et les ducs de
Bourgogne, touchant les possessions de l'abbaye dans le diocèse de Chalon. Dijon, octobre 1541.

> *Enreg. à la Chancellerie de France. Arch. nat.,*
> *Trésor des Chartes, JJ. 255¹, n° 197, fol. 56.*
> *4 pages.*
> *Copie du XVIII° siècle. Bibl. nat., Portefeuilles*
> *de Fontanieu, vol. 251.*
> *IMP. Bibl. de l'École des chartes, t. XXIX,*
> *ann. 1868, in-8°, p. 168.*

12178. Lettres de légitimation accordées à Marsault
Goursault, fils d'Antoine Barsa, prêtre, et de
Marguerite Goursault. Dijon, octobre 1541.

> *Enreg. à la Chancellerie de France. Arch. nat.,*
> *Trésor des Chartes, JJ. 255¹, n° 198, fol. 57.*
> *1 page.*

12179. Lettres adressées au chapitre de la cathédrale
de Liège, pour le payement des dettes dues

par ledit chapitre à la maréchale de la 1541.
Marck. Is-sur-Tille, 1ᵉʳ novembre 1541.

> Imp. *Explanatio supremi juris in ducatum Bul-*
> *lionensem, pro Maximiliano Henrico Baveriæ duce,*
> *episcopo Leodiensi.* Leodii, 1684, in-4°, p. 74.

12180. Ordonnance portant que, nonobstant les faux 3 novembre.
bruits semés en plusieurs lieux, l'édit donné
à Châtellerault, le 1ᵉʳ juin 1541 (n° 11957),
touchant la perception des droits de gabelles, sortira son effet. Dijon, 3 novembre
1541.

> *Enreg. à la Chambre des Comptes de Dijon.* Arch.
> *de la Côte-d'Or,* reg. B. 20, fol. 79 v°.

12181. Provisions pour Jean de Thiard, sʳ de Bissy, 3 novembre.
docteur ès droits, de l'office de lieutenant
général du bailliage de Mâcon, vacant par le
décès de Philibert Flénoutte. Dijon, 3 novembre 1541.

> *Présentées au Parl. de Paris, le 15 décembre*
> *1541.* Arch. nat., Xˡⁿ 4914, Plaidoiries, fol. 158 v°.
> (*Mention.*)

12182. Commission à Louis d'Adhémar, sʳ de Grignan, 3 novembre.
lieutenant général du roi en Provence et gouverneur de Marseille, pour poursuivre les
infracteurs de l'ordonnance autorisant la
traite des blés hors du royaume, à condition
de payer un droit d'un écu par tonneau.
Dijon, 3 novembre 1541.

> *Original.* Bibl. nat., ms. lat. 9241, n° 78.

12183. Mandement à Jean Duval, trésorier de l'épargne, 5 novembre.
de payer à Paul de Termes, capitaine de
chevau-légers, 900 livres tournois pour se
rendre de Vergy à Turin, où le roi l'envoie
séjourner deux mois environ et faire l'office
de son lieutenant en Piémont, pendant l'absence du sʳ de Langey, mandé à la cour.
Vergy, 5 novembre 1541.

> *Original.* Bibl. nat., Nouv. acquisitions franç.,
> ms. 1483, n° 71.

12184. Mandement au trésorier de l'épargne de payer 5 novembre.

à Jean Drouyn, seigneur de Maucouvant, archer de la garde du roi sous les ordres du s^r de Nançay, 33 livres 15 sous tournois pour avoir amené de Paris auprès du roi et pour ramener de Vergy à Paris un « certain prisonnier ». Vergy, 5 novembre 1541.

1541.

Original. Bibl. nat., ms. fr. 25722, n° 704.

12185. Don à Gabriel Suains et à Jean de Courtaulx, huissiers de salle, de 90 livres tournois pour les dédommager de n'avoir pas reçu le présent offert au roi à son entrée à Auxonne, dont il leur avait d'abord fait don. Vergy, 6 novembre 1541.

6 novembre.

Original. Bibl. nat., ms. fr. 25722, n° 705.

12186. Édit portant révocation de celui du 26 juillet 1539 (n° 11123), touchant les dons des confiscations et des amendes. Vergy, 7 novembre 1541.

7 novembre.

Enreg. au Parl. de Paris, le 12 décembre 1541. Arch. nat., X^{1a} 8613, fol. 299 v°. 3 pages.
Arrêt d'enregistrement. Idem, X^{1a} 1548, Conseil, fol. 30.
Enreg. à la Chambre des Comptes de Paris, anc. mém. 2 K, fol. 78. Arch. nat., invent. PP. 136, p. 500. (Mention.)

12187. Provisions en faveur de Pierre Talon, notaire et secrétaire du roi, de l'office d'huissier et payeur des gages des officiers de la Chambre des Comptes de Paris, en remplacement de François Damont. Châteauneuf, 8 novembre 1541.

8 novembre.

Reçu à la Chambre des Comptes, le 1er décembre suivant, anc. mém. 2 K, fol. 71. Arch. nat., P. 2306, p. 993. (Mention.)
Bibl. nat., ms. Clairambault 782, p. 301. (Mention.)

12188. Mandement à Jean Duval, trésorier de l'épargne, de payer 675 livres tournois à Louis de Lestrange, panetier ordinaire du roi, chargé d'une mission du roi en Allemagne, auprès

10 novembre.

du duc de Clèves et d'autres personnages.
Villeneuve-en-Auxois, 10 novembre 1541.

1541.

12189. Don de 22 livres 10 sous tournois à Monbelot
Maigny, fauconnier du duc de Vendôme,
pour avoir porté à Fontainebleau une buse
blanche que son maître offrait au roi. Fontainebleau, 18 novembre 1541.

18 novembre.

Original. Bibl. nat., ms. fr. 25722, n° 706.

12190. Mandement à Nicolas de Troyes, argentier, de
payer à Jacques Robicquet, pelletier ordinaire du roi, la somme de 4,684 livres tournois pour trois timbres de martre zibeline
fournis au roi pour son usage personnel, dès
l'an 1529, et pour fourrures données, durant la présente année 1541, aux demoiselles
de La Baume, de Duras et d'Heilly, de la
maison de la reine. Fontainebleau, 18 novembre 1541.

18 novembre.

Arch. nat., Comptes de l'argenterie, KK. 92,
fol. 328. (*Mention.*)

12191. Déclaration autorisant le cours des écus soleil
du poids de 2 deniers 15 grains, jusqu'au
15 mars suivant. Fontainebleau, 19 novembre
1541.

19 novembre.

*Original dans les minutes d'ordonnances de la Cour
des Monnaies. Arch. nat.*, Z¹ᵇ 537.
*Enreg. à la Cour des Monnaies, le 28 novembre
1541. Arch. nat.*, Z¹ᵇ 63, fol. 14. 2 pages.
*Enreg. au Châtelet de Paris, le 1ᵉʳ décembre 1541.
Arch. nat., Bannières*, Y. 9, fol. 228. 3 pages.

12192. Mandement au Parlement, aux maire, jurats et
échevins de Bordeaux, aux gardes des ports et
passages, etc., de laisser passer les bois que
Henri II, roi de Navarre, a fait couper dans
ses forêts de Périgord, d'Albret et du Limousin, pour les transporter à la Rochelle ou
ailleurs. Fontainebleau, 19 novembre 1541.

19 novembre.

Original. Arch. départ. des Basses-Pyrénées,
E. 114.
Copie collat. du 8 janvier 1542 n. s., signée

A. *Barbier, notaire royal de Périgueux. Arch. des*
Basses-Pyrénées, E. 572.
Copie du XVIIe siècle. Bibl. nat., coll. Doat,
ms. 235, fol. 82.
IMP. Archives historiques de la Gironde. Bordeaux, in-4°, t. VII, p. 172.

1541.

12193. Don de 13 livres 10 sous tournois à Antoine
de la Porte, serviteur du s^r de Montpezat,
chevalier de l'ordre, pour avoir apporté de
Languedoc à Fontainebleau un gerfaut que
son maître donne au roi. Fontainebleau,
19 novembre 1541.

Original. Bibl. nat., Pièces orig., vol. 2343
(doss. 52772), Porte, p. 62.

19 novembre.

12194. Mandement à [Antoine de Lascaris], évêque
de Riez, de répartir sur son clergé deux décimes qui devront être levées par termes
égaux à Pâques et à la Saint-Jean. Fontainebleau, 19 novembre 1541.

Expédition originale. Bibl. nat., ms. fr. 25722,
n° 707.

19 novembre.

12195. Mandement au cardinal de Châtillon, évêque
de Beauvais, de répartir sur son clergé deux
décimes qui devront être levées par termes
égaux à Pâques et à la Saint-Jean. Fontainebleau, 19 novembre 1541.

Expédition originale. Bibl. nat., ms. fr. 25722,
n° 708.

19 novembre.

12196. Provisions pour Jean de Beauvoir, s^r de la Bastide, de l'office de maître des Eaux et forêts
de Languedoc, en remplacement de Grégoire
de Rochefort. Fontainebleau, 20 novembre
1541.

Réception au Parl. de Toulouse, le 23 février
1542 n. s. Arch. de la Haute-Garonne, Édits, reg. 4,
fol. 226. 1 page 1/2.

20 novembre.

12197. Don à Jean Houllier, fruitier de la cuisine du
commun, de la somme de 50 écus d'or soleil
qui devra être prise sur le produit de la vente
de l'office de sergent royal du bailliage de
Blois, vacant par la mort de Jean Achart.
Fontainebleau, 20 novembre 1541.

Original. Bibl. nat., ms. fr. 25722, n° 709.

20 novembre.

12198. Mandement au trésorier de l'épargne de payer 1541. 900 livres à Jean de Morvilliers, qui va faire 20 novembre. un voyage en Angleterre et en Écosse. Fontainebleau, 20 novembre 1541.

> *Bibl. nat., ms. Clairambault 1215, fol. 79 v°.* > (*Mention.*)

12199. Mandement au trésorier de l'épargne de délivrer à Jean Godet, commis au payement de l'extraordinaire des guerres, une somme de 41,797 livres tournois qu'il lui faut pour le payement de la solde des garnisons du Piémont, du prochain mois de décembre. Fontainebleau, 21 novembre 1541. _21 novembre._

> *Original. Bibl. nat., ms. fr. 25722, n° 710.*

12200. Lettres de réunion au domaine de Mantes de _22 novembre._ la prévôté de ladite ville qui en avait été aliénée au profit des habitants, donnée à la requête de Jean de Créquy, s^r de Canaples, comte usufruitier de Mantes et de Meulan. Fontainebleau, 22 novembre 1541.

> *Enreg. au Parl. de Paris, le 22 décembre 1541.* > *Arch. nat., X^{1a} 8613, fol. 302 v°. 2 pages.* > *Arrêt d'enregistrement. Idem, X^{1a} 4914, Plaidoiries, fol. 128 v°.* > *Bibl. nat., ms. Clairambault 782, p. 302.* > (*Mention.*)

12201. Ordonnance contenant règlement des successions de bâtards, droits d'aubaine, confiscations, condamnations et tabellionages qui écherront au roi dans les pays de Bresse et de Bugey. Fontainebleau, 22 novembre 1541. _22 novembre._

> *Enreg. à la Chambre des Comptes de Dijon, le* > *16 juin 1542. Arch. de la Côte-d'Or, reg. B. 20,* > *fol. 90 v°.*

12202. Ordonnance prescrivant au Parlement de Savoie, séant à Chambéry, de pourvoir et veiller à ce que les assises des pays de Bresse, de Bugey et de Valromey continuent à siéger dans leur lieu accoutumé. Fontainebleau, 22 novembre 1541. _22 novembre._

> *Enreg. à la Chambre des Comptes de Dijon. Arch.* > *de la Côte-d'Or, reg. B. 20, fol. 91 v°.*

IMPRIMERIE NATIONALE.

12203. Ordonnance portant injonction au Parlement
de Chambéry de faire rechercher dans les
archives de la Chambre des Comptes de Chambéry, pour les remettre aux officiers de celle
de Dijon, tous les registres, titres et documents relatifs à la Bresse, au Bugey et au Valromey. Fontainebleau, 22 novembre 1541.

1541.
22 novembre.

*Enreg. à la Chambre des Comptes de Dijon. Arch.
de la Côte-d'Or, reg. B. 20, fol. 92.*

12204. Don de 22 livres 10 sous tournois à Gabriel de
Montberon, qui est venu porter à Fontainebleau un faucon et un lasnier que le connétable de Montmorency offrait au roi. Fontainebleau, 22 novembre 1541.

22 novembre.

Original. Bibl. nat., ms. fr. 25722, n° 711.

12205. Lettres de surannation pour l'entérinement et
l'exécution de l'édit de janvier 1534 n. s.
(n° 6723), portant que tous les privilégiés,
gentilshommes de la ville de Dijon, seront
astreints aux impôts pour la fortification.
Fontainebleau, 22 novembre 1541.

22 novembre.

*Original. Arch. de la ville de Dijon, Trésor des
Chartes, L.*

12206. Lettres portant suppression d'un office de
maître rational en la Chambre des Comptes
de Provence. Fontainebleau, 23 novembre
1541.

23 novembre.

*Enreg. à la Chambre des Comptes de Provence.
Arch. des Bouches-du-Rhône, B. 35 (Solis), fol. 279.
2 pages.*

12207. Don de 22 livres 10 sous tournois à Louis de
Framezelles, qui est venu porter à Fontainebleau un faucon que le seigneur d'Humyères
offrait au roi. Fontainebleau, 23 novembre
1541.

23 novembre.

Original. Bibl. nat., ms. fr. 25722, n° 712.

12208. Ordonnance rendue à la requête des jurés du
métier d'orfèvrerie, au sujet de la saisie d'ou-

24 novembre.

vrages d'orfèvrerie non marqués, faite dans
les boutiques de Paris. Fontainebleau, 24 novembre 1541.

1541.

*Copie sur papier dans la série des orfèvres de la
Cour des Monnaies. Arch. nat., Z^{1b} 639.*
*Imp. (Recueil des statuts, etc., des orfèvres et
joailliers de Paris. Paris, 1688, in-4°, p. 33.
(Bibl. nat., F. 13101.)*

12209. Mandement au Parlement de Paris de faire
procéder par Étienne Charlet, conseiller de
ladite cour, à l'information sur les lieux pres-
crite par arrêt des Grands jours de Poitiers,
dans le procès entre Gabriel de Saint-Georges,
baron de Vérac et de Couhé, et Anne d'Oy-
ron, sa femme, d'une part, et Louise d'Oy-
ron, femme d'Adrien de Boufflers, d'autre.
Fontainebleau, 25 novembre 1541.

25 novembre.

*Entériné au Parl., le 28 novembre suivant. Arch.
nat., X^{1a} 1548, Conseil, fol. 21 v°. (Mention.)*

12210. Don de 1,000 écus d'or soleil à Guillaume
Harvard (William Howard), ambassadeur du
roi d'Angleterre, au moment de son départ.
Fontainebleau, 26 novembre 1541.

26 novembre.

Original. Bibl. nat., ms. fr. 25722, n° 713.
*Bibl. nat., ms. Clairambault, 1215, fol. 80.
(Mention.)*

12211. Don de 450 livres tournois à Jean de Villars, seigneur de Blancfossé, en récompense
des services qu'il a rendus au roi dans différents voyages en Allemagne. Fontainebleau,
27 novembre 1541.

27 novembre.

Original. Bibl. nat., ms. fr. 25722, n° 714.

12212. Ordonnance portant enregistrement des dénombrements et déclarations faits devant le
sénéchal de Provence et ses lieutenants. Fontainebleau, 28 novembre 1541.

28 novembre.

*Enreg. à la Chambre des Comptes de Provence.
Arch. des Bouches-du-Rhône, B. 36 (Luna), fol. 121.
1 page.*

12213. Don de 225 livres tournois à Jean de Tardes,

28 novembre.

33.

gentilhomme de la chambre et de la vénerie
du roi. Fontainebleau, 28 novembre 1541.

Original. Bibl. nat., ms. fr. 25722, n° 715.

1541.

12214. Traité de confédération entre François Ier, roi
de France, et Christian III, roi de Dane-
mark. Fontainebleau, 29 novembre 1541.

29 novembre.

> IMP. N. Camuzat, *Meslanges historiques*, etc.
> Troyes, 1619, in-8°, 6° partie, fol. 1.
> Fr. Léonard, *Recueil des traitez de paix,*
> *trèves*, etc. Paris, 1693, in-4°, t. II, p. 419.
> J. Bernard, *Recueil des traités de paix*, etc.
> Amsterdam, 1700, in-fol., t. II, p. 221, col. 2.
> Du Mont, *Corps universel diplomatique*, etc.
> Amsterdam, 1726, in-fol., t. IV, 2° partie, p. 216,
> col. 2.

12215. Don à Jacques d'Ancienville, vice-amiral du
Levant, échanson ordinaire du roi, en récompense de ses services, de la terre et seigneurie
de la Bastide de Beaumont, sur le territoire
de Marseille, ayant appartenu à feu Bernard
Boticari, fils naturel de feu Cosme Boticari,
marchand de Florence, non naturalisé, habitant Marseille, ladite Bastide échue au roi
par droit d'aubaine. Is-sur-Tille, novembre
1541.

Novembre.

> *Enreg. à la Chancellerie de France. Arch. nat.,*
> *Trésor des Chartes, JJ. 256¹, n° 62, fol. 26 v°.*
> 1 page 1/2.
> *Enreg. au Parl. de Provence. Arch. de ladite cour,*
> *à Aix, reg. pet. in-fol. de 253 feuillets, fol. 188.*

12216. Création de trois nouvelles foires à Cluny, au
bailliage de Mâcon, accordée à la requête du
cardinal de Lorraine, abbé commendataire
de Cluny. Dijon, novembre 1541.

Novembre.

> *Enreg. à la Chancellerie de France. Arch. nat.,*
> *Trésor des Chartes, JJ. 255¹, n° 201, fol. 58 v°.*
> 1 page.
> *Enreg. à la Chambre des Comptes de Dijon, le*
> *26 novembre 1541. Arch. de la Côte-d'Or, reg. B.*
> *72, fol. 164.*

12217. Lettres de don à René Pintret, barbier et valet
de chambre du roi, des biens de feu Jean
Thomas, sergent fieffé au Châtelet de Paris,

Novembre.

confisqués pour cause de forfaiture. Vergy,   1541.
novembre 1541.

> *Enreg. à la Chancellerie de France. Arch. nat.,*
> *Trésor des Chartes, JJ. 256¹, n° 21, fol. 8. 1 page.*

12218. Édit de translation du siège du bailliage des   Novembre.
Montagnes d'Auvergne, de Chaudesaigues à
Murat, avec interdiction au sénéchal d'Auvergne de le déplacer. Fontainebleau, novembre 1541.

> *Enreg. au Parl. de Paris, le 29 décembre 1541.*
> *Arch. nat., X¹ᵃ 8613, fol. 330 v°. 2 pages.*
> *Arrêt d'enregistrement. Idem, X¹ᵃ 4914, Plai-*
> *doiries, fol. 146.*

12219. Confirmation des droits, franchises et libertés   Novembre.
des habitants de Charnay-sur-Saône, au bail-
liage de Chalon. Fontainebleau, novembre
1541.

> *Enreg. à la Chancellerie de France. Arch. nat.,*
> *Trésor des Chartes, JJ. 255¹, n° 206, fol. 61.*
> *1 page.*

12220. Lettres de don à François Clouet, peintre et   Novembre.
valet de chambre du roi, des biens provenant
de la succession de son père, feu Jeannet
Clouet, aussi peintre du roi, échus à François Iᵉʳ par droit d'aubaine, le défunt étant
étranger non naturalisé. Fontainebleau, novembre 1541.

> *Enreg. à la Chancellerie de France. Arch. nat.,*
> *Trésor des Chartes, JJ. 254, n° 466, fol. 86 v°.*
> *1 page.*
> *IMP. Archives de l'art français, t. III (Docu-*
> *ments), p. 98.*

12221. Lettres de légitimation en faveur de Jean Digne,   Novembre.
marchand d'Aix en Provence. Fontaine-
bleau, novembre 1541.

> *Enreg. au Parl. de Provence. Arch. de ladite*
> *cour, à Aix, reg. pet. in-fol. de 253 feuillets,*
> *fol. 197 v°.*

12222. Lettres ordonnant de procéder à une enquête   1ᵉʳ décembre.
sur les délits commis par les officiers de la
gruerie de Saint-Germain-en-Laye et d'instruire leur procès au siège de la Table de

marbre à Paris. Fontainebleau, 1ᵉʳ décembre
1541.   1541.

*Enreg. à la Chambre des Eaux et forêts (siège
de la Table de marbre), le 11 janvier 1542 n. s.
Arch. nat., Z¹ᵉ 327, fol. 230 vᵒ. 1 page.*

12223. Provisions pour Charles Authouis d'un office
de clerc auditeur en la Chambre des Comptes   1ᵉʳ décembre.
de Paris, en remplacement de Claude de Vil-
lemor, décédé. Fontainebleau, 1ᵉʳ décembre
1541.

*Reçu à la Chambre des Comptes, le 17 décembre
suivant, anc. mém. 2 K, fol. 110. Arch. nat.,
P. 2306, p. 1041. 2 pages 1/2.*

12224. Don de 22 livres 10 sous tournois à Pierre
Gragny, passeur de Rouillon-sur-Seine, pour   2 décembre.
le récompenser d'avoir plusieurs fois passé le
roi et sa suite, lors d'une chasse près de la
Cave. Fontainebleau, 2 décembre 1541.

Original. Bibl. nat., ms. fr. 25722, nᵒ 716.

12225. Don de 112 livres 10 sous tournois à Jean
Franssonnet, serviteur du sʳ de Maugiron,   3 décembre.
lieutenant au gouvernement de Dauphiné,
sous le duc d'Estouteville, comte de Saint-Pol,
pour avoir rapporté au roi divers objets et un
chien par lui perdus, lors d'une chasse en
Dauphiné. Fontainebleau, 3 décembre 1541.

*Original. Bibl. nat., Pièces orig., Franssonnet,
vol. 1239, p. 2.*

12226. Mandement à Jean Duval, trésorier de l'épargne,
de payer à Christophe Ymigre, fauconnier   3 décembre.
du roi de Navarre, 22 livres 10 sous tour-
nois que le roi lui a données pour avoir rapporté à Fontainebleau un lasnier, perdu à
la volerie et qui a été trouvé au pays de
Clèves. Fontainebleau, 3 décembre 1541.

*Original. Bibl. nat., Nouv. acquisitions franç.,
ms. 1483, nᵒ 73.*

12227. Lettres portant que les monnaies fabriquées
dans le royaume de Navarre auront cours en   4 décembre.
France, Fontainebleau, 4 décembre 1541.

Enreg. au Parl. de Paris, sauf réserves et modifi-

— 263 —

fol. 330. 1 page 1/2.

> Arrêt d'enregistrement. Idem, X¹ᵃ 4914, Plai-
> doiries, fol. 118.
> Enreg. au Parl. de Toulouse, le 5 janvier 1542
> n. s., avec réserves. Arch. de la Haute-Garonne,
> Édits, reg. 4, fol. 226. 1 page.
> Enreg. au Parl. de Bordeaux, le 4 juillet 1542.
> Arch. de la Gironde, B. 31, fol. 166 v°. 2 pages 1/2.

12228. Lettres portant exemption du ban et de l'arrière-   5 décembre.
ban, et des emprunts, subsides et impositions
extraordinaires, en faveur des officiers, serviteurs et commensaux de la reine de Navarre,
sœur de François 1ᵉʳ. Fontainebleau, 5 décembre 1541.

> Enreg. au Parl. de Paris, le 15 décembre 1541.
> Arch. nat., X¹ᵇ 8613, fol. 301. 2 pages 1/2.
> Arrêt d'enregistrement. Idem, X¹ᵃ 4914, Plai-
> doiries, fol. 158 v°.
> Enreg. au Parl. de Toulouse, le 7 décembre 1542.
> Arch. de la Haute-Garonne, Édits, reg. 5, fol. 27.
> 2 pages 1/2.
> Enreg. à la Chambre des Comptes de Paris, anc.
> mém. 2 K, fol. 78. Arch. nat., invent. PP. 136,
> p. 501. (Mention.)
> Enreg. à la Cour des Aides de Paris. Arch. nat.,
> recueil Cromo, U. 665, fol. 292. (Mention.)

12229. Mandement au trésorier de l'épargne de délivrer   6 décembre.
à Jean Godet, commis au payement de l'ex-
traordinaire des guerres, une somme de
1,840 livres tournois, pour un mois de solde,
à partir du 13 du présent mois, des trois cents
hommes de la garnison d'Ardres. Fontainebleau, 6 décembre 1541.

> Original. Bibl. nat., ms. fr. 25722, n° 717.

12230. Mandement au prévôt de Paris, lui donnant   9 décembre.
plein pouvoir de poursuivre les gens d'église
qui ne voudraient pas payer une décime entière ou deux décimes, selon ce qu'ils ont
déjà donné au roi. Fontainebleau, 9 décembre
1541.

> Expédition originale. Bibl. nat., ms. fr. 25722,
> n° 718.

12231. Mandement à la Chambre des Comptes de   9 décembre.

Paris de passer aux comptes de Claude
Aligre, valet de chambre ordinaire du roi et
commis à tenir le compte et faire le payement des dépenses du tournoi tenu à l'entrée
de la reine Éléonore à Paris, 2,653 livres
19 sous 6 deniers tournois pour son salaire.
Fontainebleau, 9 décembre 1541.

> *Bibl. nat., ms. fr. 10387. (Mention.)*

12232. Exemption du guet en faveur des épiciers apothicaires de la ville de Paris, par dérogation à l'ordonnance de janvier 1540 n. s.
(n° 11356), astreignant au guet les gens de
métier et artisans. Fontainebleau, 10 décembre 1541.

> *Enreg. au Châtelet de Paris, le 14 janvier 1542
> n. s. Arch. nat., Bannières, Y. 9, fol. 236. 3 pages.
> Copie du xviii° siècle. Arch. de la Préfecture
> de Police, coll. Lamoignon, t. VI, fol. 664.*

12233. Lettres portant continuation pendant six ans,
au profit des habitants d'Auxonne, de l'octroi
de la moitié du revenu du péage de la ville.
Fontainebleau, 11 décembre 1541.

> *Enreg. à la Chambre des Comptes de Dijon, le
> 26 janvier 1542 n. s. Arch. de la Côte-d'Or, reg. B,
> 20, fol. 72 v°.*

12234. Lettres de jussion à la Chambre des Comptes
de Dijon, pour l'entérinement d'un octroi
accordé le 17 décembre 1540 (n° 11764),
aux habitants d'Auxonne, de 200 livres sur
les revenus de la prévôté du lieu. Fontainebleau, 11 décembre 1541.

> *Enreg. à la Chambre des Comptes de Dijon, le
> 27 janvier 1542. Arch. de la Côte-d'Or, B. 20,
> fol. 74 v°.*

12235. Mandement à Jean Laguette, receveur général
des finances extraordinaires et parties casuelles, de payer à Berthault du Fou, garde-
vaisselle du roi, la somme de 40 écus d'or
soleil qui lui a été donnée, sur les deniers provenant de la vente d'un office de sergent royal
au siège de Saintes, vacant par suite du décès

de Jean Bardin. Fontainebleau, 11 décembre 1541.
1541.

Original. Bibl. de la ville de la Rochelle, ms. 609, fol. 193.

12236. Lettres renvoyant au siège de la Table de 12 décembre.
marbre l'examen des titres et privilèges produits par Jacques de Pommereul, sʳ de
Moulin-Chapelle, à l'appui des droits par lui
revendiqués dans la forêt de Conches. Fontainebleau, 12 décembre 1541.

*Enreg. à la Chambre des Eaux et forêts (siège de
la Table de marbre), le 7 janvier 1542 n. s. Arch.
nat., Z¹ᵉ 327, fol. 228. 2 pages.*

12237. Don de 450 livres tournois aux fourriers 12 décembre.
ordinaires du roi, François Jousseaume,
Guillaume Thévenon, Nicolas Jousseaume,
Victor Deloyon, Étienne Deloyon, Richard
Caron, Nicolas Boullon, René Potaire, Ga-
briel Thibaut, Étienne Dinosseau, Guillaume
de Plaisance, Pierre Bertheau, Jean Couvet,
Guillaume de Montpellier, Louis Dumoulin,
Jean Cyrot, Hubert Charpentier, Jean de
La Rue et Isaac de Barville. Fontainebleau,
12 décembre 1541.

Original. Bibl. nat., ms. fr. 25722, n° 719.

12238. Mandement au trésorier de l'épargne de délivrer 14 décembre.
à Pierre Legrand, payeur de la compagnie
de cent lances placée sous les ordres du duc
de Clèves, une somme de 19,925 livres tournois, pour le payement des quartiers de
juillet-septembre et octobre-décembre 1541.
Fontainebleau, 14 décembre 1541.

Original. Bibl. nat., ms. fr. 25722, n° 720.

12239. Lettres interdisant la pêche, sans la permission 15 décembre.
de l'abbé de Lérins, dans la partie de mer
réservée au monastère, c'est-à-dire depuis le
cap Barbier jusqu'au Sécant et au cap Saint-
Ferréol. Fontainebleau, 15 décembre 1541.

*Arch. départ.ᵗ des Alpes-Maritimes, H. 39. (Men-
tion.)*

12240. Mandement à Jean Laguette, receveur général
des finances extraordinaires et parties casuelles, de payer des deniers provenant de la
vente de l'office de sergent fieffé au Châtelet
de Paris, vacant par la mort de Jean Thomas, à Jean Sanxon, valet de chambre ordinaire du roi, et à René de Rennes, huissier
de sa chambre, 600 écus d'or que le roi leur
a donnés en sus de leurs gages, en récompense de leurs services. Fontainebleau, 16 décembre 1541.

> Original. Bibl. nat., Nouv. acquisitions franç.,
> ms. 1483, n° 74.

1541.
16 décembre.

12241. Mandement au trésorier de l'épargne de payer
3,600 livres à Georges d'Armagnac, ambassadeur à Rome, pour cent quatre-vingts jours
d'exercice de sa charge, du 30 septembre
1541 au 31 mars suivant. Fontainebleau,
18 décembre 1541.

> Bibl. nat., ms. Clairambault 1215, fol. 79 v°.
> (Mention.)

18 décembre.

12242. Lettres autorisant Charles Le Royer et ses associés, « maistres et entrepreneurs du jeu et
mistaire de l'Ancien Testament », à donner
des représentations dudit mystère, pendant
le cours de l'année prochaine. Échou, 18 décembre 1541.

> Enreg. sous réserves au Parl. de Paris, le 27 jan-
> vier 1542 n. s. Arch. nat., X¹ª 1548, Conseil,
> fol. 166 v°. (Mention.)

18 décembre.

12243. Déclaration confirmative de l'édit portant règlement du métier d'imprimeur, notamment en
ce qui concerne le nombre illimité des apprentis, et interdisant toutes poursuites et
procédures à ce sujet aux compagnons imprimeurs. Échou, 19 [décembre] 1541.

> Enreg. au Châtelet de Paris, le 9 janvier 1542
> n. s. Arch. nat. Bannières, Y. 9, fol. 231. 4 pages.
> Copie du xviiie siècle. Arch. de la Préfecture de
> Police, coll. Lamoignon, t. VI, fol. 655 (sous la
> date de novembre 1541).

19 décembre.

12244. Provisions en faveur de Martin Vignon de l'office de procureur du roi en la maîtrise des Eaux et forêts de France, Brie et Champagne, dont est titulaire Christophe Luillier, office auquel il n'avait pas été pourvu encore, depuis l'édit de création de mai 1523 (n° 1825). Fontainebleau, 24 décembre 1541.

1541.
24 décembre.

> *Enreg. aux Eaux et forêts (siège de la Table de marbre), le 5 janvier 1542 n. s. Arch. nat.; Z¹ᵉ 327; fol. 226 v°. 2 pages.*

12245. Provisions de l'office de garde de la Monnaie de Tours, pour Étienne Boylesve, sur la résignation de Jean Luneau. Fontainebleau, 24 décembre 1541.

24 décembre.

> *Enreg. à la Cour des Monnaies; le 30 décembre suivant. Copie. Arch. nat.; Z¹ᵇ 548.*

12246. Mandement au trésorier de l'épargne de payer à Antoine de Lescalin, dit Poulain, ambassadeur dans le Levant, et à l'archevêque de Raguse, 67,500 livres qu'on n'avait pas fait parvenir à Constantinople, à Antoine de Rincon, parce qu'on avait reçu la nouvelle de sa mort. Fontainebleau, 24 décembre 1541.

24 décembre.

> *Bibl. nat., ms. Clairambault 1215, fol. 79 v°. (Mention.)*

12247. Mandement au trésorier de l'épargne de payer 1,800 livres à François Olivier, chancelier d'Alençon, en déduction de ce qui pourra lui être dû pour son voyage à la diète de Spire, où il va comme ambassadeur du roi. Fontainebleau, 25 décembre 1541.

25 décembre.

> *Bibl. nat.; ms. Clairambault 1215, fol. 79 v°. (Mention.)*

12248. Mandement au trésorier de l'épargne de payer 1,800 livres à Africain de Mailly, bailli de Dijon, en déduction de ce qui lui sera dû pour le voyage qu'il va faire en Allemagne, où il doit assister à la diète de Spire, comme

25 décembre.

34.

ambassadeur du roi. Fontainebleau, 25 décembre 1541.

Bibl. nat., ms. Clairambault 1215, fol. 79 v°.
(Mention.)

12249. Édit de révocation des survivances de tous les
états et offices, «tant du fait de la guerre,
judicature que de finances». Fontainebleau,
26 décembre 1541.

*Enreg. au Parl. de Paris, le 2 janvier suivant.
Arch. nat.*, X^{1a} 8613, fol. 293 v°. 2 pages.

Arrêt d'enregistrement. Idem, X^{1a} 4914, Plaidoiries, fol. 165 v°.

*Enreg. au Parl. de Dijon, le 2 janvier 1542
n. s. Arch. de la Côte-d'Or, Parl.*, reg. IV, fol. 11.

*Enreg. au Parl. de Grenoble, le 31 juillet 1542.
Arch. de l'Isère*, B. 2334, fol. 101. 2 pages.

*Enreg. à la Chambre des Comptes de Paris, le
11 janvier 1542. Arch. nat.*, P. 2306, p. 995.
3 pages.

Imp. Pièce in-4°. *Arch. nat.*, AD.I 22; AD.IX
125, n° 25. 2 pages.

*Les loix, statuts et ordonnances roiauls faictes
par les feus rois de France...* Paris, Poncet le
Preux, 1542, in-fol., 2ᵉ partie, fol. 184 v°.

*Les loix, ordonnances et edictz, etc., depuis le
roy S. Loys...* Paris, Galiot du Pré, 1559,
in-fol., fol. 173 r°.

P. Rebuffi, *Les édits et ordonnances des rois de
France.* Lyon, 1573, in-fol., p. 345.

A. Fontanon, *Édits et ordonnances, etc.* Paris,
1611, in-fol., t. II, p. 560.

E. Girard et J. Joly, *Troisiesme livre des offices
de France.* Paris, 1647, in-fol., t. I, add., p. 77.

Isambert, *Anc. lois françaises, etc.* Paris, 1827,
in-8°, t. XII, p. 762.

12250. Commission aux sénéchal et juge mage de Toulouse, et au juge du comté de Gaure, à la
sollicitation du roi de Navarre, et pour remédier aux abus qui s'étaient produits à son préjudice dans ses forêts des comtés d'Armagnac,
Fézensac, Pardiac, l'Isle-en-Jourdain et Au-
villars, vicomtés de Lomagne, Fézensaguet,
Bruilhois, Gimois et autres terres et seigneuries provenant de la maison d'Armagnac,
de procéder à la réformation des Eaux et

forêts de ces domaines. Fontainebleau, 26 décembre 1541.

> *Copie collationnée du 21 mars 1542 n. s. et autre copie du XVIᵉ siècle. Archives départ. des Basses-Pyrénées*, E. 260.
> *Copie du XVIIᵉ siècle. Bibl. nat.*, coll. Doat, ms. 235, fol. 149.

12251. Lettres autorisant la mainlevée du temporel des gens d'église de Provence, à condition qu'ils feront à leurs frais les réparations nécessaires de leurs églises. Fontainebleau, 26 décembre 1541.

> *Enreg. au Parl. de Provence. Arch. de ladite cour, à Aix, reg. pet. in-fol. de 253 feuillets,* fol. 205 vᵒ.

12252. Lettres adressées au Parlement et à la Chambre des Comptes de Grenoble, pour l'enregistrement des privilèges des secrétaires du roi. Fontainebleau, 27 décembre 1541.

> *Enreg. au Parl. de Grenoble, le 14 août 1543. Arch. de l'Isère, Chambre des Comptes de Grenoble,* B. 2911, cah. 7. 12 pages.

12253. Lettres portant que les notaires et secrétaires du roi jouiront des mêmes privilèges et exemptions en Languedoc, que dans tout le royaume. Fontainebleau, 27 décembre 1541 [1].

> *Enreg. au Parl. de Toulouse, le 20 décembre 1543. Arch. de la Haute-Garonne, Édits, reg. 5,* fol. 80.
> *Copie du XVIᵉ siècle. Bibl. nat.*, ms. fr. 14019, fol. 131.
> *Bibl. nat.*, ms. fr. 4402, fol. 88 vᵒ. (*Mention.*)
> IMP. A. Tessereau, *Hist. de la grande Chancellerie, etc.* Paris, 1710, in-fol., t. I, p. 100.

12254. Mandement à Nicolas Picart, notaire et secrétaire du roi, commis à tenir le compte des bâtiments de Fontainebleau, Boulogne, Villers-Cotterets, Saint-Germain, etc., de payer

---

[1] Suivies des privilèges précédemment accordés par Louis XI, en novembre 1482; par Charles VIII, en février 1484; par François Iᵉʳ, en décembre 1518, le 3 octobre 1519, le 12 février 1536 n. s., le 4 octobre 1537, le 28 janvier 1538 n. s., et le 23 novembre 1540.

à Bastianet (*alias* Sébastien) Serlio, peintre
et architecte bolonais, 400 livres de gages
par an en quatre termes, pour ses travaux
au château de Fontainebleau. Fontainebleau,
27 décembre 1541.

> *Copie. Bibl. nat.*, ms. fr. 11179 (anc, suppl.
> fr. 336).
> Imp. L. de Laborde, *Les comptes des bâtiments
> du roi*. Paris, in-8°, 1877, t. I, p. 172.

1541.

12255. Mandement au trésorier de l'épargne de payer
1,125 livres à Morelet du Museau, en déduction de ce qui lui sera dû pour le voyage
qu'il va faire en Allemagne, où il doit assister
à la diète de Spire, comme ambassadeur du
roi. Fontainebleau, 27 décembre 1541.

> *Bibl. nat.*, ms. Clairambault 1215, fol. 79 v°.
> (*Mention.*)

27 décembre.

12256. Mandement au Parlement de Bordeaux de
mettre les condamnés aux galères à la disposition de Michel de la Maison, capitaine
de deux galères à Marseille. Fontainebleau,
28 décembre 1541.

> *Enreg. au Parl. de Bordeaux* (s. d.). *Arch. de
> la Gironde*, B. 31, fol. 139, v°. 2 pages.

28 décembre.

12257. Déclaration portant règlement sur le fait de
l'imprimerie et les devoirs des ouvriers imprimeurs de Lyon. Fontainebleau, 28 décembre
1541.

> Imp. P. Rebuffi, *Les édits et ordonnances des rois
> de France*. Lyon, 1573, in-fol., p. 1226.
> A. Fontanon, *Édits et ordonnances, etc.* Paris,
> 1611, in-fol., t. IV, p. 467.
> Isambert, *Anc. lois françaises, etc.*, Paris, 1827,
> in-8°, t. XII, p. 763.

28 décembre.

12258. Lettres portant réduction à un nombre limité
des notaires et sergents des États de Provence. Fontainebleau, 28 décembre 1541.

> *Enreg. à la Chambre des Comptes de Provence.
> Arch. des Bouches-du-Rhône*, B. 35 (*Solis*), fol. 258.
> 2 pages.

28 décembre.

12259. Mandement à Jean Laguette, trésorier des
parties casuelles, de payer à Louise Poussart,

28 décembre.

veuve du s^t d'Aigreville, 700 écus d'or soleil,
dont le roi lui avait fait don sur le produit
des amendes du Parlement de Paris, mais
qu'elle n'avait pas encore pu toucher. Fontainebleau, 28 décembre 1541.

Original. Bibl. nat., ms. fr. 25722, n° 721.

12260. Mandement au Parlement de Paris de faire
délivrer à Léon Strozzi, prieur de Capoue,
capitaine de six galères du roi, « jusques au
nombre de deux cens criminelz ayans de-
servy la mort ou autre grande peine corporelle », enfermés à la Conciergerie et autres
prisons du ressort de la cour, pour ramer sur
lesdites galères. Fontainebleau, 28 décembre
1541.

*Enreg. au Parl. de Paris, le 26 janvier 1542 n. s.
Arch. nat., X²ᵃ 92 ; reg. criminel non folioté (à la
date). 2 pages.*

12261. Confirmation de l'indult accordé par le pape
Paul III au cardinal Trivulce, à Rome, le
17 des calendes de février 1535, pour la
collation des bénéfices dépendant de son
évêché et de ses abbayes. Fontainebleau,
30 décembre 1541.

*Enreg. au Parl. de Bordeaux, sous les réserves
d'usage, le 11 mars 1543. Arch. de la Gironde,
B. 31, fol. 312 et 315 v°. 10 pages.
Enreg. au Parl. de Toulouse, le 15 juin 1542.
Arch. de la Haute-Garonne, Édits, reg. 5, fol. 20.*

12262. Mandement à Jean Laguette, trésorier des
parties casuelles, de payer à Jean Franchet,
dit Brazay, valet de chambre du comte de
Buzançais, sur le produit de la résignation de
l'office de maître des ports de la sénéchaussée
de Toulouse, qu'entend faire Jean de Beauvoir, une somme de 120 écus d'or qui lui
avait d'abord été assignée, par lettres du
25 mars 1535 (n° 8377), sur le receveur
ordinaire de Montluel, mais qui ne lui avait
pas encore été payée. Fontainebleau, 30 décembre 1541.

Original. Bibl. nat., ms. fr. 25722, n° 722.

1541.

28 décembre.

30 décembre.

30 décembre.

12263. Lettres ordonnant le rétablissement de la Monnaie de Bourges. Fontainebleau, 31 décembre 1541.

> *Enreg. à la Cour de Monnaies, le 4 février 1542 n. s. Arch. nat., Z*[1b] *63, fol. 21 v°. 2 pages.*

1541.
Décembre.

12264. Lettres de sauvegarde octroyées au chapitre de l'église d'Auxerre. Fontainebleau, décembre 1541.

> *Enreg. à la Chancellerie de France. Arch. nat, Trésor des Chartes,* 'JJ. 255[1], n° 254, fol. 75. 1 page 1/2.

31 décembre.

12265. Confirmation des privilèges, franchises et libertés des habitants du pays de Sault dans la sénéchaussée de Carcassonne. Fontainebleau, décembre 1541.

> *Enreg. à la Chancellerie de France. Arch. nat., Trésor des Chartes, JJ.* 255[1], n° 209, fol. 62 v°. 1 page.

Décembre.

12266. Établissement de deux foires annuelles à Verrières en Forez, fait à la requête de Louis de Charmazel. Fontainebleau, décembre 1541.

> *Enreg. à la Chancellerie de France; Arch. nat., Trésor des Chartes, JJ.* 255[1], n° 210, fol. 62. 1 page.

Décembre.

12267. Don à Louis d'Adhémar de Monteil de Grignan, gentilhomme de la chambre, lieutenant général en Provence, des biens de Georges Vitalis, chanoine de Forcalquier, échus au roi par droit d'aubaine. Fontainebleau, décembre 1541.

> *Enreg. à la Chancellerie de France. Arch. nat., Trésor des Chartes, JJ.* 255[1], n° 212, fol. 63 v°. 1 page.

Décembre.

12268. Lettres de don à Louis Baraton, s[r] de Montgauguier, en récompense de ses services, des biens confisqués de Bernard de Lamps et de Louis Foullon, condamnés par Christophe de La Forêt, prévôt des maréchaux, pour avoir pillé la maison du feu s[r] de Montgauguier, père dudit Louis Baraton. Fontainebleau, décembre 1541.

> *Enreg. à la Chancellerie de France. Arch. nat.,*

Décembre.

Trésor des Chartes, JJ. 255¹, n° 213, fol. 64.
1 page.
Bibl. nat., ms. Clairambault 782, p. 201.
(*Mention.*)

12269. Lettres de don à Christophe de Forest, baron
de Trets, conseiller et médecin du roi et du
dauphin, en récompense de ses services, des
biens meubles et immeubles de feu Bernard
Boticari, habitant de Marseille, adjugés au
roi par arrêt du Parlement de Provence. Fontainebleau, décembre 1541. **Décembre.**

*Enreg. à la Chancellerie de France. Arch. nat.,
Trésor des Chartes*, JJ. 255¹, n° 258, fol. 76.
1 page.

12270. Lettres de naturalité en faveur de Vincent de
La Barre, natif du duché de Bar en Lorraine,
marié et demeurant à Paris depuis huit ans,
Fontainebleau, décembre 1541. **Décembre.**

*Enreg. à la Chancellerie de France, Arch. nat.,
Trésor des Chartes*, JJ. 254, n° 469, fol. 87.
1 page.

12271. Lettres de naturalité en faveur de Thomas Ca-
banis, receveur particulier du roi au siège
d'Arles, natif de Tende. Fontainebleau, décembre 1541. **Décembre.**

*Enreg. à la Chancellerie de France. Arch. nat.,
Trésor des Chartes*, JJ. 255¹, n° 208, fol. 62.
1 page.

12272. Lettres de légitimation accordées à Balthazar
David, fils naturel de feu Jean David, écuyer,
sr du Perron et du Mesnil-Saint-Jean, et
de Mariette Carpentier. Fontainebleau, décembre 1541. **Décembre.**

*Enreg. à la Chancellerie de France. Arch. nat.,
Trésor des Chartes*, JJ. 255¹, n° 264, fol. 77 v°.
1 page.

12273. Lettres de naturalité en faveur de Francisco de
Poggio et de « Pantazelles » Théocrène, sa
femme, natifs de Luco en Italie, demeurant **Décembre.**

à Saint-Nazaire, au diocèse de Narbonne. 1541.
Fontainebleau, décembre 1541.

Enreg. à la Chancellerie de France. Arch. nat.,
Trésor des Chartes, JJ. 255¹, n° 260, fol. 76 v°.
1 page.

1542. — Pâques, 9 avril.

1542.

12274. Mandement à Nicolas Picart, trésorier des bâti- | 5 janvier.
ments et travaux de Fontainebleau, de payer
à Quentin l'Africain, dit le More, jardinier
du château, des gages annuels de 240 livres.
Fontainebleau, 5 janvier 1541.

Copie du xvi° siècle. Bibl. nat., ms. fr. 11179
(anc. suppl. fr. 336).
Impr. L. de Laborde, Les comptes des bâtiments
du roi. Paris, in-8°, 1877, t. I, p. 175.

12275. Don à Jean Terrasse, sommelier du commun, | 5 janvier.
de 200 écus d'or soleil, à prendre sur le produit de la vente d'un office de sergent à cheval
au Châtelet de Paris, vacant par suite de la
forfaiture de Pierre Ayrault. Fontainebleau,
5 janvier 1541.

Original. Bibl. nat., ms. fr. 25722, n° 723.

12276. Don de 1,000 écus soleil à Louis de Clèves, | 6 janvier.
comte de Cayeux, pour avoir accompagné le
duc de Clèves aux solennités de son mariage
avec la princesse de Navarre. Fontainebleau,
6 janvier 1541.

Original. Bibl. nat., ms. fr. 25722, n° 724.

12277. Mandement à Jean Laguette, trésorier des | 6 janvier.
parties casuelles, de payer, pour ses gages
de l'année 1540, 500 écus soleil, au seigneur de Canaples, l'un des capitaines des
cent gentilshommes de l'hôtel. Fontainebleau, 6 janvier 1541.

Original. Bibl. nat., ms. fr. 25722, n° 725.

12278. Mandement à Jean Laguette, receveur général | 7 janvier.
des finances extraordinaires et parties ca-
suelles, de payer, sur les deniers provenant de

la vente d'un office de sergent à cheval au
Châtelet de Paris, vacant par la mort de
René Landet, à Louis Billart, valet de la
garde-robe du roi, 200 écus d'or soleil que
le roi lui a donnés pour qu'il puisse mieux
s'entretenir à son service. Fontainebleau,
7 janvier 1541.

1542.

> *Original. Bibl. nat., Nouv. acquisitions franç.,*
> ms. 1483, n° 75.

12279. Mandement à Claude Guyot, commis au payement des édifices et fortifications du Havre,
de payer à Hieronimo Bellarmato, ingénieur
chargé de la direction des travaux, 600 livres
tournois pour l'année finie au 31 décembre
dernier. Fontainebleau, 8 janvier 1541.

8 janvier.

> *Original. Bibl. nat., ms. fr. 25722, n° 726.*

12280. Commission de lieutenant général pour le roi
en la ville de la Rochelle et pays d'environ,
accordée à Louis de La Trémoïlle, après
la mort de son père qui était pourvu de la
même charge. 9 janvier 1541 [1].

9 janvier.

> *Copie du XVIIIe siècle. Bibl. munisip. de Poitiers,*
> coll. dom Fonteneau, t. XL, p. 371.

12281. Lettres adressées à la Chambre des Comptes
de Paris, lui ordonnant de faire faire un
inventaire des bagues, joyaux et autres
meubles précieux de la couronne. Fontainebleau, 11 janvier 1541.

11 janvier.

> *IMP.* G. Lévesque, *Chartres, lettres, titres et*
> *arrests de l'antiquité, etc., des notaires et gardes*
> *notes du Roy au Chastelet de Paris.* Paris, 1663,
> in-4°, p. 231.
> S.-F. Langloix, *Traité des droits, privilèges et*
> *fonctions des notaires, gardes-notes, etc.* Paris, 1738,
> in-4°, p. 115.

12282. Lettres continuant aux religieuses Filles-Dieu
de Paris le don de quatre amendes du Parlement, de 60 livres parisis chacune, pour en

11 janvier.

[1] Le nom du lieu fait défaut.

35.

jouir pendant six ans. Fontainebleau, 11 jan- 1542.
vier 1541.

> *Enreg. à la Chambre des Comptes de Paris, le*
> *21 juillet 1547, anc. mém. 2 O, fol. 52. Arch.*
> *nat., P. 2308, p. 75. 3 pages 1/2.*

12283. Lettres ordonnant, en raison de l'inexactitude   12 janvier.
des déclarations fournies, de procéder à un
nouveau dénombrement des fiefs et arrière-
fiefs, sujets au ban et à l'arrière-ban. Brie-
Comte-Robert, 12 janvier 1541.

> *Enreg. au Châtelet de Paris, le 18 janvier 1542*
> *n. s. Arch. nat., Bannières, Y. 9, fol. 229. 3 pages.*
> *Imp. Pièce in-4°. Paris, J. Nyverd (s. d.). Bibl.*
> *nat., Inv. Réserve, F. 1879.*
> *Les loix, ordonnances et édictz, etc. . . , depuis le*
> *Roy S. Lois. . . . Paris, Galiot du Pré, 1559, in-fol.,*
> *fol. 171 v°.*
> *P. Rebuffi, Les édits et ordonnances des rois de*
> *France, etc. Lyon, 1573, in-fol., p. 390.*
> *A. Fontanon, Édits et ordonnances, etc. Paris,*
> *1611, in-fol., t. II, p. 354.*
> *J. Corbin, Le code de Louis XIII, etc. Paris,*
> *1628, in-fol., t. II, p. 86.*
> *Berthelot du Ferrier, Traité de la connaissance*
> *des droits et domaines du roi, etc. Paris, 1725,*
> *in-8°, p. 269.*

12284. Provisions en faveur de François Delage, con-   17 janvier.
seiller au Parlement de Paris, de l'office de
président en la grande chambre des enquêtes,
en remplacement de Nicole Brachet, décédé.
Paris, 17 janvier 1541.

> *Réception le 20 janvier suivant. Arch. nat.,*
> *X¹ᵉ 1548, Conseil, fol. 140. (Mention.)*

12285. Déclaration portant que les membres du Parle-   18 janvier.
ment de Paris pourvus de bénéfices, en vertu
de l'indult du pape Paul III, du 19 juin 1538,
seront préférés aux gradués simples et nommés
des Universités du royaume. Paris, 18 janvier
1541.

> *Enreg. au Grand Conseil, le 31 janvier 1542*
> *n. s.*
> *Enreg. au Parl. de Paris (s. d.), Arch. nat.,*
> *X¹ᵃ 8613, fol. 333. 2 pages 1/2.*
> *Enreg. au Châtelet de Paris, le 4 février 1542*
> *n. s. Arch. nat., Bannières, Y. 9, fol. 238. 2 pages.*

Imp. E. Girard et J. Joly, *Troisiesme livre des*   1542.
offices de France, etc. Paris, 1647, in-fol., t. I,
p. 210.

 Fr. Pinsson, *Notes sommaires sur les indults*
accordés au roi, etc. Paris, 1673, 2 vol. in-12,
t. I, p. 225.

 Fr. Pinsson, *Traité singulier des régales, etc.*
Paris, 1688, 2 vol. in-4°, t. II, p. 837.

 [Le Mère], *Recueil des actes, titres et mémoires*
concernant les affaires du clergé. ... Paris, 1716-
1750, 12 vol. in-fol., t. X, col. 469.

 G. du Rousseaud de la Combe, *Recueil de ju-*
risprudence canonique, etc. Paris, 1755, in-fol.,
Preuves, p. 78.

 Isambert, *Anc. lois françaises, etc.* Paris, 1827,
in-8°, t. XII, p. 768.

12286. Mandement au Parlement de Paris de faire dé- 18 janvier.
  livrer aux capitaines des galères, ou à leurs
  commis, tous les prisonniers de la Conciergerie et autres prisons du ressort de la
  cour, « fors et sains de leurs membres, et en
  disposition de tirer à la rame, qui ont esté
  ou seront condamnez à mort », pour servir
  comme forçats sur lesdites galères. Paris,
  18 janvier 1541.

   Enreg. au Parl., le 26 janvier suivant. Arch.
  nat., X¹ᵃ 92, non folioté (à la date). 1 page.

12287. Lettres déclarant que dans l'édit de révocation 19 janvier.
  générale des survivances des états et offices
  royaux (n° 12249), le roi n'a pas entendu
  comprendre la provision de survivance de
  l'office de premier huissier du Parlement de
  Paris, accordée le 27 février 1537 n. s., à
  Jacques et à François de Mailly, père et
  fils. Paris, 19 janvier 1541.

   Enreg. au Parl. de Paris, le 8 février suivant.
  Arch. nat., X¹ᵃ 1548, fol. 203 v°. (Mention.)

12288. Don à Jean Stuart, lieutenant de la compagnie 20 janvier.
  du sʳ d'Aubigny, capitaine de la garde écos-
  saise, de 30 écus d'or soleil, à prendre sur
  le produit de la vente de l'office de sergent
  à cheval au bailliage de Troyes, dont Louis

Lamoureux vient d'être pourvu. Paris, 20 janvier 1541.

1542.

> *Original. Bibl. nat., ms. fr. 25722, n° 727.*

12289. Mandement au trésorier de l'épargne de payer à Guillaume Pellissier, ambassadeur du roi à Venise, 2,485 livres pour cent quatre-vingt-un jours d'exercice de sa charge, du 1er janvier au 30 juin 1542. Paris, 20 janvier 1541.

20 janvier.

> *Bibl. nat., ms. Clairambault 1215, fol. 80.* (*Mention.*)

12290. Lettres ordonnant de poursuivre à la Cour des Aides les criées des biens de feu Morelet du Museau, général des finances, et de Marie Briçonnet, sa veuve, notamment de son hôtel rue du Roi-de-Sicile, connu sous le nom d'hôtel de Savoisy. 20 janvier 1541.

20 janvier.

> *Enreg. à la Cour des Aides de Paris. Arch. nat., recueil Cromo, U 665, fol. 292. (Mention.)*

12291. Lettres de renvoi à la Cour des Aides de tous les procès de Christophe de La Forêt, réformateur des gabelles et greniers à sel du royaume, nonobstant l'évocation par lui demandée au Conseil privé et au Grand conseil. 20 janvier 1541.

20 janvier.

> *Enreg. à la Cour des Aides de Paris. Arch. nat., recueil Cromo, U. 665, fol. 294. (Mention.)*

12292. Don à Pierre Daigne, apothicaire du roi, de 200 écus d'or soleil, à prendre sur le produit de la vente de l'office de sergent à cheval au Châtelet de Paris, vacant par la mort de Mathurin Cheminal. Paris, 22 janvier 1541.

22 janvier.

> *Original. Bibl. nat., ms. fr. 25722, n° 728.*

12293. Lettres de jussion à la Chambre des Comptes de Paris, pour l'enregistrement du don fait, le 21 décembre 1540 (n° 11770), à François de Francheville des droits et émoluments de la geôle du palais de Poitiers, sa vie durant. 23 janvier 1541.

23 janvier.

> *Enreg. à la Chambre des Comptes, le 4 avril 1542, anc. mém. 2 K, fol. 111. Arch. nat., invent. PP. 136, p. 489. (Mention.)*

12294. Provisions de l'office de juge d'Albigeois, octroyées par le roi à Pierre Blanchardi, docteur en droit, avocat au Parlement de Toulouse. Paris, 25 janvier 1541.

Il est reçu et prête serment au Parlement
de Toulouse, le 20 mars 1542 n. s.

> *Enreg. au Parl. de Toulouse. Arch. de la Haute-*
> *Garonne, Édits, reg. 4, fol. 228. 2 pages.*

1542.
25 janvier.

12295. Provisions en faveur de Barthélemy Faye, docteur ès droits, de l'office de conseiller clerc
au Parlement de Paris, vacant par la promotion d'Étienne Tournebulle à l'office de
président au Parlement de Rouen. Paris,
25 janvier 1541.

> *Présentées au Parl., avec dispense pour se marier,*
> *en date du même jour, le 10 février suivant, et le-*
> *dit Faye reçu le 17 février. Arch. nat., Xᴵᵃ 1548,*
> *fol. 207 et 248 vº. (Mentions.)*

25 janvier.

12296. Lettres attribuant au Parlement de Paris la
connaissance d'un procès de René Tizard,
naguère trésorier des guerres, évoqué par le
roi des commissaires pour la réformation des
finances siégeant à la Tour carrée. Paris,
26 janvier 1541.

> *Entérinées au Parl., le 31 mars suivant. Arch.*
> *nat., Xᴵᵃ 1548, Conseil, fol. 421 vº. (Mention.)*

26 janvier.

12297. Mandement à la Chambre des Comptes de
Dijon de faire payer à Pierre d'Apestigny,
général des finances en Bourgogne, une
somme de 400 livres en augmentation de ses
gages. Paris, 26 janvier 1541.

> *Enreg. à la Chambre des Comptes de Dijon. Arch.*
> *de la Côte-d'Or, B. 19, fol. 28 vº.*

26 janvier.

12298. Lettres portant que, vu les poursuites exercées
contre Bénigne Serre, premier président de
la Chambre des Comptes de Dijon, pour
défaut de compte de l'administration des
finances et de la fourniture des munitions
de guerre en Bourgogne, poursuites auxquelles il s'est dérobé par la fuite, le roi le

26 janvier.

suspend de son office jusqu'à ce qu'il ait   1542.
rendu compte et ordonne la saisie de ses
biens. Paris, 26 janvier 1541.

> *Enreg. à la Chambre des Comptes de Dijon, le*
> *13 février suivant. Arch. de la Côte-d'Or, B. 20,*
> *fol. 76 v°.*

12299. Lettres de sauvegarde en faveur des habitants   28 janvier.
de Manosque en Provence. Paris, 28 janvier
1541.

> *Original. Arch. municip. de Manosque (Basses-*
> *Alpes), AA. 46.*

12300. Mandement au trésorier de l'épargne de payer   28 janvier.
à Honorat de Queis (Caix), ambassadeur en
Portugal, 3,650 livres pour une année
d'exercice de sa charge, finissant le 31 décembre 1541. Paris, 28 janvier 1541.

> *Bibl. nat., ms. Clairambault 1215, fol. 80.*
> *(Mention.)*

12301. Lettres d'évocation au Conseil privé d'un procès   31 janvier.
pendant en la chambre des Eaux et forêts
(siège de la Table de marbre), entre Michel
Ratteron, garde de la forêt de Saint-Germain-
en-Laye, et Mathieu et Jacques Cœuret
(*alias* Curet). Saint-Germain-en-Laye, 31 janvier 1541.

> *Enreg. aux Eaux et forêts, le 1er février suivant.*
> *Arch. nat., Z.1e 327, fol. 245. 1 page 1/2.*

12302. Don à Pierre Chancet et à Jean de Cousteaulx,   31 janvier.
huissiers de salle, de 36 livres tournois à
prendre sur le produit de la vente de l'office
de sergent royal à Crécy-en-Brie, vacant par
la mort de Jean Michelet. Saint-Germain-
en-Laye, 31 janvier 1541.

> *Original. Bibl. nat., ms. fr. 25722, n° 729.*

12303. Confirmation des privilèges accordés par René,   Janvier.
roi de Sicile, comte de Provence, aux habi-
tants de Lançon en Provence. Fontainebleau,
janvier 1541.

> *Enreg. à la Chancellerie de France. Arch. nat.,*

— 281 —

Trésor des Chartes, JJ. 254, n° 470, fol. 87. 1 page.
Enreg. à la Chambre des Comptes de Provence. Archives des Bouches-du-Rhône, B. 36 (*Luna*), fol. 25 v°.

1542.

12304. Lettres de naturalité en faveur de Louis de Costa, né et marié à Avignon. Fontainebleau, janvier 1541.

Enreg. à la Chancellerie de France. Arch. nat., Trésor des Chartes, JJ. 256¹, n° 202, fol. 76 v°.

Janvier.

12305. Lettres de don à Jean Terrasse, sommelier d'échansonnerie du commun, des biens confisqués d'Antoinette Desménils, condamnée à être brûlée vive par sentence du sénéchal de Poitou. Yerres, janvier 1541.

Enreg. à la Chancellerie de France. Arch. nat., Trésor des Chartes, JJ. 256¹, n° 25, fol. 10 v°. 1 page.

Janvier.

12306. Création d'une foire annuelle, le jour de saint Michel, à Bonnœuvre au diocèse et en la sénéchaussée de Nantes. Paris, janvier 1541.

Enreg. à la Chancellerie de France. Arch. nat., Trésor des Chartes, JJ. 256¹, n° 73, fol. 30. 1 page.

Janvier.

12307. Confirmation des privilèges des officiers et ouvriers de la Monnaie de Dijon. Paris, janvier 1541.

Enreg. à la Chancellerie de France. Arch. nat., Trésor des Chartes, JJ. 256¹, n° 61, fol. 26. 1 page 1/2.
Double. Idem, JJ. 256¹, n° 165, fol. 58.

Janvier.

12308. Confirmation des droits, privilèges, franches foires et autres libertés et franchises des habitants d'Hesdin. Paris, janvier 1541.

Enreg. à la Chancellerie de France. Arch. nat., Trésor des Chartes, JJ. 256¹, n° 57, fol. 24. 1 page 1/2.

Janvier.

12309. Création d'un marché chaque semaine et de trois foires par an, à Montillot au bailliage d'Auxerre. Paris, janvier 1541.

Enreg. à la Chancellerie de France. Arch. nat., Trésor des Chartes, JJ. 255¹, n° 218, fol. 66 v°. 1 page.

Janvier.

IV.

IMPRIMERIE NATIONALE.

12310. Création de trois foires par an et d'un marché chaque semaine, à Saint-Jean-de-Lachamp au bailliage de Velay. Paris, janvier 1541.

> *Enreg. à la Chancellerie de France. Arch. nat., Trésor des Chartes, JJ. 255¹, n° 216, fol. 65 v°.*
> *1 page.*

12311. Création de trois foires annuelles et d'un marché hebdomadaire à Lucy-le-Bois au bailliage d'Auxerre. Paris, janvier 1541.

> *Enreg. à la Chancellerie de France. Arch. nat., Trésor des Chartes, JJ. 255¹, n° 217, fol. 66.*
> *1 page.*

12312. Confirmation des privilèges, franchises et coutumes des habitants de Villefranche en Bourbonnais. Paris, janvier 1541.

> *Enreg. à la Chancellerie de France. Arch. nat., Trésor des Chartes, JJ. 256¹, n° 55, fol. 23 v°.*
> *1 page.*

12313. Lettres de légitimation accordées à Arnaud de Cardailhac, prêtre, natif du diocèse de Montauban, fils naturel de Jean de Cardailhac, du diocèse de Cahors, et de Catherine de Diombes. Paris, janvier 1541.

> *Enreg. à la Chancellerie de France. Arch. nat., Trésor des Chartes, JJ. 254, n° 479, fol. 88.*
> *1 page.*

12314. Lettres de légitimation accordées à Pierre de Fay, sʳ du Pressoir, fils naturel de feu Antoine de Fay, sʳ du Pressoir au ressort de Péronne. Paris, janvier 1541.

> *Enreg. à la Chancellerie de France. Arch. nat., Trésor des Chartes, JJ. 254, n° 471, fol. 87.*
> *1 page.*

12315. Lettres de légitimation accordées à Jean du Gard, fils naturel de feu Jean du Gard, chevalier, et de Jeanne Rolland, et à Pierre du Gard, fils naturel dudit Jean et d'Étiennette Marie. Paris, janvier 1541.

> *Enreg. à la Chancellerie de France. Arch. nat., Trésor des Chartes, JJ. 256¹, n° 63, fol. 27.*
> *1 page.*

12316. Lettres de légitimation accordées à Abraham
de la Mothe, valet de chambre du duc d'Orléans, fils de Jean de la Mothe, écuyer.
Paris, janvier 1541.

> *Enreg. à la Chancellerie de France. Arch. nat.,*
> *Trésor des Chartes, JJ. 256¹, n° 19, fol. 7, 1 page.*

1542.
Janvier.

12317. Lettres de naturalité en faveur de Jean Chré-
tien, prêtre, natif de la Roche en Faucigny
(Savoie), demeurant à Pressigny en Touraine,
au service du comte de Villars, seigneur du
lieu. Paris, janvier 1541.

> *Enreg. à la Chancellerie de France. Arch. nat.,*
> *Trésor des Chartes, JJ. 254, n° 478, fol. 88.*
> *1 page.*

Janvier.

12318. Lettres de naturalité en faveur d'André Eissau-
tier, natif de Saint-Pons, au comté de Nice,
fixé depuis vingt ans à Barjols, au diocèse de
Fréjus. Paris, janvier 1541.

> *Enreg. à la Chancellerie de France. Arch. nat.,*
> *Trésor des Chartes, JJ. 254, n° 467, fol. 86 v°.*
> *1 page.*

Janvier.

12319. Lettres de naturalité en faveur de Bernard
Payan, originaire de Piémont, et d'Anne de
Bouschet, native de Tunisie, demeurant à
Pressigny en Touraine, au service du comte
de Villars, seigneur de Pressigny. Paris, jan-
vier 1541.

> *Enreg. à la Chancellerie de France. Arch. nat.,*
> *Trésor des Chartes, JJ. 256¹, n° 8, fol. 3 v°. 1 page.*

Janvier.

12320. Lettres de naturalité en faveur de Michel de
Piscatoribus, docteur en médecine, marié et
établi à Toulouse, natif de Novare au duché
de Milan. Paris, janvier 1541.

> *Enreg. à la Chancellerie de France. Arch. nat.,*
> *Trésor des Chartes, JJ. 255¹, n° 215, fol. 65.*
> *1 page.*

Janvier.

12321. Lettres de naturalité en faveur de Jean du
Posteau, natif de Liège, frère de Pierre du
Posteau, homme d'armes des ordonnances,
marié à Brandonvillers avec la fille de Ni-

Janvier.

36.

colas Bruchier, marchand. Paris, janvier 1542.
1541.

> *Enreg. à la Chancellerie de France. Arch. nat.,*
> *Trésor des Chartes, JJ. 254, n° 474, fol. 87 v°.*
> *1 page.*

12322. Lettres de naturalité en faveur de Thomas Janvier.
Stroissy (Strozzi), marchand florentin, demeurant à Nantes. Paris, janvier 1541.

> *Enreg. à la Chancellerie de France. Arch. nat.,*
> *Trésor des Chartes, JJ. 256¹, n° 17, fol. 6. 1 page.*
> *Enreg. à la Chambre des Comptes de Bretagne.*
> *Archives de la Loire-Inférieure, B. Mandements*
> *royaux, II, fol. 231.*

12323. Mandement aux élus sur le fait des aides en 1er février.
l'élection de la Basse Auvergne, de répartir
et lever sur les contribuables de ladite élection une taille de 9,737 livres 18 sous
9 deniers, pour les réparations et l'entretien
des turcies et levées de la Loire et du Cher.
Saint-Germain-en-Laye, 1er février 1541.

> *Vidimus du 26 février suivant. Archives nat.,*
> K. 2379, n° 16.

12324. Déclaration portant que les deniers provenant 1er février.
des lods et ventes, quints et requints, et des
amendes du Dauphiné seront employés aux
réparations et fortifications des villes du Dauphiné, et spécialement de Grenoble. Saint-
Germain-en-Laye, 1er février 1541.

> *Enreg. à la Chambre des Comptes de Grenoble, le*
> *10 mars 1542 n. s.*
> Imp. L'abbé Ul. Chevalier, *Ordonnances relatives*
> *au Dauphiné. In-8°, 1871, n° 815. (Mention.)*

12325. Lettres portant commission à la Chambre des 1er février.
Comptes de Dauphiné de procéder, avec un
président et deux conseillers du Parlement,
au jugement définitif des procès intentés au
sujet des lods et ventes dus au roi. Saint-
Germain-en-Laye, 1er février 1541.

> Imp. L'abbé Ul. Chevalier, *Ordonnances relatives*
> *au Dauphiné. In-8°, 1871, n° 814. (Mention.)*

12326. Provisions en faveur d'Antoine de Damp- 1er février.
martin, coseigneur de Saint-Jory, de l'office

de maître des ports et passages de la sénéchaussée de Toulouse, office auparavant
exercé par Jean de Beauvoir. Saint-Germain-
en-Laye, 1er février 1541.

Il est reçu et prête serment au Parlement
de Toulouse, le 20 mars 1541.

> *Enreg. au Parl. de Toulouse. Arch. de la Haute-
> Garonne, Édits, reg. 4, fol. 229. 2 pages.*

12327. Provisions en faveur de Louis Allegrain, licencié ès lois, auditeur des comptes, de l'office de conseiller clerc au Parlement de Paris, en remplacement de Maurice Bulioud,
décédé. Saint-Germain-en-Laye, 1er février
1541.

> *Réception au Parl., le 8 février suivant. Arch.
> nat., X^{ia} 1548, Conseil, fol. 203. (Mention.)*

12328. Confirmation en faveur de Marie d'Albret, duchesse de Nevers et comtesse de Dreux, ayant
la garde noble de François de Clèves, comte
d'Eu, son fils, de la jouissance des droits de
gabelle des greniers à sel de Nevers, Decize,
Saint-Saulge, Moulins-Engilbert, Clamecy,
Dreux, Tréport, Saint-Valery-sur-Mer et
autres. 2 février 1541.

> *Enreg. à la Chambre des Comptes de Paris, le
> 14 février suivant, anc. mém. 2 K, fol. 99. Arch.
> nat., invent. PP. 119, et PP.136, p. 503. (Mentions.)*

12329. Don à Jean Soudain, huissier des chambellans
du roi, de 30 écus d'or soleil, montant du
produit du quart denier de la résignation
faite par Chardon Moufflette, au profit de
son fils Jean Moufflette, de l'office de sergent
à cheval dans la châtellenie et prévôté de
Chaumont. Saint-Germain-en-Laye, 2 février
1541.

> *Original. Bibl. nat., ms. fr. 25722, n° 730.*

12330. Lettres prescrivant une enquête sur des profits
illégaux faits par des capitaines de galères.
Saint-Germain-en-Laye, 3 février 1541.

> *Enreg. à la Chambre des Comptes de Provence.
> Archives des Bouches-du-Rhône, B. 36 (Luna),
> fol. 125. 1 page.*

(marge droite :)
1542.

1er février.

2 février.

2 février.

3 février.

12331. Lettres prescrivant l'enregistrement des pouvoirs d'Alexandre Farnèse, cardinal, archevêque d'Avignon, légat du pape en Provence.
Saint-Germain-en-Laye, 3 février 1541.

> *Enreg. au Parl. d'Aix, le 27 février 1542 n. s.
> Imp. Dupuy, Preuves des libertés de l'Église gal-
> licane, 3ᵉ édit. Paris, 1651, in-fol., 3ᵉ partie,
> p. 124.*

1542.
3 février.

12332. Provisions de l'office de procureur du roi en la
gruerie de l'Autunois, vacant par la mort de
Claude Bardillon, en faveur de Charles Berthault. Saint-Germain-en-Laye, 3 février 1541.

> *Copie du xvıᵉ siècle. Bibl. nat., ms. fr. 5124,
> fol. 128.*

3 février.

12333. Mandement au trésorier des parties casuelles,
pour le remboursement à Guillaume Gelli-
nard, secrétaire du comte de Buzançais,
d'une somme de 522 livres 5 sous tournois
qu'il avait avancée au roi, le 21 novembre
1538, au nom de Simon Chollet, pourvu
de l'office de conseiller dans la sénéchaussée
d'Angoumois. Saint-Germain-en-Laye, 3 février 1541.

> *Original. Bibl. nat., ms. fr. 25722, n° 731.*

3 février.

12334. Mandement à la Chambre des Comptes, lui
faisant savoir que Victor Barguyn, ancien
trésorier de Louise de Savoie, est autorisé à
verser entre les mains de Jean Duval, trésorier de l'épargne, la somme de 25,101 livres 12 sous 2 deniers demi-pite, obole,
dont il était encore redevable d'après le compte
de sa gestion, rendu le 17 janvier 1541 n. s.
Saint-Germain-en-Laye, 4 février 1541.

> *Original. Bibl. nat., ms. fr. 25722, n° 732.*

4 février.

12335. Provisions de l'office de capitaine de Lyon
pour François Sala, sᵉ de Montjustin. Saint-
Germain-en-Laye, 6 février 1541.

> *Imp. Le P. Cl.-Fr. Ménestrier, Éloge historique
> de la ville de Lyon. Lyon, 1669, in-4°, p. 529.
> (Bibl. nat., Réserve, Lk⁷ 4299.)*

6 février.

12336. Lettres adressées aux commissaires chargés de faire le procès de Philippe Chabot, comte de Charny, amiral de France, leur mandant d'envoyer au roi leurs avis, délibérations et conclusions. Saint-Germain-en-Laye, 6 février 1541.

> *Enreg. à la Chambre des Comptes de Paris, le 27 mars 1542 n. s. Arch. nat., P. 2537, fol. 344; P. 2554, fol. 8 v°; P. 2562, p. 420. (Arrêt d'enregistrement.)*

1542.
6 février.

12337. Lettres de jussion au Parlement de Paris, lui ordonnant itérativement de recevoir Barthélemy Faye et de l'instituer en l'office de conseiller clerc, dont il a été pourvu le 25 janvier précédent (n° 12295), bien qu'il fût marié. Beynes, 6 février 1541.

> *Présentées au Parl., le 10 février suivant. Arch. nat., X¹ᵃ 1548, Conseil, fol. 207. (Mention.)*

6 février.

12338. Mandement à Jean Laguette, trésorier des parties casuelles, de payer à Guyon de Nefves, porte-table du roi, à Louis Lemaire et à Florentin Chabois, valets de la fourrière, 75 écus d'or soleil, 25 à chacun, qui devront être pris sur le produit du quart denier de la résignation de l'office de sergent fieffé, que Christophe Gobillon veut faire au profit de René Durant. Montfort, 9 février 1541.

> *Original. Bibl. nat., ms. fr. 25722, n° 733.*

9 février.

12339. Mandement au trésorier de l'épargne de payer à Charles de Marillac, ambassadeur en Angleterre, 1,810 livres pour six mois d'exercice de sa charge, du 1ᵉʳ janvier au 30 juin 1542. Saint-Arnoult[-en-Yvelines], 13 février 1541.

> *Bibl. nat., ms. Clairambault 1215, fol. 80. (Mention.)*

13 février.

12340. Don à Adrien de Pisseleu, sʳ d'Heilly, écuyer ordinaire de l'écurie du roi, capitaine de cinquante hommes d'armes, de l'état et office de gouverneur, capitaine et bailli de Hesdin, vacant par le décès du sʳ de Héron, ainsi que du revenu des moulins, prés et rivières dépendant de la seigneurie dudit lieu, des droits

15 février.

de guet au château et des revenus de certains villages, terres et seigneuries du voisinage. Limours, 15 (aliàs 25) février 1541. 1542.

Arrêt d'enregistrement de la Chambre des Comptes, le 14 mars 1544 n. s. Archives nat., P. 2537, fol. 383 v°; P. 2554, fol. 43 v°.

12341. Provisions en faveur de Nicolas de Neufville, des états et offices de secrétaire des finances et de secrétaire du roi et de la maison de France, sur la résignation faite en sa faveur par Nicolas de Neufville, chevalier, s^r de Villeroy, son père. Paris, 18 février 1541. 18 février.

Bibl. nat., ms. Clairambault 782, p. 302. (Mention.)

12342. Lettres ordonnant le rétablissement de la Monnaie de Poitiers. Paris, 20 février 1541. 20 février.

Enreg. à la Cour des Monnaies, le 1er mars 1542 n. s. Arch. nat., Z^{1b} 63, fol. 28. 2 pages.

12343. Lettres portant que Robert Dauvet, reçu président de la Chambre des Comptes de Paris, au lieu de Jean Briçonnet, son beau-père, et à la survivance l'un de l'autre, exercera cet office nonobstant l'édit de révocation des survivances du 26 décembre 1541 (n° 12249). Paris, 21 février 1541. 21 février.

Enreg. à la Chambre des Comptes, le 27 février suivant, anc. mém. 2 K, fol. 90. Arch. nat., P. 2306, p. 1003. 3 pages.

12344. Lettres confirmant l'assignation de 15 livres sur les 45 livres payées pour droit de gabelle sur chaque muid de sel, ladite assignation applicable au payement des gages des cours souveraines. Paris, 22 février 1541. 22 février.

Enreg. à la Chambre des Comptes de Paris. Arch. nat., P. 2306, p. 1009. 4 pages.
Idem, P. 2537, fol. 339 v°; AD.IX 125, n° 3.
Copie collationnée faite par ordre de la Cour des Aides, le 5 mars 1779. Arch. nat., Z^{1b} 526.

12345. Commission pour le payement des gages des 22 février.

officiers du Parlement et de la Chambre des
Comptes de Dijon. Paris, 22 février 1541.

1542.

Enreg. à la Chambre des Comptes de Dijon. Arch.
de la Côte-d'Or, reg. B. 19, fol. 24.

12346. Don à Louis Billard et à Jean de Falaise, dit
Dieppe, valets de la garde-robe, et à René
Pintrel, barbier et valet de chambre du roi,
d'une somme de 675 livres tournois, qui
sera prise sur le produit du quart denier de
la résignation de l'office de sergent et prévôt
forain de Reims, que Jean Cadart en a faite
au profit de Gaucher de Saint-Quentin. Paris,
22 février 1541.

22 février.

Original. Bibl. nat., ms. fr. 25722, n° 734.

12347. Déclaration ampliative pour l'exécution des édits
du 22 octobre 1539 (n° 11248) et du 15 novembre 1540 (n° 11720), touchant l'entrée
et la vente des épiceries dans le royaume.
Paris, 23 février 1541.

23 février.

Enreg. au Parl. de Paris, le 27 mars suivant.
Arch. nat., X¹ᵃ 8613, fol. 328. 3 pages 1/2.
Enreg. au Châtelet de Paris, le 3 avril suivant.
Arch. nat., Bannières, Y. 9, fol. 252. 5 pages.
Expédition originale. Arch. de l'Isère, Chambre
des Comptes de Grenoble, B. 3190.
Imp. Pièce in-4°. Paris, J. Nyverd (s. d.). Bibl.
nat., Inv. Réserve, F. 1876.
Autre pièce in-4° (s. l. n. d.). Bibl. nat., in-4°, F.
paquets.
Autre pièce in-4°. Arch. nat., AD.I 22.
Les loix, statuts et ordonnances roiauls faictes par
les feus rois de France... Paris, Poncet le Preux,
1542, in-fol., fol. 186 r°.
Les loix, ordonnances et edictz, etc... depuis le
roy S. Lois... Paris, Galiot du Pré, 1559, in-fol.,
fol. 113 r°.
P. Rebuffi, *Les édits et ordonnances des rois de*
France. Lyon, 1573, in-fol., p. 350.
A. Fontanon, *Édits et ordonnances, etc.* Paris,
1611, in-fol., t. II, p. 506.
J. Corbin, *Le code de Louis XIII, etc.* Paris,
1628, in-fol., t. II, p. 143.
Isambert, *Anc. lois françaises, etc.* Paris, 1827,
in-8°, t. XII, p. 770.

12348. Lettres autorisant Jean Laurent, fermier de la

24 février.

blanque de Paris, à modifier à son gré le droit fixe perçu pour le roi sur chaque mise, en vertu de l'ordonnance de mai 1539 (n° 11042). Paris, 24 février 1541.

> *Enreg. au Châtelet de Paris, le 30 mars 1542 n. s. Arch. nat., Bannières,* Y. 9, fol. 251. 2 pages.
> *Imp. Delamare,* Traité de la Police. *Paris, 4 vol. in-fol., t. I, 1705, p. 472.*

1542.

12349. Provisions pour Nicolas Barthélemy de l'office de clerc auditeur en la Chambre des Comptes de Paris, au lieu de Jean de la Chesnaye, pourvu mais non reçu, en remplacement de François Framberge. Paris, 24 février 1541.

> *Reçu à la Chambre des Comptes, le 4 mars suivant,* anc. mém. 2 K, fol. 99. *Arch. nat.,* P. 2306, p. 1021. 2 pages.
> *Bibl. nat.,* ms. Clairambault 782, p. 301. (*Mention.*)

24 février.

12350. Lettres maintenant Christophe de Siresmes en son office de vicomte et receveur ordinaire de Bayeux, nonobstant qu'il le possède à condition de survivance. 24 février 1541.

> *Enreg. à la Chambre des Comptes de Paris, le 1er mars suivant,* anc. mém. 2 K, fol. 92. *Arch. nat.,* invent. PP. 119, et PP. 136, p. 503. (*Mentions.*)

24 février.

12351. Don à Guillaume Allard, tapissier du roi, de 112 livres 10 sous tournois à prendre sur le produit du quart denier de la résignation de l'office de sergent à cheval au Châtelet de Paris, faite par Nicolas Houzé au profit de Jean Marcel. Paris, 24 février 1541.

> *Original. Bibl. nat.,* ms. fr. 25722, n° 735.

24 février.

12352. Lettres de dispense accordées à Gaillard de La Vie pour exercer l'office de conseiller laï au Parlement de Bordeaux, bien qu'il soit homme d'église. Paris, 26 février 1541.

> *Enreg. au Parl. de Bordeaux, le 23 février 1543 n. s. Arch. de la Gironde,* B. 31, fol. 202 v°. 1 page 1/2.

26 février.

12353. Mandement au trésorier des parties casuelles, pour le payement à François Le Beauvoisin,

26 février.

seigneur et baron de Courtonne, et à Marguerite Du Boys, sa femme, d'une somme de 2,000 livres tournois, qu'ils auraient dû toucher l'année précédente, en vertu des lettres d'acquit qui leur avaient déjà été expédiées. Paris, 26 février 1541.

1542.

Original. Bibl. nat., ms. fr. 25722, n° 736.

12354. Provisions de l'office de secrétaire du roi, de l'ancien collège, en faveur de Jean Frotté, secrétaire des finances de la reine de Navarre. 26 février 1541.

26 février.

Reçu à la Chambre des Comptes de Paris, le 2 mars suivant. Arch. nat., invent. PP. 136, p. 503. (Mention.)

12355. Lettres de chevalerie accordées au capitaine Jérôme Marin, de Bologne, commissaire général des réparations des places de Piémont. Meudon, 27 février 1541.

27 février.

Enreg. à la Chancellerie de France. Arch. nat., Trésor des Chartes, JJ. 256¹, n° 15, fol. 5 v°. 1 page.

12356. Mandement à Charles de Pierrevive, trésorier de France en Languedoc, de donner son avis sur la requête de la dame du Teil[-d'Ardèche], demandant la faculté d'ouvrir audit lieu un port sur le Rhône. Paris, 28 février 1541.

28 février.

Enreg. à la Chambre des Comptes de Montpellier. Arch. départ. de l'Hérault, B. 343, fol. 15. 1 page.

12357. Lettres de relief de surannation de la prorogation accordée le 23 avril 1538 (n° 9959) aux habitants de Poitiers, de l'octroi de 100 livres par an sur les aides de Poitou, pour l'entretien des ponts et chemins de leur ville. Paris, 28 février 1541.

28 février.

Original. Arch. municip. de Poitiers, H. 35. Enreg. à la Chambre des Comptes de Paris, le 4 avril 1542 n. s., anc. mém. 2 K, fol. 111. Arch. nat., invent. PP. 136, p. 457. (Mention.)

12358. Don à Michel de Vauldray, chevalier, capitaine de Laon, l'un des cent gentilshommes

28 février.

de la maison du roi, de 1,000 livres tournois à prendre sur les amendes du Parlement
de Paris. 28 février 1541.

> *Bibl. nat., ms. Clairambault 782, p. 302.*
> *(Mention.)*

12359. Édit de création d'un office de vendeur
d'oranges, citrons, figues, raisins secs, etc.,
à Rouen, dont le titulaire servira d'intermédiaire entre les marchands de la ville et les
acheteurs au détail, et devra bailler caution
de 10,000 livres. Saint-Germain-en-Laye,
février 1541.

> *Enreg. à la Chancellerie de France. Arch. nat.,*
> *Trésor des Chartes, JJ. 256¹, n° 20, fol. 7 v°.*
> *1 page.*

12360. Lettres d'érection en comté de la terre de Saint-
Fargeau jointe à celle de Charny, en faveur
de Nicolas d'Anjou, seigneur de Mézières et
de Saint-Fargeau, dernier descendant de la
maison d'Anjou. Saint-Germain-en-Laye, février 1541.

> *Enreg. à la Chancellerie de France. Arch. nat.,*
> *Trésor des Chartes, JJ. 256¹, n° 60, fol. 25 v°.*
> *1 page.*
> *Enreg. au Parl. de Paris, sauf réserve, le 13 fé*
> *vrier 1542 n. s. Arch. nat., X¹ᵃ 8613, fol. 334.*
> *2 pages.*
> *Arrêt d'enregistrement. Idem, X¹ᵃ 4915, Plai*
> *doiries, fol. 55.*
> *Enreg. à la Chambre des Comptes de Paris, le*
> *25 février 1542 n. s. Arch. nat., P. 2306, p. 1031.*
> *3 pages.*

12361. Lettres confirmant les privilèges des habitants
de Stenay, ville cédée récemment à la France
par le duc de Lorraine, et leur octroyant
quatre foires par an. Saint-Germain-en-Laye,
février 1541.

> *Enreg. au Parl. de Paris, le 27 avril 1542.*
> *Arch. nat., X¹ᵃ 8613, fol. 340. 3 pages 2/3.*
> *Enreg. à la Chambre des Comptes de Paris, le*
> *5 mai 1542. Arch. nat., P. 2306, p. 1075. 6 pages.*
> *Idem, P. 2537, fol. 352 v°; P. 2554, fol. 15;*
> *P. 2562, p. 424.*
> *Enreg. à la Cour des Aides. Arch. nat., recueil*
> *Cromo, U. 665, fol. 292. (Mention.)*

12362. Lettres de sauvegarde en faveur des abbé et religieux de Saint-Germain d'Auxerre. Saint-Germain-en-Laye, février 1541.

> *Enreg. à la Chancellerie de France. Arch. nat., Trésor des Chartes, JJ. 256¹, n° 203, fol. 76 v°. 1/2 page.*

**1542.
Février.**

12363. Déclaration portant qu'Urbain Delabroy, natif de Neuville en Artois et résidant à Rouen, peut acquérir et posséder dans le royaume, comme s'il était naturel français. Saint-Germain-en-Laye, février 1541.

> *Enreg. à la Chambre des Comptes de Paris, le 4 mars suivant. Arch. nat., P. 2537, fol. 343, et P. 2554, fol. 8. (Arrêt d'enregistrement.)*

Février.

12364. Lettres de légitimation accordées à Louis de Saint-Aulaire, prêtre, fils naturel de François de Saint-Aulaire. Saint-Germain-en-Laye, février 1541.

> *Enreg. à la Chancellerie de France. Arch. nat., Trésor des Chartes, JJ. 256¹, n° 59, fol. 25. 1 page.*

Février.

12365. Lettres de naturalité en faveur de Jean-Antoine Malaspina, armurier, natif de Milan, et de ses enfants nés à Toulouse. Saint-Germain-en-Laye, février 1541.

> *Enreg. à la Chancellerie de France. Arch. nat., Trésor des Chartes, JJ. 256¹, n° 58, fol. 24 v°. 1 page.*

Février.

12366. Lettres de naturalité en faveur d'Henri Boyvin, natif de Carpentras au Comtat-Venaissin, demeurant à Marseille. Saint-Arnoult, février 1541.

> *Enreg. à la Chancellerie de France. Arch. nat., Trésor des Chartes, JJ. 256¹, n° 6, fol. 3. 1 page.*

Février.

12367. Lettres de naturalité en faveur de Durand Simon, natif de Puget-Théniers au comté de Nice, demeurant à Marseille depuis trente ans. Saint-Arnoult, février 1541.

> *Enreg. à la Chancellerie de France. Arch. nat., Trésor des Chartes, JJ. 256¹, n° 3, fol. 2. 1 page.*

Février.

12368. Lettres de naturalité en faveur de Jean Petit,

Février.

natif de Savoie, établi à Pertuis en Provence. 1542.
Limours, février 1541.

> *Enreg. à la Chancellerie de France, Arch. nat.,*
> *Trésor des Chartes, JJ. 256¹, n° 7, fol. 3 v°. 1 page.*

12369. Lettres de création d'un quatrième office de   Février.
notaire à Lezoux en Auvergne, pour François
Musnier. Paris, février 1541.

> *Enreg. à la Chancellerie de France, Arch. nat.,*
> *Trésor des Chartes, JJ. 256¹, n° 1, fol. 1. 1 page.*

12370. Confirmation de la fondation du collège des   Février.
Carmes de Tournon en Vivarais. Paris, fé-
vrier 1541.

> *Enreg. à la Chancellerie de France, Arch. nat.,*
> *Trésor des Chartes, JJ. 256¹, n° 29, fol. 12.*
> *1 page 1/2.*

12371. Lettres de légitimation pour Durand Androuet,   Février.
fils naturel de feu Michel Androuet et de
Perrette Esnault, et pour Marie Androuet,
fille naturelle du même et de Marie Vais-
sière. Paris, février 1541.

> *Enreg. à la Chancellerie de France, Arch. nat.,*
> *Trésor des Chartes, JJ. 256¹, n° 67, fol. 28 v°.*
> *1 page.*

12372. Lettres de légitimation accordées à Adrien   Février.
Carel, fils naturel de Pierre Carel, du dio-
cèse de Paris, et de Jeanne Petit. Paris, février 1541.

> *Enreg. à la Chancellerie de France, Arch. nat.,*
> *Trésor des Chartes, JJ. 256¹, n° 41, fol. 15 v°.*
> *1 page.*

12373. Lettres de naturalité en faveur d'Alonso Aranda,   Février.
natif de Burgos en Espagne, marchand,
établi à Rouen depuis son jeune âge. Paris,
février 1541.

> *Enreg. à la Chancellerie de France, Arch. nat.,*
> *Trésor des Chartes, JJ. 256¹, n° 83, fol. 33. 1 page.*

12374. Lettres de naturalité en faveur de Camille de   Février.
Becaris, natif de Pavie au duché de Milan,

demeurant à Aix en Provence. Paris, février   1542.
1541.

Enreg. à la Chancellerie de France. Arch. nat.,
Trésor des Chartes, JJ. 256¹, n° 40, fol. 15. 1 page.

12375. Lettres de naturalité en faveur d'Étienne Le-   Février.
vesce, licencié en médecine, natif du comté
de Nice, demeurant à Barjols en Provence.
Paris, février 1541.

Enreg. à la Chancellerie de France. Arch. nat.,
Trésor des Chartes, JJ. 256³, n° 39, fol. 15. 1 page.

12376. Provisions en faveur d'Antoine Du Prat, sʳ de   1ᵉʳ mars.
Nantouillet, de l'office de garde de la Prévôté
de Paris, en remplacement et sur la résignation de Jean d'Estouteville, sʳ de Villebon.
Meudon, 1ᵉʳ mars 1541.

Reçu au Parl. de Paris, le 13 mars 1542 n. s.
Arch. nat., X¹ᵃ 4915, Plaidoiries, fol. 175 v°.
(Mention.)

12377. Provisions de l'office de lieutenant général en   1ᵉʳ mars.
Guyenne pour le sʳ de Burie, en l'absence du
roi de Navarre, gouverneur. Paris, 1ᵉʳ mars
1541.

Enreg. au Parl. de Bordeaux, le 24 mars 1542
n. s. Archives de la Gironde. B. 31, fol. 140 v°.
2 pages.

12378. Déclaration portant que la survivance d'un   1ᵉʳ mars.
office de conseiller maître clerc en la
Chambre des Comptes, donnée au profit de
Nicolas et Jean Viole, père et fils, ne sera
point comprise dans l'édit de révocation des
survivances. Paris, 1ᵉʳ mars 1541.

Enreg. à la Chambre des Comptes de Paris, le
6 mars suivant, anc. mém. 2 K, fol. 98. Arch.
nat., P. 2306, p. 1017. 3 pages.
Bibl. nat., ms. Clairambault 782, p. 301.
(Mention.)

12379. Déclaration touchant les fonctions des douze   2 mars.
sergents du Châtelet de Paris, appelés ser-
gents de la douzaine. Paris, 2 mars 1541.

Enreg. au Parl. de Paris, sauf restrictions, le

22 *janvier 1544 n. s.* Arch. nat., X¹ª 8614, fol. 71 v°. 2 pages 1/3.
Arrêt d'enregistrement. Idem, X¹ª 4921, Plaidoiries, fol. 290 v°.

1542.

12380. Lettres d'évocation, en la nouvelle chambre des enquêtes, d'un procès pendant par devant les commissaires nommés pour la réforme des finances, entre le procureur du roi et les héritiers de Jean Lalemant, dont les biens avaient été saisis. Paris, 2 mars 1541.

2 mars.

Enreg. au Parl. de Paris, sans date. Arch. nat., X¹ª 8613, fol. 341 v°. 2 pages 1/2.

12381. Commission adressée au sénéchal de Toulouse pour faire imposer la somme de 5,900 livres, demandée aux capitouls pour subvenir aux frais de la guerre. Paris, 2 mars 1541.

2 mars.

Expédition sur parchemin, signée Breton. Arch. munic. de Toulouse, carton 67, n° 49.

12382. Lettres permettant au s^r de La Palice, gentilhomme de la chambre du roi, de disposer des biens d'Agnès de Mendoça, sa femme décédée, bien que, native d'Espagne, elle n'ait pas obtenu de lettres de naturalité. Paris, 2 mars 1541.

2 mars.

Enreg. à la Chambre des Comptes de Paris, le 6 mars suivant. Arch. nat., P. 2537, fol. 341, et P. 2554, fol. 6 v°. 3 pages.

12383. Lettres confirmant les provisions de légat d'Avignon, conférées par le pape au cardinal Farnèse. Paris, 3 mars 1541.

3 mars.

Enreg. au Parl. de Grenoble, le 31 mars 1542. Arch. de l'Isère, B. 2334, fol. 92. 1 page.

12384. Provisions pour Dreux Sayve, docteur ès droits, de l'office de lieutenant général au bailliage de Melun, vacant par suite du décès de Claude Pinot. Paris, 4 mars 1541.

4 mars.

Reçu au Parl. de Paris, le 13 mars 1542 n. s. Arch. nat., X¹ª 4915, Plaidoiries, fol. 176. (*Mention.*)

12385. Don à Jean Baron, gouverneur des lévriers du roi, d'une somme de 32 écus d'or soleil à

5 mars.

prendre sur le produit de la vente de l'office   1542.
de sergent royal au bailliage de Sens, vacant
par la mort d'Étienne Dupuy. Bois de Vincennes, 5 mars 1541.

> *Original. Bibl. nat., ms. fr. 25722, n° 737.*

12386. Lettres surséant à l'exécution de l'ordonnance   6 mars.
du 19 novembre 1541 (n° 12191) pour le
décri des écus soleil du poids de 2 deniers,
14 et 15 grains, et autorisant exceptionnellement le cours de ces écus Bois de Vincennes, 6 mars 1541.

> *Original, dans les minutes d'ordonnances de la*
> *Cour des Monnaies. Arch. nat., Z¹ᵇ 537.*
> *Enreg. à la Cour des Monnaies, le 8 mars 1542*
> *n. s. Arch. nat., Z¹ᵇ 63, fol. 36 v°. 3 pages.*
> *Enreg. au Châtelet de Paris, le 8 mars 1542*
> *n. s. Arch. nat.; Bannières, Y. 9, fol. 247 v°.*
> *2 pages.*
> *Imp. Pièce in-4°. Paris, J. Nyverd, s. d. Bibl.*
> *nat., invent. Réserve, F. 1921.*
> *P. Rebuffi, Les édits et ordonnances des rois de*
> *France, Lyon, 1572, in-fol., p. 473.*
> *A. Fontanon, Édits et ordonnances, etc. Paris,*
> *1611, t. II, p. 113.*

12387. Lettres portant augmentation de 300 livres par   6 mars.
an de gages en faveur de Charles Thomas,
avocat, et de Charles Bouin, procureur du
roi au Grand conseil. Bois de Vincennes,
6 mars 1541.

> *Enreg. à la Chambre des Comptes de Paris, le*
> *13 avril 1542, anc. mém. 2 K, fol. 113. Arch.*
> *nat., invent. PP. 136, p. 504, et AD.IX 125, n° 4.*
> *(Mentions.)*

12388. Lettres d'évocation et renvoi à une commis-   8 mars.
sion composée de membres du Parlement
de Paris, d'un procès pendant à la Prévôté de
Paris, entre Gallois de Bailleul, seigneur de
Longpont et baron de Chevreuse, à cause
de sa femme, Claude de Canteleu, d'une
part, et Gilles de Fay, seigneur de Châteaurouge, d'autre, touchant la baronnie de Chevreuse. Bois de Vincennes, 8 mars 1541.

> *Enreg. au Parl. de Paris, le 22 novembre 1542.*
> *Arch. nat., X¹ᵃ 8613, fol. 363. 4 pages 1/2.*

12389. Mandement au Parlement de Bordeaux pour la publication de l'indult accordé par le pape Paul III au cardinal Du Bellay (Rome, le 15 des calendes d'août 1536), pour la collation des bénéfices dépendant de son évêché et de ses abbayes. Bois de Vincennes, 8 mars 1541.

1542.
8 mars.

> *Enreg. au Parl. de Bordeaux, sauf les réserves d'usage, le 11 mai 1542. Arch. de la Gironde, B. 31, fol. 141 v°. 7 pages, y compris le texte de l'indult.*
> (Voir ci-dessus, 5 septembre 1536, n° 8631.)

12390. Provisions en faveur de Gabriel La Palu, sieur de Brassac, de l'office de sénéchal de Castres. « Villenouvelle [1] », 9 mars 1541.

9 mars.

Il est reçu et prête serment au Parlement de Toulouse, le 26 juin 1542.

> *Enreg. au Parl. de Toulouse. Arch. de la Haute-Garonne, Édits, reg. 5, fol. 22. 1 page.*

12391. Mandement au trésorier de l'épargne de payer à Jean de Morvilliers 562 livres 10 sous, qui lui étaient encore dus pour ses dépenses d'un voyage en Angleterre et en Écosse. 11 mars 1541.

11 mars.

> *Bibl. nat., ms. Clairambault 1215, fol. 79 v°.*
> (*Mention.*)

12392. Lettres portant création d'un office de monnayeur en la Monnaie de Bayonne, en faveur de Jean Bruneau. Charonne, 13 mars 1541.

13 mars.

> *Enreg. à la Cour des Monnaies, le 18 mars 1542 n. s. Arch. nat., Z¹ᵇ 63, fol. 44. 1 page.*

12393. Provisions de l'office de sénéchal de Rouergue, en faveur de Paul de Termes, seigneur dudit lieu, office que tenait naguère le sieur d'Ambon. Villeneuve-le-Comte, 15 mars 1541.

15 mars.

> *Enreg. au Parl. de Toulouse, avec une confirmation donnée par Henri II, le 28 juillet 1547. Arch. de la Haute-Garonne, Édits, reg. 6, fol. 53.*

---

[1] *Sic.* Peut-être Villelouvette, château, commune d'Égly, canton d'Arpajon (Seine-et-Oise).

12394. Lettres d'anoblissement données en faveur de   1542.
Bertrand Sacha. Villeneuve-le-Comte,   15 mars.
15 mars 1541.

> *Enreg. à la Chancellerie de France. Arch. nat.,*
> *Trésor des Chartes, JJ. 256¹, n° 48, fol. 19.*
> 1 page.
>> *Arch. de Venise (Italie),* pièce non cotée. (Au
>> centre du texte, un écu enluminé.)

12395. Lettres permettant à Léon Strozzi, prieur de   16 mars.
Capoue, capitaine de galères, de transporter
de Dauphiné ou d'ailleurs en Provence les
bois de navire, dont elles contiennent la no-
menclature. Villeneuve-le-Comte, 16 mars
1541.

> *Enreg. au Parl. de Provence. Arch. de lad. cour,*
> *à Aix, reg. petit in-fol. de 253 feuillets, fol. 193.*

12396. Don à Hélyot Marie, porteur à la cuisine du   16 mars.
roi, de 20 écus d'or soleil, à prendre sur le
produit du quart denier de la résignation de
l'office de portier du château de Blois, que
veut faire Simon Lefebvre au profit de Pierre
de Châteaufort. Villeneuve-le-Comte, 16 mars
1541.

> *Original. Bibl. nat. ms. fr. 25722, n° 738.*

12397. Lettres adressées aux commissaires chargés de   18 mars.
juger l'amiral Philippe Chabot, les invitant à
donner leurs conclusions, nonobstant l'absence du chancelier de France. Villeneuve-
le-Comte, 18 mars 1541.

> *Visées dans l'avis donné par lesdits commissaires*
> *le 27 mars, enreg. au Parl. de Paris, le 5 avril*
> *1542 n. s. Arch. nat., X¹ᵃ 8613, fol. 316 v°.*
> (Mention.)
> *Enreg. à la Chambre des Comptes de Paris. Arch.*
> *nat., P. 2537, fol. 343 v°; P. 2562, p. 420;*
> AD.IX 125, n° 5. (Mentions.)

12398. Lettres enjoignant au juge mage de Toulouse   19 mars.
de contraindre les notaires et sergents du
comté de Foix, à se soumettre aux prescriptions de l'ordonnance touchant la réduction
des notaires et sergents du royaume, nonobstant les protestations de ces notaires et ser-

38.

gents prétendant tenir leurs offices du roi de
Navarre, comte de Foix, qui avait, selon
leurs dires, le droit de créer des notaires dans
ledit comté, ce qu'ils n'avaient pas encore
démontré. Paris, 19 mars 1541.

1542.

> *Copie du xvie siècle. Arch. départ. des Basses-
> Pyrénées, E. 455.*

12399. Lettres adressées aux commissaires chargés de
procéder contre l'amiral Philippe Chabot,
leur mandant d'expédier le jugement de cette
affaire, nonobstant le décès de Pierre Brulart, l'un d'eux, et la maladie de quelques
autres. Chaumes-en-Brie, 22 mars 1541.

22 mars.

> *Visées dans l'avis donné par lesdits commissaires
> le 27 mars, enreg. au Parl. de Paris, le 5e avril
> 1542 n. s. Arch. nat., X^{1a} 8613, fol. 316 v°.
> (Mention.)*
> *Enreg. à la Chambre des Comptes de Paris. Arch.
> nat., P. 2537, fol. 343 v°; P. 2562, p. 420.
> AD.IX, 125, n° 5. (Mentions.)*

12400. Mandement à Jacques Bochetel, notaire et
secrétaire du roi, trésorier et payeur des
gages des officiers domestiques, de payer à
Pierre Martinet, dit Dumoulin, sommelier
de l'échansonnerie du roi depuis la mort de
Jean de Wissel, la somme de 150 livres tournois, qui lui est due pour ses gages du
14 juillet au 31 décembre 1541. Chaumes,
23 mars 1541.

23 mars.

> *Original. Bibl. nat., ms. fr. 25722, n° 739.*

12401. Lettres en faveur de Pierre de Ruthye, gentilhomme de la chambre du roi, lieutenant de
sa vénerie et capitaine du château de Mauléon de Soule. Chaumes, 23 mars 1541.

23 mars.

> *Bibl. nat., ms. Clairambault 782, p. 302.
> (Mention.)*

12402. Don à Jean Le Prestre, barbier et valet de
chambre du roi, de 100 écus soleil, à prendre
sur le produit de la vente de l'office de sergent extraordinaire à Tours, vacant par la

25 mars.

mort de Simon Bénard. Nangis, 25 mars   1542.
1541.

> *Original. Bibl. nat., ms. fr. 25722, n° 740.*

12403. Mandement à Jean Duval, trésorier de l'épargne,   27 mars.
d'entériner et d'exécuter les lettres du 24 dé-
cembre 1540 (n° 11771), commettant Pierre
Petit à la surveillance des travaux exécutés
au château de Saint-Germain-en-Laye, aux
gages de 400 livres par an. Nogent-sur-Seine,
27 mars 1541.

> *Copie du xvi° siècle. Bibl. nat., ms. fr. 11179*
> *(anc. suppl. fr. 336).*
> *Impr. L. de Laborde, Les comptes des bâtiments*
> *du roi. Paris, in-8°, 1877, t. I, p. 151.*

12404. Lettres d'évocation d'un procès pendant devant   27 mars.
les juges de la Tour carrée entre François de
Bretagne, baron d'Avaugour, et le procureur
général, touchant la terre et seigneurie de
Saint-Étienne, et renvoi dudit procès à la
petite chambre des enquêtes du Parlement.
Nogent-sur-Seine, 27 mars 1541.

> *Entérinées au Parl. de Paris, le 6 mai 1542.*
> *Arch. nat., X¹ᵃ 1549, Conseil, fol. 41. (Mention.)*

12405. Nomination de commissaires pour recueillir   28 mars.
les observations des seigneurs et des communautés de Provence touchant le ban et l'arrière-
ban. Nogent-sur-Seine, 28 mars 1541.

> *Enreg. à la Chambre des Comptes de Provence.*
> *Archives des Bouches-du-Rhône, B. 36 (Luna),*
> *fol. 125 v°. 1 page.*

12406. Commission au lieutenant général du sénéchal   28 mars.
de Provence à Marseille, le chargeant de la
police de la ville. 28 mars 1541.

> *Impr. Vallet de Viriville, Catalogue des arch. de*
> *la maison de Grignan. Paris, 1844, in-8°, p. 10.*
> *(Original mentionné.)*

12407. Déclaration du roi concernant les privilèges du   28 mars.
Hâvre-de-Grâce. Nogent-sur-Seine, 28 mars
1541.

> *Enreg. à la Cour des Aides de Normandie, le*
> *2 mai 1542. Arch. de la Seine-Inférieure, Mémo-*
> *riaux, 2° vol., fol. 258 v°. 2 pages.*

12408. Mandement au trésorier de l'épargne de payer
225 livres à Jean Gouy, venu de Londres à
Nogent auprès du roi, pour lui remettre des
lettres de Charles de Marillac, son ambassadeur en Angleterre. Nogent-sur-Seine,
28 mars 1541.   1542. 28 mars.

> *Bibl. nat.*, ms. Clairambault 1215, fol. 80.
> (*Mention.*)

12409. Déclaration du roi en faveur de l'innocence de
Philippe Chabot, comte de Charny, amiral
de France. Nogent-sur-Seine, 29 mars
1541.   29 mars.

> *Enreg. au Parl. de Paris*, le 5 avril 1542 n. s.
> *Arch. nat.*, X¹ᵃ 8613, fol. 316. 1 page 1/2.
>   *Enreg. à la Chambre des Comptes de Paris*, le
> 15 avril 1542. *Arch. nat.*, P. 2306, p. 1031.
> 2 pages 1/2.
>   *Idem*, P. 2537, fol. 345 v°; P. 2554, fol. 10;
> P. 2562, p. 422; A.D.IX 125, n° 7.
>   *Enreg. au Parl. de Dijon*, le 25 mai 1542. *Arch.
> départementales de la Côte-d'Or*, Parl., reg. III,
> fol. 37.
>   *Copie du* XVIII*ᵉ siècle. Bibl. nat.*, Portefeuilles
> de Fontanieu, vol. 252.

12410. Édit de création d'un office de contrôleur des
deniers levés par les syndics de la bourse
commune des marchands qui fréquentent
les rivières de Garonne, Gironde, Lot,
Tarn, etc. Paris, mars 1541.   Mars.

> *Enreg. à la Chancellerie de France. Arch. nat.*,
> *Trésor des Chartes*, JJ. 256¹, n° 342, fol. 96 v°.
> 1 page.

12411. Création de foires, le second mercredi de
chaque mois, à Bauchen en Ponthieu (Beau-
champs), en faveur de Louis Bournel, baron
de Thiembronne, bailli d'Amiens, seigneur
du lieu. Paris, mars 1541.   Mars.

> *Enreg. à la Chancellerie de France. Arch. nat.*,
> *Trésor des Chartes*, JJ. 256¹, n° 32, fol. 13.
> 1 page.

12412. Création d'une foire nouvelle, outre celles qui   Mars.

y existaient déjà, à Montferrand en Auvergne.
Paris, mars 1541.

1542.

> *Enreg. à la Chancellerie de France. Arch. nat.,*
> *Trésor des Chartes, JJ. 256¹, n° 85, fol. 33 v°.*
> 1 page.

12413. Lettres de légitimation accordées à François
Rolin (*alias* Roullin), chanoine de Notre-
Dame-du-Château à Autun, fils naturel de
feu François Rolin ou Roullin, chevalier, s^r
de Beauchamp et de Monetay, et de Perrette
Rousseau, dudit lieu de Monetay. Paris,
mars 1541.

Mars.

> *Enreg. à la Chancellerie de France. Arch. nat.,*
> *Trésor des Chartes, JJ. 256¹, n° 37, fol. 14 v°.*
> 1 page.
> *Enreg. à la Chambre des Comptes de Dijon, le*
> *14 février 1547 n. s. Arch. de la Côte-d'Or, B. 72,*
> fol. 193 v°.

12414. Lettres de naturalité en faveur de Ferrando
Suarès, natif de Cordoue en Espagne, demeurant à Marseille, établi en France depuis
vingt ans. Paris, mars 1541.

Mars.

> *Enreg. à la Chancellerie de France. Arch. nat.,*
> *Trésor des Chartes, JJ. 256¹, n° 30, fol. 12 v°.*
> 1 page.

12415. Lettres de garde gardienne en faveur de l'abbaye de Notre-Dame de Breteuil-sur-Noye.
Bois de Vincennes, mars 1541.

Mars.

> *Enreg. au Châtelet de Paris, le 22 mars 1542*
> *n. s. Arch. nat., Bannières, Y. 9, fol. 249. 4 pages.*

12416. Établissement de quatre foires par an et de
deux marchés hebdomadaires à Donzenac
en Limousin. Vincennes, mars 1541.

Mars.

> *Enreg. à la Chancellerie de France. Arch. nat.,*
> *Trésor des Chartes, JJ. 256¹, n° 75, fol. 30 v°.*
> 1 page.

12417. Don à Ferrand de Forges, sommelier de paneterie de bouche, des biens de feu Jean Mi-
chault, échus et adjugés au roi par droit d'aubaine. Bois de Vincennes, mars 1541.

Mars.

> *Enreg. à la Chancellerie de France, Arch. nat.,*
> *Trésor des Chartes, JJ. 256¹, n° 44, fol. 17 v°.*
> 1 page.

12418. Lettres de légitimation accordées à Jeanne Boudet, fille naturelle d'Antoine Boudet et de Jeanne Gouyet. Bois de Vincennes, mars 1541.

1542. Mars.

Enreg. à la Chancellerie de France. Arch. nat., Trésor des Chartes, JJ. 256¹, n° 46, fol. 18. 1 page.

12419. Lettres de légitimation accordées à Claude de Tilly, fils naturel de Pierre de Tilly et de Jeanne Gort. [Bois de Vincennes, mars 1541.]

Mars.

Enreg. à la Chancellerie de France. Arch. nat., Trésor des Chartes, JJ. 256¹, n° 45, fol. 17 v°. 1 page.

12420. Lettres de naturalité en faveur de Guillaume d'Alonzier, natif du Comtat-Venaissin, chanoine de l'église collégiale de Roquemaure. Conflans, mars 1541.

Mars.

Enreg. à la Chancellerie de France. Arch. nat., Trésor des Chartes, JJ. 256¹, n° 68, fol. 29. 1 page.

12421. Lettres de naturalité en faveur de Claude d'Alonzier, natif du Comtat-Venaissin, curé de la Roque-de-Fa, au diocèse de Narbonne. Conflans, mars 1541.

Mars.

Enreg. à la Chancellerie de France. Arch. nat., Trésor des Chartes, JJ. 256¹, n° 69, fol. 29. 1 page.

12422. Lettres de naturalité octroyées à Antoinette de Costa, originaire de Portugal, veuve de Jean de Pailleron. Villeneuve-le-Comte, mars 1541.

Mars.

Enreg. à la Chambre des Comptes de Bretagne. Archives de la Loire-Inférieure, B. Mandements royaux, II, fol. 235.

2423. Lettres de naturalité en faveur de Philibert Glouvin, natif de Montpascal, au diocèse de Saint-Jean-de-Maurienne, établi en Provence. Villeneuve-le-Comte, mars 1541.

Mars.

Enreg. à la Chancellerie de France. Arch. nat., Trésor des Chartes, JJ. 256¹, n° 140, fol. 49.

12424. Don à Jean de La Salle, écuyer, gentilhomme de la vénerie, de tous les biens de feu Thomas de Buleye, natif d'Italie, demeurant en son vivant à Poissy, échus au roi par droit d'aubaine. Chaumes, mars 1541.

Enreg. à la Chancellerie de France. Arch. nat., Trésor des Chartes, JJ. 256¹, n° 50, fol. 20.
1 page.

1542.
Mars.

12425. Rétablissement d'un marché hebdomadaire à Bourg-le-Comte dans le Bourbonnais. La Guette en Brie, mars 1541.

Enreg. à la Chancellerie de France. Arch. nat., Trésor des Chartes, JJ. 256¹, n° 33, fol. 13.
1 page.

Mars.

12426. Lettres de naturalité en faveur de Louise Lefèvre, née en Hainaut, femme de Pierre Dupré, marchand mercier à Paris, natif de Gournay, près Compiègne. La Guette en Brie, mars 1541.

Enreg. à la Chancellerie de France. Arch. nat., Trésor des Chartes, JJ. 256¹, n° 72, fol. 29 v°.
1 page.

Mars.

12427. Confirmation des privilèges accordés par Charles VII (septembre 1451) et Louis XI (mars 1461) aux ouvriers et monnayeurs de la Monnaie du duché de Guyenne. Nogent-sur-Seine, mars 1541.

Enreg. au Parl. de Bordeaux, sauf réserves, le 12 juin 1543. Arch. de la Gironde, B. 31, fol. 220 v°.
11 pages, dont 2 pour les lettres de François Ier.

Mars.

12428. Lettres d'abolition en faveur de l'amiral Philippe Chabot, comte de Charny et de Buzançais, poursuivi devant une commission spéciale pour crime de lèse-majesté. Nogent-sur-Seine, mars 1541.

Enreg. au Parl. de Paris, le 5 avril 1542 n. s. Arch. nat., X¹ᵃ 8613, fol. 317 v°. 4 pages 1/2. Idem. Arch. nat., U. 446, fol. 179 v°. 5 pages. Enreg. à la Chambre des Comptes de Paris, le 15 avril 1542. Arch. nat., P. 2537, fol 47, P. 2554, fol. 11 v°; AD.IX 125, n° 6. 6 pages

Mars.

Enreg. au Parl. de Dijon, le 14 avril 1542. Arch. de la Côte-d'Or, Parl., reg. III, fol. 5o.
Copie du xviii siècle. Bibl. nat., Portefeuilles de Fontanieu, vol. 252.*
Imp. Isambert, Anc. lois françaises, etc. Paris, 1827, in-8, t. XII, p. 773.*

1542.

12429. Lettres de naturalité en faveur de Pierre d'Alonzier, natif de Bollène au Comtat-Venaissin, marié à Valence et y demeurant. Nogent-sur-Seine, mars 1541.

Mars.

Enreg. à la Chancellerie de France. Arch. nat., Trésor des Chartes, JJ. 256¹, n° 79, fol. 31 v°.
1 page.

12430. Lettres portant que les monnaies du Dauphiné seront aux fleurs de lys et aux armes du Dauphiné, nonobstant l'ordonnance de Blois qui porte qu'il n'y aura qu'un même coin pour tout le royaume, y compris le Dauphiné. Vauluisant, 1ᵉʳ avril 1542.

1ᵉʳ avril.

Enreg. au Parl. de Grenoble, le 11 mai 1542. Arch. de l'Isère, Chambre des Comptes de Grenoble, B. 2911, II, fol. 6o. 4 pages.

12431. Lettres d'évocation générale des causes civiles et criminelles de Jean de Foix, comte de Carmaing, du Parlement de Toulouse à celui de Bordeaux. Vauluisant, 6 avril 1541.

6 avril.

Enreg. au Parl. de Bordeaux, le 6 février 1545. Arch. de la Gironde, B. 32, fol. 92. 2 pages 1/2.

12432. Mandement à Jacques Bochetel, trésorier et payeur des officiers domestiques du roi, de payer à Francisque de Vimercati, conseiller et médecin ordinaire du roi, depuis la mort de Jean Le Moeste, 400 livres tournois pour ses gages du 1ᵉʳ juillet, date de sa nomination, au 31 décembre 1541. Vauluisant, 6 avril 1541.

6 avril.

Original. Bibl. nat., ms. fr. 25722, n° 742.

12433. Don à Jean Marguerie, sommelier de l'échansonnerie de Mᵐᵉ la Dauphine, de 100 écus d'or soleil, à prendre sur le produit de la vente de l'office de châtelain et garde de la maison

6 avril.

du roi dans la châtellenie de Charlieu en
Lyonnais, vacant par la mort de Claude
Courtois. Vauluisant, 6 avril 1541.

> *Original. Bibl. nat., ms. fr.* 25722, n° 743.

1542.

12434. Lettres adressées au sénéchal de Poitou, autorisant les maire, échevins et bourgeois de
Poitiers à assembler les habitants des paroisses
situées sur les rives du Clain, et à lever sur
eux une somme de 17,000 livres tournois,
afin de subvenir aux dépenses nécessaires
pour rendre cette rivière navigable. Vauluisant, 7 avril 1541.

> *Original. Arch. municip. de Poitiers*, D. 43.
> *Imp.* Thibaudeau, *Abrégé de l'hist. du Poitou*,
> in-8°, t. III, p. 388.

7 avril.

12435. Mandement à Jean Laguette, trésorier et receveur général des finances extraordinaires et
parties casuelles, de payer les 853 livres
15 sous tournois qui vont lui être délivrés
des deniers de l'épargne, en vertu d'un mandement du roi du même jour, à Mathieu Jur-
guet, huissier du Grand conseil, pour la solde
des dépenses et vacations qu'il a faites en
portant les ajournements et exploits du premier président du Parlement de Paris et de
Jean Coutel, maître des requêtes de l'hôtel
du roi, concernant le procès du comte de
Buzançais, amiral de France, jugé à Melun.
Vauluisant, 7 avril 2541.

> *Original. Bibl. nat., Nouv. acquisitions franç.*,
> ms. 1483, n° 76.

7 avril.

12436. Édit touchant les bourgeois des villes qui
tiennent des terres à ferme. Vauluisant,
8 avril 1541.

> *Enreg. à la Cour des Aides de Normandie, le
> 2 mai 1542. Arch. de la Seine-Inférieure, Mémo-
> riaux*, 2° vol., fol. 257 v°, 2 pages.

8 avril.

12437. Établissement de trois nouvelles foires annuelles à Rochefort au bailliage de Montferrand, en faveur de Joachim de Chabanes,

Avril.

39.

baron de Curton. Villeneuve-l'Archevêque, avril 1541, avant Pâques. 1542.

Enreg. à la Chancellerie de France. Arch. nat., Trésor des Chartes, JJ. 256¹, n° 120, fol. 46. 1 page.

12438. Lettres de légitimation accordées à Jean-Louis, fils naturel de Christophe Carquain et de Jeanne Palanti, né en Piémont. Villeneuve-l'Archevêque, avril 1541. Avril.

Enreg. à la Chancellerie de France. Arch. nat., Trésor des Chartes, JJ. 256¹, n° 88, fol. 35. 1 page.

12439. Lettres de naturalité en faveur de Jean Cabasselle du Réal, écuyer, seigneur de Barbantane, natif d'Avignon, établi en Provence. Villeneuve-l'Archevêque, avril 1541. Avril.

Enreg. à la Chancellerie de France. Arch. nat., Trésor des Chartes, JJ. 256¹, n° 100, fol. 37. 1 page.

12440. Lettres de naturalité en faveur de Louis Chalvel, couturier, natif du marquisat de Saluces, établi à Sisteron depuis quarante-quatre ans. Villeneuve-l'Archevêque, avril 1541. Avril.

Enreg. à la Chancellerie de France. Arch. nat., Trésor des Chartes, JJ. 256¹, n° 96, fol. 36 v°. 1 page.

12441. Lettres de naturalité en faveur de Maurice Génevois, natif d'Arnand en Savoie, demeurant à Mallemort en Provence. Villeneuve-l'Archevêque, avril 1541. Avril.

Enreg. à la Chancellerie de France. Arch. nat., Trésor des Chartes, JJ. 256¹, n° 99, fol. 37. 1 page.
Enreg. au Parl. de Provence. Arch. de ladite cour, à Aix, reg. petit in-fol. de 253 feuillets, fol. 200 v°.

12442. Lettres de naturalité en faveur d'Étienne Riquier, né à Naples, amené en France à l'âge de trois ou quatre ans par feu Guillaume Riquier, son père. Villeneuve-l'Archevêque, avril 1541. Avril.

Enreg. à la Chancellerie de France. Arch. nat., Trésor des Chartes, JJ. 256¹, n° 112, fol. 43. 1 page.

12443. Lettres de naturalité en faveur de Jean de Va-   1542.
rely, natif de Lombardie, demeurant à   Avril.
Hyères en Provence depuis cinquante ans.
Villeneuve-l'Archevêque, avril 1541.

> *Enreg. à la Chancellerie de France. Arch. nat.,*
> *Trésor des Chartes, JJ. 256¹, n° 91, fol. 35 v°.*
> *1 page.*

12444. Lettres de naturalité en faveur de Pierre Gar-   Avril.
det, originaire de Savoie, demeurant à Malle-
mort en Provence. Vauluisant (*aliàs* Villeneuve-l'Archevêque), avril 1541.

> *Enreg. à la Chancellerie de France. Arch. nat.,*
> *Trésor des Chartes, JJ. 256¹, n° 89, fol. 35 v°.*
> *1 page.*
> *Enreg. au Parl. de Provence. Arch. de ladite cour,*
> *à Aix, reg. pet. in-fol. de 253 feuillets, fol. 202 v°.*

12445. Lettres de naturalité en faveur d'Edme Bau-   Avril.
çon, maître tondeur et presseur de draps,
natif de Genève. Vauluisant, avril 1541.

> *Enreg. à la Chancellerie de France. Arch. nat.,*
> *Trésor des Chartes, JJ. 256¹, n° 147, fol. 54.*
> *1 page.*

12446. Provisions sur la présentation de Renée de   11 avril.
France, duchesse de Ferrare et de Chartres,
comtesse de Gisors, dame de Montargis, en
faveur de Jean Prévost de l'office de juge des
cas royaux en la châtellenie et bailliage de
Montargis, en remplacement et sur la résignation de Jacques Groslot. Coulours,
11 avril 1542.

> *Présentées au Parl. de Paris, le 3 juillet 1542.*
> *Arch. nat., X¹ᵃ 4916, Plaidoiries, à la date.*
> *(Mention.)*

12447. Lettres ordonnant de faire une enquête sur les   14 avril.
excès, voies de fait et rébellions des habitants
de Lignières en Champagne, dans l'exercice
des droits d'usage par eux prétendus dans la
forêt de Sorbrey, appartenant à l'abbaye de
Saint-Michel de Tonnerre. Tonnerre, 14 avril
1542.

> *Enreg. à la Chambre des Eaux et forêts (siège de*
> *la Table de marbre), le 9 mai 1542. Arch. nat.,*
> *Z¹ᵉ 328, fol. 13. 2 pages.*

12448. Lettres relatives à l'acquittement de certains droits dus par le prince d'Orange. Tonnerre, 16 avril 1542.

1542.
16 avril.

> Enreg. à la Chambre des Comptes de Provence. Arch. des Bouches-du-Rhône, B. 36 (Luna), fol. 143. 2 pages.

12449. Mandement au trésorier de l'épargne de payer à Georges d'Armagnac, ambassadeur à Rome, 3,666 livres pour six mois d'exercice de sa charge, du 1er avril au 30 septembre 1542. Tonnerre, 17 avril 1542.

17 avril.

> Bibl. nat., ms. Clairambault 1215, fol. 80. (Mention.)

12450. Lettres d'évocation à la Chambre des Eaux et forêts de la Table de marbre du procès pendant aux Requêtes du Palais, entre Charlotte d'Orléans, duchesse de Nemours, et Michel de Poisieu, dit Capdorat, et sa veuve, au sujet de défrichements dans les forêts de Nogent et de Pont-sur-Seine. Tonnerre, 18 avril 1542.

18 avril.

> Enreg. à la Chambre des Eaux et forêts, le 26 avril 1542. Arch. nat., Z1e 328, fol. 1. 3 pages.

12451. Provisions en faveur d'Hilaire Josse, dit de la Chapelle, de l'office de procureur du roi en la maîtrise des Eaux et forêts de Nogent et Pont-sur-Seine, auquel il n'avait pas été pourvu encore, depuis l'édit de création (mai 1523, n° 1825). Tonnerre, 18 avril 1542.

18 avril.

> Enreg. aux Eaux et forêts (siège de la Table de marbre), le 24 avril suivant. Arch. nat., Z1e 327, fol. 299. 1 page 1/2.

12452. Lettres portant défense au comte de Tende, gouverneur de Provence, d'exercer la charge de grand amiral et d'en prendre le titre. Tonnerre, 19 avril 1542.

19 avril.

> Enreg. à la Chambre des Comptes de Provence. Arch. des Bouches-du-Rhône, B. 36 (Luna), fol. 141. 1 page.

12453. Lettres ordonnant de faire comparaître le comte de Tende, gouverneur de Provence, devant

19 avril.

la cour du Parlement d'Aix, pour y faire
valoir ses droits à la souveraineté du comté
de Tende. Tonnerre, 19 avril 1542.

1542.

*Enreg. à la Chambre des Comptes de Provence.
Arch. des Bouches-du-Rhône, B. 36 (Luna),
fol. 141 v°. 1 page.*

12454. Lettres de règlement touchant la levée des droits
de fouage en Provence. Tonnerre, 19 avril
1542.

19 avril.

*Enreg. à la Chambre des Comptes de Provence.
Arch. des Bouches-du-Rhône, B. 36 (Luna),
fol. 144. 2 pages.*

12455. Lettres de rétablissement de la confrérie des
marchands drapiers de Paris, 19 avril 1542.

19 avril.

*Impr. Delamare, Traité de la Police. Paris,
4 vol. in-fol., t. I, 1705, p. 374. (Extrait.)*

12456. Ordonnance portant règlement et tarif des
droits d'imposition foraine, de rève et de haut
passage. Tonnerre, 20 avril 1542.

20 avril.

*Enreg. au Parl. de Paris, le 19 mai 1542. Arch.
nat., X¹ᵃ 8613, fol. 304. 20 pages 1/2.
Enreg. au Parl. de Dijon, le 30 juin 1542. Arch.
de la Côte-d'Or, Parl., reg. III, fol. 39 v°.
Enreg. au Parl. de Toulouse, le 25 mars 1543.
Arch. de la Haute-Garonne, Édits, reg. 5, fol. 44.
19 pages 1/2.
Enreg. à la Chambre des Comptes de Paris, le
24 mai 1542, anc. mém. coté 2 K, fol. 127. Arch.
nat., invent. PP. 136, p. 505, et AD.IX 125,
n° 34. (Mentions.)
Enreg. à la Chambre des Comptes de Provence,
les 18 et 20 juin 1542. Arch. des Bouches-du-
Rhône, B. 36 (Luna), fol. 98.
Enreg. à la Cour des Aides de Paris, le 26 mai
1542. Mentionné dans les lettres patentes de la Cour
des Aides. Arch. nat., Z¹ᵃ 527.
Impr. Pièce in-4°. Paris, J. Nyverd (s. d.). Bibl.
nat., Inv. Réserve, F. 1923.
Plaquette in-32. On le vend à Paris, par Jacques
Nyverd, en la rue de la Juiferye. Arch. nat.,
AD.I 23. 48 pages.
Autre pièce in-4°. Paris, Th. Charpentier,
1693. Bibl. nat., 4° F. paquets.
Deux autres pièces in-8°, de 36 et 44 pages,
sans nom d'éditeur ni date. Arch. nat., AD.I 23.
Les loix, statuts et ordonnances roiaulx faictes par*

les feus rois de France... Paris, Poncet le Preux, 1542, in-fol., 2ᵉ partie, fol. 194 r°.

Les loix, ordonnances et edictz, etc... *depuis le roy S. Lois*... Paris, Galiot du Pré, 1559, in-fol., fol. 116 v°.

P. Rebuffi, *Les édits et ordonnances des rois de France*. Lyon, 1573, in-fol., p. 707.

Ordonnances royaux sur le faict des traites, impositions foraines d'Anjou, etc. Angers, 1601, in-12, p. 28.

A. Fontanon, *Édits et ordonnances, etc.* Paris, 1611, in-fol., t. II, p. 455.

Recueil des édits et ordonnances des États de Bourgogne. In-4°, t. I, p. 445.

12457. Lettres accordant un délai de six mois à ceux qui se prétendent exempts de l'imposition foraine, pour produire leurs titres et lettres de privilèges au Conseil du roi. Tonnerre, 20 avril 1542. 20 avril.

> *Enreg. au Parl. de Paris, le 19 mai 1542. Arch. nat.*, Xᴵᵃ 8613, fol. 314. 1 page 1/2.
> *Enreg. au Parl. de Dijon, le 30 juin 1542. Arch. de la Côte-d'Or, Parl.*, reg. III, fol. 47 v°.
> *Enreg. à la Chambre des Comptes de Provence. Arch. des Bouches-du-Rhône*, B. 36 (*Luna*), fol. 98.
> *Enreg. à la Cour des Aides et à la Chambre des Comptes de Paris. Arch. nat.*, recueil Cromo, U. 665, fol. 293. (*Mention.*)
> Imp. *Les loix, statuts et ordonnances roiauls faictes par les feus rois de France*... Paris, Poncet le Preux, 1542, in-fol., 2ᵉ partie, fol. 205 r°.
> *Recueil des édits et ordonnances des États de Bourgogne.* In-4°, t. I, p. 445.

12458. Lettres qui donnent pouvoir au Parlement de Grenoble de permettre aux États d'imposer, outre les tailles et subsides ordinaires, les sommes qu'ils jugeront nécessaires pour les étapes, passage des gens de guerre et autres cas imprévus, dont la connaissance lui est renvoyée. Châtel-Gérard, 24 avril 1542. 24 avril.

> *Enreg. au Parl. de Grenoble, le 19 juin 1542. Arch. de l'Isère, Chambre des Comptes de Grenoble*, B. 2910, cah. 148. 3 pages.

12459. Lettres portant don au prince de Melphe d'une amende de 100 livres tournois à laquelle a 25 avril.

été condamné le nommé Michel Sauvaire, de Seez. Châtel-Gérard, 25 avril 1542.

Arch. de l'Isère, Chambre des Comptes de Dauphiné, B. 2907, cah. 123.

12460. Lettres portant don en faveur du prince de Melphe d'une somme de 500 livres tournois, à laquelle a été condamné César de Saint-Maurice, dit Plantagaud, du lieu de Berre. Châtel-Gérard, 25 avril 1542.

Enreg. à la Chambre des Comptes de Grenoble, le 30 janvier 1543. Arch. de l'Isère, B. 2907, cah. 123.

12461. Lettres pour l'exécution des bulles du pape Paul III (Rome, 16 mars 1542), touchant la poursuite et la dégradation des clercs coupables de fausse monnaie. Montréal, 26 avril 1542.

*Présentées au Parl. de Paris, le 5 mai 1542. Arch. nat., X¹ᵃ 1549, Conseil, fol. 8 v°. (Mention.)
Enreg. au Parl. de Bordeaux, le 19 juin 1542. Arch. de la Gironde, B. 31, fol. 160. 4 pages 1/2, y compris le texte des bulles.
Enreg. au Parl. de Dijon. Arch. de la Côte-d'Or, Parl., reg. III, fol. 35.
Enreg. au Parl. de Toulouse. Arch. de la Haute-Garonne, Édits, reg. 5, fol. 18.*

12462. Provisions de l'office de conseiller lai au Parlement de Dijon, pour Jean de Xaintonge en remplacement de Pierre de Xaintonge, son père. Montréal, 26 avril 1542.

Enreg. au Parl. de Dijon, le 28 septembre suivant. Arch. de la Côte-d'Or, Parl., reg. III, fol. 53 v°.

12463. Lettres de sauvegarde en faveur du prieuré de Longueau (Longaut). Montréal, 27 avril 1542.

Copie. Arch. départ. de la Marne, série H, prieuré de Longueau, boîte 1, liasse 1.

12464. Mandement aux conseillers des Requêtes de l'hôtel, d'avoir à faire reconnaître par la princesse de la Roche-sur-Yon les dettes, qu'elle a reconnues jadis, étant veuve du sʳ de Monte-

1542.

25 avril.

26 avril.

26 avril.

27 avril.

27 avril.

jean, gouverneur et lieutenant général du
roi en Piémont, envers Claude de Bourges,
général de toutes les finances de Piémont et
Savoie; ces dettes montant à la somme de
7,086 livres 14 sous 6 deniers tournois. Montréal, 27 avril 1542.

> *Original. Bibl. nat., Pièces orig., vol. 468,
> Bourges, pièce 5.*

1542.

12465. Lettres ordonnant la confection d'un terrier,
en faveur de l'abbaye de Notre-Dame du
Charme. Paris (*sic*), 27 avril 1542.

> *Copie collat. du 26 juillet 1554. Arch. de la
> ville de Reims, fonds du prieuré de Longueau,
> boîte 1, liasse 1, n° 7.*

27 avril.

12466. Lettres en faveur du commandeur de Mâcon,
de l'ordre de Saint-Jean-de-Jérusalem, concernant les décimes. 27 avril 1542.

> *Original. Arch. départ. de Saône-et-Loire.*

27 avril.

12467. Mandement au Parlement de Paris de faire
juger par la Chambre de la Tournelle un
procès criminel engagé devant le sénéchal de
Rennes, entre Gilles du Tiercent, écuyer, et
Jean Botherel, s' d'Appigné, procès que le
roi a évoqué. Montréal, 28 avril 1542.

> *Visé dans un arrêt du Parl., du 3ᵉ mars 1544
> n. s. Arch. nat., X²ᵃ 96, à la date. (Mention.)*

28 avril.

12468. Provisions de l'office de lieutenant général en
Languedoc, pour Antoine des Prez, seigneur
de Montpezat. Montréal, 30 avril 1542.

> *Enreg. au Parl. de Toulouse. Arch. de la Haute-
> Garonne, Édits, reg. 4, fol. 230.*

30 avril.

12469. Création de deux foires par an et d'un marché,
chaque semaine, à Arces au bailliage de Sens.
Pontigny, avril 1542.

> *Enreg. à la Chancellerie de France. Arch. nat.,
> Trésor des Chartes, JJ. 256¹, n° 121, fol. 46 v°.
> 1 page.*

Avril.

12470. Édit portant règlement pour les gabelles et leur

Avril.

mode de perception. « Et premierement pour
obvier et pourvoir aux dessus dictes faultes... »
Tonnerre, avril 1542.

> *Enreg. au Parl. de Paris, le 27 avril 1542.
> Arch. nat., X^{1a} 86:3, fol. 320. 15 pages 1/2.*
> *Enreg. au Parl. de Bordeaux, le 23 mai 1542.
> Arch. de la Gironde, B. 31, fol. 148 v°. 20 pages.*
> *Enreg. au Parl. de Dijon. Arch. de la Côte-d'Or,
> Parl., reg. III, fol. 28.*
> *Enreg. à la Chambre des Comptes de Paris, le
> 29 avril 1542. Arch. nat., P. 2306, p. 1045.
> 29 pages 1/2.*
> *Enreg. à la Chambre des Comptes de Dijon. Arch.
> de la Côte-d'Or, reg. B. 20, fol. 82.*
> *Enreg. à la Cour des Aides de Paris. Copie colla-
> tionnée faite par ordre de cette Cour. Arch. nat.,
> Z^{1a} 527.*
> *Imp. Pièce in-4°. Paris, E. Rosset (s. d.). Bibl.
> nat., Inv. Réserve, F. 1922.*
> *Les loix, statuts et ordonnances roiauls faictes
> par les feus rois de France. Paris, Poncet le Preux,
> 1542, in-fol., 2° partie, fol. 188 r°.*
> *Les loix, ordonnances et edictz, etc... depuis
> le roy S. Lois... Paris, Galiot du Pré, 1559,
> in-fol., fol. 114 r°.*
> P. Rebuffi, *Les édits et ordonnances des rois de
> France, etc.* Lyon, 1573, in-fol., p. 632.
> A. Fontanon, *Édits et ordonnances, etc.* Paris,
> 1611, in-fol., t. II, p. 1001.
> J. Corbin, *Nouveau recueil des édits... de la
> juridiction des Cours des Aides...* Paris, 1623,
> in-4°, p. 1018.

12471. Lettres de sauvegarde accordées aux chanoines
de la cathédrale de Cahors. Tonnerre, avril
1542.

> *Enreg. à la Chancellerie de France. Arch. nat.,
> Trésor des Chartes, JJ. 256^1, n° 110, fol. 42.
> 2 pages.*

12472. Permission aux habitans de Chemilly au duché
de Bourgogne d'entourer leur bourg de fortifications. Tonnerre, avril 1542.

> *Enreg. à la Chancellerie de France. Arch. nat.,
> Trésor des Chartes, JJ. 256^1, n° 53, fol. 22. 1 page.*

12473. Lettres modifiant les statuts et privilèges des cor-
royeurs et baudroyeurs de Rouen, en ce qui

touche l'emploi des huiles, suifs, etc., pour les
cuirs. Tonnerre, avril 1542.

1542.

> *Enreg. à la Chancellerie de France. Arch. nat.,*
> *Trésor des Chartes, JJ. 256¹, n° 148, fol. 54 v°.*
> 2 pages.

12474. Lettres de légitimation accordées à Jean de
Rozet, fils naturel de Jean de Rozet, écuyer,
s^r de Colombier. Tonnerre, avril 1542.

Avril.

> *Enreg. à la Chancellerie de France. Arch. nat.,*
> *Trésor des Chartes, JJ. 256¹, n° 159, fol. 55.*
> 1 page.

12475. Lettres de naturalité en faveur de Jacques André, natif de Barcelonne, habitant de Sisteron. Tonnerre, avril 1542.

Avril.

> *Enreg. à la Chancellerie de France. Arch. nat.,*
> *Trésor des Chartes, JJ. 256¹, n° 137, fol. 49.*

12476. Lettres de naturalité en faveur de Guillaume
Arnauld, natif de Barcelonnette au diocèse
d'Embrun, habitant de Pertuis en Provence.
Tonnerre, avril 1542.

Avril.

> *Enreg. à la Chancellerie de France. Arch. nat.,*
> *Trésor des Chartes, JJ. 256¹, n° 218, fol. 78.*

12477. Lettres de naturalité en faveur de Julien Ar-
disson, natif de la Rivière de Gênes, demeurant
à Cannes en Provence. Tonnerre, avril 1542.

Avril.

> *Enreg. à la Chancellerie de France. Arch. nat.,*
> *Trésor des Chartes, JJ. 256¹, n° 247, fol. 81.*

12478. Lettres de naturalité en faveur de François
Aymard, originaire de Piémont, demeurant
à Saint-Martin-de-Castillon en Provence.
Tonnerre, avril 1542.

Avril.

> *Enreg. à la Chancellerie de France. Arch. nat.,*
> *Trésor des Chartes, JJ. 256¹, n° 134, fol. 48 v°.*

12479. Lettres de naturalité en faveur d'Isnard Bohier,
originaire de Piémont, demeurant à Caseneuve en Provence. Tonnerre, avril 1542.

Avril.

> *Enreg. à la Chancellerie de France. Arch. nat.,*
> *Trésor des Chartes, JJ. 256¹, n° 132, fol. 48 v°.*

12480. Lettres de naturalité en faveur de Jean Bou-

Avril.

lenger, prêtre, originaire du diocèse de Toul en Lorraine, demeurant au Luc en Provence. Tonnerre, avril 1542.

Enreg. à la Chancellerie de France. Arch. nat., Trésor des Chartes, JJ. 256¹, n° 126, fol. 47 v°.

1542.

12481. Lettres de naturalité en faveur de Jean Boutes, dit Lagrée, natif de Rhodes, demeurant à Toulon-en-Provence. Tonnerre, avril 1542.

Enreg. à la Chancellerie de France. Arch. nat., Trésor des Chartes, JJ. 256¹, n° 217, fol. 78.

Avril.

12482. Lettres de naturalité en faveur de Daniel, Thomas et Paul Corio, originaires de Piémont, établis en Provence. Tonnerre, avril 1542.

Enreg. à la Chancellerie de France. Arch. nat., Trésor des Chartes, JJ. 256¹, n°ˢ 123 à 125, fol. 47 v°.

Avril.

12483. Lettres de naturalité en faveur d'Antoine, Bernard et Jean Eschantier, frères, natifs de Barcelonnette, au diocèse d'Embrun, établis à Viens en Provence depuis trente ans. Tonnerre, avril 1542.

Enreg. à la Chancellerie de France. Arch. nat., Trésor des Chartes, JJ. 256¹, n° 231, fol. 79 v°.

Avril.

12484. Lettres de naturalité en faveur de Catherine Fabresse, native du Comtat-Venaissin, demeurant à Apt en Provence. Tonnerre, avril 1542.

Enreg. à la Chancellerie de France. Arch. nat., Trésor des Chartes, JJ. 256¹, n° 129, fol. 48.

Avril.

12485. Lettres de naturalité en faveur de Pierre Francquin, natif de Savoie, demeurant à Viens en Provence. Tonnerre, avril 1542.

Enreg. à la Chancellerie de France. Arch. nat., Trésor des Chartes, JJ. 256¹, n° 230, fol. 79 v°.

Avril.

12486. Lettres de naturalité en faveur de Jean-Baptiste Gandolfe, natif de la Rivière de Gênes, établi en Provence. Tonnerre, avril 1542.

Enreg. à la Chancellerie de France. Arch. nat., Trésor des Chartes, JJ. 256¹, n° 250, fol. 81.

Avril.

12487. Lettres de naturalité en faveur d'Antoine Gay, originaire de Piémont, demeurant à Saint-Martin-de-Castillon en Provence. Tonnerre, avril 1542.

Enreg. à la Chancellerie de France. Arch. nat., Trésor des Chartes, JJ. 256¹, n° 133, fol. 48 v°.

1542.
Avril.

12488. Lettres de naturalité en faveur de Maurice Moyne, natif du marquisat de Saluces, établi en Provence. Tonnerre, avril 1542.

Enreg. à la Chancellerie de France. Arch. nat., Trésor des Chartes, JJ. 256¹, n° 136, fol. 49.

Avril.

12489. Lettres de naturalité en faveur de Maurice Pellissier, originaire de Piémont, demeurant à Manosque en Provence. Tonnerre, avril 1542.

Enreg. à la Chancellerie de France. Arch. nat. Trésor des Chartes, JJ. 256¹, n° 138, fol. 49.

Avril.

12490. Lettres de naturalité en faveur de Jeanne Prestoinne, originaire d'Écosse, veuve de David Morot, demeurant à Maillane en Provence. Tonnerre, avril 1542.

Enreg. à la Chancellerie de France. Arch. nat., Trésor des Chartes, JJ. 256¹, n° 127, fol. 48.

Avril.

12491. Lettres de naturalité en faveur d'Albert Rossillon, natif du diocèse de Genève, demeurant à Apt en Provence. Tonnerre, avril 1542.

Enreg. à la Chancellerie de France. Arch. nat., Trésor des Chartes, JJ. 256¹, n° 131, fol. 48 v°.

Avril.

12492. Lettres de naturalité en faveur de Jean Salvator, natif de Barcelonnette en Terre-Neuve, demeurant à Apt en Provence. Tonnerre, avril 1542.

Enreg. à la Chancellerie de France. Arch. nat., Trésor des Chartes, JJ. 256¹, n° 240, fol. 80 v°.

Avril.

12493. Lettres de naturalité en faveur d'Annet Serrier, marchand, établi à Arles, natif d'Avignon. Tonnerre, avril 1542.

Enreg. à la Chancellerie de France. Arch. nat., Trésor des Chartes, JJ. 256¹, n° 222, fol. 78 v°.

Avril.

12494. Lettres de naturalité en faveur d'Albert Tillet,

Avril.

natif de Savoie, demeurant à Manosque en
Provence. Tonnerre, avril 1542.

> *Enreg. à la Chancellerie de France. Arch. nat.,*
> *Trésor des Chartes, JJ. 256¹, n° 232, fol. 79 v°.*

1542.

12495. Lettres de naturalité en faveur de Marc Vicen-
tini, natif de Vicence en Italie, demeurant à
Tours. Tonnerre, avril 1542.

> *Enreg. à la Chancellerie de France. Arch. nat.,*
> *Trésor des Chartes, JJ. 256¹, n° 221, fol. 78 v°.*

Avril.

12496. Lettres de naturalité en faveur de Jean Vin-
cendier, originaire de Piémont, demeurant
aux Mées en Provence. Tonnerre, avril
1542.

> *Enreg. à la Chancellerie de France. Arch. nat.,*
> *Trésor des Chartes, JJ. 256¹, n° 233, fol. 79 v°.*

Avril.

12497. Lettres de naturalité en faveur d'Honoré
Voison, natif d'Avignon, demeurant à Apt
en Provence. Tonnerre, avril 1542.

> *Enreg. à la Chancellerie de France. Arch. nat.,*
> *Trésor des Chartes, JJ. 256¹, n° 135, fol. 48 v°.*

Avril.

12498. Lettres de don au prince de Melphe, chevalier
de l'ordre, en récompense de ses services,
des biens confisqués sur Maximin d'Auron,
condamné à mort par le Parlement de Grenoble, pour crime de lèse-majesté commis
lors de l'expédition de l'empereur en Provence. Châtel-Gérard, avril 1542.

> *Enreg. à la Chancellerie de France. Arch. nat.,*
> *Trésor des Chartes, JJ. 255¹, n° 221, fol. 68.*
> *2 pages.*
> *Enreg. à la Chambre des Comptes de Grenoble.*
> *Arch. de l'Isère, B. 2907, cah. 123.*

Avril.

12499. Établissement de deux foires annuelles et d'un
marché hebdomadaire à Châteauneuf-du-
Rhône en Dauphiné, à la requête de Jean
Ducher, écuyer et canonnier ordinaire du
roi, habitant dudit lieu. Vausse, avril 1542.

> *Enreg. à la Chancellerie de France. Arch. nat.,*
> *Trésor des Chartes, JJ. 256¹, n° 164, fol. 57 v°.*
> *1 page.*

Avril.

12500. Établissement de quatre foires par an et d'un

Avril.

marché, chaque semaine, à Châteauneuf-de-
Randon au bailliage de Gévaudan. Montréal,
avril 1542.

1542.

> *Enreg. à la Chancellerie de France. Arch. nat.,*
> *Trésor des Chartes, JJ. 256¹, n° 76, fol. 30 v°.*
> 1 page.
> *Arch. dép. de la Lozère, série E. (titres relatifs*
> *à Châteauneuf).*

12501. Établissement d'un marché hebdomadaire à
« la Béchonye », dans la baronnie de Mont-
redon, sénéchaussée de Carcassonne. Montréal, avril 1542.

Avril.

> *Enreg. à la Chancellerie de France. Arch. nat.,*
> *Trésor des Chartes, JJ. 256¹, n° 160, fol. 55 v°.*
> 1 page 1/2.

12502. Permission aux habitants de Pontaubert au bailliage d'Auxois, de fortifier leur bourg...
[Avril[1]] 1542.

Avril.

> *Enreg. à la Chancellerie de France. Arch. nat.,*
> *Trésor des Chartes, JJ. 256¹, n° 161, fol. 56 v°.*
> 1 page.

12503. Lettres enjoignant aux consuls de Lyon de
fournir vingt-cinq milliers de salpêtre au trésorier garde de l'artillerie. Montréal, 2 mai
1542.

2 mai.

> *Original. Arch. de la ville de Lyon, CC. 335.*

12504. Lettres de mainlevée d'une pension viagère de
huit ducats sur l'église de Saint-Pierre de
Cuers, séquestrée parce que le bénéficiaire,
Jean Sustène, était de Nice. Chérisy[2], 3 mai
1542.

3 mai.

> *Enreg. au Parl. de Provence. Arch. de ladite cour,*
> *à Aix, reg. petit in-fol. de 253 feuillets, fol. 213.*

12505. Provisions pour François d'Arsonval, licencié
ès lois, de l'office de lieutenant général du
bailly et gouverneur de Chauny, vacant par

3 mai.

---

[1] Le nom de lieu et le mois sont restés en blanc. Les pièces voisines
sont d'avril 1542.
[2] « Cerisy », d'après le texte, aujourd'hui Chérisy, simple ferme de la
commune de Montréal (Yonne). C'était alors un village avec paroisse; il
fut détruit depuis, pendant les guerres civiles.

suite du décès de Jean Granchet. Montréal, 3 mai 1542.

Reçu au Parl. de Paris, le 22 mai suivant. Arch. nat., X¹ᵃ 4916, Plaidoiries, à la date. (Mention.)

12506. Lettres accordant aux habitants d'Avallon le droit d'avoir des gardes pour la conservation de leurs bois, suivant la coutume du pays, et de faire « réduire les terres y labourées en leur première nature d'usaige ». Montréal en Auxois, 5 mai 1542.

5 mai.

Original. Arch. municipales d'Avallon, DD. 42. Imp. Ernest Petit, Hist. d'Avallon et de l'Avallonnais. Auxerre, 1867, in-8°, p. 277.

12507. Mandement à Jean Duval, trésorier de l'épargne, de délivrer à Martin de Troyes 675 livres tournois, qu'il doit employer au payement de la solde de quarante-cinq hommes de guerre chargés de la garde de Narbonne et de Leucate. Montréal, 6 mai 1542.

6 mai.

Original. Bibl. nat., ms. fr. 25722, n° 745.

12508. Mandement au trésorier de l'épargne de délivrer à Jean Duval, changeur du trésor, une somme de 180 livres tournois qui doit servir à payer la solde, pour le quartier de janvier-mars passé, des douze hommes chargés de la garde de la Bastille. Montréal, 6 mai 1542.

6 mai.

Original. Bibl. nat., ms. fr. 25722, n° 746.

12509. Mandement à la Chambre des Comptes de Paris de faire payer à la reine de Navarre, duchesse d'Alençon, les émoluments des droits de gabelle, amendes, forfaitures et confiscations échus au roi à Alençon, à Domfront, Verneuil, Bellême, Exmes et Argentan. 6 mai 1542.

6 mai.

Enreg. à la Chambre des Comptes de Paris, le 1ᵉʳ juin suivant. Arch. nat., invent. PP. 119, et PP. 136, p. 506. (Mentions.)

12510. Lettres relatives à la prétention qu'ont les habitants de Marseille de n'être pas soumis au

8 mai.

droit de traite foraine. Nuits-sous-Ravière, 8 mai 1542.

1542.

Enreg. à la Chambre des Comptes de Provence. Archives des Bouches-du-Rhône, B. 36 (Luna), fol. 81. 2 pages.

12511. Mandement au trésorier de l'épargne de payer à Jean Picard, notaire et secrétaire du roi, la somme de 8,349 livres tournois, pour la solde de gens de guerre à morte-paye, employés à garder les frontières d'Artois et de Picardie. Rochefort[-sur-Armançon], 8 mai 1542.

8 mai.

Original. Arch. nat., K. 87, n° 28.

12512. Provisions de l'office de capitaine de la ville de Saint-Gengoux en Mâconnais, pour François Bourgeois, sʳ de Molleron, en remplacement et sur la résignation de François Lamy, valet de chambre du roy. 10 mai 1542.

10 mai.

Enreg. par analyse à la Chambre des Comptes de Dijon, le 23 janvier 1544 n. s. Arch. de la Côte-d'Or, B. 19, fol. 54 v°.

12513. Lettres autorisant Antoine Du Prat, sʳ de Nantouillet, prévôt et bailli de Paris, à contraindre le receveur des aides de l'élection de Paris de se conformer aux lettres du 14 juin 1541 (n° 11977), assignant sur lesdites aides le remboursement de 280,000 livres prêtées au roi par ledit Du Prat. Bar-sur-Seine, 11 mai 1542.

11 mai.

Original. Bibl. nat., ms. fr. 6458, n° 36.

12514. Lettres rétablissant Bénigne Serre, premier président de la Chambre des Comptes de Dijon, en possession de son office dont il avait été suspendu, et lui accorde un délai de trois mois pour rendre ses comptes. Bar-sur-Seine, 12 mai 1542.

12 mai.

Enreg. à la Chambre des Comptes de Dijon, le 7 juin suivant. Arch. de la Côte-d'Or, B. 20, fol. 89.

12515. Mandement au sénéchal de Beaucaire et de Nîmes de faire une enquête au sujet de l'ou-

13 mai.

verture d'un port au lieu du Teil[-d'Ardèche], 1542.
sur le Rhône. 13 mai 1542.

> *Enreg. à la Chambre des Comptes de Montpellier.*
> *Arch. départ. de l'Hérault, B. 343, fol. 16. 1 page.*

12516. Mandement au bailli de Dijon de publier 14 mai.
l'ordre à la gendarmerie et aux gentilshommes
du ban de se trouver en armes, le 15 juin, à
Sens. Montieramey, 14 mai 1542.

> *Original. Arch. municip. de Dijon, A. Baillinge.*

12517. Édit sur le fait des appellations, portant qu'elles 15 mai.
pourront se relever et exécuter dans les qua-
rante jours. Montieramey, 15 mai 1542.

> *Enreg. au Parl. de Dijon, le 25 du même mois.*
> *Arch. de la Côte-d'Or, Parl., reg. III, fol. 39; et*
> *reg. des États, C. 2978, fol. 206.*
> *Copie du XVIe siècle. Bibl. nat., ms. lat. 9868,*
> *fol. 63. (Extrait.)*
> *Imp. Recueil des édits et ordonnances des États de*
> *Bourgogne. In-4°, t. 1, p. 447.*

12518. Mandement aux élus du Lyonnais, Forez et 15 mai.
Beaujolais, leur ordonnant de lever pour le
service du roi cent chevaux, vingt charrettes
et quatre chariots. Montieramey, 15 mai
1542.

> *Copie du XVIe siècle. Bibl. nat., ms. fr. 2702,*
> *fol. 227 v°.*

12519. Provisions de l'office de conseiller lai au Parle- 17 mai.
ment de Bordeaux, pour Laurent de Lagerio,
en remplacement de son père. Montieramey,
17 mai 1542.

> *Enreg. au Parl. de Bordeaux, le 7 mai 1543.*
> *Arch. de la Gironde, B. 31, fol. 158 v°. 2 pages 1/2.*

12520. Mandement à la Cour des Aides de Paris 17 mai.
d'enregistrer les lettres de confirmation des
privilèges de la ville d'Amboise. Montieramey,
17 mai 1542.

> *Original. Arch. municipales d'Amboise, AA. 23.*

12521. Mandement à Jean Laguette, trésorier et rece- 17 mai.
veur général des finances extraordinaires et
parties casuelles, de payer des deniers provenant de la résignation de l'office de sergent

41.

à verge au Châtelet de Paris, faite par Nicolas de Luzy au profit d'Antoine Demay, à Jean Houllier, aide de la fruiterie du roi, 15 écus d'or soleil que le roi lui a donnés en sus de ses gages, pour le récompenser de ses services. Montieramey, 17 mai 1542.

Original. Bibl. nat., Nouv. acquisitions franç., ms. 1483, n° 77.

12522. Édit de règlement pour l'élection des gouverneurs et administrateurs de l'hôpital des Enfants-Dieu près le Temple, à Paris. Brienne, 20 mai 1542.

Enreg. au Parl. de Paris, le 4 septembre 1542. Arch. nat., X¹ᵃ 8613, fol. 358. 1 page 1/2.

12523. Nomination d'un commissaire pour pourvoir à des offices de viguiers et de contrôleurs des deniers en Provence. Brienne, 20 mai 1542.

Enreg. à la Chambre des Comptes de Provence. Archives des Bouches-du-Rhône, B. 36 (Luna), fol. 226. 1 page.

12524. Provisions de l'office de garde de la Monnaie de Poitiers, pour Michel de La Roche, en remplacement de feu Étienne Escoffier. Brienne, 20 mai 1542.

Enreg. à la Cour des Monnaies, le 25 mai suivant. Copie du xvıᵉ siècle. Arch. nat., Z¹ᵇ 548.

12525. Édit de révocation générale des pouvoirs des gouverneurs et lieutenants du roi dans les provinces, ainsi que des principaux officiers de la couronne. Brienne, 21 mai 1542.

Original. Bibl. nat., ms. latin 9241, n° 79. Enreg. à la Chancellerie de France. Arch. nat., Trésor des Chartes, JJ. 255¹, n° 225, fol. 70. 1 page. Enreg. au Parl. de Paris, le 27 juin 1542. Arch. nat., X¹ᵃ 8613, fol. 343. 1 page 1/3. Arrêt d'enregistrement. Idem, X¹ᵃ 4916, Plaidoiries, à la date. Enreg. au Parl. de Bordeaux, le 8 août 1542. Arch. de la Gironde, B. 31, fol. 174 v°. 1 page 1/2. Enreg. au Parl. de Grenoble, le 16 juin 1542. Arch. de l'Isère, B. 2334, fol. 95 v°.

1542.

20 mai.

20 mai.

20 mai.

21 mai.

Enreg. au Parl. de Rouen, le 4 août 1542. Copie 1542.
du xvii siècle. Arch. nat., U. 760, p. 99.*
   Enreg. au Parl. de Toulouse, le 27 mai 1542.
Arch. de la Haute-Garonne, Édits, reg. 4, fol. 231.
1 page.
   Copie du xvi siècle. Bibl. nat., ms. fr. 3005,*
fol. 198.
   Copie du xvi siècle. Bibl. nat., ms. fr. 5124,*
fol. 177.
   Copie du xviii siècle. Bibl. nat., ms. Clairam-*
bault 950, p. 53.
   Copie du xviii siècle. Bibl. nat., Portefeuilles*
de Fontanieu, vol. 252.
   Imr. Isambert, Anc. lois françaises. Paris, 1827,
in-8°, t. XII, p. 779.

12526. Confirmation des pouvoirs de gouverneur et 23 mai.
   lieutenant général en Guyenne, en faveur du
   roi de Navarre, donnée en dérogation de
   l'édit du 21 mai précédent. Montierender.
   23 mai 1542 [1].

   Original scellé. Arch. départ. des Basses-Pyrénées,
E. 573.
   Enreg. à la Chancellerie de France. Arch. nat.,
Trésor des Chartes, JJ. 255[1], n° 226, fol. 70 v°.
1 page 1/2.
   Enreg. au Parl. de Bordeaux, le 6 juillet 1542.
Arch. de la Gironde, B. 31, fol. 168. 2 pages.
   Enreg. au Parl. de Toulouse, le 22 novembre 1542.
Arch. de la Haute-Garonne, Édits, reg. 5, fol. 25.
1 page.
   Copie du xvi siècle. Bibl. nat., ms. fr. 3005,*
fol. 199.
   Copie du xviii siècle. Bibl. nat., ms. Clairam-*
bault 950, p. 56.
   Copie du xviii siècle. Bibl. nat., Portefeuilles*
de Fontanieu, vol. 252.

12527. Lettres de confirmation des pouvoirs de Phi- 23 mai
   lippe Chabot, comte de Charny, amiral de
   France, gouverneur de Bourgogne et lieu-

---

[1] Les mêmes lettres furent expédiées aux noms des six autres gouverneurs de provinces, dont la liste suit (JJ. 255[1]) : le duc de Vendôme,
gouverneur de Picardie; le duc d'Estouteville, gouverneur de Dauphiné;
le duc de Guise, gouverneur de Champagne et Brie; le maréchal d'Annebaut, lieutenant général en Piémont; le s' de Montpezat, lieutenant général
de Languedoc; et le s' de Grignan, lieutenant général en Provence.

tenant du dauphin au gouvernement de Normandie. Montierender, 23 mai 1542.

> Enreg. au Parl. de Paris, le 16 août 1542.
> Arch. nat., X¹ᵃ 8613, fol. 350. 1 page 1/2.
> Imp. Isambert, Anc. lois françaises, etc. Paris,
> 1827, in-8°, t. XII, p. 780.

1542.

12528. Lettres confirmant le duc d'Estouteville dans
ses fonctions de gouverneur du Dauphiné.
Montierender, 23 mai 1542.

> Enreg. au Parl. de Grenoble, le 16 juin 1542.
> Arch. de l'Isère, B. 2334, fol. 96. 1 page.

23 mai.

12529. Lettres de confirmation du sieur de Montpezat
dans ses fonctions de lieutenant général au pays
de Languedoc. Montierender, 23 mai 1542.

> Enreg. au Parl. de Toulouse, le 6 juin 1542.
> Arch. de la Haute-Garonne, Édits, reg. 4, fol. 231.
> 1 page.

23 mai.

12530. Lettres invitant le Parlement de Toulouse à envoyer au roi ses remontrances au sujet de la
distraction de l'Armagnac et du Quercy de
son ressort, avec attribution au ressort du
Parlement de Bordeaux. Éclaron [1], 25 mai
1542.

> Enreg. au Parl. de Bordeaux (s. d.). Arch. de la
> Gironde, B. 31, fol. 165 v°.
> Autre copie. Idem, fol. 169. 2 pages.

25 mai.

12531. Commission adressée à Bénigne Serre, président en la Chambre des Comptes de Dijon,
pour faire assigner en la Cour des Aides de
Paris ses clercs, commis et autres, ses débiteurs. 25 mai 1542.

> Enreg. à la Cour des Aides. Arch. nat., recueil
> Cromo, U. 665, fol. 292. (Mention.)

25 mai.

12532. Création d'un office d'ouvrier en la Monnaie de
Bayonne, en faveur de Vincent Guernier.
Saint-Dizier, 26 mai 1542.

> Enreg. à la Cour des Monnaies, le 5 juin 1542.
> Arch. nat., Z¹ᵇ 63, fol. 47. 1 page.

26 mai.

---

[1] François I⁽ᵉʳ⁾ arriva à Éclaron, le 23 mai. (Voir lettres de rémission
en faveur d'un fourrier du sʳ de Traves, JJ. 256¹, n° 191, fol. 69.)

12533. Provisions en faveur d'Antoine Minard, avocat   1542.
du roi à la Chambre des Comptes, d'un   26 mai.
office de conseiller clerc au Parlement de
Paris, vacant par la destitution de René
Gentils. Éclaron, 26 mai 1542.

> *Réception dudit Minard au Parl., le 6 juin sui-*
> *vant. Arch. nat., X¹ᵃ 1549, Conseil, fol. 135 v°.*
> (*Mention.*)

12534. Lettres de dispense pour Antoine Minard, lui   26 mai.
permettant d'exercer son office de conseiller
clerc au Parlement, bien qu'il soit marié.
Éclaron, 26 mai 1542.

> *Entérinées au Parl., le 6 juin suivant. Arch. nat.,*
> *X¹ᵃ 1549, Conseil, fol. 135 v°.* (*Mention.*)

12535. Provisions en faveur d'Antoine Minard de   26 mai.
l'office de président des enquêtes au Parlement, qu'exerçait René Gentils. Éclaron,
26 mai 1542.

> *Réception dudit Minard au Parl., le 6 juin sui-*
> *vant. Arch. nat., X¹ᵃ 1549, Conseil, fol. 135 v°.*
> (*Mention.*)

12536. Mandement à l'archevêque d'Auch de faire   27 mai.
lever, dans son diocèse, le don gratuit que le
clergé avait promis pour Pâques et la Saint-
Jean 1542, en échange des emprunts qui
étaient demandés aux gens d'église, d'après
des rôles dressés en 1536, mais de tenir
compte des emprunts déjà payés. Éclaron,
27 mai 1542.

> *Expédition originale. Bibl. nat., ms. fr. 25722,*
> n° 747.

12537. Commission donnée à Philippe Chabot, comte   28 mai.
de Charny, amiral de France, gouverneur de
Bourgogne, à M. de Beaumont-Brisay, son
lieutenant général, à Claude Patarin, premier président du Parlement de Bourgogne,
au sʳ de Villers-les-Pots, bailli de Dijon, à
Pierre d'Apestigny, général des finances, et à
Antoine Lemaçon, receveur général, pour
assister aux États du comté d'Auxonne et en

obtenir une aide de 10,000 livres. Éclaron,   1542.
28 mai 1542.

> Original. Arch. de la Côte-d'Or, États, C. 7484.

12538. Lettres prescrivant au Parlement de Provence   29 mai.
de juger de suite les affaires relatives à la
réunion du domaine, et réglant les jours des
audiences à ce consacrées. Éclaron, 29 mai
1542.

> Enreg. à la Chambre des Comptes de Provence.
> Archives des Bouches-du-Rhône, B. 36 (Luna),
> fol. 146.
> Enreg. au Parl. de Grenoble. Arch. de l'Isère,
> B. 2334, fol. 184. 3 pages.

12539. Lettres enjoignant au Parlement de Grenoble   31 mai.
de laisser exécuter les lettres de commission
des Généraux des monnaies, portant ajournement des officiers de la Monnaie de Grenoble. Éclaron, 31 mars (corr. mai) 1542.

> Minute dans les règlements de la Cour des Monnaies.
> Arch. nat., Z1b 366.

12540. Don à René Pintrel, barbier du roi, de 50 écus   31 mai.
d'or soleil, à prendre sur le produit de la
résignation de l'office de sergent à cheval au
Châtelet de Paris, faite par Gratien Thibault
au profit de Claude Dargillière. Éclaron,
31 mai 1542.

> Original. Bibl. nat., ms. fr. 25722, n° 748.

12541. Ordonnance portant que les marchands qui   Mai.
s'entremettent de la traite des blés hors du
royaume devront déclarer et faire certifier le
nombre, l'espèce et la quantité des marchandises transportées. Montréal, mai 1542.

> Enreg. au Parl. de Bordeaux, le 19 juin 1542.
> Arch. de la Gironde, B. 31, fol. 162 v°. 3 pages.

12542. Édit de création d'un office de contrôleur des   Mai.
traites foraines et des grains dans la sénéchaussée de Guyenne. Montréal, mai 1542.

> Enreg. au Parl. de Bordeaux, le 19 juin 1542.
> Arch. de la Gironde, B. 31, fol. 164 v°. 2 pages.

12543. Édit de création de quatre gardes de la dra-   Mai.
perie, chargés d'inspecter les manufactures

de Darnetal au bailliage de Rouen, et lieux   1542.
voisins. Montréal en Bourgogne [1], mai 1542.

> *Enreg. à la Chancellerie de France. Arch. nat.,*
> *Trésor des Chartes, JJ. 256[1], n° 102, fol. 37 v°.*
> 2 pages.
> IMP. P. Rebuffi, *Les édits et ordonnances des rois*
> *de France.* Lyon, 1573, in-fol., p. 1215.
> A. Fontanon, *Édits et ordonnances,* etc. Paris,
> 1611, in-fol., t. I, p. 1031.
> Isambert, *Anc. lois françaises,* etc. Paris, 1827,
> in-8°, t. XII, p. 781.

12544. Lettres de don des biens meubles et immeubles   Mai.
de feu Paul de Milan, joueur de hautbois du
roi, à sa veuve et à ses enfants, lesdits biens
échus au roi par droit d'aubaine et à lui
adjugés par sentence du bailli de Blois. Montréal, mai 1542.

> *Enreg. à la Chancellerie de France. Arch. nat.,*
> *Trésor des Chartes, JJ. 256[1], n° 257, fol. 81 v°.*
> 1 page.

12545. Lettres de naturalité en faveur de Bénédict   Mai.
Clésis, dit « Tusquin », armurier du roi, originaire d'Allemagne. Montréal, mai 1542.

> *Enreg. à la Chancellerie de France. Arch. nat.,*
> *Trésor des Chartes, JJ. 256[1], n° 109, fol. 41 v°.*
> 1 page.

12546. Lettres de naturalité en faveur de Catherine   Mai.
de Croy, veuve de Robert de La Marck, sei-
gneur de Sedan, chevalier de l'ordre. Montréal, mai 1542.

> *Enreg. à la Chancellerie de France, Arch. nat.,*
> *Trésor des Chartes, JJ. 256[1], n° 189, fol. 68 v°.*

12547. Confirmation des privilèges, franchises et im-   Mai.
munités du prieuré de Notre-Dame de la
Verne, au diocèse de Fréjus. Cisery [2], mai
1542.

> *Enreg. à la Chancellerie de France. Arch. nat.,*
> *Trésor des Chartes, JJ. 255[1], n° 220, fol. 67 v°.*
> 1 page.

[1] Le nom du lieu est resté en blanc dans le registre de la Chancellerie.

[2] « Chizery », d'après le registre. Il s'agit de Cisery, canton de Guillon (Yonne).

12548. Lettres de don à Bernard de Montpezat, en
récompense de ses services, de tous les biens
de Jean Roussel, confisqués et adjugés au
roi par sentence des capitouls de Toulouse.
Montieramey, mai 1542.

> Enreg. à la Chancellerie de France. Arch. nat.,
> Trésor des Chartes, JJ. 256¹, n° 107, fol. 40 v°.
> 1 page.

1542.
Mai.

12549. Lettres de naturalité en faveur de François de
Bergeaut le jeune, natif de Burgos en Espagne, marié et établi à Rouen. Montieramey, mai 1542.

> Enreg. à la Chancellerie de France. Arch. nat.,
> Trésor des Chartes, JJ. 255¹, n° 223, fol. 69 v°.
> (Mention.)

Mai.

12550. Lettres de légitimation accordées à Jean Tercier, dit « Veyret », apothicaire demeurant à
Périgueux, fils naturel de Rolland Tercier,
clerc, et de Marguerite Froment, veuve, habitants de Beauchastel en Vivarais. Saint-Dizier,
mai 1542.

> Enreg. à la Chancellerie de France. Arch. nat.,
> Trésor des Chartes, JJ. 256¹, n° 111, fol. 43.
> 1 page.

Mai.

12551. Lettres de légitimation accordées à Antoine
Barbier, fils naturel de Jean Barbier et d'An-
nette de Léouze, native de Marsillargues.
Saint-Dizier-en-Perthois, mai 1542.

> Enreg. à la Chancellerie de France. Arch. nat.,
> Trésor des Chartes, JJ. 256¹, n° 190, fol. 68 v°.
> 1 page.

Mai.

12552. Lettres de naturalité en faveur de Constant et
Jean Defaucon, frères, habitants d'Apt en
Provence, natifs de Jausiers, près Barcelon-
ne[tte] en Terre-Neuve, au diocèse d'Embrun.
Saint-Dizier, mai 1542.

> Enreg. à la Chancellerie de France. Arch. nat.,
> Trésor des Chartes, JJ. 256¹, n° 215, fol. 78.

Mai.

12553. Lettres de naturalité en faveur d'Honorat Amat,

Mai.

natif de Piémont, demeurant en l'île de Mar-   1542.
tigues. Éclaron, mai 1542.

> *Enreg. à la Chancellerie de France. Arch. nat.,*
> *Trésor des Chartes, JJ. 256¹, n° 266, fol. 82 v°.*

12554. Lettres de naturalité en faveur de Jacques Bal-   Mai.
leduc, natif du comté de Nice, demeurant à
Trets en Provence. Éclaron, mai 1542.

> *Enreg. à la Chancellerie de France. Arch. nat.,*
> *Trésor des Chartes, JJ. 256¹, n° 197, fol. 73 v°,*
> *et n° 263, fol. 82 v°.*

12555. Lettres de naturalité en faveur d'Antoine Lam-   Mai.
bert, natif de Souâtre au comté d'Artois, demeurant à Marseille. Éclaron, mai 1542.

> *Enreg. à la Chancellerie de France. Arch. nat.,*
> *Trésor des Chartes, JJ. 256¹, n° 198, fol. 73 v°,*
> *et n° 264, fol. 82 v°.*

12556. Lettres de naturalité en faveur de Louis Leu-   Mai.
tard, charpentier et menuisier, natif du
comté de Nice, demeurant depuis trente ans
à Saint-Maximin en Provence. Éclaron, mai
1542.

> *Enreg. à la Chancellerie de France. Arch. nat.,*
> *Trésor des Chartes, JJ. 256¹, n° 261, fol. 82.*

12557. Lettres de naturalité en faveur de Jacques de   Mai.
La Salle, natif de Quiert (Chieri) en Pié-
mont, demeurant à Salon en Provence.
Éclaron, mai 1542.

> *Enreg. à la Chancellerie de France. Arch. nat.,*
> *Trésor des Chartes, JJ. 256¹, n° 258, fol. 82.*

12558. Confirmation des privilèges et franchises ac-   Mai.
cordés par les comtes de Provence aux habi-
tants de Cuers, en la viguerie d'Hyères (Provence)... [1], mai [1542].

> *Enreg. à la Chancellerie de France. Arch. nat.,*
> *Trésor des Chartes, JJ. 256¹, n° 106, fol. 40.*
> *1 page.*

12559. Déclaration défendant, sous peine de confisca-   3 juin.
tion du mobilier des délinquants et d'amende

---

[1] Le nom du lieu et le millésime sont restés en blanc. Toutes les
autres pièces du registre étant de 1542, il ne peut y avoir de doute sur
l'année.

arbitraire, le cours des douzains, liards et
autres espèces frappées en Italie avec une
petite croisette, et ordonnant qu'elles soient
coupées et cisaillées. Éclaron, 3 juin 1542.

1542.

> Original dans les minutes d'ordonnances de la Cour
> des Monnaies, Arch. nat., Z¹ᵇ 537.
> Enreg. à la Cour des Monnaies, le 12 juin 1542.
> Arch. nat., Z¹ᵇ 63, fol. 41. 2 pages.
> Impr. Les loix, statuts et ordonnances roiaulx
> faictes par les feus rois de France. Paris, Poncet le
> Preux, 1542, in-fol., 2ᵉ partie, fol. 205 vᵒ.
> Les loix, ordonnances et edictz, etc..., depuis le
> roy S. Lois... Paris, Galiot du Pré, 1559, in-fol.,
> fol. 162 rᵒ.
> P. Rebuffi, Les édits et ordonnances des rois de
> France. Lyon 1573, in-fol., p. 487.
> A. Fontanon, Édits et ordonnances, etc. Paris,
> 1611, in-fol., t. II, p. 127.
> Isambert, Anc. lois françaises, etc. Paris, 1827,
> in-8ᵉ, t. XII, p. 784.

12560. Lettres relatives à la confiscation des créances
possédées en Provence par les juifs d'Avignon et du Comtat-Venaissin. Éclaron,
3 juin 1542.

3 juin.

> Enreg. à la Chambre des Comptes de Provence.
> Arch. des Bouches-du-Rhône, B. 37 (Stella), fol. 3.
> 1 page.

12561. Lettres portant commission à Guillaume Prud'
homme et autres pour l'exécution de la déclaration du 20 avril 1542 (nᵒ 12456), concernant l'appréciation des marchandises sujettes
à l'imposition foraine. Éclaron, 3 juin 1542.

3 juin.

> Enreg. à la Chambre des Comptes de Paris. Arch.
> nat., invent. PP. 136, p. 507. (Mention.)
> Enreg. à la Chambre des Comptes de Provence.
> Archives des Bouches-du-Rhône, B. 36 (Luna),
> fol. 253 vᵒ. 5 pages.

12562. Don à Geoffroy Gilbert, dit « Cicero », valet de la
fourrière du roi, de 15 écus soleil à prendre
sur le produit du quart denier de la résignation de l'office de sergent à verge au Châtelet de Paris, faite par Pasquier Guillet au
profit de Jean Ligny. Éclaron, 4 juin 1542.

4 juin.

> Original. Bibl. nat., ms. fr. 25722, nᵒ 749.

12563. Lettres enjoignant aux lieutenant général, con-   1542.
seillers, enquêteurs et autres officiers de la   9 juin.
sénéchaussée de Guyenne, d'appeler le greffier ordinaire de ladite sénéchaussée (alors
Pierre de Masparault), quand ils vaquent à
leurs commissions. Épineuseval [1], 9 juin
1542.

> *Enreg. au Parl. de Bordeaux, le 20 juillet 1551.*
> *Arch. de la Gironde, B. 33, fol. 190 v°. 3 pages.*

12564. Don à Jean de Montjoye, dit La Mothe, huis-   10 juin.
sier de salle des chambellans du roi, de
27 écus d'or soleil à prendre sur le produit
de la résignation de l'office de sergent au
bailliage d'Évreux, faite par Louis Tramblet
au profit de Jacques Le Diacre, et de l'office
de garennier au bailliage de Troyes, faite par
Pierre Largentier au profit de Simon de
Bargues. Éclaron, 10 juin 1542.

> *Original. Bibl. nat., ms. fr. 25722, n° 750.*

12565. Lettres touchant l'exercice de la justice octroyé   11 juin.
au dauphin de Viennois, duc de Bretagne et
comte de Lauragais, dans l'étendue de ce
comté. Éclaron, 11 juin 1542.

> *Enreg. au Parl. de Toulouse, le 8 décembre 1542.*
> *Arch. de la Haute-Garonne, Édits, reg. 5, fol. 33.*
> *1 page 1/2.*

12566. Édit portant que le trésorier et receveur des   11 juin.
deniers des États de Provence rendra ses
comptes annuellement devant la Chambre
des Comptes d'Aix. Éclaron, 11 juin 1542.

> *Enreg. au Parl. de Provence, le 27 janvier 1543.*
> *Enreg. à la Chambre des Comptes de Provence.*
> *Archives des Bouches-du-Rhône, B. 37 (Stella),*
> *fol. 101. 1 page.*

12567. Don à Jean Baron, gouverneur des lévriers de   11 juin.
la chambre du roi, de 10 écus d'or soleil à
prendre sur le produit de la résignation de
l'office de sergent des aides dans l'élection

---

[1] Prieuré détruit, sur le territoire de Villiers-aux-Bois, dans la forêt
du Val, canton de Vassy (Haute-Marne).

de Meaux, faite par Faron Delorme au profit
de Jean Bienvenu. Éclaron, 11 juin 1542.

Original. Bibl. nat., ms. fr. 25722, n°ˢ 751-752.

12568. Don à Pierre Raisin, gouverneur des grands
lévriers du roi, de 12 écus d'or soleil à
prendre sur le produit de la résignation de
l'office de sergent des Eaux et forêts de la
prévôté de Vitry, faite par Denis Le Mali-
cieux, au profit de son fils Nicolas. Éclaron,
11 juin 1542.

Original. Bibl. nat., ms. fr. 25722, n° 753.

11 juin.

12569. Mandement au trésorier des parties casuelles
de rembourser à Guillaume Malhaire, la
somme de 450 écus soleil, qu'il avait versée
pour sa nomination comme receveur des
aides dans l'élection de Beaumont-le-Vi-
comte, à la place de Jean Puissot, ledit Malhaire n'ayant pas été pourvu de cet office,
parce que la duchesse de Vendôme qui en
avait la présentation en avait désigné un autre.
15 juin [1542 (1)].

Original. Bibl. nat., ms. fr. 25722, n° 754.

15 juin.

12570. Don à Étienne Boury, barbier à la cour du roi,
de 10 écus d'or soleil, à prendre sur le produit de la résignation de l'office de sergent
au bailliage de Sens, faite par Jean Maillet,
au profit de Pierre Barthondre. Joinville,
15 juin 1542.

Original. Bibl. nat., ms. fr. 25722, n° 755.

15 juin.

12571. Lettres ordonnant l'ouverture d'une Monnaie
en la ville de Chambéry, et portant création
d'officiers et règlement de leurs fonctions.
Joinville, 17 juin 1542.

Enreg. à la Cour des Monnaies, le 14 février 1543.
Arch. nat., Z¹ᵇ 63, fol. 53 v°. 3 pages.

17 juin.

12572. Mandement à Nicolas Picart, trésorier des bâti-

17 juin.

_____

(1) Cette pièce est à moitié lacérée. La date de lieu a été omise. Elle
est signée « François » et datée de la 28ᵉ année du règne, c'est-à-dire
1542.

ments de Fontainebleau, d'employer aux travaux du château dudit lieu une somme de 8,000 livres, précédemment destinée aux constructions de Dourdan. Joinville, 17 juin 1542.

> Copie du xvɪᵉ siècle. Bibl. nat., ms. fr. 11179 (anc. suppl. fr. 336).
> Imp. L. de Laborde, Les comptes des bâtiments du roi. Paris, 1877, in-8°, t. I, p. 177.

12573. Pouvoirs à Guillaume Poyet, chancelier, et à Philippe Chabot, amiral de France, pour conclure au nom du roi un traité avec Gustave Iᵉʳ, roi de Suède, contre l'empereur. Joinville, 18 juin 1542.

18 juin.

> Imp. Fr. Léonard, Recueil de traitez de paix, etc. Amsterdam, 1790, in-fol., t. II, p. 225.
> Du Mont, Corps universel diplomatique, etc. Amsterdam, 1726, in-fol., t. IV, 2ᵉ partie, p. 229, col. 2.
> (Voir au 1ᵉʳ juillet suivant, n° 12615.)

12574. Déclaration interprétative des lettres de révocation générale du 21 mai précédent (n° 12525), portant qu'il ne s'agit que des gouverneurs et lieutenants généraux des provinces, connétable, amiral et maréchaux de France. Joinville, 19 juin 1542.

19 juin.

> Enreg. au Parl. de Paris, le 27 juin 1542. Arch. nat., X¹ᵃ 8613, fol. 343. 1 page.
> Arrêt d'enregistrement. Idem, X¹ᵃ 4916, Plaidoiries, à la date.
> Enreg. au Parl. de Rouen, le 7 août 1542.
> Copie du xvɪɪᵉ siècle. Arch. nat., U. 760, p. 103. 1 page.

12575. Confirmation en faveur des présidents, conseillers et autres officiers du Parlement de Normandie, de leur exemption du ban et de l'arrière-ban. Joinville, 19 juin 1542.

19 juin.

> Enreg. au Parl. de Normandie, Livre noir.
> Copie du xvɪɪᵉ siècle. Arch. nat., U. 757, 2ᵉ partie, p. 203. 2 pages.

12576. Lettres qui règlent l'amende du fol appel devant les juges inférieurs, ressortissant immédiate-

21 juin.

ment au Parlement, à la somme de 60 sous. Joinville, 21 juin 1542.

1542.

Enreg. au Parl. de Grenoble, le 3 juillet 1542. Arch. de l'Isère, Chambre des Comptes de Grenoble, B. 2911, II, fol. 25. 1 page 1/2.

12577. Pouvoirs donnés au duc d'Orléans, pour la levée et le commandement des troupes dans les pays situés en deçà de la Loire. Joinville, 22 juin 1542.

22 juin.

Copie du xvi° siècle. Bibl. nat., ms. fr. 3115, fol. 111.
Copie du xviii° siècle, Bibl. nat., Portefeuilles de Fontanieu, vol. 252.

12578. Mandement aux baillis royaux de prêter main-forte aux commissaires visiteurs de l'abbaye de Saint-Germain d'Auxerre, lorsqu'ils en auront besoin, dans l'exercice de leurs fonctions. Joinville, 23 juin 1542.

23 juin.

Copie du xvi° siècle. Arch. départ. de l'Yonne, H. 1045.

12579. Lettres portant que la manse conventuelle du monastère de Lérins doit jouir des revenus des prieurés de Valbonne, Vallauris et Notre-Dame d'Avignonnet, confisqués par le cardinal du Bellay, évêque de Paris, abbé commendataire de l'abbaye. 23 juin 1542.

23 juin.

Arch. départ. des Alpes-Maritimes, anc. invent. H. 1272. (Mention.)

12580. Confirmation de l'affranchissement de la servitude de mainmorte, accordé le 18 janvier 1535 n. s. par Philiberte de Carrière, dame de Verrey-sous-Salmaise en partie, et Guillaume Bongard, son fils, écuyer, s' d'Arailly et de Turey en partie, à Nicolas et à Pierre Manchot, dudit Verrey. Joinville, 24 juin 1542.

24 juin.

Enreg. à la Chambre des Comptes de Dijon, le 7 mai 1543. Arch. de la Côte-d'Or, B. 72, fol. 179 v°.

12581. Mandement au trésorier de l'épargne de payer à Guillaume Pellissier, ambassadeur à Venise,

24 juin.

2,515 livres pour cent quatre-vingt-quatre
jours d'exercice de sa charge, du 24 juin
au 31 décembre 1542. Joinville, 24 juin
1542.

> Bibl. nat., ms. Clairambault 1215, fol. 80.
> (Mention.)

1542.

12582. Mandement au trésorier de l'épargne de payer
337 livres 10 sous à Jean Gouy, venu de
Londres pour porter au roi des lettres de
Charles de Marillac, son ambassadeur en Angleterre. Joinville, 24 juin 1542.

> Bibl. nat., ms. Clairambault 1215, fol. 80.
> (Mention.)

24 juin.

12583. Lettres ordonnant le rétablissement de la Monnaie d'Aix en Provence. Joinville, 25 juin
1542.

> Enreg. à la Cour des Monnaies, le 13 avril 1543,
> après Pâques. Arch. nat., Z^{1b} 63, fol. 65. 2 pages.

25 juin.

12584. Commission adressée à Philippe Rouvet pour
faire assigner à la Cour des Aides tous les
débiteurs des fermes du roi, même si la dette
remonte à dix années. Joinville, 25 juin 1542.

> Enreg. à la Cour des Aides de Paris, Arch. nat.,
> recueil Cromo, U. 665, fol. 292. (Mention.)

25 juin.

12585. Lettres ordonnant au grand maître des Eaux et
forêts de faire une enquête *de commodo et in-
commodo* au sujet de la création d'un nouvel
office d'huissier sergent au siège de la Table
de marbre. Joinville, 26 juin 1542.

> Enreg. aux Eaux et forêts (siège de la Table de
> marbre). Arch. nat., Z^{1e} 328, fol. 180. 1 page.

26 juin.

12586. Lettres de surannation pour l'enregistrement
aux Parlements de Bordeaux, de Dijon et
de Toulouse, de l'édit du 16 juin 1541
(n° 11981), portant création d'un maître de
chaque métier dans toutes les villes du
royaume, à l'occasion du mariage de la princesse de Navarre avec le duc de Clèves. Joinville, 26 juin 1542.

> Enreg. au Parl. de Bordeaux, le 5 mars 1543

26 juin.

n. s. *Archives de la Gironde*, B. 31, fol. 209 v°.
1 page 1/2.

1542.

*Enreg. au Parl. de Toulouse, le 28 mai 1543.
Arch. de la Haute-Garonne, Édits, reg. 5, fol. 41.
Copie. Arch. municipales de Toulouse, ms. 153,
p. 922.*

12587. Commission de maître des ports et hauts pas-   27 juin.
sages dans le duché de Bourgogne, pour Gé-
rard Vyon, seigneur d'Aignay-le-Duc. Joinville, 27 juin 1542.

*Enreg. au Parl. de Dijon, le 24 juillet suivant.
Arch. de la Côte-d'Or, Parl., reg. III, fol. 48 v°.*

12588. Commission adressée à un président et à deux   28 juin.
conseillers du Parlement de Guyenne, pour
faire le procès à certains habitants de Bordeaux, soupçonnés d'appartenir à la secte luthérienne. Montiers-sur-Saulx, 28 juin 1542.

*Enreg. au Parl. de Bordeaux (s. d.). Arch. de la
Gironde, B. 31, fol. 171. 2 pages.*

12589. Lettres de mainlevée données à François de   28 juin.
Dinteville, évêque d'Auxerre, pour la rési-
gnation de son abbaye de Montier-la-Celle.
Montiers-sur-Saulx, 28 juin 1542.

*Imp. N. Camuzat, Promptuarium sacrarum
antiquitatum Tricassinæ diocesis. Augustæ Treca-
rum, 1610, in-8°, fol. 26 v°.*

12590. Commission à [Georges d'Amboise], arche-   29 juin.
vêque de Rouen, à François de Marcillac,
premier président du Parlement de Rouen,
et au sr de la Meilleraye, gentilhomme de la
chambre, vice-amiral de Normandie, de contracter au nom du roi avec les particuliers,
habitants de Rouen, des emprunts jusqu'à
concurrence de 100,000 écus, pour l'entretien des armées. Montiers-sur-Saulx, 29 juin
1542.

*Enreg. au Parlement de Normandie. Copie du
xviie siècle. Arch. nat., U. 757, 2e partie, p. 206.
2 pages.*

12591. Rétablissement de deux foires annuelles et d'un   Juin.
marché hebdomadaire à la Bastide de Mont-

faucon, en la sénéchaussée de Quercy. Éclaron, juin 1542.

> *Enreg. à la Chancellerie de France. Arch. nat.,*
> *Trésor des Chartes, JJ. 256¹, n° 192, fol. 70 v°.*
> *1 page.*

12592. Lettres de création de quatre nouveaux offices
de notaires à Montpellier, outre les douze
qui y existaient. Éclaron, juin 1542.

> *Enreg. à la Chancellerie de France. Arch. nat.,*
> *Trésor des Chartes, JJ. 256¹, n° 118, fol. 45.*
> *1 page.*

12593. Création de deux marchés par semaine au village de « Sallon en Lymoges » (Salons, dans
la Corrèze). Éclaron, juin 1542.

> *Enreg. à la Chancellerie de France. Arch. nat.,*
> *Trésor des Chartes, JJ. 256¹, n° 278, fol. 83 v°.*
> *1 page.*

12594. Lettres en faveur des fabricants d'étoffes de soie
de Tours. Il leur est permis de faire travailler dans leurs manufactures des ouvriers
étrangers, et ceux-ci jouiront des mêmes
privilèges et droits que les indigènes. Éclaron,
juin 1542.

> *Enreg. à la Chancellerie de France. Arch. nat.,*
> *Trésor des Chartes, JJ. 256¹, n° 144, fol. 51 v°.*
> *3 pages.*

12595. Lettres de privilèges octroyées à la manufac-
ture de draps de soie de Villefranche en Beaujolais. Éclaron, juin 1542.

> *Enreg. au Parl. de Paris, sauf modification, le*
> *1ᵉʳ août 1542. Arch. nat., X¹ᵃ 8613, fol. 346.*
> *3 pages 1/2.*
> *Arrêt d'enregistrement. Idem, X¹ᵃ 4916, Plaidoi-*
> *ries, à la date.*

12596. Lettres de naturalité en faveur d'Antoine Rolland, conseiller au Parlement de Provence,
demeurant à Aix, natif d'Avignon. Éclaron,
juin 1542.

> *Enreg. à la Chancellerie de France. Arch. nat.,*
> *Trésor des Chartes, JJ. 256¹, n° 98, fol. 36 v°.*

12597. Lettres de naturalité en faveur de Blaise de
« Spanyolle », natif de Milan, maître de la

garde-robe et valet de chambre de Mme la
Dauphine, venu en France à sa suite et établi
dans le royaume. Éclaron, juin 1542.

*Enreg. à la Chancellerie de France. Arch. nat.,
Trésor des Chartes, JJ. 256¹, n° 272, fol. 83.
1 page.*

1542.

12598. Lettres de légitimation accordées à Barthélemy
Chailhol, fils naturel de Luc Chailhol et de
Catherine, veuve de Jaymonnet Martin.
Saint-Dizier, juin 1542.

*Enreg. à la Chancellerie de France. Arch. nat.,
Trésor des Chartes, JJ. 256¹, n° 167, fol. 59.
1 page.*

Juin.

12599. Lettres de naturalité en faveur de Philippe
Baldi, prêtre, natif du comté de Nice, demeurant à Mougins en Provence. Saint-Dizier,
juin 1542.

*Enreg. à la Chancellerie de France. Arch. nat.,
Trésor des Chartes, JJ. 256¹, n° 114, fol. 43 v°.
1 page.*

Juin.

12600. Lettres de naturalité en faveur d'Antoine et
Clément Guedon, frères, natifs de Saint-Martin-d'Entraunes (comté de Nice), demeurant
à Arles. Saint-Dizier, juin 1522.

*Enreg. à la Chancellerie de France. Arch. nat.,
Trésor des Chartes, JJ. 256¹, n° 212, fol. 77 v°.
1 page.*

Juin.

12601. Lettres de naturalité en faveur d'Augustin Simon, prêtre, natif du Puget au comté de
Nice, habitant de Marseille. Saint-Dizier,
juin 1542.

*Enreg. à la Chancellerie de France. Arch. nat.,
Trésor des Chartes, JJ. 256¹, n° 270, fol. 83.
1 page.*

Juin.

12602. Édit portant que les frais de justice seront prélevés sur le produit des amendes. Joinville,
juin 1542.

*Enreg. au Parl. de Grenoble, le 8 novembre 1542.
Arch. de l'Isère, Chambre des Comptes de Grenoble,
B. 2911, cah. 3. 4 pages.*

Juin.

12603. Permission aux habitants de Lorrez-le-Bocage,

Juin.

au duché et bailliage de Nemours, de fortifier leur ville. Joinville, juin 1542.

> *Enreg. à la Chancellerie de France. Arch. nat.,*
> *Trésor des Chartes, JJ. 256¹, n° 181, fol. 63 v°.*
> *1 page.*

12604. Édit de création d'un second office de sergent
au bailliage ancien des Régales des Mauges,
en Anjou. Joinville, juin 1542.

Juin.

> *Enreg. au Parl. de Paris. Arch. nat., X¹ᵃ 8614,*
> *fol. 248 v°. 2 pages.*
> *Arrêt d'enregistrement, du 29 mai 1544. Idem,*
> *X¹ᵃ 4922, Plaidoiries, fol. 215.*
> (Voir les lettres du 23 mai 1544.)

12605. Lettres de sauvegarde et règlement pour les
privilèges des abbé et religieux de Saint-
Arnoul de Metz. Joinville, juin 1542.

Juin.

> Imp. André Valladier, *L'auguste basilique de*
> *l'abbaye royale de Saint-Arnoul de Metz, etc.* Paris,
> 1615, in-4°, p. 285.

12606. Création d'un office de tabellion à Paray-le-
Monial, au comté de Charolais, à la requête
de Jean Jayet, praticien en cour laie dudit
lieu. Joinville, juin 1542.

Juin.

> *Enreg. à la Chancellerie de France. Arch. nat.,*
> *Trésor des Chartes, JJ. 256¹, n° 195, fol. 72 v°.*
> *1 page.*
> *Double. Idem, n° 281, fol. 84 v°.* (Cette der
> nière mieux écrite.)

12607. Don à Jacques de Rameru, serviteur et auditeur des comptes du duc de Guise, des biens
meubles et immeubles de feu Robinet de
Myre, adjugés au roi en vertu du droit d'aubaine, par sentence du bailli de Chaumont.
Joinville, juin 1542.

Juin.

> *Enreg. à la Chancellerie de France. Arch. nat.,*
> *Trésor des Chartes, JJ. 256¹, n° 170, fol. 60 v°.*
> *1 page.*

12608. Lettres de naturalité en faveur d'Alfonse Beyne,
originaire d'Espagne, demeurant à Dragui-

Juin.

gnan depuis quarante ans. Joinville, juin
1542.

> *Enreg. à la Chancellerie de France. Arch. nat.,*
> *Trésor des Chartes,* JJ. 256¹, n° 225, fol. 79.
> 1 page.

1542.

12609. Lettres de naturalité en faveur de René de
Champdamour, armurier du roi et du dauphin, natif de Bruxelles en Brabant, établi
depuis vingt ans dans le royaume. Joinville,
juin 1542.

> *Enreg. à la Chancellerie de France. Arch. nat.,*
> *Trésor des Chartes,* JJ. 256¹, n° 168, fol. 59.
> 2 pages.

Juin.

12610. Lettres de naturalité et permission de posséder
des bénéfices dans le royaume, données en
faveur de François de Crotis, chanoine de
l'église Notre-Dame de Rodez, natif de Pignerol en Piémont. Joinville, juin 1542.

> *Enreg. à la Chancellerie de France. Arch. nat.;*
> *Trésor des Chartes,* JJ. 256¹, n° 196, fol. 72 v°.
> 1 page 1/2.

Juin.

12611. Lettres de naturalité en faveur de Laurent
de Scarpe, natif de Gênes, et d'Isabelle de
Laugel, sa femme, venus en France au service
de feu César Frégose. Joinville, juin 1542.

> *Enreg. à la Chancellerie de France. Arch. nat.,*
> *Trésor des Chartes,* JJ. 256¹, n° 174, fol. 62.
> 1 page.

Juin.

12612. Lettres de naturalité en faveur d'Antoine Pasteur, verrier, fils d'Étienne Pasteur, natif du
marquisat de Montferrat. Joinville, juin
1542.

> *Enreg. à la Chancellerie de France. Arch. nat.,*
> *Trésor des Chartes,* JJ. 256¹, n° 223, fol. 79.

Juin.

12613. Lettres de naturalité accordées à André de
Pierre, seigneur de Chamel, maréchal des
logis de Marguerite de France. Montiers-sur-
Saulx, juin 1542.

> *Enreg. à la Chambre des Comptes de Grenoble,*
> *le 27 mai 1544. Arch. de l'Isère,* B. 2911, cah. 31.
> 3 pages.

Juin.

12614. Lettres de naturalité accordées à Jean de

Juin.

Pierre, prêtre, natif de Tulette. Montiers-
sur-Saulx, juin 1542.

> *Enreg. à la Chambre des Comptes de Grenoble.*
> *Arch. de l'Isère, B. 2911, cah. 31. 3 pages.*

1542.

12615. Traité de ligue offensive et défensive entre
François Ier et Gustave Ier, roi de Suède, contre
l'empereur Charles-Quint. Ragny, 1er juillet
1542.

> I<small>MP.</small> Fr. Léonard, *Recueil de traitez de paix*, etc.
> Amsterdam, 1700, in-fol., t. II, p. 222.
> Du Mont, *Corps universel diplomatique*, etc.
> Amsterdam, 1726, in-fol., t. IV, 2e partie, p. 228,
> col. 1.

1er juillet.

12616. Mandement à la Chambre des Comptes d'allouer
aux comptes de Jean Duval, trésorier de
l'épargne, les sommes qu'il remboursera, sur
sa recette du dernier quartier de la présente
année, aux habitants de Rouen qui auront
fait des prêts aux commissaires du roi pour
l'entretien des armées, sans exiger des lettres
d'acquit du roi et sur le vu des lettres de Jean
Laguette, trésorier des parties casuelles,
chargé de recevoir ces prêts. Montiers-sur-
Saulx, 1er juillet 1542.

> *Enreg. au Parl. de Normandie.*
> *Copie collationnée du XVIe siècle. Bibl. nat.,*
> ms. fr. 25722, n° 756.
> *Copie du XVIIe siècle. Archives nat., U. 757,*
> 2e partie, p. 204. 1 page.

1er juillet.

12617. Lettres affranchissant du droit de traite foraine
les menus fruits et denrées que l'on porte
hors de Provence dans les localités limi-
trophes. Montiers-sur-Saulx, 1er juillet 1542.

> *Enreg. à la Chambre des Comptes de Provence.*
> *Archives des Bouches-du-Rhône, B. 38 (Serena),*
> fol. 17. 2 pages.

1er juillet.

12618. Lettres fixant les attributions et prérogatives
des contrôleurs des deniers communs de Provence. Montiers-sur-Saulx en Barrois, 2 juillet
1542.

> *Enreg. à la Chambre des Comptes de Provence.*
> *Archives des Bouches-du-Rhône, B. 36 (Luna),*
> fol. 184. 3 pages.

2 juillet.

12619. Mandement à Nicolas Picart, commis à tenir les comptes des bâtiments de Fontainebleau, de payer 240 livres de gages annuels à Pierre Le Bryès, retenu par le roi pour jardinier dudit château. Montiers-sur-Saulx, 2 juillet 1542.

> *Copie du xvi° siècle. Bibl. nat.*, ms. fr. 11179 (anc. suppl. fr. 336).
> *Imp.* L. de Laborde, *Les comptes des bâtiments du roi.* Paris, 1877, in-8°, t. I, p. 179.

1542.
2 juillet.

12620. Provisions en faveur de Nicolas de Poncher de l'office de second président de la Chambre des Comptes de Paris, en remplacement d'Octavien Grimaldi. Montiers-sur-Saulx, 3 juillet 1542.

> *Enreg. à la Chambre des Comptes, le 12 septembre, avec une lettre missive du roi, datée de Béziers, le 31 août 1542. Arch. nat.*, P. 2306, p. 1083. 5 pages.
> *Bibl. nat.*, ms. Clairambault 782, p. 302. *(Mention.)*

3 juillet.

12621. Lettres portant pouvoirs aux supérieurs de l'ordre de Saint-François de prendre et de punir les apostats. Paris (*sic*), 4 juillet 1542.

> *Original. Arch. départ. du Puy-de-Dôme*, liasse 19, cote 6.

4 juillet.

12622. Ordonnance pour la tenue des Grands jours à Limoges, du 1er septembre au 31 octobre 1542, et règlement de leur composition et de leur compétence. Ligny-en-Barrois, 6 juillet 1542.

> *Enreg. au Parl. de Bordeaux, le 17 juillet 1542. Arch. de la Gironde*, B. 31, fol. 172. 3 pages.

6 juillet.

12623. Déclaration concernant les privilèges des officiers domestiques de la maison du dauphin Henri, duc de Bretagne. Ligny[-en-Barrois], 8 juillet 1542.

> *Enreg. à la Chambre des Comptes de Paris*, anc. mém. 2 K, fol. 129. *Arch. nat.*, invent. PP. 136, p. 508; AD.IX 125, n° 37. *(Mentions.)*
> *Enreg. à la Cour des Aides de Paris, le 9 mars 1543 n. s. Arch. nat.*, recueil Cromé, U. 665, fol. 294. *(Mention.)*

8 juillet.

Enreg. à la Chambre des Comptes de Provence.
Archives des Bouches-du-Rhône, B. 37 (*Stella*),
fol. 266.

1542.

12624. Commission à Jean Chasteigner, chevalier, seigneur de la Rocheposay, maître ordinaire de
l'hôtel du roi, à François Doineau, lieutenant
général en la sénéchaussée de Poitou, à Guillaume Boyer, receveur des tailles, et à François Pain, receveur du domaine en la même
province, de contracter des emprunts, jusqu'à
concurrence de 40,000 écus soleil, sur les
habitants du Poitou, de l'Angoumois, de la
Saintonge et du gouvernement de la Rochelle.
Ligny[-en-Barrois], 9 juillet 1542.

9 juillet.

Copie collat. du 11 janvier 1543 n. s. Arch.
municip. de Poitiers, I. 18.

12625. Mandement à la Chambre des Comptes, lui
notifiant ladite commission et lui ordonnant
d'allouer aux comptes de Jean Duval, trésorier de l'épargne, les sommes qu'il versera,
à partir du prochain quartier d'octobre, entre
les mains de Jean Laguette, trésorier et receveur général des finances extraordinaires et
parties casuelles, pour le remboursement des
prêts effectués par les habitants du Poitou, de
la Saintonge, de l'Angoumois et du gouvernement de la Rochelle. Ligny[-en-Barrois],
9 juillet 1542.

9 juillet.

Copie collat. du 11 janvier 1543 n. s. Arch.
municip. de Poitiers, I. 18.

12626. Mandement au trésorier de l'épargne de payer
787 livres 10 sous à Claude de L'Aubespine,
envoyé en Angleterre, pour y remettre des
lettres de François Ier à Henri VIII. Ligny[-en-
Barrois]; 9 juillet 1542.

9 juillet.

Bibl. nat., ms. Clairambault 1215, fol. 80.
(*Mention.*)

12627. Article séparé du traité de Ragny (1er juillet,
n° 12615), par lequel François Ier accorde à
Gustave Ier, roi de Suède, de tirer du royaume

10 juillet.

de France la quantité de sel qu'il voudra.
Ragny, 10 juillet 1542.

Imp. Du Mont, *Corps universel diplomatique*, etc. Amsterdam, 1726, in-fol., t. IV, 2ᵉ partie, p. 230, col. 2.

1542.

12628. Lettres déclarant l'empereur et ses sujets et adhérents ennemis du roi et du royaume de France, et permettant à tous les Français de s'armer pour leur courir sus par mer et sur terre, à cause de l'assassinat des ambassadeurs César Frégose et Antoine Rincon, envoyés par le roi à Venise, avec ordre à Philippe Chabot, comte de Buzançais et de Charny, amiral de France, de faire publier cette déclaration. Ligny[-en-Barrois], 10 juillet 1542.

10 juillet.

Enreg. au Parl. de Rouen, le 30 juillet suivant. Copie du xvii° siècle. Arch. nat., U. 760, p. 95. 2 pages.
Copie du xvi° siècle. Bibl. nat., ms. fr. 3007 (anc. 8532), fol. 140.
Copie du xvi° siècle. Bibl. nat., ms. fr. 5122 (anc. Delamare 9727⁴), fol. 86 v°.
Publiées à Toulouse, le 31 août suivant. Arch. municip. de Toulouse, ms. 439, fol. 358.
Copie du xviii° siècle. Bibl. nat., Portefeuilles de Fontanieu, vol. 252.
Imp. *Cronique du roy Françoys premier de ce nom*, publiée par Georges Guiffrey. Paris, 1860, in-8°, p. 392.

12629. Lettres de commission à Jean de Mansencal, premier président, à Durand de Sarta, second président au Parlement de Toulouse, et à Pierre Potier, seigneur de la Terrasse, de contracter des emprunts, jusqu'à concurrence de 140,000 écus, sur les habitants les plus riches et les plus aisés des bonnes villes de Toulouse, Castres, Albi, Cahors, Carcassonne, Rodez, Villefranche-de-Rouergue, Montauban, Mende, le Puy, etc., afin de subvenir aux frais de la guerre. Ligny[-en-Barrois], 10 juillet 1542.

10 juillet.

Copie du xvi° siècle. Arch. de la ville d'Albi, CC. 119.

12630. Mandement à la Chambre des Comptes, lui

10 juillet.

notifiant ladite commission et l'ordre donné à
Jean Duval, trésorier de l'épargne, d'opérer
le remboursement des prêts effectués, avant
le 31 décembre de la présente année, sans
lettres d'acquit du roi, sur le vu des lettres
de Jean Laguette, trésorier des parties casuelles, chargé de recevoir ces prêts. Ligny[-en-
Barrois], 10 juillet 1542.

1542.

> Copies collat. du XVIe siècle. Bibl. nat., ms.
> fr. 25722, n°s 757, 758 et 759.
> Copie du XVIe siècle. Arch. de la ville d'Albi,
> CC. 119.
> Copie du XVIe siècle. Arch. municip. de Toulouse,
> ms. 439, fol. 358.

12631. Mandement aux élus du Lyonnais, leur ordonnant de lever deux cents pionniers pour
le service du roi. Renay (auj. Reynel),
15 juillet 1542.

15 juillet.

> Copie du XVIe siècle. Bibl. nat., ms. fr. 2702,
> fol. 228.

12632. Lettres de confirmation des pouvoirs exercés
par Oudart Du Biez comme maréchal de
France, en dérogation des lettres de révocation générale du 21 mai 1542 (n° 12525).
Mareilles, 16 juillet 1542.

16 juillet.

> Enreg. au Parl. de Paris, le 27 juillet suivant.
> Arch. nat., X^{1a} 8613, fol. 344. 1 page.
> Arrêt d'enregistrement. Idem, X^{1a} 1549, Conseil,
> fol. 310.

12633. Mandement au trésorier de l'épargne de payer
à Louis d'Angerant, ambassadeur en Suisse,
1,200 livres pour trois mois d'exercice de
sa charge, comptés jusqu'au 3 juillet 1542.
Grancey, 17 juillet 1542.

17 juillet.

> Bibl. nat., ms. Clairambault 1215, fol. 80.
> (Mention.)

12634. Ordonnance portant que le remboursement des
emprunts sera effectué par le trésorier général
de l'épargne et les receveurs généraux. Saulx-
le-Duc, 19 juillet 1542.

19 juillet.

> Enreg. à la Chambre des Comptes de Dijon. Arch.
> de la Côte-d'Or, reg. B. 20, fol. 165.

44.

12635. Lettres portant commission au sénéchal de Lyon pour l'exécution de la déclaration du 28 décembre précédent (n° 12257), touchant l'imprimerie de la ville de Lyon. Saulx-le-Duc, 19 juillet 1542.

> Imp. P. Rebuffi, *Les édits et ordonnances des rois de France*, Lyon, 1573, in-fol., p. 1228.
> A. Fontanon, *Édits et ordonnances*, etc. Paris, 1611, in-fol., t. IV, p. 469.

1542.

12636. Lettres portant nomination des commissaires chargés de recevoir la somme de 100,000 écus soleil empruntée aux villes et communautés de Bourgogne, pour la solde des troupes. Saulx-le-Duc, 19 juillet 1542.

> *Arch. municip. de Beaune*, Dettes et emprunts, n° 35.

19 juillet.

12637. Provisions en faveur d'Antoine de Buz, seigneur de Villemareuil, de l'office de bailli de Meaux, en remplacement et sur la résignation de Gonnardin de Landifay. Diénay [1], 20 juillet 1542.

> *Reçu au Parl. de Paris, le 31 juillet suivant.* Arch. nat., X¹ª 4916, Plaidoiries, à la date. (*Mention.*)

20 juillet.

12638. Provisions pour Tristan Duval, secrétaire du roi, d'un office de conseiller maître lai à la Chambre des Comptes de Paris, en remplacement de Nicole Dupré. Messigny, 21 juillet 1542.

> *Reçu à la Chambre des Comptes, le 11 août suivant*, anc. mém. 2 K, fol. 154. Arch. nat., P. 2306, p. 1089. 2 pages.
> *Bibl. nat.*, ms. Clairambault 782, p. 302. (*Mention.*)

21 juillet.

12639. Ordonnance pour la tenue des Grands jours à Riom en Auvergne, du 1er septembre au 31 octobre 1542, leur ressort devant s'étendre sur l'Auvergne, le Berry, le Bourbonnais, le Nivernais, le Forez, le Beaujolais, le Lyon-

22 juillet.

---

[1] Sur le registre on lit «Dresmay», qui ne peut être qu'une faute de lecture.

nais, le Mâconnais, le Combraille, la haute
et la basse Marche. Messigny, 22 juillet 1542.

> Enreg. au Parl. de Paris, le 31 juillet 1542.
> Arch. nat., X¹ᵃ 8613, fol. 348. 4 pages.
> > Arrêt d'enregistrement. Idem, X¹ᵃ 4916, Plai-
> > doiries, à la date.

12640. Édit réglant la tenue des Grands jours à Fleu-
rance, du 15 septembre aux derniers jours
d'octobre, par un président et douze conseillers du Parlement de Toulouse, savoir
Durand de Sarta, second président, et les
sieurs de Saint-Martin, Lagarde, Bosquet,
de Nupas, Regnier, Rességuier, Bertrandi,
Daffis, de Teula, Daries, de Malras et de
Lafont, conseillers. Messigny, 22 juillet
1542 [1].

> Enreg. au Parl. de Toulouse. Arch. de la Haute-
> Garonne, Édits, reg. 5, fol. 23. 6 pages.
> Imp. Dom Vaissète, Hist. générale de Lan-
> guedoc. Paris, 1745, in-fol., t. V, Preuves,
> col. 100.

22 juillet.

12641. Lettres conférant au cardinal de Tournon et
au chancelier les fonctions de lieutenants du
roi, pendant son absence, dans les provinces
de Lyonnais, Forez, Auvergne, Beaujolais,
Dombes, Bresse, Bugey, Valromey, Dauphiné, Provence et frontières de Languedoc,
Bourgogne, Savoie, Saluces et Piémont. Messigny, 22 juillet 1542.

> Enreg. au Parl. de Grenoble, le 31 juillet 1542.
> Archives de l'Isère, Parl. de Grenoble, B. 2334,
> fol. 99 v°. 2 pages 1/2.

22 juillet.

12642. Mandement à Martin de Troyes, trésorier
général de Languedoc, lui notifiant la ratification de l'assignation faite par le cardinal
de Tournon sur l'aide de deux écus par pièce
de velours et draps de soie de Gênes, entrant
dans le royaume, pour le remboursement en
trois ans, à 5,000 livres tournois par quartier,

22 juillet.

1542.

---

[1] Par lettres missives du roi, du 24 août 1542, le Parlement de
Toulouse fut informé que ces Grands jours ne seraient point tenus.

des 60,000 livres tournois que les habitants
de Lyon ont prêtées au roi. Messigny,
22 juillet 1542.

*Copie collat. du xvie siècle. Bibl. nat., ms.
fr. 25722, n° 780.*

1542.

12643. Lettres exemptant les notaires et secrétaires du
roi et de la maison de France de l'impôt de
280,000 écus soleil, que les cardinaux de
Bourbon et de Meudon, l'évêque de Soissons
et le s^r de Villeroy sont chargés de lever à
Paris, Pontoise, Beauvais, Senlis, Compiègne, Amiens, Laon, Soissons, Meaux,
Melun, Sens, Chartres et Mantes. Argilly,
25 juillet 1542.

25 juillet.

*Copie du xvie siècle. Bibl. nat., ms. fr. 14019,
fol. 188 v°.*
*Bibl. nat., ms. Moreau 1302, fol. 241, et 1394,
fol. 16, sous la date du 21 juillet. (Mentions.)*

12644. Mandement à Jean Chasteigner, s^r de la Rocheposay, et autres, renouvelant la commission
dont ils ont été chargés par lettres du 9 juillet
précédent (n° 12624). Argilly, 25 juillet
1542.

25 juillet.

*Copie collat. du 11 janvier 1543 n. s. Arch.
municip. de Poitiers, I. 18.*

12645. Mandement aux élus des États du comté
d'Auxonne, ordonnant la levée par anticipa-
tion du subside qui a été accordé par les États
au roi, pour subvenir à ses pressantes nécessités. Argilly, 25 juillet 1542.

25 juillet.

Original. Arch. de la Côte-d'Or, États, C. 7500.

12646. Lettres portant commission à l'évêque de Grenoble, à un président et au trésorier général de la province, de faire un emprunt de
20,000 écus d'or, pour les pressants besoins
de l'État, sur les habitants du Dauphiné qui
seraient le plus en état de prêter ladite
somme. Argilly, 26 juillet 1542.

26 juillet.

*Enreg. à la Chambre des Comptes de Grenoble.
Arch. de l'Isère, B. 2910, cah. 149. 5 pages.*

12647. Lettres notifiant à la Chambre des Comptes de

26 juillet.

Paris l'emprunt de 20,000 livres que l'évêque de Grenoble est chargé de contracter en Dauphiné, et lui ordonnant d'allouer au compte de Jean Duval, trésorier de l'épargne, les sommes qu'il aura payées pour le remboursement dudit emprunt. Argilly, 26 juillet 1542.

> *Enreg. à la Chambre des Comptes de Grenoble. Arch. de l'Isère, B. 2910, cah. 150. 2 pages 1/2.*

1542.

12648. Mandement à la Chambre des Comptes, lui faisant savoir que le roi a chargé les cardinaux de Bourbon, de Givry et de Meudon, l'évêque de Soissons et le seigneur de Villeroy, secrétaire des finances, de solliciter à Paris, jusqu'à concurrence de 200,000 écus, des prêts remboursables sur le quartier d'octobre-décembre, et autorisé Jean Duval, trésorier de l'épargne, à en opérer le remboursement sans lettres d'acquit du roi, sur le vu des lettres de Jean Laguette, trésorier des parties casuelles, qui recevra ces prêts. Argilly, 26 juillet 1542.

> *Copie collat. du xvi° siècle. Bibl. nat., ms. fr. 25722, n° 760.*

26 juillet.

12649. Lettres rétablissant Jacques Mesnage en son office de conseiller au Parlement de Rouen, dont il avait été suspendu par le roi. Argilly, 26 juillet 1542.

> *Enreg. au Parl. de Rouen, le 5 août suivant. Copie du xvii° siècle. Arch. nat., U. 760, p. 100. 2 pages.*

26 juillet.

12650. Provisions pour Jean Gelé de l'office de contrôleur dans l'élection du Lyonnais. Argilly, 26 juillet 1542.

> *Copie du xvi° siècle. Bibl. nat., ms. fr. 2702, fol. 234 v°.*

26 juillet.

12651. Lettres relatives à l'emprunt de 140,000 écus sur les habitants les plus riches et les plus aisés des bonnes villes du midi, portant que le roi entend qu'il n'y ait d'exception que pour

27 juillet.

les officiers attachés à sa maison. Argilly,   1542.
27 juillet 1542.

*Copie du xvie siècle. Arch. de la ville d'Albi,
CC. 119.*

12652. Lettres accordant un nouveau délai de deux   27 juillet.
mois au premier président de la Chambre
des Comptes de Dijon, Bénigne Serre, pour
la reddition de ses comptes. Argilly, 27 juillet
1542.

*Enreg. à la Chambre des Comptes de Dijon, le
4 août suivant. Arch. de la Côte-d'Or, B. 20, fol. 102.*

12653. Mandement à la Chambre des Comptes d'ac-   27 juillet.
cepter dans les comptes de Jacques Hurault,
secrétaire du roi et audiencier de la chancellerie, une somme de 320 livres 10 sous tournois, qu'il a payée, sur la demande des maîtres
des requêtes de l'hôtel et de Jean Morin, lieutenant criminel de la Prévôté de Paris, pour
les frais du procès criminel fait à Étienne
Mouchard, à la requête du procureur du roi
en la chancellerie. Argilly, 27 juillet 1542.

Original. Bibl. nat., ms. fr. 25722, n° 761.

12654. Mandement à la Chambre des Comptes pour   27 juillet.
l'acceptation, dans les comptes de Jacques
Hurault, d'une somme de 350 livres tournois
pour les frais du procès criminel fait à Jean
Belliard, à la requête du procureur du roi
en la chancellerie. Argilly, 27 juillet 1542.

Original. Bibl. nat., ms. fr. 25722, n° 762.

12655. Mandement à la Chambre des Comptes pour   27 juillet.
l'acceptation, dans les comptes de Jacques
Hurault, d'une somme de 1,619 livres
12 sous 6 deniers tournois pour les frais du
procès criminel fait à Pierre Le Bailly, vicomte de Neufchâtel, à la requête du procureur du roi en la chancellerie. Argilly,
27 juillet 1542.

Original. Bibl. nat., ms. fr. 25722, n° 763.

12656. Mandement à la Chambre des Comptes pour   27 juillet.

l'acceptation, dans les comptes de Jacques
Hurault, d'une somme de 30 écus d'or soleil
qu'il a donnée à Antoine Bouchart, greffier
des requêtes de l'hôtel, pour les frais du
procès criminel fait à la requête du procureur du roi en la chancellerie, contre Jean
Lenhardier, bailli de Montignac. Argilly,
27 juillet 1542.

> *Original. Bibl. nat., ms. fr. 25722, n° 764.*

1542

12657. Lettres portant confirmation des privilèges de
l'ordre de Cîteaux, contenus dans les bulles
et provisions apostoliques données en sa faveur. Argilly, 29 juillet 1542.

29 juillet.

> *Enreg. au Parl. de Paris, avec une nouvelle con-*
> *firmation de Henri II, le 20 octobre 1556. Arch.*
> *nat., X¹ª 8620, fol. 374. 3 pages 1/2.*
> *Enreg. au Parl. de Dijon, le 5 mai 1544. Arch.*
> *de la Côte-d'Or, Parl., reg. III, fol. 108.*
> *Imp. Liber quorumdam privilegiorum ordini Cis-*
> *tercienci per summos pontifices concessorum, etc.*
> *Parisiis, 1620, in-12, p. 73. (Bibl. nat., Ld¹⁷ 3.)*
> *Pierre Louvet, Hist. des antiquitez du pays de*
> *Beauvaisis. Beauvais, 1631, in-8°, p. 605.*
> *Liber privilegiorum ordini Cistercienci per summos*
> *pontifices concessorum et reges Franciæ et Navarræ.*
> *Parisiis, 1666, in-4°, 1ʳᵉ partie, p. 93. (Bibl. nat.,*
> *Ld¹⁷ 4.)*
> *Privilèges de l'ordre de Cîteaux. Paris, 1713,*
> *in-4°, p. 285.*
> *Dom Montauban, Éclaircissement sur le livre*
> *intitulé « Recueil des privilèges de Cîteaux », imprimé*
> *en 1713, in-4°, p. 150.*

12658. Lettres portant que l'emprunt de 25,000 écus
demandé aux habitants de la ville de Dijon,
est modéré et réduit à 25,000 livres. Argilly,
29 juillet 1542.

29 juillet.

> *Original. Arch. municip. de Dijon, Trésor des*
> *Chartes, L.*

12659. Lettres autorisant le cours des monnaies de
Béarn en France, et portant que les billonneurs seront punis des mêmes peines que
les billonneurs des monnaies de France. Argilly, 31 juillet 1542.

31 juillet.

> *Original scellé. Arch. départ. des Basses-Pyrénées,*
> *B. 924.*

Enreg. au Parl. de Bordeaux, le 23 novembre 1542. Arch. de la Gironde, B. 31, fol. 185 v°. 2 pages 1/2.
Enreg. au Parl. de Toulouse, le 6 mars 1543 n. s. Arch. de la Haute-Garonne, Édits, reg. 5, fol. 40.

12660. Lettres portant que, sur le refus de M. de Ruffey de prêter au roi la somme de 3,000 livres tournois, les terres de Duesme, de Vanvey, de Villiers et de Maisey en Bourgogne, qui lui avaient été engagées, seront réunies au domaine. Argilly, 31 juillet 1542.   31 juillet.

Enreg. à la Chambre des Comptes de Dijon. Arch. de la Côte-d'Or, reg. B. 20, fol. 92 v°.

12661. Lettres portant concession pour dix ans aux habitants de Dijon, d'un octroi sur le vin, destiné à l'entretien des fortifications de la ville. Argilly, 31 juillet 1542.   31 juillet.

Original. Arch. municip. de Dijon, série K. Enreg. à la Chambre des Comptes de Dijon, le 10 février 1543 n. s. Arch. de la Côte-d'Or, reg. B. 20, fol. 202.

12662. Confirmation des privilèges, libertés et exemptions des officiers et ouvriers de la Monnaie de Guyenne. Joinville, juillet 1542.   Juillet.

Enreg. à la Chancellerie de France. Arch. nat., Trésor des Chartes, JJ. 256¹, n° 290, fol. 86 v°. 1 page.

12663. Permission à David Cibo de jouir d'une pension annuelle de 200 écus soleil sur la dépense de la mense épiscopale de Marseille, que lui avait réservée le cardinal Cibo, lorsqu'il résigna, il y a douze ans, ledit évêché en faveur de son frère. Ligny-en-Barrois, juillet 1542.   Juillet.

Enreg. à la Chancellerie de France. Arch. nat., Trésor des Chartes, JJ. 256¹, n° 180, fol. 68. 1 page.

12664. Permission à Jean-Baptiste Cibo, clerc tonsuré de Gênes, de tenir et posséder en Provence et dans tout le royaume certaines pensions déclarées et tous bénéfices quelconques, jusqu'à   Juillet.

la valeur de 500 écus soleil de revenu annuel. 1542.
Ligny-en-Barrois, juillet 1542.

Enreg. à la Chancellerie de France. Arch. nat.,
Trésor des Chartes, JJ. 256¹, n° 179, fol. 62 v°.
1 page.

12665. Lettres de naturalité en faveur de Jacques et   Juillet.
de David Beaton, natifs d'Écosse, étudiants
à l'Université de Paris. Ligny[-en-Barrois],
juillet 1542.

Enreg. à la Chancellerie de France. Arch. nat.,
Trésor des Chartes, JJ. 256¹, n°⁸ 303 et 304,
fol. 88 v°. (Deux actes.)

12666. Lettres de naturalité en faveur de Pierre Du-   Juillet.
potet, natif de la Barme en Savoie, diocèse
de Genève, habitant d'Apt en Provence.
Écurey, juillet 1542.

Enreg. à la Chancellerie de France. Arch. nat.,
Trésor des Chartes, JJ. 256¹, n° 178, fol. 62 v°.

12667. Lettres de naturalité en faveur de Geneviève   Juillet.
Gerême, veuve d'Honorat Ricquet, native
d'Avignon, demeurant à Aix en Provence.
Abbaye d'Écurey, juillet 1542.

Enreg. à la Chancellerie de France. Arch. nat.,
Trésor des Chartes, JJ. 256¹, n° 177, fol. 62 v°.

12668. Lettres de naturalité en faveur de François Pe-   Juillet.
lanchon, originaire de Piémont, établi en
Provence. Écurey en Barrois, juillet 1542.

Enreg. à la Chancellerie de France. Arch. nat.,
Trésor des Chartes, JJ. 256¹, n° 175, fol. 62.

12669. Lettres de naturalité en faveur d'André Per-   Juillet.
ceval, originaire de Piémont, habitant d'Apt
en Provence. Écurey en Barrois, juillet 1542.

Enreg. à la Chancellerie de France. Arch. nat.,
Trésor des Chartes, JJ. 256¹, n° 176, fol. 62 v°.

12670. Création de deux foires annuelles à Chabannes   Juillet.
en Limousin, au profit de Louis de Château-
neuf, dit de Pierre-Buffière, seigneur du lieu.
Saulx-le-Duc, juillet 1542.

Enreg. à la Chancellerie de France. Arch. nat.,
Trésor des Chartes, JJ. 256¹, n° 288, fol. 86 v°.
1 page.

12671. Édit de création des offices de receveurs des
déniers communs des villes, et cassation des
receveurs nommés précédemment par les
municipalités. Vergy, juillet 1542.

> *Enreg. au Parl. de Bordeaux, sauf réserves, le
> 7 juin 1543. Arch. de la Gironde, B. 31, fol. 216.
> 2 pages 1/2.*
> *Enreg. à la Chambre des Comptes de Paris, le
> 27 octobre 1542. Arch. nat., P. 2306, p. 1101.
> 3 pages.*
> *Copie extraite des registres de la Chambre des
> Comptes de Paris et collationnée, le 13 novembre
> 1542. Arch. nat., K. 955, n° 22.*
> *Enreg. à la Chambre des Comptes de Dijon. Arch.
> de la Côte-d'Or, reg. B. 20, fol. 112 v°.*
> *Copie du XVI° siècle. Arch. de la ville de Lyon,
> BB. 393.*

12672. Lettres portant continuation des octrois accordés aux habitants de la ville de Dijon.
Vergy, juillet 1542.

> *Original. Arch. municip. de Dijon, H. 157.*

12673. Lettres de légitimation accordées à noble fille
Jeanne de Lascaris, dite de Tende, native
d'Avignon, fille naturelle d'Antoine de Lascaris de Tende, évêque de Riez, et de noble
Jeanne de Fresne. Vergy, juillet 1542.

> *Enreg. à la Chancellerie de France. Arch. nat.,
> Trésor des Chartes, JJ. 256¹, n° 301, fol. 88 v°.*

12674. Édit de création d'un office d'enquêteur examinateur au bailliage de Bresse. Argilly, juillet
1542.

> *Enreg. à la Chancellerie de France. Arch. nat.,
> Trésor des Chartes, JJ. 256¹, n° 306, fol. 89.
> 2 pages.*

12675. Permission aux moines et aux habitants de
Saint-Benoît-sur-Loire de fortifier l'abbaye et
le bourg. Argilly, juillet 1542.

> *Enreg. à la Chancellerie de France. Arch. nat.,
> Trésor des Chartes, JJ. 256¹, n° 295, fol. 87 v°.
> 1 page.*

12676. Lettres de légitimation accordées à Jean Bruyères, le jeune, fils naturel de Jean Bruyères,

l'aîné, procureur en la cour de Lyon, et de
Catherine Bonnier. Argilly, juillet 1542.

*Enreg. à la Chancellerie de France. Arch. nat.,
Trésor des Chartes, JJ. 256¹, n° 300, fol. 88.*

1542.

12677. Lettres de naturalité en faveur de Jacques Espagnol, natif de Saint-Pierre au marquisat
de Saluces, demeurant à Hyères en Provence.
Argilly, juillet 1542.

*Enreg. à la Chancellerie de France. Arch. nat.,
Trésor des Chartes, JJ. 256¹, n° 256, fol. 81 v°.*

Juillet.

12678. Lettres de naturalité en faveur de Bernard
Martin, natif de San-Remo (Rivière de Gênes),
demeurant à Hyères en Provence. Argilly,
juillet 1542.

*Enreg. à la Chancellerie de France. Arch. nat.,
Trésor des Chartes, JJ. 256¹, n° 253, fol. 81 v°.*

Juillet.

12679. Lettres de naturalité en faveur de Blaise Rivière, originaire de Piémont, habitant d'Aix
en Provence. Argilly, juillet 1542.

*Enreg. à la Chancellerie de France. Arch. nat.,
Trésor des Chartes, JJ. 256¹, n° 252, fol. 81 v°.*

Juillet.

12680. Confirmation des privilèges des marchands des
villes impériales de Strasbourg, Ulm, Augs-
bourg, etc. Juillet 1541.

*Imp. R. Choppin, De domanio Franciæ libri III.
Paris, in-fol., 1605, p. 137, lib. I, titre xi, n° 22.
(Mention.)*

Juillet.

12681. Lettres de naturalité en faveur de Benvenuto
Cellini, orfèvre, natif de Florence. Juillet
1542 [1].

*Enreg. à la Chancellerie de France. Arch. nat.,
Trésor des Chartes, JJ. 256¹, n° 182, fol. 64.
1 page 1/2.*

Juillet.

12682. Lettres contenant une transaction accordée à
Claude Picot, femme d'Henri Bohier, naguère
sénéchal de Lyon et général des finances,
pour le payement d'une somme de 120,000 livres, montant de l'amende prononcée contre

Juillet.

[1] Le nom de lieu a été omis : « Donné ou moys de juillet... »

son mari par les juges de la Tour carrée . . . 1542.
[Juillet ou août 1542 [1].]

*Enreg. à la Chancellerie de France. Arch. nat.,
Trésor des Chartes, JJ. 256[1], n° 308, fol. 89 v°.*

12683. Lettres fixant les poids et prix des écus soleil, 1er août.
des doubles ducats d'Espagne, ducats de
Venise, Gênes, Florence, Portugal, et vieux
ducats d'Espagne, ducats de Sicile, Castille,
Aragon et Valence de nouvelle forge, et de
ceux de Hongrie et de Bologne, lesquels ont
cours entre marchands à moindre poids et à
plus haut prix qu'il n'est permis par les ordonnances. Argilly, 1er août 1542.

*Copie du xvi e siècle. Arch. départ. de l'Ardèche,
A. 6 (fonds non inventorié).*

12684. Commission à l'évêque de Vannes [Antoine 2 août.
Pucci], au sr de Nançay, capitaine des gardes,
à François Olivier et à Amaury Bouchard,
maîtres des requêtes de l'hôtel, de saisir au
nom du roi « tous les papiers, lettres, registres
et meubles » que le chancelier Poyet avait en
ses coffres. Argilly, 2 août 1542.

*Copie du xvii e siècle. Bibl. nat., ms. fr. 3937,
fol. 4 v°.
Copie du xviii e siècle. Bibl. nat., ms. fr. 7544,
fol. 335.*

12685. Commission donnée à Pierre Remond, con- 2 août.
seiller au Conseil privé, et à Nicolas Hurault,
conseiller au Parlement, pour saisir les
papiers que Guillaume Poyet pouvait avoir
chez lui ou ailleurs et les mettre sous scellés,
après en avoir dressé l'inventaire. Argilly,
2 août 1542.

*Imp. G. Ribier, Lettres et memoires d'estal, etc.
Paris, 1666, 2 vol. in-fol., t. I, p. 561.*

12686. Lettres de dispense accordées à Claude Dodieu, 3 août.
évêque élu de Rennes, pour exercer sa charge
de maître des requêtes de l'hôtel, nonobstant

---

[1] Cette pièce est incomplète par suite de la lacération d'un feuillet.
Les actes précédents sont de juillet et les suivants d'août 1542.

l'incompatibilité entre ces deux fonctions. 1542.
Argilly, 3 août 1542 [1].

> *Enreg. au Parl. de Paris, le 25 octobre 1542.*
> *Arch. nat., X¹ᵃ 8613, fol. 362, page 1/2.*
> *Arrêt d'enregistrement. Idem, X¹ᵃ 1549, Conseil,*
> fol. 583.
> Imp. Blanchard, *Les généalogies des Maistres des*
> *Requestes.* Paris, in-fol., p. 263. (Mention.)

12687. Mandement à [Charles Chabot], baron de   6 août.
Jarnac, gouverneur de la Rochelle, de se
rendre promptement dans cette ville, d'y
prendre toutes les mesures nécessaires à sa
sûreté et conservation, de faire saisir les
citoyens qui fomentaient des intrigues contre
le roi et de les envoyer sous bonne escorte
en Limousin ou en Auvergne. Mâcon,
6 août 1542.

> Imp. *Le voyage du roy à la Rochelle, et suppli-*
> *cation des habitans, etc...* (s. l.), 1543, in-12,
> fol. 6 r° [2]. (*Bibl. nat.*, Lb 3088.)
> Le P. Arcère, *Hist. de la Rochelle*, etc. La Ro-
> chelle, 1756, in-4°, t. I, p. 312. (Mention.)
> L. Cimber et F. Danjou, *Archives curieuses de*
> *l'histoire de France*, 1ʳᵉ série, t. III, Paris, 1835,
> in-8°, p. 43.
> *Cronique du roy François premier de ce nom*,
> publiée par Georges Guiffrey. Paris, 1860, in-8°,
> p. 402.

12688. Provisions de l'office de garde des sceaux de   9 août.
France, en faveur de François de Montho-
lon, président au Parlement de Paris, le
chancelier Guillaume Poyet ayant été arrêté
et mis en demeure de se justifier de graves
accusations. Lyon, 9 août 1542.

> *Original. Bibl. nat., Pièces orig.*, Montholon,
> vol. 2023, p. 10.
> *Copie collationnée du* xvɪ° *siècle. Bibl. nat.*,
> ms. fr. 25722, n° 765.

---

[1] Le registre du Parlement porte « trentiesme jour d'aoust », ce qui
paraît être une erreur. Nous pensons qu'on doit corriger « Argilly,
3 août », quantième concordant avec l'itinéraire du roi.

[2] Au fol. 4 v° du même recueil est imprimée une lettre missive du
roi aux habitants de la Rochelle, datée de Trévoux, le 8 août 1542, leur
ordonnant d'exécuter les ordres du sʳ de Jarnac, qu'il envoie dans leur
ville.

Copie du XVIII° siècle. Bibl. nat., ms, fr. 7544,   1542.
fol. 337 v°.

IMP. J. Le Féron, *Hist. des connétables, chanceliers, etc. de France,* revue et augmentée par Denys Godefroy. Paris, 1658, in-fol., 2° partie, p. 110.

F. Du Chesne, *Hist. des chanceliers et gardes des sceaux.* Paris, 1680, in-fol., p. 595.

A. Tessereau, *Hist. de la grande Chancellerie de France.* Paris, 1710, in-fol., t. I, p. 103. (*Mention.*)

12689. Lettres commettant le cardinal de Tournon,   9 août.
lieutenant général du roi à Lyon, pour recevoir le serment de François de Montholon, comme garde des sceaux de France. Lyon, 9 août 1542.

IMP. F. Du Chesne, *Hist. des chanceliers et gardes des sceaux.* Paris, 1680, in-fol., p. 596.

12690. Lettres de don à la duchesse d'Étampes des   9 août.
biens de la succession d'Antoine Dubois, évêque de Béziers, confisqués sur l'héritier de celui-ci, Charles Dubois, dit Bernard, seigneur d'Esquerdes, qui tenait le parti de l'empereur. Lyon, 9 août 1542.

Enreg. au Parl. de Paris, le 23 mai 1543, en conséquence d'un mandement du roi, daté de Saint-Germain-en-Laye le 18 mai. Arch. nat., X^{1a} 8613, fol. 455 et v°. 2 pages 1/2.
Arrêt d'enregistrement. Idem, X^{1a} 1551, Conseil, fol. 36 v°.

12691. Édit de suppression de la triennalité des charges   9 août.
dans les abbayes et prieurés de l'ordre de Saint-Benoît, les fonctions d'abbés et d'abbesses redevenant perpétuelles comme auparavant. Lyon, 9 août 1542.

Enreg. au Grand Conseil, à Dijon, le 22 août suivant.
IMP. Fr. Pinsson, *Notes sommaires sur les indults accordés au roi ou à d'autres, etc.* Paris, 1673, 2 vol. in-12, t. II, p. 644.

Fr. Pinsson, *Traité singulier des régales ou des droits du roi.* Paris, 1688, 2 vol. in-4°, t. II, p. 938.

[Lemère], *Recueil des actes, titres et mémoires concernant les affaires du clergé de France...* Paris, 1716-1750, 12 vol. in-fol., t. II, col. 46.

12692. Mandement au trésorier de l'épargne de payer à Jean-Jacques de Castion, ambassadeur chez les Grisons, 1,800 livres pour six mois d'exercice de sa charge. Lyon, 9 août 1542.

> Bibl. nat., ms. Clairambault 1215, fol. 80.
> (Mention.)

1542.
9 août.

12693. Mandement aux élus du Lyonnais, leur ordonnant de faire payer, pour le 1er septembre 1542, le quartier de taille qui devait être payé le 1er octobre seulement. Lyon, 10 août 1542.

> Copie du xvi° siècle. Bibl. nat., ms. fr. 2702, fol. 226 v°.

10 août.

12694. Déclaration portant que les marchands des villes impériales ne payeront d'autres impositions, pour sortir les marchandises du royaume, que celles taxées aux marchands suisses. Lyon, 11 août 1542.

> Copie du xvi° siècle. Bibl. nat., ms. fr. 2702, fol. 228 v°.
> Copie du xvi° siècle. Archives de la ville de Lyon, série HH.

11 août.

12695. Lettres assignant à François de Luxembourg, vicomte de Martigues, les revenus des greffes et tabellionages, jusqu'au remboursement d'une somme de 7,700 livres qui lui était due par le roi. Lyon, 11 août 1542.

> Enreg. à la Chambre des Comptes de Dijon, le 1er octobre 1542. Arch. de la Côte-d'Or, reg. B. 20, fol. 98.

11 août.

12696. Lettres de committimus accordées à Michel de Vabres, baron de Châteauneuf et de Beaufort, conseiller au Parlement de Toulouse, attribuant la connaissance de ses causes et celles de sa femme au Parlement de Bordeaux. Lyon, 11 août 1542.

> Enreg. au Parl. de Bordeaux, le 14 février 1543 n. s. Arch. de la Gironde, B. 31, fol. 203 v°.
> 3 pages.

11 août.

12697. Lettres accordant à Jeanne de Garennes, veuve de Jacques de Trousseauville, écuyer, la

18 août.

garde-noble de ses enfants mineurs, échue au roi. 18 août 1542. 1542.

Enreg. à la Chambre des Comptes de Paris, le 8 janvier 1543 n. s. Arch. nat., invent. PP. 136, p. 509. (*Mention.*)

12698. Lettres de dispense en faveur de Nicolas Duval, conseiller clerc au Parlement de Paris, lui permettant de contracter mariage et d'exercer néanmoins sondit office, jusqu'à ce qu'il soit pourvu d'un office de conseiller lai. Montpellier, 22 août 1542. 22 août.

Enreg. au Parl. de Paris, le 6 septembre 1542. Arch. nat., X[1a] 8613, fol. 344 v°. 1 page.

Arrêt d'enregistrement. Idem, X[1a] 1549, Conseil, fol. 441 v°.

12699. Lettres aux commissaires et consuls du pays d'Agénais, leur mandant d'anticiper le payement du quartier d'octobre. Montpellier, 22 août 1542. 22 août.

Enreg. au livre des jurades. Arch. municip. d'Agen, BB. 25, fol. 124 v°. 2 pages.

12700. Commission à Guillaume Prudhomme, seigneur de Fontenay, notaire et secrétaire du roi, pour signer et expédier les provisions d'offices faites par les gens du Conseil, résidant à Lyon pendant le voyage du roi, en l'absence des secrétaires des finances. Montpellier, 23 août 1542. 23 août.

Enreg. à la Chambre des Comptes de Paris, le 5 septembre suivant. Arch. nat., P. 2537, fol. 254 v°, et P. 2554, fol. 17. 2 pages.

12701. Lettres ordonnant la prorogation de la session du Parlement de Paris et suppression des vacations, du 23 août à la Saint-Martin 1542. Saint-Just-sur-Lyon, 23 août 1542. 23 août.

Enreg. au Parl. de Paris, le 28 août 1542. Arch. nat., X[1a] 8613, fol. 350 v°. 2 pages.

Arrêt d'enregistrement. Idem, X[1a] 4916, Plaidoiries, à la date.

12702. Lettres ordonnant la prorogation de la session du Parlement de Bordeaux pendant le temps 23 août.

des vacations. Saint-Just-sur-Lyon, 23 août 1542.   1542.

> *Enreg. au Parl. de Bordeaux, le 11 septembre*
> *1542. Arch. de la Gironde, B. 31, fol. 175 v°.*
> *2 pages 1/2.*

12703. Lettres ordonnant la prorogation de la session   23 août.
du Parlement de Dijon pendant le temps
des vacations. Saint-Just-sur-Lyon, 23 août
1542.

> *Enreg. au Parl. de Dijon, le 18 septembre sui-*
> *vant. Archives de la Côte-d'Or, Parl., reg. III,*
> *fol. 52.*

12704. Lettres portant qu'à cause de la guerre, le Par-   23 août.
lement de Rouen siégera jusqu'à la Saint-
Martin, et n'aura pas de vacations cette
année. Saint-Just-sur-Lyon, 23 août 1542.

> *Enreg. au Parl. de Rouen, le 29 août suivant.*
> *Copie du xvii° siècle. Arch. nat., U. 760, p. 105.*
> *2 pages.*

12705. Lettres de relief de surannation, pour l'enre-   28 août.
gistrement et la vérification des lettres de
dispense du 19 septembre 1538 (n° 10296),
accordées à François Du Bourg, évêque de
Rieux, pour être admis à exercer sa charge
de maître des requêtes de l'hôtel, nonobstant
l'incompatibilité entre cet office et les fonctions épiscopales. Paris (*sic*), 28 août 1542.

> *Enreg. au Parl. de Paris, le 30 août 1542.*
> *Arch. nat., X¹ᵃ 8613, fol. 353.*

12706. Édit contre les luthériens, avec mandement   29 août.
au Parlement de Toulouse de procéder avec
diligence et toutes affaires cessantes à la poursuite des hérétiques, conformément aux édits
donnés sur la matière. Saint-Just-sur-Lyon,
29 août 1542.

> *Enreg. au Parl. de Toulouse, le 20 novembre*
> *1542. Arch. de la Haute-Garonne, Édits, reg. 5,*
> *fol. 26. 2 pages.*
> Imp. Dom Vaissète, *Hist. générale de Languedoc.*
> Paris, 1745, in-fol., t. V, Preuves, col. 103.
> [De Rozoi], *Annales de la ville de Toulouse.*
> Paris, 1771-1776, 4 vol. in-4°, t. III, Preuves,
> p. 41.

12707. Mandement à l'évêque de Coutances de réunir
l'assemblée du clergé de son diocèse et de
lui demander un don gratuit de 10,339 livres
1 sou tournois, qui devra être payé le 1ᵉʳ novembre au receveur général de Normandie.
Béziers, 29 août 1542.

1542.
29 août.

> *Expédition originale. Bibl. nat.*, ms. fr. 25722,
> nᵒˢ 766-767.

12708. Mandement à l'évêque de Mâcon de réunir le
clergé de son diocèse et de lui demander un
don gratuit de 5,031 livres 1 sou tournois,
qui devra être payé le 1ᵉʳ novembre au receveur général de Bourgogne. Béziers, 29 août
1542.

29 août.

> *Expédition originale. Bibl. nat.*, ms. fr. 25722,
> nᵒ 768.

12709. Mandement adressé aux Parlements de Paris,
Bordeaux, Dijon, Grenoble et Rouen, leur
enjoignant d'exécuter les ordonnances contre
les luthériens et hérétiques et de les poursuivre
rigoureusement. Lyon, 30 août 1542.

30 août.

> *Enreg. au Parl. de Paris. Arch. nat.*, U. 446,
> fol. 182 vᵒ. 2 pages.
> *Enreg. au Parl. de Bordeaux, le 26 octobre
> 1542. Arch. de la Gironde*, B. 31, fol. 177.
> 3 pages.
> *Enreg. au Parl. de Dijon, le 7 septembre 1542.
> Arch. de la Côte-d'Or, Parl.*, reg. III, fol. 52 vᵒ,
> 3 pages.
> *Enreg. au Parl. de Grenoble, le 15 septembre
> 1542. Arch. de l'Isère, Chambre des Comptes de
> Grenoble*, reg. B. 2911, II, fol. 31. 3 pages.
> *Enreg. au Parl. de Rouen le 25 septembre suivant.
> Copie du XVIIᵉ siècle. Arch. nat.*, U. 757,
> 2ᵉ partie, p. 208. 2 pages.
> *Imp. Les loix, ordonnances et edictz, etc...
> depuis le roy S. Lois...* Paris, Galiot du Pré,
> 1559, in-fol., fol. 175 vᵒ.
> P. Rebuffi, *Les édits et ordonnances des rois de
> France.* Lyon, 1573, in-fol., p. 1393.
> A. Fontanon, *Édits et ordonnances, etc.* Paris,
> 1611, t. IV, p. 248.
> J. Le Gentil, *Recueil des actes, titres et mémoires
> concernant les affaires du clergé de France...* Paris,
> 1675, in-fol., t. VI, p. 17.

[Lemère], *Recueil des actes, titres et mémoires concernant les affaires du clergé de France...* Paris, 1716-1750, 12 vol., in-fol., t. I, col. 1096. Isambert, *Anc. lois françaises, etc.* Paris, 1827, in-8°, t. XII, p. 785.

1542.

12710. Provisions pour Jean Dalphin de l'office de sergent des aides et tailles dans l'élection du Lyonnais. Saint-Just-sur-Lyon, 30 août 1542.

31 août.

Copie du XVI siècle. Bibl. nat., ms. fr. 2702, fol. 227.*

12711. Déclaration interprétative des lettres du 9 août précédent (n° 12691), concernant la triennalité des abbayes de l'ordre de Saint-Benoît. Lyon, 31 août 1542.

31 août.

Imp. Fr. Pinsson, Notes sommaires sur les induits accordés au roi ou à d'autres... Paris, 1673, 2 vol. in-12, t. II, p. 646. *Blanchard, Compilation chronologique, etc.* Paris, 1715, in-fol., t. I, col. 548. (*Mention.*)

12712. Don à Charles de Croy du comté de Porcien et autres terres et seigneuries confisquées sur le duc d'Arschot, son frère. Béziers, 31 août 1542.

31 août.

Copie. Arch. départ. de la Marne, série A, Terrier de Sainte-Menehould, fol. 386.

12713. Édit de création d'un office de verdier, gruyer et maître garde des Eaux et forêts du bailliage de Dijon, ainsi que d'un lieutenant, d'un procureur et d'un greffier, pour la garde et conservation du gibier. Argilly, août 1542.

Août.

Enreg. à la Chancellerie de France. Arch. nat., Trésor des Chartes, JJ. 256¹, n° 829, fol. 93. 1 page. Enreg. au Parl. de Dijon, le 7 août 1542. Arch. de la Côte-d'Or, Parl., reg. III, fol. 49 v°.

12714. Lettres portant union et érection en comté des baronnies de Maulévrier et de Passavant, en faveur de Claude Gouffier, sʳ de Boisy, premier gentilhomme de la chambre du roi. Lyon, août 1542.

Août.

Enreg. au Parl. de Paris, le 21 novembre 1542. Arch. nat., X¹ᵃ 8613, fol. 360. 3 pages 1/2.

Arrêt d'enregistrement du 21 novembre 1542.
Idem, X¹ᵃ 4918, Plaidoiries, fol. 26 v°.
Enreg. à la Chambre des Comptes de Paris. Arch.
nat., P. 2306, p. 1111. 6 pages.

1542.

12715. Lettres de création d'un office de greffier des
présentations au Parlement de Provence.
Lyon, août 1542.

Enreg. à la Chancellerie de France. Arch. nat.,
Trésor des Chartes, JJ. 256¹, n° 183, fol. 64 v°.
2 pages.

Août.

12716. Édit de création de deux nouveaux offices de
notaires à Clermont-Ferrand, outre les douze
en exercice. Lyon, août 1542.

Enreg. à la Chancellerie de France. Arch. nat.,
Trésor des Chartes, JJ. 256¹, n° 314, fol. 90 v°.
2 pages.

Août.

12717. Création de quatre foires annuelles et d'un
marché hebdomadaire à Marcillat en Bourbonnais, au profit de Jacques de Gouzolles,
écuyer d'écurie du roi, d'Antoine de Gouzolles, maître des requêtes de la reine, seigneurs de la moitié de ladite terre, et de
Gilbert et Michel de Rochedragon, fils mineurs de Jacques de Rochedragon, sous la
tutelle d'Anne de Mauriac, leur mère, seigneurs de l'autre moitié. Lyon, août 1542.

Enreg. à la Chancellerie de France. Arch. nat.,
Trésor des Chartes, JJ. 256¹, n° 312, fol. 90.
1 page.

Août.

12718. Don au comte d'Entremont, chevalier d'honneur
de la reine, des biens du sᵣ de « Frussache »
(p.-ê. Frossasco) en Piémont, confisqués pour
crime de félonie, ledit sieur tenant le parti
de Charles de Savoie. Lyon, août 1542.

Enreg. à la Chancellerie de France. Arch. nat.,
Trésor des Chartes, JJ. 256¹, n° 322, fol. 92.
1 page.

Août.

12719. Lettres de naturalité en faveur de Girard Amys,
natif de Toul en Lorraine, habitant d'Arles
en Provence. Lyon, août 1542.

Enreg. à la Chancellerie de France. Arch. nat.,
Trésor des Chartes, JJ. 256¹, n° 318, fol. 91 v°.
1 page.

Août.

12720. Lettres de naturalité en faveur de Jean Gévenon, habitant de Forcalquier en Provence, natif de Mézériat en Bresse. Lyon, août 1542.   1542. Août.

> Enreg. à la Chancellerie de France. Arch. nat., Trésor des Chartes, JJ. 256¹, n° 324, fol. 92.
> 1 page.

12721. Lettres de naturalité en faveur de Jean Thomas, natif d'Apremont, près Chambéry en Savoie, résidant en Provence depuis vingt-cinq ans. Lyon, août 1542.   Août.

> Enreg. à la Chancellerie de France. Arch. nat., Trésor des Chartes, JJ. 256¹, n° 315, fol. 91.
> 1 page.

12722. Lettres de naturalité en faveur de Jacques Brelon, habitant de Forcalquier en Provence, originaire du diocèse de Genève. Saint-Erigny-sur-Lyon (Saint-Irénée), août 1542.   Août.

> Enreg. à la Chancellerie de France. Arch. nat., Trésor des Chartes, JJ. 256¹, n° 323, fol. 92.
> 1 page.

12723. Édit portant restriction des pouvoirs et attributions du chancelier de France. Il ne pourra disposer des offices royaux, ni s'approprier les amendes et confiscations, adjugées à raison des faux commis au fait du sceau. Valence, août 1542.   Août.

> Enreg. au Parl. de Paris, le 7 septembre 1542. Arch. nat., X¹ᵃ 8613, fol. 359. 1 page 1/2.
> Arrêt d'enregistrement. Idem, X¹ᵃ 4916, Plaidoiries, à la date, dernier fol. v° du registre.
> Enreg. à la Chambre des Comptes de Paris. Arch. nat., P. 2306, p. 1093. 3 pages.
> Idem, P. 2537, fol. 356; AD.IX 125, n° 38.
> Copie du xvi⁰ siècle, Bibl. nat., ms. fr. 25722, n° 769.
> Copie du xviii⁰ siècle. Bibl. nat., Portefeuilles de Fontanieu, vol. 252.

12724. Lettres de naturalité en faveur de Jean Croisat, natif de Pampelune, marchand établi à la Rochelle. Béziers, août 1542.   Août.

> Enreg. à la Chancellerie de France. Arch. nat., Trésor des Chartes, JJ. 255¹, n° 234, fol. 71 v°.
> 1 page.

12725. Provisions en faveur de Nicolas Dupré d'un
office de maître des requêtes de l'hôtel, en
remplacement de Jean de Langeac, évêque de
Limoges, décédé. Béziers, 2 septembre 1542.

> Présentées au Parl. de Paris, le 7 octobre suivant.
> Arch. nat., X¹ᵃ 1549, Conseil, fol. 517. (Mention.)
> Réception le 15 février 1543 n. s. Idem, X¹ᵃ 1550,
> fol. 218 v°.

1542.
2 septembre.

12726. Mandement au Parlement de recevoir et instituer ledit Nicolas Dupré, bien que l'office
dont il est pourvu soit en sus du nombre
ancien. Béziers, 2 septembre 1542.

> Présentées au Parl. de Paris, le 7 octobre suivant.
> Arch. nat., X¹ᵃ 1549, Conseil, fol. 517. (Mention.)

2 septembre.

12727. Exemption de l'imposition foraine accordée
aux conseillers et échevins de la ville de Lyon,
en compensation de certains droits et revenus
dont ils se trouvent frustrés. Saint-Just-sur-
Lyon, 2 septembre 1542.

> Copie du xvIᵉ siècle. Bibl. nat., ms. fr. 2702,
> fol. 224.

2 septembre.

12728. Lettres restituant aux échevins de Lyon la
ferme de la rêve foraine. Saint-Just-sur-Lyon,
2 septembre 1542.

> Original. Arch. de la ville de Lyon, série CC.

2 septembre.

12729. Lettres autorisant le transport par terre des
« camelots et samis » apportés aux foires de
Lyon. Saint-Just-sur-Lyon, 2 septembre 1542.

> Copie du xvIᵉ siècle. Arch. de la ville de Lyon,
> AA. 151, fol. 110.

2 septembre.

12730. Mandement au Parlement de Paris de faire délivrer à [Virginio Orsini], comte dell' Anguil-
lara, capitaine général de l'armée de mer du
Levant, cent prisonniers, accusés de crimes
entraînant la mort ou autre grande peine
corporelle, pour les faire servir comme forçats et ramer sur les galères qu'il fait équiper
à Marseille. Béziers, 4 septembre 1542.

> Enreg. au Parl. le 15 février 1543 n. s. Arch.
> nat., X²ᵃ 94, reg. criminel non folioté (à la date).
> 2 pages.

4 septembre.

12731. Mandement au Parlement de Bordeaux de livrer
au capitaine Magdelon [d'Ornezan] les prisonniers qui doivent être conduits aux galères.
Béziers, 4 septembre 1542.

> Enreg. au Parl. de Bordeaux, le 21 novembre
> 1542. Archives de la Gironde, B. 31, fol. 184.
> 2 pages 1/2.

1542.
4 septembre.

12732. Lettres portant permission aux États du Dauphiné de lever telles sommes de deniers dont
ils auront besoin, comme ils le faisaient par
le passé, à charge d'en dresser un état qui
sera envoyé au Conseil du roi, de justifier de
l'emploi, etc. Béziers, 4 septembre 1542.

> Enreg. au Parl. de Grenoble, le 12 octobre 1542.
> Arch. de l'Isère, Chambre des Comptes de Grenoble,
> B. 2911, cah. 1. 4 pages.

4 septembre.

12733. Pouvoirs des commissaires du roi aux États de
Languedoc qui se réuniront à Béziers, le
16 octobre 1542. Béziers, 5 septembre 1542.

> Copie du xvi⁰ siècle. Arch. départ. de l'Hérault,
> États de Languedoc, C. Procès-verbaux, 1542.
> 6 pages.

5 septembre.

12734. Lettres contenant les instructions du roi à ses
commissaires près les États de Languedoc, au
sujet du droit d'équivalent. Béziers, 5 septembre 1542.

> Copie du xvi⁰ siècle. Arch. départ. de l'Hérault,
> États de Languedoc, C. Procès-verbaux, 1542.
> 1 page.

5 septembre.

12735. Mandement aux élus du haut Limousin, leur
faisant savoir qu'ils ont à lever dans leur
élection 66,938 livres 9 sous 2 deniers tournois, sans les frais, pour la taille de 1543,
1,040 livres 15 sous 6 deniers tournois, pour
la crue de la même année, et 667 livres
pour le payement des gages des archers chargés
de garder le pays. Béziers, 5 septembre 1542.

> Copie collationnée du xvi⁰ siècle. Bibl. nat., ms.
> fr. 25722, n° 770.

5 septembre.

12736. Mandement aux élus du Lyonnais, leur ordonnant de lever dans leur élection, pour la

5 septembre.

taille de 1543 et pour une crue de 600,000 li- 1542.
vres imposée sur le royaume, une somme de
43,938 livres 1 sou 9 deniers tournois, sans
les frais. Béziers, 5 septembre 1542.

Copie du xvi' siècle. Bibl. nat., ms. fr. 2702,
fol. 231.

12737. Édit de suppression de trois offices d'huissiers 5 septembre.
au Parlement de Bordeaux. Saint-Just-sur-
Lyon, 5 septembre 1542.

Enreg. au Parl. de Bordeaux, le 5 décembre 1542.
Arch. de la Gironde, B. 31, fol. 188. 2 pages 1/2.

12738. Lettres ordonnant l'enregistrement et l'exécu- 5 septembre.
tion des bulles datées des calendes d'octobre
1529, à Rome, octroyées au cardinal de
Tournon, archevêque d'Auch, abbé de la
Chaise-Dieu de l'ordre de Saint-Benoît, portant réformation des statuts et règlements de
ladite abbaye et des maisons qui en dépen-
dent, avec injonction aux religieux et aux laïcs
d'exécuter tout ce qui importe à la conservation et réparation des maisons de l'ordre
et au maintien des bénéfices. Saint-Just-sur-
Lyon, 5 septembre 1542.

Enreg. au Parl. de Toulouse, le 29 janvier 1543
n. s. Arch. de la Haute-Garonne, Édits, reg. 5.
2 pages 1/2, et le texte latin des bulles, 4 pages 1/2.
Enreg. au Parl. de Bordeaux, siégeant à Li-
bourne, le 20 décembre 1546. Arch. de la Gironde,
B. 33, fol. 14 et 18. 13 pages.

12739. Lettres portant mandement à la Chambre des 6 septembre.
Comptes de Paris d'informer sur les réclama-
tions des religieuses Filles-Dieu de Paris, touchant des terrains dépendant de leur monastère, qui avaient été pris pour les fortifications
de Paris, entre les portes Montmartre et
Saint-Denis. Saint-Just-sur-Lyon, 6 septembre 1542.

Copie collationnée du 22 novembre 1542. Arch.
nat., S. 4724.

12740. Lettres réglant le payement des nouveaux enrô- 10 septembre.
lés pour faire les crues des compagnies des

ordonnances du roi, qui se trouvent au camp   1542.
devant Perpignan. Sallèles, près Narbonne,
10 septembre 1542.

Copie du xvi⁰ siècle. Bibl. nat., ms. fr. 3014
fol. 51 bis.

12741. Lettres portant que les prélats ou leurs vi-   11 septembre.
caires, ainsi que les seigneurs, assisteront en
personne aux États du pays de Languedoc.
Lyon, 11 septembre 1542.

Enreg. au Parl. de Toulouse. Arch. de la Haute-
Garonne, Édits, reg. 5, fol. 57. 1 page 1/2.
Arch. départ. de l'Hérault, États de Languedoc,
C. Procès-verbaux, 1542. (*Mention.*)
Imp. Dom Vaissète, *Hist. générale de Languedoc.*
Paris, 1745, in-fol., t. V, Preuves, col. 91.

12742. Lettres portant commission et pouvoir au car-   15 septembre.
dinal [de Tournon] de contracter au nom
du roi les emprunts nécessaires pour subvenir aux opérations de la guerre. Sallèles,
15 septembre 1542.

Enreg. au Parl. de Paris, le 23 septembre sui-
vant. Arch. nat., X¹ᵃ 1549, Conseil, fol. 475 v°.
2 pages.

12743. Provisions de l'office de receveur des exploits   16 septembre.
et amendes des Eaux et forêts de France et
de Normandie pour Jacques de Vaulqué, en
remplacement de Thomas Rouillon, décédé.
Sallèles, 16 septembre 1542.

Enreg. à la Chambre des Eaux et forêts (siège de
la Table de marbre du Palais), le 30 mai 1543.
Arch. nat., Z¹ᵉ 328, fol. 195. 1 page 1/2.

12744. Édit portant imposition d'un droit de 20 sous   16 septembre.
sur tout millier de fer sortant des forges du
royaume. Saint-Just-sur-Lyon, 16 septembre
1542.

Enreg. à la Chambre des Comptes de Dijon. Arch.
de la Côte-d'Or, reg. B. 20, fol. 200 v°.

12745. Ordonnance prescrivant la fabrication de gros   20 septembre.
et demi-gros testons qui seront frappés en la
Monnaie de Paris, avec la vaisselle d'argent

provenant des emprunts. Sallèles, 20 sep-   1542.
tembre 1542.

Original. Arch. nat., Minutes d'ordonnances de la
Cour des Monnaies, Z¹ᵇ 537.
Enreg. à ladite Cour. Arch. nat., Z¹ᵇ 63 , fol. 52.
2 pages.

12746. Provisions de l'office de conseiller clerc au Par-   20 septembre.
lement de Bordeaux pour Charles Matuyn,
lieutenant particulier en la sénéchaussée
d'Agénais. Sallèles, 20 septembre 1542.

Enreg. au Parl. de Bordeaux, le 13 novembre
1542. Archives de la Gironde, B. 31, fol. 180 v°.
2 pages 1/2.

12747. Mandement à Jean Laguette, trésorier et rece-   20 septembre.
veur général des finances extraordinaires et
parties casuelles, de payer à l'archidiacre de
Saint-Flour et aux sʳˢ de Melan, de Ponthisel,
de Cambis, Florentin et de Breneux, 23 écus
soleil pour plusieurs voyages qu'ils ont faits
afin de fixer les étapes des lansquenets de
Bourgogne, et pour s'être rendus plusieurs
fois auprès du comte de Montrevel, à Mont-
luc, en la compagnie des Suisses de la dernière levée dont on faisait la montre. Sallèles, 20 septembre 1542.

Original. Bibl. nat., Nouv. acquisitions franç.,
ms. 1483, n° 78.

12748. Lettres ordonnant de payer 27 livres 10 sous   23 septembre.
tournois à Pierre de Launay, chevaucheur,
et à Guillaume Bataille, prêtre, pour être
allé porter dans diverses provinces les commissions ordonnant la mise sur pied de l'arrière-ban pour le service du roi. Sallèles,
23 septembre 1542.

Original. Collection de M. L. Jarry, à Orléans
(Loiret).

12749. Édit touchant le service du ban et de l'arrière-   23 septembre.
ban pour le fait des guerres de Picardie,
Champagne, Bourgogne et Languedoc. Saint-
Just-sur-Lyon, 23 septembre 1542.

Imp. Pièce in-4°. Paris, J. Nyverd, s. d. Bibl.
nat., invent. Réserve F. 1924.

12750. Commission adressée à deux conseillers du
Parlement de Grenoble pour se transporter à
Suze et autres frontières du Piémont, prendre
les mesures nécessaires à leur sûreté, assembler des gens de guerre, les milices du
pays, de l'artillerie, et en donner avis au
cardinal de Tournon. Saint-Just-sur-Lyon,
23 septembre 1542.

1542.
23 septembre.

> *Enreg. à la Chambre des Comptes de Grenoble.*
> *Arch. de l'Isère, B. 2911, cahier 2. 2 pages.*

12751. Ordonnance portant que tout le sel déposé dans
les greniers sera payé comptant, lors de la livraison, en exécution de l'édit d'avril 1542
(n° 12470), et réduction du droit de gabelle
sur chaque muid de sel. Saint-Just-sur-Lyon,
25 septembre 1542.

25 septembre.

> *Enreg. à la Chambre des Comptes de Dijon, le*
> *6 octobre suivant. Arch. de la Côte d'Or, reg. B, 20,*
> *fol. 100 v°.*
> *Enreg. à la Chambre des Comptes de Paris, le*
> *10 octobre 1542, anc. mém. 2 K, fol. 166. Arch.*
> *nat., invent. PP. 136, p. 510; AD.IX 125, n° 43.*
> *(Mentions.)*

12752. Don à Jean de Folligny, gentilhomme de la
maison du duc d'Estouteville, de 500 livres
tournois qui étaient dues au roi par François
Roger, dit Baron, pour les droits de lods et
ventes de l'acquisition qu'il avait faite dudit
de Folligny, de la terre de Lyon dans la vicomté de Caen. Sallèles, 27 septembre 1542.

27 septembre.

> *Original. Bibl. nat., ms. fr. 25722, n° 771.*

12753. Déclaration portant règlement pour le payement des états et pensions, gages, frais de justice, etc., de la Chambre du Trésor. 27 septembre 1542.

27 septembre.

> Avec un mandement de la Chambre des Comptes
> à ses procureurs d'aviser les comptables des dis-
> positions de ladite déclaration. 18 novembre
> 1542.
> *Enreg. à la Chambre des Comptes de Paris, anc.*
> *mém. 2 K, fol. 147. Arch. nat., invent. PP. 136,*
> *p. 510; AD.IX 125, n° 44. (Mentions.)*

12754. Lettres maintenant les prévôt des marchands
et échevins de Paris dans leur droit et privilège ancien de nommer à l'office de receveur des deniers communs de ladite ville,
nonobstant l'édit général du mois de juillet
précédent (n° 12671). Béziers, 29 septembre
1542.

> Original. Arch. nat., K. 955, n° 26.
> Copie du XVII° siècle, id. ibid., n° 28.

1542.
29 septembre.

12755. Mandement à Jean Duval, trésorier de l'épargne,
de rembourser sur les deniers du second
quartier de l'année prochaine, aux prévôt
des marchands et échevins de Paris, une
somme de 4,500 livres tournois qu'ils ont
prêtée au roi, « pour subvenir aux urgens
affaires de noz guerres, » et versée le jour
même entre les mains de Jean Laguette,
receveur général des finances extraordinaires
et parties casuelles. Béziers, 29 septembre
1542.

> Original. Arch. nat., K. 955, n° 27ᵇ.

29 septembre.

12756. Provisions de l'office de greffier de l'ordre de
Saint-Michel, en faveur de Guillaume Bochetel, secrétaire des finances, en remplacement de Jean Breton, décédé. Béziers,
29 septembre 1542.

> Copie du XVIII° siècle. Bibl. nat., ms. Clairam-
> bault 1242, fol. 1762.
> IMP. Statuts de l'ordre de Saint-Michel. Paris,
> 1725, in-4°, p. 137. (Bibl. nat., Ll.¹³ 7.)
> J. Le Laboureur, Les mémoires de Michel de
> Castelnau, sʳ de Mauvissière. Bruxelles, 3 vol.
> in-fol., t. III, 1731, p. 147.

29 septembre.

12757. Permission à Georges et à Théodat de Man-
delot, seigneurs de Pacy-sur-Armançon en
Tonnerrois, de faire percer une porte dans
les murs de ce bourg, pour leur commodité
personnelle. Béziers, septembre 1542.

> Enreg. à la Chancellerie de France. Arch. nat.,
> Trésor des Chartes, JJ. 256¹, n° 337, fol. 95 v°.
> 1 page 1/2.

Septembre.

12758. Lettres de légitimation de Jean Certain, fils

Septembre.

naturel de Pierre Certain, avocat, habitant
de la ville de Marvejols, et d'une femme
nommée Denise Chaylare, ledit Pierre marié
depuis quinze ans et n'ayant pas eu d'enfants
légitimes. Sallèles, septembre 1542.

*Original. Arch. dép. de la Lozère, fonds de Cor-
sac, série E.*

1542.

12759. Lettres de naturalité pour Antoine et Paul
Calmet, et Jeanne Bonaud, femme du pre-
mier, originaires de Perpignan, habitants de
Narbonne. Sallèles, septembre 1542.

*Enreg. à la Chambre des Comptes de Montpel-
lier. Arch. départ. de l'Hérault, B. 342, fol. 165.
2 pages.*

Septembre.

12760. Lettres portant règlement pour les privilèges
des chevaliers de l'ordre de Saint-Jean-de-
Jérusalem. Lyon, septembre 1542.

*Enreg. au Grand Conseil, le 28 mai 1543.
Imp. Blanchard, Compilation chronologique, etc.
Paris, 1715, in-fol., t. Ier, col. 548. (Mention.)*

Septembre.

12761. Lettres de création de deux nouveaux offices
de notaires à Bar-sur-Aube, outre les huit
qui y étaient établis. Lyon, septembre 1542.

*Enreg. à la Chancellerie de France. Arch. nat.,
Trésor des Chartes, JJ. 255¹, n° 236, fol. 72.
1 page.*

Septembre.

12762. Lettres portant confirmation des privilèges des
habitants d'Entrevaux. Lyon, septembre
1542.

*Original. Arch. municip. d'Entrevaux (Basses-
Alpes), AA. 2.*

Septembre.

12763. Confirmation des privilèges accordés par les
ducs de Savoie à l'abbaye de Saint-Rambert
en Bugey. Lyon, septembre 1542.

*Enreg. à la Chancellerie de France. Arch. nat.,
Trésor des Chartes, JJ. 256¹, n° 348, fol. 98.
1 page.*

Septembre.

12764. Confirmation des privilèges et statuts des or-

Septembre.

fèvres et maîtres jurés du métier de la ville   1542.
de Tours. Lyon, septembre 1542.

Enreg. à la Chancellerie de France. Arch. nat.,
Trésor des Chartes, JJ. 256¹, n° 344, fol. 97.
1 page 1/2.

12765. Lettres de naturalité en faveur de Melchior   Septembre.
Airagarry, demeurant à Draguignan en Pro-
vence, originaire du comté de Nice. Lyon,
septembre 1542.

Enreg. à la Chancellerie de France. Arch. nat.,
Trésor des Chartes, JJ. 256¹, n° 339, fol. 95 v°.
1 page.

12766. Lettres de naturalité en faveur de Vincent Bar-   Septembre.
barin, originaire de Piémont, demeurant au
château d'Estoublon, au diocèse de Riez.
Saint-Hérigny-sur-Lyon (Saint-Irénée), septembre 1542.

Enreg. à la Chancellerie de France. Arch. nat.,
Trésor des Chartes, JJ. 256¹, n° 338, fol. 95 v°.
1 page.

12767. Lettres de confirmation et vidimus des privi-   Septembre.
lèges octroyés par Philippe le Bel, avril 1309,
Philippe de Valois, février 1346, Jean II,
novembre 1360, Charles V, juin 1373, et
Louis XI, mars 1476, aux habitants de
Mâcon. Saint-Just-sur-Lyon, septembre
1542.

Enreg. au Parl. de Paris, le 16 janvier 1543 n. s.
Arch. nat., X¹ᵃ 8613, fol. 378 v° et 385. 15 pages,
dont 13 pour les lettres des prédécesseurs de
François Iᵉʳ.
Arrêt d'enregistrement. Idem, X¹ᵃ 1550, Conseil,
fol. 302 v°.
Copie. Laborier de Serrières, Annales inédites
de Mâcon, ms. appartenant à M. de Fréminville,
château de l'Aumusse (Ain).
Autres copies dans la Bibliothèque de M. La-
croix, pharmacien à Mâcon, et dans celle de
M. Bazin, à Paris.

12768. Confirmation des statuts et ordonnances du   Septembre.
métier de teinturier de soie, de fil et de laine

de la ville de Paris. Saint-Just-sur-Lyon, sep-   1542.
tembre 1542.

> *Enreg. à la Chancellerie de France. Arch. nat.,*
> *Trésor des Chartes, JJ. 256¹, n° 333, fol. 94.*
> *1 page.*
> *Enreg. au Châtelet de Paris, le 7 octobre 1542.*
> *Arch. nat., Livre janne grand, Y. 6⁵, fol. 98.*
> *2 pages.*

12769. Lettres de naturalité obtenues par Jean Bou-   Septembre.
ton, écuyer, coseigneur du Fay et de Bos-
jean, natif de Poligny, au comté de Bourgogne, résidant dans le comté d'Auxonne.
Saint-Just-sur-Lyon, septembre 1542.

> *Enreg. à la Chambre des Comptes de Dijon, le*
> *1ᵉʳ juin 1543. Arch. de la Côte-d'Or, B. 72,*
> *fol. 170 v°.*
> *Imp. Pierre Palliot, Hist. généal. des comtes de*
> *Chamilly, de la maison de Bouton. Lyon, 1671,*
> *in-fol., Preuves, p. 114.*

12770. Provisions de l'office de lieutenant général civil   2 octobre.
et criminel en la sénéchaussée de Bazadais,
en faveur de Jacques André Poussan, 2 octobre 1542.

> *Enreg. au Parl. de Bordeaux, le 16 novembre*
> *1542. Arch. de la Gironde, B. 31, fol. 182 v°.*
> *2 pages.*

12771. Lettres ordonnant l'ouverture de la Monnaie   3 octobre.
de Romans en Dauphiné. Montpellier, 3 oc-
tobre 1542.

> *Enreg. au Parl. de Grenoble, le 1ᵉʳ décembre*
> *1542. Arch. de l'Isère, B. 2334, fol. 189, 2 pages.*
> *Copie. Arch. nat., Cour des Monnaies, Règle-*
> *ments, Z¹ᵇ. 366.*

12772. Lettres réduisant à 40,000 livres l'emprunt de   3 octobre.
20,000 écus demandé par le roi aux habi-
tants du Dauphiné. Montpellier, 3 octobre
1542.

> *Enreg. au Parl. de Grenoble, le 1ᵉʳ décembre*
> *1542. Arch. de l'Isère, B. 2334, fol. 190. 1 page 1/2.*

12773. Lettres accordant mainlevée des gages des pré-   3 octobre.
sidents et conseillers du Parlement de Gre-

noble, qui avaient été consignés entre les
mains du receveur général par ordre du roi.
Montpellier, 3 octobre 1542.

*Enreg. au Parl. de Grenoble, le 1er décembre
1542. Arch. de l'Isère, B. 2384, fol. 191. 1 page.*

1542.

12774. Lettres portant mainlevée des gages de François
Roux, procureur des États de Dauphiné, qui
avaient été consignés entre les mains du receveur général, par ordre du roi. Montpellier,
3 octobre 1542.

3 octobre.

*Enreg. au Parl. de Grenoble, le 1er décembre
1542. Arch. de l'Isère, B. 2384, fol. 191 v°.
1 page 1/2.*

12775. Lettres confirmatives du don de la justice du
fief de Lée et Préforgeuil, hameau de la commune de Villy-le-Moutier, en la châtellenie
d'Argilly, fait par Louis XII à Claude de May,
écuyer. Saint-Just-sur-Lyon, 3 octobre 1542.

3 octobre.

*Enreg. à la Chambre des Comptes de Dijon, le
16 décembre suivant. Arch. de la Côte-d'Or, reg.
B. 72, fol. 168.*

12776. Lettres de ratification de l'indult accordé par
le pape Paul III, le 3 novembre 1534, au
cardinal de Tournon, pour la collation des
bénéfices dépendant de son archevêché et de
ses abbayes. Saint-Just-sur-Lyon, 4 octobre
1542.

4 octobre.

*Enreg. au Parl. de Paris, sauf les réserves d'usage,
le 5 juin 1543. Arch. nat., X1a 8613, fol. 441 v°,
442 v°. 4 pages 1/2.*
*Arrêt d'enregistrement. Idem, X1a 4919, Plaidoi-
ries, fol. 258 v°.*

12777. Commission de capitaine des galères du roi
en faveur de Pierre Bon. Montpellier, 4 octobre 1542.

4 octobre.

*Enreg. au Parl. de Dijon. Arch. de la Côte-d'Or,
Parl., reg. III, fol. 65.*

12778. Provisions de l'office de quatrième président au
Parlement de Bordeaux, en faveur de Geof-

6 octobre.

froy de la Chassaigne, conseiller audit Par-   1542.
lement. Montpellier, 6 octobre 1542.

Enreg. au Parl. de Bordeaux, le 4 novembre
1542. Arch. de la Gironde, B. 31, fol. 178 v°.
2 pages.

12779. Provisions de l'office de conseiller lai au Par-   6 octobre.
lement de Bordeaux, en faveur d'Arnaud de
Guérin, avocat. Montpellier, 6 octobre 1542.

Enreg. au Parl. de Bordeaux, le 10 novembre
1542. Arch. de la Gironde, B. 31, fol. 179 v°.
2 pages.

12780. Mandement au Parlement de Paris de faire les   10 octobre.
provisions nécessaires à Jean Béliard, rece-
veur des tailles de Clermont, pour qu'il
puisse avoir communication des pièces d'un
procès contre lui intenté par le commis de
Guillaume Poyet, lesquelles sont sous scellés
avec les autres papiers du chancelier. Montpellier, 10 octobre 1542.

Entériné au Parl., le 5 décembre 1542. Arch.
nat., X¹ᵃ 1550, Conseil, fol. 49 v°. (Mention.)

12781. Mandement au trésorier de l'épargne de payer   12 octobre.
à Jean-Jacques de Castion, ambassadeur chez
les Grisons, 825 livres pour ses dépenses
dans l'exercice de sa charge, du 8 août au
31 octobre 1542. Montpellier, 12 octobre
1542.

Bibl. nat., ms. Clairambault 1215, fol. 80. (Men-
tion.)

12782. Mandement pour la délivrance à Antoine Le-   13 octobre.
maçon, receveur général de Bourgogne, de
100,000 livres tournois destinées au payement de la solde du mois de novembre et
au payement de la solde d'un mois de gages
des Suisses de la dernière levée. Montpellier,
13 octobre 1542.

Original. Bibl. nat., ms. fr. 25722, n° 772.

12783. Lettres portant assignation de la dot de la du-   15 octobre.
chesse de Ferrare sur les greniers à sel de

Chartres, Montargis et Gisors, et sur les aides 1542.
dudit pays. 15 octobre 1542.

> *Enreg. à la Chambre des Comptes de Paris, le 22 décembre 1542. Arch. nat., invent. PP. 136. p. 511. (Mention.)*

12784. Lettres au s^r de Montpezat, lui ordonnant de 17 octobre.
faire sortir de Montpellier les troupes qu'il
y avait introduites. Montpellier, 17 octobre
1542.

> *Imp. Germain de la Faille, Annales de la ville de Toulouse. 2 vol. in-fol., 1687-1701, t. II, Preuves, p. 17.*

12785. Lettres de naturalité en faveur d'Antoine Robio, 18 octobre.
originaire du Piémont. Frontignan, 18 oc-
tobre 1542.

> *Enreg. au Parl. de Provence. Arch. de ladite cour à Aix, reg. petit in-fol. de 253 feuillets, fol. 216.*

12786. Confirmation de la juridiction de la Cour des 22 octobre.
Aides de Montpellier, malgré toutes opposi-
tions contraires. 22 octobre 1542.

> *Arch. départ. de l'Hérault, B. 445. (Mention.)*
> *(Voir lettres du 21 août 1544.)*

12787. Lettres conférant pour six ans à Marcellin 23 octobre.
Besson la maîtrise particulière de la Monnaie
d'Aix en Provence. Carcassonne, 23 octobre
1542.

> *Minute. Arch. nat., Cour des Monnaies, Règle-*
> *ments, Z^{1b} 366.*

12788. Lettres données à la requête des États de Lan- 27 octobre.
guedoc, autorisant les commissaires de l'as-
siette à lever indistinctement sur tous les
habitants du pays, privilégiés et non privilégiés, les sommes nécessaires pour l'entreprise du Roussillon et le payement des fournitures faites au camp. Toulouse, 27 octobre
1542.

> *Vidimus du XVIe siècle donné par le viguier de Toulouse. Arch. de la ville d'Albi, DD. 32.*
> *Copie. Arch. municipales de Toulouse, ms. 439, fol. 361.*

12789. Lettres permettant au duc d'Arschot de délé- 27 octobre.

guer un procureur pour assister à une enquête et le représenter en divers lieux du
royaume, à cause d'un procès qu'il soutient
contre Charles de Croy, comte de Sainghin.
Toulouse, 27 octobre 1542.

*Enreg. au Parl. de Paris, le 17 janvier 1543
n. s. Arch. nat., X¹ᵃ 1550, Conseil, fol. 138 v°.
(Mention.)*

12790. Mandement au trésorier de l'épargne de payer   30 octobre.
à Jean de Monluc, abbé de Hautefontaine
et ambassadeur du roi à Venise, 2,475 livres
pour cent quatre-vingts jours d'exercice de sa
charge. Nérac, 30 octobre 1542.

*Bibl. nat., ms. Clairambault 215, fol. 80. (Men-
tion.)*

12791. Lettres de naturalité en faveur de Jeannot De-   Octobre.
lasne, lieutenant du château de Cherbourg
pour le sénéchal d'Agénais, originaire du
royaume de Navarre. Montpellier, octobre
1542.

*Enreg. à la Chancellerie de France. Arch. nat.,
Trésor des Chartes, JJ. 256¹, n° 352, fol. 99 v°.
1 page.*

12792. Lettres de naturalité en faveur de Jean de Ga-   Octobre.
vernot, natif de Pampelune. Villepinte, oc-
tobre 1542.

*Enreg. à la Chancellerie de France. Arch. nat.,
Trésor des Chartes, JJ. 256¹, n° 351, fol. 99 v°.
1 page.*

12793. Lettres de création d'un second office de no-   Octobre.
taire dans la châtellenie de Larodde, en Au-
vergne. Lyon, octobre 1542.

*Enreg. à la Chancellerie de France. Arch. nat.,
Trésor des Chartes, JJ. 256¹, n° 356, fol. 100.
1 page.*

12794. Lettres confirmant celles du dauphin Louis,   Octobre.
données à Valence le 29 mai 1448, qui au-
torisent la ville de Romans, pour entretenir
son pont sur l'Isère, à lever par roue de char
ou charrette chargée deux quarts de gros, et
par roue de charrette vide un quart, sous les

noms de « barrage et treuage ». Lyon, octobre   1542.
1542.

> *Enreg. à la Chambre des Comptes de Grenoble,*
> *le 19 janvier 1544 n. s. Arch. départ. de la Drôme,*
> *E. 3614.*

12795. Lettres de naturalité en faveur de Louis Napole,   Octobre.
originaire de Venise. Lyon, octobre 1542.

> *Enreg. à la Chancellerie de France. Arch. nat.,*
> *Trésor des Chartes, JJ. 256¹, n° 353, fol. 99 v°.*
> *1 page.*

12796. Édit de création des offices de trésoriers payeurs   Octobre.
des gens de guerre des ordonnances, leur
attribuant les mêmes privilèges et franchises
qu'aux commissaires et contrôleurs des guerres.
Octobre 1542.

> *Imp: Blanchard, Compilation chronologique, etc.*
> *Paris, 1715, in-fol., t. I, col. 549. (Mention.)*

12797. Ordonnance portant augmentation de gages en   9 novembre.
faveur des avocats du roi et procureurs gé-
néraux du Parlement de Dijon. Angoulême,
9 novembre 1542.

> *Enreg. à la Chambre des Comptes de Dijon, le*
> *12 décembre suivant. Arch. de la Côte-d'Or, reg.*
> *B. 20, fol. 119.*

12798. Lettres portant que les plus anciens conseillers   9 novembre.
du Parlement de Toulouse monteront à leur
rang et assisteront aux audiences de la grande
chambre. Angoulême, 9 novembre 1542.

> *Enreg. au Parl. de Toulouse. Arch. de la Haute-*
> *Garonne, Édits, reg. 5, fol. 27. 1 page.*

12799. Lettres ordonnant aux religieux de la congré-   9 novembre.
gation de Sainte-Justine de Padoue et aux
autres moines étrangers de quitter l'abbaye
de Saint-Honorat de Lérins. Angoulême,
9 novembre 1542.

> *Enreg. au Parl. d'Aix, le 2 décembre suivant.*
> *Copie du xvi⁰ siècle. Arch. départ. des Alpes-*
> *Maritimes, H. 64.*

12800. Lettres rétablissant Étienne Minfant en son   9 novembre.
office de conseiller au Parlement de Rouen.

dont il avait été suspendu par le roi. Angoulême, 9 novembre 1542.

> Enreg. au Parl. de Rouen, le 16 décembre sui-
> vant.
> Copie du xvii° siècle. Arch. nat., U. 760, p. 219.
> 2 pages.

12801. Lettres portant ratification des pouvoirs du car- 12 novembre.
dinal Sadolet, légat en France, contenus
dans les bulles du pape Paul III, datées de
Rome, le 3 des ides d'août 1542, et permission d'en exercer les fonctions. Angoulême, 12 novembre 1542.

> Enreg. au Parl. de Paris, sauf réserves et modifi-
> cations, le 4 décembre 1542. Arch. nat., X¹ª 8613,
> fol. 365 et 374. 1 page 1/2, et 17 pages pour les
> bulles.
> IMP. Dupuy, Preuves des libertés de l'Église
> gallicane..., Paris, 3° édit., 1651, 2 vol. in-fol.,
> 3° partie, p. 91.

12802. Mandement au Parlement de Paris de pro- 12 novembre.
céder en la grande chambre, en présence des
quatre présidents et de vingt conseillers, au
jugement du procès pendant entre le procureur du roi et le marquis de Rothelin, au
sujet de la terre et seigneurie de Baugency.
Angoulême, 12 novembre 1542.

> Présenté au Parl., le 5 avril 1543. Arch. nat.,
> X¹ª 1550, Conseil, fol. 356. (Mention.)
> Enreg. le 2 juin suivant. Idem, X¹ª 1551,
> fol. 64 v°. 1 page.

12803. Mandement à Claude Grandin, payeur de la 12 novembre.
compagnie du duc d'Estouteville, de payer à
Charles de Béthisy 60 livres tournois pour
ses gages, bien qu'il n'ait pas assisté à la dernière montre de la compagnie. Angoulême,
12 novembre 1542.

> Original. Bibl. nat., ms. fr. 25792, n° 773.

12804. Mandement pour le payement de 5,000 quin- 18 novembre.
taux de farine, au prix de 35 sous tournois
le quintal, et de 1,000 ânées d'avoine, au prix
de 110 sous tournois chacune, achetés pour
le roi par le cardinal de Tournon à Pierre

Vincent et Laurent de Cornat, marchands 1542.
de Lyon, qui lés ont livrés à Franconseil,
seigneur de Saint-Romain, qui en disposera
selon les ordres du roi ou du s^r de Montpezat, lieutenant général en Languedoc. Angoulême, 18 novembre 1542.

> *Original. Bibl. nat., ms. fr. 25722, n° 774.*

12805. Provisions de l'office de lieutenant général en   19 novembre.
la sénéchaussée de Périgord, au siège de
Sarlat, pour Antoine de Salis. Angoulême,
19 novembre 1542.

> *Enreg. au Parl. de Bordeaux, le 22 décembre
> 1542. Arch. de la Gironde, B. 31, fol. 198 v°.
> 2 pages.*

12806. Ordonnance enjoignant aux gens des comptes   20 novembre.
à Dijon de communiquer aux commissaires
du roi tous comptes, registres et papiers dé-
posés à ladite Chambre des Comptes. Angoulême, 20 novembre 1542.

> *Enreg. à la Chambre des Comptes de Dijon. Arch.
> de la Côte-d'Or, reg. B. 19, fol. 27.*

12807. Ordonnance portant règlement pour les   20 novembre.
montres, les revues et le payement des gens
de guerre, et les fonctions des commissaires,
trésoriers et payeurs. Angoulême, 20 novembre 1542.

> *Minute. Bibl. nat., ms. fr. 2965, fol. 40.*
> *Copie du XVIe siècle. Bibl. nat., ms. fr. 3051,
> fol. 41.*
> *Enreg. à la Chambre des Comptes de Paris, anc.
> mém. 3 L, fol. 4. Arch. nat., invent. PP. 136,
> p. 512; AD. IX 125, n° 45. (Mentions.)*

12808. Mandement au trésorier de l'épargne de payer   20 novembre.
à Georges d'Armagnac, ambassadeur à Rome,
3,640 livres pour six mois d'exercice de sa
charge. Angoulême, 20 novembre 1542.

> *Bibl. nat., ms. Clairambault 1215, fol. 80.*
> *(Mention.)*

12809. Mandement au trésorier de l'épargne de payer   20 novembre.
à Charles de Marillac, ambassadeur en An-
gleterre, 1,840 livres pour six mois d'exercice

de sa charge, du 1ᵉʳ juillet au 31 décembre   1542.
1542. Angoulême, 20 novembre 1542.

> *Bibl. nat.*, ms. Clairambault 1215, fol. 80.
> (*Mention.*)

12810. Mandement au trésorier de l'épargne de payer   20 novembre.
à Christophe Richer, valet de chambre du
roi et son ambassadeur en Suède et en Dane-
mark, 1,620 livres pour deux cent soixante-
dix jours d'exercice de sa charge, du 23 novembre 1542 au 19 août 1543. Angoulême,
20 novembre 1542.

> *Bibl. nat.*, ms. Clairambault 1215, fol. 80.
> (*Mention.*)

12811. Déclaration interprétative de l'article 163 de   21 novembre.
l'ordonnance de Villers-Cotterets (août 1539,
n° 11171), relatif aux appellations interjetées
en matières criminelles des juges ordinaires
aux cours de Parlement. Angoulême, 21 novembre 1542.

> *Enreg. au Parl. de Paris, le 12 février 1543 n. s.*
> Arch. nat., U. 446, fol. 183 v°. 2 pages.
> *Arrêt d'enregistrement. Arch. nat.*, X²ᵃ 94, reg.
> criminel, non folioté (*à la date*).
> *Enreg. au Parl. de Bordeaux, le 7 décembre*
> *1542. Arch. de la Gironde*, B. 31, fol. 186 v°.
> 2 pages 1/2.
> *Enreg. au Parl. de Dijon, le 25 décembre 1542.*
> Arch. de la Côte-d'Or, reg. III, fol. 84 (ou 64).
> *Enreg. à la Chambre des Comptes de Grenoble, le*
> *12 décembre 1542. Arch. de l'Isère*, B. 2911, II,
> fol. 17. 4 pages.
> *Imp.* Plaquette in-4°. *Arch. nat.*, AD.I 22, p. 3.
> 2 pages (sous la date du 20 novembre 1541).
> *Les loix, ordonnances et edictz, etc... depuis*
> *le roy S. Lois...* Paris, Galiot du Pré, 1559,
> in-fol., fol. 176 r°.
> P. Rebuffi, *Les édits et ordonnances des rois de*
> *France.* Lyon, 1573, in-fol., p. 212.
> A. Fontanon, *Édits et ordonnances, etc.* Paris,
> 1611, in-fol., t. I, p. 631 (sous la date du 20 no-
> vembre 1541).
> *Ordonnances royaux sur le faict de la justice,*
> *abbréviation des procez, etc.* Lyon, Arnoullet,
> 2 vol. in-16, 1612, t. II, p. 24-28.
> J. Corbin, *Le code de Louis XIII, etc.* Paris,
> 1628, in-fol., t. I, p. 684.
> P. Néron, *Recueil des édits et ordonnances de*

François Ier à Louis XIV. Paris, 1720, 2 vol.
in-fol., t. I, p. 264.

Isambert, *Anc. lois françaises, etc.* Paris, 1827,
in-8°, t. XII, p. 759 (sous la date du 20 novembre
1541).

1542.

12812. Mandement à Jean Laguette, receveur des
finances extraordinaires et parties casuelles,
de payer, sur les deniers qui proviendront
de la vente de l'office de sergent à verge au
Châtelet de Paris, vacant par la mort de
Louis Leclerc, à Jean d'Esnault, fourrier de
la maison du roi, et à Jean Le Poulcre, écuyer
de la cuisine, la somme de 60 écus d'or
soleil que le roi leur donne en gratification.
La Rochefoucauld, 25 novembre 1542.

25 novembre.

Original. Bibl. nat.; ms. fr. 6546, fol. 1.

12813. Provisions pour Charles Vousy de l'office de
contrôleur des aides, tailles et équivalent en
l'élection de Poitiers. 28 novembre 1542.

28 novembre.

*Reçu à la Chambre des Comptes de Paris, le
21 février 1543 n. s.,* anc. mém. 2 K, fol. 239.
Arch. nat., invent. PP. 136, p. 512. (*Mention.*)

12814. Lettres portant exemption de toutes tailles, pendant cinq ans, en faveur des habitants du pays
de Labour. 29 novembre 1542.

29 novembre.

Enreg. à la Chambre des Comptes de Paris, anc.
mém. 2 L, fol. 15. *Arch. nat.,* invent. PP. 136,
p. 512. (*Mention.*)

12815. Édit portant règlement pour les offices, droits
et fonctions des notaires et tabellions. Angoulême, novembre 1542.

Novembre.

*Enreg. au Parl. de Paris, de expressissimo man-
dato regis repetitis vicibus facto, le 31 juillet 1543.
Arch. nat.,* X^{1a} 8613, fol. 478 v°. 6 pages 1/2.
Arrêt d'enregistrement. Idem, X^{1a} 4919, Plaidoi-
ries, fol. 474.
*Enreg. au Parl. de Bordeaux, le 7 décembre 1542.
Arch. de la Gironde,* B. 31, fol. 189 v°. 12 pages.
*Enreg. au Parl. de Dijon, le 20 décembre 1542.
Arch. de la Côte-d'Or, Parl.,* reg. III, fol. 62.
*Enreg. au Parl. de Toulouse, le 11 décembre 1542.
Arch. de la Haute-Garonne, Édits,* reg. 5, fol. 29.
6 pages 1/2.

Enreg. à la Chambre des Comptes de Dijon, 1542.
le 19 décembre 1542. Archives de la Côte-d'Or,
reg. B. 20, fol. 108.

Imp. Paris, Claude de Monstreul, 1584, in-8°.
Bibl. nat., 8° F. Actes royaux (cartons).

Autre pièce in-8° (s. l. n. d.). *Bibl. nat.*, 8° F.
Actes royaux (cartons).

Autre pièce in 8°, *Arch. nat.*, AD. I 23. 18 pages.

Les loix, ordonnances et edictz, etc… depuis le
roy S. Lois…, Paris, Galiot du Pré, 1559, in-fol.,
fol. 174 r°.

P. Rebuffi, *Les édits et ordonnances des rois de*
France, Lyon, 1573, in-fol., p. 1265.

A. Fontanon, *Édits et ordonnances, etc.* Paris,
1611, in-fol., t. I, p. 707.

E. Girard et J. Joly, *Troisiesme livre des offices*
de France. Paris, 1647, in fol., t. II, p. 1709.

S.-F. Langloix, *Traité des droits, privilèges et*
fonctions des notaires, gardes-notes, etc. Paris, 1738,
in-4°, Preuves, p. 24.

Isambert, *Anc. lois françaises, etc.* Paris, 1827,
in-8°, t. XII, p. 790.

12816. Lettres portant que l'édit de création des tabel-   Novembre.
lions, scelleurs et gardes-notes sera exécuté en
Dauphiné, et qu'il y aura des notaires dans
les lieux où les tabellions ne résideront pas,
pour recevoir les contrats, avec défense aux
juges et greffiers d'en recevoir aucun. Angoulême, novembre 1542.

Enregistrement à la Chambre des Comptes de Gre-
noble. Archives de l'Isère, B. 2911, II, fol. 16.
17 pages.

12817. Permission à François et à Étienne Saptes, mar-   Novembre.
chands de Carcassonne, de faire construire
un four et un colombier dans leur maison
forte, dite le Moulin-de-la-Tourte, sise en la
justice de Conques, sénéchaussée de Carcassonne. Angoulême, novembre 1542.

Enreg. à la Chancellerie de France. Arch. nat.,
Trésor des Chartes, JJ. 256¹, n° 364, fol. 101 v°.
1 page.

12818. Lettres de création de trois foires annuelles et   Novembre.
d'un marché hebdomadaire à Biron, séné-
chaussée de Périgord, en faveur de Jean

de Gontaut-Biron. Angoulême, novembre 1542.

1542.

> *Enreg. à la Chancellerie de France. Arch. nat.,*
> *Trésor des Chartes,* JJ. 256¹, n° 371, fol. 103.
> 1 page.

12819. Établissement de quatre foires annuelles et d'un marché hebdomadaire à Saint-Loubert, sénéchaussée de Bazadois, en faveur de Charles de Gramont, archevêque de Bordeaux, seigneur temporel du lieu. Angoulême, novembre 1542.

Novembre.

> *Enreg. à la Chancellerie de France. Arch. nat.,*
> *Trésor des Chartes,* JJ. 256¹, n° 374, fol. 103 v°.
> 1 page.

12820. Confirmation en faveur des consuls de Montauban du droit de «souquet» sur la vente du vin dans les tavernes. Angoulême, [novembre] 1542.

Novembre.

> *Arch. départ. de Tarn-et-Garonne,* Inventaire
> de 1662, liasse H, n° 3. (*Mention.*)

12821. Don à Antoine Turpin, sʳ de l'Étang, gentilhomme servant de Madame Marguerite de France, en récompense de ses services, du quart de la terre et seigneurie de Romaneau et ses dépendances, confisquée sur Pierre Lesieur, condamné à mort l'an 1539, pour crime d'hérésie, par sentence du lieutenant criminel de Saintes. Angoulême, novembre 1542.

Novembre.

> *Enreg. à la Chancellerie de France. Arch. nat.,*
> *Trésor des Chartes,* JJ. 256¹, n° 372, fol. 103.
> 1 page 1/2.

12822. Lettres de légitimation accordées à Louise Guillemeteau, fille naturelle de Jean Guillemeteau et de Sébastienne Mesnier. Angoulême, novembre 1542.

Novembre.

> *Enreg. à la Chancellerie de France. Arch. nat.,*
> *Trésor des Chartes,* JJ. 256¹, n° 366, fol. 102.
> 1 page.

12823. Lettres de légitimation accordées à François Simond, licencié ès droits, avocat au siège

Novembre.

de Périgueux, natif de Brantôme en Périgord, fils naturel d'Hélye Simond, clerc, et
de Marion Delaforêt. Angoulême, novembre
1542.

> *Enreg. à la Chancellerie de France. Arch. nat.,*
> *Trésor des Chartes, JJ. 256¹, n° 382, fol. 106.*
> 1 page.

1542.

12824. Lettres de légitimation en faveur de Jean Sermentis, clerc, habitant de Saint-Lazare au
diocèse de Périgueux, fils naturel de feu Jean
Sermentis, dudit lieu, et de Jeanne Guitard.
Angoulême, novembre 1542.

> *Enreg. à la Chancellerie de France. Arch. nat.,*
> *Trésor des Chartes, JJ. 256¹, n° 389, fol. 108.*
> 1 page.

Novembre.

12825. Lettres de naturalité en faveur de Doucé Del-
puech, veuve de Ferrand Dies, native d'Avignon, établie depuis vingt ans à Arles en
Provence. Angoulême, novembre 1542.

> *Enreg. à la Chancellerie de France. Arch. nat.,*
> *Trésor des Chartes, JJ. 256¹, n° 363, fol. 101 v°.*
> 1 page.

Novembre.

12826. Lettres de naturalité en faveur de Georges Ge-
belin, natif de Saint-Étienne au comté de
Nice, demeurant depuis vingt ans à Fos en
Provence. Angoulême, novembre 1542.

> *Enreg. à la Chancellerie de France. Arch. nat.,*
> *Trésor des Chartes, JJ. 256¹, n° 361, fol. 101.*
> 1 page.

Novembre.

12827. Lettres de naturalité en faveur de Raphaël Val-
lète, apothicaire, natif de Nice, établi à Sisteron en Provence. Angoulême, novembre
1542.

> *Enreg. à la Chancellerie de France. Arch. nat.,*
> *Trésor des Chartes, JJ. 256¹, n° 359, fol. 101.*
> 1 page.

Novembre.

12828. Provisions en faveur de Guillaume de Dinteville, s^r des Chênets, de l'office de bailli de
Bar-sur-Seine, vacant par le décès de Jean

2 décembre.

de Lénoncourt. Angoulême, 2 décembre   1542.
1542.

> *Présentées au Parl. de Paris, le 18 mars 1544*
> *n. s. Opposition du s' Lausserrois, aussi pourvu dudit*
> *office. Arch. nat., X¹ᵃ 4921, Plaidoiries, fol. 584 v°.*
> *(Mention.)*

12829. Commission adressée à Pierre Secondat, général   6 décembre.
des finances en la généralité de Guyenne,
pour procéder contre ceux qui ont contre-
venu à l'édit sur la gabelle. Cognac, 6 décembre 1542.

> *Enreg. au Parl. de Bordeaux, le 12 décembre*
> *1542. Archives de la Gironde, B. 31, fol. 196.*
> *4 pages 1/2.*

12830. Édit portant création de seize recettes générales   7 décembre.
des finances, et règlement pour les fonctions
des officiers de finance. Cognac, 7 décembre
1542.

> *Enreg. à la Chambre des Comptes de Paris, le*
> *10 février 1543 n. s. Arch. nat., P. 2306, p. 1123.*
> *23 pages.*
> *Copie collat. faite par ordre de la Cour des Aides,*
> *le 26 avril 1778. Arch. nat., Z¹ᵃ 527.*
> *IMP. Pièce in-8°. Paris, G. Longis et F. Guibert,*
> *s. d. Bibl. nat., 8° F. Actes royaux (cartons).*
> *Plaquette in-12 de 16 pages. Arch. nat., AD.I 23.*
> *Autre pièce in-4° de 12 pages. Arch. nat.,*
> *AD.I 23, et AD.IX 125, n° 48.*
> *A. Fontanon, Édits et ordonnances, etc. Paris,*
> *1611, in-fol., t. II, p. 625.*
> *S. Fournival, Recueil général des titres concer-*
> *nant les fonctions des trésoriers de France. Paris,*
> *1655, in-fol., p. 159.*
> *Isambert, Anc. lois françaises, etc. Paris, 1827,*
> *in-8°, t. XII, p. 796.*

12831. Déclaration pour les droits de robe et de bûche   7 décembre.
de Toussaint qui appartiennent aux correc-
teurs de la Chambre des Comptes de Paris.
Cognac, 7 décembre 1542.

> *Enreg. à la Chambre des Comptes de Paris, anc.*
> *mém. 2 L, fol. 160. Arch. nat., invent. PP. 136,*
> *p. 513; AD.IX 125, n° 50. (Mentions.)*

12832. Lettres déchargeant Claude Gouffier, seigneur   8 décembre.
de Boisy, de l'administration des biens de
François de Vendôme, vidame de Chartres,

et émancipant ce dernier. Cognac, 8 dé-   1542.
cembre 1542.

Enreg. au Parl. de Paris, le 9 janvier 1543 n. s.
Arch. nat., X¹ᵃ 8613, fol. 375. 2 pages.
Arrêt d'enregistrement. Idem, X¹ᵃ 4918, Plai-
doiries, fol. 216 v°.

12833. Don à Étienne Regnard, sommelier de l'échan-   8 décembre.
sonnerie du roi, de 20 écus d'or soleil à
prendre sur les produits de la vente de deux
offices de bailes et sergents de Roquebrun
et de Saint-Nazaire-de-Ladarez, au diocèse de
Béziers, vacants par la mort de Jean Bur-
guety. Cognac, 8 décembre 1542.

Original. Bibl. nat., ms. fr. 25722, n° 775.

12834. Déclaration pour l'enregistrement et l'exécution   10 décembre.
des lettres du 26 février 1539 n. s. (n° 10855),
relatives aux pouvoirs des huissiers de la
Connétablie et maréchaussée de France. Cognac, 10 décembre 1542.

Enreg. au Parl. de Paris, le 4 février 1543 n. s.
Arch. nat., X¹ᵃ 8613, fol. 376 v°. 1 page.
Imp. Pinson de La Martinière, La Connétablie
et maréchaussée de France, etc. Paris, 1661,
in-fol., p. 71.

12835. Mandement aux commissaires chargés de lever   13 décembre.
dans le diocèse d'Angers les emprunts de-
mandés au clergé en 1538, de ne rien faire
payer à l'évêque de Mende, pour l'abbaye de
Saint-Aubin, parce que le cardinal de Mâcon,
qui en était abbé avant lui, avait payé ce
qu'il devait en cette qualité. Cognac, 13 décembre 1542.

Copie collationnée du XVIᵉ siècle. Bibl. nat.,
ms. fr. 25722, n° 776.

12836. Mandement pour la délivrance à Antoine Le-   13 décembre.
maçon, receveur général de Bourgogne, de
55,261 livres tournois destinées au payement d'un mois de solde, du 29 novembre
au 28 décembre, des dix-neuf bandes de
lansquenets commandées par le baron de
« Hedech ». Aulnay, 13 décembre 1542.

Original. Bibl. nat., ms. fr. 25722, n° 777.

12837. Provisions pour Michel Dey, lieutenant particulier du bailli de Vermandois au siège de Saint-Quentin, de l'office de lieutenant général dudit bailliage, en remplacement de feu Bertrand Le Roux. Chizé, 19 décembre 1542.

1542.
19 décembre.

Reçu au Parl. de Paris, le 8 février 1543 n. s. Arch. nat., X¹ᵃ 4918, Plaidoiries, fol. 349. (Mention.)

12838. Mandement pour la délivrance à Antoine Lemaçon, receveur général de Bourgogne, de 3,159 livres tournois qu'il doit payer à Christophe Du Hastat, capitaine de trois cent trois lansquenets, sous les ordres du baron de «Hedech», à titre de remboursement d'une pareille somme qu'il avait empruntée pour l'entretien de sa bande. Chizé, 21 décembre 1542.

21 décembre.

Original. Bibl. nat., ms. fr. 25722, n° 778.

12839. Lettres ordonnant au Parlement de Paris d'envoyer au roi en toute diligence les pièces du procès naguère pendant entre le duc et la duchesse d'Estouteville, et Jacqueline d'Estouteville, dame de Briquebec, d'une part, Philippe, dame de Sarrebruck, et Louis, Jacques et Catherine de Silly, ses enfants, d'autre. Chizé, 22 décembre 1542.

22 décembre.

Entérinées au Parl., le 18 janvier 1543 n. s. Arch. nat., X¹ᵃ 1550, Conseil, fol. 139 v°. (Mention.)

12840. Provisions pour François Régnier, licencié ès lois, sur la présentation de la reine de Navarre, duchesse d'Alençon et de Berry, de l'office de lieutenant général du bailliage de Berry, au siège d'Issoudun, vacant par la promotion de Jean Desfossés à l'office de lieutenant général du duché d'Alençon. Aulnay, 23 décembre 1542.

23 décembre.

Reçu au Parl. de Paris, le 23 janvier 1543 n. s. Arch. nat., X¹ᵃ 4918, Plaidoiries, fol. 276. (Mention.)

12841. Déclaration au sujet des rébellions commises
par les habitants de Marennes, Oleron, Saint-
Jean-d'Angles, Saint-Just, Bourg-sur-Gironde,
Libourne, Bordeaux, etc., à l'occasion des
gabelles. Ajournement des prévenus à la Rochelle, le 31 décembre; les nobles compa-
raîtront en personne et les communes par
procureur. Confiscation des marais salants,
en attendant le jugement définitif. Chizé,
27 décembre 1542.

1542.
27 décembre.

> *Enreg. au Parl. de Paris, le 26 juin 1543. Arch. nat.*, X¹ᵃ 8613, fol. 444. 3 pages.
> *Enreg. à la Chambre des Comptes de Paris, le 25 juin 1543.*
> *Enreg. à la Cour des Aides, le 2 juillet 1543. Copies collationnées faites par ordre de cette cour, le 7 septembre 1778. Arch. nat.*, Z¹ᵃ 265, fol. 265, et Z¹ᵃ 527.
> *Imp. Le voyage du roy à la Rochelle, les suppli-cations des habitans...* Paris, G. Nyverd, 1543, in-12, fol. 9. (*Bibl. nat.*, Lb³⁰ 88.)
> Isambert, *Anc. lois françaises*, etc. Paris, 1827, in-8°, t. XII, p. 787 (sous la date inexacte du 27 septembre).
> **L. Cimber et F. Danjou**, *Archives curieuses de l'hist. de France.* Paris, 1ʳᵉ série, t. III, 1835, in-8°, p. 50.
> *Cronique du roy Françoys Iᵉʳ de ce nom*, publiée par Georges Guiffrey. Paris, 1860, in-8°, p. 409.

12842. Lettres de légitimation accordées à Jeanne Artaud, femme de Guillaume Pupin, demeu-
rant à Saint-Jean-d'Angély, fille de Louis
Artaud et de Catherine Broussard. Angoulême, décembre 1542.

Décembre.

> *Enreg. à la Chancellerie de France. Arch. nat., Trésor des Chartes*, JJ. 256¹, n° 393, fol. 108 v°. 1 page.

12843. Lettres de légitimation accordées à Pierre Coulombier, fils naturel de Pierre Coulombier et
de Mariotte Boyer. Angoulême, décembre
1542.

Décembre.

> *Enreg. à la Chancellerie de France. Arch. nat., Trésor des Chartes*, JJ. 256¹, n° 392, fol. 108 v°. 1 page.

12844. Lettres de légitimation accordées à Jean Gentil,

Décembre.

clerc, fils naturel de Pierret Gentil, écuyer,
de Saint-Yrieix en Limousin. Angoulême,
décembre 1542.

> *Enreg. à la Chancellerie de France. Arch. nat.,*
> *Trésor des Chartes, JJ. 256¹, n° 391, fol. 108.*
> *1 page.*

12845. Lettres de naturalité en faveur de Nicolas
Bernus, demeurant à Sault en Provence avec
son père et sa mère, né en Lorraine pendant
un voyage de ses parents. Angoulême, décembre 1542.

> *Enreg. à la Chancellerie de France. Arch. nat.,*
> *Trésor des Chartes, JJ. 256¹, n° 406, fol. 111.*
> *1 page.*

12846. Lettres de naturalité en faveur de Louis des
Guerres, l'un des archers exempts de la garde
du roi, originaire du royaume de Navarre.
Angoulême, décembre 1542.

> *Enreg. à la Chancellerie de France. Arch. nat.,*
> *Trésor des Chartes, JJ. 256¹, n° 407, fol. 111.*
> *1 page.*

12847. Édit de création de treize offices de receveurs
généraux des finances dans les treize recettes
générales de Paris, Châlons, Amiens, Rouen,
Caen, Bourges, Tours, Poitiers, Issoire,
Agen, Toulouse, Montpellier et Lyon, pour
la perception des deniers publics. Cognac,
décembre 1542.

> *Enreg. à la Chambre des Comptes de Paris, le*
> *27 janvier 1543 n. s. Arch. nat., P. 2306,*
> *p. 1119. 2 pages 1/2.*
> *Copie collationnée faite par ordre de la Cour des*
> *Aides, le 21 août 1778. Arch. nat., Z¹ᵃ 527.*
> **Impr.** *Pièce in-4°. Paris, Prault, quai de Gesvres,*
> *au Paradis, 1741. Bibl. nat., in-4°, F. Paquets; et*
> *Arch. nat., AD.I 23.*
> *Autre pièce in-4°. Arch. nat., AD.IX 125, n° 46.*
> *2 pages.*
> *A. Fontanon, Édits et ordonnances, etc. Paris,*
> *1611, in-fol., t. II, p. 827.*
> *J. Corbin, Nouveau recueil des édits... de la*
> *juridiction des Cours des Aides de Paris, Rouen, etc.*
> *Paris, 1623, in-4°, p. 299.*
> *S. Fournival, Recueil général des titres concer-*

nant les fonctions des trésoriers de France... Paris, 1542.
1655, in-fol., p. 167.
Isambert, *Anc. lois françaises, etc.* Paris, 1827,
in-8°, t. XII, p. 805.

12848. Édit de règlement pour le recouvrement et   Décembre.
l'emploi des amendes, forfaitures et confiscations prononcées par le bailli de l'artillerie.
Cognac, décembre 1542.

> *Enreg. à la Chancellerie de France. Arch. nat.,*
> *Trésor des Chartes, JJ. 256¹, n° 395, fol. 108 v°.*
> 2 pages.

12849. Ordonnance touchant la gestion des grènetiers.   Décembre.
Cognac, décembre 1542.

> *Citée dans des lettres datées de Corbie, octobre*
> *1545. Arch. départ. de l'Hérault, B. 343, fol. 203.*
> (Voir à cette date.)

12850. Lettres de légitimation accordées à François   Décembre.
Berthomé, fils naturel de Jean Berthomé,
prêtre, et de Marie Perronnelle, natif de
Saint-Jean-d'Angély. Cognac, décembre 1542.

> *Enreg. à la Chancellerie de France. Arch. nat.,*
> *Trésor des Chartes, JJ. 256¹, n° 399, fol. 109 v°.*
> 1 page.

12851. Lettres de naturalité en faveur de Paul Bret-   Décembre.
singer, originaire du comté de Flandre,
marié et établi à Bordeaux. Cognac, décembre 1542.

> *Enreg. à la Chancellerie de France. Arch. nat.,*
> *Trésor des Chartes, JJ. 256¹, n° 405, fol. 111.*
> 1 page.

12852. Lettres de naturalité en faveur de Louis de Ga-   Décembre.
briac, étudiant à Rodez, natif de l'île de
Cérigo, fils naturel de Bégo de Gabriac, chevalier de Rhodes. Saint-Jean-d'Angély, décembre 1542.

> *Enreg. à la Chancellerie de France. Arch. nat.,*
> *Trésor des Chartes, JJ. 256¹, n° 200, fol. 75 v°.*
> 1 page.

12853. Lettres portant cession et abandon du droit de   Décembre.
passage, et des forfaitures et amendes appar-
tenant au roi sur les bois du Mont-Saint-Jean,
possession du duc d'Estouteville, moyennant

70 livres de rente annuelle et perpétuelle, à prendre sur la terre et baronnie de Roncheville. Chizé, décembre 1542.

> Enrég. au Parl. de Rouen, le 8 février suivant. Copie. Arch. du Calvados, A. 224.

1542.

12854. Édit de création des offices de receveurs particuliers de la traite et imposition foraine d'Anjou. Décembre 1542.

> Enreg. à la Chambre des Comptes de Paris, anc. mém. 2 K, fol. 185. Arch. nat., invent. PP. 136, p. 513; AD.IX 125, n° 47. (Mentions.)

Décembre.

12855. Permission aux habitants de «Brierre» (Briare dans le Gâtinais-Orléanais), de fortifier leur ville... [1542 [1]].

> Enreg. à la Chancellerie de France. Arch. nat., Trésor des Chartes, JJ. 256 ¹, n° 185, fol. 66. 1 page.

1542.

12856. Mandement pour la délivrance d'une certaine somme à Guillaume de Noble, maître des ports dans la sénéchaussée de [Beaucaire], pour les besoins de sa charge... 1542 [2].

> Original. Bibl. nat., ms. fr. 25722, n° 779.

1542.

1543. — Pâques, le 25 mars.

1543.

12857. Provisions en faveur de Jean Robert de l'office nouvellement créé de contrôleur des aides, taille et équivalent en l'élection de Verneuil, comté du Perche et Villeneuve-le-Roi. La Rochelle, 1ᵉʳ janvier 1542.

> Vidimus de la Prévôté de Paris, du 27 juillet 1544. Bibl. nat., Pièces originales, vol. 2499 (doss. 56,156), Robert, p. 35.

1ᵉʳ janvier.

12858. Mandement au trésorier de l'épargne de payer à «dom Diego de Mendosse, ambassadeur du roy devers le duc de Clèves, 1,125 livres»

2 janvier.

---

[1] Cet acte est transcrit incomplètement. Le précédent est du mois d'août et les deux suivants de mai 1542.

[2] La pièce est aux trois quarts lacérée et il n'est pas possible d'en préciser davantage l'analyse.

pour un voyage secret qu'il doit faire en
Allemagne. La Rochelle, 2 janvier 1542.

> Bibl. nat., ms. Clairambault 1215, fol. 80 v°.
> (Mention.)

1543.

12859. Déclaration relative aux tailles réelles dues au
roi dans le duché de Bourbonnais. 6 janvier
1542.

6 janvier.

> Enreg. à la Chambre des Comptes de Paris, anc.
> mém. 2 O, fol. 253. Arch. nat., invent. PP. 136,
> p. 514; AD.IX 125, n° 26. (Mentions.)

12860. Provisions de l'office de lieutenant général en
Guyenne, Poitou, Languedoc et Provence,
donné par François Ier à son beau-frère, Henri
d'Albret, roi de Navarre, en considération des
préparatifs de l'empereur et de ses menaces
d'invasion. La Ferrière, 11 janvier 1542.

11 janvier.

> Original scellé. Arch. départ. des Basses-Pyrénées,
> E. 573.
> Enreg. au Parl. de Paris, sauf réserve, en consé-
> quence de lettres de relief d'adresse à la cour, du
> 7 avril 1543, le 12 avril suivant. Arch. nat.,
> X¹ᵃ 8613, fol. 390 v°. 6 pages.
> Arrêt d'enregistrement. Idem, X¹ᵃ 4919, Plai-
> doiries, fol. 34 v°.
> Enreg. à la Chambre des Comptes de Paris. Arch.
> nat., P. 2307, p. 51. 10 pages.
> Idem, P. 2537, fol. 360; P. 2554, fol. 21;
> P. 2562, fol. 431; AD.IX 125, n° 27.
> Enreg. au Parl. de Toulouse, le 25 janvier 1543
> n. s. Arch. de la Haute-Garonne, Édits, reg. 5,
> fol. 33. 5 pages.
> Enreg. au Parl. d'Aix, le 12 février 1543 n. s.
> Enreg. à la Chambre des Comptes d'Aix, le 3 fé-
> vrier 1543 n. s.
> Enreg. au Parl. de Bordeaux, le 5 mars 1543
> n. s. Arch. de la Gironde, B. 31, fol. 205 v°. 8 pages.
> Copie. Arch. municipales de Toulouse, ms. 439,
> fol. 367.

12861. Mandement au trésorier de l'épargne de payer
à Louis d'Angerant, ambassadeur en Suisse,
2,400 livres pour ses dépenses dans l'exercice
de sa charge jusqu'au 3 décembre 1542.
Amboise, 21 janvier 1542.

21 janvier.

> Bibl. nat., ms. Clairambault 1215, fol. 80 v°.
> (Mention.)

12862. Provisions pour Nicolas Canivet de l'office de
contrôleur des aides, taille et équivalent en
l'élection d'Arques. 21 janvier 1542.

> *Reçu à la Chambre des Comptes de Paris, le
> 5 février suivant, anc. mém. 2 K, fol. 206. Arch.
> nat., invent. PP. 136, p. 514. (Mention.)*

1543.
21 janvier.

12863. Lettres portant don et remise à Waleran Ma-
checrier, conseiller et médecin ordinaire de
la reine, de 150 livres tournois, montant des
droits de lods et vente d'une maison par lui
acquise à Blois. Chambord, 25 janvier 1542.

> *Original. Bibl. nat., Pièces orig., Machecrier,
> vol. 1787, p. 2.*

25 janvier.

12864. Commission donnée à Paul d'Ossillon, seigneur
de Sauveterre, lieutenant de Jean-François de
La Roque, seigneur de Roberval, pour conduire au Canada deux navires que le roi
met à la disposition de l'expédition conduite
par ledit sr de Roberval. Saint-Laurent,
26 janvier 1542.

> *Original. Arch. nat., K. 1232.*

25 janvier.

12865. Lettres d'abolition accordées aux propriétaires
des marais salants de Guyenne et de Saintonge pour leurs actes de rébellion, à charge
de livrer au grenier de Rouen 15,000 muids
de sel. La Rochelle, janvier 1542.

> *Enreg. au Parl. de Paris, le 29 mai 1543. (Men-
> tion dans Z1a 205 ci-dessous.)*
> *Enreg. à la Chambre des Comptes de Paris, le
> 12 juin 1543, anc. mém. 2 L, fol. 64. Arch. nat.,
> invent. PP. 119, p. 11. (Mention.)*
> *Enreg. à la Cour des Aides de Paris, le 15 juin
> 1543. Arch. nat., Z1a 205, fol. 206.*
> *Copie collationnée faite par ordre de la Cour des
> Aides, le 7 septembre 1779. Arch. nat., Z1a 527.*

Janvier.

12866. Mandement aux gens des comptes de faire rembourser les sommes que le roi a empruntées,
au mois de juin précédent, aux villes du
royaume, pour le payement des gens de
guerre. Paris, 2 février 1542.

> *Copie du xvie siècle. Arch. de la ville de Limoges,
> registres consulaires, I, p. 348.*

2 février.

12867. Lettres confirmant l'échevinage d'Amiens dans son droit de police et de garde de la ville. Paris, 4 février 1542.

> *Copie. Arch. de l'hôtel de ville d'Amiens, reg. aux Chartes coté P, fol. 11 v°.*
> *Imp. Aug. Thierry, Recueil des monuments inédits de l'hist. du Tiers état. Paris, in-4°, t. II, 1853, p. 618.*

1543.
4 février.

12868. Confirmation de l'indult accordé par le pape Paul III au cardinal Jean-Pierre Caraffa, à Rome le 15 des calendes d'août 1542, touchant la collation des bénéfices dépendant de son abbaye de Figeac. Paris, 5 février 1542.

> *Enreg. au Parl. de Paris, le 16 mars 1545 n. s., sous les réserves d'usage. Arch. nat., X1a 8615, fol. 86. 8 pages.*
> *Arrêt d'enregistrement. Idem., X1a 4924, Plaidoiries, fol. 621 v°.*
> *Enreg. au Parl. de Toulouse, sauf réserves, le 18 mars 1546 n. s. Arch. de la Haute-Garonne. Édits, reg. 5, fol. 168. 8 pages (y compris le texte de l'indult).*

5 février.

12869. Lettres de jussion au Parlement de Paris, pour la réception de Nicolas Dupré pourvu, le 2 septembre précédent, d'un office de maître des requêtes de l'hôtel. Paris, 5 février 1542.

> *Entérinées au Parl., le 15 février suivant. Arch. nat., X1a 1550, Conseil, fol. 218 v°. (Mention.)*

5 février.

12870. Provisions de l'office de capitaine de la ville de Lyon, en faveur de François Sala, sr de Montjustin, fils de Jean, en remplacement d'Antoine de Varey, sr de Bermont, démissionnaire. Paris, 6 février 1542.

> *Imp. Bref recueil de plusieurs titres et actes touchant l'office de capitaine de la ville de Lyon, etc. Lyon, 1623, in-8°, p. 69. (Bibl. nat., Lk7, n° 4494.)*

6 février.

12871. Nouvelle commission pour juger le procès touchant la baronnie de Chevreuse entre Gallois de Bailleul, seigneur de Longpont, et Gilles de Fay, seigneur de Châteaurouge. (Voir les

6 février.

lettres d'évocation du 8 mars 1542 n. s.,
n° 12388.) Paris, 6 février 1542.

1543.

Enreg. au Parl. de Paris, le 16 février 1543 n. s.
Arch. nat., X¹ª 8613, fol. 377. 3 pages.

12872. Lettres portant mandement au prévôt de Paris
de faire procéder à la répartition et à la levée
d'un impôt de 180,000 livres tournois sur les
villes closes de la prévôté et vicomté de Paris,
pour la solde, pendant quatre mois, de sept
mille cinq cents hommes de pied. Paris, 7 février 1542.

7 février.

Copie collat. sur l'original, le 8 mars 1543 n. s.
Arch. nat., K. 955, n° 31.

12873. Lettres adressées au sénéchal de Beaucaire et
de Nîmes, pour la répartition d'une somme
de 7,680 livres tournois, à laquelle a été taxée
ladite sénéchaussée pour sa part de la solde
de cinquante mille hommes de pied pendant
quatre mois. Paris, 7 février 1542.

7 février.

Copie. Arch. départ. de l'Hérault, C. États de
Languedoc, coll. dom Pacotte, t. VI.

12874. Mandement au sénéchal de Carcassonne de
faire contribuer les villes closes de sa sénéchaussée à la solde de cinquante mille hommes
de pied, levés pour résister à l'empereur et
autres ennemis du royaume, les revenus ordinaires étant insuffisants. La sénéchaussée
de Carcassonne a été taxée à la somme de
12,000 livres pour la solde de cinq cents
hommes pendant quatre mois. Paris, 7 février
1542.

7 février.

Copie collat. du XVIᵉ siècle. Arch. de la ville
d'Albi, CC. 119.

12875. Mandement au bailli de Caux pour la répartition et la levée de la somme taxée sur les
villes closes de son bailliage, pour leur part
d'une aide destinée à l'entretien de cinquante
mille hommes de pied. Paris, 7 février
1542.

7 février.

Imp. Borély, Hist. de la ville du Havre, in-8°,
t. I, p. 463.

12876. Mandement pour la répartition et la levée sur les habitants de Lyon et des autres villes closes de la sénéchaussée, de la somme nécessaire à la solde de trois mille hommes de guerre à pied, pendant quatre mois. Paris, 7 février 1542. — 1543. 7 février.

Copie. Arch. de la ville de Lyon, CC. 316.

12877. Mandement au sénéchal de Toulouse pour la répartition sur les villes closes de son ressort, d'une somme de 108,000 livres imposée à la sénéchaussée de Toulouse, pour contribuer à la solde de cinquante mille hommes de pied pendant quatre mois. Paris, 7 février 1542. — 7 février.

Vidimus donné par ledit sénéchal. Arch. de la ville d'Albi, CC. 119.

12878. Déclaration en faveur de Jean Barville, contrôleur des aides et taille de Senlis, portant que ses gages ainsi que ceux des contrôleurs des élections, dont la taille s'élève à 24,000 livres et au-dessous, seront de 200 livres par an. Paris, 7 février 1542. — 7 février.

Enreg. à la Chambre des Comptes de Paris, anc. mém. coté 2 K, fol. 228. Arch. nat., invent. PP. 119, p. 38 (2 K); PP. 136, p. 515; ADJX 125, n° 29. (Mentions.)

12879. Lettres accordant à François de La Viefville mainlevée et jouissance des fiefs et terres roturières sises à Verneuil, ainsi que de leurs revenus échus depuis la mort de Bernard de La Viefville, et de ceux qui écherront durant le temps de la guerre, et jusqu'au jugement du procès en appel pendant entre ledit de La Viefville, d'une part, et Jacques de Recourt, sr de Licques, qui tient le parti de l'empereur, d'autre. Saint-Germain-en-Laye, 9 février 1542. — 9 février.

Entérinées au Parl., le 21 mars 1543 n. s. Arch. nat., X¹ᵃ 1550, Conseil, fol. 323. (Mention.)

12880. Ordonnance réservant aux maréchaux de France la connaissance exclusive du licenciement des hommes d'armes et archers fait par les — 10 février.

contrôleurs et commissaires des guerres. Paris, 1543.
10 février 1542.

Enreg. au siège de la Connétablie et maréchaussée de France. Arch. nat., Z. 3501 (nunc Z¹ª 5), fol. 187 v°. 2 pages.
Copie collat. sur l'original faisant partie des Arch. de la Connétablie, le 8 janvier 1546 n. s. Bibl. nat., ms. fr. 2965, fol. 75.
Copie du XVIIIª siècle. Bibl. nat., Portefeuilles de Fontanieu, vol. 253.

12881. Déclaration maintenant au duc de Guise, comme 10 février.
ayant la garde noble du duc de Longueville,
son petit-fils, le droit d'instituer un maître
des Eaux et forêts du comté de Dunois, avec
toute juridiction dans les forêts de Marche-
noir, Fréteval et Fromenteau, sises audit
comté. Paris, 10 février 1542.

Enreg. à la Chambre des Eaux et forêts, au siège de la Table de marbre, le 15 décembre 1544. Arch. nat., Z¹ª 329, fol. 198 v°. 3 pages.

12882. Mandement à Antoine Le Maçon, receveur gé- 13 février.
néral de Bourgogne, de faire porter à Turin,
par chevaux de poste, 113,498 livres tournois, dont le roi lui a fait donner assignation,
pour remettre à Guigues Guiffrey, seigneur de
Boutières, lieutenant général du roi en Piémont, en l'absence du sr d'Annebaut, maréchal de France, pour l'entretien des gens
d'armes et autres dépenses militaires, pendant
le mois de mars. Fontainebleau, 13 février
1542.

Original. Bibl. nat., Pièces orig., Guiffrey, vol. 1440, p. 9.

12883. Commission pour Jean Prévost, secrétaire du 16 février.
duc d'Orléans, de la charge de payeur de la
compagnie de cinquante lances commandée
par Nicolas de Bossut, sr de Longueval, conseiller et chambellan du duc d'Orléans. Fontainebleau, 16 février 1542.

Copie collat. du XVIª siècle. Bibl. nat., Pièces orig., vol. 426, doss. 9627, Bossut, p. 8.

12884. Provisions de l'office de lieutenant général du 17 février.

bailli de Montferrant, en faveur de Jean
Régin, licencié ès droits, en remplacement
et sur la résignation de Christophe Régin,
son père. Fontainebleau, 17 février 1542.

1543.

> *Reçu au Parl. de Paris, le 17 avril 1543. Arch.
> nat., X¹ˢ 4919, Plaidoiries, fol. 72 v°. (Mention.)*

12885. Provisions de l'office de contrôleur des deniers
communs de la ville de Valence, de nouvelle
création, avec des lettres de jussion pour
l'enregistrement. Fontainebleau, 19 février
1542.

19 février.

> *Imp. C.-U.-J. Chevalier, Ordonnances des rois
> de France relatives au Dauphiné. Colmar, in-8°,
> 1871, n° 828. (Mention.)*

12886. Mandement au trésorier de l'épargne de payer
à Roger d'Aspremont, dit d'Orthe, ambassadeur en Angleterre, 1,800 livres pour cent
quatre-vingts jours d'exercice de sa charge,
du 22 février au 21 août 1542. Fontainebleau, 21 février 1542.

21 février.

> *Bibl. nat., ms. Clairambault 1215, fol. 80 v°.
> (Mention.)*

12887. Mandement aux juges de la chambre des Eaux
et forêts de voir les procès engagés par les
habitants des villages voisins de la forêt de
Bière, au sujet de leurs droits d'usages en
ladite forêt, que leur contestait le procureur
du roi, et d'avertir le roi avant le prononcé
du jugement. Fontainebleau, 23 février 1542.

23 février.

> *Enreg. aux Eaux et forêts (siège de la Table de
> marbre), le 14 mars 1543 n. s. Arch. nat., Z¹ᵉ
> 328, fol. 163 v°. 1 page.*

12888. Lettres ordonnant à la grand'chambre des enquêtes du Parlement de Paris de procéder
au jugement d'un procès pendant entre Guillaume Legras et Marie Quinette, sa femme,
d'une part, et Pâquette et Nicole de Saint-
Amour, d'autre, en l'état où il se trouve. Fontainebleau, 23 février 1542.

23 février.

> *Présentées au Parl., le 3 mars suivant. Arch.
> nat., X¹ᵃ 1550, Conseil, fol. 261 v°. (Mention.)*

12889. Provisions de l'office de gouverneur de Bretagne, vacant par la mort du s^r de Châteaubriant, en faveur de Jean de Bretagne, duc
d'Étampes, comte de Penthièvre. Fontainebleau, 25 février 1542.

> Enreg. à la Chambre des Comptes de Bretagne.
> Archives de la Loire-Inférieure, B. Mandements
> royaux, II, fol. 246.
> Copie du XVIIIe siècle. Bibl. nat., ms. Clairam-
> bault 953, p. 37.
> Imp. Dom Morice, Hist. de Bretagne, Paris,
> 1746, in-fol., Preuves, t. III, col. 1045.

1543.
25 février.

12890. Provisions de l'office d'huissier au Parlement de
Bordeaux, pour Jean Du Casse. Fontaine-
bleau, 25 février 1542.

> Enreg. au Parl. de Bordeaux, le 17 mars 1543
> n. s. Arch. de la Gironde, B. 31, fol. 211 v°. 2 pages.

25 février.

12891. Lettres de committimus en faveur du chapitre
métropolitain de l'église de Reims. Fontainebleau, 26 février 1542.

> Arch. municipales de Reims, fonds du Chapitre
> métropolitain, layette 40, liasse 101, n° 4.

26 février.

12892. Provisions de l'office de lieutenant général en
la sénéchaussée d'Anjou, pour Jean Dumay,
en remplacement de Pierre Poyet, décédé.
Fontainebleau, 26 février 1542.

> Présentées au Parl. de Paris, le 3 avril 1543.
> Arch. nat., X^{1a} 4919, Plaidoiries, fol. 16 v°.
> (Mention.)

26 février.

12893. Lettres instituant des commissaires pour juger
un procès pendant entre les duc et duchesse
d'Estouteville, d'une part, et Philippe de Sarrebrück, dame de Commercy, Louis et Jacques
de Silly, et Catherine de Silly, femme de
François de Rohan, seigneur de Gié, d'autre
part, procès qui avait été porté d'abord au
Parlement de Paris. Fontainebleau, 28 février
1542.

> Enreg. au Parl. de Paris, sans date. Arch. nat.,
> X^{1a} 8613, fol. 389. 2 pages 1/2.

28 février.

12894. Mandement aux généraux des finances et au
trésorier de l'épargne, pour l'exécution et

28 février,

l'entérinement des lettres du 22 juillet 1542
(n° 12642), confirmant l'assignation faite par
le cardinal de Tournon pour assurer le remboursement des 60,000 livres tournois prêtées par la ville de Lyon au roi, bien que ces
lettres n'aient été « par inadvertance » adressées qu'à Martin de Troyes. Fontainebleau,
28 février 1542.

> *Copie collat. du XVIᵉ siècle Bibl. nat., ms. fr.*
> *25722, n° 780.*

1543.

12895. Déclaration portant que les bénéficiers de
l'ordre de Saint-Jean-de-Jérusalem seront
exempts de la juridiction des prélats diocé-
sains pour le fait de la contribution aux décimes et dons gratuits. Paris, février 1542.

> *Original. Arch. nat., K. 87, n° 30.*
> *Enreg. au Grand Conseil, le 28 mai 1543.*
> *Copie. Arch. départ. du Rhône, fonds de Malte,*
> *Privilèges.*
> *Copie collat. Arch. départ. de Saône-et-Loire.*
> *Imp. Pièce. Archives départ. de la Vienne, Grand*
> *prieuré d'Aquitaine, liasse 2.*
> *D'Escluseaux, Privilèges des papes, empereurs,*
> *rois et princes de la chrétienté accordez à l'ordre de*
> *Saint-Jean-de-Jérusalem... Paris, 1649, in-4°,*
> *p. 419.*

Février.

12896. Édit portant établissement du métier de ruban-
nier dans la ville et les faubourgs de Tours.
Paris, février 1542.

> *Enreg. au Parl. de Paris, le 10 février 1544. Arch.*
> *nat., X¹ᵃ 8629, fol. 36. 1 page 1/2.*

Février.

12897. Confirmation des privilèges et franchises de la
ville de Saint-Tropez. Paris, février 1542.

> *Archives communales de Saint-Tropez (Var).*
> *(Extrait.)*

Février.

12898. Lettres portant que dorénavant, en cas de
vacance de l'un des deux offices d'auditeurs
au Châtelet de Paris, le survivant pourra
opter entre son siège et le siège vacant. Fontainebleau, février 1542.

> *Présentées au Parl. de Paris, le 15 mars 1543*
> *n. s. Arch. nat., X¹ᵃ 4918, Plaidoiries, fol. 552.*
> *(Mention.)*

Février.

12899. Confirmation du don fait, lors de la conquête du duché du Luxembourg, par le duc d'Orléans à Charles Tiercelin, s^r de la Roche-du-Maine, des château, terre et seigneurie de « Lambut », (aliàs « Lombes »), et autres biens confisqués sur Gilles de Levant, à cause de sa rébellion. Février 1542.

1543.
Février.

> *Arrêt d'enregistrement de la Chambre des Comptes, le 4 mars 1544 n. s. Arch. nat., P. 2537, fol. 382; P. 2554, fol. 42 v°.*
> *Idem, invent. PP. 136, p. 515. (Mention.)*

12900. Lettres d'octroi aux prévôt des marchands et échevins de Paris, pour six ans, d'une aide levée sur les harengs et poissons salés, pour en employer le produit aux fortifications de la ville. Fontainebleau, 1er mars 1542.

1er mars.

> *Original. Arch. nat., K. 955, n° 30.*
> *Enreg. au Parl. de Paris, le 19 avril 1543. Arch. nat., X^{1a} 8613, fol. 395 v°. 5 pages.*
> *Enreg. à la Chambre des Comptes de Paris, le 20 avril 1543.*
> *Enreg. à la Cour des Aides de Paris, le 21 avril 1543. Copie faite par ordre de ladite Cour, le 16 août 1779. Arch. nat., Z^{1a} 527.*

12901. Déclaration portant que désormais les abbés de la congrégation de Chézal-Benoît seront perpétuels et pourvus par le roi, sans déroger en aucune autre chose aux privilèges de ladite congrégation. Fontainebleau, 1er mars 1542.

1er mars.

> *Original. Arch. départ. du Puy-de-Dôme, fonds de Saint-Alyre, layette 1, A. 276.*
> *Enreg. au Grand conseil, le 12 mars suivant, d'après Blanchard, Compilation chronologique, etc. Paris, 1715, in-fol., t. I, col. 551 [1].*

12902. Lettres nommant Gilbert Filhol, contrôleur général des finances en Languedoc, commissaire des trésoriers de France et généraux des finances en la recette d'Issoire, données en vertu de l'édit du 7 décembre 1542 (n° 12830),

1er mars.

---

[1] Blanchard donne par erreur à ces lettres patentes la date du 12 mars.

portant création de seize recettes générales. Fontainebleau, 1er mars 1542.

1543.

Vidimus sous le sceau aux contrats de Montferrant.
Bibl. nat., Pièces orig., Filhol, vol. 1154, p. 4.

12903. Lettres portant qu'Adrien de Pisseleu, sr d'Heilly, jouira du contenu aux lettres du 15 février 1542 n. s. (n° 12340), nonobstant la révocation générale des aliénations du domaine. Fontainebleau, 1er mars 1542.

1er mars.

Enreg. à la Chambre des Comptes de Paris, Arch. nat., P. 2537, fol. 384; P. 2554, fol. 44. (Mentions.)

12904. Mandement à Antoine Le Maçon, receveur général de Bourgogne, commis au payement de l'extraordinaire des guerres, de faire porter à Ardres, le Câtelet, la Cappelle et Thérouanne, une somme de 9,018 livres tournois pour le payement de la solde, pendant le mois de mars, des gens de guerre qui se trouvent dans ces places. Fontainebleau, 1er mars 1542.

1er mars.

Original. Bibl. nat., ms. fr. 25722, n° 781.

12905. Lettres maintenant le monastère de Lérins dans ses droits de pêche, de chasse, etc., contre les communautés de Cannes et de Vallauris. 2 mars 1542.

2 mars.

Arch. départ. des Alpes-Maritimes, H. 39. (Mention.)

12906. Lettres adressées au conseil de ville d'Angers, concernant la solde de cinquante mille hommes de guerre mise à la charge des villes closes du royaume. Fontainebleau, 4 mars 1542.

4 mars.

Copie du XVIe siècle. Arch. de la mairie d'Angers, BB. 22, fol. 108.

12907. Mandement à Jacques Bochetel, trésorier et payeur des officiers domestiques du roi, de payer à Francisque de Vimercati, conseiller et médecin ordinaire du roi, les 400 livres tournois qui lui avaient été assignées par

4 mars.

lettres du 6 avril 1542 n. s. (n° 12432), mais
qu'il n'avait pas touchées. Fontainebleau,
4 mars 1542.

1543.

Original. Bibl. nat., ms. fr. 25722, n° 782.

12908. Lettres en faveur de Guyon de Groslieu, gentilhomme de la vénerie et fauconnerie du roi.
Fontainebleau, 5 mars 1542.

5 mars.

*Bibl. nat., ms. Clairambault 782, p. 303.
(Mention.)*

12909. Nouvelles provisions en faveur de Jean Robert,
de l'office de contrôleur des tailles, aides,
équivalent, gabelles, octrois et fermes dans
les comté du Perche, vicomté de Verneuil
et Châteauneuf et châtellenie de Nogent-le-
Rotrou, titre au sujet duquel les lettres de
provisions du 1er janvier précédent (n° 12857)
avaient fait erreur. Fontainebleau, 5 mars
1542.

5 mars.

*Vidimus de la Prévôté de Paris, du 27 juillet
1544. Bibl. nat., Pièces originales, vol. 2499
(doss. 56156), Robert, p. 35.*

12910. Mandement au trésorier de l'épargne de payer
à Morelet du Museau 1,200 livres, pour le
voyage qu'il va faire en Suisse, comme ambassadeur du roi. Fontainebleau, 6 mars
1542.

6 mars.

*Bibl. nat., ms. Clairambault 1215, fol. 80 v°.
(Mention.)*

12911. Lettres ordonnant la confection du terrier du
duché d'Orléans, à la requête de Charles,
duc d'Orléans, fils du roi. Fontainebleau,
7 mars 1542.

7 mars.

*Copie du xviie siècle. Arch. départ. du Loiret,
Duché, A. 921.*

12912. Lettres portant décharge, en faveur des com-
mandeurs de Malte, de la taxe des décimes
demandés par les évêques. Fontainebleau,
8 mars 1542.

8 mars.

*Copie collationnée du xvie siècle. Arch. dép. de
Saône-et-Loire.*

12913. Mandement au receveur des exploits et amendes du Parlement de Paris de continuer le payement des quatre amendes ordinaires de 60 livres chacune, accordées chaque année pendant six ans, par lettres du 11 janvier 1542 n. s. (n° 12282), aux religieuses Filles-Dieu de Paris, nonobstant l'édit de révocation générale des dons et pensions. Fontainebleau, 10 mars 1542.

1543.
10 mars.

> *Enreg. à la Chambre des Comptes de Paris, le 2 juillet 1547. Arch. nat. ; P. 2308, p. 78. 2 pages.*

12914. Lettres confirmant le don d'une pension annuelle de 275 livres fait à Gervais du Moulinet, procureur général en la Chambre des Comptes de Paris, portant ses gages à 500 livres par an. Fontainebleau, 11 mars 1542.

11 mars.

> *Enreg. à la Chambre des Comptes, le 2 avril 1543, anc. mém. 2 L, fol. 17. Arch. nat., P. 2307, p. 71. 4 pages.*

12915. Lettres ratifiant les articles délibérés par la faculté de théologie pour l'extirpation des hérésies. 12 mars 1542.

12 mars.

> *Présentées au Parl. de Paris, qui conclut à des remontrances, le 7 avril 1543. Arch. nat., X¹ᵃ 1550, Conseil, fol. 358 v°. (Mention.)*

12916. Mandement au duc d'Étampes, lieutenant général en Bretagne, pour la délivrance des vaisseaux anglais retenus dans les ports de Bretagne. Fontainebleau, 13 mars 1542.

13 mars.

> *Imp. Dom Morice, Mémoires pour servir de preuves à l'histoire de Bretagne. Paris, 1746, in-fol., t. III, col. 1051. (Mention.)*

12917. Lettres adressées au conseil de ville d'Angers, concernant l'approvisionnement requis de salpêtre. Fontainebleau, 14 mars 1542.

14 mars.

> *Copie du xvi° siècle. Arch. de la mairie d'Angers, BB. 22, fol. 209.*

12918. Lettres aux baillis, sénéchaux et autres officiers royaux des généralités de Languedoc, Guyenne et Bretagne, portant que l'approvisionnement des greniers à salpêtre devra

14 mars.

être complété incontinent, et autorisant
François Odin, trésorier des salpêtres, à en
prélever telle quantité que bon lui semblera.
Fontainebleau, 14 mars 1542.

1543.

Copie du xvi siècle. Arch. de la ville de Périgueux, EE. 2 v.*

12919. Lettres de règlement concernant le fait des
rentes amorties sur les villes. Fontainebleau,
15 mars 1542.

15 mars.

*Enreg. au Parl. de Dijon, le 24 avril suivant.
Arch. de la Côte-d'Or, Parl., reg. III, fol. 68.*

12920. Lettres autorisant la traite des blés en Bourgogne, en payant les droits dus au roi. Fontainebleau, 17 mars 1542.

17 mars.

Vidimus du xvi siècle. Arch. munioip. de Dijon,
G. 256.*

12921. Mandement aux trésoriers de France de faire
rembourser par le receveur ordinaire d'Évreux
à Jean d'Annebaut, capitaine du château de
Conches, une somme de 387 livres 15 sous
tournois qu'il a dépensée depuis 1540 pour
les réparations du château. Fontainebleau,
17 mars 1542.

17 mars.

Original. Bibl. nat., ms. fr. 25722, n° 783.

12922. Provisions pour Robert Corneille de l'office
de receveur des deniers communs et d'octroi
de la ville de Conches. 17 mars 1542.

17 mars.

*Reçu à la Chambre des Comptes de Paris, le
2 avril 1543, anc. mém. 2 L, fol. 26. Arch. nat.,
invent. PP. 119, p. 5 (2 L), et PP. 136, p. 516.
(Mentions.)*

12923. Lettres portant remise et décharge en faveur
de Raymond Daltuc (*alias* Dattu) de la
somme de 1,621 livres 13 sous 4 deniers tournois sur le prix de sa ferme du droit de salin,
appartenant au roi en la ville d'Agen. 17 mars
1542.

17 mars.

*Enreg. à la Chambre des Comptes de Paris, le
11 avril 1543, anc. mém. 2 L, fol. 9. Arch. nat.,
invent. PP. 119, p. 1 (2 L), et PP. 136, p. 516.
(Mentions.)*

12924. Lettres portant exemption de toutes contribu-   1543.
tions, emprunts et impositions en faveur des   18 mars.
officiers domestiques et commensaux de la
maison du roi. Fontainebleau, 18 mars 1542.

> *Enreg. au Parl. de Paris, le 17 avril 1543. Arch.*
> *nat.,* X¹ᵃ 8613, fol. 393 v°. 4 pages.
> *Enreg. à la Chambre des Comptes de Paris, le*
> *20 avril 1543. Arch. nat.,* P. 2307, p. 43.
> 6 pages 1/2.
> *Copie collationnée faite par ordre de la Cour des*
> *Aides, le 26 janvier 1779. Arch. nat.,* Z¹ᵇ 527.
> IMP. Pièce in-4°. *Arch. nat.,* AD.I 23, et AD.IX
> 125, n° 32. 4 pages.

12925. Don à Claude de Montmorillon, seigneur de   18 mars.
Vaux, valet de chambre du roi, de 200 livres
tournois. Fontainebleau, 18 mars 1542.

> *Original. Bibl. nat.,* ms. fr. 25722, n° 784.

12926. Ordonnance portant que l'archevêque de Bor-   19 mars.
deaux instituera à Poitiers un vicaire pour
juger les causes d'appel interjeté des juges
ecclésiastiques des diocèses de Poitiers, Maillezais, Luçon et Angoulême, pour les parties
et les objets litigieux ressortissant au Parlement de Paris. Fontainebleau, 19 mars 1542.

> *Enreg. au Parl. de Paris, le 3 avril 1543. Arch.*
> *nat.,* X¹ᵃ 8613, fol. 386 v°. 4 pages.
> IMP. Dupuy, *Preuves des libertez de l'Église*
> *gallicane.* 3ᵉ édit., Paris, 1651, in-fol., 4ᵉ partie,
> p. 107.
> [Lemère], *Recueil des actes, titres et mémoires*
> *concernant les affaires du clergé de France...* divisé
> en douze tomes. Paris, 1716-1750, in-fol., t. VII,
> p. 210.

12927. Lettres concernant les gages, droits et autres   19 mars.
menues nécessités et frais de justice de la
chambre du Trésor. Fontainebleau, 19 mars
1542.

> IMP. *Recueil de plusieurs édicts, lettres patentes,*
> *déclarations, arrests, etc., concernant la juridiction*
> *de la Chambre du Thrésor.* Paris, 1641, in-fol.,
> p. 112.
> J. Bacquet, *Œuvres.* Lyon, 1744, 2 vol.,
> in-fol., t. II, p. 586.

12928. Lettres de don du paréage de Mirepoix en faveur   19 mars.

de Philippe de Lévis, seigneur de Mirepoix, maréchal de France. Fontainebleau, 19 mars 1542 [1].

1543.

Enreg. à la Chambre des Comptes de Montpellier, le 17 avril 1543. Arch. départ. de l'Hérault, B. 342, fol. 166, 2 pages.

12929. Lettres portant réduction à quinze, au lieu de vingt, des offices de conseillers nouvellement créés au Parlement de Toulouse, huit lais et sept clercs. Fontainebleau, 20 mars 1542.

20 mars.

Enreg. au Parl. de Toulouse. Arch. de la Haute-Garonne, Édits, reg. 5, fol. 42. 1 page.

12930. Mandement à la Chambre des Comptes de Paris de taxer les gages dus à Nicolas Picart, chargé de faire les payements des démolitions et réparations de certain corps d'hôtel du château de Saint-Germain-en-Laye, suivant commission du 12 mars 1539 n. s. (n° 10925). Fontainebleau, 20 mars 1542.

20 mars.

Copie du XVIe siècle. Bibl. nat., ms. fr. 11179 (anc. suppl. fr. 336).
Imp. L. de Laborde, Les comptes des bâtiments du roi. Paris, 1877, in-8°, t. I, p. 147.

12931. Lettres accordant à Pierre Ancel, contrôleur des aides et taille en l'élection de Mantes, la jouissance des gages de son office à compter du jour de ses provisions. 20 mars 1542.

20 mars.

Enreg. à la Chambre des Comptes de Paris, le 11 mai 1543, anc. mém. 2 L, fol. 38. Arch. nat., invent. PP. 136, p. 516. (Mention.)

12932. Provisions de l'office de capitaine de Bourbon-Lancy, pour Gatien de Balorre, gentilhomme de la vénerie, en remplacement de Jean de Torcy, décédé. Fontainebleau, 22 mars 1542.

22 mars.

Enreg. par analyse à la Chambre des Comptes de Dijon, le 26 août suivant. Arch. de la Côte-d'Or, B. 19, fol. 74 v°.

[1] Incomplet. La date a été relevée dans les pièces conservées aux archives de la maison de Mirepoix, au château de Léran (Ariège).

12933. Lettres adressées aux élus du Périgord, leur prescrivant les mesures à prendre pour réprimer le faux-saunage. Fontainebleau, 23 mars 1542.

    Copie authentique du XVIᵉ siècle. Arch. de la ville de Périgueux, série HH.

1543.
23 mars.

12934. Édit portant création en titre d'offices des receveurs des tailles de Poitiers, Saint-Maixent, Niort, Fontenay, Mauléon, Thouars, Le Blanc et Bourganeuf, avec règlement pour leurs gages. Fontainebleau, mars 1542.

    Enreg. à la Chambre des Comptes de Paris, le 14 mars 1543 n. s. Arch. nat., P. 2306, p. 1147. 7 pages.
    Copie collationnée faite par ordre de la Cour des Aides, le 20 avril 1779. Arch. nat., Z¹ᵉ 527.
    Imp. Pièce in-4°. Arch. nat., AD.I 23; AD.IX 125, n° 30. 4 pages.

Mars.

12935. Édit portant rétablissement de deux offices de trésoriers ordinaires des guerres ci-devant supprimés, et de Guy de La Maladière en l'un de ces offices. Fontainebleau, mars 1542.

    Enreg. à la Chambre des Comptes de Paris, le 14 avril 1543. Arch. nat., P. 2307, p. 27. 14 pages.
    Imp. Pièce in-4°. Arch. nat., AD.I 23; AD.IX 125, n° 31. 8 pages.

Mars.

12936. Édit de création de quinze nouveaux offices de conseillers, huit lais et sept clercs, composant une chambre des enquêtes, au Parlement de Bordeaux. Fontainebleau, mars 1542.

    Enreg. au Parl. de Bordeaux, le 5 avril 1543. Arch. de la Gironde, B. 31, fol. 212 v°. 3 pages.

Mars.

12937. Édit de création de quatre nouveaux offices de conseillers, deux clercs et deux lais, au Parlement de Dijon. Fontainebleau, mars 1542.

    Enreg. au Parl. de Dijon, le 9 avril suivant. Arch. de la Côte-d'Or, Parl., reg. III, fol. 66 v°.
    Imp. Pierre Palliot, Le Parlement de Bourgogne. Dijon, 1649, in-fol., p. 34. (Mention.)

Mars.

12938. Édit de création de quatre nouveaux offices de

Mars.

conseillers, deux clercs et deux lais, au Parlement de Grenoble, aux gages ordinaires. Fontainebleau, mars 1542.

1543.

> *Enreg. au Parl. de Grenoble, le 16 avril 1543. Arch. de l'Isère, Chambre des Comptes de Grenoble, B. 2911, II, fol. 21. 3 pages.*

12939. Édit de création de quinze nouveaux offices de conseillers, sept clercs et huit lais, au Parlement de Rouen, pour former une quatrième chambre. Fontainebleau, mars 1542.

Mars.

> *Mentionnées dans des lettres du 14 mai suivant. Arch. nat., U. 757, 2ª partie, p. 209.*

12940. Édit de création de vingt nouveaux offices de conseillers au Parlement de Toulouse, la moitié clercs et la moitié lais. Fontainebleau, mars 1542.

Mars.

> *Enreg. au Parl. de Toulouse. Arch. de la Haute-Garonne, Édits, reg. 5, fol. 41. 1 page 1/2.*

12941. Édit de création de quatre offices de conseillers au bailliage de Troyes, avec règlement de leurs gages, droits et fonctions. Fontainebleau, mars 1542 [1].

Mars.

> *Enreg. au Parl. de Paris, le 19 juillet 1543. Arch. nat., X¹ª 8613, fol. 460 v°. 2 pages 1/2. Arrêt d'enregistrement. Idem, X¹ª 4919, Plaidoiries, fol. 405.*

12942. Lettres de naturalité octroyées à Louis Billotti, florentin, établi en Bretagne. Fontainebleau, mars 1542.

Mars.

> *Enreg. à la Chambre des Comptes de Bretagne. Arch. départ. de la Loire-Inférieure, B. Mandements royaux, II, fol. 261.*

12943. Lettres de légitimation accordées à Pierre de

Mars.

---

[1] Le texte du registre porte «may 1542, de nostre regne le 29ᵉ». L'inexactitude de cette date résulte d'une double constatation : 1° que l'année 1542 était la vingt-huitième et non la vingt-neuvième de François Iᵉʳ; 2° que le roi ne put pas être à Fontainebleau en mai 1542. Il n'y fut pas davantage en mai 1543; mais en mars de cette année (1542 anc. style), il y résida continuellement. Le copiste aura lu *may* au lieu de *mars*.

Joyes, fils naturel de Charles de Joyes. Fontainebleau, mars 1542.

1543.

> *Enreg. à la Chambre des Comptes de Montpellier.*
> *Arch. départ. de l'Hérault, B. 343, fol. 28 v°.*
> 2 pages 1/2.

12944. Lettres portant défenses aux gens d'armes de se loger dans les villages et hameaux situés aux alentours de la forêt de Fontainebleau, octroyées aux habitants comme compensation des dommages que leur causent les bêtes rousses et noires de la forêt. Fontainebleau, 26 mars 1543.

26 mars.

> *Vidimus collat. par Jean Langlois, tabellion royal*
> *au bailliage de Moret, le 12 avril 1543. Arch. départ.*
> *de Seine-et-Marne, E. 1587.*

12945. Déclaration portant que Laurent Royer sera seul enquêteur au siège de Montmorillon, et que l'édit de création d'un second office d'enquêteur ne sortira point son effet. Fontainebleau, 26 mars 1543.

26 mars.

> *Arrêt d'enregistrement, avec mandement daté de*
> *Romorantin, 26 avril 1545, le 12 juin 1545. Arch.*
> *nat., X¹ᵃ 4925, Plaidoiries, fol. 231 v°.*

12946. Lettres donnant pouvoir au Parlement de Dauphiné de fixer le tarif des frais de justice des présidiaux et sièges inférieurs de son ressort, en présence du procureur général, nonobstant les prescriptions de l'ordonnance de 1540. Fontainebleau, 27 mars 1543.

27 mars.

> *Enreg. au Parl. de Grenoble, le 7 mai 1543.*
> *Arch. de l'Isère, B. 2334, fol. 203. 2 pages.*
> *Idem, Chambre des Comptes de Grenoble. Arch.*
> *de l'Isère, B. 2911, II, fol. 18. 3 pages.*

12947. Déclaration portant que, conformément aux libertés delphinales, les habitants du Dauphiné ne pourront être amenés hors du ressort pour quelque cause que ce soit, excepté pour le crime de lèse-majesté. Fontainebleau, 27 mars 1543.

27 mars.

> *Enreg. au Parl. de Grenoble, le 7 mai 1543.*
> *Arch. de l'Isère, Chambre des Comptes de Grenoble,*
> *B. 2911, II, fol. 19. 2 pages 1/2.*

12948. Provisions pour Martin Guérin d'un office d'huissier au Parlement de Paris, en remplacement et sur la résignation de Gilbert Billart. Fontainebleau, 27 mars 1543.

1543.
27 mars.

> *Réception au Parl., le 13 avril 1543. Arch. nat., X¹ᵃ 1550, Conseil, fol. 377 v°. (Mention.)*

12949. Lettres en forme de commission pour l'exécution de l'édit du 20 avril 1542 (n° 12456), concernant l'établissement d'un tarif des droits d'imposition foraine dus pour toutes les marchandises sortant du royaume par la province de Normandie. Fontainebleau, 28 mars 1542 (corr. 1543).

28 mars.

> *Bibl. nat., mss. Moreau, t. 1418, fol. 65. (Mention.)*
> Imp. Plaquette in-8°, Paris, Haultain, 1550. *Arch. nat., AD.I 23. 12 pages.*
> A. Fontanon, *Édits et ordonnances, etc.* Paris, 1611, in-fol., t. II, p. 465.

12950. Lettres portant décharge, en faveur de l'évêché de Clermont, des sommes auxquelles avaient été taxés pour décimes, dons gratuits et octrois caritatifs, plusieurs doyennés dépendant de Cluny, et portant réimposition desdites sommes sur l'évêché de Mâcon. Fontainebleau, 30 mars 1543.

30 mars.

> *Original. Arch. départ. du Puy-de-Dôme, évêché, liasse 22, cote 9.*

12951. Lettres portant nomination de Jean Cléberger, bourgeois de Berne, à la charge de valet de chambre du roi. Fontainebleau, 31 mars 1543.

31 mars.

> *Copie. Arch. de la ville de Lyon, CC. 361.*

12952. Édit de création de quatre offices de conseillers en la sénéchaussée d'Auvergne. Fontainebleau, mars 1543.

Mars.

> *Enreg. au Parl. de Paris, le 5 juin 1543. Arch. nat., X¹ᵃ 8613, fol. 450. 2 pages 1/2.*
> *Arrêts du 30 avril, du 28 mai et du 5 juin, y relatifs. Idem, X¹ᵃ 4919, Plaidoiries, fol. 137, 211 v° et 259.*

12953. Lettres de légitimation en faveur d'Étienne Solas, fils de Michel Solas et de Catherine Pradelle. Fontainebleau, mars 1543.

> *Enreg. à la Chambre des Comptes de Montpellier. Arch. départ. de l'Hérault, B. 343, fol. 27. 2 pages.*

12954. Déclaration portant que les officiers domestiques et commensaux de la maison de la reine Éléonore jouiront des mêmes privilèges, franchises et exemptions que les officiers de la maison du roi. Fontainebleau, 1er avril 1543.

> *Enreg. au Parl. de Paris, le 22 mai 1543. Arch. nat., X^{1a} 8613, fol. 439. 3 pages.*
> *Enreg. à la Cour des Aides de Paris, le 18 juin 1543. Arch. nat., recueil Cromo, U. 665, fol. 297. (Mention.)*
> *Enreg. à la Chambre des Comptes de Paris, anc. mém. 2 L, fol. 104. Arch. nat., AD.IX 125, n° 73, invent. PP. 136, p. 517. (Mentions.)*

1er avril.

12955. Déclaration exemptant les notaires et secrétaires du roi de la contribution pour le payement des cinq mille hommes levés dernièrement. Fontainebleau, 1er avril 1543.

> *Copie du XVIe siècle. Bibl. nat., ms. fr. 14019, fol. 126 bis.*

1er avril.

12956. Lettres au juge mage de Valence, pour obliger les habitants de la ville à faire peser au poids commun les blés qu'ils font moudre, afin d'éviter tous abus. Fontainebleau, 1er avril 1543.

> *Arch. de la ville de Valence (Drôme), CC. 79.*

1er avril.

12957. Lettres ordonnant au s^r de Chevigné, maître des Eaux et forêts du duché de Touraine, de clore les forêts de Chinon et de Rigny et de procéder à leur réformation, en vérifiant les droits des usagers. Fontainebleau, 1er avril 1543.

> *Enreg. à la Chambre des Eaux et forêts (siège de la Table de marbre), le 17 novembre 1543. Arch. nat., Z^{1e} 328, fol. 270 v°. 2 pages.*

1er avril.

12958. Don à Guillaume Rousselet, dit Montavisart,

1er avril.

et à Verdun Bonneau, servant en la cuisine du
commun, de 100 écus soleil à prendre sur le
produit de la vente de l'office de geôlier des
prisons de la ville et bailliage d'Auxerre.
Fontainebleau, 1ᵉʳ avril 1543.

> *Original. Bibl. nat., ms. fr. 25723, n° 785.*

1543.

12959. Provisions de l'office de général des finances de
la généralité de Languedoïl, en faveur d'Antoine Bohier, sʳ de la Chesnaye, sur la résignation d'Antoine Bohier, sʳ de Saint-Ciergue,
son cousin. 1ᵉʳ avril 1543.

> *Enreg. à la Cour des Aides de Paris. Arch. nat.,
> recueil Cromo, U. 665, fol. 295. (Mention.)*

1ᵉʳ avril.

12960. Lettres de jussion à la Chambre des Comptes
pour l'enregistrement de l'édit du mois de
juillet 1541 (n° 12044), portant création
d'offices de lieutenant, de procureur du roi,
de greffier et de sergents en la juridiction des
Eaux et forêts de Poitou. 1ᵉʳ avril 1543.

> *Enreg. à la Chambre des Comptes de Paris, le
> 28 avril 1543, anc. mém. 2 L, fol. 14. Arch. nat.,
> invent. PP. 119, p. 2 (2 L), et PP. 136, p. 496.
> (Mentions.)*

1ᵉʳ avril.

12961. Provisions pour Jean d'Estouteville, sʳ de Villebon, Beaurepaire, etc., de l'office de lieutenant général en Normandie, pendant l'absence du roi et du dauphin. 2 avril 1543.

> *Bibl. nat., ms. fr. 20873, fol. 438 v°. (Men-
> tion.)*

2 avril.

12962. Confirmation en faveur de Jean d'Escoubleau,
seigneur de la Chapelle-Bellouin, des lettres
de cession de la châtellenie dudit lieu et de
la justice de Claunay, Maulay et le Bouchet,
faite à Henri Bohier, en juillet 1518 (n° 871).
Paris, 5 avril 1543.

> *Enreg. au Parl. de Paris, sur mandement de
> Henri II, le 16 décembre 1557. Arch. nat., X¹ᵃ 8621,
> fol. 254 v°. 2 pages 1/2.*

5 avril.

12963. Lettres ordonnant la mise à exécution de la
transaction faite par le fisc avec Madeleine
Picot, veuve de Jean Le Bossu, bourgeois

5 avril.

de Paris, ayant fait le trafic du sel, transaction qu'avaient rejetée les commissaires
chargés de la réformation des gabelles en la
Chambre d'Anjou. 5 avril 1543.

1543.

> *Enreg. à la Cour des Aides de Paris. Arch.*
> *nat., recueil Cromo, U. 665, fol. 304. (Mention.)*

12964. Lettres donnant pouvoir et commission à Louis
d'Adhémar, sr de Grignan, lieutenant général
en Provence, de connaître des différends
mus entre les gens de guerre et les habitants
du pays. Fontenay-en-Brie, 6 avril 1543.

6 avril.

> *Copie du xvii* siècle. *Bibl. nat., ms. Clairam-*
> *bault 966, fol. 51.*
> *Copie du xviii* siècle. *Bibl. nat., ms. fr. 23149,*
> *fol. 100 v°.*
> *Copie du xviii* siècle. *Bibl. nat., ms. Clairam-*
> *bault 962, fol. 125.*

12965. Lettres de relief d'adresse au Parlement de Paris
pour l'enregistrement des provisions de lieutenant général en Guyenne, Poitou, Languedoc et Provence, octroyées à Henri d'Albret, roi de Navarre, le 11 janvier 1543 n. s.
(n° 12860). Paris, 7 avril 1543.

7 avril.

> *Enreg. au Parl. de Paris, le 12 avril 1543. Arch.*
> *nat., X¹ᵃ 8613, fol. 392 v°.*

12966. Provisions pour Antoine Gautier de l'un des
quinze offices de conseillers nouvellement
créés au Parlement de Bordeaux. Villemomble, 8 avril 1542.

8 avril.

> *Enreg. au Parl. de Bordeaux, le 7 juillet 1543.*
> *Arch. de la Gironde, B. 31, fol. 233 v°. 2 pages.*

12967. Provisions en faveur de Guillaume Donjat de
l'un des huit offices de conseillers lais, nouvellement créés, en même temps que sept
de conseillers clercs, au Parlement de Toulouse. Villemomble, 8 avril 1543.

8 avril.

> *Vidimus du sénéchal de Toulouse, le 21 mars*
> *1544. Bibl. nat., Pièces orig., vol. 1021, Donjat,*
> *p. 2.*

12968. Provisions en faveur de Jean de Tournoer, doc-

8 avril.

teur en droit, de l'un des sept offices de conseillers clercs, nouvellement créés, avec huit offices de conseillers lais, au Parlement de Toulouse. Villemomble, 8 avril 1543.

Vidimus du sénéchal de Toulouse, le 1ᵉʳ octobre 1544. Bibl. nat., Pièces orig., vol. 2854, Tournoer, p. 18.

1543.

12969. Provisions pour Louis de Pontac de l'un des quinze offices de conseillers nouvellement créés au Parlement de Bordeaux. Paris, 9 avril 1543.

Enreg. au Parl. de Bordeaux, le 7 juillet 1543. Arch. de la Gironde, B. 31, fol. 236 v°. 2 pages.

9 avril.

12970. Provisions pour Léonard Alesme de l'un des quinze offices de conseillers nouvellement créés au Parlement de Bordeaux. Vincennes, 9 avril 1543.

Enreg. au Parl. de Bordeaux, le 7 juillet 1543. Arch. de la Gironde, B. 31, fol. 243 v°. 2 pages.

9 avril.

12971. Provisions en faveur de Pierre Papus de l'un des huit offices de conseillers lais, créés nouvellement par le roi au Parlement de Toulouse. Bois de Vincennes, 9 avril 1543.

Vidimus du sénéchal de Toulouse, le 23 janvier 1544. Bibl. nat., Pièces orig., Papus, vol. 2191, p. 2.

9 avril.

12972. Lettres accordant aux habitants de Reims une nouvelle prorogation, pour six ans, de l'octroi du petit aide de 2 sous parisis sur chaque queue de vin vendue dans la ville et à quatre lieues aux environs, et de 3 sous parisis sur chaque minot de sel. Paris, 10 avril 1543.

Arch. municipales de Reims, Octrois, liasse 6, n° 26.
Enreg. à la Chambre des Comptes de Paris, le 19 avril 1543. Arch. nat., P. 2307, p. 63. 4 pages.

10 avril.

12973. Provisions en faveur de Georges Gabrilhagues (*aliàs* du Gabre), official de Toulouse, de l'un des sept offices de conseillers clercs, créés en même temps que huit offices de conseillers

10 avril.

lais, au Parlement de Toulouse. Bois de Vin-   1543.
cennes, 10 avril 1543.

Vidimus du sénéchal de Toulouse, le 10 janvier
1544. Bibl. nat., Pièces orig.; vol. 1261, Gabre,
p. 2.

12974. Provisions pour Pierre Ferrant de l'un des   10 avril.
quinze offices de conseillers nouvellement
créés au Parlement de Bordeaux. Paris,
10 avril 1543.

Enreg. au Parl. de Bordeaux, le 7 juillet 1543.
Arch. de la Gironde, B. 31, fol. 247 v°. 2 pages.

12975. Provisions pour Jean de Calvimont de l'un des   10 avril.
quinze offices de conseillers nouvellement
créés au Parlement de Bordeaux. Paris,
10 avril 1543.

Enreg. au Parl. de Bordeaux, le 7 juillet 1543.
Arch. de la Gironde, B. 31, fol. 250. 2 pages.

12976. Provisions pour Jean de Maubrun de l'un des   11 avril.
quinze offices de conseillers nouvellement
créés au Parlement de Bordeaux. Paris,
11 avril 1543.

Enreg. au Parl. de Bordeaux, le 7 juillet 1543.
Arch. de la Gironde, B. 31, fol. 246. 2 pages.

12977. Provisions pour Mathieu de Masparault de   11 avril.
l'un des quinze offices de conseillers nouvellement créés au Parlement de Bordeaux.
Paris, 11 avril 1543.

Enreg. au Parl. de Bordeaux, le 7 juillet 1543.
Arch. de la Gironde, B. 31, fol. 252. 2 pages.

12978. Mandement à Jacques Bochetel, payeur des   11 avril.
gages des officiers domestiques, de payer au
seigneur de Traves, gentilhomme de la
chambre, qu'on avait oublié sur les états,
1,200 livres tournois pour ses gages de
l'année finie au 31 décembre 1542. Paris,
11 avril 1543.

Original. Bibl. nat., ms. fr. 25723, n° 786.

12979. Lettres accordant à Pierre Fraguier, conseiller   11 avril.
maître en la Chambre des Comptes, la jouis-

sance des gages et droits attribués à son
office, à compter du jour de ses provisions,
21 février 1541 n. s., et non du 10 mai
suivant, date de sa réception. Paris, 11 avril
1543.

*Enreg. à la Chambre des Comptes, le 28 mai
1543*, anc. mém. 2 L, fol. 135. *Arch. nat.*, P. 2307,
p. 199. (*Arrêt d'enregistrement.*)

1543.

12980. Lettres ordonnant au Parlement de Dauphiné
de faire jouir le cardinal Nicolas Gaddi des
privilèges que lui a octroyés le pape. Paris,
12 avril 1543.

12 avril.

*Enreg. au Parl. de Grenoble, le 17 novembre 1543.
Arch. de l'Isère*, B. 2334, fol. 248. 2 pages.

12981. Lettres portant défense d'afficher certains li-
belles diffamatoires, scandaleux et tendant à
sédition et émotion populaires, sous les peines
de droit. Paris, 12 avril 1543.

12 avril.

*Enreg. au Parl. de Paris, le 16 avril suivant.
Arch. nat.*, U. 446, fol. 185. 3 pages.
Arrêt d'enregistrement. Arch. nat., X¹ᵃ 4919,
Plaidoiries, fol. 63 *bis.*

12982. Lettres ordonnant qu'Olivier Molan, grènetier
de Tours, rendra les comptes de la commission dont il a été chargé le 10 mars 1538
n. s. (n° 9824), bien qu'empêché par la maladie, il eût été remplacé par Pierre Ancel.
Paris, 12 avril 1543.

12 avril.

Bibl. nat., ms. fr. 10391, fol. 7. (*Mention.*)

12983. Provisions de Denis Tanot, comme imprimeur
du roi en langue française. Paris, 12 avril
1543.

12 avril.

IMP. Aug. Bernard, *Geoffroy Tory, etc.* In-8°,
p. 229.

12984. Provisions pour Dominique Ram de l'un des
quinze offices de conseillers nouvellement
créés au Parlement de Bordeaux. Paris,
12 avril 1543.

12 avril.

*Enreg. au Parl. de Bordeaux, le 7 juillet 1543.
Arch. de la Gironde*, B. 31, fol. 235. 2 pages.

12985. Provisions pour François Baulon de l'un des quinze offices de conseillers nouvellement créés au Parlement de Bordeaux. Paris, 12 avril 1543.

1543.
12 avril.

> *Enreg. au Parl. de Bordeaux, le 7 juillet 1543. Arch. de la Gironde, B. 31, fol. 239 v°. 2 pages.*

12986. Provisions pour Jean de Monench de l'un des quinze offices de conseillers nouvellement créés au Parlement de Bordeaux. Paris, 12 avril 1543.

12 avril.

> *Enreg. au Parl. de Bordeaux, le 7 juillet 1543. Arch. de la Gironde, B. 31, fol. 241 v°. 2 pages.*

12987. Mandement aux Généraux maîtres des Monnaies pour procéder à la prisée et estimation des espèces et vaisselles d'or et d'argent, appartenant à la succession du s⟨r⟩ de Châteaubriant, envoyées de Bretagne à Paris, pour être affectées aux besoins du trésor. Paris, 13 avril 1543.

13 avril.

> *Enreg. à la Cour des Monnaies, le 16 avril 1543. Arch. nat., Z¹ᵇ 63, fol. 55 v°. 2 pages.*

12988. Provisions en faveur de Jean Dumay, ci-devant lieutenant général de la sénéchaussée d'Anjou, d'un office de conseiller au Grand conseil. Paris, 13 avril 1543.

13 avril.

> *Arch. nat., arrêt de réception de son successeur, le 24 avril suivant. Arch. nat., X¹ᵃ 4919, Plaidoiries, fol. 104 v°. (Mention.)*

12989. Provisions en faveur de Guillaume Le Rat, conseiller au Grand conseil, de l'office de lieutenant général de la sénéchaussée d'Anjou, en remplacement de Jean Dumay, nommé conseiller au Grand conseil. Paris, 13 avril 1543.

13 avril.

> *Reçu au Parl. de Paris, le 24 avril suivant. Arch. nat., X¹ᵃ 4919, Plaidoiries, fol. 104 v°. (Mention.)*

12990. Provisions d'un office de conseiller clerc, nouvellement créé au Parlement de Dijon, pour

13 avril.

Claude Brocard, docteur ès droits. Paris, 1543.
13 avril 1543.

> *Enreg. au Parl. de Dijon, le 3 juin 1545. Arch.*
> *de la Côte-d'Or, Parl., reg. IV, fol. 3.*

12991. Déclaration portant que les foires de Briançon   14 avril.
seront exemptes de l'imposition de la traite
foraine. Paris, 14 avril 1543.

> *Enreg. au Parl. de Grenoble, le 28 mai 1543,*
> *Arch. de l'Isère, Chambre des Comptes de Grenoble,*
> *B. 2994, fol. 55.*

12992. Lettres données à la requête des États de Lan-   14 avril.
guedoc, portant que les deniers à lever pour
la défense du royaume doivent être imposés
indistinctement sur tous les habitants des
villes closes, privilégiés et non privilégiés,
à l'exception des officiers de la maison du roi.
Les villages et villes non closes ne doivent pas
être imposés. Paris, 14 avril 1543.

> *Copie du XVI* siècle. Arch. de la ville d'Albi,*
> *CC. 119.*

12993. Provisions en faveur de Claude de Maugarny,   14 avril.
avocat en Parlement à Paris, de l'office de
lieutenant général du maître particulier des
Eaux et forêts de Brie et de Champagne,
vacant par la résignation pure et simple de
Christophe Ripault. Paris, 14 avril 1543.

> *Enreg. à la Chambre des Eaux et forêts (siège de*
> *la Table de marbre), le 27 avril 1543. Arch. nat.,*
> *Z¹ᵉ 328, fol. 183. 1 page 1/2.*

12994. Provisions pour Jean de Guilloche de l'un des   14 avril.
quinze offices de conseillers nouvellement
créés au Parlement de Bordeaux. Paris,
14 avril 1543.

> *Enreg. au Parl. de Bordeaux, le 7 juillet 1543.*
> *Arch. de la Gironde, B. 31, fol. 237. 2 pages.*

12995. Provisions d'un office de conseiller clerc, nou-   14 avril.
vellement créé au Parlement de Dijon, pour
Edme Bégat, licencié ès droit. Paris, 14 avril
1543.

> *Enreg. au Parl. de Dijon, le 22 mai suivant.*
> *Arch. de la Côte-d'Or, Parl., reg. III, fol. 69.*

12996. Provisions en faveur de Jean Corniardi d'un des offices de conseillers lais, créés dernièrement au nombre de huit, en même temps que sept de conseillers clercs, au Parlement de Toulouse. Paris, 14 avril 1543.

1543.
14 avril.

Vidimus de la sénéchaussée de Toulouse, du 12 mai 1544. Bibl. nat., Pièces orig., vol. 862, Corniard, p. 2.

12997. Provisions en faveur d'Antoine Prothy d'un des sept offices de conseillers clercs, nouvellement créés, en même temps que huit offices de conseillers lais, au Parlement de Toulouse. Paris, 14 avril 1543.

14 avril.

Vidimus du sénéchal de Toulouse, du 19 décembre 1544. Bibl. nat., Pièces originales, vol. 2390, (doss. 53,576), Prothy, p. 2.

12998. Provisions pour Jacques Sortes, licencié ès lois, de l'un des offices de conseillers lais nouvellement créés au Parlement de Toulouse. Paris, 14 avril 1543.

14 avril.

Vidimus du sénéchal de Toulouse, du 17 septembre 1544. Bibl. nat., Pièces orig., vol. 2717, Sortes, pièce 2.

12999. Don de 1,100 livres tournois à François de Hangest, s⁰ de Genlis, capitaine du château du Louvre. Paris, 14 avril 1543.

14 avril.

Bibl. nat., ms. Clairambault 782, p. 303. (Mention.)

13000. Déclaration du roi portant assignation des gages des officiers de la Chambre des Comptes de Paris sur les plus clairs deniers des gabelles. Paris, 15 avril 1543.

15 avril.

Enreg. à la Chambre des Comptes de Paris, le 8 mai 1543, anc. mém. 2 L, fol. 94 v°. Arch. nat., P. 2307, p. 91. 6 pages.
Impr. Blanchard, Compilation chronologique, etc. Paris, 1715, in-fol., t. I, col. 553. (Mention sous la date : «Saint-Germain-en-Laye, 25 avril 1543».)

13001. Lettres portant que les gages des officiers du Parlement de Rouen seront payés par le receveur des droits et gages de ladite cour, sur

15 avril.

les deniers provenant des gabelles, versés
entre les mains du trésorier de l'épargne, à
partir du 1ᵉʳ avril de la présente année. Paris,
15 avril 1543.

1543.

> *Enreg. à la Chambre des Comptes de Paris, le
> 8 mai suivant, anc. mém. coté 2 L, fol. 34 v°.
> Arch. nat., invent. PP, 136, p. 517; AD.IX 125,
> n° 75. (Mentions.).*
> *Enreg. au Parl. de Rouen. Copie du xviiᵉ siècle.
> Arch. nat., U. 759 (reg. non paginé). 2 pages 1/2.*

13002. Lettres d'assignation des gages des officiers du
Parlement de Bordeaux, depuis le 1ᵉʳ janvier
de la présente année, sur le trésorier de l'é-
pargne, les receveurs généraux ou les commis aux recettes générales des finances et
gabelles. Paris, 15 avril 1543.

15 avril.

> *Enreg. au Parl. de Bordeaux, le 2 juillet 1543.
> Arch. de la Gironde, B. 31, fol. 226. 4 pages.
> Double, B. 32, fol. 63. 3 pages 1/2.*

13003. Provisions pour Méry Gasq de l'un des quinze
offices de conseillers nouvellement créés au
Parlement de Bordeaux. Paris, 16 avril
1543.

16 avril.

> *Enreg. au Parl. de Bordeaux, le 7 juillet 1543.
> Arch. de la Gironde, B. 31, fol. 245. 2 pages.*

13004. Provisions en faveur d'Arnaud Galdo de Négre-
pelisse, docteur ès droits, de l'un des sept
offices de conseillers clercs, nouvellement
créés, en même temps que huit offices de
conseillers lais, au Parlement de Toulouse.
Paris, 16 avril 1543.

16 avril.

> *Vidimus du sénéchal de Toulouse, du 2 septembre
> 1544. Bibl. nat., Pièces orig., vol. 1267, Galdo,
> p. 2.*

13005. Provisions pour Joseph de La Chassagne de
l'un des quinze offices de conseillers nouvellement créés au Parlement de Bordeaux.
Meudon, 17 avril 1543.

17 avril.

> *Enreg. au Parl. de Bordeaux, le 7 juillet 1543.
> Arch. de la Gironde, B. 31, fol. 238. 2 pages.*

13006. Provisions en faveur de Thomas de Fores d'un

17 avril.

des sept offices de conseillers clercs au Parlement de Toulouse, nouvellement créés par le roi. Meudon, 17 avril 1543.

> *Vidimus du sénéchal de Toulouse. Bibl. nat.,*
> *Pièces orig., Fores, vol. 1195, p. 8.*

13007. Mandement à la Chambre des Comptes de Paris d'enregistrer les lettres du 11 janvier 1543 n. s. (n° 12860), instituant Henri II, roi de Navarre, lieutenant général du roi en Guyenne, Poitou, Languedoc et Provence. Paris, 19 avril 1543.

19 avril.

> *Original. Arch. départ. des Basses-Pyrénées,*
> **E.** 573.
> *Enreg. à la Chambre des Comptes de Paris, le*
> *21 avril suivant.*

13008. Lettres commettant Salomon de Herbaines, garde des meubles et tapisseries du château de Fontainebleau, à la surintendance des travaux exécutés audit château. Saint-Germain-en-Laye, 21 avril 1543.

21 avril.

> *Copie du xvie siècle, Bibl. nat., ms. fr. 11179.*
> *(anc. suppl. fr. 336).*
> *IMP. L. de Laborde, Les Comptes des bâtiments*
> *du roi. Paris, in-8°, 1877, t. I, p. 180.*

13009. Provisions de l'office de président de la nouvelle chambre des enquêtes au Parlement de Bordeaux, pour Guy de Brassac. Saint-Germain-en-Laye, 22 avril 1543.

22 avril.

> *Enreg. au Parl. de Bordeaux, le 18 mai 1543.*
> *Arch. de la Gironde, B. 31, fol. 214. 2 pages.*

13010. Lettres de règlement pour les gages dudit Guy de Brassac. Saint-Germain-en-Laye, 22 avril 1543.

22 avril.

> *Enreg. au Parl. de Bordeaux, le 18 mai 1543.*
> *Arch. de la Gironde, B. 31, fol. 215. 2 pages.*

13011. Provisions d'un office de conseiller clerc au Parlement de Paris, en remplacement de Louis de L'Estoile, nommé grand rapporteur en la Chancellerie, données en faveur de Mathieu Chartier, avocat en ladite cour,

22 avril.

nonobstant qu'il ne soit point dans les ordres. 1543.
Saint-Germain-en-Laye, 22 avril 1543.

> *Présentées au Parl., le 23 avril 1543. Arch.*
> *nat., X¹ᵃ 1550, Conseil, fol. 414 v°. (Mention.)*
> *Réception dudit Chartier, le 26 avril suivant.*
> *Idem, vol. 417.*

13012. Don à Jean Bellac, l'un des joueurs de «sac- 22 avril.
quebuttes» du roi, de 50 écus soleil en plus
de ses gages ordinaires, à prendre sur les
revenus de l'office de sergent royal au bailliage de Blois, vacant par la mort de Jean
Bazin. Saint-Germain-en-Laye, 22 avril 1543.

> *Original. Bibl. nat., ms. fr. 25723, n° 787.*

13013. Provisions en faveur de Jacques Verjus, licencié 24 avril.
ès lois, d'un office de conseiller au Parlement
de Paris, en remplacement et sur la résignation d'André Verjus, président des enquêtes,
son oncle. Saint-Germain-en-Laye, 24 avril
1543.

> *Réception dudit Verjus au Parl., le 26 avril sui-*
> *vant. Arch. nat., X¹ᵃ 1550, Conseil, fol. 417 v°.*
> *(Mention.)*

13014. Provisions en faveur de Jean de Gouy, conseiller 24 avril.
au Parlement de Paris, de l'office de président
de la petite chambre des enquêtes, vacant
par la résignation d'André Verjus, Saint-Germain-en-Laye, 24 avril 1543.

> *Réception dudit de Gouy au Parl., le 26 avril*
> *suivant. Arch. nat., X¹ᵃ 1550, Conseil, fol. 417 v°.*
> *(Mention.)*

13015. Lettres au sénéchal de Toulouse, portant que 25 avril.
dans l'imposition sur les villes closes, nécessaire pour la solde des gens d'armes levés
pour la défense du royaume, on ne doit
s'arrêter à aucun refus, contredit, appellation
ou opposition quelconques. Saint-Germain-
en-Laye, 25 avril 1543.

> *Copie du XVIᵉ siècle. Arch. de la ville d'Albi,*
> *CC. 119.*

13016. Lettres ordonnant la fourniture par la province 25 avril.
de Languedoc de 2,000 ânées de froment,

« pour estre incontinent convertiz en biscuitz »
et envoyés à l'armée de mer réunie sur les
côtes de Provence. Saint-Germain-en-Laye,
25 avril 1543.

Copie du XVIe siècle. Arch. de la ville de Narbonne, AA. 112, fol. 36 v°.

13017. Provisions d'un office de conseiller nouvellement créé au Parlement de Dijon, pour Jean Catherine, licencié ès droits. Saint-Germainen-Laye, 26 avril 1543.

Enreg. au Parl. de Dijon, le 31 mai suivant. Arch. de la Côte-d'Or, Parl., reg. III, fol. 72 v°. Enreg. à la Chambre des Comptes de Dijon, le 11 mars 1546 n. s. Arch. de la Côte-d'Or, B. 19, fol. 69.

13018. Mandement au Parlement de Dijon de recevoir Jean Catherine, pourvu d'un office de conseiller en ladite cour, nonobstant le prêt de 1,000 écus qu'il a fait au roi. SaintGermain-en-Laye, 26 avril 1543.

Enreg. au Parl. de Dijon, le 31 mai suivant. Arch. de la Côte-d'Or, Parl., reg. III, fol. 74.

13019. Commission à Louis d'Adhémar de Monteil, s^r de Grignan, lieutenant général en Provence, pour acheter en Bourgogne des bois destinés à faire « palamantes », jusqu'à la quantité de vingt mille « estelles », et les faire amener par radeaux à Marseille, pour le service de l'armée navale. 26 avril 1543.

IMP. Vallet de Viriville, Catalogue des archives de la maison de Grignan. Paris, 1844, in-8°, p. 14. (Mention.)

13020. Lettres portant confirmation des franchises des quatre foires de la ville de Lyon, nonobstant l'édit sur l'imposition foraine. Saint-Germainen-Laye, 27 avril 1543.

Original. Arch. de la ville de Lyon, série CC. Enreg. au Parl. de Paris, le 28 mai 1543. Arch. nat., X^{1a} 8613, fol. 456. 3 pages 1/2. Arrêt d'enregistrement. Idem, X^{1a} 4919, Plaidoiries, fol. 211 v°. Enreg. à la Cour des Aides de Paris. Arch. nat., Z^{1a} 527. (Mention.)

1543.

26 avril.

26 avril.

26 avril.

27 avril.

Enreg. au Parl. de Dijon, le 31 juillet 1543.
Arch. de la Côte-d'Or, Parl., reg. III, fol. 75 v°.
Enreg. à la Chambre des Comptes de Dijon. Arch.
de la Côte-d'Or, B. 20, fol. 114 v°.
Enreg. au Parl. de Provence, le 30 juin 1543.
Enreg. au Parl. de Toulouse, le 31 juillet
1543. Arch. de la Haute-Garonne, Édits, reg. 5,
fol. 110.
Imp. *Ordonnances et privilèges des foires de Lyon*
et leur antiquité, etc. Lyon, 1560, in-8°, fol. 79 r°.
P. Rebuffi, *Les édits et ordonnances des rois de*
France. Lyon, 1573, in-fol., p. 1248.
A. Fontanon, *Édits et ordonnances, etc.* Paris,
1611, in-fol., t. I, p. 1068.
Privilèges des foires de Lyon, octroyez par les
rois très chrestiens, etc. Lyon, Guillaume Barbier,
1649, in-4°, p. 100.

13021. Provisions en faveur du comte d'Enghien de   28 avril.
la charge de lieutenant général du roi en
l'armée de mer du Levant. Saint-Germain-
en-Laye, 28 avril 1543.

> *Copie de la fin du xvi° siècle. Bibl. nat., ms.*
> *fr. 3115, fol. 15.*
> *Copie du xviii° siècle. Bibl. nat., Portefeuilles*
> *de Fontanieu, vol. 253.*

13022. Provisions de l'office de maître et auditeur des   28 avril.
comptes des pays de Bresse et Bugey, pour
Ozias de Cadenet, en remplacement et sur la
résignation de Pierre Buatier. Saint-Germain-
en-Laye, 28 avril 1543.

> *Enreg. à la Chambre des Comptes de Dijon, le*
> *1er mai 1543. Arch. de la Côte-d'Or, B. 19,*
> *fol. 29 v°.*

13023. Lettres permettant à Jacques de Varade de   28 avril.
contracter mariage, bien qu'il soit pourvu
d'un office de conseiller clerc au Parlement
de Paris. Saint-Germain-en-Laye, 28 avril
1543.

> *Enreg. au Parl. de Paris, le 26 mai 1543. Arch.*
> *nat., X¹ᵃ 1551, Conseil, fol. 37 v°. (Mention.)*

13024. Déclaration explicative de l'ordonnance du   29 avril.
10 juin 1541 (n° 11972), attribuant des gages
à la chambre des vacations du Parlement de

1543.

Grenoble. Saint-Germain-en-Laye, 29 avril 1543.

Enreg. au Parl. de Grenoble. Arch. de l'Isère, B. 2334, fol. 234. 4 pages.

13025. Provisions en faveur d'Antoine de Lautrec, docteur ès droits, d'un des huit offices de conseillers lais nouvellement créés par le roi au Parlement de Toulouse. Saint-Germain-en-Laye, 29 avril 1543.

Vidimus du sénéchal de Toulouse, du 19 mai 1544. Bibl. nat., Pièces orig., Lautrec, vol. 1666, p. 7.

13026. Provisions en faveur de François de Barbançon de l'office de bailli de Senlis, vacant par le décès de Jean de Saints. Saint-Germain-en-Laye, 30 avril 1543.

Reçu au Parl. de Paris, le 12 juin 1543. Arch. nat., X¹ᵃ 4919, Plaidoiries, fol. 278. (Mention.)

13027. Provisions de l'office de contrôleur en chef des baux et aliénations du domaine pour J. Boudier, enquêteur au bailliage de Dijon. Saint-Germain-en-Laye, 30 avril 1543.

Enreg. à la Chambre des Comptes de Dijon. Arch. de la Côte-d'Or, B. 20, fol. 113 v°.

13028. Provisions de deux offices de conseillers lais et de deux offices de conseillers clercs nouvellement créés au Parlement de Grenoble. Paris, avril 1543.

Enreg. au Parl. de Grenoble.
Imp. C.-U.-J. Chevalier, Ordonnances des rois de France, concernant le Dauphiné. Colmar, in-8°, 1871, n° 831. (Mention.)

13029. Édit portant création d'un office de conseiller lai en la cour du Parlement de Dijon, et règlement pour ses fonctions, gages, etc. Saint-Germain-en-Laye, avril 1543.

Enreg. au Parl. de Dijon, le 24 mai suivant. Arch. de la Côte-d'Or, Parl., reg. III, fol. 72.
Imp. Pierre Palliot, Le Parlement de Bourgogne. Dijon, 1649, in-fol., p. 34. (Mention.)

13030. Édit portant création de deux offices de maîtres

[marge droite :]
1543.

29 avril.

30 avril.

30 avril.

Avril.

Avril.

Avril

ordinaires en la Chambre des Comptes de
Dijon. Saint-Germain-en-Laye, avril 1543.

*Enreg. à la Chambre des Comptes de Dijon. Arch.
de la Côte-d'Or, reg. B. 18, fol. 354.*

1543.

13031. Édit portant création de deux offices de conseillers au Parlement de Grenoble. Saint-
Germain-en-Laye, avril 1543.

*Enreg. au Parl. de Grenoble, le 28 mai 1543.
Arch. de l'Isère, Chambre des Comptes de Grenoble,
B. 2911, II, fol. 21. 2 pages.*

Avril.

13032. Édit portant règlement pour les étapes, route
et discipline des gens de guerre passant par
le Dauphiné. Saint-Germain-en-Laye, avril
1543.

*Enreg. au Parl. de Grenoble, le 14 juin 1543.
Arch. de l'Isère, Chambre des Comptes de Grenoble,
B. 2911, II, fol. 27. 10 pages.*

Avril.

13033. Mandement au trésorier de l'épargne de payer
300 livres au seigneur de Thaiz (Taix), gentilhomme de la chambre et colonel de gens de
guerre à pied français en Piémont, pour son
service auprès du roi durant le mois de mars
dernier. Saint-Germain-en-Laye, 1ᵉʳ mai
1543.

*Original. Bibl. nat., Pièces orig., vol. 2786, Tais,
p. 12.*

1ᵉʳ mai.

13034. Mandement à Jacques Bochetel, payeur des
gages des officiers domestiques de la maison
du roi, de payer au sieur de la Vauguyon,
gentilhomme ordinaire de la chambre,
1,200 livres tournois pour ses gages de l'année finie au 31 décembre 1542. Saint-Germain-en-Laye, 1ᵉʳ mai 1543.

Original. Bibl. nat., ms. fr. 25723, n° 788.

1ᵉʳ mai.

13035. Mandement à Jacques Bochetel de payer
800 livres tournois à Étienne Des Ruyaulx,
gentilhomme de la chambre, pour huit mois
de gages à compter du 1ᵉʳ mai 1543, 80 livres
tournois à Guillaume de Pons, arquebusier
du roi, pour parfaire ses 200 livres de gages
qu'il n'avait pas touchées, ayant été oublié

1ᵉʳ mai.

sur l'état, et 120 livres tournois à Jean Bagot, pour le reste de ses gages de l'année courante finissant le 31 décembre. Saint-Germain-en-Laye, 1ᵉʳ mai 1543.

> *Original. Bibl. nat.*, ms. fr. 25723, n° 789.

1543.

13036. Lettres établissant commissaires généraux sur le fait des vivres de l'armée de Hainaut, François Olivier, président au Parlement de Paris, Philibert Babou, trésorier de France, François de Raisse, sieur de la Hargerie, maître ordinaire de l'hôtel, Pierre d'Apestigny, général des finances de Bourgogne, et Thomas Rappouel, seigneur de Bandeville. Saint-Germain-en-Laye, 1ᵉʳ mai 1543.

> *Bibl. nat.*, ms. fr. 25723, n° 795. *(Mention.)*
> *Imp. Bibl. de l'École des Chartes*, t. XXVII, p. 615. *(Mention.)*

1ᵉʳ mai.

13037. Lettres d'érection de la seigneurie du Guépean en châtellenie, pour François Allamant, seigneur dudit lieu et de Choussy. Saint-Germain-en-Laye, 2 mai 1543.

> *Enreg. au Parl. de Paris, sauf réserve, le 8 mai 1544. Arch. nat.*, X¹ᵃ 8614, fol. 222 v°. 1 page 1/2.

2 mai.

13038. Lettres portant concession aux prévôt des marchands et échevins de Paris de l'aide levée sur le bétail à pied fourché, les pastel, guesde et garance entrant à Paris, ou vendus sur les marchés de cette ville, avec règlement et tarif, pour l'employer aux fortifications et munitions. Saint-Germain-en-Laye, 3 mai 1543.

> *Original. Arch. nat.*, K. 955, n° 40.
> *Enreg. au Parl. de Paris, le 8 mai 1543. Arch. nat.*, X¹ᵃ 8613, fol. 398 et 404. 13 pages 1/2.
> *Copie collat. du xvɪᵉ siècle. Arch. nat.*, V² 4, n° 1483.
> *Enreg. à la Chambre des Comptes de Paris*, anc. mém. 2 L, fol. 48. *Arch. nat.*, AD.IX 125, n° 84; invent. PP. 136, p. 518. *(Mentions.)*

3 mai.

13039. Édit portant que les habitants des villes closes du royaume contribueront à la solde des gens de guerre jusqu'à concurrence de

3 mai.

cinquante mille hommes. Saint-Germain-en-Laye, 3 mai 1543.

Enreg. à la Chambre des Comptes de Paris, le 8 mai suivant, anc. mém. 2 L, fol. 48. Arch. nat., AD.IX 125, n° 83; invent. PP. 136, p. 518. (Mentions.)
IMP. Blanchard, Compilation chronologique, etc. Paris, 1715, in-fol., t. I, col. 554. (Mention.)
A. Tessereau, Histoire de la Chancellerie de France, etc. Paris, 1710, in-fol., t. I, p. 103. (Fragment.)

13040. Lettres de jussion pour l'exécution des lettres en date d'août 1541 (n° 12100), portant que Jean-Jacques de Mesmes, s^r de Roissy, lieutenant civil, jouira, moyennant la prestation de 6 livres parisis par an, de la permission qu'il a obtenue d'élever un moulin à vent en sa terre de Roissy. Saint-Germain-en-Laye, 3 mai 1543.

Enreg. à la Chambre des Comptes de Paris, le 5 juillet 1543. Arch. nat., P. 2307, p. 215. 4 pages 1/2.

13041. Lettres ordonnant de procéder au renouvellement des reconnaissances, et attribuant à la Chambre des Comptes de Grenoble la faculté de recevoir tous les hommages, à l'exception de ceux des baronnies. Saint-Germain-en-Laye, 3 mai 1543.

Enreg. au Parl. de Grenoble, le 22 juin 1543. Arch. de l'Isère, Chambre des Comptes de Grenoble, B. 2911, II, fol. 23. 6 pages 1/2.

13042. Mandement au greffier de la chambre des Eaux et forêts de faire tenir au Conseil privé la sentence et les pièces produites au procès d'entre Jacques de Molins, s^r de Rochefort et de Villelouet, notaire et secrétaire du roi, d'une part, et les commissaires réformateurs des forêts du comté de Blois, d'autre. Saint-Germain-en-Laye, 3 mai 1543.

Enreg. le 8 mai suivant, à la Chambre des Eaux et forêts (siège de la Table de marbre). Arch. nat., Z^{1e} 328, fol. 190 v°. 1 page.

13043. Mandement au Parlement et à la Chambre des

(marge :)
1543.

3 mai.

3 mai.

3 mai.

4 mai.

Comptes pour la vérification et l'enregistrement des lettres de la veille (n° 13038), portant concession aux prévôt des marchands et échevins de Paris de l'aide levée sur le bétail à pied fourché, etc. Saint-Germain-en-Laye, 4 mai 1543.

> *Original. Arch. nat., K. 955, n° 40.*
> *Enreg. au Parl. de Paris, le 8 mai suivant. Arch.*
> *nat., X¹ᵃ 8613, fol. 404.*

1543.

13044. Lettres portant commission à Claude Monparlier, général des Monnaies, pour procéder à l'ouverture de la Monnaie d'Aix en Provence et à l'installation des officiers. Saint-Germain-en-Laye, 4 mai 1543

> *Enreg. à la Cour des Monnaies. Arch. nat., Z¹ᵇ 63,*
> *fol. 68. 4 pages.*

4 mai.

13045. Mandement au sénéchal de Limousin d'imposer sur les habitants de la sénéchaussée, exempts et non exempts, la somme de 24,000 livres pour le payement des gens de guerre. Saint-Germain-en-Laye, 4 mai 1543.

> *Copie du xvɪᵉ siècle. Arch. de la ville de Limoges,*
> *reg. consulaires, t. I, p. 346.*

4 mai.

13046. Provisions de l'office de conseiller et maître ordinaire en la Chambre des Comptes de Dijon pour Claude Contault, greffier des États de Bourgogne. Saint-Germain-en-Laye, 4 mai 1543.

> *Enreg. à la Chambre des Comptes de Dijon, le*
> *17 mai suivant. Arch. de la Côte-d'Or, B. 18,*
> *fol. 354 v°.*

4 mai.

13047. Commission au bailli d'Orléans de faire faire commandement aux habitants de Toury, qui doivent des cens ou redevances à l'abbaye de Saint-Denis en France, de les payer sans délai et de faire la déclaration des héritages qu'ils tiennent en fief de ladite abbaye. Paris, 5 mai 1543.

> *Arch. nat., acte sur parchemin servant de couver-*
> *ture à un cahier, sous la cote S. 77.*

5 mai.

13048. Lettres portant que les receveurs des consuls et

6 mai.

des villes ne rendront leurs comptes que par-
devant les juges ordinaires desdites villes.
Saint-Germain-en-Laye, 6 mai 1543.

1543.

*Arch. départ. de l'Hérault, C. États de Langue-
doc, Procès-verbaux, 1543. (Mention.)*

13049. Ordonnance touchant les étapes au pays de Languedoc. Saint-Germain-en-Laye, 6 mai 1543.

6 mai.

*Arch. départ. de l'Hérault, C. États de Langue-
doc, Procès-verbaux, 1543. (Mention.)*

13050. Provisions pour Michel de Champrond de
l'office de bailli de Chartres, en remplacement et sur la résignation de Jean Larche-
vêque, baron de Soubise. Saint-Germain-
en-Laye, 6 mai 1543.

6 mai.

*Reçu au Parl. de Paris, le 25 du même mois.
Arch. nat., X¹ᵃ 4919, Plaidoiries, fol. 203 v°.
(Mention.)*

13051. Déclaration touchant la nouvelle création de
conseillers au Parlement de Toulouse, portant qu'il sera fait remboursement des sommes
versées à ceux qui ne seront pas reçus pour
cause de parenté. Saint-Germain-en-Laye,
7 mai 1543.

7 mai.

*Enreg. au Parl. de Toulouse, le 4 juin 1543.
Arch. de la Haute-Garonne, Édits, reg. 5, fol. 43.
1 page.
Vidimus du sénéchal de Toulouse, le 1ᵉʳ octobre
1544. Bibl. nat., Pièces orig., vol. 2854, Tornoer,
p. 18.*

13052. Mandement au bailli de Dijon de répartir sur
tous les habitants de la ville de Dijon, privilégiés et non privilégiés, ecclésiastiques
comme laïques, sans distinction, l'aide pour
la solde de cinquante mille hommes de pied.
Saint-Germain-en-Laye, 7 mai 1543.

7 mai.

*Original. Arch. munip. de Dijon, Trésor des
Chartes, L.*

13053. Lettres ordonnant au prévôt de Paris d'exempter
le chapitre de Notre-Dame de contribuer à la
levée faite pour le payement de la solde de

10 mai.

cinquante mille hommes de pied. Saint-Germain-en-Laye, 10 mai 1543.

> *Original. Arch. nat., K. 87, n° 32.*

13054. Lettres confirmant les franchises et exemptions de tailles, impôts, dons et emprunts accordées à l'Université d'Orléans et à ses suppôts. Saint-Germain-en-Laye, 10 mai 1543.

10 mai.

> *Original scellé. Arch. du Loiret, série D. Université.*
> *Copie du XVIII° siècle. Idem., série D. (liasse des exemptions).*

13055. Lettres affectant le revenu des gabelles au payement des gages de la Cour des Aides. Saint-Germain-en-Laye, 12 mai 1543.

12 mai.

> *Copie collationnée faite par ordre de la Cour des Aides, le 5 mars 1779. Arch. nat., Z¹ᵃ 526.*

13056. Mandement au trésorier de l'épargne de payer 350 livres tournois à Jean de Mansencal, premier président au Parlement de Toulouse, pour cinquante-six journées d'un voyage par lui fait de Toulouse vers le roi, et de son retour à Toulouse. Saint-Germain-en-Laye, 12 mai 1543.

12 mai.

> *Original. Bibl. nat., Pièces orig., vol. 1830, Mansencal, p. 10.*

13057. Lettres d'évocation et renvoi à la grand'chambre des enquêtes du Parlement de Paris d'un procès intéressant le domaine royal, pendant au Parlement de Toulouse, entre deux marchands de Toulouse et le procureur du roi de Navarre en son comté de l'Isle, d'une part, et Pierre Du Faur, quatrième président au Parlement de Toulouse, d'autre. Saint-Germain-en-Laye, 14 mai 1543.

14 mai.

> *Enreg. au Parl. de Paris, sans date. Arch. nat., X¹ᵃ 8613, fol. 470. 3 pages.*

13058. Permission à Pierre de Masparault, greffier ordinaire de la sénéchaussée de Guyenne, de faire exercer cet office par ses clercs et commis, à ses risques et périls, suivant les

14 mai.

termes de l'édit du 6 juillet 1521 (n° 1377). Saint-Germain-en-Laye, 14 mai 1543.

1543.

> *Enreg. au Parl. de Bordeaux, le 5 janvier 1544. Arch. de la Gironde, B. 31, fol. 412. 4 pages.*

13059. Ordonnance contenant défense aux receveurs et trésoriers de faire aucun remboursement des emprunts, avant qu'il en soit autrement ordonné. Saint-Germain-en-Laye, 14 mai 1543.

14 mai.

> *Enreg. à la Chambre des Comptes de Dijon. Arch. de la Côte-d'Or, reg. B. 20, fol. 164.*

13060. Ordonnance portant que désormais les procès criminels des nobles et officiers royaux, « s'ils ne sont de bien grande et notable qualité, » seront jugés en la chambre criminelle et non plus en la grand'chambre, au Parlement de Normandie, et que les accusés qui invoqueront le privilège de cléricature ou autres immunités seront jugés sur ce point en la grand'chambre, et au principal sans désemparer, si leur prétention est repoussée. Saint-Germain-en-Laye, 14 mai 1543.

14 mai.

> *Enreg. au Parl. de Normandie. Copie du XVIIe siècle. Arch. nat., U. 757, 2e partie, p. 210. 2 pages.*

13061. Lettres portant que la quatrième chambre du Parlement de Rouen sera formée en partie de conseillers anciens, en partie des quinze nouveaux créés par l'édit de mars précédent (n° 12939), sera présidée par Louis Pétremol, et connaîtra des mêmes matières que les autres chambres. Saint-Germain-en-Laye, 14 mai 1543.

14 mai.

> *Enreg. au Parl. de Normandie. Copie du XVIIe siècle. Arch. nat., U. 757, 2e partie, p. 209. 2 pages.*

13062. Déclaration portant règlement pour les gages des officiers du Parlement de Dijon. Saint-Germain-en-Laye, 14 mai 1543.

14 mai.

> *Enreg. à la Chambre des Comptes de Paris, anc.*

mém. coté 2 L, fol. 48. *Arch. nat.*, AD.IX 125,
n° 85, et invent. PP. 136, p. 518. (*Mentions.*)
Imp. Blanchard, *Compilation chronologique, etc.*
Paris, 1715, in-fol., t. I, col. 555. (*Mention.*)

1543.

13063. Provisions en faveur de François de Pontbriant,
seigneur de Montréal, de l'office de gouverneur et sénéchal de Limousin, vacant par
la résignation faite à son profit par Marin
de Montchenu, premier maître d'hôtel du
roi. La Muette-lès-Saint-Germain-en-Laye,
15 mai 1543.

15 mai.

> *Enreg. au Parl. de Bordeaux, le 12 juin 1543.*
> *Arch. de la Gironde, B. 31, fol. 219 v°. 2 pages.*

13064. Provisions en faveur de Guy Berbiguier, docteur ès droits, d'un des sept offices de conseillers clercs au Parlement de Toulouse,
récemment créés par le roi, avec huit offices
de conseillers lais. Saint-Germain-en-Laye,
15 mai 1543.

15 mai.

> *Original. Bibl. nat., Pièces orig.*, vol. 295, Ber-
> biguier, pièce 5.

13065. Lettres portant décharge à Pierre Darteret,
receveur général des gabelles de Poitou et
de la Rochelle, de la somme de 2,645 livres
tournois par lui payée à Thierry Dumont
et à Nicolas Mathieu, généraux de la Cour
des Aides à Paris, et à Antoine Bohier, s^r de
la Chesnaye, commis à l'exécution de l'édit
royal rendu l'an dernier sur les gabelles. Saint-
Germain-en-Laye, 16 mai 1543.

16 mai.

> *Original. Bibl. nat., Pièces orig.*, vol. 1889,
> doss. 43,513, Mathieu, p. 16.

13066. Mandement à Jean Duval, trésorier de l'épargne,
de payer à Artaud d'Apchon, chevalier,
s^r d'Apchon, lieutenant en la compagnie de
cinquante lances du s^r de Saint-André, 600
livres tournois pour sa pension de l'année
1542. Saint-Germain-en-Laye, 16 mai 1543.

16 mai.

> *Original. Bibl. nat., Nouv. acquisitions franç.*,
> ms. 1483, n° 79.

13067. Mandement à Jean Duval, trésorier de l'épargne,

16 mai.

de payer 1,200 livres tournois à Antoine
d'Acquin, marquis de Corato (*aliàs* Quarata),
pour sa pension de l'année 1542. Saint-Germain-en-Laye, 16 mai 1543.

> *Original. Bibl. nat., Pièces originales*, Acquin,
> vol. 7, n° 2.

1543.

13068. Mandement à Jean Duval, trésorier de l'épargne,
de payer à James Stuart, porte-enseigne des
cent archers écossais sous le commandement
du s^r d'Aubigny, la somme de 300 livres
tournois pour sa pension de l'année échue au
31 décembre 1542. Saint-Germain-en-Laye,
16 mai 1543.

> *Original exposé en vente* chez Bachelin, bou-
> levard Haussmann, à Paris, en avril 1889.

16 mai.

13069. Lettres portant règlement des fonctions, pouvoirs, rang, etc., des contrôleurs des aides
créés dans chaque élection du royaume par
édit du 24 janvier 1523 n. s. (n° 1736), et des
rapports de leur charge avec celle des élus.
Saint-Germain-en-Laye, 17 mai 1543.

> *Enreg. à la Cour des Aides, le 4 décembre 1543.*
> *Copie collationnée faite par ordre de la Cour des Aides,*
> *le 23 octobre 1778. Arch. nat.*, Z^1a 527.
> *Copie du* XVIe *siècle. Bibl. nat.*, ms. fr. 2702,
> fol. 248 v°.
> *Impr. Pièce in-8°, Arch. nat.*, AD.I 24. 6 pages.
> A. Fontanon, *Édits et ordonnances*, etc. Paris,
> 1611, in-8°, t. II, p. 829 et 890 (double).
> J. Chenu, *Livre des offices de France*, etc. Paris,
> 1620, in-4°, p. 595.
> J. Corbin, *Nouveau recueil des édits . . . de la*
> *juridiction des Cours des Aides de Paris, Rouen, etc.*
> Paris, 1623, in-4°, p. 308, 560 et 678.
> S. Fournival, *Recueil général des titres concernant*
> *les fonctions . . . des trésoriers de France.* Paris,
> 1655, in-fol., p. 294.
> Isambert, *Anc. lois françaises*, etc. Paris, 1827,
> in-8°, t. XII, p. 807.

17 mai.

13070. Ordonnance portant règlement pour les mines
de fer et les forges du royaume. Saint-Germain-en-Laye, 18 mai 1543.

> *Enreg. au Parl. de Paris, le 31 octobre 1543.*
> *Arch. nat.*, X^1a 8614, fol. 22. 5 pages.

18 mai.

Arrêt d'enregistrement, du 25 octobre. Idem, 1543.
X¹ᵃ 4920, Plaidoiries, fol. 289 v°.
IMP. Isambert, *Anc. lois françaises, etc.* Paris,
1827, in-8°, t. XII, p. 810.

13071. Déclaration en faveur des quatre correcteurs 18 mai.
de la Chambre des Comptes pour leur assurer,
à eux et à leurs successeurs, la jouissance
annuelle de 165 livres de droit de robe, de
bûche et de Toussaint. Saint-Germain-en-
Laye, 18 mai 1543.

> *Enreg. à la Chambre des Comptes de Paris, le
> 25 mai 1543. Arch. nat.,* P. 2307, p. 223.
> 5 pages 1/2.
> IMP. Pièce in-4°. *Arch. nat.,* AD.I 24 et AD.IX
> 125, n° 86. 3 pages.

13072. Lettres portant autorisation, en faveur des ha- 18 mai.
bitants des villes, lieux et pays de Provence
et du comté de Forcalquier, de disposer des
deniers des octrois, moyennant la somme de
15,000 livres tournois. Saint-Germain-en-
Laye, 18 mai 1543.

> *Copie du XVIᵉ siècle. Arch. municip. de Digne
> (Basses-Alpes),* AA. 6, fol. 10.

13073. Lettres de jussion au Parlement de Paris pour 18 mai.
l'enregistrement du don des biens de la succession d'Antoine Dubois, évêque de Béziers,
fait à la duchesse d'Étampes, le 9 août 1542
(n° 12689). Saint-Germain-en-Laye, 18 mai
1543.

> *Enreg. au Parl. de Paris, le 23 mai 1543. Arch.
> nat.,* X¹ᵃ 8613, fol. 455 v°.
> *Arrêt d'enregistrement. Idem,* X¹ᵃ 1551, Conseil,
> fol. 36 v°.

13074. Lettres portant imposition pour frais de guerre, 18 mai.
sur l'élection d'Orléans, de soixante-dix muids
de farine de froment, cent muids de vin et
soixante-dix muids d'avoine, qui devront être
conduits chaque semaine à Saint-Quentin par
des chevaux et charrettes réquisitionnés à cet
effet. Saint-Germain-en-Laye, 18 mai 1543.

> *Arch. communales de Romorantin (Loir-et-Cher),*
> EE. 2, d'après l'*Invent.* publié par F. Bournon.
> Blois, 1884, in-4°.

13075. Provisions de l'office de contrôleur du domaine
au comté de Blois, conformément à l'édit du
24 janvier 1523 n. s. (n° 1736), en faveur
de François Davignon. Saint-Germain-en-
Laye, 18 mai 1543.

> *Enreg. à la Chambre des Comptes de Blois, le
> 5 juillet 1543. Arch. nat., KK. 898, fol. 1.*

1543.
18 mai.

13076. Provisions pour Jacques Cornillier de l'office
de lieutenant général de la sénéchaussée de
Bourbonnais, en remplacement et sur la résignation d'Antoine Chauveau. Saint-Germain-
en-Laye, 18 mai 1543.

> *Reçu au Parl. de Paris, le 25 du même mois.
> Arch. nat., X¹ᵃ 4919, Plaidoiries, fol. 204. (Men-
> tion.)*

18 mai.

13077. Provisions en faveur de Simon Hennequin de
l'office de greffier des présentations du Parlement de Paris, vacant par la mort de Nicolas
Avrillot. Saint-Germain-en-Laye, 18 mai
1543.

> *Réception dudit Avrillot, le 2 juin suivant. Arch.
> nat., X¹ᵃ 1551, Conseil, fol. 64 v°. (Mention.)*

18 mai.

13078. Provisions pour Louis Bourgeois de l'office
de clerc auditeur ordinaire en la Chambre
des Comptes de Paris, en remplacement de
Simon Hennequin. Saint-Germain-en-Laye,
18 mai 1543.

> *Reçu à la Chambre des Comptes, le 25 mai sui-
> vant, anc. mém. 2 L, fol. 46. Arch. nat., P. 2307,
> p. 85. 3 pages.
> Bibl. nat., ms. Clairambault 782, p. 303.
> (Mention.)*

18 mai.

13079. Permission aux conseillers et échevins de Lyon
d'établir un nouvel impôt sur le bétail à
pied fourché, pour en employer le produit
aux fortifications de la ville et à leur quote-part
de l'entretien des cinquante mille hommes
de pied récemment levés. Saint-Germain-en-
Laye, 19 mai 1543.

> *Original. Arch. de la ville de Lyon, série CC.
> Copie. Arch. départ. du Rhône, Chapitre métro-
> politain, Arm. Abram, vol. 6, n° 17.*

19 mai.

13080. Mandement au bailli de Dijon de lever par semaine, dans toute l'étendue de son bailliage,
la quantité de deux cent cinquante muids de
vin, de dix bœufs et cinq cents moutons, pour
l'approvisionnement des troupes. Saint-Germain-en-Laye, 19 mai 1543.

> *Arch. municip. de Beaune (Côte-d'Or), Étapes,*
> n° 2.

1543.
19 mai.

13081. Lettres de vétérance et d'exemption en faveur
de Pierre de Xaintonge, ancien conseiller au
Parlement de Dijon. Saint-Germain-en-Laye,
19 mai 1543.

> *Enreg. au Parl. de Dijon. Arch. de la Côte-d'Or,*
> *Parl., reg. III, fol. 70.*

19 mai.

13082. Provisions de l'office de receveur des gages des
officiers du Parlement de Bordeaux, pour
Nicolas Relion. Saint-Germain-en-Laye,
19 mai 1543.

> *Enreg. au Parl. de Bordeaux, le 2 juillet 1543.*
> *Arch. de la Gironde, B. 31, fol. 230 v°. 2 pages 1/2.*

19 mai.

13083. Mandement à Jean Duval, trésorier de l'épargne,
de délivrer à Jean de Grain, marchand jouail-
lier de Paris, une somme de 1,575 livres
tournois que le roi lui devait depuis long-
temps et dont il n'avait encore pu être payé.
Saint-Germain-en-Laye, 19 mai 1543.

> *Original. Bibl. nat., ms. fr. 25723, n° 790.*

19 mai.

13084. Don aux habitants de Bayonne de la moitié de
la coutume de la ville, pour en employer
le produit à réparer leurs fortifications. Saint-
Germain-en-Laye, 19 mai 1543.

> *Vidimus de Pierre Turpin et de Pierre Leconte, no-*
> *taires au Châtelet de Paris. Bibl. nat., ms. fr. 24658,*
> fol. 10.

19 mai

13085. Provisions de l'office de premier huissier au
Parlement de Bordeaux, pour Clément Alle-
gret. Paris, 20 mai 1543.

> *Enreg. au Parl. de Bordeaux, le 9 juin 1543.*
> *Arch. de la Gironde, B. 31, fol. 218 v°. 2 pages.*

20 mai.

13086. Lettres d'évocation et renvoi à la grand'chambre

21 mai.

des enquêtes du Parlement de Paris des
procès pendants au Grand Conseil, entre
Jean de Daillon, baron du Lude, et sa femme
Anne de Batarnay, d'une part, et François et
Diane de Poitiers, d'autre, touchant la succession des père, mère et aïeul de ladite Anne
de Batarnay. Meudon, 21 mai 1543.

> *Enreg. au Parl. de Paris, le 26 juillet 1543.*
> *Arch. nat., X¹ª 8613, fol. 471 v°. 3 pages.*

1543.

13087. Provisions en faveur de Charles de Capendu,
vicomte de Boursonne, de l'office de maître
particulier des Eaux et forêts du duché de
Valois, vacant par la résignation pure et
simple de Louis de Laseigne. Meudon, 22 mai
1543.

> *Enreg. aux Eaux et forêts (siège de la Table de*
> *marbre), le 17 septembre 1543. Arch. nat., Z¹ª 328,*
> *fol. 244. 1 page 1/2.*

22 mai.

13088. Lettres accordant à Mathurin et à Jean Lon-
guet, greffiers de la Prévôté d'Orléans, la
permission de ne pas exercer personnellement et d'affermer ledit greffe. Paris, 23 mai
1543.

> *Enreg. au Parl. de Paris, le 28 mai 1543. Arch.*
> *nat., X¹ª 8613, fol. 440 v°. 1 page. 1/4.*
> *Arrêt d'enregistrement. Idem, X¹ª 1551, Conseil,*
> *fol. 56.*

23 mai.

13089. Lettres portant remise au clergé du diocèse de
Clermont des arrérages des décimes, dons
gratuits et caritatifs, moyennant certaines
sommes fixes. Paris, 23 mai 1543.

> *Original. Arch. départ. du Puy-de-Dôme, Évê-*
> *ché, liasse 21, col. 18.*

23 mai.

13090. Lettres assignant le payement des gages des
officiers de la Chambre des Comptes de
Dijon sur les émoluments de la gabelle.
Paris, 23 mai 1543.

> *Enreg. à la Chambre des Comptes de Dijon, le*
> *23 juillet suivant. Arch. de la Côte-d'Or, reg. B. 19,*
> *fol. 30.*
> *Enreg. à la Chambre des Comptes de Paris, anc.*
> *mém. 2 L, fol. 107. Arch. nat., AD.IX 125,*
> *n° 88; invent. PP. 136, p. 518. (Mentions.)*

23 mai.

13091. Déclaration portant règlement pour les gages des officiers du Parlement de Paris, et assignation sur le revenu des gabelles. Paris, 24 mai 1543.

1543.
24 mai.

> Enreg. à la Chambre des Comptes de Paris, anc. mém. 2 L, fol. 62. Arch. nat., AD.IX 125, n° 86; invent. PP. 119, p. 11 (2 L), et PP. 136, p. 518. (Mentions.)
> Imp. Blanchard, Compilation chronologique, etc. Paris, 1715, in-fol., t. I, col. 556. (Mention.)

13092. Lettres de dispense accordées à Jacques Riverie, conseiller au Parlement de Toulouse, pour raison de santé, l'autorisant à faire écrire ses rapports par un clerc. Paris, 24 mai 1543.

24 mai.

> Enreg. au Parl. de Toulouse, juillet 1543. Arch. de la Haute-Garonne, Édits, reg. 5, fol. 54. 1 page.

13093. Déclaration relative à l'exercice de l'office de procureur du roi au bailliage et à la maîtrise des Eaux et forêts de Valois. Paris, 25 mai 1543.

25 mai.

> Enreg. au Parl. de Paris, sauf réserve, le 26 février 1551 n. s. Arch. nat., X¹ᵃ 8617, fol. 139 v°. 1 page 1/3.

13094. Provisions de l'office de receveur des aides, dons et octrois accordés au roi par les états de Bourgogne, pour Guillaume Garin, secrétaire de la chancellerie de Bourgogne. Paris, 25 mai 1543.

25 mai.

> Enreg. au Parl. de Dijon. Arch. de la Côte-d'Or, Parl., reg. III, fol. 92.

13095. Lettres portant règlement entre les contrôleurs et les receveurs du domaine. Paris, 26 mai 1543.

26 mai.

> Imp. Samuel Descorbiac, Recueil général des édicts, déclarations, arrests, reglemens notables entre les baillifs, seneschaux, magistrats presidiaux, etc. Paris, 1638, in-fol., p. 806.

13096. Mandement aux cours de Parlements de France et autres pays placés sous l'obéissance du roi, de faire publier et enregistrer les lettres de confirmation des privilèges de l'ordre de Ci-

26 mai.

teaux, données à Argilly, le 29 juillet 1542 (n° 12656). Paris, 26 mai 1543.

1543.

Enreg. au Parl. de Dijon. Arch. de la Côte-d'Or, Parl., reg. III, fol. 109.

13097. Lettres portant permission à Simon Raynier, conseiller au Parlement de Toulouse, d'avoir un clerc pour secrétaire. Paris, 26 mai 1543.

26 mai.

Enreg. au Parl. de Toulouse, le 8 août 1543. Arch. de la Haute-Garonne, Édits, reg. 5, fol. 55. 1 page.

13098. Lettres portant engagement de la justice et mairie de Claye, faisant partie du domaine de la couronne. Paris, 26 mai 1543.

26 mai.

Imp. Dict. des titres originaux pour les fiefs, le domaine du roi, etc., ou inventaire général du cabinet du chevalier Blondeau du Charnage, Paris, 1774, in-12, p. 91. (Mention.)

13099. Lettres portant renvoi en l'une des nouvelles chambres des enquêtes d'un procès pendant au Parlement de Paris, entre les habitants de Neuilly en la Lande et Hélaine d'Illiers, dame du lieu. Paris, 27 mai 1543.

27 mai.

Entérinées au Parl., le 23 juillet suivant. Arch. nat., X^{1a} 1551, Conseil, fol. 264 v°. (Mention.)

13100. Lettres portant règlement des fonctions de contrôleur sur le fait du domaine du roi en la ville, prévôté et vicomté de Paris. Cette charge était exercée alors par Pierre d'Orgemont. Paris, 28 mai 1543.

28 mai.

Enreg. au Parl. de Paris, le 22 décembre 1543. Arch. nat., X^{1a} 8614, fol. 46. 5 pages. Enreg. à la Chambre des Comptes de Paris. Arch. nat., P. 2307, p. 187. 9 pages.

13101. Provisions de l'office de conseiller, général superintendant et gouverneur des finances en Bourgogne, pour Cluny Thunot, en remplacement et sur la résignation de Pierre d'Apestigny. Tremblay, 28 mai 1543.

28 mai.

Original. Arch. de la Côte-d'Or, B. 416. Enreg. à la Chambre des Comptes de Dijon. Arch. de la Côte-d'Or, B. 19, fol. 46 v°.

13102. Commission à Jean Prévost, avocat du roi au
 Parlement de Bretagne, pour rechercher les
 titres du comté de Penthièvre nécessaires à
 Jean de Bretagne, duc d'Étampes, et lui en
 délivrer des collationnés. Nanteuil-[le-Hau-
 doin], 28 mai 1543.

1543.
28 mai.

> *Enreg. à la Chambre des Comptes de Bretagne.*
> *Archives de la Loire-Inférieure*, B. *Mandements*
> *royaux*, II, fol. 250.

13103. Lettres réglant le différend qui avait éclaté
 entre l'Université de Paris et Pierre Ramus,
 au sujet de deux ouvrages publiés par lui,
 l'un intitulé : *Dialecticæ institutiones*, et l'autre
 Aristotelicæ animadversiones. Paris, 30 mai
 1543 [1].

30 mai.

> Imp. C.-E. Du Boulay, *Hist. Universitatis Pari-*
> *siensis, etc.* Paris, 1673, in-fol., t. VI, p. 388.
> Le P. Niceron, *Hist. des hommes illustres de la*
> *république des lettres.* Paris, 1730, in-12, t. XIII,
> p. 266.
> J. Launoy, *Opera omnia ad selectum ordinem re-*
> *vocata* par l'abbé Granet. Genève, 1731, in-fol.,
> t. IV, 2ᵉ partie, p. 206.

13104. Ordonnance générale sur le fait du sel et des
 gabelles. « Et premièrement que de tout le
 sel gros et blanc... » (86 articles). Saint-
 Germain-en-Laye, mai 1543.

Mai.

> *Enreg. au Parl. de Paris, de mandato expresso*
> *regis, le 22 mai 1543. Arch. nat.*, Xᵗᵃ 8613,
> fol. 410 à 434. 49 pages.
> *Enreg. à la Chambre des Comptes de Paris, le*
> *23 mai 1543. Arch. nat.*, P 2307, p. 99. 73 pages.
> *Enreg. à la Cour des Aides de Paris, le 26 mai*
> *1543. Copie collationnée faite par ordre de ladite*
> *cour, le 19 décembre 1778. Arch. nat.*, Zᵗᵃ 527.
> *Enreg. au Parl. de Dijon, le 27 août 1543. Arch.*
> *de la Côte-d'Or, Parl.*, reg. III, fol. 136.
> *Enreg. à la Cour des Aides de Normandie, le*
> *25 octobre 1543. Arch. de la Seine-Inférieure, Mé-*
> *moriaux*, 2ᵉ vol., fol. 308 vᵒ et 315. 42 pages.
> Imp. Paris, E. Rosset, s. d., in-4ᵉ pièce. *Bibl.*
> *nat.*, Inv. Réserve, F. 1211.

---

[1] Ces lettres sont datées du 30 mai par Du Boulay, et du 10 mai par
Launoy et Niceron.

P. Rebuffi, *Les édits et ordonnances des rois de France*. Lyon, 1573, in-fol., p. 637.

A. Fontanon, *Édits et ordonnances, etc.* Paris, 1611, in-fol., t. II, p. 1006.

J. Corbin, *Nouveau recueil des édits... de la juridiction des Cours des Aides de Paris, Rouen, etc.* Paris, 1623, in-4°, p. 1030.

1543.

13105. Autre édit touchant les gabelles, spécialement en ce qui concerne les salaisons de poissons de mer. Privilèges reconnus aux mariniers et pêcheurs des côtes de Normandie, Picardie et Bretagne. Saint-Germain-en-Laye, mai 1543.

Mai.

Enreg. au Parl. de Paris, de expresso mandato regis, le 22 mai 1543. Arch. nat., X¹ᵃ 8613, fol. 436. 5 pages 2/3.

Enreg. à la Chambre des Comptes de Paris, le 23 mai 1543. Arch. nat., P. 2307, p. 173. 12 pages 1/2.

Enreg. à la Cour des Aides, le 26 mai 1543. Copie collationnée faite par ordre de la Cour, en août 1779. Arch. nat., Z¹ᵃ 527.

Imp. P. Rebuffi, *Les édits et ordonnances des rois de France*. Lyon, 1573, in-fol., p. 651.

A. Fontanon, *Édits et ordonnances, etc.* Paris, 1611, t. II, p. 1018.

J. Corbin, *Nouveau recueil des édits... de la juridiction des Cours des Aides de Paris, Rouen, etc.* Paris, 1623, in-4°, p. 635.

13106. Édit de création de deux nouveaux offices de conseillers en la sénéchaussée d'Auvergne, siège de Riom. Saint-Germain-en-Laye, mai 1543.

Mai.

Enreg. au Parl. de Paris, le 5 juin 1543. Arch. nat., X¹ᵃ 8613, fol. 449. 2 pages.

Arrêts du Parl. y relatifs, les 22 mai, 28 mai et 5 juin. Idem, X¹ᵃ 4919, Plaidoiries, fol. 195 et 211 v°.

Idem du 9 juillet 1543, X¹ᵃ 1551, fol. 197 v°.

13107. Édit de création de quatre offices de conseillers au bailliage de Chartres. Saint-Germain-en-Laye, mai 1543.

Mai.

Enreg. au Parl. de Paris, le 5 juin 1543. Arch. nat., X¹ᵃ 8613, fol. 453 v°. 3 pages.

Arrêt d'enregistrement malgré l'opposition de la duchesse de Ferrare. Idem, X¹ᵃ 4919, Plaidoiries, fol. 259.

13108. Lettres portant confirmation des privilèges de
foires, exemption de ban et arrière-ban,
donnés en faveur des bourgeois de la ville de
Rouen. Saint-Germain-en-Laye, mai 1543.

1543.
Mai.

> *Publiées à Rouen, le 17 juillet 1543. Arch. de la
> Seine-Inférieure, Mémoriaux de la Cour des Aides
> de Normandie, 2ᵉ vol., fol. 283. 10 pages.*

13109. Confirmation des ordonnances et statuts du métier de serrurier de la ville de Paris. Saint-
Germain-en-Laye, mai 1543.

Mai.

> *Enreg. au Châtelet de Paris, le 14 juin 1543.
> Arch. nat., Livre Jaune grand, Y. 6⁵, fol. 95.
> 2 pages.*

13110. Édit de création d'un office d'auditeur en la
Chambre des Comptes de Dijon. Saint-Germain-en-Laye, mai 1543.

Mai.

> *Enreg. à la Chambre des Comptes de Dijon, le
> 1ᵉʳ décembre suivant. Arch. de la Côte-d'Or, reg. B.
> 19, fol. 45.*

13111. Édit de suppression de l'office de receveur des
deniers communs, dons et octrois de la ville
de Lyon, dont le sʳ Gimbre avait été pourvu,
et portant que désormais le choix et la nomination de ce fonctionnaire appartiendront
aux conseillers et échevins. Saint-Germain-
en-Laye, mai 1543.

Mai.

> *Enreg. au Parl. de Paris, le 13 juillet. Arch.
> nat., Xⁱᵃ 1561, Conseil, fol. 282 v°. (Arrêt d'enre-
> gistrement.)*
> *Enreg. à la Chambre des Comptes de Paris, anc.
> mém. 2 L, fol. 168 v°. Arch. nat., AD.IX 125,
> n° 81; invent. PP. 119, p. 20 (2 L), et PP. 136,
> p. 518. (Mentions.)*
> *Copie. Archives de la ville de Lyon, reg. BB. 393.*

13112. Édit de création de quatre offices de conseillers
au bailliage de Dijon. Saint-Germain-en-Laye,
mai 1543.

Mai.

> *Enreg. au Parl. de Dijon, le 14 août 1543. Arch.
> de la Côte-d'Or, Parl., reg. III, fol. 182 v°.*

13113. Édit de création d'un lieutenant, un procureur,
un greffier et quatre sergents sur le fait des
Eaux et forêts en Dauphiné, et règlement pour

Mai.

leurs fonctions. Saint-Germain-en-Laye, **1543.**
mai 1543.

> *Enreg. au Parl. de Grenoble, le 7 juin 1543.*
> *Arch. de l'Isère, B. 2334, fol. 215 v°. 1 page 1/2.*

13114. Lettres de création d'un office d'auditeur de **Mai.**
robe longue à la Chambre des Comptes de
Grenoble, spécialement chargé des titres ré-
digés en latin. Saint-Germain-en-Laye, mai
1543.

> *Original. Arch. de l'Isère, Chambre des Comptes*
> *de Grenoble, B. 3190.*

13115. Lettres portant que les nouveaux conseillers **Mai.**
créés au Parlement de Toulouse seront
examinés sur la théorie et la pratique, ainsi
que sur les clauses relatives aux alliances.
Saint-Germain-en-Laye, mai 1543.

> *Enreg. au Parl. de Toulouse, le 4 juin 1543.*
> *Arch. de la Haute-Garonne, Édits, reg. 5, fol. 42.*

13116. Édit de création d'une seconde chambre des **Mai.**
enquêtes au Parlement de Toulouse; elle sera
tenue en l'une des chambres nouvellement
bâties dans le Palais et à l'instar de la chambre ancienne des enquêtes. Saint-Germain-
en-Laye, mai 1543.

> *Enreg. au Parl. de Toulouse, le 9 juillet 1543.*
> *Arch. de la Haute-Garonne, Édits, reg. 5, fol. 54.*
> *1 page.*

13117. Confirmation des privilèges de la ville d'Yvetot. **Mai.**
Saint-Germain-en-Laye, mai 1543.

> *Enreg. à la Cour des Aides de Normandie. Arch.*
> *de la Seine-Inférieure, Mémoriaux, 2° vol.,*
> *fol. 413. 5 pages.*

13118. Confirmation en faveur du prieuré de Châtelet **Mai.**
au mandement de Saint-Victor en Forez,
d'un droit de dîme sur la pêche de l'écluse
établie dans la Loire audit mandement. Saint-
Germain-en-Laye, mai 1543.

> *Copie du xvi° siècle. Bibl. nat., ms. fr. 5124,*
> *fol. 177 v°.*

13119. Édit de création d'un receveur des aides, dons **Mai.**

et octrois accordés au roi par les États du
duché de Bourgogne. Paris, mai 1543.

> *Enreg. au Parl. de Dijon, le 7 décembre suivant.*
> *Arch. de la Côte-d'Or, Parl., reg. III, fol. 91.*
> *Enreg. à la Chambre des Comptes de Dijon, le*
> *15 décembre 1543. Arch. de la Côte-d'Or, reg. B.*
> *20, fol. 129.*
> *Imp. Recueil des édits et déclarations des États*
> *de Bourgogne. In-4° t. I, p. 449.*

13120. Édit de création d'une nouvelle chambre des
enquêtes au Parlement de Paris, sous le nom
de chambre du domaine. Paris, mai 1543.

> *Enreg. au Parl. de Paris, le 10 juillet 1543.*
> *Arch. nat., X¹ᵃ 8613, fol. 473. 6 pages 1/2.*
> *Enreg. à la Chambre des Comptes de Paris. Arch.*
> *nat., P. 2307, p. 365. 13 pages.*
> *Enreg. à la Chambre des Comptes de Dijon, le*
> *28 mars 1544 n. s. Arch. de la Côte-d'Or, reg. B.*
> *20, fol. 147 v°.*
> *Enreg. à la Chambre des Comptes de Montpel-*
> *lier. Arch. départ. de l'Hérault, B. 343, fol. 161.*
> *7 pages 1/2.*
> *Imp. Paris, in-4° pièce. Arch. nat., AD.I 24,*
> *et Bibl. nat., in-4°, F. Paquets. 8 pages.*
> P. Rebuffi, *Les édits et ordonnances des rois de*
> *France.* Lyon, 1573, in-fol., p. 369.
> A. Fontanon, *Édits et ordonnances, etc.* Paris,
> 1611, in-fol., t. II, p. 245.
> E. Girard et J. Joly, *Troisiesme livre des offices*
> *de France.* Paris, 1647, in-fol., t. I, p. 3.
> Isambert, *Anc. lois françaises, etc.* Paris, 1827,
> in-8°, t. XII, p. 812.

13121. Édit de réunion des huit offices de conseillers
du bailliage de la conservation des privilèges
de l'Université de Paris aux douze offices de
conseillers au Châtelet, de création ancienne.
Paris, mai 1543.

> *Enreg. au Parl. de Paris, le 28 mai 1543. Arch.*
> *nat., X¹ᵃ 8613, fol. 405. 8 pages.*
> *Arrêt d'enregistrement. Idem, X¹ᵃ 4919. Plai-*
> *doiries, fol. 211.*

13122. Édit de création d'un second office d'enquêteur
examinateur en la sénéchaussée d'Auvergne,
près le siège de Riom. Paris, mai 1543.

> *Enreg. au Parl. de Paris, le 19 juillet 1543.*
> *Arch. nat., X¹ᵃ 8613, fol. 466. 2 pages 1/2.*

Arrêt d'enregistrement. Idem, X^{1a} 4919, *Plaidoiries,* fol. 405.
Autre arrêt du 14 novembre 1543. Idem, X^{1a} 1552, *Conseil,* fol. 2 v°.

13123. Édit de création de quatre offices de conseillers au bailliage de Touraine. Paris, mai 1543.

> *Enreg. au Parl. de Paris, le 5 juin 1543. Arch. nat.,* X^{1a} 8613, fol. 452. 3 pages.
> *Arrêt d'enregistrement. Idem,* X^{1a} 4919, *Plaidoiries,* fol. 258 v°.

13124. Édit portant que les châtelains feront la recette des amendes et autres droits appartenant au roi, partout où il n'y aurait pas de receveur spécial. Paris, mai 1543.

> *Enreg. au Parl. de Grenoble, le 27 juillet 1543. Arch. de l'Isère, Chambre des Comptes de Grenoble,* B. 2911, cah. 19. 5 pages.

13125. Édit de création de quatre offices de conseillers en la sénéchaussée de Quercy, siège et ressort de la juridiction de Montauban. Paris, mai 1543.

> *Enreg. aux Requêtes de l'Hôtel, le 4 juin suivant.*
> IMP. Samuel Descorbiac, *Recueil général des édicts, declarations, arrests, reglemens notables entre les baillifs, presidiaux, etc.* Paris, R. Fouët, 1638, in-fol., p. 242.
> Blanchard, *Compilation chronologique, etc.* Paris, 1715, in-fol., t. I, col. 556. (*Mention.*)

13126. Lettres d'érection en comté de la terre et seigneurie de Nanteuil-le-Haudoin, en faveur d'Henri de Lénoncourt, baron de Vignory, gentilhomme ordinaire de la chambre du roi, bailli de Vitry-en-Pertois, gouverneur de Valois, etc. Nanteuil-le-Haudoin, mai 1543.

> *Enreg. au Parl. de Paris, sauf réserve, le 26 novembre 1543. Arch. nat.,* X^{1a} 8641, fol. 31 v°. 3 pages.
> *Arrêt d'enregistrement. Idem,* X^{1a} 4921, *Plaidoiries,* fol. 73 v°.
> *Enreg. à la Chambre des Comptes de Paris. Arch. nat.,* P. 2307, p. 293. 5 pages.

13127. Lettres déclarant que les Lyonnais ne pourront être soumis aux tailles dans les provinces où ils possèdent des biens-fonds et qu'ils ne pourront être imposés qu'au lieu de leur domicile. Mai 1543.

1543.

> *Archives de la ville de Lyon. Invent. Chappe, t. III, p. 22. (Mention.)*

13128. Provisions en faveur de Charles de Nully [1], conseiller au Parlement de Paris, d'un office de maître des requêtes de l'hôtel, en remplacement de François Olivier, nommé président audit Parlement. Villers-Cotterets, 2 juin 1543.

2 juin.

> *Réception dudit de Nully au Parl. de Paris, le 23 juillet 1543. Arch. nat., X¹ᵃ 1551, Conseil, fol. 264. (Mention.)*
> *Imp. G. Blanchard, Généalogie des maistres des Requestes de l'Hostel. Paris, 1670, in-fol, p. 276.*

13129. Provisions en faveur de Claude de Lorraine, duc de Guise, de l'office de gouverneur et lieutenant général en Bourgogne, vacant par la mort de Philippe Chabot, comte de Buzançais. Villers-Cotterets, 3 juin 1543.

3 juin.

> *Enreg. au Parl. et à la Chambre des Comptes, le 21 juin 1545.*
> *Copie du XVIIIᵉ siècle. Bibl. nat., ms. Clairambault 952, p. 299.*

13130. Déclaration portant que la recette générale établie à Châlons sera transférée à Reims. Villers-Cotterets, 3 juin 1543.

3 juin.

> *Enreg. à la Chambre des Comptes de Paris, anc. mém. 2 L, fol. 171. Arch. nat., AD.IX 125, n° 89; invent. PP. 136, p. 519. (Mentions.)*
> *Imp. Blanchard, Compilation chronologique, etc. Paris, 1715, in-fol., t. I, col. 557. (Mention.)*

13131. Mandement à Étienne Mazade, receveur général des finances à Toulouse, de convertir en or, jusqu'à nouvel ordre, toute la monnaie des deniers de sa charge destinés au payement des gens de guerre de l'armée en formation,

4 juin.

---

[1] Blanchard le nomme Charles de Milly. — Nully ou Neuilly est le nom d'une famille parlementaire bien connue au XVIᵉ siècle.

et règlement pour l'échange des monnaies pendant toute la durée de la guerre. Villers-Cotterets, 4 juin 1543.

1543.

> *Copie du xvie siècle. Arch. municip. de Toulouse,* ms. 153, p. 924.

13132. Lettres de François Ier, agissant comme administrateur et usufruitier des biens du dauphin, comte de Blois, nommant Guy Chabot, seigneur de Montlieu, capitaine de Coucy, en remplacement du comte de Buzançais, amiral de France, décédé. Villers-Cotterets, 4 juin 1543.

4 juin.

> *Copie du xvie siècle. Bibl. nat., ms. fr. 25723,* n° 791.
> I̱ᴍᴘ. *Catalogue des archives du baron de Joursanvault.* Paris, 1858, in-8°, t. 1, p. 211. (*Mention.*)

13133. Provisions en faveur d'André Baudry, conseiller au Parlement de Paris, de l'un des offices de président de la chambre du domaine, nouvellement créée en ladite cour. Villers-Cotterets, 4 juin 1543.

4 juin.

> *Réception dudit Baudry au Parl., le 24 juillet suivant. Arch. nat.,* X^1ᵃ 1551, *Conseil, fol.* 265. (*Mention.*)

13134. Lettres portant confirmation de l'exemption du guet en faveur des officiers, suppôts et serviteurs de l'Université de Paris. Villers-Cotterets, 5 juin 1543.

5 juin.

> *Enreg. au Parl. de Paris, sauf réserve, le 17 juillet 1543. Arch. nat.,* X^1ᵃ 8613, *fol.* 446 v°. 2 pages.
> *Arrêt d'enregistrement. Idem,* X^1ᵃ 4919, *Plaidoiries, fol.* 396.
> *Code Henri III.* Paris, Claude Collet, 1622, fol. 353.
> I̱ᴍᴘ. *Les loix, ordonnances et édictz, etc...* *depuis le roy S. Lois...* Paris, Galiot du Pré, 1559, in-fol., fol. 179 v°.
> P. Rebuffi, *Les édits et ordonnances des rois de France.* Lyon, 1573, in-fol., p. 1332.
> A. Fontanon, *Édits et ordonnances, etc.* Paris, 1611, in-fol., t. IV, p. 424.
> *Code Henri III.* Paris, Claude Collet, 1622, in-fol., fol. 353.

Réformation de l'Université de Paris. Paris, 1669, in-12, 2ᵉ partie, p. 53.
Recueil des privilèges de l'Université de Paris, accordés par les rois.., jusqu'à Louis XIV. Paris, 1674, in-4°, p. 120.

1543.

13135. Mandement pour l'enregistrement de la déclaration du 27 décembre 1542 (n° 12841), relative à la confiscation des marais salants de Marennes, Oleron, etc. Villers-Cotterets, 5 juin 1543.

5 juin.

> *Enreg. au Parl. de Paris, le 26 juin 1543. Arch. nat.,* X¹ᵃ 8613, fol. 445 v°. 1 page.
> *Arrêt d'enregistrement. Idem,* X¹ᵃ 1551, Conseil, fol. 156 v°.

13136. Provisions en faveur de François Thomas d'un office de conseiller lai au Parlement de Paris, en remplacement et sur la résignation de Pierre Viole, son beau-père. Villers-Cotterets, 5 juin 1543.

5 juin.

> *Présentées au Parl. et réception dudit Thomas, les 30 août et 20 septembre suivants. Arch. nat.,* X¹ᵃ 1551, Conseil, fol. 391 et 496. (*Mentions.*)

13137. Lettres portant que, nonobstant la résignation de son office de conseiller lai au Parlement de Paris, qu'il a faite en faveur de son gendre, Pierre Viole continuera à exercer l'état de conseiller aux requêtes du Palais et pourra siéger et opiner en la cour. Villers-Cotterets, 5 juin 1543.

5 juin.

> *Entérinées au Parl. de Paris, le 30 août suivant. Arch. nat.,* X¹ᵃ 1551, Conseil, fol. 391. (*Mention.*)

13138. Provisions de l'office de sergent du maître des Eaux et forêts du duché de Valois, pour Jean Harment, en remplacement de Louis Lefranc, qui en a fait résignation pure et simple. Villers-Cotterets, 5 juin 1543.

5 juin.

> *Enreg. aux Eaux et forêts (siège de la Table de marbre), le 13 octobre 1543. Arch. nat.,* Z¹ᵉ 328, fol. 252 v°. 1 page.

13139. Déclaration portant que le roi n'a pas entendu comprendre les greffiers de sa Chambre des Comptes dans la révocation qui a été ordonnée

6 juin.

de tous deniers payés ailleurs qu'en l'épargne, et qu'il leur maintient les 12 sous parisis qu'ils ont coutume de toucher chaque jour. Villers-Cotterets, 6 juin 1543.

1543.

Enreg. à la Chambre des Comptes de Paris, le 16 juin 1543. Arch. nat., P. 2307, p. 207. 4 pages.

13140. Provisions sur la présentation de Louis de Bourbon, duc de Montpensier, comte de Bar-sur-Seine, de l'office de bailli et maître particulier des Eaux et forêts du comté de Bar-sur-Seine, pour Jean Lausserrois, licencié ès droits, en remplacement de Jean de Lenoncourt, décédé. Villers-Cotterets, 6 juin 1543.

6 juin.

Enreg. aux Eaux et forêts (siège de la Table de marbre), le 9 juin suivant. Arch. nat., Z¹ᵉ 328, fol. 199. 1 page 1/2.
Reçu au Parl. de Paris, le 26 juin suivant. Arch. nat., X¹ᵉ 4919, Plaidoiries, fol. 314. (Mention.)

13141. Lettres portant que Charles de Capendu, vicomte de Boursonne, récemment pourvu de l'office de maître particulier des Eaux et forêts du duché de Valois, aura l'entière surintendance et prééminence dudit office, ainsi que la connaissance des procès mus et à mouvoir pour raison desdites eaux et forêts, etc., nonobstant les prétentions contraires de son lieutenant. Villers-Cotterets, 6 juin 1543.

6 juin.

Enreg. à la Chambre des Eaux et forêts (siège de la Table de marbre), le 24 juin suivant. Arch. nat., Z¹ᵉ 328, fol. 205. 2 pages.

13142. Don à Jacques Collette, serviteur du sieur de Sourdis, de 30 écus d'or soleil, qui devront être pris sur le produit de la vente de l'office de sergent à verge du bailliage d'Auxerre. Villers-Cotterets, 8 juin 1543.

8 juin.

Original. Bibl. nat., ms. fr. 25723, n° 792.

13143. Provisions de l'un des offices de conseillers lais nouvellement créés au Parlement de Paris pour la chambre du domaine, en faveur de Jean de Longuejoue, naguère avocat du

10 juin.

roi au Parlement de Rouen. Villers-Cotterets, 10 juin 1543.

1543.

> *Réception dudit de Longuejoue, le 14 juillet suivant. Arch. nat., X¹ᵃ 1551, Conseil, fol. 201 v°. (Mention.)*

13144. Provisions en faveur de Jean de Longueil, conseiller au Parlement de Paris, de l'office de l'un des présidents de la chambre du domaine, récemment créée en ladite cour. Villers-Cotterets, 10 juin 1543.

10 juin.

> *Réception dudit de Longueil au Parl., le 27 juillet suivant. Arch. nat., X¹ᵃ 1551, Conseil, fol. 267 v°. (Mention.)*

13145. Provisions en faveur de Robert de Harlay, docteur ès droits, d'un office de conseiller lai au Parlement de Paris, pour siéger en la chambre du domaine récemment créée en ladite cour. Villers-Cotterets, 10 juin 1543.

10 juin.

> *Réception dudit de Harlay au Parl., le 1ᵉʳ octobre 1543. Archives nat., X¹ᵃ 1551, Conseil, fol. 544 v°. (Mention.)*

13146. Provisions de l'un des offices de conseillers lais nouvellement créés au Parlement de Paris, en faveur de Jean Odoart, docteur ès droits, naguère conseiller au Parlement de Rouen. Villers-Cotterets, 11 juin 1543.

11 juin.

> *Réception dudit Odoart, le 14 juillet suivant. Arch. nat., X¹ᵃ 1551, Conseil, fol. 201. (Mention.)*

13147. Provisions du nouvel office de second président de la Chambre des Comptes de Dijon, en faveur de Claude Régnier, seigneur de Montmoyen. Villers-Cotterets, 11 juin 1543.

11 juin.

> *Enreg. à la Chambre des Comptes de Dijon, le 19 juillet suivant. Arch. de la Côte-d'Or, B. 20, fol. 141 v°.*

13148. Lettres relatives à la compensation accordée à François d'Escars, seigneur de la Vauguyon, pour ses terres situées en Flandre qu'il avait cédées à l'empereur, conformément au traité de Cambray. Villers-Cotterets, 12 juin 1543.

12 juin.

> *Original. Arch. nat., K. 87, n° 33.*

13149. Édit de création d'un office de garde des sceaux   1543.
de France, en faveur de François Errault,   12 juin.
seigneur de Chemans. Villers-Cotterets,
12 juin 1543.

> IMP. F. Duchesne, *Hist. des chanceliers, gardes*
> *des sceaux de France,* etc. Paris, chez l'auteur,
> 1680, in-fol., p. 663.
> G. Blanchard, *Compilation chronologique,* etc.
> Paris, 1715, in-fol., t. I, col. 557. (*Mention.*)

13150. Provisions en faveur de François Olivier, con-   12 juin.
seiller au Conseil privé, maître des requêtes
de l'hôtel et chancelier d'Alençon, d'un office de président au Parlement de Paris, vacant par la mort de François de Montholon.
Villers-Cotterets, 12 juin 1543.

> *Réception dudit Olivier au Parl., le 13 août*
> 1543. *Arch. nat.,* X¹ᵃ 1551, Conseil, fol. 321 v°.
> (*Mention.*)

13151. Mandement à Antoine Le Maçon, trésorier de   15 juin.
l'extraordinaire des guerres, de retirer immédiatement la somme de 6,647 livres tournois
qui lui a été assignée sur Jean Tassin, receveur des finances d'Agen, et de la porter
à Bayonne au sieur de Burie, qui doit l'employer au payement de la solde du mois de
juillet, de mille hommes d'armes légionnaires, chargés de garder la frontière[1].
15 juin 1543.

> *Original. Bibl. nat.,* ms. fr. 25723, n° 793.

13152. Commission à Martin Fumée et à Charles de   17 juin.
Marillac, maîtres des requêtes, de se faire présenter par les héritiers de François de Montholon, garde des sceaux, tous les papiers
concernant le domaine et les affaires du roi
laissés par ledit de Montholon, d'en faire l'inventaire et de le remettre à François Errault,
nouveau garde des sceaux. Paris, 17 juin
1543.

> *Copie du xvii* siècle. *Bibl. nat.,* ms. fr. 3937,
> fol. 1.
> *Copie du xviii* siècle. *Bibl. nat.,* ms. fr. 7544,
> fol. 346.

[1] La date de lieu a été omise.

13153. Lettres ordonnant de courir sus aux gens de
guerre, assemblés sous prétexte de se rendre
à l'armée du roi, qui pillent et rançonnent
ses sujets, et de les mettre en pièces. Le Câtelet, 18 juin 1543.

1543.
18 juin.

> Imp. P. Rebuffi, *Les édits et ordonnances des rois
> de France.* Lyon, 1573, in-fol., p. 994.
> A. Fontanon, *Édits et ordonnances*, etc. Paris,
> 1611, in-fol., t. III, p. 171.

13154. Édit réglant les fonctions et droits du garde
des sceaux de la chancellerie de Bourgogne.
Paris, 19 juin 1543.

19 juin.

> Enreg. au Parl. de Dijon, en conséquence de
> lettres de jussion d'avril 1544 n. s. Arch. de la Côte-
> d'Or, Parl., reg. IV, fol. 1.

13155. Lettres accordant à Jacques de Brizay, sr de
Beaumont, lieutenant du roi au gouvernement de Bourgogne, surséance et délai d'un
an pour prêter au Parlement de Paris le
serment requis à cause de son office de sénéchal de la Marche. Paris, 19 juin 1543.

19 juin.

> Entérinées au Parl., le 5 septembre 1543. Arch.
> nat., X¹ᵃ 1551, Conseil, fol. 436. (*Mention.*)

13156. Provisions de l'office de receveur des deniers
d'octroi et patrimoniaux de la ville de Vienne
en Dauphiné, nouvellement créé. Paris,
19 juin 1543.

19 juin.

> Imp. C.-U.-J. Chevalier, *Ordonnances des rois de
> France, concernant le Dauphiné.* Colmar, in-8°,
> 1871, n° 841. (*Mention.*)

13157. Commission à Antoine Soubrany, Antoine Es-
cudier et Jean Arnoul, consuls de Riom,
pour répartir sur les habitants de cette ville
deux impositions, l'une de 800 livres pour
les frais de garnison d'une partie de la bande
de M. le Dauphin, l'autre de 2,500 livres
pour combler le déficit de la caisse commu-
nale. 20 juin 1543.

20 juin.

> Visée dans un arrêt du Parl., du 15 décembre
> 1543, entre les consuls et les habitants de Riom.
> Arch. nat., X¹ᵃ 1552, Conseil, fol. 67. (*Mention.*)

13158. Déclaration concernant la taxe d'imposition fo-   1543.
raine de diverses espèces de marchandises,   21 juin.
omises dans la déclaration du 20 avril 1542
(n° 12456). Paris, 21 juin 1543.

> Enreg. au Parl. de Rouen, le 9 août 1543.
> Enreg. à la Cour des Aides de Normandie, le
> 30 août 1543. Arch. de la Seine-Inférieure, Mémo-
> riaux, 2ᵉ vol., fol. 293. 4 pages.
> Mention dans les lettres patentes de la Cour des
> Aides de Paris, Z¹ᵃ 527.
> Enreg. à la Chambre des Comptes de Paris. Arch.
> nat., invent. PP. 136, p. 519. (Mention.)
> IMP. Pièce in-8°. Arch. nat. AD.I 23. 4 pages.
> A. Fontanon, Édits et ordonnances, etc. Paris,
> 1611, in-fol. t. II, p. 467.

13159. Mandement au sénéchal de Toulouse de ne   21 juin.
point comprendre, dans la répartition du sub-
side de 108,000 livres imposé sur sa sénéchaussée pour la solde de cinquante mille
hommes de pied, les habitants du comté de
Foix qui, en vertu d'anciens privilèges, sont
exempts de tous emprunts, gabelles et impositions levés dans le royaume. Paris,
21 juin 1543.

> Original. Arch. départ. des Basses-Pyrénées,
> B. 455.

13160. Lettres portant commission pour l'exécution   22 juin.
de l'édit du 6 juillet 1521 (n° 1377), portant
création des offices de greffiers dans les bailliages, sénéchaussées et prévôtés du royaume.
Paris, 22 juin 1543.

> Bibl. nat., Mss. Moreau, t. 1404, fol. 2. (Men-
> tion.)
> IMP. P. Rebuffi, Les édits et ordonnances des rois
> de France. Lyon, 1573, in-fol., p. 118.
> A. Fontanon, Édits et ordonnances, etc. Paris,
> 1611, in-fol., t. I, p. 477.
> E. Girard et J. Joly, Troisiesme livre des offices
> de France, etc. Paris, 1647, in-fol., t. II, p. 1374.

13161. Mandement pour la répartition d'un don gratuit   22 juin.
de 1,750 livres sur le clergé du diocèse de
Lodève. Camp de Maroilles, 22 juin 1543.

> Original. Arch. nat., K. 87, n° 34.

13162. Lettres adressées à l'évêque de Troyes, touchant
la répartition d'un don gratuit sur le clergé
de son diocèse. Camp de Maroilles, 22 juin
1543.

1543.
22 juin.

Arch. départ. de l'Aube, G. 151 (liasse).

13163. Mandement au cardinal de Givry, évêque de
Langres, d'assembler le clergé de son diocèse et de requérir la levée de 11,891 livres
tournois, montant de deux décimes, pour la
défense de la Picardie et de la Champagne
menacées par l'ennemi. Camp de Maroilles,
22 juin 1543.

22 juin.

*Original. Bibl. nat., Pièces orig., vol. 1338,
Givry, p. 6.*

13164. Don à Michel Lemaître, sommelier de paneterie du roi, de 100 écus soleil à prendre sur
le produit de la vente de l'office de sergent
royal en la sénéchaussée de Poitou, vacant
par la mort de Ciret Ameil. Camp de Maroilles en Hainaut, 23 juin 1543.

23 juin.

Original. Bibl. nat., ms. fr. 25723, n° 794.

13165. Commission au procureur général de la Cour
des Aides, pour faire rendre compte des abus
et malversations commis depuis dix ans dans
le charroi de l'artillerie, dont la connaissance
appartient à la Cour des Aides. 23 juin 1543.

23 juin.

*Enreg. à la Cour des Aides de Paris, le 2 juillet
1543. Arch. nat., Recueil Cromo, U. 665, fol. 300.
(Mention.)*

13166. Déclaration confirmative du droit de Renée de
France, duchesse de Ferrare, de pourvoir
aux offices ducaux et de présenter et nommer
aux offices royaux de son duché de Chartres.
Paris, 25 juin 1543.

25 juin.

*Enreg. au Parl. de Paris, le 13 août 1543. Arch.
nat., X¹ᵃ 8613, fol. 467, 2 pages.
Arrêt d'enregistrement. Idem, X¹ᵃ 4919, Plaidoiries, fol. 542.*

13167. Commission à Jean Bertrand, président au
Parlement de Paris, à Louis Gaillart, prési-

25 juin.

dent des requêtes, à Robert Thiercelin et à Jean Corbin, conseillers au Parlement, de distribuer du sel à certains créanciers du roi, en remboursement de ce qui leur est dû. Camp de Maroilles, 25 juin 1543.

1543.

Mentionnée dans d'autres lettres semblables, du 9 septembre 1543, enreg. à la Chambre des Comptes de Paris. Arch. nat., P. 2537, foll. 365 v°.

13168. Mandement au s^r d'Estourmel, portant qu'il doit être compris parmi les commissaires nommés le 1er mai précédent (n° 13036) sur le fait et surintendance des vivres des camp et armée du roi actuellement en Hainaut. Lesdits commissaires sont François Olivier, Philibert Babou, Jean Grolier, François de Raisse, Pierre d'Apestigny et Thomas Rappouel, s^r de Bandeville. Camp de Maroilles en Hainaut, 25 juin 1543.

25 juin.

Original Bibl. nat., ms. fr. 25723, n° 795. Imp. Bibl. de l'École des Chartes, t. XXVII, année 1866. Paris, in-8°, p. 615. (Fragment.)

13169. Lettres donnant commission au cardinal de Tournon et à François Errault, garde des sceaux, pour l'aliénation des aides dans les généralités de Languedoïl, Outre-Seine et Yonne, Normandie. Camp de Maroilles, 26 juin 1543.

26 juin.

Enreg. en la Chambre des Comptes de Paris, anc. mém. 2 L, fol. 167. Arch. nat., invent. PP. 119, p. 20 (2 L), et PP. 136, p. 519. (Mention sous la date du 21 juin.)
Enreg. à la Cour des Aides de Paris. Arch. nat., recueil Cromo, U. 665, fol. 297. (Mention.)
Enreg. à la Cour des Aides de Normandie, le 7 juillet 1543. Arch. de la Seine-Inférieure, Mémoriaux, 2° vol., fol. 281, v°, 3 pages.

13170. Lettres d'évocation au Grand conseil des procès mus et à mouvoir dans l'évêché de Coutances, à raison des droits de déport, autrement dit du revenu de la première année des cures de ce diocèse. Paris, 28 juin 1543.

28 juin.

Enreg. au Grand conseil, le 8 novembre 1547. Arch. nat., V^s 1053, à la date. 1 page.

13171. Provisions en faveur du vicomte de Rohan
de la charge de lieutenant pour le roi en
Bretagne, en l'absence du duc d'Étampes,
gouverneur et lieutenant général. Camp de
Maroilles en Hainaut, 29 juin 1543.

> Copie du XVIIIe siècle. Arch. nat., Preuves de
> l'hist. de la maison de Rohan, ms. de dom Morice,
> MM. 759, p. 922.
> IMP. Dom Morice, Hist. de Bretagne. Paris,
> 1746, in-fol., Preuves, t. III, col. 1047.

1543.
29 juin.

13172. Provisions en faveur de Gabriel de Loince,
licencié ès lois, de l'office de conseiller lai
au Parlement de Paris, vacant par la nomination de Charles de Nully (alias Neuilly)
à l'office de maître des requêtes de l'hôtel.
Camp de Maroilles, 29 juin 1543.

> Présentées au Parl., le 24 juillet suivant. Arch.
> nat., X¹ª 1551, Conseil, fol. 265. (Mention.)
> La cour le rejette comme incapable, le 24 sep-
> tembre suivant. Idem, ibid., fol. 525.

29 juin.

13173. Provisions en faveur de Roger de Vaudétar
d'un office de conseiller lai au Parlement de
Paris, en remplacement et sur la résignation
de son père Guillaume de Vaudétar, réservant à ce dernier son office de conseiller aux
requêtes du palais et le droit de siéger à la
cour, comme il le faisait ci-devant. Camp de
Maroilles en Hainaut, 30 juin 1543.

> Présentées au Parl. de Paris, qui décide de faire
> des remontrances, le 18 juillet 1543. Arch. nat.,
> X¹ª 1551, Conseil, fol. 228 v°. (Mention.)

30 juin.

13174. Provisions de l'un des offices de conseillers lais,
nouvellement créés pour la chambre du do-
maine au Parlement de Paris, en faveur
d'André Maillard, ci-devant conseiller au
Parlement de Rouen. Camp de Maroilles,
30 juin 1543.

> Réception dudit Maillard au Parl., le 18 juillet
> 1543. Arch. nat., X¹ª 1551, Conseil, fol. 230.
> (Mention.)

30 juin.

13175. Mandement au Parlement de Rouen de recevoir comme conseiller clerc, en remplacement

30 juin.

d'André Maillard, nommé à l'une des vingt   1543.
nouvelles charges de conseillers créées au Parlement de Paris, Louis Bonenfant, bien qu'il
ait à l'occasion de sa nomination donné au
roi, à titre de prêt, une somme de 3,000 écus
d'or. Camp de Maroilles, 30 juin 1543.

> *Expédition originale. Bibl. nat.*, ms. fr. 25723,
> n° 796.

13176. Provisions d'un nouvel office de conseiller   30 juin.
maître à la Chambre des Comptes de Dijon,
pour Étienne Noblet. Paris, 30 juin 1543.

> *Enreg. à la Chambre des Comptes de Dijon, le
> 16 juillet suivant. Arch. de la Côte-d'Or,* B. 20,
> fol. 203 v°.

13177. Permission à Nicolas Noblet, ancien auditeur à   30 juin.
la Chambre des Comptes de Dijon, d'entrer,
assister, opiner et délibérer en la Chambre,
tout ainsi que fera son fils Étienne, pourvu
de l'office de conseiller maître. Paris, 30 juin
1543.

> *Enreg. à la Chambre des Comptes de Dijon, le
> 15 juillet suivant. Arch. de la Côte-d'Or,* B. 20,
> fol. 206 v°.

13178. Provisions de l'office de clerc et auditeur en la   30 juin.
Chambre des Comptes de Dijon pour Mi-
chel Ocquidan, en remplacement de Nicolas
et Étienne Noblet, père et fils. Paris, 30 juin
1543.

> *Enreg. à la Chambre des Comptes de Dijon, le
> 19 juillet suivant. Arch. de la Côte-d'Or,* B. 18,
> fol. 348.

13179. Édit de création de quatre offices de con-   Juin.
seillers en la sénéchaussée de Bourbonnais,
siège de Moulins. Villers-Cotterets, juin 1543.

> *Enreg. au Parl. de Paris, le 14 juin 1543.
> Arch. nat.,* X¹ᵃ 8613, fol. 458. 3 pages.
> *Arrêt d'enregistrement. Idem,* X¹ᵃ 4919, Plaidoi-
> ries, fol. 285 v°.

13180. Édit de création de deux nouveaux offices   Juin.
d'huissiers sergents des Eaux et forêts au

siège de la Table de marbre du Palais à Paris.
Villers-Cotterets, juin 1543.

> *Enreg. au Parl. de Paris, sauf modifications, le*
> *16 octobre 1543. Arch. nat.,* X¹ᵉ 8614, fol. 90 v°.
> 2 pages 2/3.
> *Arrêt d'enregistrement. Idem,* X¹ᵃ 4920, Plai-
> doiries, fol. 247.
> *Enreg. à la Chambre des Eaux et forêts, le 13 no-*
> *vembre 1543. Arch. nat.,* Z¹ᵉ 328, fol. 266.
> 3 pages 1/2.

13181. Édit de suppression de l'office de receveur des
deniers communs et d'octroi de la ville d'Angers. Villers-Cotterets, juin 1543.

> *Enreg. au Parl. de Paris, le 29 février 1544*
> *n. s. Arch. nat.,* X¹ᵃ 8614, fol. 77. 7 pages.
> *Arrêt d'enregistrement. Idem,* X¹ᵃ 1552, Conseil,
> fol. 264 v°.
> *Enreg. à la Chambre des Comptes de Paris, le*
> *4 mars 1544 n. s.,* anc. mém. 2 L, fol. 332. Arch.
> nat., invent. PP. 136, p. 519. (*Mention.*)

13182. Édit de création de quatre offices de conseillers
au siège de Saint-Sever. Villers-Cotterets,
juin 1543.

> *Enreg. au Parl. de Bordeaux, s. d., mais sur le*
> *premier registre des ordonnances d'Henri II. Arch.*
> *de la Gironde,* B. 33, fol. 173 v°. 2 pages 1/2.

13183. Édit de création d'un office de second président à la Chambre des Comptes de Dijon.
Villers-Cotterets, juin 1543.

> *Enreg. à la Chambre des Comptes de Dijon, le*
> *7 juillet suivant. Arch. de la Côte-d'Or,* reg. B. 18.

13184. Lettres portant création d'un office d'auditeur
de robe courte à la Chambre des Comptes
de Grenoble. Villers-Cotterets, juin 1543.

> *Original. Arch. de l'Isère. Chambre des Comptes*
> *de Grenoble,* B. 3190.

13185. Édit de création de deux nouveaux offices de
conseillers lais, qui auront le titre de seconds
présidents, en chacune des deux chambres
des enquêtes du Parlement de Toulouse. Villers-Cotterets, juin 1543.

> *Enreg. au Parl. de Toulouse, le 23 juillet 1543.*
> *Arch. de la Haute-Garonne, Édits,* reg. 5, fol. 55.
> 2 pages.

13186. Lettres de rémission données en faveur d'Étienne
Dolet, imprimeur et libraire de Lyon, condamné par l'inquisiteur de la foi pour crimes
d'hérésie, et annulant les procédures et sentences portées contre lui, à condition qu'il
abjurera ses erreurs par-devant l'official de
Paris. Villers-Cotterets, juin 1543.

1543.
Juin.

> *Entérinées au Parl. de Paris, par arrêt du 13 oc-
> tobre suivant. Arch. nat., X²ᵃ 95 (à la date).*
> 11 pages.
> *Imp.* Taillandier, *Le procès d'Étienne Dolet.*
> Paris, Techener, 1836, broch. in-12 de 38 pages.

13187. Lettres de naturalité accordées à Jean de Ma-
rilles, natif d'Avignon, huissier de salle du
dauphin. Villers-Cotterets, juin 1543.

Juin.

> *Enreg. à la Chambre des Comptes de Blois, le
> 6 mars 1544 n. s. Arch. nat., KK. 898, fol. 2 v°.*

13188. Édit de création de l'office d'avocat du roi
dans les cours d'appeaux des causes civiles, en
la sénéchaussée de Toulouse. Juin 1543.

Juin.

> *Enreg. à la Chambre des Comptes de Paris, à la
> suite de lettres de surannation et de jussion des
> 10 avril et 6 juin 1548, le 8 mars 1549 n. s., anc.
> mém. 2 O, fol. 434. Arch. nat., invent. PP. 136,
> p. 519. (Mention.)*

13189. Lettres portant exemption de tous subsides et
impositions en faveur des marchands suivant
et fournissant la cour. Juin 1543.

Juin.

> *Copie collationnée. Arch. dép. de Saône-et-Loire.*

13190. Lettres portant amortissement de la terre du
Chaffaut, en faveur de la ville de Digne. Juin
1543.

Juin.

> *Original scellé. Arch. municip. de Digne (Basses-
> Alpes), DD. 17.*

13191. Lettres portant exemption d'un impôt de
2,000 livres tournois en faveur des habitants
d'Entrevaux. Juin 1543.

Juin.

> *Original. Arch. municip. d'Entrevaux (Basses-
> Alpes), AA. 3.*

13192. Don de 60 écus d'or à Jean Druot, sommelier

1ᵉʳ juillet.

de l'échansonnerie, en récompense de ses services. Camp de Maroilles, 1er juillet 1543.

1543.

> *Original. Bibl. nat., Pièces originales, Druot,
> vol. 1034, p. 3.*

13193. Lettres dispensant les habitants d'Avignon de
payer l'imposition foraine, pour le transport
en ladite ville des fruits et revenus de leurs
possessions de Provence ou d'autres provinces
du royaume, et pour le bétail qu'ils font venir. Paris, 4 juillet 1543.

4 juillet.

> *Arrêt d'enreg. de la Chambre des Comptes de
> Paris, le 13 novembre 1543. Arch. nat., P. 2537,
> fol. 377; P. 2554, fol. 38.*

13194. Provisions pour Simon Badoux de l'office de
contrôleur des aides et tailles de l'élection
de Bayeux. 4 juillet 1543.

4 juillet.

> *Reçu à la Chambre des Comptes de Paris, le
> 7 juillet suivant, anc. mém. 2 L, fol. 158. Arch.
> nat., invent. PP. 119, p. 19 (2 L), et PP. 136,
> p. 520. (Mentions.)*

13195. Prorogation accordée aux habitants de Condom
de l'octroi des droits de souchet et de boucherie, dont la levée leur a été permise par
lettres du 19 janvier 1530 n. s. (n° 3590),
pour la réparation de leurs murailles. Paris,
5 juillet 1543.

5 juillet.

> *Original. Arch. municipales de Condom, série AA.*

13196. Déclaration portant règlement pour les gages
des officiers du Parlement de Grenoble qui
siègent pendant les vacations. Camp de Maroilles, 6 juillet 1543.

6 juillet.

> *Enreg. à la Chambre des Comptes de Paris, anc.
> mém. 2 L, p. 168. Arch. nat., AD.IX 125, n° 92,
> invent. PP. 136, p. 520. (Mentions.)*
> *Imp. Blanchard, Compilation chronologique, etc.
> Paris, 1715, in-fol., t. I, col. 558. (Mention.)*

13197. Don à Françoise de Longwy, veuve de l'amiral
Chabot, de ce qui était échu à la Saint-Jean
1543, du revenu des châtellenies de Montréal, Châteauvieux, Châtel-Gérard, Rouvres,
Brie-Comte-Robert, et des foires de Niort,

8 juillet.

dont l'amiral avait eu la jouissance. Maroilles en Hainaut, 8 juillet 1543.

> *Enreg. à la Chambre des Comptes de Dijon, le 8 août suivant. Arch. de la Côte-d'Or, B. 20, fol. 106.*

13198. Mandement au trésorier de l'épargne de payer à Morelet du Museau, ambassadeur en Suisse, 1,000 livres pour quatre mois d'exercice de sa charge, du 4 juin au 1ᵉʳ septembre 1543. Camp de Maroilles, 8 juillet 1543.

8 juillet.

> *Bibl. nat., ms. Clairambault 1215, fol. 80 v°.* (*Mention.*)

13199. Don à Jean Terrasse, sommelier de l'échansonnerie du commun, de 100 écus d'or soleil à prendre sur le produit de la vente de l'office de sergent royal en la sénéchaussée de Poitou, vacant par suite de la forfaiture de Pierre Moreau, condamné aux galères. Camp de Maroilles, 10 juillet 1543.

10 juillet.

> *Original. Bibl. nat., ms. fr. 25723, n° 797.*

13200. Don à Félix Claus, porte-enseigne des Suisses de la garde, de 23 livres 6 sous 8 deniers tournois, montant des droits de lods et ventes d'une maison acquise par lui à Blois. Camp de Maroilles, 11 juillet 1543.

11 juillet.

> *Original. Bibl. nat., Pièces originales, Elbenne, vol. 1048, p. 2.*

13201. Mandement à la Chambre des Comptes pour la taxation des voyages et chevauchées faits par les généraux des Monnaies. Paris, 12 juillet 1543.

12 juillet.

> *Enreg. à la Cour des Monnaies. Arch. nat., Zᶦᵇ 63, fol. 58 v°.*

13202. Provisions en faveur de Jean Villain, licencié en lois, naguère référendaire en la Chancellerie de France, de l'office de procureur du roi aux Eaux et forêts, siège de la Table de marbre, vacant par la résignation pure et

12 juillet.

simple de Vaast Le Prévost. Paris, 12 juillet 1543.
1543.

Enreg. à la Chambre des Eaux et forêts, le 21 juillet suivant. Arch. nat., Z¹ᵉ 328, fol. 220 v°.
1 page.

13203. Provisions pour Thomas Dutertre de l'un des 12 juillet.
offices d'huissiers sergents, nouvellement créés en la chambre des Eaux et forêts à Paris. Paris, 12 juillet 1543.

Enreg. à la Chambre des Eaux et forêts, le 7 septembre 1543. Arch. nat., Z¹ᵉ 328, fol. 238 v°.
1 page 1/2.

13204. Ratification de l'union de la maladrerie et léproserie de Meaux au grand Hôtel-Dieu de 13 juillet.
cette ville, union faite par l'évêque Jean de Buz, du consentement du gouverneur et des habitants. Paris, 13 juillet 1543.

Imp. Dom. Toussaint Du Plessis, Histoire du diocèse de Meaux. Paris, in-4°, 1731, t. II, p. 290.

13205. Confirmation des foires de Tournus en Bour-gogne. Paris, 13 juillet 1543.
13 juillet.

Arch. communales de Tournus (avec l'original d'une confirmation précédente, donnée à Lyon, s. d.), HH. 1, n°ˢ 3 et 4.

13206. Mandement au Parlement de Toulouse d'enre-gistrer les lettres de privilèges accordées aux 13 juillet.
secrétaires du roi, le 27 décembre 1541 (n° 12253). Paris, 13 juillet 1543.

Original scellé. Arch. nat., V² 4, n° 121.

13207. Lettres enjoignant aux conseillers de la ville de Lyon de délivrer vingt-cinq milliers de sal-13 juillet.
pêtre au trésorier garde de l'artillerie. Camp de Maroilles, 13 juillet 1543.

Original. Arch. de la ville de Lyon, CC. 335.

13208. Commission à Bénigne Jacqueron et à Pierre Millet, conseillers maîtres à la Chambre des 13 juillet.
Comptes de Dijon, et à Jean Des Bruyères, lieutenant du bailli de Dijon au siège de Nuits, pour réunir au domaine les terres qui ont été engagées à vie et à temps par les gouverneurs,

gens des comptes et autres, sans permission du roi. Paris, 13 juillet 1543.

> Copie collat. du xvie siècle. Arch. de la Côte-d'Or, B. 405.

13209. Mainlevée de la saisie opérée par les baillis d'Orléans et de Montargis sur les biens de Gaspard de Coligny, s^r de Châtillon-sur-Loing, et de François de Coligny, son frère, seigneur d'Andelot, parce qu'ils n'avaient pas répondu à l'appel du ban et arrière-ban, étant en l'armée du roi et au service, l'un comme gentilhomme de la chambre, et le second comme échanson ordinaire du dauphin. Paris, 14 juillet 1543.

> Original. Bibl. nat., Pièces originales, Coligny, vol. 813, p. 38.

13210. Provisions pour Claude Vernet de l'office de receveur ordinaire du domaine de Montferrand en Auvergne, en remplacement d'Antoine Vernet, son père, et avec réserve de survivance. 14 juillet 1543.

> Enreg. à la Chambre des Comptes de Paris, anc. mém. 2 L, fol. 337. Arch. nat., invent. PP. 119 (2 L), p. 41, et PP. 136, p. 520. (Mentions.)

13211. Lettres ordonnant au Parlement de Provence de vérifier et enregistrer les lettres du 6 avril précédent (n° 12964), donnant pouvoir au s^r de Grignan, lieutenant général en Provence, de connaître des crimes et procès mus entre les gens de guerre et les habitants dudit pays. Camp de Maroilles, 15 juillet 1543.

> Copie du xviie siècle. Bibl. nat., ms. Clairambault 962, fol. 127.
> Copie du xviie siècle. Bibl. nat., ms. Clairambault 966, fol. 61.
> Copie du xviiie siècle. Bibl. nat., ms. fr. 23149, fol. 101.

13212. Déclaration interprétative de l'édit de novembre 1542 (n° 12815), touchant les notaires et tabellions, portant que le roi n'a entendu établir aucun tabellionage dans la ville de Paris; les notaires de ladite ville feront

1543.

14 juillet.

14 juillet.

15 juillet.

16 juillet.

la grosse de tous les contrats qu'ils passeront. 1543.
Mandement exprès pour l'enregistrement de
l'édit en question. Maroilles, 16 juillet 1543.

> *Enreg. au Parl. de Paris, le 31 juillet 1543.*
> Arch. nat., X¹ᵃ 8613, fol. 482. 1 page 1/2.
> *Arrêt d'enregistrement. Idem,* X¹ᵃ 4919, Plaidoi-
> ries, fol. 474.
> Iᴍᴘ. *Les loix, ordonnances et édictz, etc., depuis
> le roy S. Lois...* Paris, Galiot du Pré, 1559, in-fol.,
> fol. 175 r°.
> P. Rebuffi, *Les édits et ordonnances des rois de
> France.* Lyon, 1573, in-fol., p. 1267 (sous la date
> du 6 juillet).
> A. Fontanon, *Édits et ordonnances, etc.* Paris,
> 1611, in-fol., t. I, p. 710 (sous la date du 6 juil-
> let).
> E. Girard et J. Joly, *Troisiesme livre des offices
> de France, etc.* Paris, 1647, in-fol., t. II, p. 1711
> (sous la date du 6 juillet).
> Guillaume Lévesque, *Chartes, lettres, titres et
> arrests... des notaires et gardes-nottes du roy au
> Chastellet...* Paris, 1663, in-4°, p. 144 (sous la
> date du 6 juillet).
> S.-F. Langloix, *Traité des droits, privilèges et
> fonctions des conseillers du roi, notaires, gardes-
> notes, etc.* Paris, 1738, in-4°, Preuves, p. 27
> (sous la date du 6 juillet).

13213. Lettres portant évocation au Parlement de Pa- 16 juillet.
ris du procès pendant au Parlement de Tou-
louse entre Jean Bermond, enquêteur et examinateur de la judicature d'Albigeois, et les
États de Languedoc. Paris, 16 juillet 1543.

> *Copie. Arch. municip. de Toulouse,* ms. 4116.

13214. Provisions de l'office de gruyer et maître des 16 juillet.
Eaux et forêts du Chalonnais, du Charollais
et de l'Autunois, pour Briant de Bressey,
seigneur de la Coudre et de Ponneau, en
remplacement et sur la résignation d'Antoine
de Bressey, sʳ de Saint-Germain-du-Bois.
Paris, 16 juillet 1543.

> *Enreg. au Parl. de Dijon, le 5 décembre suivant.*
> Arch. de la Côte-d'Or, *Parl.,* reg. III, fol. 90.

13215. Lettres portant que les marchands ou commis 18 juillet.
passant leurs vins par la ville de Paris, pour

le ravitaillement de l'armée royale en Pi- 1543.
cardie et en Champagne, seront tenus de faire
la preuve de leur commission auprès du
prévôt des marchands et des échevins de
Paris. Paris, 18 juillet 1543.

Expédition originale. Arch. nat., K. 955, n° 35.

13216. Lettres portant établissement de deux bureaux 19 juillet.
dans le Parlement de Grenoble, à charge
que, conformément aux anciennes ordonnances, il y ait dans chaque bureau un
nombre suffisant de juges, savoir six conseillers avec un président, ou, à défaut dudit
président, huit conseillers. Paris, 19 juillet
1543.

Enreg. au Parl. de Grenoble, le 2 août 1543.
Arch. de l'Isère, Chambre des Comptes de Grenoble,
B. 2911, II, fol. 30. 3 pages 1/2.

13217. Lettres autorisant André Garot, habitant de 19 juillet.
Reims, à jouir de l'adjudication à lui faite par
ladite ville de la ferme de l'octroi sur le vin,
accordé à la ville de Reims par lettres du
10 avril 1543 (n° 12972). 19 juillet 1543.

Enreg. à la Chambre des Comptes de Paris, le
8 août suivant. Archives nat., invent. PP. 136,
p. 520. (Mention.)

13218. Déclaration donnée à la requête des conseillers 20 juillet.
et échevins de Lyon, portant modification
de l'édit d'avril 1540 (n° 11483). Les drapiers
pourront auner et mesurer suivant l'ancienne
forme et coutume, et non « fust à fust », comme
les autres marchands. Paris, 20 juillet 1543.

Enreg. au Parl. de Paris, le 31 juillet suivant
et au Parl. de Rouen, le 1ᵉʳ avril 1544.
Arrêt d'enregistrement. Arch. nat., Xᴵᵃ 1551,
Conseil, fol. 282 v°.
Imp. P. Rebuffi, Les édits et ordonnances des rois
de France. Lyon, 1573, in-fol., p. 1098.
A. Fontanon, Édits et ordonnances, etc. Paris,
1611, in-fol., t. I, p. 975.

13219. Lettres exemptant les habitants d'Avignon de 21 juillet.
tous droits de tonnelage et traite foraine pour
les produits de leurs terres sises en Lan-

guedoc, Dauphiné, Provence et terres adja-
centes. Paris, 21 juillet 1543.

*Enreg. à la Chambre des Comptes de Grenoble.
Arch. de l'Isère, B. 2911, cah. 22. 2 pages 1/2.*

1543.

13220. Lettres portant défense à la ville de Romans
d'appeler de ses différends avec l'archevêque
de Vienne, abbé de Saint-Barnard, ailleurs
qu'au Grand conseil. Paris, 22 juillet 1543.

Arch. départ. de la Drôme, E. 3731.

22 juillet.

13221. Provisions pour Nicolas de Louvain de l'office
d'huissier en la chambre du domaine récemment créée au Parlement de Paris. Paris,
22 juillet 1543.

*Réception au Parl., le 5 octobre 1543. Arch.
nat., X^{1a} 1551, Conseil, fol. 548 v°. (Mention.)*

22 juillet.

13222. Lettres de jussion au Parlement de Paris,
pour l'entérinement des lettres données le
5 juin précédent (n° 13137) en faveur de
Pierre Viole, et lui octroyant droit de séance
à la cour, bien qu'il ait résigné son office de
conseiller au profit de son gendre, François
Thomas. Camp de Catillon en Cambrésis,
22 juillet 1543.

*Entérinées au Parl., le 30 août 1543. Arch. nat.,
X^{1a} 1551, Conseil, fol. 391. (Mention.)*

22 juillet.

13223. Mandement pour le remboursement au s^r
d'Heilly, capitaine du château d'Hesdin, d'une
somme de 409 livres 10 sous tournois, qu'il
avait employée au payement de vingt-cinq
hommes, etc. Camp de Catillon, [22-26
juillet[1]] 1543.

Original. Bibl. nat., ms. fr. 25723, n° 821.

22-26 juillet.

13224. Ordonnance portant ratification et règlement
pour la publication de plusieurs articles
arrêtés par la Faculté de théologie de Paris,
touchant la foi catholique romaine et les pré-

23 juillet.

_____

[1] La partie de la pièce sur laquelle se trouvait la date du jour et
du mois manque. Il n'y a d'actes datés du camp de Catillon en 1543
qu'entre le 22 et le 26 juillet.

dications. (Avec le texte latin desdits articles.)
Paris, 23 juillet 1543.

> *Enreg. au Parl. de Paris, le 31 juillet 1543.
> Arch. nat.*, X¹ᵃ 8613, fol. 462. 7 pages 1/2.
> *Arrêt d'enregistrement. Idem*, X¹ᵃ 4919, Plaidoi-
> ries, fol. 474.
> *Copie collationnée faite par ordre de la Cour des
> Aides de Paris, le 31 janvier 1778. Arch. nat.*,
> Z¹ᵃ 527.
> *Enreg. au Parl. de Bordeaux, le 17 février 1544
> n. s. Archives de la Gironde*, B. 32, fol. 37.
> 13 pages 1/2.
> Imp. Paris, Jean Dallier, 1562, in-8° pièce.
> *Bibl. nat.*, 8° F. Actes royaux. (Cartons.)
> A. Fontanon, *Édits et ordonnances, etc.* Paris,
> 1611, in-fol., t. IV, p. 230.
> *Code d'Henri III, etc.* Paris, 1622, in-fol.,
> fol. 1 r°.
> J. Corbin, *Le code de Louis XIII, etc.* Paris,
> 1628, in-fol., p. 36.
> Soulier, *Hist. du calvinisme.* Paris, 1686, in-4°,
> p. 49.
> Guillaume Marcel, *Hist. de l'origine de la mo-
> narchie française.* Paris, 1683-1686, 4 vol. in-12,
> t. IV, p. 388.
> Imp. Isambert, *Anc. lois françaises, etc.* Paris,
> 1827, in-8°, t. XII, p. 820.

13225. Ordonnance portant règlement pour la juridiction ecclésiastique, et particulièrement pour
celle des inquisiteurs de la foi, en matière
d'hérésie. Paris, 23 juillet 1543.

> *Enreg. au Parl. de Paris, le 30 juillet 1543.
> Arch. nat.*, X¹ᵃ 8613, fol. 482 v°. 2 pages 1/4.
> *Arrêt d'enregistrement. Idem*, X¹ᵃ 1551, Conseil,
> fol. 282.
> Imp. A. Fontanon, *Édits et ordonnances, etc.*
> Paris, 1611, in-fol., t. IV, p. 225.
> Dupuy, *Preuves des libertez de l'église gallicane.*
> Paris, 3ᵉ édit., 1651, in-fol., 3ᵉ partie, p. 169.
> Isambert, *Anc. lois françaises, etc.* Paris, 1827,
> in-8°, t. XII, p. 818.

13226. Déclaration portant mandement au Grand conseil de faire jouir les secrétaires du roi et
leurs veuves de l'exemption de l'aide imposée
pour la levée de cinquante mille hommes de
pied. Paris, 23 juillet 1543.

> *Original scellé. Arch. nat.*, V² 4, n° 1484.

13227. Mandement aux gens de la Chambre des
Comptes de Dijon de faire en conscience à
Bénigne Serre, leur premier président, le
même traitement et la même taxation qu'à
tous ceux qui par le passé ont été chargés de
l'approvisionnement des places de Bourgogne.
Paris, 23 juillet 1543.

1543.
23 juillet.

> *Enreg. à la Chambre des Comptes de Dijon. Arch.*
> *de la Côte-d'Or, B. 20, fol. 135.*

13228. Lettres portant que les officiers du Parlement
de Normandie seront déchargés de ce qui
reste à payer pour la solde de quatre mille
hommes de pied, imposée aux villes closes
du bailliage de Rouen, sauf ceux qui possèdent par eux ou par leurs femmes des immeubles patrimoniaux dans ladite ville ou
ses faubourgs. Paris, 24 juillet 1543.

24 juillet.

> *Enreg. au Parl. de Normandie.*
> *Copie du XVIIe siècle. Arch. nat., U. 757,*
> *2e partie, p. 212. 2 pages.*

13229. Lettres semblables en ce qui concerne les officiers de la Cour des Aides de Rouen. Paris,
24 juillet 1543.

24 juillet.

> *Enreg. à la Cour des Aides de Normandie. Arch.*
> *de la Seine-Inférieure, Mémoriaux, 2e vol., fol. 287.*
> *2 pages.*

13230. Lettres de mainlevée en faveur de Bénigne
Serre, premier président de la Chambre des
Comptes de Dijon, de ses biens et de son
office qui avaient été saisis pour défaut de
reddition de comptes. Paris, 24 juillet 1543.

24 juillet.

> *Enreg. à la Chambre des Comptes de Dijon. Arch.*
> *de la Côte-d'Or, B. 20, fol. 116 v°.*

13231. Déclaration interprétative de l'édit de juin
1543 (n° 13180), portant règlement des
droits et fonctions du premier huissier sergent des Eaux et forêts au siège de la Table
de marbre du Palais à Paris. Paris, 25 juillet
1543.

25 juillet.

> *Enreg. au Parl. de Paris, sauf modifications, le*
> *16 octobre 1543. Arch. nat., X[1a] 8613, fol. 8 v°.*
> *2 pages.*

13232. Lettres portant que, en cas de bénéfices vacants, le légat ne pourra y pourvoir avant les ordinaires, au préjudice des gradués. Paris, 25 juillet 1543.

> *Enreg. au Parl. de Bordeaux, le 7 septembre 1543. Arch. de la Gironde, B. 31, fol. 263. 2 pages 1/2.*

1543.
25 juillet.

13233. Lettres portant règlement du cours des gros testons aux armes de France, fixé à 11 sous tournois, et admettant dans les mêmes conditions les gros testons de Suisse, Sion, Ferrare, Gênes et Milan, pourvu que leur poids atteigne 7 deniers 10 grains. Paris, 25 juillet 1543.

> *Original dans les minutes d'ordonnances de la Cour des Monnaies. Arch. nat., Z¹ᵇ 537.*
> *. Enreg. à la Cour des Monnaies, le 2 août 1543. Arch. nat., Z¹ᵇ 63, fol. 61 v°. 3 pages.*
> *Imp. Paris, E. Rosset, s. d., in-8° pièce. Bibl. nat., Inv. Réserve, F. 1926.*
> *Les loix, ordonnances et edictz, etc...., depuis le roy S. Lois... Paris, Galiot du Pré, 1559, in-fol., fol. 168 r°.*
> P. Rebuffi, *Les édits et ordonnances des rois de France.* Lyon, 1573, in-fol. p. 488.
> A. Fontanon, *Édits et ordonnances, etc.* Paris, 1611, in-fol., t. II, p. 127.

25 juillet.

13234. Lettres autorisant la fabrication en la Monnaie de Lyon de gros et demi-gros testons, jusqu'à concurrence de 24,000 marcs dans le délai d'une année, le cours desdits gros testons étant fixé à 11 sous tournois. Paris, 25 juillet 1543.

> *Original sur parchemin dans les minutes d'ordonnances de la Cour des Monnaies. Arch. nat., Z¹ᵇ 537.*
> *Enreg. à la Cour des Monnaies, le 7 août 1543. Arch. nat., Z¹ᵇ 63, fol. 58ᵇ v°. 6 pages.*

25 juillet.

13235. Lettres portant commission à Claude Monparlier, général des monnaies, pour procéder à l'ouverture de la Monnaie de Chambéry et à l'installation des officiers. Paris, 25 juillet 1543.

> *Enreg. à la Cour des Monnaies. Arch. nat., Z¹ᵇ 63, fol. 70 v°. 4 pages.*

25 juillet.

13236. Lettres touchant l'érection des sergents royaux pour le fait des aides, tailles et gabelles. Paris, 25 juillet 1543.

> *Enreg. à la Cour des Aides de Normandie, le 4 octobre 1543. Arch. de la Seine-Inférieure, Mémoriaux, 2ᵉ vol., fol. 300 v°. 2 pages.*

1543.
25 juillet.

13237. Lettres de jussion au Parlement et à la Chambre des Comptes de Dijon, pour l'enregistrement des provisions de l'office de receveur des dons et octrois faits au roi en Bourgogne, accordées à Guillaume Garin, le 25 mai précédent (n° 13094). Paris, 25 juillet 1543.

> *Enreg. au Parl. de Dijon. Arch. de la Côte-d'Or, Parl., reg. III, fol. 92 v°.*
> *Enreg. à la Chambre des Comptes de Dijon. Arch. de la Côte-d'Or, reg. B. 20, fol. 129 v°.*

25 juillet.

13238. Mandement au Parlement de Paris, portant règlement du nombre et de la qualité des juges, pour procéder en toute diligence au jugement du procès pendant entre le procureur du roi et le marquis de Rothelin, touchant la terre et seigneurie de Beaugency. Camp de Catillon, 26 juillet 1543.

> *Enreg. au Parl., le 1ᵉʳ août suivant. Arch. nat., X¹ᵃ 1551, Conseil, fol. 283 v°. 1 page 1/2.*

26 juillet.

13239. Édit de création de quatre offices de conseillers au bailliage de Blois. Camp de Maroilles, juillet 1543.

> *Enreg. au Parl. de Paris, sauf réserve, le 9 juillet 1543. Archives nat., X¹ᵃ 8613, fol. 459 v°. 2 pages 1/2.*
> *Arrêt d'enregistrement. Idem, X¹ᵃ 4919, Plaidoiries, fol. 362.*

Juillet.

13240. Édit de création de quatre offices de conseillers près le siège de Chinon, au bailliage de Touraine. Maroilles, juillet 1543.

> *Enreg. au Parl. de Paris, le 12 juillet 1543, ad onus examinis. Arch. nat., X¹ᵃ 8613, fol. 476 v°. 2 pages.*
> *Arrêt d'enregistrement. Idem, X¹ᵃ 4919, Plaidoiries, fol. 387 v°.*
> *Imp. Établissement du bailliage et siège royal de Chinon. Paris, Vᵉ Lottin, 1755, brochure de 23 pages. (Extrait.)*

Juillet.

13241. Édit de création de deux offices de conseillers,   1543.
outre les quatre anciens, près le siège parti-   Juillet.
culier de Villeneuve-le-Roi au bailliage de
Sens. Maroilles, juillet 1543.

> *Enreg. au Parl. de Paris, ad onus examinis, le*
> *12 juillet 1543. Arch. nat., X¹ᵃ 8613, fol. 477 v°.*
> 2 pages.
> *Arrêt d'enregistrement. Idem, X¹ᵇ 4919, Plai-*
> *doiries, fol. 388.*

13242. Édit portant création d'un office de général et   Juillet.
d'un office de conseiller en la Cour des Aides
de Paris. Camp de Maroilles, juillet 1543.

> *Enreg. à la Cour des Aides de Paris, le 21 juillet*
> *1543.*
> *Copie collationnée faite par ordre de ladite Cour,*
> *le 8 février 1778. Arch. nat., Z¹ᵃ 527.*

13243. Édit de création d'un office de conseiller cor-   Juillet.
recteur en la Chambre des Comptes de Dijon.
Camp de Maroilles en Hainaut, juillet 1543.

> *Enreg. à la Chambre des Comptes de Dijon. Arch.*
> *de la Côte-d'Or, reg. B. 20, fol. 122 v°.*

13244. Édit de création de quatre offices de conseillers   Juillet.
aux bailliage et chancellerie de Chalon-sur-
Saône. Saint-Germain-en-Laye (*sic*), juillet
1543.

> *Enreg. au Parl. de Dijon, le 6 août suivant.*
> *Arch. de la Côte-d'Or, Parl., reg. III, fol. 80.*

13245. Lettres portant exemption de la traite foraine   Juillet.
en faveur de la ville de Marseille et suppres-
sion du bureau qui y avait été établi, à la
charge de rembourser les officiers. Paris,
juillet 1543.

> *Enreg. à la Chambre des Comptes de Dauphiné,*
> *le 10 janvier 1544. Arch. de l'Isère, B. 2911,*
> cah. 26. 4 pages.

13246. Lettres d'ampliation de la rémission accordée   1ᵉʳ août.
à Étienne Dolet, au mois de juin précédent
(n° 13186), portant que le défaut d'entérinement par le sénéchal de Lyon d'autres lettres
de rémission, obtenues il y a sept ou huit
ans par ledit Dolet, pour l'homicide d'Henri

Guillot, dit Compaing, peintre, ne pourra préjudicier à l'enregistrement et à l'exécution des nouvelles. La Fère-sur-Oise, 1ᵉʳ août 1543.

Entérinées au Parl. de Paris, par arrêt du 13 octobre suivant. Arch. nat., X²ᵃ 95 (à la date). 2 pages.

1543.

13247. Lettres portant rétablissement de la Monnaie de Villeneuve-Saint-André-lez-Avignon. La Fère, 2 août 1543.

Enreg. à la Cour des Monnaies, le 7 août 1543. Arch. nat., Z¹ᵇ 63, fol. 73. 2 pages.

2 août.

13248. Ordonnance enjoignant à la Chambre des Comptes de Dijon de saisir et confisquer les biens des nobles et autres gens des pays de Bresse, Bugey et Valromey, qui auraient quitté le service du roi pour celui de l'empereur ou du duc de Savoie. La Fère, 3 août 1543.

Enreg. à la Chambre des Comptes de Dijon. Arch. de la Côte-d'Or, reg. B. 20, fol. 119 vº.

3 août.

13249. Mandement au Parlement de Chambéry de faire exécuter sans plus de délai l'ordre donné au clavaire et secrétaire de la Chambre des Comptes de Chambéry, de remettre aux officiers de celle de Dijon tous les titres et papiers concernant les pays de Bresse, Bugey et Valromey, réunis au ressort de cette Chambre. La Fère-sur-Oise, 3 août 1543.

Enreg. à la Chambre des Comptes de Dijon. Arch. de la Côte-d'Or, B. 20, fol. 119.

3 août.

13250. Provisions pour Étienne Dynoceau de l'un des deux offices d'huissiers sergents, nouvellement créés en la juridiction des Eaux et forêts, siège de la Table de marbre. Folembray-lès-Coucy, 4 août 1543.

Enreg. à la Chambre des Eaux et forêts, le 19 octobre suivant. Arch. nat., Z¹ᵉ 328, fol. 258. 1 page 1/2.

4 août.

13251. Mandement au trésorier de l'épargne, Jean Duval, de faire payer par Jean Volant et

4 août.

Guillaume Delalain, receveurs généraux des
finances à Rouen et à Caen, à Claude Robertet, seigneur d'Alluye, trésorier de Normandie, une somme de 1,150 livres tournois
qui lui est allouée pour ses frais de voyage,
pendant l'année écoulée. Folembray, 4 août
1543.

1543.

> *Original. Bibl. nat., ms. fr. 25723, n° 802.*

13252. Lettres ordonnant que la chambre du domaine,
récemment créée au Parlement de Paris,
commencera de suite l'examen des procès
en souffrance, sans attendre que tous les
conseillers de la nouvelle création aient été
reçus, et s'adjoindra provisoirement dix conseillers pris dans les trois anciennes chambres
des enquêtes. Folembray, 5 août 1543.

5 août.

> *Présentées au Parl., le 8 août suivant. Arch.
> nat., X¹ᵃ 1551, Conseil, fol. 315 v°. (Mention.)*

13253. Continuation à Françoise de Longwy, veuve de
Philippe Chabot, chevalier de l'ordre, comte
de Busançais et de Charny, amiral de France,
du don viager des châtellenies de Montréal,
Châteauvieux, Châtel-Gérard et Cuisery en
Bourgogne. Folembray, 5 août 1543.

5 août.

> *Enreg. à la Chambre des Comptes de Dijon. Arch.
> de la Côte-d'Or, B. 19, fol. 37 v°.*

13254. Continuation à Françoise de Longwy, veuve
de Philippe Chabot, comte de Busançais
et de Charny, du don viager de la châtellenie de Rouvres en Bourgogne. Folembray,
5 août 1543.

5 août.

> *Enreg. à la Chambre des Comptes de Dijon, le
> 24 octobre 1543. Arch. de la Côte-d'Or, B. 19,
> fol. 39.*

13255. Lettres de sauf-conduit accordées à Thomas
Certini et à Albisse d'Elbene, marchands
florentins, pour l'importation de l'alun dans
le royaume, pendant dix ans. Folembray,
6 août 1543.

6 août.

> *Enreg. au Parl. de Bordeaux, le 29 janvier 1544
> n. s. Arch. de la Gironde, B. 31, fol. 294. 7 pages.*

13256. Lettres portant augmentation de 300 livres de gages à chacun des deux présidents nouvellement créés dans chacune des deux chambres des enquêtes du Parlement de Toulouse. Folembray, 7 août 1543.

1543.
7 août.

> *Enreg. au Parl. de Toulouse. Arch. de la Haute-Garonne, Édits, reg. 5, fol. 121. 2 pages.*
> *Enreg. à la Chambre des Comptes de Paris, le 22 décembre 1544. Arch. nat., invent. PP. 136, p. 521. (Mention.)*

13257. Lettres portant commission à l'archevêque de Vienne et autres y nommés de procéder à l'aliénation du domaine en Dauphiné, jusqu'à la somme de 30,000 livres tournois de revenu. Folembray, 7 août 1543.

7 août.

> *Imp. C.-U.-J. Chevalier, Ordonnances des rois de France concernant le Dauphiné. Colmar, in-8°, 1871, n° 847. (Mention.)*

13258. Lettres octroyant aux contrôleurs ordinaires des guerres les mêmes privilèges, franchises et exemptions dont jouissent les gens d'ordonnance, comme étant du corps de la gendarmerie. Folembray, 8 août 1543.

8 août.

> *Imp. Pièce in-8°. Arch. nat., ADI. 25. 4 pages.*

13259. Provisions de l'office de grand-aumônier de France, vacant par le décès du cardinal Jean Le Veneur, évêque de Lisieux, en faveur d'Antoine Sanguin, cardinal, archevêque de Toulouse. Folembray, 8 août 1543.

8 août.

> *Enreg. à la Chambre des Comptes de Paris, anc. mém. coté 2 L, fol. 243 v°. Arch. nat., AD.IX 125, n° 93; invent. PP. 136, p. 521. (Mentions.)*
> *Imp. Blanchard, Compilation chronologique, etc. Paris, 1715, in-fol., t. I, col. 560. (Mention.)*

13260. Mandement au sénéchal de Beaucaire et aux maîtres des ports, leur défendant de réclamer aux habitants d'Avignon les droits d'imposition foraine pour les fruits de leurs possessions de Languedoc et de Provence. Folembray, 8 août 1543.

8 août.

> *Arrêt d'enregistrement de la Chambre des Comptes de Paris, le 13 novembre 1543. Archives nat., P. 2537, fol. 377 v°; P. 2554, fol. 38.*

13261. Secondes lettres du roi obtenues par les habitants de Rouen pour le fait de la cotisation. Folembray, 10 août 1543.

> *Enreg. à la Cour des Aides de Normandie. Arch. de la Seine-Inférieure, Mémoriaux, 2° vol., fol. 307 v°. 2 pages.*

1543.
10 août.

13262. Lettres portant que les décisions du concile de Constance seront entretenues et observées en Provence pour la forme des unions, et qu'il sera procédé, le cas échéant, à la révocation de ce qui a été fait ci-devant contre la forme et teneur desdites décisions. Folembray, 11 août 1543.

> *Imp. Aix, Vᵉ de J. David et E. David, 1763, in-4°, pièce. Bibl. nat., 4° F. Paquets.*

11 août.

13263. Lettres portant exemption du ban et arrière-ban en faveur des officiers du Parlement de Provence, pour les terres qu'ils pourraient avoir en Dauphiné. Folembray, 11 août 1543.

> *Enreg. au Parl. de Grenoble, le 17 novembre 1543. Arch. de l'Isère, Chambre des Comptes de Grenoble, B. 2911, cah. 23. 2 pages 1/4.*

11 août.

13264. Lettres portant commission à Nicolas Du Serant, contregarde de la Monnaie de Tours, pour procéder à des enquêtes au sujet des abus commis sur le fait des monnaies dans les bailliages de Touraine, d'Anjou, de Chartres et du Maine. Folembray, 11 août 1543.

> *Enreg. à la Cour des Monnaies, le 30 août 1543. Arch. nat., Zⁱᵇ 63, fol. 76 v°. 4 pages.*

11 août.

13265. Don à Charles Tiercelin, chevalier, sᵣ de la Roche-du-Maine, de l'état de gouverneur et capitaine des ville et château de Mouzon, au lieu du sᵣ d'Étoges. 11 août 1543.

> *Bibl. nat., ms. Clairambault 782, fol. 364. (Mention.)*

11 août.

13266. Commission à René Brinon, président du Parlement de Bordeaux, au sénéchal des Lannes, panetier ordinaire du roi, et à Pierre Secondat, général des finances au duché de

12 août.

Guyenne, d'exécuter l'édit d'aliénation du
domaine (n° 13297) dans le duché de
Guyenne. Folembray, 12 août 1543.

1543.

*Vidimus du sénéchal d'Agénais et Gascogne. Bibl.
nat., Pièces orig., Pujols, vol. 2399, p. 15.*

13267. Commission à Durand de Sarta, second président au Parlement de Toulouse, pour aliéner
des biens du domaine en Languedoc, jusqu'à
concurrence de 100,000 livres tournois de
revenu. Folembray, 12 août 1543.

12 août.

*Enreg. à la Chambre des Comptes de Montpellier.
Arch. départ. de l'Hérault, B. 343, fol. 56.
7 pages 1/2.*

13268. Lettres de commission données par le roi à
l'archevêque de Vienne, au s^r de Châteauvieux et à Jean Du Peyrat, pour la vente de
parties du domaine sises en Lyonnais, Forez,
Beaujolais et Dombes, jusqu'à concurrence
de 60,000 livres tournois de revenu. Folembray, 12 août 1543.

12 août.

*Enreg. à la Chambre des Comptes de Paris. Arch.
nat., P. 2307, p. 20. 5 pages.*

13269. Lettres de commission au s^r de Matignon, lieutenant général au gouvernement et duché de
Normandie, à René Becdelièvre, conseiller
au Parlement, et autres, pour procéder à la
vente et aliénation de partie du domaine
dudit duché, jusqu'à concurrence de la
somme de 100,000 livres. 12 août 1543.

12 août.

*Enreg. à la Chambre des Comptes de Paris, anc.
mém. 2 L, fol. 197. Arch. nat., invent. PP. 119,
p. 25 (2 L), et PP. 136, p. 521. (Mentions.)*

13270. Mandement de payer à Bertrand Sabatier, procureur général au Parlement de Toulouse,
424 livres tournois pour ses vacations. Folembray, 12 août 1543.

12 août.

*Original. Bibl. nat., Pièces orig., Sabatier,
vol. 2599, doss. 57828, p. 11.*

13271. Don à Robert Villamoine, écuyer, et à Pierre
Ribou, maître queux de la cuisine du

13 août.

commun, de 80 écus d'or soleil à prendre
sur le produit de la vente de l'un des deux
offices de sergent général, nouvellement créés
dans le comté du Maine. Folembray, 13 août
1543.

Original. Bibl. nat., ms. fr. 25723, n° 800.

13272. Don à Michel Bon et à Jean Houllier, aides de
la fruiterie du roi, de 25 écus d'or soleil à
prendre sur le produit de la vente de l'office
de sergent nouvellement créé dans le bailliage de Vitry-en-Perthois, siège de Châlons.
Folembray, 13 août 1543.

Original. Bibl. nat., ms. fr. 25723, n° 801.

13 août.

13273. Provisions de l'office de receveur général de
Bourgogne pour Girard Sayve, en remplacement d'Antoine Le Maçon. Nizy, 13 août 1543.

*Enreg. à la Chambre des Comptes de Dijon, le
5 septembre suivant. Arch. de la Côte-d'Or, B. 20,
fol. 121.*

13 août.

13274. Don à Mathurin Courtet, aide de garde-vaiselle
de la cuisine du commun, de 20 écus d'or
soleil à prendre sur le produit de la vente
de l'office de sergent royal au bailliage de
Dijon, siège de « Muys » (Nuits), vacant par
la mort de Simon Martin. Nizy, 13 août 1543.

Original. Bibl. nat., ms. fr. 25723, n° 799.

13 août.

13275. Provisions de l'office de second président en
l'ancienne chambre des enquêtes du Parlement de Bordeaux, pour Hugues de Casaux.
Nizy-le-Comte, 14 août 1543.

*Enreg. au Parl. de Bordeaux, le 3 septembre
1543. Arch. de la Gironde, B. 31, fol. 261 v°.
3 pages.*

14 août.

13276. Don à Pierre Boullay et à Jean Souldain, huissiers des chambellans, et à Geoffroy Charruau, saucier de la cuisine du commun, de
80 écus d'or à prendre sur le produit de la
vente de l'un des deux offices de sergent
général, créés dans le comté du Maine. Marchais, 16 août 1543.

Original. Bibl. nat., ms. fr. 25723, n° 803.

16 août.

13277. Déclaration du roi touchant les procès relatifs aux impétrations faites en cour de Rome des bénéfices des vivants. Marchais, 17 août 1543.

> Enreg. au Parl. de Bordeaux, le 23 mai 1544.
> Arch. de la Gironde, B. 31, fol. 323. 3 pages.

1543.
17 août.

13278. Don à Mathurin Girard, valet de garde-robe, et à Pierre Langlois, tapissier du roi, de 20 écus d'or soleil, à prendre sur le produit de la vente de l'office de sergent dans la sénéchaussée des Lannes, au siège de Dax, vacant par la mort de Bernard Terrehouze. Marchais, près Liesse, 17 août 1543.

> Original. Bibl. nat., ms. fr. 25723, n° 804.

17 août.

13279. Mandement au Parlement de Paris d'enregistrer l'édit d'août 1543 (n° 13298), portant création de deux offices de conseillers au siège de Fontenay-le-Comte. Saint-Marcoul [de Corbény], 18 août 1543.

> Enreg. au Parl. de Paris, le 17 octobre 1543.
> Arch. nat., X¹ᵃ 8614, fol. 11 v°. 1 page 1/2.

18 août.

13280. Lettres portant règlement sur la manière d'acquitter les droits de traite et d'imposition foraine. Reims, 20 août 1543.

> Enreg. à la Cour des Aides de Paris. Arch. nat., Z¹ᵃ 527. (Mention.)
> Imp. A. Fontanon, Édits et ordonnances, etc. Paris, 1611, in-fol., t. II, p. 468.

20 août.

13281. Pouvoirs des commissaires du roi aux États de Languedoc, convoqués au Puy pour le 1ᵉʳ octobre 1543. Avenay, près Reims, 23 août 1543.

> Copie. Arch. départ. de l'Hérault, C. États de Languedoc, Procès-verbaux, 1543. 7 pages.

23 août.

13282. Mandement aux élus du Lyonnais, leur faisant savoir qu'ils ont à lever pour la taille de 1544 la somme de 38,207 livres 8 deniers tournois, sans les frais, et pour la part de l'élection dans une crue de 600,000 livres, la somme de 5,731 livres 1 sou 1 denier

23 août.

tournois, les frais non compris. Avenay, près
Reims, 23 août 1543.

1543.

> *Copie du xvi° siècle. Bibl. nat., ms. fr. 2702,
> fol. 240.*

13283. Commission donnée au dauphin, duc de Bretagne et lieutenant général en Normandie, à
l'évêque de Lizieux, à Jean Feu, président au
Parlement de Rouen, au sr d'Alluye, trésorier de France, au sr de Fontenay, général
des finances, à François Dupré, conseiller au
Grand conseil, etc., ou à deux d'entre eux,
pour demander aux États de Normandie, qui
se réuniront à Rouen, le 1er octobre, leur
quote-part de la taille de 4,600,000 livres
tournois imposée sur tout le royaume. Avenay, 23 août 1543.

23 août.

> *Copie collationnée. Bibl. nat., ms. fr. 25723,
> n° 798.*

13284. Lettres de don au sr Palvesin (Pallavicini) Visconti, marquis de Brignano, de 2,810 livres
par an, montant du revenu de la terre de
Saint-Symphorien-d'Ozon en Dauphiné, et
du péage dudit lieu, en déduction de sa pension de 6,000 livres. 23 août 1543.

23 août.

> *Enreg. à la Chambre des Comptes de Paris, anc.
> mém. 2 L, fol. 166. Arch. nat., invent., PP. 119,
> p. 20. (Mention.)*
> *Bibl. nat., ms. Clairambault 782, p. 303. (Men-
> tion.)*

13285. Lettres portant exemption de la traite foraine
en faveur des marchands des villes impériales, en confirmation de celles du 11 août
1542 (n° 12694). Avenay, 24 août 1543.

24 août.

> *Enreg. au Parl. de Grenoble, le 3 décembre sui-
> vant. Arch. de l'Isère, Chambre des Comptes de Gre-
> noble, B. 2911, cah. 25. 2 p. 1/2.*
> *Copie. Archives de la ville de Lyon, série HH.*

13286. Lettres portant injonction à tous les receveurs
du domaine de dresser dans la quinzaine
l'état de leurs recettes et de leurs dépenses,

24 août.

et de faire leurs versements le plus tôt possible au receveur général. Avenay, 24 août
1543.

> *Enreg. à la Chambre des Comptes de Dijon. Arch.*
> *de la Côte-d'Or, reg. B. 20, fol. 120 v°.*

1543.

13287. Lettres ordonnant au Parlement de Paris de
permettre à Pierre Mathé, conseiller en ladite cour, d'aller procéder à l'exécution d'un
arrêt de la cour donné en faveur de dame
Claude de la Porte, veuve de Sébastien de
Vésigneux, remariée à Philippe de Réaux,
contre Jacqueline de Vésigneux, veuve de
Saladin de Montmorillon. Avenay, 24 août
1543.

> *Présentées au Parl., le 7 septembre suivant. Arch.*
> *nat., X¹ᵃ 1551, Conseil, fol. 438. (Mention.)*

24 août.

13288. Provisions de l'office d'avocat du roi au bailliage d'Avallon, pour Pierre Legoux, docteur
ès droits. Avenay, 24 août 1543.

> *Enreg. à la Chambre des Comptes de Dijon, le*
> *13 septembre suivant, Arch. de la Côte-d'Or, B. 19,*
> *fol. 31 v°.*

24 août.

13289. Mandement au s' de Grignan, lieutenant général
en Provence, de faire convertir en biscuit
quarante-cinq mille ânées de blé qui devaient
être amenées à Marseille pour l'approvisionnement de l'armée navale en croisière sur les
côtes de Provence. Avenay, 25 août 1543.

> *Impr. Ménard, Hist. de la ville de Nîmes. Paris,*
> *1753, in-4°, t. IV, Preuves, p. 185.*
> *Vallet de Viriville, Catalogue des archives de*
> *la maison de Grignan. Paris, 1844, in-8°, p. 14.*
> *(Mention.)*

25 août.

13290. Don à Nicolas Cléricy de 40 écus d'or soleil,
à prendre sur le produit de la vente de l'office
de sergent royal au bailliage de Dijon, vacant
par la mort de Pheliset Renoullet. Louvois,
27 août 1543.

> *Original. Bibl. nat., ms. fr. 25723, n° 805.*

27 août.

13291. Provisions de l'office de premier correcteur en

27 août.

la Chambre des Comptes de Dijon, pour
Gauthier Brocard. Louvois, 27 août 1543.

> *Enreg. à la Chambre des Comptes de Dijon, le
> 7 septembre suivant. Arch. de la Côte-d'Or, B. 19,
> fol. 40 v°.*

13292. Provisions pour René de Canlers, licencié ès
lois, d'un office de clerc auditeur en la
Chambre des Comptes de Paris, en remplacement de feu Louis de Villebresme. Louvois, 27 août 1543.

> *Reçu à la Chambre des Comptes, le 7 septembre
> suivant,* anc. mém. 2 L, fol. 231. *Arch. nat.,*
> P. 2307, p. 253. 2 pages.
> *Bibl. nat.,* ms. Clairambault 782, p. 305.
> (*Mention.*)

13293. Don à Charles Tiercelin, chevalier, s^r de la
Roche-du-Maine, gouverneur et capitaine de
Mouzon, des revenus et émoluments du domaine de Mouzon. Louvois en Champagne,
27 août 1543.

> *Enreg. à la Chambre des Comptes de Paris.* anc.
> mém. 2 L, fol. 243. *Arch. nat.,* invent. PP. 119,
> p. 31. (*Mention.*)
> *Bibl. nat.,* ms. Clairambault 782, p. 305. (*Men-
> tion.*)

13294. Lettres maintenant Jean de Tardes, gentilhomme de la chambre, seigneur de Ruthie,
capitaine de Mauléon de Soule, dans la jouissance du bail, moyennant la somme de 700 livres par an, de la ferme du domaine de la
vicomté de Mauléon de Soule, que le roi
avait fait pour dix ans par lettres du 6 mars
1541 à feu son oncle, Pierre de Ruthie.
Louvois, 28 août 1543.

> *Enreg. à la Chambre des Comptes de Paris, le
> 24 novembre 1543. Arch. nat.,* invent. PP. 136,
> p. 521. (*Mention.*)
> *Copie collationnée du xvie siècle. Bibl. nat.,
> Pièces orig.,* Tardes, vol. 2795, p. 18.

13295. Lettres de dispense pour raison d'alliance, données en faveur de Jean Du Tournois, con-

seiller au Parlement de Toulouse. Chamery-
lès-Reims, 30 août 1543.

> *Enreg. au Parl. de Toulouse. Arch. de la Haute-*
> *Garonne, Édits, reg. 5, fol. 60. 1, page 1/2.*

1543.

13296. Provisions en faveur de Jean Dupont de l'un
des cinq offices de conseillers lais, nouvellement créés au Parlement de Bordeaux.
Reims, 31 août 1543.

> *Enreg. au Parl. de Bordeaux Arch. de la Gi-*
> *ronde, B. 31, fol. 345 v°.*
> (Voir au 23 mai 1544.)

31 août.

13297. Édit pour l'aliénation du domaine royal, jusqu'à
concurrence de 600,000 livres tournois,
destinées à subvenir aux dépenses militaires
nécessitées par l'attitude menaçante de l'empereur et du roi d'Angleterre, avec faculté de
rachat perpétuel. Folembray, août 1543.

> *Enreg. au Parl. de Paris, sauf réserves, le 13 août*
> *1543. Arch. nat., X¹ᵃ 8613, fol. 484. 2 pages.*
> *Arrêt d'enregistrement. Idem, X¹ᵃ 1551, Conseil,*
> *fol. 321 v°, et X¹ᵃ 4919, Plaidoiries, fol. 541 v°.*
> *Enreg. au Parl. de Bordeaux, le 14 août 1543.*
> *Arch. de la Gironde, B. 31, fol. 258. 3 pages.*
> *Enreg. au Parl. de Toulouse, le 17 août 1543.*
> *Arch. de la Haute-Garonne, Édits, reg. 5, fol. 55.*
> 1 page 1/2.
> *Enreg. au Parl. de Dijon, le 21 août 1543.*
> *Arch. de la Côte-d'Or, Parl., reg. III, fol. 81.*
> *Enreg. à la Chambre des Comptes de Paris, le*
> *20 août 1543, anc. mém. 2 L, fol. 181. Arch.*
> *nat., invent. PP. 136, p. 521. (Mention.)*
> *Enreg. à la Chambre des Comptes de Dijon, le*
> *3 septembre 1543. Arch. de la Côte-d'Or, B. 19,*
> *fol. 32 v°.*
> *Enreg. à la Chambre des Comptes de Grenoble.*
> *Arch. de l'Isère, B. 3067, fol. 9. 5 pages.*
> *Enreg. à la Chambre des Comptes de Montpel-*
> *lier. Arch. départ. de l'Hérault, B. 343, fol. 72.*
> 5 pages 1/2.
> *Vidimus du sénéchal d'Agénais et Gascogne. Bibl.*
> *nat., Pièces orig., Pujols, vol. 2399, p. 15.*

Août.

13298. Édit de création de deux offices de conseillers
au siège de Fontenay-le-Comte, dans le ressort de la sénéchaussée de Poitou. Folembray, août 1543.

> *Enreg. au Parl. de Paris, conformément à l'ordre*

Août.

du-roi (mandement du 18 août et lettres de jussion   1543.
du 9 octobre 1543), le 17 octobre 1543. Arch. nat.,
X¹ᵃ 8614, fol. 11 r° et v°, et 12. 4 pages 1/3.
*Arrêt du 4 octobre 1543 ordonnant une enquête.
Idem, X¹ᵃ 4920, Plaidoiries, fol. 212.*

13299. Édit de création de cinq nouveaux offices de   Août.
conseillers lais pour la nouvelle chambre des
enquêtes du Parlement de Bordeaux, Folembray, août 1543.

    *Enreg. au Parl. de Bordeaux, le 22 novembre
1543. Arch. de la Gironde, B. 31, fol. 268 v°.
2 pages.*

13300. Édit de création d'un office de lieutenant du   Août.
prévôt de Chartres. Folembray, août 1543.

    *Enreg. au Parl. de Paris, le 11 octobre 1543.
Arch. nat., X¹ᵃ 8614, fol. 4. 2 pages.
Arrêt d'enregistrement, Idem, X¹ᵃ 4920, Plaidoi-
ries, fol. 232.*

13301. Lettres d'amortissement, en faveur du chapitre   Août.
de l'église de Meaux, des biens qu'il a acquis
par voie d'échange, en août et octobre 1541,
de Mathieu de Longuejoue, évêque de Soissons. Folembray, août 1543.

    *Copie collat. du XVIII° siècle. Arch. nat., K. 171,
n° 20.*

13302. Édit de création dans chacune des deux cham-   Août.
bres des enquêtes du Parlement de Bordeaux
d'un second office de président. Nizy, août
1543.

    *Enreg. au Parl. de Bordeaux, le 13 août 1543.
Arch. de la Gironde, B. 31, fol. 259 v°. 4 pages.*

13303. Lettres d'abolition en faveur de Gilles de Fay,   Août.
sʳ de Châteaurouge, Pierre Rougeolle, Tho-
mas David et Nicolas Jourdain, poursuivis
pour faux, subornation de témoins, etc.,
dans un procès relatif à la baronnie de Chevreuse. Nizy, août 1543.

    *Enreg. au Parl. de Paris, le 7 septembre 1543.
Arch. nat., X¹ᵃ 1551, Conseil, fol. 435. 3 pages.*

13304. Édit de création de quatre offices de conseillers   Août.

aux bailliage et chancellerie de Beaune. Reims, août 1543.

> *Enreg. au Parl. de Dijon. Arch. de la Côte-d'Or, Parl., reg. III, fol. 97 v°.*

13305. Édit de création de deux nouveaux offices de conseillers au bailliage d'Amiens. Avenay, août 1543.

> *Enreg. au Parl. de Paris, le 10 juin 1544. Arch. nat., X^{1a} 8614, fol. 225 v°. 2 pages 1/3.*
> *Arrêt d'enregistrement. Idem, X^{1a} 4922, Plaidoiries, p. 261 v°.*

13306. Édit de création de quatre offices de conseillers en la sénéchaussée de Bazadais, au siège de Bazas. Avenay, août 1543.

> *Enreg. au Parl. de Bordeaux, le 22 avril 1544. Arch. de la Gironde, B. 31, fol. 320 v°. 2 pages 1/2.*

13307. Édit portant création et érection en office de la mairie de Semur-en-Auxois. Avenay, août 1543.

> *Enreg. au Parl. de Dijon, le 7 septembre suivant. Arch. de la Côte-d'Or, Parl., reg. III, fol. 82 v°.*
> *Imp. J. Garnier, Chartes de communes et d'affranchissement en Bourgogne, t. II, p. 372.*

13308. Édit de création d'un office de conseiller au bailliage de Semur-en-Auxois. Avenay, août 1543.

> *Enreg. au Parl. de Dijon, le 7 septembre suivant. Arch. de la Côte-d'Or, Parl., reg. III, fol. 83 v°.*

13309. Édit de création de deux nouveaux offices de conseillers au siège du Mans, tant pour la juridiction ordinaire que pour les assises qui se tiennent aux sièges particuliers de la sénéchaussée, outre les six conseillers et le lieutenant criminel qui existaient déjà. Chamery-lès-Reims, août 1543.

> *Enreg. au Parl. de Paris, ex jussione speciali regis, le 20 novembre 1543. Arch. nat., X^{1a} 8614, fol. 26 v°. 2 pages 1/2.*
> *Arrêt d'enregistrement. Idem, X^{1a} 4921, Plaidoiries, fol. 41 v°.*

13310. Lettres portant union et incorporation des justices de Charmeil, Cérésat, Quinssat, Saint-

Août.

Août.

Août.

Août.

Août.

Août.

1543.

Christophe et autres à la ville et châtellenie
de Saint-Germain-des-Fossés en Bourbonnais,
en faveur de Jean d'Albon de Saint-André.
Chamery, août 1543.

1543.

> Enreg. au Parl. de Paris, le 11 décembre 1543.
> Arch. nat., X¹ᵃ 8614, fol. 35. 6 pages.
> Arrêt d'enregistrement. Idem, X¹ᵃ 4921, Plaidoiries, fol. 201 v°.

13311. Lettres portant exemption de la traite foraine
pour les marchandises et denrées conduites
de Languedoc en Provence. Chamery, août
1543.

Août.

> Enreg. au Parl. de Toulouse, le 15 mars 1544
> n. s. Arch. de la Haute-Garonne, Édits, reg. 5,
> fol. 86. 2 pages.
> (Voir octobre 1543, n° 13423.)

13312. Édit de création d'un second office d'enquêteur
au siège et ressort de Fontenay-le-Comte.
Chamery-lès-Reims, août 1543.

Août.

> Présentées au Parl. de Paris et réception des
> opposants, le 25 octobre 1543. Arch. nat., X¹ᵃ 4920,
> Plaidoiries, fol. 290. (Mention.)

13313. Lettres portant prorogation du Parlement de
Paris jusqu'à nouvel ordre. Chamery en
Champagne, 1ᵉʳ septembre 1543.

1ᵉʳ septembre.

> Enreg. au Parl. de Paris, le 7 septembre 1543.
> Arch. nat., X¹ᵃ 8613, fol. 485. 2/3 de page.

13314. Provisions de l'un des cinq offices de conseillers
récemment créés au Parlement de Bordeaux,
pour Raymond Sarny. Chamery, 1ᵉʳ septembre 1543.

1ᵉʳ septembre.

> Enreg. au Parl. de Bordeaux, le 30 août 1544.
> Arch. de la Gironde, B. 31, fol. 396. 2 pages.

13315. Permission à François Desmier, conseiller au
Parlement de Paris, d'aller procéder à l'exécution d'un arrêt de cette cour, rendu entre
Aimery de Narbonne, dit de Bar, d'une part,
et le procureur général, d'autre, touchant les
château, terre et seigneurie de Pérignan.
Chamery, 1ᵉʳ septembre 1543.

1ᵉʳ septembre.

> Entérinée au Parl., le 10 septembre suivant. Arch.
> nat., X¹ᵃ 1551, Conseil, fol. 468. (Mention.)

13316. Lettres portant continuation d'augmentation de 260 livres de gages, en faveur de Nectaire de Sennetaire, écuyer d'écurie du dauphin, bailli d'Aurillac et des Montagnes d'Auvergne. 1er septembre 1543.

> Enreg. à la Chambre des Comptes de Paris, le 26 septembre 1543, anc. mém. 2 L, fol. 205. Arch. nat., invent. PP. 119, p. 27, et PP. 136, p. 522. (Mentions.)
> Bibl. nat., ms. Clairambault 782, p. 305. (Mention.)

1543 2 septembre.

13317. Déclaration faisant connaître les membres de l'Université de Montpellier qui doivent participer au bénéfice de 300 livres, pour dégrèvement de leurs tailles. Louvois, 2 septembre 1543.

> Imp. Courtaud, Monspeliensis medicorum universitas. Oratio pronunciata à Curtaudo. Montpellier, 1645, in-4°, p. 88. (Mention.)

2 septembre.

13318. Confirmation des privilèges des cent vingt chevaucheurs de l'écurie du roi. 3 septembre 1543.

> Enreg. à la Cour des Aides de Paris. Arch. nat., Recueil Cromo, U. 665, fol. 315. (Mention.)

3 septembre.

13319. Lettres déclarant hors de tutelle François de La Tour, vicomte de Turenne, bien qu'il n'ait pas l'âge requis, et lui remettant l'administration de ses biens. Reims, 3 septembre 1543.

> Entérinées au Parl. de Paris, le 26 novembre 1543. Arch. nat., X1a 4921, Plaidoiries, fol. 73. (Mention.)

3 septembre.

13320. Provisions pour Mathurin Nepveu, licencié ès lois, de l'un des deux offices de conseillers nouvellement créés au siège du Mans. Reims, 3 septembre 1543.

> Reçu au Parl. de Paris, le 18 janvier 1544 n. s. Arch. nat., X1a 1552, Conseil, fol. 155. (Mention.)

3 septembre.

13321. Don à Jean Hunault, sommelier d'échansonnerie, de 40 écus d'or soleil à prendre sur le produit de la vente de l'office de sergent royal à Villeneuve-le-Roi, au bailliage de

3 septembre.

Sens, vacant par la mort de Jean Colin. 1543.
Reims, 3 septembre 1543.

Original. Bibl. nat., ms. fr. 25723, n° 806.

13322. Provisions pour Jacques d'Escars, chevalier,   3 septembre.
gentilhomme de la chambre du dauphin, de
l'office de sénéchal de Périgord, en remplacement du s' de Linars, 3 septembre 1543.

Enreg. à la Chambre des Comptes de Paris. Bibl.
nat., ms. Clairambault 782, p. 304. (Mention.)

13323. Ordonnance portant que les Espagnols et au-   4 septembre.
tres étrangers, sujets de l'empereur, ayant
obtenu des lettres de naturalité à condition
de se marier en France, seront expulsés du
royaume, s'ils n'ont point rempli cette condition dans les deux mois. Reims, 4 septembre 1543.

Enreg. au Parl. de Bordeaux, le 25 septembre
1543. Arch. de la Gironde, B. 31, fol. 264 v°.
4 pages.
Enreg. au Parl. de Dijon, le 24 septembre. Arch.
de la Côte-d'Or, Parl., reg. III, fol. 84 v°.
Enreg. à la Chambre des Comptes de Grenoble.
Arch. de l'Isère, B. 2912, fol. 62.
Enreg. au Parl. de Toulouse, le 1er octobre 1543.
Arch. de la Haute-Garonne, Édits, reg. 5, fol. 58.
2 pages.

13324. Provisions de l'office d'huissier au Parlement   4 septembre.
de Dijon pour Oudot Pernet, en remplace-
ment et sur la résignation de Pierre Favotte.
Reims, 4 septembre 1543.

Enreg. au Parl. de Dijon, le 15 novembre sui-
vant. Archives de la Côte-d'Or, Parl., reg. III,
fol. 89 v°.

13325. Mandement à la Chambre des Comptes de réta-   4 septembre.
blir sur les comptes de l'année 1536 de Flo-
rimond Le Charron, payeur, avant Jacques
Bochetel, des officiers domestiques du roi,
la moitié de ses gages et de ceux de Jean
Carré, son adjoint, somme qui avait été
rayée en exécution d'une ordonnance royale.
Reims, 4 septembre 1543.

Original. Bibl. nat., ms. fr. 25723, n° 807.

13326. Exemption de l'imposition foraine de Nor- **1543.**
mandie, qui est de 12 deniers tournois par **5 septembre.**
livre, et de l'imposition de 4 livres pour cent
qui se lève sur les marchandises exportées en
vertu de congés et de sauf-conduits, accordée
à François de Rieux, Olivier de La Tour,
Jean de « Quintanadoynes, Melchior de Mous-
sicque, Ortègue de Malgasse, André de Mal-
luaude » et François Béjart, marchands de
Rouen, jusqu'à concurrence d'une somme de
3,560 écus qu'ils ont prêtée au roi. Reims,
5 septembre 1543.

Original, Bibl. nat., ms. fr. 25723, n° 808.

13327. Lettres de don en faveur de Jacques de Brisay, **5 septembre.**
chevalier, s' de Beaumont, lieutenant du roi
en Bourgogne. 5 septembre 1543.

Enreg. à la Chambre des Comptes de Paris. Bibl.
nat., ms. Clairambault 782, p. 365. (Mention.)

13328. Lettres de naturalité accordées à Jean et à **8 septembre.**
Charles de Vesvres, natifs du comté de
Bourgogne, établis au duché. Vienne-le-Châ-
teau, 8 septembre 1543.

Enreg. à la Chambre des Comptes de Dijon, le
18 juin 1544, Archives de la Côte-d'Or, B. 72,
fol. 187.

13329. Commission à Jean Bertrand, président au Par- **9 septembre.**
lement de Paris, à Louis Caillart, président
des requêtes, à Robert Thiercelin et à Jean
Corbin, conseillers au Parlement, de procéder au remboursement de certains créanciers
du roi, en leur distribuant du sel. Vienne-
le-Château, 9 septembre 1543.

Enreg. à la Chambre des Comptes de Paris, le
26 septembre suivant. Arch. nat., P. 2537, fol. 365,
et P. 2554, fol. 25 v°. 3 pages.

13330. Provisions de l'office de correcteur, nouvelle- **9 septembre.**
ment créé en la Chambre des Comptes du
Dauphiné. Sainte-Menehould, 9 septembre
1543.

Imp. C.-U.-J. Chevalier, Ordonnances des rois de
France concernant le Dauphiné. Colmar, in-8°,
1871, n° 853. (Mention.)

13331. Édit de révocation de tous les dons, cessions   1543.
et aliénations du domaine, excepté celles qui   10 septembre.
ont été ordonnées pour subvenir aux dépenses
de la guerre. Sainte-Ménehould, 10 septembre 1543.

> *Enreg. au Parl. de Paris, le 4 octobre 1543. Arch.*
> *nat., X¹ᵃ 8613, fol. 485 v°. 3 pages.*
> *Arrêt d'enregistrement. Idem, X¹ᵃ 4920, Plaidoi-*
> *ries, fol. 211 v°.*
> *Enreg. au Parl. de Bordeaux, le 2 octobre 1543.*
> *Arch. de la Gironde, B. 31, fol. 266 v°. 4 pages.*
> *Enreg. au Parl. de Dijon, le 25 septembre 1543.*
> *Arch. de la Côte-d'Or, Parl., reg. III, fol. 85 v°.*
> *Enreg. à la Chambre des Comptes de Paris. Arch.*
> *nat., P. 2307, p. 231; P. 2537, fol. 367; P. 2534,*
> *fol. 27; P. 2562, p. 437, et AD.IX, 25, n° 98.*
> *6 pages.*
> *Enreg. à la Chambre des Comptes de Dijon. Arch.*
> *de la Côte-d'Or, B. 19, fol. 33 v°.*
> *Enreg. à la Chambre des Comptes de Grenoble,*
> *le 26 septembre 1543. Arch. de l'Isère, B. 2911,*
> *cah. 20. 4 pages 1/2.*
> *Copie du xviᵉ siècle. Arch. départ. des Basses-*
> *Pyrénées, A. 1.*

13332. Lettres obtenues par l'archevêque de Bordeaux,   10 septembre.
cassant un arrêt du Parlement de Paris qui
le condamnait à créer un official ou vicaire à
Poitiers, pour connaître des appellations interjetées par-devant lui des sentences rendues
par les évêques de sa province. Sainte-Ménehould, 10 septembre 1543.

> *Enreg. au Parl. de Bordeaux, le 13 décembre*
> *1543. Archives de la Gironde, B. 31, fol. 281.*
> *2 pages.*

13333. Mandement à Antoine Le Maçon, receveur   10 septembre.
général en Bourgogne et trésorier de l'extraordinaire des guerres, de payer au sʳ de Burie,
lieutenant en Guyenne, la somme de 1,405 livres 7 sous 10 deniers tournois qu'il avait
déboursée pour ses frais, pendant les mois
de janvier-juillet 1543. Sainte-Ménehould,
10 septembre 1543.

> *Original. Bibl. nat., ms. fr. 25723, n° 809.*

13334. Provisions de l'office de contrôleur du domaine   11 septembre.

de Romorantin, accordées à Jean Garsonnet. Sainte-Menehould, 11 septembre 1543.

Original. Arch. du Loiret, Apanage, châtellenie de Romorantin, A. 709.

1543.

13335. Déclaration en faveur d'Eustache Savaris (*alias* Samaris), de Tournay, portant que les personnes originaires de cette ville n'ont point besoin de lettres de naturalisation, et qu'ils sont réputés Français et jouissent des mêmes droits que les sujets du roi en France. Sainte-Menehould, 12 septembre 1543.

12 septembre.

Enreg. au Parl. de Paris, le 13 novembre 1543. Arch. nat., X¹ᵃ 8613, fol. 487, 1, page 1/4. Arrêt d'enregistrement. Idem, X¹ᵃ 1552, Conseil, fol. 2. Enreg. à la Chambre des Comptes de Paris, le 22 septembre 1543. Arch. nat., P. 2537, fol. 364, et P. 2554, fol. 24 v°. 2 pages.

13336. Don à Antoine Turpin, sᵣ de l'Estang, gentilhomme servant de Madame Marguerite de France, du quart de la seigneurie de Fromanteau. Sainte-Menehould, 12 septembre 1543.

12 septembre.

Enreg. à la Chambre des Comptes de Paris, Bibl. nat., ms. Clairambault 782, p. 305. (Mention.)

13337. Don à Africain de Mailly, panetier du roi, bailli de Dijon, seigneur d'Écot et de Villers-les-Pots, des deniers dus au roi de reste par les marchands et fournisseurs de sel en Bourgogne. Sainte-Menehould, 12 septembre 1543.

12 septembre.

Enreg. à la Chambre des Comptes de Dijon, le 14 novembre suivant. Arch. de la Côte-d'Or, B. 19, fol. 42.

13338. Mandement à Louis d'Adhémar, sᵣ de Grignan, lieutenant général en Provence, de faire abattre les bois nécessaires « à faire arbres, antennes, rames et autres équipaiges » nécessaires au radoub des galères et vaisseaux de l'armée navale du Levant. 12 septembre 1543.

12 septembre.

Iᴍᴘ. Vallet de Viriville, Catalogue des archives de la maison de Grignan. Paris, 1844, in-8°, p. 14. (Mention.)

13339. Lettres enjoignant à Jean de Cezelli, président
à la Chambre des Comptes de Montpellier, de
faire dresser un état des dommages soufferts
par certaines villes, à l'occasion du passage
de l'armée de Roussillon. Sainte-Menehould,
13 septembre 1543.

1543.
13 septembre.

> Vidimus du bailli du Velay, du 6 octobre 1543.
> Arch. départ. de l'Hérault, C. États de Languedoc,
> coll. dom Pacotte, t. VII.

13340. Commission relative à l'audition des comptes
des « foules » des diocèses de Languedoc.
Sainte-Menehould, 13 septembre 1543.

13 septembre.

> Arch. départ. de l'Hérault, C. États de Lan-
> guedoc, Procès-verbaux, 1543. (Mention.)

13341. Déclaration portant règlement pour les gages
de l'auditeur extraordinaire créé en la
Chambre des Comptes de Grenoble, par édit
du 30 janvier 1537 n. s. (n° 8763). Sainte-
Menehould, 15 septembre 1543.

15 septembre.

> Enreg. à la Chambre des Comptes de Grenoble, le
> 13 octobre suivant. Arch. nat., AD.IX 126, n° 99.
> (Mention.)
> Imp. Blanchard, Compilation chronologique, etc.
> Paris, 1715, in-fol., t. I, col. 562. (Mention.)

13342. Lettres obtenues par le sr du Tillet, greffier du
Parlement de Paris, Louis et Jean ses frères,
pour faire procéder, nonobstant les vacations,
au jugement de leur procès contre Geoffroy
et Jean du Barry, Guillemet de Montferrand,
Jean de Loménie et Mathurin Thoroude.
Sainte-Menehould, 15 septembre 1543.

15 septembre.

> Enreg. au Parl. de Dijon. Arch. de la Côte-d'Or,
> Parl., reg. III, fol. 87.

13343. Provisions pour Jean Compain de l'office
d'élu en l'élection d'Orléans. Sainte-Menehould, 15 septembre 1543.

15 septembre.

> Enreg. à la Chambre des Comptes de Paris. Bibl.
> nat., ms. Clairambault 782, p. 305. (Mention.)

13344. Provisions pour Rolland le Parmentier de
l'office de contrôleur des aides, tailles et

15 septembre.

équivalent de l'élection de Valognes. 15 sep-   1543.
tembre 1543.

> *Reçu à la Chambre des Comptes, le 20 septembre*
> *suivant, anc. mém. 2 L, fol. 206. Arch. nat.,*
> *invent. PP. 119, p. 27 (2 L), et PP. 136, p. 522.*
> *(Mention.)*

13345. Lettres portant mainlevée, en faveur des mar-   15 septembre.
chands fournissant les greniers à sel de Gien
et de Fécamp, de la saisie faite de leur sel,
en payant par eux au roi 45 livres par muid
de sel, pour droit de gabelle. 15 septembre
1543.

> *Enreg. à la Chambre des Comptes de Paris, le*
> *20 septembre suivant, anc. mém. 2 L, fol. 192.*
> *Arch. nat., invent. PP. 136, p. 522. (Mention.)*

13346. Déclaration relative aux Espagnols et autres   16 septembre.
sujets de l'empereur résidant en France et
ayant obtenu des lettres de naturalité, avant
ou depuis la déclaration de guerre, avec ou
sans la condition de se marier dans le
royaume. Sainte-Menehould, 16 septembre
1543.

> *Présentée au Parl. de Paris, le 22 du même mois.*
> *Arch. nat., X¹ª 1551, Conseil, fol. 497. (Mention.)*

13347. Commission pour procéder et faire droit à   16 septembre.
Claude Largain, docteur en médecine à Is-
soudun, sur le contenu de sa requête présentée au Conseil privé contre M. de Beaumont-
Brisay, lieutenant pour le roi en Bourgogne,
qui, pour lui faire rendre une cédule de la
dame de Longueville, sa femme, l'avait de sa
propre autorité fait emprisonner au château
de Dijon, dont le Parlement l'avait fait sortir.
Sainte-Menehould, 16 septembre 1543.

> *Enreg. au Parl. de Dijon. Arch. de la Côte-d'Or,*
> *Parl., reg. III, fol. 87 v°.*

13348. Mandement à Jean Laguette, trésorier des   16 septembre.
parties casuelles, de payer à Madeleine de
Joyeuse, dame d'honneur de la duchesse
de Vendôme, 400 écus d'or qui lui avaient
été donnés déjà en 1538, mais qu'elle n'avait

pas touchés. Sainte-Menehould, 16 septembre
1543.

Original. Bibl. nat., ms. fr. 25723, n° 810.

1543.

13349. Lettres portant pouvoirs à certains commissaires
d'emprunter au nom du roi 100,000 écus
des marchands de Lyon, sur les deniers de
la foire d'août. Sainte-Menehould, 17 septembre 1543.

17 décembre.

*Arrêts d'enregistrement du Parl. de Paris, le
22 septembre et le 13 octobre suivant. Arch. nat.,
1551, Conseil, fol. 497 et 574.*

13350. Mandement au sénéchal de Toulouse, lui ordonnant de ne point comprendre dans la répartition des 108,000 livres imposées sur la
sénéchaussée, pour partie de la solde de
cinquante mille hommes de pied, les habitants de la vicomté de Nébouzan qui, en
vertu d'anciens privilèges, sont exempts de
toutes tailles, gabelles et subsides levés dans
le royaume. Sainte-Menehould, 18 septembre
1543.

18 décembre.

*Original. Arch. départ. des Basses-Pyrénées,
E. 455.*

13351. Commission au sʳ de Trignac, conseiller au
Parlement de Dombes, d'imposer sur le sel
vendu en Languedoc un tiers des 1,000 livres octroyées à l'Université de Valence, pour
le payement de ses docteurs régents. Sainte-
Menehould, 18 septembre 1543.

18 septembre.

Arch. de la ville de Valence (Drôme), GG. 61.

13352. Provisions de l'office de conseiller lai au Parlement de Bordeaux pour Jean Guitart.
Sainte-Menehould, 19 septembre 1543.

19 septembre.

*Enreg. au Parl. de Bordeaux, le 7 décembre 1543.
Arch. de la Gironde, B. 31, fol. 282. 2 pages 1/2.*

13353. Édit contre les luthériens, contenant le texte
des articles et censure doctrinale de la Faculté de théologie de Paris, et ordonnant de
procéder contre les fauteurs de prédications

20 septembre.

contraires auxdits articles. Sainte-Menehould, 20 septembre 1543.

Texte latin et français.

> *Enreg. au Parl. de Toulouse, le 19 novembre 1543. Arch. de la Haute-Garonne, Édits, reg. 5, fol. 60. 5 pages.*

13354. Édit contre les luthériens, séditieux et perturbateurs du repos public, conspirateurs occultes, avec injonctions aux inquisiteurs de la foi de procéder contre eux. Sainte-Menehould, 20 septembre 1543.

> *Enreg. au Parl. de Toulouse, le 19 novembre 1543. Arch. de la Haute-Garonne, Édits, reg. 5, fol. 62. 2 pages.*

13355. Lettres portant commission à François de Saint-André, président au Parlement, à Robert Dauvet et à Nicolas de Poncher, présidents de la Chambre des Comptes, pour la mise en vente des hôtels de Bourgogne, d'Artois, de Flandre, d'Étampes, du Petit-Bourbon, de Tancarville, de l'hôtel de la Reine près Saint-Paul, et d'autres maisons et terrains situés à Paris et faisant partie du domaine. Sainte-Menehould, 20 septembre 1543.

> *Enreg. au Parl. de Paris, sans préjudice des oppositions, le 11 octobre 1543. Arch. nat., X¹ᵃ 8614, fol. 1. 6 pages.*
> *Arrêt d'enregistrement. Idem, X¹ᵃ 4920, Plaidoiries, fol. 231.*
> *Enreg. à la Chambre des Comptes de Paris. Arch. nat., P. 2307, p. 429. 10 pages 1/2.*
> *Copie du xvıᵉ siècle. Arch nat., S. 79.*
> *Imp. Pièce in-4°. Arch. nat., AD.1 25. 4 pages.*
> *Pièce in-folio, s. l. n. d. Bibl. nat., F. Actes royaux. (Cartons.)*
> Dom Félibien, *Hist. de la ville de Paris.* Paris, 1725, in-fol., t. V (Preuves III), p. 768, col. 2.

13356. Mandement à Jean Coutel, maître des requêtes de l'hôtel, de déposer dans huitaine au greffe du Parlement de Paris les pièces du procès criminel de feu l'amiral Chabot, comte de Charny et de Buzançais. Sainte-Menehould, 20 septembre 1543.

> *Enreg. au Parl. de Paris, sans date. Arch. nat., X¹ᵃ 8614, fol. 54 v°. 1 page.*

1543.

20 septembre.

20 septembre.

20 septembre.

13357. Ordonnance interdisant le cours dans le royaume des monnaies frappées à Metz en Lorraine, tant anciennement que nouvellement. Sainte-Menehould, 20 septembre 1543.

> *Original dans les minutes d'ordonnances de la Cour des Monnaies. Arch. nat., Z^{1b} 537.*
> *Enreg. à la Cour des Monnaies, le 6 octobre 1543. Arch. nat., Z^{1b} 63, fol. 79 v°. 3 pages.*
> *Imp. P. Rebuffi, Les édits et ordonnances des rois, etc. Lyon, 1573, in-fol., p. 488.*
> *A. Fontanon, Édits et ordonnances, etc. Paris, 1611, in-fol., t. II, p. 128.*

13358. Lettres permettant à Simon Badoux, contrôleur des aides, tailles et équivalent de l'élection de Bayeux, de faire exercer son office. 20 septembre 1543.

20 septembre.

> *Enreg. à la Chambre des Comptes de Paris. Arch. nat., invent. PP. 136, p. 522. (Mention.)*

13359. Édit de règlement pour l'exercice du métier d'orfèvre et joaillier à Paris, la marque et le titre des ouvrages d'orfèvrerie en or et en argent, les maîtres jurés et apprentis. Sainte-Menehould, 21 septembre 1543.

21 septembre.

> *Enreg. au Parl. de Paris, le 23 octobre 1543. Arch. nat., X^{1a} 8614, fol. 15 v°. 10 pages.*
> *Arrêt d'enregistrement. Idem, X^{1a} 4920, Plaidoiries, fol. 278 v°.*
> *Enreg. à la Cour des Monnaies, le 28 novembre 1543. Arch. nat., Z^{1b} 63, fol. 86 v°. 14 pages.*
> *Copie du xvie siècle. Arch. nat., KK. 1344, p. 36.*
> *Imp. Les loix, ordonnances et édictz, depuis le roy S. Lois... Paris, Galiot du Pré, 1559, in-fol., fol. 186 r°.*
> *P. Rebuffi, Les édits et ordonnances des rois, etc. Lyon, 1573, in-fol., p. 1217.*
> *A. Fontanon, Édits et ordonnances, etc. Paris, 1611, in-fol., t. I, p. 1112.*
> *Recueil des statuts, etc... des orfèvres et joailliers de Paris... Paris, 1688, in-4°, p. 39. (Bibl. nat., F. 13101.)*
> *Isambert, Anc. lois françaises, etc. Paris, 1827, in-8°, t. XII, p. 828.*

13360. Lettres autorisant à nouveau le payement des gages des quatre docteurs de la Faculté de

21 septembre.

médecine de Montpellier. Sainte-Menehould, .1543.
21 septembre 1543.

*Enreg. à la Chambre des Comptes de Montpellier. Arch. départ. de l'Hérault, B. 343, fol. 182.
2 pages 1/2.*

13361. Mandement au Parlement de Paris de procé-   21 septembre.
der à l'entérinement des lettres de rémission
de juin 1543 (n° 13186) et de l'ampliation
du 1er août suivant (n° 13246), données en
faveur d'Étienne Dolet, et à l'élargissement
de sa personne. Sainte-Menehould, 21 septembre 1543.

*Entériné au Parl. de Paris, par arrêt du 13 oc-
tobre suivant. Archives nat., X²ᵃ 95 (à la date).
2 pages.*

13362. Lettres enjoignant au Parlement de Paris de ne   22 septembre.
faire dorénavant aucune assignation sur les
deniers communs de la ville de Paris, et de
ne point s'en attribuer la connaissance, mais
d'en laisser la totale disposition aux prévôts
des marchands et échevins. Sainte-Menehould, 22 septembre 1543.

*Vidimus du Prévôt de Paris, du 28 septembre
1543. Arch. nat., K. 955, n° 37.
Autre vidimus de même date. Archives nat.,
H. 1961¹.*

13363. Mandement au Parlement de Paris, lui enjoi-   24 septembre.
gnant expressément de procéder sans aucun
délai à la réception des conseillers nommés
pour siéger à la chambre du domaine, récemment créée en ladite cour. Stenay, 24 septembre 1548.

*Enreg. au Parl., le 28 du même mois. Arch.
nat., X¹ᵃ 1551, Conseil, fol. 527. 1 page.*

13364. Lettres accordant au diocèse de Nîmes défal-   25 septembre.
cation de 226 livres tournois sur ce qui lui
reste à payer des dîmes de 1516, étant donné
que les bénéfices qui en étaient grevés sont
passés au diocèse d'Arles, auquel sera ré-
clamée cette somme en plus aux prochaines

dîmes qui seront levées. Reims., 25 septembre   1543.
1543.

Vidimus du sénéchal de Beaucaire et Nîmes, du
21 juin 1544. Bibl. nat., Pièces orig., Crussol,
vol. 948, p. 66.

13365. Provisions pour Nicolas Copinet, le jeune, de   26 septembre.
l'office de sergent des Eaux et forêts en la
prévôté de Sainte-Menehould, vacant par la
résignation de Jacques Guyot. Reims, 26 septembre 1543.

Enreg. aux Eaux et forêts (siège de la Table de
marbre), le 16 octobre suivant. Arch. nat., Z^{1a} 328,
fol. 254 v°. 1 page 1/2.

13366. Don à Claude de Fresnel, s^r de Louppy, des   26 septembre.
fiefs de Boureuilles et de Baulny, situés en
la prévôté de Sainte-Menehould et confisqués
sur les s^{rs} de Mallebert qui se sont mis au
service de l'empereur. Louvois, 26 septembre
1543.

Copie du xvie siècle. Arch. départ. de la Marne,
série A, terrier de Sainte-Menehould, fol. 457.

13367. Édit de réorganisation des compagnies d'ar-   Septembre.
chers, arbalétriers et arquebusiers de Paris, et
nouveau règlement de leurs privilèges. Sainte-
Menehould, septembre 1543 [1].

Original scellé. Arch. nat., K. 955, n° 38.
Enreg. au Parl. de Paris, sauf réserve, le 4 oc-
tobre 1543. Arch. nat., X^{1a} 8614, fol. 5. 7 pages.
Arrêt d'enregistrement. Idem, X^{1a} 1551, Conseil,
fol. 548, et X^{1a} 4920, Plaidoiries, fol. 211 v°.

13368. Édit de création de deux nouveaux offices de   Septembre.
conseillers au siège de Tours et bailliage de
Touraine, outre les quatre qui y existaient
déjà. Sainte-Menehould, septembre 1543.

Enreg. au Parl. de Paris, ad onus oppositionis
formate per alios quatuor consiliarios antiquos, le

(1) Il contient un vidimus des lettres de privilèges accordés aux marchands et bourgeois fréquentant les foires de Lyon (Lyon, février 1536
n. s., n° 8320), le roi étendant les mêmes privilèges aux archers, arbalétriers et arquebusiers.

25 octobre 1543. Arch. nat., X¹ª 8614, fol. 21.
2 pages 1/2.
  *Arrêt d'enregistrement. Idem, X¹ª 4920, Plai-
doiries, fol. 290.*

13369. Lettres d'érection en duché du comté de Beaumont au Maine et des baronnies de la Flèche,
de Château-Gontier, Sainte-Suzanne, etc.,
en faveur de Françoise d'Alençon, veuve de
Charles de Bourbon, duc de Vendôme, et
de ses enfants. Sainte-Menehould, septembre
1543.

> *Enreg. au Parl. de Paris, sauf réserve, le 16 oc-
> tobre 1543. Archives nat., X¹ª 8614, fol. 13.*
> 4 pages 2/3.
>   *Arrêt d'enregistrement. Idem, X¹ª 4920, Plai-
> doiries, fol. 247.*
>   *Enreg. à la Chambre des Comptes de Paris, le
> 20 octobre 1543. Arch. nat., P. 2307, p. 237;
> P. 2537, fol. 369; P. 2554, fol. 28 v°; P. 2562,
> p. 441. 8 pages.*
>   *Copie du xviii° siècle. Bibl. nat., ms. fr. 4584,
> fol. 151.*
>   *Imp. Pièce in-8°. Le Mans, Marin Chalumeau,
> 1582. Bibl. nat., 8° F. Actes royaux. (Cartons.)*
>   A. Fontanon, *Édits et ordonnances, etc.* Paris,
> 1611, in-fol., t. IV, p. 658.
>   Le P. Anselme, *Hist. généalogique de la maison
> de France, etc.* Paris, 1730, in-fol., t. V, p. 578.

13370. Lettres en faveur des prévôt des marchands,
échevins, greffier, procureur, contrôleur et
receveur de la ville de Paris, portant *committimus* de leurs causes aux Requêtes du Palais
ou par-devant le Prévôt de Paris, et exemption sur le vin de leur cru, par eux vendu
en gros et en détail. Sainte-Menehould, septembre 1543.

> *Original. Arch. nat., K. 955, n° 36.*
>   *Enreg. à la Chambre des Comptes de Paris. Arch.
> nat., invent. PP. 136, p. 522. (Mention.)*
>   *Copie collat. du xvi° siècle. Arch. nat., H. 1881
> (doss. de l'année 1572).*
>   *Copie du xviii° siècle. Arch. nat., AD.IX 125,
> n° 94. 3 pages.*
>   *Imp. Ordonnances de Louis XIV, concernant le
> corps de ville de Paris, etc.* Paris, 1676, in-fol.,
> p. 137.

13371. Déclaration portant que les habitants de Marseille sont dispensés de contribuer, avec les autres villes de Provence, à la somme de 12,000 livres imposée à ce pays pour la solde de cinq cents hommes de pied, pendant quatre mois, et renouvelant l'exemption générale de toutes autres contributions collectives, qui leur avait été confirmée déjà par lettres du 22 décembre 1528 (n° 3268). Sainte-Menehould, septembre 1543.

1543. Septembre.

> IMP. *Le règlement du sort, contenant la forme et la manière de procéder à l'élection des officiers de la ville de Marseille.* Marseille, 1654, in-4°, p. 133. (*Bibl. nat.*, Lk⁷ 4715.)

13372. Commission au sʳ de Matignon, lieutenant général au duché de Normandie, à René Becdelièvre, conseiller au Parlement de Rouen, et à Jean Mages, lieutenant général au bailliage de Rouen, pour vendre, jusqu'à concurrence de 100,000 livres, des quatrièmes et autres aides du roi en Normandie. Sainte-Menehould, septembre 1543.

Septembre.

> *Enreg. à la Cour des Aides de Normandie, le 7 novembre 1543. Arch. de la Seine-Inférieure, Mémoriaux, 2ᵉ vol., fol. 336. 4 pages.*
> *Enreg. à la Chambre des Comptes de Paris. Bibl. nat., ms. Clairambault 782, p. 304. (Mention.)*

13373. Édit portant création d'un office de maître correcteur à la Chambre des Comptes de Grenoble. Sainte-Menehould, septembre 1543.

Septembre.

> *Original. Arch. de l'Isère, Chambre des Comptes de Grenoble, B. 3293.*

13374. Lettres exemptant les habitants d'Avignon du droit de traite foraine. Sainte-Menehould, septembre 1543.

Septembre.

> *Enreg. au Parl. de Provence, le 22 octobre 1543.*
> *Enreg. à la Chambre des Comptes de Grenoble. Arch. de l'Isère, B. 2911, cah. 21. 4 pages.*

13375. Provisions de l'office de bailli et capitaine de Macon pour Hardy de Jaucourt, seigneur du Vaux-de-Lugny, gentilhomme de la maison du duc de Guise, en remplacement de Pierre

1ᵉʳ octobre.

de la Guiche, décédé. Louvois, 1ᵉʳ octobre 1543.
1543.

> *Enreg. à la Chambre des Comptes de Dijon, le 11 janvier 1544 n. s. Arch. de la Côte-d'Or, B. 19, fol. 50 v°.*

13376. Provisions pour Ambroise Lingault de l'office   1ᵉʳ octobre.
d'huissier au Parlement de Paris, vacant par
la mort de Jean Dupuy. Reims, 1ᵉʳ octobre
1543.

> *Réception au Parl., le 8 octobre suivant. Arch. nat., Xˡᵃ 1551, Conseil, fol. 571 v°. (Mention.)*

13377. Lettres ordonnant d'élargir des prisons, jus-   2 octobre.
qu'à six semaines, le sʳ de Bussac, sa femme,
sa fille, le sʳ de Vezin et l'abbé de Nantes.
Reims, 2 octobre 1543.

> *Enreg. au Parl. de Dijon, le 12 novembre suivant. Archives de la Côte-d'Or, Parl., reg. III, fol. 88 v°.*

13378. Lettres contenant confirmation, en faveur des   3 octobre.
habitants d'Auxonne, de leurs privilèges
d'exemption de la traite foraine, rève et haut
passage. La Fère-sur-Oise, 3 octobre 1543.

> *Enreg. à la Chambre des Comptes de Dijon, Arch. de la Côte-d'Or, reg. B. 20, fol. 138.*

13379. Lettres portant mandement au Parlement pour   6 octobre.
la vérification et l'enregistrement de la déclaration du 2 mars 1542 n. s. (n° 12379), touchant les fonctions des sergents de la douzaine
du Châtelet de Paris. Laon, 6 octobre 1543.

> *Enreg. au Parl. de Paris, le 22 janvier 1544 n. s. Arch. nat., Xˡᵃ 8614, fol. 72 v°. 3 pages 1/2.*

13380. Lettres portant exemption de tailles et impôts,   6 octobre.
pendant six ans, en faveur des habitants de
Laon, à la charge de faire valoir la ferme du
huitième des vins, dont 800 livres seront
payées au receveur des aides, et 200 livres
seront employées aux réparations des fortifications de ladite ville. Laon, 6 octobre
1543.

> *Arch. de la ville de Laon (Aisne), AA. 20.*

13381. Lettres portant commission pour aliéner du   8 octobre.

domaine royal en Dauphiné jusqu'à la somme de 20,000 livres de revenu. Coucy, 8 octobre 1543.

Enreg. à la Chambre des Comptes de Grenoble, le 18 octobre 1543. Arch. de l'Isère, B. 3067, fol. 13. 5 pages.

13382. Lettres de jussion au Parlement de Paris pour l'enregistrement de l'édit d'août 1543 (n° 13298), portant création de deux offices de conseillers au siège de Fontenay-le-Comte, nonobstant l'opposition du lieutenant général audit siège. Coucy, 9 octobre 1543.

Enreg. au Parl. de Paris, le 17 octobre 1543. Arch. nat., X¹ᵃ 8614, fol. 12.

13383. Don de 200 écus d'or à Jacques du Hautbois, gentilhomme de la vénerie, en récompense de ses services. Coucy, 9 octobre 1543.

Original. Bibl. nat., Pièces orig., Hautbois, vol. 1491, p. 5.

13384. Lettres d'évocation au Grand conseil d'un procès soulevé entre Louis de La Trémoïlle, comme curateur et prenant fait et cause pour Louise de Coëtivy, comtesse de Taillebourg, son aïeule, tombée en démence, et François Du Gua, avocat au Parlement de Bordeaux, qui avait agi, contre les ordonnances en faisant déclarer ladite de Coëtivy héritière de biens qui ne lui appartenaient pas, et en la faisant comparaître en jugement sans l'autorité de son curateur. Coucy, 12 octobre 1543.

Copie du xviiiᵉ siècle. Bibl. municipale de Poitiers, coll. dom Fonteneau, t. XXVI, p. 67.

13385. Lettres portant que la vicomté de Mauléon de Soule, baillée à ferme pour dix ans à Pierre de Ruthie par lettres du 6 mars 1541, puis à Jean de Tardes, sʳ de Ruthie, son neveu, capitaine dudit Mauléon, ne sera pas comprise dans la révocation des aliénations du domaine. Coucy, 12 octobre 1543.

Enreg. à la Chambre des Comptes de Paris, le

1543.

9 octobre.

9 octobre.

12 octobre.

12 octobre.

24 novembre 1543, anc. mém. 2 L, fol. 340.   1543.
Arch. nat., invent. PP. 136, p. 521. *(Mention.)*
     Copie du xvi° siècle. Bibl. nat., ms. Clairam-
bault 955, fol. 91.

13386. Mandement à la Chambre des Comptes de   12 octobre.
     Paris, pour l'enregistrement des lettres du
     4 juillet précédent (n° 13193), dispensant les
     habitants d'Avignon de payer les droits d'im-
     position foraine. Coucy, 12 octobre 1543.

> *Arrêt d'enregistrement de la Chambre des Comptes,
> le 13° novembre suivant. Arch. nat., P. 2537,
> fol. 377 v°.*

13387. Lettres de mainlevée de la jouissance du   12 octobre.
     comté de Bar-sur-Seine et de la châtellenie
     d'Aisey-le-Duc, au profit de Louis de Bour-
     bon, duc de Montpensier et de Jacquette de
     Longwy, sa femme, nièce du roi. Coucy,
     12 octobre 1543.

> *Enreg. à la Chambre des Comptes de Dijon, le
> 24 octobre suivant. Arch. de la Côte-d'Or, B. 19,
> fol. 35.*

13388. Lettres de mainlevée de la jouissance des terres   12 octobre.
     et châtellenies de Montréal, de Châtel-
     Gérard, de Cuisery et de Rouvres en Bour-
     gogne, au profit de Françoise de Longwy,
     veuve de Philippe Chabot, amiral de France.
     Coucy, 12 octobre 1543.

> *Enreg. à la Chambre des Comptes de Dijon. Arch.
> de la Côte-d'Or, B. 19, fol. 36 v°.*

13389. Provisions en faveur de Jean Barjot d'un office   13 octobre.
     de conseiller lai au Parlement de Paris, en
     remplacement et sur la résignation de René
     de Birague, nommé président au Parlement
     de Turin. Folembray, 13 octobre 1543.

> *Réception dudit Barjot au Parl., le 30 du même
> mois. Arch. nat., X¹ª 1551, Conseil, fol. 612.
> (Mention.)*

13390. Commission aux maîtres des comptes de Bre-   14 octobre.
     tagne, leur prescrivant de convoquer les rece-
     veurs de l'emprunt de 40,000 écus contracté
     en Bretagne, pour examiner leurs comptes,
     d'assigner les riches retardataires ou récalci-

trants à payer leurs cotisations, de réparer les
omissions commises sur les rôles d'emprunt,
de réduire les taxes immodérées des contribuables non aisés, enfin de faire verser les
reliquats au trésorier de la guerre. Folembray, 14 octobre 1543.

*Enreg. à la Chambre des Comptes de Bretagne.
Archives de la Loire-Inférieure, B. Mandements
royaux, II, fol. 258.*
*Imp. J.-A. de la Gibonays, Recueil des édits...
concernant la Chambre des Comptes de Bretagne.
Nantes, 1721, t. I, 1re partie, p. 202.*

1543.

13391. Lettres portant que les étrangers pourront ha-
biter le pays de Provence et y jouiront des
privilèges spéciaux des lieux où ils résideront.
Folembray, 15 octobre 1543.

*Copie du xvie siècle. Arch. communales de Mol-
lèges (Bouches-du-Rhône), AA 2.*

15 octobre.

13392. Ordonnance portant que, nonobstant l'édit de
réunion du domaine engagé, le sr de Boisy,
premier gentilhomme de la chambre, demeurera en possession des seigneuries de Cour-
celles-lès-Semur et de Dracy-Saint-Loup. Folembray, 16 octobre 1543.

*Enreg. à la Chambre des Comptes de Dijon, le
17 novembre suivant. Arch. de la Côte-d'Or, reg.
B. 20, fol. 125 v°.*

16 octobre.

13393. Mandement au trésorier de l'épargne de payer
100 livres tournois, pour ses gages d'un an,
à Martin Habert, valet de garde-robe du roi,
chargé de la garde des meubles du château
de Blois. Folembray, 16 octobre 1543.

*Original. Bibl. nat., Pièces orig., Habert,
vol. 1460, p. 19.*

16 octobre.

13394. Mandement à la Chambre des Comptes de
taxer les frais et vacations de Pierre Boyer,
juge-mage en la sénéchaussée de Carcassonne
et Béziers, pour la réception des aveux et dénombrements de plusieurs fiefs. 16 octobre
1543.

*Enreg. à la Chambre des Comptes de Paris, le
15 mai 1546. Arch. nat., invent. PP. 136, p. 523.
(Mention.)*

16 octobre.

13395. Ordonnance par laquelle, nonobstant l'édit de réunion du domaine aliéné, les habitants d'Auxonne sont maintenus en possession des tailles, péages et banvin à eux engagés. La Fère-sur-Oise, 18 octobre 1543.

1543.
18 octobre.

Enreg. à la Chambre des Comptes de Dijon. Arch. de la Côte-d'Or, reg. B, 20, fol. 136.

13396. Lettres portant maintenue des habitants de la ville d'Auxonne en possession d'une partie de la rivière de Saône et des moulins à eux baillés à cens perpétuel. La Fère-sur-Oise, 18 octobre 1543.

18 octobre.

Enreg. à la Chambre des Comptes de Dijon. Arch. de la Côte-d'Or, reg. B. 20, fol. 140.

13397. Mandement au s^r du Lude, lieutenant du roi en Poitou, de se saisir de la personne de la dame de Bazoges et de faire occuper son château de Nouaillé. La Fère-sur-Oise, 18 octobre 1543.

18 octobre.

Copie du xviie siècle. Bibl. nat., coll. de Touraine, t. IX, n° 4237.

13398. Lettres exemptant de la révocation générale des aliénations du domaine l'engagement fait en faveur de François d'Estouteville, comte de Saint-Pol, du revenu de la ville et châtellenie de Melun pour neuf ans. La Fère-sur-Oise, 19 octobre 1543.

19 octobre.

Enreg. au Parl. de Paris, le 31 octobre 1543. Arch. nat., X^{1a} 1551, Conseil, fol. 634. (Arrêt d'enregistrement.)
Enreg. à la Chambre des Comptes de Paris. Arch. nat., P. 2307, p. 247. 4 pages.

13399. Ordonnance portant mainlevée, en faveur de François duc d'Estouteville, comte de Saint-Pol, du comté de Charolais à lui cédé, en dédommagement de domaines situés dans l'empire, et que la Chambre des Comptes avait cru faire partie du domaine royal. La Fère-sur-Oise, 19 octobre 1543.

19 octobre.

Enreg. à la Chambre des Comptes de Dijon. Arch. de la Côte-d'Or, reg. B. 20, fol. 123.

13400. Lettres portant commission d'aliéner des domaines du Dauphiné jusqu'à la somme de
10,000 ou 12,000 livres de revenu au denier
dix, en exécution de l'édit du mois d'août
précédent. La Fère-sur-Oise, 21 octobre
1543.

> *Enreg. au Parl. de Grenoble, le 19 novembre
> 1543. Arch. de l'Isère, Chambre des Comptes de Gre-
> noble,* B. 3067, fol. 21. 3 pages.

1543.
21 octobre.

13401. Provisions de l'office de conseiller clerc au Parlement de Bordeaux pour François de La
Guyonnie. La Fère-sur-Oise, 22 octobre
1543.

> *Enreg. au Parl. de Bordeaux, le 9 février 1544
> n. s. Arch. de la Gironde,* B. 31, fol. 301.
> 2 pages 1/2.

22 octobre.

13402. Provisions, en faveur de Palamèdes Gontier,
secrétaire de la chambre du roi, de l'office
de greffier de la chambre du domaine, récemment créée au Parlement de Paris, portant qu'il jouira des mêmes privilèges que les
autres greffiers de la cour et de 100 livres
parisis de gages. La Fère-sur-Oise, 22 octobre 1543.

> *Reçu au Parl. de Paris, le 14 novembre suivant.
> Arch. nat.,* X¹ᵃ 1552, Conseil, fol. 2. *(Mention.)*

22 octobre.

13403. Déclaration portant que la terre et seigneurie
de Vaucouleurs, donnée par le roi à Pierre
de Haraucourt, sʳ de Paroy, lieutenant de la
compagnie des ordonnances commandée par
le duc de Guise, ne doit pas être comprise
dans l'édit de réunion générale des portions
aliénées du domaine. La Fère-sur-Oise, 23 octobre 1543.

> *Arrêt d'enregistrement au Parl. de Paris, le
> 4 janvier 1544 n. s. Arch. nat.,* X¹ᵃ 1552, Conseil,
> fol. 115 v°.

23 octobre.

13404. Provisions de l'office de lieutenant-général du
roi et gouverneur de Touraine, données en

24 octobre.

faveur d'Antoine Bohier, baron de Saint-Ciergue. La Fère-sur-Oise, 24 octobre 1543.

> *Enreg. au Parlement de Paris, le 19 novembre 1543. Arch. nat., X¹ᵃ 8614, fol. 24 v°. 3 pages. Arrêt d'enregistrement. Idem, X¹ᵃ 4921, Plaidoiries, fol. 32, et X¹ᵃ 1552, Conseil, fol. 1 v°. Enreg. à la Chambre des Comptes de Paris. Arch. nat., P. 2307, p. 261. 5 pages 1/2.*

13405. Lettres autorisant la fabrication en la Monnaie de Rouen de testons et de demi-testons, jusqu'à concurrence de 6,000 marcs d'argent, dans le délai d'une année. La Fère-sur-Oise, 24 octobre 1543.

24 octobre.

> *Original dans les minutes d'ordonnances de la Cour des Monnaies. Arch. nat., Z¹ᵇ 537. Enreg. à la Cour des Monnaies. Arch. nat., Z¹ᵇ 63, fol. 94 v°. 3 pages.*

13406. Lettres en faveur de Guillaume de Houpeville, maître particulier de la Monnaie de Rouen. La Fère-sur-Oise, 24 octobre 1543.

24 octobre.

> *Mentionnées dans les règlements de la Cour des Monnaies. Arch. nat. „Z¹ᵇ 366.*

13407. Déclaration touchant l'augmentation des gages des présidents de la cour et des conseillers de la Tournelle et de la chambre criminelle du Parlement de Bordeaux. La Fère-sur-Oise, 25 octobre 1543.

25 octobre.

> *Enreg. au Parl. de Bordeaux, le 22 février 1544 n. s. Arch. de la Gironde, B. 31, fol. 307 v°, et B. 32, fol. 69 v°. 5 pages.*

13408. Lettres portant don à Pierre Robert de l'office de conseiller lai au Parlement de Toulouse, du nombre des quinze de la crue faite naguère par le roi, en remplacement de Jean de Bonnefoy, pourvu le 14 avril précédent du même office dont il ne peut jouir, étant parent d'un membre dudit Parlement. La Fère-sur-Oise, 25 octobre 1543.

25 octobre.

Réception et prestation de serment au Parlement, le 23 novembre 1543.

> *Enreg. au Parlement de Toulouse. Arch. de la Haute-Garonne, Édits, reg. 5, fol. 64. 2 pages.*

*Vidimus du sénéchal de Toulouse, du 30 juillet
1544. Bibl. nat., Pièces orig., Robert, vol. 2499
(doss. 56156), p. 37.*

13409. Lettres de dispense en faveur dudit Robert, avec
mandement au Parlement de le recevoir audit
office, bien que son père soit pourvu d'une
charge de conseiller en la même cour. La
Fère-sur-Oise, 25 octobre 1543.

25 octobre.

> *Enreg. au Parl. de Toulouse. Arch. de la Haute-
> Garonne, Édits, reg. 5, fol. 64 v°. 1 page.*

13410. Mandement au trésorier de l'épargne de payer
20 écus, soit 45 livres tournois, à Mathurin
Courtèt, porteur, et à Christophe Petit, fournisseur d'œufs frais de la cuisine royale. La
Fère-sur-Oise, 25 octobre 1543.

25 octobre.

> *Original. Bibl. nat., Pièces orig., Guette,
> vol. 1434, p. 8.*

13411. Don de 120 écus d'or à Bertrand de Mauny,
maître queux de la cuisine du roi, en récompense de ses services. La Fère-sur-Oise,
25 octobre 1543.

25 octobre.

> *Original. Bibl. nat., Pièces orig., Mauny,
> vol. 1896, p. 54.*

13412. Don à Guillaume de Jaux et à Antoine de Jan-
zac, trompettes ordinaires du roi, de 40 écus
d'or soleil à prendre sur le produit de la vente
de l'office de sergent royal en la prévôté de
Vassy, bailliage de Chaumont en Bassigny,
vacant par la mort de Simon Antoine. La
Fère-sur-Oise, 25 octobre 1543.

25 octobre.

> *Original. Bibl. nat., ms. fr. 25723, n° 811.*

13413. Provisions de l'office d'huissier au Parlement
de Bordeaux pour Jean de Gans. La Fère-sur-
Oise, 27 octobre 1543.

27 octobre.

> *Enreg. au Parl. de Bordeaux, le 29 février 1544
> n. s. Arch. de la Gironde, B. 31, fol. 310. 4 pages.*

13414. Lettres exemptant le clergé du diocèse de
Nîmes de contribuer à la réparation des

29 octobre.

églises. Castres-«soubs-Oyze», 29 octobre   1543.
1543.

Copies. Arch. départ. du Gard, H. 107 et H. 124.

13415. Provisions de l'office de conseiller lai au Parle-   31 octobre.
ment de Bordeaux pour Jean Auzaneau. La
Fère-sur-Oise, 31 octobre 1543.

Enreg. au Parl. de Bordeaux, le 3 mai 1544.
Arch. de la Gironde, B. 31, fol. 322. 2 pages 1/2.

13416. Mandement au Parlement de Paris de laisser   31 octobre.
Georges Canche, garde des sceaux de la
baronnie de Coucy, jouir paisiblement des
dispositions de l'ordonnance relative aux notaires, tabellions et gardes des sceaux des
juridictions ordinaires du royaume. La Fère-
sur-Oise, 31 octobre 1543.

Arrêt d'enregistrement au Parl. de Paris, du
24 décembre 1543, Arch. nat., X^{1a} 1552, Conseil,
fol. 111 v°.

13417. Déclaration des droits et prérogatives dont   31 octobre.
François Davignon, contrôleur du domaine
du comté de Blois, doit jouir en vertu de
son office. La Fère-sur-Oise, 31 octobre
1543.

Enreg. à la Chambre des Comptes de Blois, le
8 août 1544, Arch. nat., KK. 898, fol. 13. 3 pages.
Imp. Samuel Descorbiac, Recueil général des
édicts, déclarations, arrests, règlemens notables entre
les baillifs, senesohaux, magistrats présidiaux, etc.
Paris, R. Fouet, 1638, in-fol., p. 807.

13418. Édit de création d'un second office d'enquêteur   Octobre.
en la sénéchaussée de Bourbonnais. Reims,
octobre 1543.

Enreg. au Parl. de Paris, le 10 décembre 1543.
Arch. nat., X^{1a} 8614, fol. 27 v°. 2 pages.

13419. Édit de suppression de l'office de trésorier re-   Octobre.
ceveur perpétuel de la ville de Bordeaux,
créé par lettres de mai 1530 (n° 3700).
Reims, octobre 1543.

Enreg. au Parl. de Bordeaux (s. d.). Arch. de la
Gironde, B. 31, fol. 382. 9 pages.
Arch. municip. de Bordeaux, Livre des Privilèges.

13420. Création d'un office d'avocat du roi en l'élection de Châlons, avec attribution des mêmes droits qu'aux officiers des juridictions présidiales. Reims, octobre 1543.

1543.
Octobre.

Enreg. à la Cour des Aides de Paris, le 29 novembre 1543. Arch. nat.; Recueil Cronio, U 665, fol. 300. (Mention.)
Lu p. Jean Chenu, Livre des offices de France, etc. Paris, 1620, in-4°, p. 759, (Bibl. nat., F. 12140.)

13421. Lettres portant confirmation, en faveur de Tristan de Rostaing, de la vente qui lui a été faite par les commissaires royaux de la terre de Sury-le-Comtal en Forez, moyennant 13,000 livres et sauf faculté de rachat. Coucy, octobre 1543.

Octobre.

Enreg. au Parl. de Paris, le 1er décembre 1543, Arch. nat., X¹ᵃ 1552, Conseil, fol. 45 v°. (Mention.)
Enreg. à la Chambre des Comptes de Paris, le 4 mars 1544 n. s. Arch. nat., P. 2307, p. 1. 6 pages 1/2.

13422. Lettres en faveur des habitants de Pignerol, les exemptant de l'imposition foraine pour les denrées et marchandises qu'ils tireront de la Provence, du Dauphiné, du Languedoc, de Lyon, etc. Coucy, octobre 1543.

Octobre.

Enreg. au Parl. de Paris, le 6 septembre 1544. Arch. nat., X¹ᵃ 8615, fol. 1. 4 pages 1/2.
Enreg. au Parl. de Grenoble, le 29 novembre 1543. Arch. de l'Isère, Chambre des Comptes de Grenoble, B. 2911, cah. 24. 13 pages.

13423. Déclaration interprétative de l'exemption de la traite foraine accordée aux marchandises et denrées conduites de Languedoc en Provence par lettres d'août 1543 (n° 13311). Coucy, octobre 1543.

Octobre.

Enreg. au Parl. de Toulouse, le 15 mars 1544 n. s. Arch. de la Haute-Garonne, Édits, reg. 5, fol. 86. 3 pages 1/2.

13424. Lettre portant établissement d'une Chambre des Comptes à Rouen. La Fère-sur-Oise, octobre 1543.

Octobre.

Enreg. à la Cour des Aides de Rouen, le 31 oc-

tobre 1543. Arch. de la Seine-Inférieure, Mémo-   1543.
riaux, 2ᵉ vol., fol. 348. 8 pages.
    Bibl. nat., coll. Moreau, t. 1311, fol. 151.
(Mention.)

13425. Édit de création d'un second office d'enquêteur   Octobre.
au bailliage du Perche. La Fère-sur-Oise, oc-
tobre 1543.

> *Enreg. au Parl. de Paris, le 22 novembre 1543.*
> *Arch. nat., X¹ᵃ 8614, fol. 33 v°. 2 pages.*
>   *Arrêt d'enregistrement. Idem, X¹ᵃ 4921, Plai-*
> *doiries, fol. 52.*

13426. Édit de suppression de l'un des deux offices   Octobre.
d'enquêteur au siège particulier de Fontenay-
le-Comte, sénéchaussée de Poitou. La Fère-
sur-Oise, octobre 1543.

> *Enreg. au Parl. de Paris, le 13 mars 1544 n. s.*
> *Arch. nat., X¹ᵃ 8614, fol. 95. 2 pages.*
>   *Arrêt d'enregistrement. Idem, X¹ᵃ 1552, Conseil,*
> *fol. 301. (Mention.)*

13427. Édit de création d'un office de sergent en la   Octobre.
maîtrise particulière des Eaux et forêts de
France, Champagne et Brie, au siège de
la Table de marbre du Palais à Paris. La Fère-
sur-Oise, octobre 1543.

> *Enreg. au Parl. de Paris, le 24 avril 1544. Arch.*
> *nat., X¹ᵃ 8614, fol. 161. 2 pages.*
>   *Arrêt d'enregistrement. Idem, X¹ᵃ 4922, Plai-*
> *doiries, fol. 21 v°.*
>   *Enreg. à la Chambre des Eaux et forêts (siège de*
> *la Table de marbre). Arch. nat., Z¹ᵉ 329, fol. 77.*
> *2 pages.*

13428. Édit de création d'un douzième office d'huis-   Octobre.
sier au Parlement de Bordeaux. La Fère-sur-
Oise, octobre 1543.

> *Enreg. au Parl. de Bordeaux, le 15 janvier 1544*
> *n. s. Arch. de la Gironde, B. 31, fol. 291.*
> *2 pages 1/2.*

13429. Édit portant création d'un office d'enquêteur   Octobre.
au bailliage, chancellerie et viérie (mairie)
d'Autun. La Fère-sur-Oise, octobre 1543.

> *Enreg. au Parl. de Dijon, le 7 février 1544 n. s.*
> *Arch. de la Côte-d'Or, Parl., reg. III, fol. 96 v°.*

13430. Édit de création de deux offices de conseillers   Octobre.

en la sénéchaussée et juridiction des exempts et cas royaux du duché de Châtellerault. La Fère-sur-Oise, octobre 1543.

1543.

Présenté au Parl. de Paris, le 20 novembre suivant. Arch. nat., X¹ᵃ 4921, Plaidoiries, fol. 42. (Mention.)
Arrêt du 13 mars 1544, prescrivant une enquête. Idem, ibid., fol. 552.
Arrêt d'enregistrement, du 24 mars suivant. Idem, ibid., fol. 614 v°.

13431. Transaction faite avec les héritiers Perlin pour toutes les condamnations prononcées contre eux par les commissaires chargés de la réformation des gabelles en la chambre d'Anjou, près la Chambre des Comptes de Paris, portant réduction des amendes à la somme de 3,000 livres, et à pareille somme remise au roi à titre de prêt. Octobre 1543.

Octobre.

Enreg. à la Chambre des Comptes de Paris et à la Cour des Aides, le 26 décembre 1543. Arch. nat., Recueil Cromo, U. 665, fol. 300. (Mention.)

13432. Don à Pierre Strozzi, chambellan ordinaire du roi, de la seigneurie de Merano, sur les confins de Venise et de la Dalmatie, avec celle de Partschins, toutes deux sous la souveraineté du roi... [1]. Octobre 1543.

Octobre.

Copie du xvɪᵉ siècle. Arch. de Venise, Commemoriali xxɪɪ, fol. 66.

13433. Lettres ordonnant aux greffiers et autres receveurs des deniers consignés au Parlement, Cour des Aides, Requêtes du Palais, Châtelet et Trésor, de remettre ces deniers entre les mains de Jean Laguette, trésorier et receveur général des finances extraordinaires et parties casuelles, pour être employés aux besoins pressants de l'État. 5 novembre 1543.

5 novembre.

Enreg. à la Cour des Aides de Paris. Arch. nat., Recueil Cromo, U. 665, fol. 299. (Mention.)

13434. Ordonnance par laquelle, nonobstant l'édit de réunion du domaine engagé, le roi maintient

8 novembre.

[1] Le nom de lieu et le quantième manquent.

Jean de Stainville, s' de Pouilly-sur-Saône,
en possession de la châtellenie de Saunières.
La Fère-sur-Oise, 8 novembre 1543.

1543.

> *Enreg. à la Chambre des Comptes de Dijon, le*
> *10 décembre 1543. Arch. de la Côte-d'Or, reg. B. 20,*
> *fol. 126 v°.*

13435. Confirmation des lettres de dispense accordées en avril 1526 (n° 2347) à Raymond de
Grenoillas, docteur en médecine, natif du
royaume d'Aragon, naturalisé Français. La
Fère-sur-Oise, 8 novembre 1543.

8 novembre.

> *Enreg. au Parl. de Bordeaux. Arch. de la Gironde,*
> *B. 31, fol. 287. 1 page 1/2.*

13436. Provisions pour Jean Piart de l'office de contrôleur des aides et tailles de l'élection de
Caudebec. 8 novembre 1543.

8 novembre.

> *Reçu à la Chambre des Comptes de Paris, le*
> *16 novembre suivant, anc. mém. 2 L, fol. 230.*
> *Arch. nat., invent. PP. 136, p. 524. (Mention.)*

13437. Provisions en faveur du roi de Navarre, de
l'office d'amiral de Guyenne, vacant par le
décès de Philippe Chabot, comte de Buzançais. La Fère-sur-Oise, 9 novembre 1543.

9 novembre.

> *Enreg. au Parl. de Bordeaux (s. d.). Arch. de la*
> *Gironde, B. 31, fol. 279 v°. 3 pages.*

13438. Don au s' d'Aubigny, chevalier de l'ordre,
maréchal de France, du comté de Beaumont-
le-Roger. La Fère-sur-Oise, 9 novembre
1543.

9 novembre.

> *Enreg. à la Chambre des Comptes de Paris. Bibl.*
> *nat., ms. Clairambault 782, p. 305. (Mention.)*

13439. Mandement à Jean Laguette, trésorier des
parties casuelles, de rembourser à Jacques
Parmentier une somme de 40 écus soleil,
qu'il avait payée pour être nommé à un
office de priseur de biens dans la ville et gouvernement de Montdidier, office qui n'a pas
été créé. La Fère-sur-Oise, 9 novembre 1543.

9 novembre.

> *Original. Bibl. nat., ms. fr. 25723, n° 812.*

13440. Lettres portant commission de vendre du do-

10 novembre.

maine du Dauphiné jusqu'à la somme de 25,000 livres, en exécution de l'édit d'août 1543 (n° 13297). La Fère-sur-Oise, 10 novembre 1543.

1543.

Enreg. à la Chambre des Comptes de Dauphiné, le 20 novembre 1543. Arch. de l'Isère, B. 3067, fol. 17. 4 pages.

13441. Commission au sénéchal de Poitou de faire saisir et régir sous la main du roi tous les biens meubles de l'abbaye de Saint-Jean de Bonneval, près Thouars, jusqu'à ce que sœur Philippe de Chasteigner, nièce de la précédente abbesse et nommée pour lui succéder, ait obtenu ses bulles de Rome. La Fère-sur-Oise, 10 novembre 1543.

10 novembre.

Original. Arch. de la Vienne, abb. de Saint-Jean de Bonneval, liasse 1.

13442. Lettres de mainlevée de la châtellenie, terre et seigneurie de Creil, saisie pour être réunie au domaine du bailliage de Senlis, suivant l'édit de révocation générale, accordées à la requête et en faveur de la reine Marguerite de Navarre, sœur du roi. La Fère-sur-Oise, 12 novembre 1543.

12 novembre.

Enreg. au Parl. de Paris, le 23 novembre 1543. Arch. nat., X¹ᵃ 8614, fol. 33. 1 page 1/2.
Arrêt d'enregistrement. Idem, X¹ᵃ 1552, Conseil, fol. 114.

13443. Lettres de ratification du contrat d'échange passé le 23 octobre précédent entre le roi et François, duc d'Estouteville, du comté de Saint-Pol contre celui de Chaumont-en-Vexin, avec Sézanne, Chantemerle, etc. La Fère-sur-Oise, 12 novembre 1543.

12 novembre.

Présentées au Parl. de Paris, le 2 août 1544. Arch. nat., X¹ᵃ 1553, Conseil, fol. 300. *(Mention.)*
Enreg. au Parl. de Paris, le 14 avril 1557 n. s. Arch. nat., X¹ᵃ 8621, fol. 58 v°. 26 pages.
Enreg. à la Chambre des Comptes de Paris, le 14 juin 1557, anc. mém. 2 X, fol. 258. *Arch. nat.,* P. 2310, p. 472. 22 pages.

13444. Don à Guillemin Suriau, gouverneur des levriers

12 novembre.

de la chambre du roi, de 50 écus d'or soleil
à prendre sur le produit de la vente de
l'office de sergent royal du bailliage d'Auxois,
au siège d'Avallon, vacant par la mort de
Pierre Dubourg. La Fère-sur-Oise, 12 novembre 1543.

Original. Bibl. nat., ms. fr. 25723, n° 813.

1543.

13445. Édit de création d'une seconde chambre criminelle au Parlement de Paris, et règlement
de sa composition, avec la même autorité et
compétence que la chambre ancienne de la
Tournelle. La Fère-sur-Oise, 13 novembre
1543.

*Arrêt d'enregistrement au Parl., en date du
21 novembre suivant. Arch. nat., X²ᵃ 96, non folioté (à la date).*

13 novembre.

13446. Lettres de décharge octroyée pour six ans aux
habitants de Rouvres de la redevance annuelle de 10,000 émines, moitié blé, moitié
avoine. La Fère-sur-Oise, 13 novembre 1543.

*Enreg. à la Chambre des Comptes de Dijon, le
14 novembre suivant. Arch. de la Côte-d'Or, reg.
B. 20, fol. 124 bis.*

13 novembre.

13447. Lettres portant que le don fait par le roi à
Louis de Clèves des émoluments des loges
de la foire de Guibray n'est point compris
dans la révocation des aliénations du domaine
du 10 septembre 1543 (n° 13331). 13 novembre 1543.

*Enreg. à la Chambre des Comptes de Paris, le
26 août 1544. Arch. nat., invent. PP. 136, p. 524.
(Mention.)*

13 novembre.

13448. Lettres de dérogation à l'édit de réunion du
domaine aliéné, maintenant le duc de Longueville en possession des terres, châtellenies
et prévôtés de Montbard, Villaines-en-Dues-
mois, Salmaise, Montcenis, Buxy-le-Royal,
Saint-Gengoux, Noyers, Chaussin et la Perrière. La Fère-sur-Oise, 14 novembre 1543.

*Enreg. à la Chambre des Comptes de Dijon, le
14 décembre suivant. Arch. de la Côte-d'Or, reg.
B. 20, fol. 128.*

14 novembre.

13449. Provisions en faveur de François de Quin-
quempoix, s' du Mez, de l'office de maître
particulier des Eaux et forêts du comté de
Gien, en remplacement de Jean de Cha-
vigny, décédé. Coucy, 19 novembre 1543.

> Enreg. aux Eaux et forêts (siège de la Table de
> marbre), le 1er avril 1544 n.,s. Arch. nat., Z¹ᵉ 329,
> fol. 64. 1 page.

1543.
19 novembre.

13450. Lettres portant que Jean Robert, conseiller au
Parlement de Toulouse, affaibli par l'âge,
pourra user d'un secrétaire pour ses écritures.
Paris, 21 novembre 1543.

> Enreg. au Parl. de Toulouse. Arch. de la Haute-
> Garonde, Édits, reg. 5, fol. 102. 1 page.

21 novembre.

13451. Provisions de l'office de conseiller lai au Parlement de Bordeaux pour Charles de La
Guane. Paris, 22 novembre 1543.

> Enreg. au Parl. de Bordeaux (s. d.). Arch. de la
> Gironde, B. 31, fol. 377 v°. 2 pages.

22 novembre.

13452. Lettres de jussion au Parlement de Bordeaux pour la réception dudit de La Guane,
nonobstant qu'il soit clerc. Paris, 22 novembre 1543.

> Enreg. au Parl. de Bordeaux (s. d.). Arch. de la
> Gironde, B. 31, fol. 379. 2 pages.

22 novembre.

13453. Lettres de dispense accordée au même
Charles de La Guane, pour l'argent par lui
prêté au roi. Paris, 22 novembre 1543.

> Enreg. au Parl. de Bordeaux (s. d.). Arch. de la
> Gironde, B. 31, fol. 380. 1 page.

22 novembre.

13454. Lettres de don à Nicolas de Poncher, vice-président de la Chambre des Comptes de Paris,
d'une pension annuelle de 400 livres sur les
deniers provenant des restes des comptes,
tant qu'il exercera ledit office. Fontainebleau,
25 novembre 1543.

> Original. Bibl. nat., Pièces orig., Poncher,
> vol. 2326, p. 60.
> Enreg. à la Chambre des Comptes, le 1er décembre
> 1543, anc. mém. 2, L, fol. 245. Arch. nat.,
> P. 2307, p. 267. 3 pages.

25 novembre.

13455. Lettres d'évocation et renvoi à la troisième
chambre des enquêtes du Parlement de
Paris, d'un procès pendant au Grand conseil
entre Louis d'Estissac, gentilhomme de la
chambre du roi, et feu Geoffroy d'Estissac,
évêque de Maillezais, d'une part, et Antoine
de Michaelibus, d'autre. Fontainebleau,
26 novembre 1543.

1543.
26 novembre.

> *Enreg. au Parl. de Paris, le 2 janvier suivant.*
> *Arch. nat., X¹ᵃ 8614, fol. 51. 3 pages.*

13456. Provisions de l'office de clerc et auditeur ordinaire en la Chambre des Comptes de Dijon,
pour Claude Chaulnier. Paris, 28 novembre
1543.

28 novembre.

> *Enreg. à la Chambre des Comptes de Dijon, le*
> *1ᵉʳ décembre suivant. Arch. de la Côte-d'Or, B. 19,*
> *fol. 45 v°.*

13457. Mandement au trésorier de l'épargne de payer
à François Errault, seigneur de Chemans,
conseiller du roi, président du Parlement de
Turin, à François Olivier, conseiller du roi,
président au Parlement de Paris, et à Pierre
Rémon, conseiller du roi et son avocat au Parlement de Paris, à chacun 2,000 livres tournois pour leur état de conseiller pendant
l'année courante. Fontainebleau, 28 novembre 1543.

28 novembre.

> *Bibl. nat., nouv. acquisitions franç., ms. 895,*
> *fol. 24. (Mention.)*

13458. Édit de règlement des fonctions des sergents à
verge du Châtelet de Paris. Le roi accorde à
soixante d'entre eux, y dénommés, les mêmes
pouvoirs qu'aux quatre sergents fieffés dudit
Châtelet. La Fère-sur-Oise, novembre 1543.

Novembre.

> *Enreg. au Parl. de Paris, le 26 novembre 1543.*
> *Arch. nat., X¹ᵃ 8614, fol. 29. 4 pages 1/2.*
> *Arrêt d'enregistrement. Idem, X¹ᵃ 4921, Plai-*
> *doiries, fol. 74.*
> *Imp. E Girard et J. Joly, Troisiesme livre des*
> *offices de France. Paris, 1647, in-fol., t. II,*
> *p. 1579.*

13459. Édit portant création d'un nouvel office de

Novembre.

66.

conseiller en la Cour des Aides de Paris. La
Fère-sur-Oise, novembre 1543.

> *Enreg. à la Cour des Aides de Paris.*
> *Copie collationnée faite par ordre de la Cour des*
> *Aides, le 7 février 1778. Arch. nat., Z¹ª 527.* [1]

13460. Édit de rétablissement de l'office de châtelain
de la châtellenie de Vergy, au bailliage de
Dijon. La Fère-sur-Oise, novembre 1543.

> *Enreg. à la Chambre des Comptes de Dijon, le*
> *12 janvier 1544 n. s. Arch. de la Côte-d'Or, reg.*
> *B. 20, fol. 133 v°.*

13461. Édit portant création d'un nouvel office
d'élu dans chaque élection particulière du
royaume, avec règlement pour leurs fonctions
et droits. Paris [2], novembre 1543.

> *Enreg. à la Cour des Aides de Paris, le 12 dé-*
> *cembre 1543. Copie collationnée faite par ordre de*
> *ladite Cour, le 3 juillet 1778. Arch. nat., Z¹ª 527.*
> *Enreg. à la Cour des Aides de Normandie, le*
> *6 mars 1544 n. s. Arch. de la Seine-Inférieure,*
> *Mémoriaux, 2° vol., fol. 273 v°. 5 pages.*
> Imp. *Pièce in-8°. Arch. nat., AD.I 24. 6 pages.*
> *Autre pièce in-8°. Paris, Frédéric Morel, imp.*
> *ord. du roi (s. d.). Arch. nat., AD.I 25. 9 pages.*
> A. Fontanon, *Édits et ordonnances, etc. Paris,*
> 1611, in-fol., t. II, p. 945.
> Jean Chenu, *Livre des offices de France, etc.*
> Paris, 1620, in-8°, p. 683. (*Bibl. nat.*, F. 12140.)
> J. Corbin, *Nouveau recueil des édits... de la*
> *juridiction des Cours des Aides de Paris, Rouen, etc.*
> Paris, 1623, in-4°, p. 487.

13462. Confirmation de l'ordonnance de Louis XII
(1498) instituant deux notaires et secrétaires
du Grand conseil, et provisions pour Étienne
Lallemant d'un de ces deux offices, vacant
par la mort de Jean Menou. Fontainebleau,
1ᵉʳ décembre 1543.

> *Copie du xvi° siècle. Bibl. nat., ms. fr. 14019,*
> *fol. 209.*
> *Bibl. nat., ms. Moreau 1302, fol. 262. (Men-*
> *tion.)*

---

[1] Une note du Recueil Cromo, U. 665, fol. 151, porte *édit non*
registré.

[2] « Fontainebleau », d'après le registre de la Cour des Aides de Normandie.

13463. Mandement à Antoine Le Maçon, trésorier de l'extraordinaire des guerres, d'envoyer à Grenoble par ses clercs et sur chevaux de poste la somme de 38,000 livres tournois dont il a été assigné sur le trésorier de l'épargne, pour la solde des trois mille Suisses qui vont être envoyés en Piémont pour défendre ce pays. Fontainebleau, 1ᵉʳ décembre 1543.

1543.
1ᵉʳ décembre.

> *Original. Bibl. nat., Nouv. acquisitions franç., ms. 1483, n° 80.*

13464. Lettres portant que l'édit de révocation générale de toutes les aliénations du domaine ne sera pas applicable au don fait à Jean-François [d'Acquaviva], duc d'Atri, du revenu de la châtellenie de Reugny en Touraine. Fontainebleau, 3 décembre 1543.

3 décembre.

> *Enreg. à la Chambre des Comptes de Paris, le 17 décembre 1543. Arch. nat., P. 2307, p. 315. 3 pages.*

13465. Lettres d'assignation pour le payement des gages des officiers de la Chambre des Comptes de Rouen. Fontainebleau, 4 décembre 1543.

4 décembre.

> *Enreg. à la Cour des Aides de Normandie, le 18 décembre 1543. Arch. de la Seine-Inférieure, Mémoriaux, 2ᵉ vol., fol. 351 v°. 7 pages.*

13466. Mandement à la Chambre des Comptes d'allouer en la dépense du compte d'Antoine Le Maçon, conseiller du roi, commis au payement de l'extraordinaire des guerres, la somme de 3,470 livres tournois qu'il a payée au mois d'octobre, tant pour les prévôts et archers ayant l'administration de la justice des camps, que pour l'entretien des hérauts, trompettes, chevaucheurs, fourriers, médecins et chirurgiens qui suivent l'armée. Fontainebleau, 4 décembre 1543.

4 décembre.

> *Original. Bibl. nat., Pièces orig., Maçon, vol. 1788, p. 17.*

13467. Mandement à la Chambre des Comptes d'accepter dans le compte des dépenses d'Antoine Le Maçon, trésorier de l'extraordinaire

4 décembre.

des guerres, une somme de 117,631 livres
tournois qu'il a employée en septembre, sur
les ordres du maréchal d'Annebaut, pour
les besoins de son office. Fontainebleau,
4 décembre 1543.

Original. Bibl. nat., ms. fr. 25723, n° 815.

13468. Mandement à Jean Laguette, trésorier des
parties casuelles, de rembourser à Georges
Dugabre, conseiller au Parlement de Toulouse, une somme de 4,000 écus qu'il avait
prêtée au roi. Fontainebleau, 4 décembre
1543.

4 décembre.

Original. Bibl. nat., ms. fr. 25723, n° 814.

13469. Don à Zacharie de Plaisance, fourrier ordinaire
du roi, de 25 écus d'or soleil à prendre sur
le produit de la vente de l'office de langayeur
de porcs de la ville de Blois, vacant par la
mort d'Amel Chouart. Fontainebleau, 4 décembre 1543.

4 décembre.

Original. Bibl. nat., ms. fr. 25723, n° 816.

13470. Lettres de mainlevée en faveur de César Can-
telmé, gentilhomme ordinaire de la maison
du roi, d'une rente viagère de 100 livres, assignée sur les revenus de la châtellenie de la
Colonne. Fontainebleau, 4 décembre 1543.

4 décembre.

*Enreg. à la Chambre des Comptes de Dijon, le
7 janvier suivant. Arch. de la Côte-d'Or, B. 19,
fol. 48 v°.*

13471. Lettres de don pour dix ans de la ville, terre
et seigneurie de Belleville en Beaujolais et de
ses dépendances, en faveur de Pierre Strozzi,
conseiller et chambellan ordinaire du roi.
Fontainebleau, 5 décembre 1543.

5 décembre.

*Enreg. au Parl. de Paris, le 20 décembre 1543.
Arch. nat., X¹ᵃ 8614, fol. 42. 2 pages 1/2.
Arrêt d'enregistrement. Idem. X¹ᵃ 1552, Conseil,
fol. 85 v°.*

13472. Lettres ordonnant de délimiter la gruerie de
Mantes et Meulan, de faire une enquête sur
les abus, excès et entreprises y commis, et

5 décembre.

de procéder contre les délinquants. Fontainebleau, 5 décembre 1543.

*Enreg. à la Chambre des Eaux et forêts (siège de
la Table de marbre), le 19 décembre 1543. Arch.
nat., Z¹ᵉ 328, fol. 286 v°. 1 page.*

1543.

13473. Mandement aux Parlements de Paris et de
Dijon, au prévôt de Paris, aux baillis de
Meaux et de Dijon, de faire délivrer à Léon
Strozzi, prieur de Capoue, pour deux galères
qu'il fait armer et équiper, quatre cents prisonniers qui y serviront comme forçats. Fontainebleau, 5 décembre 1543.

5 décembre.

*Enreg. au Parl. de Paris, le 14 février 1544
n. s. Arch. nat., X²ᵃ 96, non folioté (à la date).
2 pages.*

13474. Provisions pour Claude du Raoullet, licencié
ès lois, de l'office de lieutenant particulier du
bailliage de Vermandois au siège de Châlons-
sur-Marne, office auquel il n'avait pas encore
été pourvu depuis l'érection dudit siège.
Fontainebleau, 6 décembre 1543.

6 décembre.

*Reçu au Parl. de Paris, le 22 du même mois. Arch.
nat., X¹ᵃ 4921, Plaidoiries, fol. 189. (Mention.)*

13475. Lettres de naturalité en faveur de Corneille de
Bréda, natif de Bruges en Flandre, attaché
au service du roi et de [Claude Dodieu],
évêque de Rennes, maître des requêtes de
l'hôtel. Fontainebleau, 6 décembre 1543.

6 décembre.

*Enreg. à la Chambre des Comptes de Paris, le
12 janvier 1544 n. s. Arch. nat., P. 2537, fol. 374,
et P. 2554, fol. 35 v°. 3 pages.*

13476. Don au prince de Melphe, chevalier de l'ordre,
de la terre de Châteauneuf-sur-Loire. 7 décembre 1543.

7 décembre.

*Enreg. à la Chambre des Comptes de Paris. Bibl.
nat., ms. Clairambault 782, p. 306. (Mention.)*

13477. Lettres maintenant dans tous ses privilèges
de noblesse Anne de Terrières, seigneur de
Chappes « extraict de noble et ancienne li-
gnée », nonobstant qu'il exerce la profession

7 décembre.

d'avocat en Parlement. Fontainebleau, 7 décembre 1543.

> *Enreg. au Parl. de Paris, le 23 janvier 1544 n. s. Arch. nat., X¹ᵃ 1552, Conseil, fol. 169 v°. (Mention.)*

13478. Édit somptuaire, prohibant l'usage des draps d'or et d'argent, broderies, passementeries, etc., pour les vêtements, sous peine d'amende et de confiscation. Fontainebleau, 8 décembre 1543.

8 décembre.

> *Enreg. au Parl. de Paris, le 18 décembre 1543. Arch. nat., X¹ᵃ 8614, fol. 41 v°. 1 page 1/4.*
> *Arrêt d'enregistrement. Idem, X¹ᵃ 1552, Conseil, fol. 85.*
> *Enreg. au Parl. de Bordeaux, le 18 décembre 1543. Arch. de la Gironde, B. 31, fol. 283 v°. 2 pages 1/2.*
> *Enreg. au Parl. de Dijon. Arch. de la Côte-d'Or, Parl., reg. III, fol. 95 v°.*
> *Enreg. au Parl. de Toulouse, le 22 décembre 1543. Arch. de la Haute-Garonne, Édits, reg. 5, fol. 86. 1 page.*
> Imp. *Les loix, ordonnances et édictz, etc., depuis le roy S. Lois...* Paris, Galiot du Pré, 1559, in-fol., fol. 171 v°.
> P. Rebuffi, *Les édits et ordonnances des rois de France.* Lyon, 1573, in-fol., p. 1052.
> A. Fontanon, *Édits et ordonnances, etc.* Paris, 1611, in-fol., t. I, p. 980.
> Isambert, *Anc. lois françaises, etc.* Paris, 1827, in-8°, t. XII, p. 834.

13479. Provisions en faveur de Gabriel de Marillac, licencié ès lois, de l'office d'avocat général lai au Parlement de Paris, vacant par la promotion de Pierre Rémon à la charge de premier président au Parlement de Rouen. Fontainebleau, 8 décembre 1543.

8 décembre.

> *Réception au Parl., le 14 décembre suivant. Arch. nat., 1552, Conseil, fol. 114. (Mention.)*

13480. Déclaration et règlement pour l'exécution de l'édit de novembre 1542 (n° 12815) et de la déclaration du 16 juillet 1543 (n° 13212), portant que tous contrats seront reçus par deux notaires, ou un notaire et deux témoins; que le notaire qui aura écrit les mi-

11 décembre.

nutes les gardera et sera tenu d'en envoyer,
dans le délai de deux jours, un double aux
tabellions, pour les grossoyer et en délivrer
des expéditions aux parties. Fontainebleau,
11 décembre 1543.

1543.

> *Enreg. au Châtelet de Paris.*
> IMP. Pièce in-8°, Arch. nat., AD.I 23. 10 pages.
> A. Fontanon, *Édits et ordonnances*, etc. Paris,
> 1611, in-fol., t. IV, p. 651.
> E. Girard et J. Joly, *Troisiesme livre des offices
> de France*, etc. Paris, 1647, in-fol., t. II, p. 1737.
> Guillaume Lévesque, *Chartres, lettres, titres et
> arrests... des notaires et garde-nottes du roy au
> Chastelet*, etc... Paris, 1663, in-4°, p. 146.
> S.-F. Langloix, *Traité des droits, privilèges et
> fonctions des conseillers du roi, notaires, gardes-
> notes*, etc. Paris, 1738, in-4°, Preuves, p. 28.
> Isambert, *Anc. lois françaises*, etc. Paris, 1827,
> in-8°, t. XII, p. 835.

13481. Lettres accordant un affranchissement de tailles
pour dix ans à la ville de Toulon, en considération de ce que le roi a fait déloger les
habitants, «pour yverner et loger l'armée de
Levant, [commandée par Barberousse], en
ladite ville et port». Échou, 11 décembre
1543.

11 décembre.

> *Enreg. sur les registres des délibérations du conseil
> de la ville de Toulon (Var)*, reg. B. 10.
> IMP. Champollion-Figeac, *Documents hist. inédits
> tirés des coll. de la Bibl. royale et des Archives*, etc.
> Paris, in-4°, t. III, 1847, p. 559.

13482. Déclaration portant que les causes, procès et
différends, mus et à mouvoir en raison des
bénéfices à la collation des cardinaux, continueront à être portés par-devant le conservateur des privilèges de l'Université, lorsqu'ils
concerneront ses écoliers et ses suppôts. Fontainebleau, 12 décembre 1543.

12 décembre.

> *Enreg. au Grand Conseil, le 21 janvier 1544
> n. s.*
> IMP. Pièce in-8°. Arch. nat., AD.I 24 et 25.
> (double). 7 pages.
> *Le livre des privilèges, franchises, libertez*, etc.,
> *de l'Université de Paris...* Paris, 1630, in-8°,
> p. 1-2.

Réformation de l'Université de Paris... Paris, 1669, in-12, p. 83-84.

C.-E. Du Boulay, *Hist. Universitatis Parisiensis*, etc. Paris, 1673, in-fol., t. VI, p. 386.

Recueil des privilèges de l'Université de Paris, accordez par les rois, etc. Paris, 1674, in-4°, p. 37. (*Bibl. nat.*, Réserve, invent. 8368.)

L. Bouchel, *La bibliothèque canonique*, etc. Paris, 1689, 2 vol. in-fol., t. I, p. 351, col. 1.

Isambert, *Anc. lois françaises*, etc. Paris, 1827, in-8°, t. XII, p. 840.

C. Jourdain, *Index chronol. chartarum Universitatis*. Paris, 1862, in-fol., p. 354. (*Mention.*)

1543.

13483. Lettres portant attribution de juridiction aux juges séculiers comme aux juges d'église pour la recherche et la punition du crime d'hérésie. Fontainebleau, 12 décembre 1543.

12 décembre.

> *Enreg. au Parl. de Bordeaux, le 8 janvier 1544 n. s. Arch. de la Gironde, B. 31, fol. 288 v°.*
> 5 pages.

13484. Commission au bailli de Touraine et au s^r de la Possonnière pour la vente et l'aliénation du domaine d'Amboise, de la même manière qu'ils avaient procédé au bailliage de Touraine. Fontainebleau, 12 décembre 1543.

12 décembre.

> *Enreg. au Parl. de Paris, le 17 décembre 1543.*
> *Arch. nat., X¹ª 86¹⁴, fol. 38. 1 page 1/4.*
> *Arrêt d'enregistrement. Idem. X¹ª 4921, Plaidoiries, fol. 150.*
> *Enreg. à la Chambre des Comptes de Paris, anc.*
> mém. 2 L, fol. 250. Arch. nat., P. 2307, p. 277.
> 2 pages 1/2.

13485. Lettres portant dispense en faveur du conseiller au Parlement de Toulouse, François de Nupels, l'autorisant à avoir un secrétaire, pour raison de santé. Fontainebleau, 12 décembre 1543.

12 décembre.

> *Enreg. au Parl. de Toulouse. Arch. de la Haute-Garonne, Édits, reg. 5, fol. 122. 2 pages.*

13486. Confirmation en faveur des habitants de Bresse, Bugey et Valromey, de l'affranchissement dont ils ont toujours joui d'un quart des lods et ventes et autres droits seigneuriaux dus

12 décembre.

pour les terres mouvant du roi. Fontainebleau, 12 décembre 1543.

1543.

> IMP. S. Guichenon, *Hist. de Bresse et de Bugey*.
> Lyon, 1650, in-fol., Preuves, p. 60.

13487. Mandement à François Errault, seigneur de
Chemans, maître des requêtes de l'hôtel,
président du Parlement de Piémont et garde
des sceaux de la chancellerie, lui faisant
savoir que Jacques Arnoul, payeur de la compagnie de cent lances placée sous les ordres
du roi de Navarre, est nommé receveur
général des finances à Agen, en remplacement de Jean Tassin, dont la gestion n'était
pas satisfaisante. Fontainebleau, 12 décembre
1543.

12 décembre.

> Copie collat. du xvıe siècle. Bibl. nat., ms.
> fr. 25723, n° 817.

13488. Lettres autorisant la fabrication en la Monnaie
de Rouen de testons et de demi-testons dans
le délai d'une année, jusqu'à concurrence de
6,000 marcs d'argent. Fontainebleau, 14 décembre 1543.

14 décembre.

> *Original sur parchemin dans les minutes d'ordon-*
> *nances de la Cour des Monnaies. Arch. nat., Z¹ᵇ 537.*
> *Enreg. à la Cour des Monnaies, le 17 décembre*
> *1543. Arch. nat., Z¹ᵇ 63, fol. 97 v°. 3 pages.*

13489. Lettres en faveur de Guillaume de Houpeville,
maître particulier de la Monnaie de Rouen.
Fontainebleau, 14 décembre 1543.

14 décembre.

> *Mentionnées dans les règlements de la Cour des*
> *Monnaies. Arch. nat., Z¹ᵇ 366.*

13490. Traité d'alliance entre François Iᵉʳ et Marie
Stuart, reine d'Écosse. Édimbourg, 15 décembre 1543.

15 décembre.

> *Original. Arch. nat., Trésor des Chartes, J. 679,*
> n° 54 (Musée, AE.III 32).

13491. Lettres portant commission au cardinal de
Tournon, à François Errault, président du
Parlement de Piémont, à Antoine Bohier,
baron de Saint-Ciergue, à Jean Duval, trésorier de l'épargne, et autres, pour traiter d'un

15 décembre.

emprunt, au nom du roi, avec les habitants
de Lyon. Fontainebleau, 15 décembre 1543.

1543.

> *Enreg. au Parl. de Paris, le 22 décembre 1543.*
> *Arch. nat., X¹ᵃ 8614, fol. 43 v°. 5 pages.*

13492. Provisions de l'office de greffier de la nouvelle
chambre des requêtes du palais de Dijon,
pour Zacharie Chappelain, greffier au Parlement. Fontainebleau, 15 décembre 1543.

15 décembre.

> *Enreg. à la Chambre des Comptes de Dijon, le*
> *26 mai 1544. Arch. de la Côte-d'Or, B. 20,*
> *fol. 155 v°.*

13493. Mandement au Parlement d'homologuer sans
retard les enchères mises sur les hôtels d'Artois, de Bourgogne, l'Hôtel-la-Reine et autres,
vendus au nom du roi. Fontainebleau, 17 décembre 1543.

17 décembre.

> *Enreg. au Parl. de Paris, le 20 décembre suivant.*
> *Arch. nat., X¹ᵃ 8614, fol. 48 v°. 1 page.*
> *Arrêt d'enregistrement. Idem, X¹ᵃ 1552, Conseil,*
> *fol. 86.*
> *Autre arrêt du 18 mars 1545 n. s., X¹ᵃ 1554,*
> *fol. 501.*

13494. Lettres portant que la terre et seigneurie de
Marmande en Agénais, donnée par le roi à
Camille de' Orsini, ne doit point être comprise dans la révocation des aliénations du
domaine. 17 décembre 1543.

17 décembre.

> *Enreg. à la Chambre des Comptes de Paris, le*
> *22 décembre suivant, anc. mém. 2 L, fol. 350.*
> *Arch. nat., invent. PP. 136, p. 525. (Mention.)*

13495. Lettres ordonnant au Parlement de Grenoble
d'enregistrer les lettres de confirmation des
privilèges des habitants de Vienne en Dauphiné. Fontainebleau, 18 décembre 1543.

18 décembre.

> *Enreg. au Parl. de Grenoble, le 11 mars 1544.*
> *Arch. de l'Isère, Chambre des Comptes de Grenoble,*
> *B. 2968, fol. 655. 7 pages.*

13496. Mandement à la Chambre des Comptes de
Paris de faire jouir Adrien de Pisseleu,
sᵣ d'Heilly, du contenu aux lettres du 15 février 1542 n. s. (n° 12340) et de les entériner, nonobstant qu'elles ne lui aient été

18 décembre.

présentées dans l'année de leur impétration. 1543.
Fontainebleau, 18 décembre 1543.

Arch. nat., Chambre des Comptes de Paris,
P. 2537, fol. 384, et P. 2554, fol. 44. (*Mentions.*)

13497. Lettres portant mandement aux baillis, séné-   19 décembre.
chaux et autres juges royaux de s'informer de
l'état et administration des hôpitaux et des
maladreries, et, selon la gestion qui en aura
été faite, de maintenir ou de changer les administrateurs. Fontainebleau, 19 décembre
1543.

Enreg. au Parl. de Paris, le 31 décembre 1543.
Arch. nat., X^{1a} 8614, fol. 49. 3 pages 1/2.
Bibl. nat., Mss. Moreau, t. 1410, fol. 233.
(*Mention.*)
IMP. *Les loix, ordonnances et édictz, etc...,*
depuis le roy S. Lois.... Paris, Galiot du Pré,
1559, in-fol., fol. 178 r°.
P. Rebuffi, *Les édits et ordonnances des rois de*
France. Lyon, 1573, in-fol., p. 1380.
A. Fontanon, *Édits et ordonnances, etc.* Paris,
1611, in-fol., t. IV, p. 574.
Recueil des édits et déclarations concernant les
hospitaux et maladeries de France... Paris, Cra-
moisy, 1675, in-fol., p. 11. (*Bibl. nat.,* F. 2028.)
J. Le Gentil, *Recueil des actes, titres et mémoires*
concernant les affaires du clergé de France. Paris,
1675, in-fol., t. III, 1re partie, p. 433.
Isambert, *Anc. lois françaises, etc.* Paris, 1827,
in-8°, t. XII, p. 841.

13498. Lettres sur la demande d'exemption formée   19 décembre.
par les habitants du diocèse de Narbonne,
ordonnant que la cotisation de 3,768 setiers
10 « pugnères » de blé pour l'approvisionnement de l'armée de mer réunie sur les côtes
de Provence, dont ils demandaient à être
déchargés, sera maintenue, mais que pour
combler le déficit résultant de l'exportation
de cette quantité de blé pour le diocèse de
Narbonne qui n'avait que des approvisionnements fort insuffisants, les diocèses voisins,
Carcassonne, Saint-Pons-de-Thomières et
Béziers devront, sur un ordre de M. de
Montpezat, en fournir une quantité sem-

blable à la ville de Narbonne, Fontainebleau, 19 décembre 1543.

Copie du XVIe siècle. Arch. de la ville de Narbonne, AA, 112, fol. 39 v°.

13499. Lettres portant qu'avant de lui délivrer des lettres de représailles, Antoine Postel, s[r] des Minières, conseiller au Parlement de Rouen, sera tenu de faire sommer l'empereur ou la régente des Pays-Bas, de lui rendre justice sur l'arrestation illégale et l'emprisonnement de dix-huit mois dont il avait été victime à Avesnes en Hainaut. Fontainebleau, 19 décembre 1543.

Enreg. au Parl. de Rouen, le 5 février 1544 n. s. Copie du XVIIIe siècle. Arch. nat., U. 760, 3e partie, p. 10. 3 pages.

13500. Lettres de mainlevée de la moitié de la seigneurie de Verdun-sur-le-Doubs, appartenant à Charles de la Chambre et à Isabelle de Meximieux, sa femme, celle-ci en qualité d'héritière de Françoise de Luyrieux, dame de la Cueille, descendante de Jean de Verdun, frère d'Eudes, qui avait vendu la moitié de cette terre au duc de Bourgogne. Fontainebleau, 19 décembre 1543.

Enreg. à la Chambre des Comptes de Dijon, le 16 janvier suivant. Arch. de la Côte-d'Or, B. 19, fol. 51.

13501. Lettres portant règlement pour l'exécution des statuts dressés par frère Jean Chauve, *Calvus* (*aliàs* Calmes), ministre général de l'ordre de Saint-François, pour la réforme dudit ordre et particulièrement du couvent des Cordeliers de Paris. Fontainebleau, 20 décembre 1543.

Présentées au Parl., le 20 février 1544 n. s.; et renvoyées aux gens du roi. Arch. nat., X[1a] 1552, Conseil, fol. 247 v°. (Mention.) Entérinées le 9 avril suivant. Arch. nat., X[1a] 1553, fol. 394. (Mention.)

13502. Lettres de don à Jérôme Mellin du tiers des biens de son frère, Antoine Mellin, natif de

---

1543.

19 décembre.

19 décembre.

20 décembre.

20 décembre.

Florence, mort à Turin, après procès intenté
et perdu par lui. Fontainebleau, 26 décembre
1543.

> Imp. *Recueil de plusieurs édicts, lettres pa-*
> *tentes, etc., concernant la jurisdiction de la Chambre*
> *du Thrésor.* Paris, Métayer, 1641, in-fol., p. 114.
> Jean Bacquet, *OEuvres.* Lyon, Duplain, frères,
> 1744, 2 vol. in-fol., t. II, p. 587. (*Bibl. nat.,*
> F. 997.)

1543.

13503. Mandement au Parlement de Bordeaux pour
l'enregistrement de l'ordonnance d'octobre
1539 (n° 11260), permettant l'amortissement
des rentes constituées sur les maisons dans
les villes du royaume. Fontainebleau, 21 décembre 1543.

> *Enreg. au Parl. de Bordeaux, le 29 janvier sui-*
> *vant. Arch. de la Gironde,* B. 31, fol. 292 v°.
> 1 page.

21 décembre.

13504. Traité passé entre le roi et les députés des
cinq abbayes de Chezal-Benoit, pour ratifier
et homologuer l'édit du 1er mars 1543 n. s.
(n° 12901), portant que les abbés ne seront
plus triennaux, mais bien perpétuels, et pour
demander au pape une nouvelle bulle maintenant la congrégation de Chezal-Benoit dans
tous ses privilèges, suivant la bulle d'érection
de ladite congrégation. Fontainebleau, 21 décembre 1543.

> *Copie du xvi° siècle. Arch. départ. du Puy-de-*
> *Dôme,* Bénédictins de Saint-Alyre, 283.

21 décembre.

13505. Provisions en faveur du comte d'Enghien, chevalier de l'ordre, de la charge de lieutenant
général et gouverneur pour le roi en Piémont et en Italie. Fontainebleau, 26 décembre 1543.

> *Copie collat. du xvi° siècle. Bibl. nat.,* ms.
> fr. 25723, n° 818.
> *Copie du xvi° siècle. Bibl. nat., Pièces orig.,*
> Bourbon, vol. 457 (doss. 10263), p. 50.
> *Copie de la fin du xvi° siècle. Bibl. nat.,* ms.
> r. 3115, fol. 24.
> *Copie du xviii° siècle. Bibl. nat.,* Portefeuilles
> de Fontanieu, vol. 253.

26 décembre.

13506. Lettres portant que l'évêché de Tulle ne sera
tenu de contribuer aux décimes que pour
la somme de 880 livres tournois. Fontainebleau, 27 décembre 1543.

> *Enreg. à la Chambre des Comptes de Paris, le*
> *11 mars 1544 n. s. Arch. nat., P. 2307, p. 333.*
> *4 pages 1/2.*

1543.
27 décembre.

13507. Lettres de mainlevée en faveur d'Anne Jou-
vant, veuve du s' de Rincon, de la jouissance
viagère de la châtellenie de Germolles, précédemment faite à son mari. Fontainebleau,
27 décembre 1543.

> *Enreg. à la Chambre des Comptes de Dijon, le*
> *18 janvier suivant. Arch. de la Côte-d'Or, B. 19,*
> *fol. 52 v°.*

27 décembre.

13508. Mandement à Jacques Bochetel de payer une
somme de 20 livres tournois à Honorat
Grand qui a servi pendant ce dernier mois,
comme sommelier de l'échansonnerie, en
remplacement de Nicolas Jousserant, dit
Champigny, décédé. Fontainebleau, 29 décembre 1543.

> *Original. Bibl. nat., ms. fr. 25723, n° 819.*

29 décembre.

13509. Déclaration pour le remboursement des sommes
empruntées à Lyon au nom du roi, en vertu
de la commission du 15 décembre précédent.
Fontainebleau, 31 décembre 1543.

> *Enreg. au Parl. de Paris, le 10 janvier suivant.*
> *Arch. nat., X¹ª 8614, fol. 53. 3 pages.*
> *Arrêt d'enregistrement. Idem, X¹ª 1552, Conseil,*
> *fol. 132 v°.*

31 décembre.

13510. Provisions données sur la présentation du duc
d'Orléans, à Pierre Le Berruyer, ci-devant
avocat du roi au bailliage, conservatoire et
gouvernement d'Orléans, de l'office de lieutenant général dudit bailliage, en remplacement de Claude Bongars, décédé. Fontainebleau, 31 décembre 1543.

> *Reçu au Parl. de Paris, le 15 janvier 1544 n. s.*
> *Arch. nat., X¹ª 4921, Plaidoiries, fol. 259. (Men-*
> *tion.)*

31 décembre.

13511. Provisions de l'office de recevuer de la seigneurie de Cuisery dans la Bresse Chalon-
naise pour Nicolas Giraudin, à la demande
de Françoise de Longwy, comtesse de Buzançais et de Charny, dame usufruitière de
cette terre. Fontainebleau, 31 décembre
1543.

1543.
31 décembre.

*Enreg. à la Chambre des Comptes de Dijon, le
21 avril 1544. Arch. de la Côte-d'Or, B. 19,
fol. 56.*

13512. Édit de création d'un nouveau siège particulier
du bailliage de Vermandois à Châlons, composé d'un lieutenant particulier, de deux enquêteurs, d'un avocat et d'un procureur du
roi, d'un greffier, etc. Fontainebleau, décembre 1543.

Décembre.

*Enreg. au Parl. de Paris, sauf modification, le
18 décembre 1543. Arch. nat., X¹ª 8614, fol. 38. v°,
5 pages 1/2.*

13513. Édit de création d'un office d'avocat du roi au
bailliage de Blois près le siège de Romorantin et Millançay. Fontainebleau, décembre
1543.

Décembre.

*Enreg. au Parl. de Paris, le 22 janvier 1544
n. s. Arch. nat., X¹ª 8614, fol. 55. 1 page 1/4.*

13514. Lettres portant confirmation des privilèges des
220 sergents à cheval du Châtelet de Paris.
Fontainebleau, décembre 1543.

Décembre.

*Enreg. au Parl. de Paris, sauf réserves, le 10 jan-
vier 1544 n. s. Arch. nat., X¹ª 8614, fol. 63.
3 pages 1/2.*
*Arrêt d'enregistrement. Idem, X¹ª 4921, Plai-
doiries, fol. 243 v°.*
*Imp. E. Girard et J. Joly, Troisiesme livre des
offices de France, etc. Paris, 1647, in-fol., t. II,
p. 1552.*

13515. Lettres portant cession par le roi à l'Hôtel-
Dieu de Paris, moyennant 40 sous de cens
annuel et perpétuel, d'un terrain d'une toise
trois quarts de surface, sis à la porte de l'hô-

Décembre.

pital, rue du Petit-Pont, avec faculté d'y   1543
construire. Fontainebleau, décembre 1543.

Original. Arch. de l'Assistance publique à Paris,
Hôtel-Dieu, liasse 174, cote 1.
Trois copies. Idem, sous la cote 2.

13516. Édit de création d'un second office d'enquêteur   Décembre.
au bailliage de Beaujolais. Fontainebleau, dé-
cembre 1543.

Enreg. au Parl. de Paris, le 24 mars 1544 n. s.
Arch. nat., X¹ª 8614, fol. 129 v°. 2 pages.
Arrêt d'enregistrement. Idem, X¹ª 4921, Plai-
doiries, fol. 614 v°.

13517. Édit de création de six offices de conseillers en   Décembre.
la juridiction du grand maître des Eaux et
forêts au siège de la Table de marbre du Palais
à Paris, déclarant que tous possesseurs de
bois et forêts pourront poursuivre leurs droits
en première instance par-devant le maître
particulier des Eaux et forêts de leur ressort
et en appel par-devant le grand maître des
Eaux et forêts à la Table de marbre. Fontainebleau, décembre 1543.

Enreg. au Parl. de Paris, le 13 mars 1544 n. s.
Arch. nat., X¹ª 8614, fol. 216. 3 pages 1/2.
Arrêt d'enregistrement. Idem, X¹ª 4921, Plai-
doiries, fol. 551 v°.
Enreg. à la Chambre des Eaux et forêts, le 14 mars
1544. Arch. nat., Z¹ᵉ 329, fol. 42 v°. 3 pages.
Enreg. à la Chambre des Comptes de Paris, le
10 juin 1544, anc. mém. 2 M¹, fol. 64. Arch.
nat., invent. PP. 136, p. 525. (Mention.)
Imp. Plaquette in-12. Arch. nat., AD.I 22.
6 pages.
Les loix, ordonnances et édicts, etc.... depuis le
roy S. Lois... Paris, Galiot du Pré, 1559, in-fol.,
fol. 189 v°.
P. Rebuffi, Les édits et ordonnances des rois de
France. Lyon, 1573, in-fol., p. 443.
A. Fontanon, Édits et ordonnances, etc. Paris,
1611, in-fol., t. II, p. 281.
Durant, Edicts et ordonnances des Eaux et forests...
Paris, Cramoisy, 1621, in-8°, 5ᵉ partie, p. 208.
Cl. Rousseau, Edits et ordonnances.... des Eaux
et forêts, etc. Paris, 1649, in-4°, p. 162.
Isambert, Anc. lois françaises, etc. Paris, 1827,
in-8°, t. XII, p. 843.

13518. Lettres portant érection en baronnie de la terre
et seigneurie de Jons. Fontainebleau, décembre 1543.

> *Enreg. à la Chambre des Comptes de Grenoble,
> le 1ᵉʳ mars suivant.*
> *Imp. Blanchard, Compilation chronologique, etc.
> Paris, 1715, in-fol., col. 566. (Mention.)*

1543.
Décembre.

13519. Lettres permettant aux habitants de Voulx en
Gâtinais de se clore de murailles. Fontainebleau, décembre 1543.

> *Copie dans un échange, dont la minute est con-
> servée en l'étude de Mᵉ Javon, notaire à Voulx (Seine-
> et-Marne).*

Décembre.

13520. Édit portant création de deux nouveaux offices
de généraux en la Cour des Aides. Fontainebleau, décembre 1543.

> *Enreg. à la Cour des Aides de Paris, le 26 jan-
> vier 1544 n. s. Copie collationnée faite par ordre de
> ladite Cour, le 8 février 1778. Arch. nat., Zⁱˣ 527.*

Décembre.

13521. Édit portant création et érection d'une nouvelle chambre des Requêtes du Palais au Parlement de Dijon. Fontainebleau, décembre
1543.

> *Enreg. au Parl. de Dijon. Arch. de la Côte-d'Or,
> Parl., reg. III, fol. 98 vᵒ.*
> *Enreg. à la Chambre des Comptes de Dijon. Arch.
> de la Côte-d'Or, reg. B. 20, fol. 144 vᵒ.*
> *Imp. Recueil des édits et ordonnances des États
> de Bourgogne. In-4ᵒ, t. I, p. 452.*
> *Pierre Palliot, Le Parlement de Bourgogne.
> Dijon, 1649, in-fol., p. 34. (Mention.)*

Décembre.

13522. Édit portant établissement d'une chambre des
Requêtes du Palais au Parlement de Rouen,
et règlement pour sa juridiction. Fontainebleau, décembre 1543.

> *Enreg. au Parl. de Rouen, le 18 du même mois.*
> *Imp. Josias Bérault, La coustume réformée du
> pays et duché de Normandie, etc. Rouen, Jacques
> Besongne, 1660, in-fol., Appendice, p. 5.*

Décembre

13523. Édit de création d'un siège de sénéchal à la

Décembre.

68.

Réole, et règlement de juridiction. Fontainebleau, décembre 1543.

1543.

> Enreg. au Parl. de Bordeaux, le 15 février 1544
> n. s. Arch. de la Gironde, B. 31, fol. 302. 6 pages.

13524. Édit de création d'un office d'avocat du roi dans les sénéchaussées et sièges de Valentinois et de Diois. Fontainebleau, décembre 1543.

Décembre.

> Enreg. à la Chambre des Comptes de Grenoble,
> le 9 janvier suivant.
> Imp. Blanchard, Compilation chronologique, etc.
> Paris, 1715, in-fol., t. I, col. 566. (Mention.)
> G.-U.-J. Chevalier, Ordonnances des rois de
> France relatives au Dauphiné. Colmar, 1871, in-8°,
> n° 859. (Mention.)

13525. Lettres portant décharge en faveur de Dreux Hennequin et de Jean L'Huillier, premier et troisième présidents de la Chambre des Comptes, de tout ce qui pourrait leur être réclamé à cause du trafic du sel dont s'était entremis feu Michel Hennequin, leur père et beau-père. Fontainebleau, décembre 1543.

Décembre.

> Enreg. à la Chambre des Comptes de Paris, le
> 12 décembre 1543, anc. mém. 2 L, fol. 249. Arch.
> nat., P. 2554, fol. 32. 5 pages.

13526. Édit de création d'un office de receveur des tailles en chacune des villes de Saintes, la Rochelle et Saint-Jean-d'Angély, autrefois réunies en une même recette, avec règlement pour leurs fonctions. Fontainebleau, décembre 1543.

Décembre.

> Enreg. à la Chambre des Comptes de Paris, anc.
> mém. 2 L, fol. 257. Arch. nat., AD.IX 125,
> n° 101; invent. PP. 119, p. 33, 2 L, et PP. 136,
> p. 525. (Mentions.)

13527. Exemption de tailles accordée aux mortes-payes ayant la garde du château de Sainte-Menehould. Décembre 1543.

Décembre.

> Enreg. à la Cour des Aides de Paris. Arch. nat.,
> Recueil Cromo, U. 665, fol. 301. (Mention.)

13528. Édit portant création en chacune des villes situées sur les rivières de Seine, Marne,

1543.

Oise et aux environs, des jaugeurs, mar- 1543.
queurs et mesureurs de tonneaux et futailles
à mettre le vin et autres breuvages et li-
queurs. 1543.

> Bibl. nat., ms. fr. 8125, fol. 26 v°. (Mention.)

13529. Don à Salomon Cottereau, sommelier de pane- 1543.
terie du roi, de 20 écus d'or soleil. 1543 [1].

> Original. Bibl. nat., ms. fr. 25723, n° 820.

1544. — Pâques, le 13 avril.

1544.

13530. Lettres enjoignant aux procureurs chargés de 1er janvier.
lever les vivres et les munitions dans le Lyon-
nais, au passage des gens de guerre, de
rendre leurs comptes aux élus et au contrôleur de l'élection. Fontainebleau, 1er janvier
1543.

> Copie du XVIe siècle. Bibl. nat., ms. fr. 2702,
> fol. 241 v°.

13531. Lettres portant règlement sur la manière de 3 janvier.
convoquer et de conduire le ban et l'arrière-
ban, la durée du service, les gages des officiers, les montres, les exemptions, etc. Fontainebleau, 3 janvier 1543.

> Publiées au Châtelet de Paris, le 2 février sui-
> vant.
> Enreg. au Parl. de Grenoble, le 11 février 1544
> n. s. Arch. de l'Isère, Chambre des Comptes de Gre-
> noble, B. 2911, II, 29. 8 pages.
> Arch. départ. de l'Hérault, B. 5, p. 695. (Men-
> tion.)
> Imp. A. Fontanon, Édits et ordonnances, etc.
> Paris, 1611, in-fol., t. IV, p. 660.
> J. Bouchet, Annales d'Aquitaine, etc. Poitiers,
> 1644, in-fol., p. 540.
> Isambert, Anc. lois françaises, etc. Paris, 1827,
> in-8°, t. XII, p. 846.

13532. Mandement pour la levée du ban et de l'arrière- 3 janvier.

---

[1] La partie de la pièce qui contenait la date de lieu et de mois
manque.

ban dans le bailliage de Vitry. Fontainebleau, 3 janvier 1543.

1544.

Copie du XVIe siècle. Arch. départ. de la Marne, série A, Terrier de Sainte-Menehould, fol. 466.

13533. Ordonnance prescrivant qu'à l'avenir les deniers des amendes et jugements rendus par les juges verdiers et les maîtres des Eaux et forêts, seront perçus par les receveurs ordinaires. Fontainebleau, 4 janvier 1543.

4 janvier.

Enreg. à la Chambre des Comptes de Dijon. Arch. de la Côte-d'Or, B. 20, fol. 135 v°.

13534. Provisions en faveur de Tristan Durant, avocat au Parlement de Paris, de l'un des six offices de conseillers en la chambre des Eaux et forêts, nouvellement créés. Fontainebleau, 4 janvier 1543.

4 janvier.

Enreg. à la Chambre des Eaux et forêts (siège de la Table de marbre). Arch. nat., Z^{1e} 329, fol. 45. 2 pages.

13535. Mandement à Pierre Sanson, commis au payement de l'extraordinaire des guerres, de faire immédiatement porter en Languedoc, au s^r de Montpezat, lieutenant général du roi, une somme de 10,249 livres tournois pour la solde des gens de guerre, pendant le présent mois. Fontainebleau, 6 janvier 1543.

6 janvier.

Original. Bibl. nat., ms. fr. 25723, n° 823.

13536. Provisions de l'office de notaire du roi au Parlement de Rouen, en faveur de Guillaume Boullent. Fontainebleau, 6 janvier 1543.

6 janvier.

Enreg. à la Chambre des Comptes de Paris, sur lettres de relief d'adresse et de surannation, le 29 janvier 1546 n. s., anc. mém. 2 N, fol. 92. Arch. nat., invent. PP. 136, p. 526. (Mention.)

13537. Mandement au trésorier de l'épargne de délivrer au cardinal Du Bellay, envoyé en Allemagne avec le chancelier d'Alençon, pour assister, comme ambassadeurs du roi, à la diète qui se tiendra à Spire ou à Worms, une somme de 225 livres tournois destinée à l'Allemand

7 janvier.

Jean Sleidan, chargé de les accompagner. Fontainebleau, 7 janvier 1543.

Original. Bibl. nat., ms. fr. 25723, n° 824.

1544.

13538. Lettres par lesquelles le roi, nonobstant l'édit de réunion du domaine aliéné, maintient le duc et la duchesse de Montpensier en possession de la châtellenie de Lantenay au bailliage de Dijon. Fontainebleau, 8 janvier 1543.

8 janvier.

Enreg. à la Chambre des Comptes de Dijon, le 27 janvier suivant: Arch. de la Côte-d'Or, reg. B. 20, fol. 134.

13539. Mandement pour faire payer par François Cordon, receveur de Blois, aux jardiniers du château de Blois, Quentin le More et Denis de Mercoliano, 600 livres tournois pour leurs gages d'un an. Fontainebleau, 8 janvier 1543.

8 janvier.

Original. Bibl. nat., Pièces orig., vol. 1405, Grevaisie, p. 14.

13540. Provisions en faveur de Paul de Villemor, avocat au Parlement de Paris, de l'un des six offices de conseillers en la chambre des Eaux et forêts, nouvellement créés, Fontainebleau, 9 janvier 1543.

9 janvier.

Enreg. à la Chambre des Eaux et forêts (siège de la Table de marbre). Arch. nat., Z¹ᵉ 329, fol. 44. 2 pages.

13541. Confirmation du don fait le 19 février 1539 n. s. (n° 10812), à Huges de Vaux, sʳ de Saintines, des droits seigneuriaux de Chaumont-en-Porcien. Fontainebleau, 9 janvier 1543.

9 janvier.

Copie du xvııᵉ siècle. Arch. départ. de la Marne; série A, Terrier de Sainte-Menehould, fol. 254.

13542. Lettres ordonnant la validation des acquits des recettes, lettres et brevets concernant la maison de la reine, qui seront signés par un secrétaire de ladite dame, sans qu'il soit

9 janvier.

besoin de les faire signer par des secrétaires
du roi ou notaires royaux. 9 janvier 1543.

*Enreg. à la Chambre des Comptes de Paris, le
19 janvier suivant. Arch. nat., invent. PP. 136,
p. 526. (Mention.)*

13543. Exemption de toutes tailles et subsides accordée
à Pierre Labouret, soldat de la compagnie du
s^r de Mouchy, capitaine de cinq cents hommes
de pied de la légion de Picardie, pour services
rendus au siège de Landrecies. 9 janvier 1543.

9 janvier.

*Enreg. à la Cour des Aides de Paris. Arch. nat.,
Recueil Cromo, U. 665, fol. 315. (Mention.)*

13544. Mandement à la Chambre des Comptes d'accepter en dépense dans les comptes d'Antoine Le Maçon, trésorier de l'extraordinaire
des guerres, une somme de 152,306 livres
10 sous tournois qu'il a employée, pendant
le mois de novembre dernier, sur les ordres
des seigneurs de Boisrigault et de Blancfossé, au payement des Suisses et Grisons,
venant du camp de Cambrésis et renvoyés
dans leurs foyers. Nemours, 11 janvier 1543.

11 janvier.

Original. Bibl. nat., ms. fr. 25723, n° 825.

13545. Mandement à Jean Duval, trésorier de l'épargne,
de payer à Pierre Strozzi, Florentin, 315 livres tournois, que le roi lui a données pour
un voyage qu'il vient de faire de Luxembourg
à Nemours, pour apporter au roi des nouvelles de haute importance. Nemours, 11 janvier 1543.

11 janvier.

*Original. Bibl. nat., Nouv. acquisitions franç.,
ms. 1483, n° 81.*

13546. Lettres permettant à Charles Quierlavoine,
conseiller au Parlement de Paris, d'exercer
en même temps son office de conseiller en
l'échiquier et conseil d'Alençon. Fontainebleau, 14 janvier 1543.

14 janvier.

*Enreg. au Parl. de Paris, le 25 janvier 1544
n. s. Arch. nat., X^{1a} 1552, Conseil, fol. 172.
(Mention.)*

13547. Provisions de l'un des deux offices nouvellement créés d'huissiers sergents des Eaux et
forêts au siège de la Table de marbre, en
faveur de Jacques Cordier, huissier de la Tour
carrée au Palais. Fontainebleau, 14 janvier
1543.

*Enreg. à la Chambre des Eaux et forêts (siège de
la Table de marbre), le 21 février 1545 n. s. Arch.
nat., Z¹ᵉ 329, fol. 237. 1 page 1/2.*

1544.
14 janvier.

13548. Provisions pour Pierre Macaire de l'un des deux
offices nouvellement créés d'huissiers sergents
en la chambre des Eaux et forêts. Fontainebleau, 14 janvier 1543.

*Enreg. à la Chambre des Eaux et forêts (siège de
la Table de marbre), le 20 mai 1544. Arch. nat.,
Z¹ᵉ 329, fol. 89 v°. 1 page.*

14 janvier.

13549. Ordonnance portant règlement pour le fonctionnement des recettes générales des finances
et la gestion des receveurs généraux (14 articles). Fontainebleau, 17 janvier 1543.

*Enreg. à la Chambre des Comptes de Paris, le
19 janvier 1544 n. s. Arch. nat., P. 2307, p. 281.
11 pages.*
*Enreg. à la Cour des Aides de Paris. Copie colla-
tionnée faite par ordre de cette Cour, le 20 avril 1779.
Arch. nat., Z¹ᵃ 527.*
*Imp. Pièce in-8°. Arch. nat., AD.I 24. 14 pages.
Autre pièce in-4°. Arch. nat., AD.IX 125, n° 51.*

17 janvier.

13550. Provisions en faveur de Charles d'Argillières,
licencié ès lois, de l'un des six offices de conseillers en la chambre des Eaux et forêts,
nouvellement créés. Fontainebleau, 17 janvier 1543.

*Enreg. à la Chambre des Eaux et forêts (siège de
la Table de marbre). Arch. nat., Z¹ᵉ 329, fol. 53 v°.
2 pages.*

17 janvier.

13551. Don à Jean Amiot, barillier de l'échansonnerie
du roi, de 21 livres 10 sous tournois, montant des droits de lods et vente d'une maison
acquise par ledit Amiot à Blois. Fontainebleau, 17 janvier 1543.

*Original. Bibl. nat., Pièces orig., Amyot, vol. 55,
p. 36.*

17 janvier.

13552. Don à Jean Thissart, valet de fourrière, de
40 écus d'or soleil à prendre sur le produit
de la vente de l'office de sergent au bailliage
de Mâconnais, vacant par la mort de Jean
Viry. Fontainebleau, 17 janvier 1543.

Original. Bibl. nat., ms. fr. 25723, n° 826.

1544.
17 janvier.

13553. Édit portant que le produit des amendes sera
appliqué aux réparations et fortifications des
villes. Nemours, 17 janvier 1543.

Enreg. au Parl. de Toulouse, le 27 mars 1544
n. s. Arch. de la Haute-Garonne, Édits, reg. 5,
fol. 91. 1 page.

17 janvier.

13554. Lettres de création d'un maître de chaque métier dans toutes les villes du royaume, à l'occasion de la naissance du fils aîné du dauphin. Fontainebleau, 19 janvier 1543.

Enreg. au Parl. de Paris, le 31 janvier suivant.
Arch. nat., X¹ª 8614, fol. 56 v°. 2 pages.
Arrêt d'enregistrement: Idem, X¹ª 4921, Plaidoi-
ries, fol. 331 v°.

19 janvier.

13555. Lettres ordonnant l'enregistrement pur et
simple de l'édit de novembre 1543 (n° 13461),
portant création d'un office d'élu dans chaque
élection, sans s'arrêter aux restrictions demandées par la Cour des Aides. Fontainebleau, 19 janvier 1543.

Enreg. à la Cour des Aides de Paris, le 30 jan-
vier suivant. Copie collationnée faite par ordre de la-
dite Cour, le 26 octobre, 1778. Arch. nat., Z¹ª 527.
Imp. Pièce in-8°. Paris, Frédéric Morel, imp.
Arch. nat., AD.I 25. 6 pages.
A. Fontanon, Édits et ordonnances, etc. Paris,
1611, in-fol., t. II, p. 946.
Jean Chenu, Recueil de règlemens notables, tant
généraux que particuliers, etc. Paris, R. Fouet,
1611, in-4°, p. 685.
J. Corbin, Nouveau recueil des édits... de la
juridiction des Cours des Aides de Paris, Rouen, etc.
Paris, 1623, in-4°, p. 489.
Isambert, Anc. lois françaises, etc. Paris, 1827,
in-8°, t. XII, p. 850.

19 janvier.

13556. Règlement sur la manière de lever les gens de
guerre à pied français, appelés *aventuriers,*
et la discipline qu'ils devront observer en se

20 janvier.

rendant au service du roi. Fontainebleau, 20 janvier 1543.

> *Imp.* P. Rebuffi, *Les édits et ordonnances des rois de France.* Lyon, 1573, in-fol., p. 994.
> A. Fontanon, *Édits et ordonnances, etc.* Paris, 1611, t. III, p. 171.

1544.

13557. Lettres convoquant le ban et l'arrière-ban du Dauphiné pour le 31 mars suivant. Fontainebleau, 20 janvier 1543.

20 janvier.

> *Enreg. au Parl. de Grenoble, le 9 février 1544 n. s. Arch. de l'Isère, Chambre des Comptes de Grenoble,* B. 2911, II, fol. 28. 3 pages.

13558. Lettres adressées au prévôt de Paris, lui ordonnant de convoquer le ban et l'arrière-ban de la prévôté et vicomté de Paris, pour être passés en revue le 31 mars suivant. Fontainebleau, 20 janvier 1543.

20 janvier.

> *Imp.* A. Fontanon, *Édits et ordonnances, etc.* Paris, 1611, in-fol., t. IV, p. 662.
> Isambert, *Anc. lois françaises, etc.* Paris, 1827, in-8°, t. XII, p. 852.

13559. Mandement au sénéchal de Poitou de convoquer le ban et l'arrière-ban de sa sénéchaussée pour en faire la montre, le 31 mars suivant. Fontainebleau, 20 janvier 1543.

20 janvier.

> *Imp.* J. Bouchet, *Les annales d'Acquitaine.* Poitiers, 1644, in-fol., p. 543.

13560. Lettres de don et remise au s^r de Montpezat, lieutenant général en Languedoc, de la somme de 4,052 livres 7 sous dont était demeuré redevable le dernier évêque de Montauban, son oncle, à la clôture de ses comptes des décimes dudit diocèse. 20 janvier 1543.

20 janvier.

> *Enreg. à la Chambre des Comptes de Paris, le 5 juin 1544,* anc. mém. 2 M, fol. 55. *Arch. nat.,* invent. PP. 136, p. 526. (*Mention.*)

13561. Lettres portant que les gages des officiers du Parlement de Toulouse seront payés sur les droits de gabelle, rappelant la création de vingt conseillers en ladite cour (mars 1543 n. s., n° 12940), la réduction à quinze, au mois de juin de la même année, et la création

22 janvier.

de deux seconds présidents aux chambres des enquêtes. Fontainebleau, 22 janvier 1543.

1544.

> *Enreg. à la Chambre des Comptes de Paris, le 29 janvier 1544*, anc. mém. 2 L, fol. 261. *Arch. nat.*, AD.IX 125, n° 52, et PP. 136, p. 526. (*Mentions.*)
> *Enreg. au Parl. de Toulouse. Arch. de la Haute-Garonne, Édits*, reg. 5, fol. 95. 3 pages.

13562. Lettres de création d'un prévôt des maréchaux à Sens, avec un lieutenant, un greffier et vingt archers, et provisions dudit office de prévôt, en faveur de Blanchet de Tournebrande, sr de Ville-Habert. Fontainebleau, 23 janvier 1543.

23 janvier.

> *Imp.* Pièce in-4°. *Arch. nat.*, AD.I 21. 4 pages.
> J. Pinson de La Martinière, *La connestablie et mareschaussée de France*, etc. Paris, 1661, in-fol., p. 523.
> G. Saugrain, *La maréchaussée de France, ou recueil des ordonnances, édits*, etc. Paris, 1697, in-4°, p. 26.

13563. Mandement aux conseillers du Parlement de Rouen de recevoir le serment de Nicolas Blancbaston, naguère pourvu par le roi de l'un des six offices de conseillers de nouvelle création, sans tenir compte d'un prêt de 2,000 écus par lui fait pour subvenir « à l'urgente nécessité » des affaires du roi. Fontainebleau, 23 janvier 1543.

23 janvier.

> *Copie collat. du xvi° siècle. Bibl. nat., Pièces orig.*, Blancbaston, pièce 24.

13564. Lettres de seconde jussion adressées au Parlement de Bordeaux pour l'enregistrement de l'édit de création d'un siège de sénéchal à la Réole (décembre 1543, n° 13523). Brie-Comte-Robert, 26 janvier 1543.

26 janvier.

> *Enreg. au Parl. de Bordeaux, le 15 février 1544 n. s. Arch. de la Gironde*, B. 31, fol. 305 v°. 3 pages 1/2.

13565. Lettres rétablissant Antoine Postel, sr de Minières, en son office de conseiller au Parlement de Rouen, dont il avait été suspendu

26 janvier.

le 16 décembre 1540, et relatant les signalés services qu'il a rendus au roi depuis cette époque. Brie-Comte-Robert, 26 janvier 1543.

Enreg. au Parl. de Rouen, le 5 février 1544 n. s. Copie du XVIII° siècle. Arch. nat., U. 760, 3° partie, fol. 7 v°. 4 pages.

1544.

13566. Provisions pour Jacques Spifame, conseiller au Parlement de Paris, de l'office de président de la petite chambre des enquêtes, vacant par le décès de Louis Caillaud. Brie-Comte-Robert, 26 janvier 1543.

26 janvier.

Reçu au Parl., le 30 janvier suivant. Arch. nat., X¹ᵃ 1552, Conseil, fol. 178. (Mention.)

13567. Mandement au grand maître des Eaux et forêts de recevoir et d'instituer Tristan Durant en l'office de conseiller à la chambre des Eaux et forêts, dont il a été pourvu le 4 janvier précédent (n° 13534), sans avoir égard à un prêt de 1,000 livres qu'il a fait au roi, et nonobstant toute ordonnance prohibitive. Brie-Comte-Robert, 26 janvier 1543.

26 janvier.

Enreg. à la Chambre des Eaux et forêts (siège de la Table de marbre), le 14 mars 1544 n. s. Arch. nat., Z¹ᵉ 329, fol. 46. 1 page.

13568. Provisions en faveur d'Arnaud du Ferrier, docteur régent de l'Université de Toulouse, de l'office de conseiller clerc au Parlement de Toulouse, laissé vacant par la promotion de François de La Fons à l'office de second président au Parlement de Provence à Aix. Brie-Comte-Robert, 26 janvier 1543.

26 janvier.

Vidimus du sénéchal de Toulouse, en date du 31 juillet 1544. Bibl. nat., Pièces orig., du Ferrier, vol. 1129, p. 5.

13569. Provisions en faveur de Pierre Papillon, licencié ès lois, de l'un des six offices de conseillers nouvellement créés en la chambre des Eaux et forêts. Brie-Comte-Robert, 27 janvier 1543.

27 janvier.

Enreg. à la Chambre des Eaux et forêts (siège de la Table de marbre). Arch. nat., Z¹ᵉ 329, fol. 48. 2 pages.

13570. Mandement au trésorier de l'épargne de payer à Antoine Bohier, chevalier, baron de Saint-Ciergues, conseiller du roi et son lieutenant général en Touraine, 2,000 livres tournois pour son état de conseiller et 2,000 livres tournois pour sa pension, pendant l'année écoulée. Brie-Comte-Robert, 27 janvier 1543.

> *Bibl. nat.,* Nouv. acquisitions franç., ms. 895, fol. 25. (*Mention.*)

1544.
27 janvier.

13571. Ordonnance enjoignant aux payeurs de la gendarmerie de fournir aux trésoriers ordinaires des guerres les rôles et acquits, un mois après les montres faites, et aux commissaires et contrôleurs de signer et dépêcher auxdits payeurs lesdits rôles et acquits, le lendemain des montres. Yerres, 29 janvier 1543.

> *Enreg. à la Chambre des Comptes de Paris, le 6 février 1544 n. s. Arch. nat.,* P. 2307, p. 305. 9 pages. *Imp.* Pièce in-4°. *Arch. nat.,* AD.I 24, et AD.IX 125, n° 53. 6 pages.

29 janvier.

13572. Lettres érigeant en office de général des aides l'office de conseiller dont Benoît Larcher était pourvu. 29 janvier 1543.

> *Enreg. à la Cour des Aides de Paris. Arch. nat., Recueil Cromo,* U. 665, fol. 152. (*Mention.*)

29 janvier.

13573. Ordonnance portant que chaque année les gouverneurs des provinces frontières devront faire dresser l'état des grains récoltés sur une zone de dix lieues de large à partir de la frontière, en laisser aux habitants de quoi subvenir à leur nourriture et aux semailles de l'année, et faire transporter le reste dans les places fortes. Corbeil, 30 janvier 1543.

> *Original. Bibl. nat.,* ms. latin 9241, n° 80.

30 janvier.

13574. Édit de création de deux offices d'huissiers sergents en la juridiction des Eaux et forêts de France, au siège de la Table de marbre du Palais à Paris. Nemours, janvier 1543.

> *Enreg. au Parl. de Paris, le 20 mai 1544. Arch. nat.,* X¹ᵃ 8614, fol. 223. 1 page 1/3.
> *Enreg. à la Chambre des Eaux et forêts, le 14 octobre 1544. Arch. nat.,* Z¹ᶜ 329, fol. 167. 2 pages.

Janvier.

13575. Édit de règlement pour la juridiction de la chambre du domaine établie au Parlement de Paris, par édit de mai 1543 (n° 13120). Fontainebleau, janvier 1543.

> Enreg. au Parl. de Paris, le 19 février 1544 n. s. Arch. nat., X¹ᵃ 8614, fol. 60 v°. 5 pages.
> Arrêt d'enregistrement. Idem, X¹ᵃ 4921, Plaidoiries, fol. 454.
> Enreg. à la Chambre des Comptes de Paris. Arch. nat., P. 2307, p. 379. 7 pages.
> Enreg. à la Chambre des Comptes de Montpellier. Arch. départ. de l'Hérault, B. 343, fol. 165. 5 pages.
> Imp. Pièce in-8° (s. l. n. d.). Bibl. nat., 8° F. actes royaux (cartons).
> Les loix, ordonnances et édictz..., depuis le roy S. Lois... Paris, Galiot du Pré, 1559, in-fol. fol. 190 r°.
> P. Rebuffi, Les édits et ordonnances des rois de France. Lyon, 1573, in-fol., p. 371.
> A. Fontanon, Édits et ordonnances, etc. Paris, 1611, in-fol., t. II, p. 247.
> E. Girard et J. Joly, Troisiesme livre des offices de France, etc. Paris, 1647, in-fol., t. I, p. 5.

13576. Édit de création d'une chambre des requêtes au Parlement de Bordeaux, sur le modèle de celle du Parlement de Paris. Fontainebleau, janvier 1543.

> Enreg. au Parl. de Bordeaux, le 23 janvier 1544 n. s. Arch. de la Gironde, B. 31, fol. 297 v°. 6 pages.

13577. Édit réglant les attributions et devoirs des officiers des monnaies dans l'exercice de leurs charges, ainsi que le payement de leurs gages. Fontainebleau, janvier 1543.

> Enreg. à la Cour des Monnaies, le 18 janvier 1544 n. s. Arch. nat., Z¹ᵇ 63, fol. 104. 12 pages.

13578. Édit de création de huit offices de sergents du guet en la ville de Sens, en outre du doyen et des douze sergents anciennement institués. Fontainebleau, janvier 1543.

> Enreg. aux Requêtes du Palais, sans préjudice de l'opposition des douze anciens sergents, le 22 décembre 1544.
> Enreg. au Parl. de Paris, le 21 janvier 1545 n. s. Arch. nat., X¹ᵃ 8615, fol. 192. 2 pages 1/3.

13579. Édit de création d'un second office de mesureur de blé à Chartres. Fontainebleau, janvier 1543.

> *Enreg. au Parl. de Paris, le 24 janvier 1544*
> *n. s. Arch. nat., X¹ᵃ 8614, fol. 55 v°. 2 pages.*
> *Arrêt d'enregistrement. Idem, X¹ᵃ 4921, Plaidoi-*
> *ries, fol. 300.*

1544.
Janvier.

13580. Édit de création de deux offices de conseillers
en la sénéchaussée de Quercy, au siège de
Montauban, outre les quatre créés par celui
de mai 1543 (n° 13125), et règlement pour
leurs fonctions. Fontainebleau, janvier 1543.

> Iᴍᴘ. Samuel Descorbiac, *Recueil général des*
> *édicts, déclarations, arrests, etc., entre les baillifs,*
> *senéschaux, etc.* Paris, R. Fouët, 1638, in-fol.,
> p. 242.

Janvier.

13581. Lettres d'ampliation de l'édit de décembre 1543
(n° 13522), portant création d'une nouvelle
chambre des requêtes au Parlement de Dijon. Fontainebleau, janvier 1543.

> *Enreg. au Parl. de Dijon. Arch. de la Côte-d'Or,*
> *Parl., reg. 111, fol. 100.*
> *Enreg. à la Chambre des Comptes de Dijon. Arch.*
> *de la Côte-d'Or, B. 20, fol. 144 v°.*

Janvier.

13582. Lettres d'ampliation de l'édit de décembre
1543 (n° 13520), portant création d'une
nouvelle chambre des requêtes au Parlement
de Rouen, et augmentation de sa juridiction.
Fontainebleau, janvier 1543.

> *Enreg. au Parl. de Rouen, le 10 du même mois.*
> Iᴍᴘ. Josias Bérault, *La coustume réformée du*
> *pays et duché de Normandie, etc.* Rouen, Jacques
> Besongne, 1660, in-fol., Appendice, p. 7.

Janvier.

13583. Édit de création d'un office de conservateur
des privilèges royaux du prieuré de Souvigny, pour connaître de toutes les causes
civiles dudit prieuré, au lieu du commissaire
nommé jusque-là par le sénéchal de Bourbonnais, et permission au cardinal de Tournon, archevêque d'Auch, prieur commendataire de Souvigny et à ses successeurs, de

Janvier.

pourvoir audit office. Fontainebleau, janvier 1543. 1544...

Présenté au Parl. de Paris, le 19 février 1544 n. s. Arch. nat., X¹ᵃ 4921, Plaidoiries, fol. 454. (Mention.)
Le Parl. décide des remontrances à ce sujet, le 14 mars 1544 n. s. Arch. nat., X¹ᵃ 1552, Conseil, fol. 301. (Mention.)

13584. Lettres ratifiant la vente faite par les commissaires du roi chargés de l'aliénation du domaine dans le Lyonnais et les pays voisins, à Jean Paffy, dit Bello, bourgeois de Lyon, des châtellenies, terres et seigneuries de Néronde et de Cleppé en Forez. Fontainebleau, janvier 1643. — Janvier.

Arrêt d'enreg. au Parl. de Paris, le 12 janvier 1544 n. s. Arch. nat., X¹ᵃ 1552, Conseil, fol. 134.

13585. Lettres ratifiant la vente faite par les commissaires chargés de l'aliénation du domaine dans le Lyonnais et pays voisins à Guyot Henry, bourgeois de Lyon, des terres et seigneuries de Feurs et Donzy en Forez. Fontainebleau, janvier 1543. — Janvier.

Arrêt d'enreg. au Parl. de Paris, le 12 janvier 1544 n. s. Arch. nationales, X¹ᵃ 1552, Conseil, fol. 133 v°.

13586. Lettres en faveur de Madeleine Picot, veuve de Jean le Bossu, marchand à Paris, tant en son nom que comme tutrice d'Eustache le Bossu. Fontainebleau, janvier 1543. — Janvier.

Bibl. nat., ms. Clairambault 782, p. 306. (Mention.)

13587. Provisions en faveur du sʳ de Châteauvieux, chevalier, sʳ de Froment, de l'office de conseiller et maître d'hôtel ordinaire du roi. Fontainebleau, janvier 1543. — Janvier.

Bibl. nat., ms. Clairambault 782, p. 306. (Mention.)

13588. Édit portant création d'un quatrième office d'élu dans l'élection de Guéret. Janvier 1543. — Janvier.

Enreg. à la Cour des Aides de Paris. Arch. nat., Recueil Cromo, U. 665, fol. 65. (Mention.)

13589. Commission à François Errault, s^r de Che-mans, garde des sceaux, et à Antoine Bohier, s^r de Saint-Ciergues, pour vendre la ferme du douzième sur les vins et autres boissons vendus en gros à Châlons-sur-Marne, à Guil-laume, Charles, Claude et Louis Godet. Jan-vier 1543.

Avec le contrat de vente de ladite ferme.

Enreg. à la Chambre des Comptes de Paris, anc. mém. 2 L, fol. 326 v°. *Arch. nat.*, invent. PP. 319, p. 39. (*Mention.*)
Enreg. à la Cour des Aides de Paris, le 12 février 1544 n. s. Arch. nat., Recueil Cromo., U. 665, fol. 302. (Mention.)

13590. Lettres contenant transaction passée avec la veuve Durand, marchande à Orléans, au sujet de condamnations prononcées en la Chambre d'Anjou contre les marchands ayant commis des abus dans les gabelles. Janvier 1543.

Enreg. à la Cour des Aides de Paris. Arch. nat., Recueil Cromo, U. 665, fol. 302. (Mention.)

13591. Provisions de l'office de conseiller au Parle-ment de Dijon, pour Jean de Maillerois, licencié ès droits. Fontainebleau, 2 février 1543.

Enreg. au Parl. de Dijon, le 18 novembre 1546. Arch. de la Côte-d'Or, Parl., reg. IV, fol. 42.

13592. Lettres de marque et représailles contre les Portugais, accordées à Jean Ango, seigneur de la Rivière, capitaine royal de Dieppe, pour l'indemniser des pertes des cargaisons du navire *la Michelle* et du galion *la Musette*, prises par des sujets du roi de Portugal, armés en course. Fontainebleau, 3 février 1543.

Enreg. au Parl. de Provence. Arch. de ladite cour à Aix, reg., petit in-fol. de 253 feuillets, fol. 152 v°.

13593. Lettres de jussion pour la réception de celui qui a été pourvu de l'office de correcteur à la Chambre des Comptes de Grenoble, le

1544.
Janvier.

Janvier.

2 février.

3 février.

3 février.

9 septembre 1543 (n° 13330). Fontainebleau, 3 février 1543.

> IMP. C.-U.-J. Chevalier, *Ordonnances relatives au
> Dauphiné.* Colmar, 1871, in-8°, n° 861. (*Mention.*)

1544.

13594. Provisions de l'office d'amiral de France en fa-
veur de Claude d'Annebaut, maréchal de
France, en remplacement de Philippe Chabot.
Fontainebleau, 5 février 1543.

5 février.

> *Reçu au Parl. de Paris, le 10 mars 1544 n. s.
> Arch. nat.,* X¹ᵃ 4921, Plaidoiries, fol. 528 v°.
> (*Mention.*)
> *Bibl. nat., Mss. Moreau, t. 1340, fol. 16. (Men-
> tion.*)

13595. Lettres portant don à Charles de France, duc
d'Orléans, du duché de Bourbonnais, pour
le tenir en pairie et en jouir à titre d'apanage.
Fontainebleau, 5 février 1543.

5 février.

> *Enreg. au Parl. de Paris, sauf restrictions, le
> 28 février 1544 n. s. Arch. nat.,* X¹ᵃ 8614, fol. 65.
> 7 pages 1/3.
> *Arrêt d'enregistrement. Idem,* X¹ᵃ 4921, Plai-
> doiries, fol. 469.
> *Enreg. à la Chambre des Comptes de Paris. Arch.
> nat.,* P. 2307, p. 321; P. 2537, fol. 378;
> P. 2554, fol. 38 v°; AD.IX 125, n° 60. 11 pages.
> *Enreg. à la Cour des Aides de Paris. Arch. nat.,
> Recueil Cromo,* U. 665, fol. 303. (*Mention.*)

13596. Provisions pour Joachim de Matignon de
l'office de lieutenant général du roi en Normandie, sous le dauphin et l'amiral d'Annebaut, et en leur absence. Fontainebleau, 5 février 1543.

5 février.

> *Enreg. au Parl. de Rouen, le 15 mars suivant.
> Copie du* XVIIⁱ *siècle. Bibl. nat., ms.* Clairam-
> bault 959, p. 174.

13597. Lettres déclarant que la révocation des dons de
parties ou membres du domaine ne s'applique
pas au don de la terre de Gontaut, précédemment fait à la dame de Castelpers. Fontainebleau, 6 février 1543.

6 février.

> *Enreg. à la Chambre des Comptes de Paris. Arch.
> nat.,* P. 2307, p. 821. 2 pages 1/2.

13598. Lettres par lesquelles le roi, nonobstant l'édit de réunion du domaine aliéné, maintient Antoine de Clermont et Claude de Saint-Seine, sa femme, sieur et dame de Saint-Seine-sur-Vingeanne, en possession d'une partie de cette terre. Fontainebleau, 6 février 1543.

> *Enreg. à la Chambre des Comptes de Dijon, le 21 mars suivant. Arch. de la Côte-d'Or, reg. B. 20, fol. 146 v°.*

1544.
6 février.

13599. Lettres portant confirmation des privilèges et exemptions des capitaines, lieutenants et archers de la garde du roi et règlement pour leurs gages. Fontainebleau, 7 février 1543.

> *Enreg. au Parl. de Paris, sauf réserves, le 11 mars 1544 n. s. Arch. nat., X¹ª 8614, fol. 218 v°. 3 pages.*
> *Arrêt d'enregistrement. Idem, X¹ª 4921, Plaidoiries, fol. 541 v°.*
> *Enreg. à la Chambre des Comptes de Paris, anc. mém. 2 L, fol. 424. Arch. nat., AD.IX 125, n° 61, et PP. 136, p. 527. (Mentions.)*

7 février.

13600. Lettres de relief de surannation et mandement au Parlement de Paris pour l'enregistrement des lettres de février 1517 n. s. (n° 606) concernant les privilèges des officiers de la prévôté de Paris. Fontainebleau, 7 février 1543.

> *Enreg. au Parl. de Paris, le 6 mars suivant. Arch. nat., X¹ª 8614, fol. 123 v°. 1 page 1/2.*

7 février.

13601. Lettres portant création d'un office de monnayeur en la Monnaie d'Aix, au profit de Rostang de Greulx. Fontainebleau, 7 février 1543.

> *Enreg. à la Cour des Monnaies, le 8 mars 1544 n. s. Arch. nat., Z¹ᵇ 63, fol. 118 v°. 2 pages.*

7 février.

13602. Lettres portant création d'un office d'ouvrier en la Monnaie d'Aix au profit de Guillaume Marmet. Fontainebleau, 7 février 1543.

> *Enreg. à la Cour des Monnaies, le 8 mars 1544 n. s. Arch. nat., Z¹ᵇ 63, fol. 124. 1 page.*

7 février.

13603. Lettres portant création d'un office de monnayeur en la Monnaie d'Aix, au profit d'Au-

7 février.

bert Meilheuret. Fontainebleau, 7 février   1544.
1543.

Enreg. à la Cour des Monnaies, le 8 mars 1544
n. s. Arch. nat., Z¹ᵇ 63, fol. 131 v°. 1 page.

13604. Exemption de tailles et subsides en faveur   10 février.
d'Étienne Baillard, fifre de la compagnie
du sʳ de Ricarville, pour services rendus au
siège de Landrecies. 10 février 1543.

Enreg. à la Cour des Aides de Paris. Arch. nat.,
Recueil Cromo, U. 665, fol. 303. (Mention.)

13605. Lettres ordonnant de délivrer les provisions de   10 février.
salpêtre aux trésoriers et gardes de l'artillerie.
Fontainebleau, 10 février 1543.

Copie. Arch. de la ville de Lyon, CC, 335.

13606. Lettres de commission adressées à Jean de Man-   10 février.
sencal, premier président du Parlement de
Toulouse, pour faire contribuer par recettes
les habitants des jugeries de Rivière, Verdun, Comminges, Agen et Lectoure au payement des 20,000 livres par an, dont la
perception a été autorisée jusqu'à l'entier
achèvement du pont de Toulouse. Fontainebleau, 10 février 1543.

Expédition en parchemin, signée Bollioud. Arch.
municip. de Toulouse, carton 71.

13607. Lettres données à la requête de Jean Dugard   10 février.
et de François Auxcouteaux, enquêteurs et
examinateurs anciens au bailliage d'Amiens,
portant révocation de l'édit de création d'un
office de troisième enquêteur audit bailliage,
et des provisions dudit office accordées à
Jérôme Pocquet, à condition que les examinateurs anciens rembourseront à celui-ci la
somme qu'il a versée pour se faire pourvoir.
Fontainebleau, 10 février 1543.

Enreg. au Parl. de Paris, le 28 février 1544.
Arch. nat., X¹ᵃ 1552, Conseil, fol. 263 v°. (Men-
tion.)

13608. Mandement à Jacques Bochetel de payer à Jean   10 février.
Chapelain, qui a succédé à son père Jean
comme médecin ordinaire du roi, une somme

de 570 livres 16 sous 4 deniers tournois pour ses gages du 14 avril 1543, date de la mort de son père, au 31 décembre de la même année. Fontainebleau, 10 février 1543.

Original. Bibl. nat., ms. fr. 25723, n° 827.

1544.

13609. Lettres en faveur des courtiers aumeurs de drap de Rouen. Fontainebleau, 11 février 1543.

Enreg. au Parl. de Rouen, le 7 septembre 1546. Bibl. nat., Mss. Moreau, t. 1406, fol. 103. (Mention.)

11 février.

13610. Confirmation de la cession des terres de Chalamont et de Montmerle au comte de Pont-de-Vaux. Fontainebleau, 12 février 1543.

Copie du XVIᵉ siècle. Arch. de la ville de Lyon, AA. 5.

12 février.

13611. Ordonnance portant création de trois cents salpêtriers et de quatorze greniers à salpêtre, et concession des droits et privilèges desdits salpêtriers (20 articles). Fontainebleau, 13 février 1543.

*Enreg. à la Chambre des Comptes de Paris, le 1ᵉʳ mars 1544 n. s. Arch. nat., P. 2307, p. 341. 16 pages.
Enreg. à la Cour des Aides, le 7 mars 1544 n. s. Copie collationnée faite par ordre de ladite cour. Arch. nat., Zⁱᵃ 526.
Imp. Pièce in-4°. Arch. nat., AD.I 24, et AD.IX 125, n° 62. 9 pages.*

13 février.

13612. Provisions en faveur de François Des Ouches de l'office de lieutenant du maître des Eaux et forêts du comté de Blois, en remplacement et sur la résignation de Jean Joulin. Fontainebleau, 13 février 1543.

Enreg. à la Chambre des Eaux et forêts (siège de la Table de marbre), le 21 février 1544 n. s. Arch. nat., Zⁱᵉ 329, fol. 27 v°. 1 page.

13 février.

13613. Lettres maintenant le connétable de Montmorency dans la possession des biens à lui donnés par Jean de Laval, seigneur de Châteaubriant. Fontainebleau, 13 février 1543.

Bibl. nat., Table de Bréquigny, coll. Moreau, ms. 1145, fol. 60. (Mention.)

13 février.

13614. Provisions en faveur de Robert de Lénoncourt 1544.
de l'office de gouverneur et bailli de Valois, 14 février.
sur la résignation faite à son profit et avec
réserve de survivance par son père, Henri
de Lénoncourt, comte de Nanteuil. Fontainebleau, 14 février 1543.

> Reçu au Parl. de Paris, le 26 février suivant.
> Arch. nat., X¹ᵃ 4921, Plaidoiries, fol. 465. (Men-
> tion.)

13615. Mandement à Pierre Sanson, commis au paye- 14 février.
ment de l'extraordinaire des guerres, de faire
parvenir au sieur Du Biez, maréchal de
France, lieutenant général de Picardie en
l'absence du duc de Vendôme, une somme
de 30,000 livres tournois nécessaire au payement des gages des gens d'armes placés sous
ses ordres. Paris, 14 février 1543.

> Original. Bibl. nat., ms. fr. 25723, n° 828.

13616. Exemption de tailles et subsides octroyée à 14 février.
Guillaume Nicolas, homme d'armes, pour
services rendus au roi à la défense de Landrecies. 14 février 1543.

> Enreg. à la Cour des Aides de Paris. Arch. nat.,
> Recueil Cromo, U. 665, fol. 302. (Mention.)

13617. Lettres ordonnant le recouvrement, au profit 15 février.
de la duchesse de Nemours, des amendes et
condamnations résultant de la réformation
des forêts domaniales de Nemours, Nogent
et Pont-sur-Seine. Fontainebleau, 15 février
1543.

> Enreg. à la Chambre des Eaux et forêts (siège de
> la Table de marbre), le 23 août 1544. Arch. nat.,
> Z¹ᵉ 329, fol. 157 v°. 4 pages.

13618. Exemption de tailles et subsides en faveur de 19 février.
Jean Robert, dit Duval, pour services rendus
en qualité de soudard au siège de Landrecies.
19 février 1543.

> Enreg. à la Cour des Aides de Paris. Arch. nat.,
> Recueil Cromo, U. 665, fol. 302. (Mention.)

13619. Don à Pierre Strozzi, conseiller et chambellan 19 février.

ordinaire du roi, de la terre et seigneurie de Belleville en Beaujolais. 19 février 1543.   1544.

> *Bibl. nat., ms. Clairambault 782, p. 307. (Mention.)*

13620. Mandement au Parlement de Paris pour l'enregistrement de l'édit de création de six offices de conseillers en la juridiction du grand maître des Eaux et forêts de France, au siège de la Table de marbre du Palais. Paris, 20 février 1543.   20 février.

> *Enreg. au Parl. de Paris, le 13 mars 1544 n. s. Arch. nat., X¹ᵃ 8614, fol. 218. 1 page.*

13621. Déclaration pour la mise en vigueur du tarif du grand péage de Suze, dressé par les gens des comptes du roi en Savoie et en Piémont, le 12 juillet précédent. Paris, 22 février 1543.   22 février.

> *Enreg. au Parl. de Paris, le 11 mars 1544 n. s. Arch. nat., X¹ᵃ 8614, fol. 97 v°. 2 pages 1/3.*
> *Arrêt d'enregistrement. Idem, X¹ᵃ 4921, Plaidoiries, fol. 541 v°.*
> *Enreg. à la Chambre des Comptes de Paris. Arch. nat., P. 2307, p. 391. 3 pages 1/2.*
> *Arch. de la ville de Lyon, Invent. Chappe, t. X, p. 578. (Mention.)*

13622. Lettres portant imposition sur les habitants de Paris d'une somme de 180,000 livres tournois, pour la solde de sept mille cinq cents hommes de guerre à pied. Paris, 22 février 1543.   22 février.

> *Arch. nat., H. 1780, fol. 42. (Mention.)*
> *Imp. Registres des délibérations du Bureau de la ville de Paris. Paris, 1886, in-4°, t. III, p. 30. (Mention.)*

13623. Lettres portant dérogation à un arrêt rendu aux Grands jours de Tours, le 8 novembre 1533, qui prescrivait la démolition du château de Romefort et condamnait par contumace Jean de Sully, seigneur dudit lieu, à être décapité. Olivier Guérin, seigneur de la Béausse, gentilhomme ordinaire de la maison du roi, gendre de Jean de Sully, obtient la conser-   22 février.

vation du château de Romefort. Paris, 22 février 1543.

> *Enreg. au Parl. de Paris, le 13 juillet 1544.*
> *Arch. nat., X¹ᵃ 8614, fol. 303. 1 page 1/2.*

1544.

13624. Lettres portant création d'un office de monnayeur en la Monnaie de Chambéry, au
profit d'Amblard Colin. Paris, 22 février
1543.

22 février.

> *Enreg. à la Cour des Monnaies, le 8 mars 1544*
> *n. s. Arch. nat., Z¹ᵇ 63, fol. 112 v°. 3 pages.*

13625. Lettres portant création d'un office de monnayeur en la Monnaie de Chambéry, au
profit de Jean Perron. Paris, 22 février
1543.

22 février.

> *Enreg. à la Cour des Monnaies, le 8 mars 1544*
> *n. s. Arch. nat., Z¹ᵇ 63, fol. 115 bis. 3 pages.*

13626. Lettres adressées au sénéchal de Bazadais, lui
mandant que les villes closes de sa sénéchaussée auront à pourvoir à la solde et entretien de deux cent cinquante hommes de
pied pour quatre mois, et lui ordonnant de
faire la répartition de ce subside entre lesdites villes. Paris, 22 février 1543.

22 février.

> *Copie. Arch. de M. le comte de Marcellus.*
> *Impr. Archives hist. de la Gironde. Bordeaux,*
> t. XIII, 1871-1872, in-4°, p. 394.

13627. Lettres portant imposition sur la ville de Lyon
et le pays lyonnais d'une somme de 7,200 livres pour la solde des gens de guerre. Paris,
22 février 1543.

22 février.

> *Copie du xvrᵉ siècle. Arch. de la ville de Lyon.*
> CC. 316.

13628. Lettres portant mandement au conseil de ville
d'Angers touchant la solde des gens de pied.
Paris, 22 février 1543.

22 février.

> *Copie du xvrᵉ siècle. Arch. municip. d'Angers,*
> BB. 22, fol. 236.

13629. Provisions en faveur de Guillaume Olivier, licencié ès lois, de l'office de procureur du
roi sur le fait des Eaux et forêts de la séné-

22 février.

chaussée d'Anjou, au siège de Baugé, office
auquel il n'avait pas encore été pourvu depuis
l'édit de création. Paris, 22 février 1543. 1544.

> *Enreg. à la Chambre des Eaux et forêts (siège de*
> *la Table de marbre), le 23 février suivant. Arch.*
> *nat., Z¹ᵃ 329, fol. 30. 1 page.*

13630. Lettres portant fixation des décimes du diocèse   23 février.
de Clermont. 23 février 1543.

> *Enreg. à la Chambre des Comptes de Paris. Arch.*
> *nat., invent. PP. 136, p. 527. (Mention.)*

13631. Lettres à la Chambre des Comptes et au bailli   23 février.
de Chalon, leur faisant savoir que Jean Bou-
ton, écuyer, a fait hommage au roi pour sa
seigneurie de Bosjean. Paris, 23 février
1543.

> *Imp. Pierre Palliot, Hist. généal. des comtes de*
> *Chamilly, de la maison de Bouton. Lyon, 1671,*
> *in-fol., Preuves, p. 116.*

13632. Lettres conférant de nouveaux pouvoirs aux   24 février.
commissaires chargés de négocier un em-
prunt en la ville de Lyon, pour subvenir aux
dépenses militaires. Paris, 24 février 1543.

> *Enreg. au Parl. de Paris, le 3 mars 1544 n. s.*
> *Arch. nat., X¹ᵃ 8614, fol. 69. 4 pages 1/2.*

13633. Lettres portant suppression des tabellions et   25 février.
petits sceaux en Dauphiné, et confirmation
des lettres de Louis XI ordonnant la même
suppression. Paris, 25 février 1543.

> *Enreg. au Parl. de Grenoble, le 23 avril 1544.*
> *Arch. de l'Isère, Chambre des Comptes de Grenoble,*
> *B. 2911, II, fol. 35. 6 pages 1/2.*

13634. Lettres autorisant les sujets delphinaux à insérer   25 février.
des réserves de fruits dans les résignations de
bénéfices du Dauphiné, ainsi que le per-
mettait la coutume avant l'ordonnance de
1540, excepté pour les bénéfices qui sont de
nomination royale. Paris, 25 février 1543.

> *Enreg. au Parl. de Grenoble, le 23 avril 1544.*
> *Arch. de l'Isère, Chambre des Comptes de Grenoble,*
> *B. 2911, II, fol. 36. 6 pages.*

13635. Édit portant suppression des offices de receveurs et contrôleurs des deniers communs des villes du Dauphiné. Paris, 25 février 1543.

1544.
25 février.

> *Enreg. au Parl. de Grenoble, le 23 avril 1544.*
> *Arch. de l'Isère, Chambre des Comptes de Grenoble,*
> B. 2911, II, fol. 34. 5 pages.

13636. Déclaration portant que les habitants du Dauphiné n'ont jamais été sujets au droit d'aubaine dans le royaume, et révoquant tout ce qui pouvait avoir été fait au contraire. Paris, 25 février 1543.

25 février.

> *Enreg. au Parl. de Grenoble, le 21 avril 1544.*
> *Arch. de l'Isère, Chambre des Comptes de Grenoble,*
> B. 2911, II, fol. 40. 5 pages.

13637. Déclaration portant que les habitants de Lyon et du pays lyonnais qui ont des biens en Bresse, Dombes et Dauphiné, ne doivent contribuer à aucune sorte de tailles, aides, dons, subsides, octrois, sinon dans les lieux où ils ont leur domicile réel. Paris, 26 février 1543.

26 février.

> *Enreg. au Grand Conseil.*
> *Arch. municipales de Bourg-en-Bresse.*
> *Imp. J. Brossard, Cartulaire de Bourg-en-Bresse.*
> Bourg, 1882, in-4°, p. 579. (*Mention.*)

13638. Lettres portant décharge, en faveur du clergé du diocèse de Clermont, des arrérages des décimes et dons gratuits, moyennant certaines sommes y énoncées. Paris, 26 février 1543.

26 février.

> *Original. Arch. départ. du Puy-de-Dôme, Évêché,*
> liasse 25, C. 7.

13639. Don à Claude Genton, sieur des Brosses, prévôt de l'hôtel du roi, de 936 livres tournois que le receveur des parties casuelles avait reçues ou allait recevoir de Jean Le Prévost, receveur de Senlis, pour semblable somme que ce dernier devait à Anne Le Prévost, veuve de Louis de Beaufort et mère de Philippe, dont les biens ont été confisqués,

26 février.

parce qu'elle tenait le parti de l'empereur.
Paris, 26 février 1543.

1544.

Original. Bibl. nat., ms. fr. 25723, n° 829.

13640. Mandement à la Chambre des Comptes de
procéder à la vérification du don confirmé
en février 1543 (n° 12899), à Charles Tiercelin, s^r de la Roche-du-Maine, des château,
terre et seigneurie de Lambut. 26 février
1543.

26 février.

*Arrêt d'enregistrement de la Chambre des Comptes
de Paris, le 4 mars suivant. Arch. nat., P. 2537,
fol. 382 v°.*

13641. Lettres portant mandement à la Chambre des
Comptes de Paris de faire payer à Jean
d'Estouteville la somme de 2,682 livres
2 sous, pour ses gages de l'office de gouverneur de Térouanne. 26 février 1543.

26 février.

*Enreg. à la Chambre des Comptes de Paris, le
5 mai 1544, anc. mém. 2 M, fol. 35. Arch. nat.,
invent. PP. 136, p. 527. (Mention.)*

13642. Lettres d'ampliation de juridiction en faveur
des conseillers du bailliage et de la chancellerie de Dijon. Paris, 27 février 1543.

27 février.

*Enreg. au Parl. de Dijon, le 17 mars suivant.
Arch. de la Côte-d'Or, Parl., reg. III, fol. 104.*

13643. Lettres de jussion pour l'exécution de l'édit de
décembre 1543 (n° 13522), portant créa-
tion d'une nouvelle chambre des requêtes au
Parlement de Dijon. Paris, 27 février 1543.

27 février.

*Enreg. au Parl. de Dijon. Arch. de la Côte-d'Or,
Parl., reg. III, fol. 103.*
*Enreg. à la Chambre des Comptes de Dijon. Arch.
de la Côte-d'Or, B. 20, fol. 144 v°.*

13644. Lettres autorisant la fabrication en la Monnaie
de Limoges de testons et de demi-testons,
jusqu'à concurrence de 500 marcs. Paris,
27 février 1543.

27 février.

*Original sur parchemin dans les minutes d'or-
donnances de la Cour des Monnaies. Arch. nat.,
Z^{1b} 537.*
*Enreg. à la Cour des Monnaies, le 13 mai 1544.
Arch. nat., Z^{1b} 63, fol. 134 v°. 3 pages.*

13645. Lettres portant décharge de décimes en faveur de l'abbaye des Hayes, au diocèse de Grenoble. 27 février 1543.

> Enreg. à la Chambre des Comptes de Paris, le 11 mars suivant. Arch. nat., invent. PP. 136, p. 528. (Mention.)

1544.
27 février.

13646. Lettres autorisant l'achat de lingots d'argent provenant des prises en mer sur les côtes de Bretagne, et la fabrication en la Monnaie de Tours de testons et de demi-testons, jusqu'à concurrence de 6,000 marcs d'argent, dans le délai d'une année. Paris, 28 février 1543.

> Original sur parchemin dans les minutes d'ordonnances de la Cour des Monnaies. Arch. nat., Z¹ᵇ 537.
> Enreg. à la Cour des Monnaies, le 7 mars 1544 n. s. Arch. nat., Z¹ᵇ 63, fol. 121. 3 pages.

28 février.

13647. Lettres portant ordre à tous prélats, barons et autres seigneurs temporels, consuls et syndics du Dauphiné, d'assister personnellement aux États de la province, selon l'ancienne coutume. Paris, 28 février 1543.

> Enreg. au Parl. de Grenoble, le 28 mars 1544. Arch. de l'Isère, Chambre des Comptes de Grenoble, B. 2911, II, fol. 37, 5 pages.

28 février.

13648. Provisions de l'office de maître particulier des Eaux et forêts de la seigneurie d'Épernay pour Denis Rochereau, en remplacement d'Étienne Cousin, décédé. Paris, 28 février 1543.

> Enreg. le lendemain à la Chambre des Eaux et forêts (siège de la Table de marbre). Arch. nat., Z¹ᵃ 329, fol. 32. 1 page.

28 février.

13649. Lettres de naturalité accordées à Philippe de la Montagne, natif d'Armentières en la châtellenie de Lille, principal du collège de Tournay à Paris depuis dix-sept ans. Paris, 28 février 1543.

> Enreg. à la Chambre des Comptes de Paris, le 8 mars suivant. Arch. nat., P. 2537, fol. 375 v°, et P. 2554, fol. 36 v°. 2 pages 1/2.

28 février.

13650. Provisions en faveur de Jacques Leclerc, li-

28 février.

cencié ès lois, avocat en Parlement, d'un
office de conseiller lai au Parlement de Paris,
en remplacement et sur la résignation de
Bertrand Lelièvre. Paris, 28 février 1543.

> *Présentées au Parl., le 6 mars 1544, et ledit
> Leclerc reçu le 17. Arch. nat., X¹ᵃ 1552, Conseil,
> fol. 273 et 319. (Mentions.)*

13651. Lettres réglant la conduite du ban et de l'arrière-
ban en la sénéchaussée de Beaucaire et Nîmes,
dans les bailliages de Gévaudan, Velay et Vivarais, dans le gouvernement de Montpellier, etc. Paris, dernier février 1543.

> *Enreg. au Parl. de Toulouse, le 6 juillet 1545.
> Arch. de la Haute-Garonne, Édits, reg. 5, fol. 155.
> Enreg. à la Cour des Aides de Montpellier, le
> 14 mai 1544.
> Imp. Jean Philippi, Édits et ordonnances concer-
> nant l'autorité des Cours des Aides de France. Mont-
> pellier, Gillet, 1597, in-fol., p. 127. (Édition de
> Lyon, 1561, p. 174.)
> A. Fontanon, Édits et ordonnances, etc. Paris,
> 1611, in-fol., t. II, p. 815.
> J. Corbin, Nouveau recueil des édits... de la
> juridiction des Cours des Aides de Paris, Rouen, etc.
> Paris, 1623, in-4°, p. 268.*

13652. Édit de suppression des deux offices de conseillers nouvellement créés en la sénéchaussée
du Maine, siège du Mans. Fontainebleau, février 1543.

> *Enreg. au Parl. de Paris, le 14 février 1544 n. s.
> Arch. nat., X¹ᵃ 8614, fol. 57 v°. 2 pages.
> Arrêt d'enregistrement. Idem, X¹ᵃ 1552, Conseil,
> fol. 225 v°.*

13653. Édit de suppression d'un office d'enquêteur sur
les trois existant au bailliage et siège d'Amiens.
Fontainebleau, février 1543.

> *Enreg. au Parl. de Paris, le 28 février 1544 n. s.
> Arch. nat., X¹ᵃ 8614, fol. 58 v°. 3 pages.*

13654. Édit de règlement des fonctions, droits et privilèges de l'office d'amiral de France, donné
à la requête de Claude d'Annebaut, maréchal
de France, lieutenant général en Normandie,
récemment pourvu de la charge d'amiral, au

1544.

29 février.

Février.

Février.

Février.

lieu de Philippe Chabot, comte de Charny. 1544.
Fontainebleau, février 1543.

> Enreg. au Parl. de Paris sauf modifications, le
> 10 mars 1544 n. s. Arch. nat., X¹ᵃ 8614, fol. 82.
> 26 pages.
> Arrêt d'enregistrement. Idem, X¹ᵃ 4921, Plai-
> doiries, fol. 529, et X¹ᵃ 1552, Conseil, fol. 297 v°.
> Imp. Rouen, Martin le Mégissier, imp., 1600,
> in-8°. Bibl. nat., 8° F. Actes royaux (cartons).
> Deux autres pièces in-8° : 1° Rouen, Martin le
> Mégissier, 1619, in-8°;
> 2° Rouen, imp. de David du Petit-Val et Jean
> Viret, 1657, in-8° (même cote).
> P. Rebuffi, Les édits et ordonnances des rois de
> France, etc. Lyon, 1573, in-fol., p. 914.
> A. Fontanon, Édits et ordonnances, etc. Paris,
> 1611, in-fol., t. III, p. 18.
> Isambert, Anc. lois françaises, etc. Paris, 1827,
> in-8°, t. XII, p. 854.

13655. Édit de création de six offices de conseillers ou Février.
assesseurs dans les diverses cours et sièges de
la sénéchaussée de Lyon. Fontainebleau, février 1543.

> Enreg. au Parl. de Paris, sauf réserves, le
> 20 mars 1544 n. s. Arch. nationales, X¹ᵃ 8614,
> fol. 124. 3 pages 1/2.
> Édit d'enregistrement. Idem, X¹ᵃ 4921, Plai-
> doiries, fol. 596 v°.

13656. Édit de création d'un office de sergent général Février.
en la sénéchaussée de Saumur. Fontaine-
bleau, février 1543.

> Enreg. au Parl. de Paris, avec un mandement
> du 6 mars 1547 n. s. ordonnant l'enregistrement, le
> 1ᵉʳ août 1549, en conséquence d'un nouveau mande-
> ment adressé au Parl. par Henri II, Paris, le
> 29 juillet 1549. Arch. nat., X¹ᵃ 8616, fol. 295 v°,
> 296 v°. 3 pages.

13657. Édit portant création d'un second office d'avocat Février.
général à la Cour des Aides. Fontainebleau,
février 1543.

> Enreg. à la Cour des Aides de Paris, le 20 février
> 1544 n. s. Copie collationnée faite par ordre de
> ladite Cour, le 19 février 1778. Arch. nat., Z¹ᵃ 527.
> Enreg. à la Chambre des Comptes de Paris, anc.
> mém. 2 L, fol. 260. Arch. nat., AD.IX 125,
> n° 55, et PP. 136, p. 527. (Mentions.)

13658. Lettres portant attribution au sénéchal du Maine ou à son lieutenant au Mans, de la première connaissance et décision des cas royaux, ban et arrière-ban et de la juridiction des exempts par appel, selon la coutume par tout l'ancien ressort du comté du Maine, ainsi que dans le duché de Beaumont, le comté de Laval, Montdoubleau et Saint-Calais. Fontainebleau, février 1543.

Présentées au Parl. et reçues à opposition, le 19 février 1544 n. s. Arch. nat., X¹ᵃ 4921, Plaidoiries, fol. 454 v°. (Mention.)

1544.
Février.

13659. Édit portant établissement d'une chambre des requêtes du palais en chacun des Parlements du royaume, sur le modèle de celle du Parlement de Paris, et règlement pour leur juridiction et leur fonctionnement. Fontainebleau, février 1543.

Enreg. à la Chambre des Comptes de Paris, anc. mém. 2 N, fol. 235. Arch. nat., AD.IX 125, n° 54, et PP. 136, p. 527. (Mentions.)
Imp. G. Blanchard, Compilation chronologique, etc. Paris, 1715, in-fol., t. I, col. 570. (Mention.)

Février.

13660. Lettres portant création d'une chambre des requêtes au Parlement de Toulouse, pour connaître en première instance, ainsi que le fait la chambre des requêtes du palais à Paris, des causes et matières personnelles et possessoires des privilégiés; établissement et création d'un conseiller président et de cinq conseillers-lais. Fontainebleau, février 1543.

Enreg. au Parl. de Toulouse, le 21 avril 1544. Arch. de la Haute-Garonne, Édits, reg. 5, fol. 92. 4 pages.

Février.

13661. Permission octroyée par le roi à demoiselle Gabrielle de Lauderge, dame du Teil, d'établir un port sur le Rhône, au lieu du Teil-d'Ardèche, pour passer toutes sortes de marchandises venant de Languedoc, moyennant certains droits de passage. Fontainebleau, février 1543.

Enreg. au Parl. de Toulouse, le 15 mars 1544

Février.

n. s. Arch. de la Haute-Garonne, Édits, reg. 5, fol. 89. 5 pages.

Enreg. à la Chambre des Comptes de Montpellier. Arch. départ. de l'Hérault, B. 343, fol. 22. 7 pages.

1544.

13662. Lettres autorisant et ratifiant les baux passés par les officiers du roi, pour mettre en nature de labourage des bois dépendant de la châtellenie d'Aisey-le-Duc. Fontainebleau, février 1543.

Février.

Enreg. à la Chambre des Comptes de Dijon, le 10 février suivant. Arch. de la Côte-d'Or, reg. B. 19, fol. 60 v°.

13663. Permission aux habitants d'Avrolles de fortifier leur village et de le clore de murailles, tours, portaux, ponts-levis, etc. Fontainebleau, février 1543.

Février.

Original. Arch. départ. de l'Yonne, E. 527.

13664. Lettres portant confirmation des privilèges de la ville de Seyne-les-Alpes. Fontainebleau, février 1543.

Février.

Original. Arch. municipales de Seyne (Basses-Alpes), AA. 41.

13665. Édit portant attribution à la Chambre des Comptes de Paris de la connaissance des comptes des décimes et octrois caritatifs et autres subventions du clergé. Fontainebleau, février 1543.

Février.

Enreg. à la Chambre des Comptes de Paris, le 13 du même mois. Arch. nat., P. 2537, fol. 372 v°; P. 2554, fol. 34 v°; P. 2562, p. 445; AD.IX 125, n° 59. 2 pages.

13666. Lettres portant union et incorporation des pays, baronnies et châtellenies de Combrailles au duché de Montpensier, en faveur de Louise de Bourbon, duchesse de Montpensier. Paris, février 1543.

Février.

Enreg. au Parl. de Paris, le 28 février 1544 n. s. Arch. nat., X¹ᵃ 8614, fol. 75. 3 pages.
Arrêt d'enregistrement. Idem, X¹ᵃ 4921, Plaidoiries, fol. 469.

Enreg. à la Chambre des Comptes de Paris. Arch.
nat., P. 2307, p. 299. 4 pages 1/2.

Copie du XVIIᵉ siècle. Arch. nat., K. 546, II.

IMP. Nicolas Coustureau, La vie de Louis de
Bourbon surnommé le Bon, premier duc de Montpensier. Rouen, 1642, in-4°, p. 131.

Du Bouchet, Hist. de Louis de Bourbon, etc.,
par N. Coustureau, nouv. édit. Rouen, 1645,
in-4°, p. 131.

Le P. Anselme, Hist. généal. de la maison de
France, etc. Paris, 1728, in-fol., t. III, p. 521.

13667. Édit d'union des deux seigneuries de Maillebois et de Blévy en un seul fief tenu de la baronnie de Châteauneuf-en-Thimerais et devant
au roi un seul hommage, en faveur de Jean
d'O, échanson du roi et permission d'y
établir foire et marché. Paris, février 1543.

1544.

Février.

Enreg. au Parl. de Paris, le 5 mars 1544 n. s.
Arch. nat., Xⁱᵃ 8614, fol. 80 v°. 2 pages 1/4.

Enreg. à la Chambre des Comptes de Paris, anc.
mém. 2 M, fol. 267. Arch. nat., AD.IX 125,
fol. 58, et PP. 136, p. 527. (Mentions.)

13668. Lettres de confirmation de l'établissement de
douze sergents des foires de Champagne et
de Brie. Paris, février 1543.

Février.

Enreg. au Parl. de Paris, le 24 avril 1544. Arch.
nat., Xⁱᵃ 8614, fol. 149. 3 pages.

Arrêt du Parl. rendu sur opposition, le 24 mars
1544 n. s. Arch. nat., Xⁱᵃ 4921, Plaidoiries,
fol. 615.

13669. Édit de création de trois offices de conseillers
en la Chambre du Trésor à Paris, et règlement de sa juridiction en matière domaniale.
Paris, février 1543.

Février.

Enreg. au Parl. de Paris, le 9 juin 1544. Arch.
nat., Xⁱᵃ 8614, fol. 233. 6 pages.

Enreg. à la Chambre des Comptes de Paris, le
19 juillet 1544. Arch. nat., P. 2307, p. 525.
10 pages 1/2.

Enreg. à la Cour des Aides de Paris. Copie collationnée faite par ordre de ladite Cour, le 22 août
1780. Arch. nat., Zⁱᵃ 527.

Les loix, ordonnances et édictz, etc., depuis le roy
S. Lois... Paris, Galyot du Pré, 1559, in-fol.,
fol. 191 r°.

P. Rebuffi, Les édits et ordonnances des rois de
France, etc. Lyon, 1573, in-fol. p. 373.

A. Fontanon, *Édits et ordonnances, etc.* Paris, 1611, t. II, p. 248.   1544.
Recueil de plusieurs édicts, lettres patentes, déclarations, arrests, etc., concernant la jurisdiction de la Chambre du Thrésor. Paris, 1641, in-fol., p. 117.
Jean Bacquet, *Œuvres.* Lyon, 1744, 2 vol. in-fol., t. II, p. 588.

13670. Édit de création d'un office de gruyer et garde en la gruerie du duché de Valois. Paris, février 1543.   Février.

Enreg. au Parl. de Paris, le 19 novembre 1549, à la suite d'un mandement de Henri II, donné à Paris, le 6 juillet 1549. Arch. nat., X¹ᵃ 8616, fol. 323. 2 pages.
Arrêt d'enregistrement. Idem, X¹ᵃ 4939, Plaidoiries, fol. 58.

13671. Édit portant création d'un office de quatrième élu dans l'élection de Limoges. Février 1543.   Février.

Enreg. à la Cour des Aides de Paris. Arch. nat., Recueil Cromo, U. 665, fol. 64. (Mention.)

13672. Déclaration portant que le roi n'entend pas comprendre le Parlement de Dauphiné dans l'édit de création des chambres des requêtes près les Parlements du royaume, et que ladite cour sera maintenue en son état antérieur, conformément aux remontrances des États de la province. Paris, 1ᵉʳ mars 1543.   1ᵉʳ mars.

Enreg. au Parl. de Grenoble, le 23 avril 1544. Arch. de l'Isère, Chambre des Comptes de Grenoble, B. 2911, II, 33. 5 pages 1/2.

13673. Déclaration portant que, conformément aux libertés delphinales, les habitants du Dauphiné ne pourront être appelés hors du ressort pour quelque cause que ce soit, excepté pour le crime de lèse-majesté. Paris, 1ᵉʳ mars 1543.   1ᵉʳ mars.

Enreg. au Parl. de Grenoble, le 24 avril 1544. Arch. de l'Isère, Chambre des Comptes de Grenoble, B. 2911, II, fol. 38 (incomplet).

13674. Mandement aux sénéchaux d'Agénais, Condomois, Bazadais et des Lannes, ou à leurs lieutenants, à la requête d'Henri II, roi de Navarre, et pour remédier aux abus qui se sont   1ᵉʳ mars.

produits au préjudice de ce prince dans le domaine de sa seigneurie d'Albret, de procéder à la réformation de ce domaine. Paris, 1ᵉʳ mars 1543.

1544.

> *Original scellé. Arch. départ. des Basses-Pyrénées, E. 114.*

13675. Lettres portant création d'un office de monnayeur en la Monnaie d'Aix, au profit de Jean Andrieu. Paris, 1ᵉʳ mars 1543.

1ᵉʳ mars.

> *Enreg. à la Cour des Monnaies, le 8 juillet 1544. Arch. nat., Z¹ᵇ 63, fol. 145 vᵒ. 1 page.*

13676. Lettres portant création d'un office d'ouvrier en la Monnaie d'Aix, au profit de Désirier Margueret. Paris, 1ᵉʳ mars 1543.

1ᵉʳ mars.

> *Enreg. à la Cour des Monnaies, le 8 juillet 1544. Arch. nat., Z¹ᵇ 63, fol. 147.*

13677. Provisions pour Jean Duryant, avocat en Parlement, d'un office de conseiller aux requêtes du Palais, en remplacement et sur la résignation de Jean Tronson, son beau-père, et dispense pour exercer cet office nonobstant qu'il ne soit point conseiller au Parlement. Paris, 1ᵉʳ mars 1543.

1ᵉʳ mars.

> *Présentées au Parl., le 6 mars 1544 n. s. et ledit Duryant reçu le 12. Arch. nat., X¹ᵃ 1552, Conseil, fol. 272 vᵒ et 300 vᵒ. (Mentions.)*

13678. Ordonnance portant qu'en l'absence du juge et de son lieutenant, les avocats les plus anciens pourront administrer la justice dans la ville de Sisteron. Paris, 2 mars 1543.

2 mars.

> *Original scellé. Arch. municipales de Sisteron (Basses-Alpes), FF. 23.*

13679. Lettres autorisant les barons et bannerets du Dauphiné à avoir leurs juges dans les villes où ils ont coutume d'en établir, suivant l'ordonnance du roi Charles VII. Paris, 3 mars 1543.

3 mars.

> *Enreg. au Parl. de Grenoble, le 24 avril 1544. Arch. de l'Isère, B. 2334, fol. 160. 4 pages.*

13680. Lettres portant concession aux officiers de la

3 mars.

Monnaie de Bordeaux d'une maison en ladite
ville, pour en jouir gratuitement et à perpétuité. Paris, 3 mars 1543.

1544.

> Enreg. à la Chambre des Comptes de Paris, le
> 7 juin 1565 n. s., anc. mém. 3 E, fol. 100. Arch.
> nat., P. 2313, p. 231. 5 pages.

13681. Confirmation du don fait le 15 février 1542
n. s. (n° 12340) à Adrien de Pisseleu, s' de
Heilly, écuyer d'écurie du roi, de l'état et
office de gouverneur, capitaine et bailli de
Hesdin, et de certains droits en dépendant.
Paris, 3 mars 1543.

3 mars.

> Arrêt d'enregistrement à la Chambre des Comptes
> de Paris, le 14 mars suivant. Arch. nat., P. 2537,
> fol. 383 v°, et P. 2554, fol. 43 v°.
> Bibl. nat., ms. Clairambault 782, p. 307. (Men-
> tion.)

13682. Lettres confirmant l'anoblissement octroyé par
le duc de Savoie à Emmanuel Baradin, jadis
son sujet et serviteur, à présent élu à Loches
et clerc des offices de la maison du dauphin.
Paris, 3 mars 1543.

3 mars.

> Arrêt d'enregistrement de la Chambre des Comptes
> de Paris, le 12 mars suivant. Arch. nat., P. 2537,
> fol. 383, et P. 2554, fol. 43.

13683. Déclaration portant que l'exercice de la profession de juge et d'avocat ne déroge point à
la noblesse, donnée à la requête des nobles
habitants de Rennes. Paris, 4 mars 1543.

4 mars.

> Enreg. au Conseil de Bretagne, à Rennes, le
> 19 juillet 1544, et au Parl. de Bretagne, à Nantes,
> le 7 septembre 1544.
> Imp. E. Girard et J. Joly, Troisiesme livre des
> offices de France. Paris, 1647, in-fol., t. I, p. 585.
> Isambert, Anc. lois françaises, etc. Paris, 1827,
> in-8°, t. XII, p. 869.

13684. Déclaration en faveur de la duchesse de Vendôme et de Beaumont, portant que par l'érection du duché de Beaumont, le roi a entendu
conférer au sénéchal de Beaumont les mêmes
droits et privilèges dont jouissent les séné-

4 mars.

chaux d'Anjou et du Maine. Paris, 4 mars 1544.
1543.

Présentée au Parl. de Paris, le 20 mars 1544
n. s. Arch. nat., X¹ᵃ 1552, Conseil, fol. 321.
(Mention.)

13685. Mandement à Pierre Sanson, commis au paye-   4 mars.
ment de l'extraordinaire des guerres, de faire
porter en toute diligence au duc de Vendôme, lieutenant général en Picardie, une
somme de 30,955 livres 10 sous tournois
pour le payement des troupes placées sous
ses ordres. Paris, 4 mars 1543.

Original. Bibl. nat., ms. fr. 25723, n° 830.

13686. Mandement aux généraux conseillers sur le fait   4 mars.
des finances et au trésorier de l'épargne de
faire payer à Laurent de Corval et à Pierre
Vincent, marchands de Lyon, une somme
de 14,250 livres tournois qui avait été assignée sur les recettes de Martin de Troyes,
receveur général des finances de Lyon, et
que celui-ci se refusait à payer. Paris, 4 mars
1543.

Original. Bibl. nat., ms. fr. 25723, n° 831.

13687. Déclaration portant que les habitants du Dau-   5 mars.
phiné ne seront cotisables aux aides, dons
gratuits et autres subsides qu'au lieu de leur
résidence. Paris, 5 mars 1543.

Enreg. au Parl. de Grenoble, le 21 avril 1544.
Arch. de l'Isère, B. 2334, fol. 164 v°. 1 page.

13688. Lettres enjoignant aux receveurs des décimes   5 mars.
et dons gratuits faits au roi par les prélats et
membres du clergé, de défalquer sur les décimes de l'année courante les deniers em-
pruntés par le roi au clergé, pendant les
années 1538 et 1539. Paris, 5 mars 1543.

Enreg. au Parl. de Grenoble. Arch. de l'Isère,
B. 2334, fol. 249 v°. 1 page.

13689. Lettres portant permission à tous les anciens   5 mars.
notaires du Dauphiné, supprimés par l'ordon-
nance de 1540, d'exercer leurs offices pendant leur vie, en payant 4 livres chacun au

receveur général de ladite province. Paris, 5 mars 1543.

Enreg. au Parl. de Grenoble, le 21 avril 1544. Arch. de l'Isère, Chambre des Comptes de Grenoble, B. 2910, cah. 152. 4 pages.

1544.

13690. Lettres validant les payements faits par les receveurs de Poitou et de Meaux à Antoine Du Prat, seigneur de Nantouillet, fils d'Antoine Du Prat, chancelier de France, jusqu'à l'entier payement des 161,623 livres restant du prêt de 280,000 livres fait par son père au roi. Paris, 6 mars 1543.

6 mars.

Enreg. à la Chambre des Comptes de Paris, le 1er avril 1544 n. s. Arch. nat., P. 2307, p. 397. 8 pages.

13691. Lettres portant exemption du logement des gens de guerre, en faveur des habitants de Chambéry. Paris, 6 mars 1543.

6 mars.

Original. Arch. municipales de Chambéry, AA. 28.

13692. Don du revenu de la châtellenie de Vergy à Antoine de Civry, capitaine châtelain d'Argilly, gruyer, verdier et garde des Eaux et forêts au bailliage de Dijon, pour lui tenir lieu des 400 livres de gages de son office. Paris, 6 mars 1543.

6 mars.

Enreg. à la Chambre des Comptes de Dijon, le 6 avril suivant. Arch. de la Côte-d'Or, B. 19, fol. 55.

13693. Lettres portant assignation de 200 livres de gages par an à Jean des Bruyères, lieutenant du gruyer, verdier et garde des Eaux et forêts des châtellenies royales d'Argilly et de Vergy, au bailliage de Dijon. Paris, 6 mars 1543.

6 mars.

Enreg. à la Chambre des Comptes de Dijon. Arch. de la Côte-d'Or, B. 19, fol. 54.

13694. Lettres portant que la somme de 2,000 livres avancée par le roi aux habitants de la ville d'Auxerre, pour les frais et fournitures par eux faits aux camps de Luxembourg et de Landrecies, leur demeurera en rembourse-

6 mars.

ment de pareille somme par eux prêtée au
roi. 6 mars 1543.

> *Enreg. à la Chambre des Comptes de Paris, le
> 7 mai 1544, anc. mém. 2 M, fol. 34. Arch. nat.,
> invent. PP. 136, p. 529. (Mention.)*

13695. Lettres portant règlement pour les fonctions
de lieutenant général au siège d'Aurillac, dépendant du bailliage des Montagnes d'Auvergne. Paris, 7 mars 1543.

> *- Enreg. au Parl. de Paris, le 29 mai 1544. Arch.
> nat., X¹ᵃ 8614, fol. 201. 2 pages 1/2.*
> *Arrêt d'enregistrement. Idem, X¹ᵃ 4922, Plai-
> doiries, fol. 215 v°.*

13696. Lettres de jussion à la Cour des Aides pour
l'enregistrement de l'édit du 17 mai 1543
(n° 13069), portant création des offices de
contrôleurs des aides et tailles dans les élections du royaume. Paris, 7 mars 1543.

> *Enreg. à la Cour des Aides de Paris, le 19 mars
> 1544 n. s. Copie collationnée faite par ordre de la-
> dite cour, le 12 février 1779. Arch. nat., Z¹ᵃ 527.
> Copie du XVI° siècle. Bibl. nat., ms. fr. 2702,
> fol. 249 v°.*
> *IMP. J. Corbin, Nouveau recueil des édits... de
> la juridiction des Cours des Aides de Paris,
> Rouen, etc. Paris, 1623, in-4°, p. 310.*
> *Isambert, Anc. lois françaises, etc. Paris, 1827,
> in-8°, t. XII, p. 873.*

13697. Lettres portant suppression de la recette des
tailles et équivalents de la généralité de
Guyenne, et union de ladite recette à celle
de Poitiers. Paris, 8 mars 1543.

> *Enreg. à la Chambre des Comptes de Paris, anc.
> mém. 2 L, fol. 365. Arch. nat., AD.IX 125,
> n° 68, et PP. 136, p. 529. (Mentions.)*

13698. Lettres de confirmation des privilèges accordés
par les rois de France aux religieux Célestins.
Paris, 9 mars 1543.

> *Enreg. au Parl. de Paris, le 27 mars 1544 n. s.
> Arch. nat., X¹ᵃ 8614, fol. 99. 1 page 1/2.*
> *Suivent les vidimus des privilèges concédés aux
> Célestins par :*
> *1° François Iᵉʳ. Paris, mars 1515 n. s. (n° 165),
> fol. 99 v°. 2 pages 1/2 ;*

2° Louis XII. Paris, juillet 1498, fol. 101, 2 pages 1/3 ;   1544.

3° Charles VIII. Vincennes, mai 1484 ;

4° Louis XI. Saint-Jean-d'Angély, 15 février 1462 n. s. ;

5° Charles VII. Champigny en Touraine, juillet 1459, fol. 109 v°. 9 pages 1/2 ;

6° Charles VI. Paris, 26 septembre 1413, fol. 102. 6 pages 1/2 ;

7° Charles VI. Paris, 6 octobre 1384 ;

8° Charles V. Paris, octobre 1369, fol. 105 v°. 8 pages.

13699. Lettres portant ordre à la Chambre des Comptes   9 mars.
de Grenoble de faire imputer aux États du
Dauphiné, sur le don gratuit de 1545, la
somme de 20,000 livres prêtée au roi à la
place des grains que les États n'avaient pu
fournir pour l'armée navale. Meudon, 9 mars
1543.

*Enreg. à la Chambre des Comptes de Grenoble, le
7 mai suivant. Arch. de l'Isère, B. 2911, II, fol. 39.*
5 pages.

13700. Commission au s^r de Grignan, lieutenant   9 mars.
général en Provence, pour lever un « bon
nombre de pyonniers pour besoigner en
toute dilligence à fortiffier certain lieu fort à
propos, que nous ne voullons estre cy de-
claré, selon l'advertissement que en fera
nostre conseiller et chambellan, le capitaine Polin, qui congnoist l'affaire ». 9 mars
1543.

Impr. Vallet de Viriville, *Catalogue des Archives
de la maison de Grignan.* Paris, 1844, in-8°, p. 14.
(*Mention.*)

13701. Lettres portant condamnation de deux ouvrages   10 mars.
de Ramus, intitulés, l'un : *Institutiones dialec-
ticæ*, l'autre : *Aristotelicæ animadversiones*, et
faisant défense à l'auteur d'enseigner, sans
l'expresse permission du roi, la dialectique
ou toute autre partie de la philosophie, et
aussi d'user à l'avenir de « telles médisances
et invectives », soit contre Aristote ou autres

anciens auteurs reçus et approuvés, soit contre l'Université. Paris, 10 mars 1543.

> Imp. Du Boulay, *Hist. Universitatis Parisiensis.*
> Paris, 1673, in-fol., t. VI, p. 388, 394.
> Ch. Waddington, *Ramus (Pierre de la Ramée),*
> *sa vie, ses écrits et ses opinions.* Paris, Meyrueis,
> 1855, in-8°, p. 49.
> Jourdain, *Index chronol. chartarum Universitatis.*
> Paris, 1862, in-fol., p. 354. (*Mention.*)

13702. Lettres portant création d'un office d'ouvrier en la Monnaie de Grenoble, au profit de Claude Bertrand. Paris, 10 mars 1543.

> *Enreg. à la Cour des Monnaies, le 5 juillet 1544.*
> *Arch. nat., Z¹ᵇ 63, fol. 148 v°. 3 pages.*

13703. Lettres concernant le contrôleur du domaine et ses attributions. Paris, 11 mars 1543.

> *Reçues au Parl. de Toulouse, le 26 juillet 1545.*
> *Arch. de la Haute-Garonne, Édits, reg. 5, fol. 205.*
> 4 pages 1/2.

13704. Lettres portant création d'un office d'ouvrier en la Monnaie de Chambéry, au profit d'Enemond Barbier. Paris, 11 mars 1543.

> *Enreg. à la Cour des Monnaies, le 24 juillet 1544.*
> *Arch. nat., Z¹ᵇ 63, fol. 171. 2 pages.*

13705. Déclaration portant que les personnes qui seront présentées aux bénéfices vacants par le chancelier, les présidents et les conseillers du Parlement, en vertu de l'indult qui leur en a été accordé par le pape, seront nommées de préférence aux gradués simples et gradués des Universités. Saint-Germain-en-Laye, 13 mars 1543.

> *Enreg. au Parl. de Paris, sans date. Arch. nat.,*
> X¹ᵃ 8614, fol. 165. 4 pages.
> Imp. Dom Félibien, *Hist. de la ville de Paris.*
> Paris, 1725, in-fol., t. V (Preuves, III), p. 285,
> col. 2.

13706. Provisions de l'un des offices de maréchaux de France, vacant par le décès de Robert Stuart, sr d'Aubigny, en faveur d'Antoine Des Prez,

1544.

10 mars.

11 mars.

11 mars.

13 mars.

13 mars.

s^r de Montpezat.. Saint-Germain-en-Laye,   1544.
13 mars 1543.

> *Enreg. à la Connétablie et maréchaussée de France.*
> *Arch. nat., Z^{1a} 5 (anc. Z. 3501), fol. 310 v°. 1 page.*

13707. Lettres portant création d'un office d'ouvrier   15 mars.
en la Monnaie de Montélimart, au profit de
Pierre Olivier, dit de La Roche. Saint-Germain-en-Laye, 15 mars 1543.

> *Enreg. à la Cour des Monnaies, le 5 juillet 1544.*
> *Arch. nat., Z^{1b} 63, fol. 151. 3 pages.*

13708. Lettres portant création d'un office de mon-   15 mars.
nayeur en la Monnaie de Grenoble, au profit
de Pierre Mestadier. Saint-Germain-en-Laye,
15 mars 1543.

> *Enreg. à la Cour des Monnaies, le 5 juillet 1544.*
> *Arch. nat., Z^{1b} 63, fol. 155 v°. 3 pages.*

13709. Lettres portant création d'un office d'ouvrier   15 mars.
en la Monnaie de Grenoble, au profit de
Georges de Calma. Saint-Germain-en-Laye,
15 mars 1543.

> *Enreg. à la Cour des Monnaies, le 5 juillet 1544.*
> *Arch. nat., Z^{1b} 63, fol. 158. 2 pages.*

13710. Lettres d'évocation et de renvoi à la troisième   17 mars.
chambre des enquêtes du Parlement de
Paris de tous les procès nés et à naître pour
raison des biens et de la succession de feu
Morelet du Museau, général des finances.
Saint-Germain-en-Laye, 17 mars 1543.

> *· Entérinées au Parl., le 27 mars 1544 n. s. Arch.*
> *nat., X^{1a} 1552, Conseil, fol. 343. (Mention.)*

13711. Lettres d'émancipation de Nicolas de Hellen-   17 mars.
villiers, agé de dix-neuf ans. Saint-Germain-
en-Laye, 17 mars 1543.

> *Vidimus de la vicomté de Caen. Bibl. nat., Pièces*
> *orig., Hellenvilliers, vol. 1504, p. 72.*

13712. Lettres autorisant la fabrication en la Mon-   18 mars.
naie de Rennes de testons et de demi-testons,
jusqu'à concurrence de 3,000 marcs d'argent, avec la vaisselle et l'argent provenant

des prises sur mer. Saint-Germain-en-Laye 1544.
18 mars 1543.

> *Original sur parchemin dans les minutes d'ordon-*
> *nances de la Cour des Monnaies. Arch. nat., Z¹ᵇ 537.*
> *Enreg. à la Cour des Monnaies, le 5 mai 1544.*
> *Arch. nat., Z¹ᵇ 63, fol. 133. 3 pages.*

13713. Lettres portant assignation du payement des 18 mars.
gages des officiers de la Cour des Aides de
Rouen sur les gabelles. Saint-Germain-en-
Laye, 18 mars 1543.

> *Enreg. à la Chambre des Comptes de Paris, le*
> *2 avril 1544 n. s., anc. mém. 2 L, fol. 417. Arch.*
> *nat., AD.IX 125, n° 69, et PP. 136, p. 529.*
> *(Mentions.)*

13714. Lettres de confirmation des privilèges accordés 19 mars.
aux marchands et artisans suivant la cour, et
augmentation de leur nombre. Saint-Germain-
en-Laye, 19 mars 1543.

> *Copie collat. du xvıᵉ siècle. Arch. départ. de*
> *Saône-et-Loire.*
> *Bibl. nat., Mss. Moreau, t. 1394, fol. 219.*
> *(Mention.)*
> *Imp. Pièce in-4°. Arch. nat., AD.I 24. 4 pages.*
> *Recueil d'édits, déclarations, etc... du roy, portant*
> *création et confirmation des privilèges accordés aux*
> *douze et vingt-cinq marchands de vin privilegiez sui-*
> *vant la cour... Paris, 1667, in-4°, p. 1. (Bibl.*
> *nat., F. 13292.)*

13715. Provisions de l'office de conseiller lai au Par- 19 mars.
lement de Bordeaux, pour Gabriel Gentils.
Saint-Germain-en-Laye, 19 mars 1543.

> *Enreg. au Parl. de Bordeaux, le 14 juin 1544.*
> *Arch. de la Gironde, B. 31, fol. 327. 2 pages 1/2.*

13716. Exemption de tailles et subsides accordée à 19 mars.
Jacques Convers, homme de guerre, pour
services rendus à la défense de Landrecies.
Saint-Germain-en-Laye, 19 mars 1543.

> *Enreg. à la Cour des Aides de Paris. Arch. nat.,*
> *Recueil Cromo, U. 665, fol. 307. (Mention.)*

13717. Déclaration portant règlement pour les fonc- 20 mars.
tions et prérogatives du receveur des domaines

du roi dans le duché d'Auvergne et le Carla- .   1544.
dais. Saint-Germain-en-Laye, 20 mars 1543.

> *Enreg. au Parl. de Paris, le 26 avril 1544. Arch.*
> *nat., X¹ᵃ 8614, fol. 140. 4 pages.*
> *Arrêt d'enregistrement. Idem, X¹ᵃ 1552, Conseil,*
> *fol. 415.*

13718. Ordonnance interdisant le cours des petits du- 22 mars.
cats frappés en Castille et en Sicile, reçus
pour 45 et 48 sous tournois, ainsi que des
écus fabriqués à Gênes, Lucques et Genève,
et reçus dans le royaume pour 45 sous tournois. Beynes, 22 mars 1543.

> *Original sur parchemin dans les minutes d'ordon-*
> *nances de la Cour des Monnaies. Arch. nat., Z¹ᵇ 537.*
> *Enreg. à la Cour des Monnaies, le 24 mars 1544*
> *n. s. Arch. nat., Z¹ᵇ 63, fol. 128. 3 pages.*

13719. Commission aux cardinaux de Tournon et de 23 mars.
Meudon, à François Errault, président au
Parlement de Turin, et à Antoine Bohier,
sʳ de Saint-Ciergues, gouverneur de Touraine,
pour vendre aux prévôt des marchands et
échevins de Paris les fermes de l'impôt sur
les draps vendus en gros et du huitième sur
le vin vendu en détail dans le quartier de la
Cité à Paris et dans plusieurs villes de l'élection, en payement de la rente au denier
douze des 100,000 écus d'or soleil ou
225,000 livres tournois prêtés au roi par la
ville. Montfort-l'Amaury, 23 mars 1543.

> *Original. Arch. nat., H. 2151.*
> *Enreg. au Parl. de Paris, avec le contrat de*
> *ladite vente en date du même jour, le 26 mars 1544*
> *n. s. Arch. nat., X¹ᵃ 8614, fol. 180 et 186.*
> *19 pages.*
> *Enreg. à la Chambre des Comptes de Paris, le*
> *28 mars 1544 n. s.*
> *Enreg. à la Cour des Aides de Paris, le 28 mars*
> *1544 n. s. Arch. nat., Recueil Cromo, U. 665,*
> *fol. 303. (Mention.)*

13720. Lettres de jussion pour l'enregistrement des 23 mars.
lettres du 26 février précédent (n° 13641),
ordonnant le payement des gages de Jean

d'Estouteville, comme gouverneur de Té-   1544.
rouanne. 23 mars 1543.

> *Enreg. à la Chambre des Comptes de Paris, le*
> *5 mai 1544, anc. mém. 2 M, fol. 35. Arch. nat.,*
> *invent. PP. 136, p. 527. (Mention.)*

13721. Lettres de ratification du contrat de vente   24 mars.
passé la veille par les commissaires du roi
aux prévôt des marchands et échevins de la
ville de Paris (n° 13719). Houdan, 24 mars
1543.

> *Original. Arch. nat., H. 2151.*
> *Enreg. au Parl. de Paris, le 26 mars 1544 n. s.*
> *Arch. nat., X¹ᵃ 8614, fol. 190. 2 pages.*
> *Enreg. à la Chambre des Comptes de Paris, le*
> *28 mars 1544 n. s.*
> *Enreg. à la Cour des Aides de Paris, le 28 mars*
> *1544 n. s. Arch. nat., Recueil Cromo, U. 665,*
> *fol. 303. (Mention.)*

13722. Ordonnance portant défense aux marchands   25 mars.
d'acheter les épiceries et drogueries à Anvers,
l'empereur prélevant sur ces marchandises
des droits excessifs de sept pour cent; règlement sur ce genre de commerce et création
d'offices de receveurs et contrôleurs des droits
imposés sur lesdites marchandises. Anet,
25 mars 1543.

> *Enreg. au Parl. de Paris, le 13 mai 1544. Arch.*
> *nat., X¹ᵃ 8614, fol. 159. 4 pages.*
> *Arrêt d'enregistrement. Idem, X¹ᵃ 4922, Plai-*
> *doiries, fol. 131 v°.*
> *Enreg. au Parl. de Toulouse, le 18 janvier 1546.*
> *Arch. de la Haute-Garonne, Édits, reg. 5, fol. 204.*
> *3 pages.*
> *Enreg. au Parl. de Provence. Arch. de cette cour*
> *à Aix, reg. pet. in-fol. de 253 feuillets, fol. 144 v°.*
> *Enreg. à la Chambre des Comptes de Paris, anc.*
> *mém. 2 M, fol. 213. Arch. nat., AD.IX 125,*
> *n° 70, et PP. 136, p. 529. (Mentions.)*

13723. Lettres portant confirmation de la vente de la   25 mars.
ferme de l'impôt des bûches, échalas et
merrien à treille de Paris, fait au nom du roi
par les commissaires sur le fait de l'aliénation
du domaine. Anet, 25 mars 1543.

Précédées dudit contrat de vente, fait à
Houdan, le 24 mars 1543.

> *Enreg. au Parl. de Paris, le 27 mars suivant. Arch.
> nat., X¹ᵃ 8614, fol. 133. 14 pages 1/2, dont 13
> pour le contrat.*

1544.

13724. Provisions pour François de La Fontaine, de
l'office de lieutenant criminel au bailliage
d'Auxerre. Anet, 25 mars 1543.

> *Reçu au Parl. de Paris, le 19 mai 1544. Arch.
> nat., X¹ᵃ 4922, Plaidoiries, fol. 153 v°. (Mention.)*

25 mars.

13725. Provisions en faveur d'Antoine Minard, président des enquêtes, de l'office de conseiller
lai au Parlement que tenait feu Antoine
Hélin, au lieu de l'office de conseiller clerc
qu'exerçait auparavant ledit Minard. Anet,
25 mars 1543.

> *Reçu le 28 du même mois au Parl. Arch. nat.,
> X¹ᵃ 1552, Conseil, fol. 344. (Mention.)*

25 mars.

13726. Lettres portant incorporation à l'apanage de
Charles de France, duc d'Orléans, de la terre
de Beaugency, récemment réunie au domaine.
Anet, 26 mars 1543.

> *Enreg. au Parl. de Paris, le 28 avril 1544. Arch.
> nat., X¹ᵃ 8614, fol. 150 v°. 1 page 1/2.*
> *Enreg. à la Chambre des Comptes de Paris. Arch.
> nat., P. 2307, p. 425. 3 pages.*

26 mars.

13727. Lettres donnant pouvoir à Charles de France,
duc d'Orléans, de réunir le domaine aliéné
dans l'étendue de son apanage, moyennant
remboursement aux détenteurs. Anet, 26 mars
1543.

> *Enreg. au Parl. de Paris, le 28 avril 1544. Arch.
> nat., X¹ᵃ 8614, fol. 151 v°. 4 pages 1/2.*
> *Arrêt d'enregistrement. Idem, X¹ᵃ 4922, Plai-
> doiries, fol. 36 v°.*
> *Enreg. à la Chambre des Comptes de Paris, le
> 10 mai 1544. Arch. nat., P. 2307, p. 417;
> P. 2537, fol. 387 v°; P. 2554, fol. 47; AD.IX 125,
> n° 71. 7 pages.*

26 mars.

13728. Déclaration portant que toutes personnes, de
quelque qualité et condition qu'elles soient,

26 mars.

excepté les secrétaires du roi et ses officiers
commensaux et domestiques, payeront la
taille en Languedoc, à raison de leurs biens
ruraux et d'ancienne contribution. Anet,
26 mars 1543.

> *Enreg. à la Cour des Aides de Montpellier, le
> 11 juillet 1544.*
> *Copie du xvi⁰ siècle. Arch. municip. de Mont-
> pellier,* Grand Thalamus, fol. 273. 1 page 1/2.
> IMP. Jean Philippi, *Édits et ordonnances concer-
> nant l'autorité des Cours des Aides de France.* Mont-
> pellier, 1597, in-fol., p. 131. (Édit. de Lyon, 1561,
> p. 175.)
> P. Rebuffi, *Les édits et ordonnances des rois de
> France, etc.* Lyon, 1573, in-fol., p. 611.
> A. Fontanon, *Édits et ordonnances, etc.* Paris,
> 1611, in-fol., t. II, p. 818.
> J. Corbin, *Nouveau recueil des édits.... de la
> juridiction des Cours des Aides de Paris, Rouen, etc.*
> Paris, 1623, in-4°, p. 276.
> A. Tessereau, *Hist. de la grande Chancellerie de
> France.* Paris, 1710, in-fol., t. I, p. 104.

13729. Lettres données à la requête des États de Languedoc, réduisant à trois deniers tournois
par livre le droit de douane sur le pastel, qui
avait été fixé à six deniers par l'édit général et
provisionnel, donné à Tonnerre, le 20 avril
1542 (n° 12456), sur la traite foraine. Anet,
26 mars 1543.

> *Enreg. au Parl. de Toulouse, le 24 juin 1544.
> Arch. de la Haute-Garonne, Édits,* reg. 5, fol. 101.
> *Copie. Arch. municipales de Toulouse,* ms. 440,
> fol. 15.

13730. Lettres rétablissant à titre viager en Languedoc les offices de notaires supprimés par une
précédente ordonnance, données à la requête
des États de la province. Anet, 26 mars 1543.

> *Enreg. à l'Hôtel de ville de Toulouse, le 2 mai
> 1544.
> Enreg. au Parl. de Toulouse, le 5 mai 1544.
> Enreg. au siège du Sénéchal de Toulouse, le
> 10 mai 1544; au siège du Sénéchal de Carcassonne,
> le 28 mai 1544 ; au siège du Sénéchal de Nîmes, le
> 10 juin 1544.
> Enreg. au Présidial de Montpellier, le 14 juin
> 1544.*

1544.

26 mars.

26 mars.

Arch. de la Haute-Garonne. Parl. de Toulouse,
Édits, reg. 5, fol. 97. 2 pages.
Copie du XVI° siècle. Arch. municip. de Mont-
pellier, Grand Thalamus, fol. 274. 1 page.
Arch. municip. de Toulouse, ms. 440, fol. 14;
ms. 8508, fol. 231.

13731. Lettres ordonnant la confection d'inventaires
des cèdes et protocoles des notaires décédés,
et de registres des lettres de collation par le
soin des capitouls, consuls ou juges ordinaires. Anet, 26 mars 1543.

Enreg. au Parl. de Toulouse, le 5 mai 1544.
Arch. de la Haute-Garonne, Édits, reg. 5, fol. 98.
1 page.
Arch. municip. de Toulouse, ms. 440, fol. 35,
et ms. 8508, fol. 233.

13732. Don à Jean Dacier de 40 écus d'or soleil, à
prendre sur le produit de la vente d'un office
de sergent en Bourgogne, vacant par la mort
de Claude Dupont. Anet, 27 [mars [1]] 1543.

Original. Bibl. nat., ms. fr. 25723, n° 832.

13733. Provisions en faveur de Jean Lelarge, licencié
ès lois, de l'office de procureur du roi sur le
fait des Eaux et forêts au siège de Château-
du-Loir en la sénéchaussée du Maine, auquel
office il n'avait pas encore été pourvu depuis
l'édit de création. Évreux, 28 mars 1543.

Enreg. à la Chambre des Eaux et forêts (siège de
la Table de marbre), le 3 avril 1544 n. s. Arch.
nat., Z1e 329, fol. 66 v°. 2 pages.

13734. Provisions de l'office de receveur et payeur des
gages des officiers du Parlement de Bor-
deaux, pour Robert Petit. Évreux, 31 mars
1543.

Enreg. au Parl. de Bordeaux, le 6 août 1544.
Arch. de la Gironde, B, 31, fol. 380. 2 pages.

13735. Déclaration concernant l'article sixième de l'ordonnance rendue en 1539 (n° 11171) sur

[1] La pièce est déchirée et la date du mois à disparu.

1544.

26 mars.

27 mars.

28 mars.

31 mars.

31 mars.

le fait de la justice et l'abréviation des procès. Évreux, 31 mars 1543. **1544.**

> *Enreg. au Parl. de Toulouse, le 6 juillet 1545. Arch. de la Haute-Garonne, Édits, reg. 5, fol. 156.* 1 page 1/2.

13736. Permission à Jean Lelarge d'exercer à la fois les offices de conseiller et procureur du roi en la sénéchaussée du Maine, siège particulier de Château-du-Loir, et de procureur du roi sur le fait des Eaux et forêts audit lieu. Évreux, 31 mars 1543. **31 mars.**

> *Enreg. à la Chambre des Eaux et forêts (siège de la Table de marbre), le 3 avril 1544 n. s. Arch. nat., Z1e 329, fol. 67.* 1 page.

13737. Édit de règlement des attributions et privilèges des huissiers et messagers de la Chambre des Comptes et de la Chambre du Trésor à Paris. Paris, mars 1543. **Mars.**

> *Enreg. au Parl. de Paris, le 9 avril 1544 n. s. Arch. nat., X1a 8614, fol. 143.* 6 pages.
> *Enreg. à la Chambre des Comptes de Paris, le 23 avril 1544. Arch. nat., P. 2307, p. 451.* 11 pages.
> *Imp. Pièce in-4°. Paris, Claude Richard, imprimeur. Arch. nat., ADI. 24.* 7 pages.
> *Autre pièce in-4°. Paris, 1740. Arch. nat., AD.IX 125, n° 64.* 7 pages.
> *Recueil de plusieurs édicts, lettres patentes, déclarations, arrests, etc..., concernant la jurisdiction de la Chambre du Thrésor. Paris, 1641, in-fol., p. 445.*

13738. Édit de création d'un second office d'enquêteur au siège de Loches. Paris, mars 1543. **Mars.**

> *Enreg. au Parl. de Paris, sans date. Arch. nat., X1a 8614, fol. 198 v°.* 2 pages.

13739. Édit de création d'un office de contrôleur de la marchandise de poisson de mer, tant frais que salé, vendu à Paris, portant que les jurés vendeurs ne seront plus électifs. Paris, mars 1543. **Mars.**

> *Enreg. au Parl. de Paris, de mandato expresso regis, le 20 mai 1544. Arch. nat., X1a 8614, fol. 203.* 4 pages 1/2.

IMP. Pièce in-4°. *Arch. nat.*, ADI. 24. 5 pages. 1544.
Autre pièce in-fol. Paris, J. Guérin, imprimeur, 1729. *Bibl. nat.*, F. *Actes royaux* (cartons).
N. Delamare, *Traité de la Police, etc.* Paris,
in-fol., t. III, 1719, p. 193.

13740. Lettres de suppression de l'office de trésorier   Mars.
de la ville de Libourne, dont avait été pourvu
Jean Gontier. Paris, mars 1543.

> *Enreg. au Parl. de Bordeaux, le 31 mars 1544
> n. s. Arch. de la Gironde, B. 31, fol. 317. 7 pages.*

13741. Ordonnance portant affranchissement des main-   Mars.
mortables du domaine du roi en Bourgogne.
Paris, mars 1543.

> *Enreg. au Parl. de Dijon, le 8 avril suivant. Arch.
> de la Côte-d'Or, Parl., reg. III, fol. 105.*
> *Enreg. à la Chambre des Comptes de Dijon, le
> 28 avril suivant. Arch. de la Côte-d'Or, reg. B. 20,
> fol. 152.*
> IMP. J. Garnier, *Chartes de communes et d'affran-
> chissement en Bourgogne.* Dijon, in-8°, t. III, p. 94.

13742. Lettres subrogeant Morelet du Museau, secré-   Mars.
taire et valet de chambre ordinaire du roi,
ambassadeur en Suisse, à tous les droits et
actions appartenant au roi sur les biens,
terres, seigneuries, possessions et héritages
de feu Morelet du Museau, le père, général
des finances. Paris, mars 1543.

> *Présentées au Parl. de Paris, le 27 mars 1544
> n. s. Arch. nat., X¹ᵃ 1552, Conseil, fol. 343.
> (Mention.)*
> *Enreg. à la Chambre des Comptes de Paris, le
> 2 avril suivant, anc. mém. 2 L, fol. 426. Arch.
> nat., invent. PP. 136, p. 529. (Mention.)*

13743. Lettres autorisant les habitants d'Aigues-Mortes   Mars.
à prendre chaque année aux salins de Peccais
trente muids de sel, pour la consommation
des habitants. Paris, mars 1543.

> *Copie. Arch. départ. de l'Hérault, C. États de
> Languedoc, coll. dom Pacotte, t. VII.*

13744. Lettres donnant pouvoir aux maîtres des re-   Mars.
quêtes de l'hôtel de présider au Grand conseil
en l'absence du chancelier et garde des sceaux
de France, et de précéder le président dudit

conseil, comme ils faisaient avant l'édit de
création de cet office, en date d'octobre
1540 (n° 11690). Paris, mars 1543.

> *Enreg. à la Grande chancellerie et au Grand
> conseil, le 6 mars 1544 n. s.*
> Imp. E. Girard et J. Joly, *Troisiesme livre des
> offices de France, etc.* Paris, 1647, in-fol., t. I,
> p. 656.

13745. Édit portant réduction à quatre-vingt-cinq du
nombre des sergents à verge du Châtelet de
Paris, et leur octroyant les mêmes pouvoirs
et prérogatives qu'aux quatre sergents fieffés.
Les quatre-vingt-cinq sont désignés nominativement. Saint-Germain-en-Laye, mars 1543.

> *Enreg. au Parl. de Paris, sauf réserve, le 20 mars
> 1544 n. s. Arch. nationales,* X¹ᵃ 8614, fol. 127.
> 5 pages 2/3.
> *Arrêt d'enregistrement. Idem,* X¹ᵃ 1552, Conseil,
> fol. 343 v°, et X¹ᵃ 4921, Plaidoiries, fol. 596 v°.
> Imp. E. Girard et J. Joly, *Troisiesme livre des
> offices de France, etc.* Paris, 1647, in-fol., t. II,
> p. 1581.

13746. Édit touchant une nouvelle aliénation du domaine de la couronne jusqu'à concurrence de
160,000 écus ou environ, pour les frais de
la guerre. Saint-Germain-en-Laye, mars 1543.

> *Enreg. au Parl. de Paris, le 20 mars 1544 n. s.
> Arch. nat.,* X¹ᵃ 8614, fol. 131. 4 pages 1/4.
> *Enreg. à la Cour des Aides de Paris. Arch. nat.,
> Recueil Cromo,* U, 665, fol. 303. *(Mention.)*
> *Enreg. à la Chambre des Comptes de Paris,* anc.
> mém. 2 L, fol. 390. *Arch. nat.,* AD.IX 125,
> n° 67, et PP. 136, p. 529. *(Mentions.)*

13747. Édit de création de deux offices de notaires
royaux de la cour et suite du roi, en la Prévôté de l'Hôtel. Saint-Germain-en-Laye, mars
1543.

> Imp. Pièce in-4°. *Arch. nat.,* AD.I 24. 2 pages.

13748. Lettres portant que les deniers des amendes seront affectés au payement des gages des conseillers et officiers du Parlement de Toulouse.
Saint-Germain-en-Laye, mars 1543.

> *Enreg. au Parl. de Toulouse, fin avril 1544. Arch.
> de la Haute-Garonne, Édits,* reg. 5, fol. 92. 2 pages.

1544.

Mars.

Mars.

Mars.

Mars.

13749. Édit de règlement pour l'exécution des sentences des auditeurs du Châtelet de Paris, portant qu'elles seront exécutées jusqu'à 25 livres, nonobstant appel, en donnant caution. Anet, mars 1543.

> *Enreg. au Parl. de Paris, le 22 novembre 1553, à la suite d'un mandement d'Henri II. Arch. nat., X¹ᵃ 8618, fol. 288. 2 pages.*
> *Bibl. nat., Mss. Moreau, t. 1394, fol. 336. (Mention.)*
> *Imp. Pièce in-8°. Paris, Vincent Sertenas, 1553. Bibl. nat., F. Actes royaux (cartons).*
> P. Rebuffi, *Les édits et ordonnances des rois de France*, etc. Lyon, 1573, in-fol., p. 300.
> A. Fontanon, *Édits et ordonnances,* etc. Paris, 1611, in-fol., t. I, p. 230.
> E. Girard et J. Joly, *Troisiesme livre des offices de France*, etc. Paris, 1647, t. II, in-fol., p. 948 et 1462. (Double.)
> Isambert, *Anc. lois françaises*, etc. Paris, 1827, in-8°, t. XII, p. 875.

13750. Édit de règlement pour la juridiction du prévôt forain de Laon dans la ville de Soissons et le pays Soissonnais. Anet, mars 1543.

> *Enreg. au Parl. de Paris, le 19 mai 1544. Arch. nat., X¹ᵃ 8614, fol. 191 v°. 6 pages.*

13751. Lettres accordant aux manants et habitants du bourg de la Planquette, paroisse de Saint-Hippolyte de Roquefourcade (auj. Saint-Hippolyte-du-Fort), quatre foires par an et un marché le lundi de chaque semaine. Mars 1543.

> *Original scellé. Arch. municip. de Saint-Hippolyte (arr. du Vigan, Gard), série AA.*

13752. Création d'une élection à Chaumont-en-Vexin, détachée du siège de Gisors, nomination des officiers et règlement de juridiction. Mars 1543.

> *Enreg. à la Cour des Aides de Paris, le 19 mars 1544 n. s. Arch. nat., Recueil Cromo, U. 665, fol. 304. (Mention.)*
> *Enreg. à la Chambre des Comptes de Paris,* anc. mém. 2 L, fol. 351. Arch. nat., AD.IX 125, n° 65, et PP. 136, p. 529. (Mentions.)

13753. Création d'une élection à Sézanne, distraite de celle de Troyes, avec création des offices dont elle doit être composée et règlement de juridiction. Mars 1543.

1544.
Mars.

> *Enreg. à la Chambre des Comptes de Paris,* anc. mém. 2 L, fol. 354. Arch. nat., AD.IX 125, n° 66, et PP. 136, p. 529. (*Mentions.*)
> *Enreg. à la Cour des Aides de Paris. Arch. nat., Recueil Cromo, U. 665, fol. 305* [1]. (*Mention.*)

13754. Lettres portant que les huissiers-messagers de la Chambre des Comptes, s'ils se rendent coupables de prévarication en exécutant des jugements ou commissions, seront justiciables des cours dont seront émanés lesdits jugements ou commissions. Évreux, 1er avril 1543.

1er avril.

> *Enreg. au Parl. de Paris, le 9 avril suivant. Arch. nat.,* X^{1a} 8614, fol. 146. 2 pages 1/4.

13755. Lettres portant confirmation du règlement fait par le seigneur de Grignan, lieutenant général en Provence, sur les contestations existant entre le trésorier de la marine du Levant et le receveur général de Provence, à raison des deniers provenant des profits des galères, navires et vaisseaux et autres casuels au pays de Provence. Évreux, 1er avril 1543.

1er avril.

> *Enreg. à la Chambre des Comptes de Paris, le 30 juin 1544. Arch. nat.,* P. 2307, p. 507. 3 pages.
> *Imp.* Pièce in-4°. *Arch. nat.,* AD.I 24, et AD.IX 125, n° 72. 2 pages.

13756. Confirmation des lettres du 19 janvier 1544 n. s. (n° 13554), portant création d'un maître de chaque métier dans toutes les villes du royaume, à l'occasion de la naissance de François de France, duc de Bretagne, fils du dauphin. Évreux, 2 avril 1543.

2 avril.

> *Enreg. au Parl. de Paris, le 7 août 1544. Arch. nat.,* X^{1a} 8614, fol. 313. 2 pages.
> *Arrêt d'enregistrement. Idem,* X^{1a} 4923, Plaidoiries, fol. 31.

---

[1] Au folio 316 du même recueil, ces lettres, mentionnées de nouveau, sont datées du 1er avril 1543.

13757. Don de la seigneurie de Tremblevif (auj. Saint-Viâtre) dans le Blésois à Georges de Recquerot (Reckenroth), capitaine de lansquenets. Évreux, 2 avril 1543.

> *Enreg. à la Chambre des Comptes de Blois, le 10 mai 1544. Archives nat.,* KK. 898, fol. 5. 2 pages.

1544.
2 avril.

13758. Provisions en faveur de Guillaume Barthélemy d'un office de conseiller clerc au Parlement de Paris, en remplacement d'Antoine Minard, créé conseiller lai, et dispense d'exercer ledit office bien qu'il soit marié. Évreux, 2 avril 1543.

> *Reçu au Parl., le 30 avril 1544. Arch. nat.,* X¹ᵃ 1553, Conseil, fol. 1. (*Mention.*)

2 avril.

13759. Commission à Robert Legoupil, lieutenant de l'Amirauté de France à la Table de marbre de Rouen, pour examiner les comptes de Jacques Cartier et du sᵣ de Roberval touchant leur expédition au Canada. Évreux, 3 avril 1543.

> *Copie du* xvıᵉ *siècle. Arch. de la ville de Saint-Malo,* HH. 1, n° 3. 3 pages.

3 avril.

13760. Mandement à Pierre Sanson, commis au payement de l'extraordinaire des guerres, de faire porter en Picardie au duc de Vendôme, lieutenant général, une somme de 20,000 livres tournois destinée à payer les frais de ravitaillement des villes et places fortes du pays. Évreux, 3 avril 1543.

> *Original. Bibl. nat., ms. fr.* 25723, n° 833.

3 avril.

13761. Mandement à Pierre Sanson, commis au payement de l'extraordinaire des guerres, de rembourser au duc de Vendôme, lieutenant général en Picardie, une somme de 450 livres tournois qu'il avait dépensée pour la réparation et fortification de « quelques remparts à l'entour de nostre ville de Guise ». Évreux, 3 avril 1543.

> *Original. Bibl. nat., ms. fr.* 25723, n° 834.

3 avril.

13762. Lettres adressées aux sénéchaux de Languedoc, leur ordonnant d'entériner celles du 26 mars précédent (n° 13730), relatives aux notaires, sans attendre l'enregistrement des cours souveraines. Évreux, 3 avril 1543.

1544.
3 avril.

> *Copie du xvi⁰ siècle. Arch. municip. de Montpellier, Grand Thalamus, fol. 274 v°. 1/2 page.*

13763. Mandement pour l'exécution de l'édit sur le fait des tailles en date du 26 mars 1543 (n° 13728). Évreux, 3 avril 1543.

3 avril.

> *Arch. départ. de l'Hérault, États de Languedoc, C. Procès-verbaux, 1544. (Mention.)*

13764. Commission adressée à Jean Meynier, premier président du Parlement de Provence, et à l'évêque de Saint-Flour, pour négocier au nom du roi avec le s⁰ Strozzi, un emprunt de 20,000 livres, et lui engager pour ce prix telle partie du domaine ou les revenus des greniers royaux qu'ils jugeront à propos. Abbaye de Bonport, 3 avril 1543.

3 avril.

> *Enreg. au Parl. de Provence. Arch. de ladite cour, à Aix, reg. petit in-fol. de 253 feuillets, fol. 159.*

13765. Mandement au Parlement de Paris de procéder criminellement contre Guillaume Poyet, chancelier de France, Jean Le Royer, conseiller au Châtelet de Paris, et Louis Martine, substitut du procureur général au Châtelet, pour abus et malversations. 3 avril 1543.

3 avril.

> *Visé dans l'arrêt prononcé contre eux, le 23 avril 1545. Arch. nat., X¹ᵃ 1556, Conseil, fol. 309. (Mention.)*

13766. Lettres portant qu'Henri II, roi de Navarre, dans tous ses domaines et seigneuries des ressorts des Parlements de Paris, Bordeaux et Toulouse, comme aussi tous les seigneurs justiciers du royaume en leurs juridictions patrimoniales, a le droit de révoquer et destituer ses officiers, bailes, sénéchaux, juges, capitaines, lieutenants, etc., et d'en insti

4 avril.

tuer d'autres à sa volonté. Conches, 4 avril 1543.

> *Original. Arch. départ. des Basses-Pyrénées,* E. 573.
> *Copie du xviie siècle. Bibl. nat., coll. Doat,* vol. 235, fol. 168.

1544.

13767. Lettres portant évocation et renvoi au Grand conseil des contestations concernant les bénéfices du chapitre de Saint-Gilles. Conches, 4 avril 1543.

> *Copie dans un arrêt du Grand conseil du 4 septembre 1544. Arch. départ. du Gard,* H. 2.

4 avril.

13768. Provisions de l'office de receveur du magasin à sel de Châtillon-sur-Seine pour Jacob Darc. Conches, 4 avril 1543.

> *Enreg. par analyse à la Chambre des Comptes de Dijon, le 17 décembre 1544. Arch. de la Côte-d'Or,* B. 19, fol. 58.

4 avril.

13769. Ordonnance portant que désormais la Chambre des Comptes de Bourgogne tiendra rang de cour souveraine et que ses jugements, mandements et contraintes seront exécutés nonobstant appels ou oppositions. Conches, 5 avril 1543.

> *Enreg. au Parl. de Paris, le 23 mai 1544. Arch. nat.,* Xia 8614, fol. 199 v°. 2 pages 1/2.
> *Enreg. à la Chambre des Comptes de Dijon. Arch. de la Côte-d'Or,* reg. B. 20, fol. 153.

5 avril.

13770. Lettres adressées aux receveurs particuliers des gens des trois États du Languedoc, relatives à une demande de 100,000 livres faite aux États de cette province pour leur accorder, conformément à leur requête, la confirmation de leurs privilèges et la suppression d'offices nouvellement créés. Le roi veut que l'imposition de cette somme soit faite aussitôt que les États, dont il a autorisé la réunion, en auront délibéré. Conches, 5 avril 1543.

> *Imp. Loix municipales et économiques du Languedoc.* Montpellier, chez Rigaud et Cie, 1787, t. VII, p. 7. (*Archives du Tarn.*)

5 avril.

13771. Pouvoirs du maréchal de Montpezat, chargé

6 avril.

de présider pour le roi l'assemblée des consuls des villes capitales du Languedoc, con-
voquée à Béziers, le 9 mai 1544. Conches,
6 avril 1543.

1544.

> Arch. départ. de l'Hérault, États de Languedoc,
> C. Procès-verbaux, 1544. (Mention.)

13772. Lettres portant que les présidents, conseillers,
avocats, procureurs et greffiers des cours souveraines et tous les officiers de justice payeront chacun deux écus soleil pour les frais
de la guerre. Beaumont[-le-Roger], 7 avril
1543.

7 avril.

> Enreg. par analyse et sauf réserve pour l'avenir
> au Parl. de Paris, le 21 avril suivant. Arch. nat.,
> X¹ᵃ 1552, Conseil, fol. 441 vᵒ.
> Enreg. au Parl. de Grenoble, le 2 mai 1544.
> Arch. de l'Isère, Chambre des Comptes de Grenoble,
> B. 2911, cah. 30. 10 pages 1/2.
> Enreg. au Parl. de Toulouse. Arch. de la Haute-
> Garonne, Édits, reg. 5, fol. 99. 4 pages.
> Enreg. à la Cour des Aides de Normandie, le
> 29 avril 1544. Arch. de la Seine-Inférieure, Mémo-
> riaux, 2ᵉ vol., fol. 403. 8 pages.

13773. Lettres confirmant les franchises et privilèges
du pays de Dombes, moyennant un don gra-
tuit. Évreux, 8 (sic. Lire s. d. 3) avril 1543.

8 avril.

> Imp. H. de Saint-Didier, Recueil des titres con-
> cernant les privilèges du Franc-Lyonnois... Lyon,
> 1716, in-4ᵒ, p. 15.

13774. Mandement à François de Saint-André, président au Parlement, à Robert Dauvet et Nicolas de Poncher, présidents de la Chambre
des Comptes, commissaires du roi, de faire
faire les rues aux halles de Paris, suivant le
plan qui en a été fait, et de bailler les places
à cens et à rente, plus une somme une fois
payée, au plus offrant et dernier enchéris-
seur. Abbaye du Bec, 8 avril 1543.

8 avril.

> Enreg. au Parl. de Paris, le 5 mai 1544. Arch.
> nat., X¹ᵃ 8614, fol. 154. 6 pages.
> Arrêt d'enregistrement. Idem, X¹ᵃ 4922, Plai-
> doiries, fol. 67.
> Copie du xviᵉ siècle. Arch. nat., S. 79.

13775. Commission adressée au sénéchal de Poitou, à
l'effet de lever un subside de 36,000 livres
sur les villes closes de la sénéchaussée, pour la
solde de 1,500 hommes d'infanterie pendant
quatre mois, en comprenant dans cette imposition les villes du duché de Châtellerault
et celles du comté de Civray, depuis peu dé-
membrés du comté de Poitou. Le Bec-Hellouin, 9 avril 1543.   *1544.*
   9 avril.

> *Copie collat. du 22 décembre 1544. Arch. munici-*
> *pales de Poitiers, I. 20.*

13776. Pouvoirs des commissaires du roi aux États de
Languedoc, convoqués à Béziers pour le
2 juin 1544. Le Bec-Hellouin, 9 avril 1543.   *9 avril.*

> *Copie du XVIe siècle. Arch. départ. de l'Hérault,*
> *États de Languedoc, C. Procès-verbaux, 1544.*
> *3 pages.*

13777. Mandement aux élus du Lyonnais de lever dans
leur élection une crue de 5,868 livres 3 sous
1 denier tournois, frais compris, payable
par égale portion au 15 mai et au 15 août
1544. Le Bec-Hellouin, 9 avril 1543.   *9 avril.*

> *Copie du XVIe siècle. Bibl. nat., ms. fr. 2702,*
> *fol. 246.*

13778. Lettres autorisant le cardinal de Lorraine à
payer les décimes qu'il doit au roi, en faisant
des coupes extraordinaires dans les forêts dé-
pendant de ses abbayes de Fécamp, Saint-
Ouen, Marmoutier et du prieuré de la
Charité, dont le produit devra être livré à
Rouen et réservé à la construction de galères.
Le Bec-Hellouin, 11 avril 1543.   *11 avril.*

> *Copie du XVIe siècle. Bibl. nat., coll. de Baluze,*
> *t. 389, n° 475.*

13779. Lettres portant ordre de lever une décime sur
le clergé du diocèse de Nevers, pour subvenir aux frais de la guerre. Abbaye du Bec,
12 avril 1543.   *12 avril.*

> *Original. Arch. nat., K. 87, n° 31.*

13780. Mandement à l'archevêque de Rouen de faire   *12 avril.*

75.

lever pour la Pentecôte, la décime qui était
payable à la Saint-Jean, et pour la Saint-Jean,
les deux décimes payables le 15 août prochain. Le Bec-Hellouin, 12 avril 1543. *1544.*

> *Expédition originale. Bibl. nat., ms. fr. 25723,
> n° 835.*

13781. Déclaration touchant les appellations interjetées *12 avril.*
des gruyers et maîtres des Eaux et forêts de
Bourgogne, qui seront levées dorénavant en
la chancellerie à Dijon, et la fourniture des
greniers à sel dudit pays. Abbaye du Bec,
12 avril 1543.

> *Enreg. au Parl. de Dijon, le 20 mai 1544. Arch.
> de la Côte-d'Or. Parl., reg. III, fol. 109 v°.
> Enreg. à la Chambre des Comptes de Dijon, le
> 24 mai 1544. Arch. de la Côte-d'Or, reg. B. 20,
> fol. 154 v°.*

13782. Mandement à la Chambre des Comptes d'ac- *1544.*
cepter en dépense, dans les comptes de Ber-
tault, une somme de 145,930 livres tournois
qu'il a employée au payement des Suisses [1].
....1543, trentième année du règne [2].

> *Original. Bibl. nat., ms. fr. 25723, n° 836.*

13783. Édit de création de quatre offices de conseillers *Avril.*
au bailliage de Berry, pour le siège de Bourges
et celui de la conservation des privilèges de
l'Université de ladite ville. Évreux, avril
1543.

> *Enreg. au Parl. de Paris, le 9 avril 1544 n. s.
> Arch. nat., X¹ᵃ 8614, fol. 147 v°. 3 pages.*

13784. Édit portant création de quatre offices de clercs *Avril.*
commissaires des quatre grosses fermes de
Paris, savoir du poisson de mer, du pied
fourché, de la bûche et des draps en gros.
Évreux, avril 1543.

> *Enreg. à la Cour des Aides de Paris, le 7 mai*

---

[1] Cette analyse n'est pas très sûre, la pièce étant aux trois quarts
déchirée.
[2] Entre le 1ᵉʳ janvier et le 12 avril 1544 n. s.

1544. Copie collationnée faite par ordre de ladite   1544.
cour. Arch. nat., Z¹ª 527.
Imp. *Registres des délibérations du Bureau de la*
ville de Paris. Paris, 1886, t. III, in-4°, p. 68, note.

13785. Édit portant création de quatre offices de clercs   Avril.
commissaires du huitième du vin dans les
quatre quartiers de Paris, avec règlement
pour leurs fonctions. Évreux, avril 1543.

> *Enreg. à la Cour des Aides de Paris, le 16 mai*
> *1544. Copie collationnée faite par ordre de ladite*
> *cour. Arch. nat., Z¹ª 527.*
> *Bibl. nat., Mss. Moreau,* t. 1387, fol. 1. (*Men-*
> *tion.*)

13786. Édit de création de deux offices de sergents   Avril.
fieffés au bailliage de Vermandois. Le Bec-
Hellouin, avril 1543.

> *Enreg. au Parl. de Paris, le 24 avril 1544. Arch.*
> *nat.,* X¹ª 8614, fol. 142 v°. 1 page.
> *Arrêt d'enregistrement. Idem,* X¹ª 4922, Plai-
> doiries, fol. 21 v°.

13787. Lettres en faveur de Jean-Baptiste Gondi, mar-   14 avril.
chand florentin, facteur et se portant fort
pour Thomas Sertini et Albisse Delbene,
marchands florentins demeurant à Lyon,
tant en leurs noms que comme tuteurs et
curateurs des enfants mineurs de feu Thomas
Gadagne, sʳ de Beauregard. Le Bec-Hellouin,
14 avril 1544.

> *Bibl. nat.,* ms. Clairambault 782, p. 310.
> (*Mention.*)

13788. Provisions de la charge de lieutenant général et   16 avril.
gouverneur de la ville de Paris, données en
faveur d'Antoine Sanguin, cardinal de Meudon, évêque d'Orléans, pendant que le roi
sera à la tête de l'armée. Abbaye du Bec,
16 avril 1544.

> *Original. Bibl. nat.,* ms. fr. 25723, n° 836 *bis.*
> *Enreg. au Parl. de Paris, sans préjudice de l'auto-*
> *rité et des prérogatives de la cour, le 24 avril 1544.*
> *Arch. nat.,* X¹ª 8614, fol. 220. 4 pages 1/2.
> *Arrêt d'enregistrement. Idem,* X¹ª 4922, Plai-
> doiries, fol. 21 v°, et X¹ª 1552, Conseil, fol. 411 v°.
> *Enreg. à la Chambre des Comptes de Paris, le*

26 *avril suivant. Arch. nat.,* P. 2307, p. 409;
P. 2537, fol. 385; P. 2554, fol. 45. 7 pages 1/2.
*Enreg. à la Cour des Aides de Paris. Arch. nat.,
Recueil Cromp,* U. 665, fol. 308. (*Mention.*)
IMP. Dom Félibien, *Hist. de la ville de Paris, etc.*
Paris, 1725, in-fol., t. III (Preuves, I), p. 628,
et t. V (Preuves, III), p. 283. (Double, l'un daté
par erreur du 17 au lieu du 16 avril.)

13789. Mandement pour contraindre les habitants des villes closes du royaume au payement de leur quote-part de l'aide pour la solde de cinquante mille hommes de guerre. Le Bec-Hellouin, 16 avril 1544.

16 avril.

> *Original. Arch. municipales de Poitiers,* I. 21.

13790. Lettres prescrivant la vérification et l'exécution de l'ordonnance du 27 avril 1543 (n° 13020), portant exemption d'imposition foraine pour les marchandises vendues aux foires de Lyon, nonobstant prétexte de surannation. Le Bec-Hellouin, 16 avril 1544.

16 avril.

> *Original. Arch. de la ville de Lyon,* série CC.
> *Enreg. au Parl. de Toulouse, Arch. de la Haute-Garonne, Édits,* reg. 5, fol. 112. 2 pages.

13791. Lettres de don à Jean L'Huillier, président en la Chambre des Comptes, de 400 livres de pension annuelle, à prendre sur les deniers des restes des comptes. Le Bec-Hellouin, 16 avril 1544.

16 avril.

> *Enreg. à la Chambre des Comptes, le 7 mai 1544.
> Arch. nat.,* P. 2307, p. 493. 3 pages.

13792. Don à Jean d'Arquembourg et à Élie Le Grand, hommes d'armes de la compagnie du duc d'Estouteville, pour leurs services militaires, de 384 livres 15 sous que ledit d'Arquembourg, ayant acheté la seigneurie de Tourville, devait au trésor pour le payement des droits seigneuriaux. Le Bec-Hellouin, 16 avril 1544.

16 avril.

> *Original. Bibl. nat., Pièces orig., Arquembourg,* vol. 104, pièce 3.

13793. Lettres de commission à Antoine Bohier, sr de Saint-Ciergues, à Jean Feu, président au Par-

16 avril.

lement de Rouen, à Antoine Bohier, sʳ de
la Chesnaye, et à Louis Prudhomme, généraux des finances, pour faire des emprunts
au nom du roi en Normandie, jusqu'à concurrence de 100,000 écus d'or soleil, à l'effet
de subvenir aux affaires de la guerre. Montfort-sur-Risle, 16 avril 1544.

> *Enreg. à la Cour des Aides de Normandie, le
> 22 avril 1544. Arch. de la Seine-Inférieure, Mémo-
> riaux, 2ᵉ vol., fol. 400. 4 pages.*
> *Enreg. à la Chambre des Comptes de Paris, le
> 16 mai 1544, anc. mém. 2 M, fol. 24. Arch. nat.,
> invent. PP. 136, p. 531. (Mention.)*
>> *Copie collat. du xvɪᵉ siècle. Bibl. nat., Pièces
>> orig., Bohier, vol. 381 (doss. 8395), pièce 12.*
>> *Copies collat. du xvɪᵉ siècle. Bibl. nat., ms.
>> fr. 25723, nᵒˢ 837 et 1031.*

1544.

13794. Lettres portant attribution à Léonard de Ber-
nac, procureur du roi en la Prévôté de l'hôtel,
de 100 livres tournois de gages ordinaires
chaque année, à prendre sur les amendes de
ladite Prévôté. Montfort[-sur-Risle], 17 avril
1544.

> *Arrêt d'enregistrement de la Chambre des Comptes
> de Paris, le 13 mai 1544. Arch. nat., P. 2307,
> p. 469.*

17 avril.

13795. Provisions en faveur de Pierre Secondat, conseiller du roi, de l'office de général des finances
en Guyenne. Montfort-sur-Risle, 18 avril
1544.

> *Bibl. nat., ms. Clairambault 782, p. 307.
> (Mention.)*

18 avril.

13796. Provisions de l'office de conseiller lai au Parlement de Bordeaux, pour Nicolas de Blois.
Pont-Audemer, 19 avril 1544.

> *Enreg. au Parl. de Bordeaux, le 30 juillet 1544.
> Arch. de la Gironde, B. 31, fol. 374 vᵒ. 2 pages.*

19 avril.

13797. Commission donnée à Philibert Babou, seigneur de la Bourdaisière, pour demander en
prêt, au nom du roi, aux receveurs ordinaires
de Languedoc et de Guyenne, une somme
de 8,000 livres tournois, dont le rembourse-

20 avril.

ment sera assigné sur les deniers mêmes de
leur charge. Pont-Audemer, 20 avril 1544.

1544.

> *Copie collat. du xvi° siècle. Bibl. nat., ms.
> fr. 25723, n° 838.*

13798. Commission donnée à Claude Robertet, seigneur d'Alluye, trésorier de France, pour
demander en prêt aux receveurs ordinaires
de Normandie une somme de 6,000 livres,
dont le remboursement leur sera assigné sur
les deniers mêmes de leur charge. Pont-Audemer, 20 avril 1544.

20 avril.

> *Copie collat. du xvi° siècle. Bibl. nat., ms.
> fr. 25723, n° 839.*

13799. Provisions en faveur d'Antoine Escalin, baron
de la Garde, de la charge de capitaine général de l'armée navale du Levant. Vatteville, 23 avril 1544.

23 avril.

> *Imp. Les Mémoires de Michel de Castelnau,
> édit. de Le Laboureur. Bruxelles, in-fol., t. II,
> 1731, p. 10.*
> *L'abbé Lambert, Mémoires de Martin et Guil-
> laume du Bellai-Langei, mis en nouveau style, etc.
> Paris, 1753, 7 vol. in-12, t. VI, p. 56, note A.*

13800. Déclaration portant que les décisions des matières évoquées au Conseil privé ou au Grand
conseil seront exécutées sans qu'il soit besoin
de demander des lettres de *pareatis*. Vatteville, 23 avril 1544.

23 avril.

> *Enreg. au Parl. de Bordeaux, le 13 juin 1544.
> Arch. de la Gironde, B. 31, fol. 326 v°. 1 page.*

13801. Nouvelle confirmation pour six ans de l'exemption des droits d'assise, d'entrée et d'issue,
précédemment accordée aux habitants de
Saint-Jean-de-Luz. Vatteville, 23 avril 1544.

23 avril.

> *Enreg. au Parl. de Paris, le 30 mai 1544. Arch.
> nat., X¹ª 1553, Conseil, fol. 90. (Arrêt d'enregis-
> trement.)*
> *Enreg. au Parl. de Bordeaux, le 15 décembre
> 1544. Archives de la Gironde, B. 32, fol. 3 v°.
> 3 pages.*

13802. Déclaration portant que le receveur des tailles
du Haut-Limousin portera les deniers de sa

24 avril.

recette à la recette générale d'Agen, et que
cette recette demeurera de la généralité de
Guyenne. 24 avril 1544.

Enreg. à la Chambre des Comptes de Paris, anc.
mém. coté 2 M, fol. 3. *Arch. nat.,* AD.IX. 126,
n° 6, et PP. 136, p. 531. (*Mentions.*)

13803. Provisions de l'office de lieutenant du viguier
et enquêteur de Saint-Yrieix, pour Pierre
Malevergne. Mauny, 26 avril 1544.

*Enreg. au Parl. de Bordeaux, le 14 juillet 1544.
Arch. de la Gironde,* B. 31, fol. 351. 2 pages.

13804. Provisions en faveur de Guillaume Bohier, ci-
devant président en la Chambre des Comptes
de Rouen, de l'office de conseiller maître
clerc à la Chambre des Comptes de Paris,
en remplacement de feu Jean Billon. Mauny,
26 avril 1544.

*Enreg. à la Chambre des Comptes de Paris, le
7 mai 1544. Arch. nat.,* P. 2307, p. 465. 3 pages.

13805. Mandement à la Chambre des Comptes de
Paris d'accepter en dépense dans les comptes
du trésorier de l'épargne, Jean Duval, une
somme de 9,014 livres tournois qu'il a payée
à Pierre Sanson, commis au payement de
l'extraordinaire des guerres, pour la solde,
pendant le mois de mars, des hommes
d'armes en garnison dans les places de Champagne et pour le seigneur de Longueval,
lieutenant du roi dans ce pays. Mauny,
26 avril 1544.

Original. Bibl. nat., ms. fr. 25723, n° 840.

13806. Mandement pour l'acceptation dans les comptes
du trésorier de l'épargne d'une somme de
30,955 livres 6 sous tournois qui a été baillée
à Pierre Sanson, pour le payement de la
solde, pendant le mois de mars, de trois mille
cinq cents hommes de guerre, à pied ou à
cheval, en garnison dans les places de Picardie. Mauny, 26 avril 1544.

Original. Bibl. nat., ms. fr. 25723, n° 841.

1544.

26 avril.

26 avril.

26 avril.

26 avril.

13807. Lettres portant décharge en faveur du maître particulier de la Monnaie de Lyon de 12,000 marcs d'argent sur les 24,000 qu'il s'était engagé à convertir en testons et demi-testons, eu égard à la fabrication de testons autorisée dans les Monnaies de Rouen et de Tours. Rouen, 28 avril 1544.

Enreg. à la Cour des Monnaies, le 5 mai 1544. Arch. nat., Z¹ᵇ 63, fol. 136. 3 pages.

1544.
28 avril.

13808. Exemption en faveur des habitants de Laval de toutes contributions imposées par le sénéchal du Maine aux villes de son ressort, en vue de la solde de 50,000 hommes de pied durant quatre mois, payable par les villes closes du royaume. Rouen, 29 avril 1544.

Enreg. au Grand conseil, le 9 avril 1547. Arch. nat., Vᵛ 1053, à la date. 4 pages.

29 avril.

13809. Lettres autorisant la poursuite en la Cour des Aides des créances d'Henri Bohier, général de finances, pour le payement de l'amende de 120,000 livres, à laquelle somme avait été réduite la condamnation à 200,000 livres prononcée par les commissaires sur la réformation des finances en la Tour carrée. 29 avril 1544.

Enreg. à la Cour des Aides de Paris. Arch. nat., Recueil Cromo, U. 665, fol. 306. (Mention.)

29 avril.

13810. Provisions en faveur de Philippe Durand de l'office de bailli de Provins, récemment créé. Rouen, 30 avril 1544.

Reçu au Parl. de Paris, le 26 mai 1544. Arch. nat., X¹ᵃ 4922, Plaidoiries, fol. 199 v°. (Mention.)
Enreg. à la Chambre des Comptes de Paris. Bibl. nat., ms. Clairambault 782, p. 511. (Mention.)

30 avril.

13811. Édit de création de quatre nouveaux offices d'huissiers au Parlement de Paris. Abbaye du Bec-Hellouin, avril 1544.

Enreg. au Parl. de Paris, le 12 mai 1544. Arch. nat., X¹ᵃ 8614, fol. 194 v°. 2 pages 1/2.
Arrêt d'enregistrement. Idem, X¹ᵃ 1553, Conseil, fol. 1 r° et v°.

Avril.

13812. Édit de création de six offices de conducteurs ordinaires des prisonniers amenés à la Conciergerie du Palais ou renvoyés en d'autres prisons aux dépens du roi. Abbaye du Bec, avril 1544.

1544.
Avril.

> *Enreg. au Parl. de Paris, le 8 juillet 1545. Arch. nat., U. 446, fol. 186 v°. 3 pages.*

13813. Édit portant réunion au domaine des greffes et sceaux des vicomtés de Normandie. Le Bec-Hellouin, avril 1544.

Avril.

> *Mentionné dans l'édit de révocation, daté de Bonport, mai 1544 (ci-dessous n° 13892).*

13814. Édit de création d'un office de lieutenant du viguier et enquêteur de Saint-Yrieix en Limousin. Mauny, avril 1544.

Avril.

> *Enreg. au Parl. de Bordeaux s. d. Arch. de la Gironde, B. 31, fol. 349 v°. 5 pages.*

13815. Lettres portant que soixante huissiers-sergents à cheval au Châtelet de Paris, du collège des deux cent vingt, y désignés nominativement, ayant versé la somme de 1,500 écus d'or soleil pour subvenir aux affaires du roi, continueront à jouir des prérogatives et privilèges attachés à leur office. Rouen, avril 1544.

Avril.

> *Enreg. au Parl. de Paris, le 8 mai 1544. Arch. nat., X¹ª 8614, fol. 169. 7 pages 1/2.*
> *Arrêt d'enregistrement. Idem, X¹ª 4922, Plaidoiries, fol. 99 v°.*
> *Imp. Plaquette in-8°. Paris, 1608. Arch. nat., AD.I 26; Bibl. nat., 8° F. Actes royaux (cartons).*
> *E. Girard et J. Joly, Troisiesme livre des offices de France, etc. Paris, 1647, in-fol., t. II, p. 1561.*

13816. Édit portant création d'un quatrième office de président à la Chambre des Comptes de Paris, en faveur de Nicolas de Poncher, seigneur de Chanfreau, pour remplacer celui de vice-président. Rouen, avril 1544.

Avril.

> *Enreg. à la Chambre des Comptes de Paris, le 7 mai 1544. Arch. nat., P. 2307, p. 441. 4 pages.*
> *Imp. Pièce in-4°. Arch. nat., AD.I 26, et AD.IX 126, n° 3. 2 pages.*

13817. Déclaration en faveur de Nicolas de Poncher, président en la Chambre des Comptes de Paris, pour jouir des gages et pensions attachés à son office. Rouen, avril 1544.

> Mandement conforme de la Chambre des Comptes, le 7 mai 1544. Arch. nat., P. 2307, p. 449. (Mention.)

1544.
Avril.

13818. Édit de création du bailliage de Provins, comprenant les anciens sièges particuliers de Provins et de Montereau, détachés du bailliage de Meaux. Rouen, avril 1544.

> Enreg. au Parl. de Paris, de mandato expresso regis, le 13 mai 1544. Arch. nat., X¹ᵃ 8614, fol. 157. 3 pages.
> Arrêt d'enregistrement. Idem, X¹ᵃ 4922, Plaidoiries, fol. 131.
> Enreg. à la Chambre des Comptes de Paris, anc. mém. 2 M, fol. 285. Arch. nat., AD.IX 126, n° 4, et PP. 136, p. 531. (Mentions.)

Avril.

13819. Lettres portant révocation de l'édit de février 1544 n. s. (n° 13658), par lequel la connaissance des cas royaux et des causes des exempts de tous les pays de l'ancien ressort de la sénéchaussée du Maine, était attribuée au présidial du Mans, et restitution au siège judiciaire de Laval des attributions qu'il possédait en 1483. Avril 1544.

> Indication fournie par l'archiviste de la Mayenne.

Avril.

13820. Édit portant création d'un office de procureur du roi et d'un office de greffier dans chaque élection du royaume. Avril 1544.

> Enreg. à la Cour des Aides de Paris. Arch. nat., Recueil Cromo, U. 665, fol. 309. (Mention.)

Avril.

13821. Mandement aux prévôt des marchands et échevins de faire la répartition sur tous les habitants de Paris de la somme à laquelle cette ville a été cotisée, sur les 180,000 livres imposées sur les villes closes de la prévôté de Paris, et d'en faire les payements au trésor, les 15 des mois de juin, juillet, août, septembre,

3 mai.

octobre et novembre suivants. Heubécourt,   1544.
3 mai 1544.

Original. Arch. nat., K. 955, n° 42².

13822. Secondes lettres de jussion prescrivant l'exécu-   3 mai.
tion des lettres du 25 mai 1526 (n° 2363),
données en faveur de Charles de Mouy, sieur
de la Meilleraye. Heubécourt, 3 mai 1534
(*corr.* 1544).

Enreg. à la Chambre des Comptes de Paris. Arch.
nat., P. 2307, p. 476. 4 pages 1/2.

13823. Mandement à la Chambre des Comptes pour   5 mai.
l'acceptation dans les comptes du trésorier
de l'épargne d'une somme de 10,249 livres
tournois payée à Pierre Sanson, commis au
payement de l'extraordinaire des guerres, et
destinée à la solde de quinze cents hommes
de guerre en garnison dans le Languedoc.
Mantes, 5 mai 1544.

Original. Bibl. nat., ms. fr. 25723, n° 842.

13824. Provisions de l'office de receveur du magasin   5 mai.
à sel d'Autun, pour Lazare Joffriot. La Roche-
Guyon, 5 mai 1544.

Enreg. par analyse à la Chambre des Comptes de
Dijon, le 27 mai suivant. Arch. de la Côte-d'Or,
B. 20, fol. 157.

13825. Lettres de don à Jean Darbouet, premier huis-   5 mai.
sier du Parlement de Toulouse, de la jouis-
sance d'une amende de 60 livres parisis par
an, à prendre sur les amendes de ladite cour.
5 mai 1544.

Enreg. à la Chambre des Comptes de Paris, le
7 mai 1544, anc. mém. 2 M, fol. 34. Arch. nat.,
invent. PP. 136, p. 532. (Mention.)

13826. Don au sr de Montpezat, chevalier de l'ordre   5 mai.
et lieutenant général en Languedoc, de
4,052 livres tournois. 5 mai 1544.

Bibl. nat., ms. Clairambault 782, p. 308.
(Mention.)

13827. Provisions, en faveur de Pierre de Painparé, de   6 mai.
la charge de prévôt des maréchaux de Tou-

raine, Amboise et Loudunais, en remplacement de Christophe de La Forêt, décédé, avec
règlement de juridiction. Mantes, 6 mai 1544.

1544.

> IMP. Pinson de La Martinière, *La Connestablie
> et mareschaussée de France, etc.* Paris, 1661,
> in-fol., p. 823.
> G. Saugrain, *La maréchaussée de France ou
> recueil des ordonnances, édits, déclarations, etc.*
> Paris, 1697, in-4°, p. 32.

13828. Don à Christophe du Refuge, l'un des cent
gentilshommes de l'hôtel du roi, de 869 livres 1 denier tournois. La Roche-Guyon,
6 mai 1544.

6 mai.

> *Bibl. nat.*, ms. Clairambault 782, p. 308.
> (*Mention.*)

13829. Lettres portant révocation de celles du 3 mai
précédent (n° 13821) et permettant aux prévôt des marchands et échevins de Paris de
faire l'assiette et répartition, en ce qui concerne la ville et les faubourgs de Paris, de la
somme de 180,000 livres imposée sur les
villes closes de la prévôté de Paris, et d'en
faire les versements en quatre termes, les
15 mai, juin, juillet et août suivants. Saint-
Germain-en-Laye, 8 mai 1544.

8 mai.

> *Original. Arch. nat.*, K. 955 n° 42[b].

13830. Lettres déclarant que le comté d'Eu n'est point
du ressort et juridiction du pays de Normandie et du bailliage de Caux, mais est
tenu nuement et sans moyen de la couronne;
ordonnant en conséquence que la cotisation
des habitants dudit comté sera faite par le
comte d'Eu ou ses lieutenants, en présence
des officiers municipaux. Saint-Germain-en-
Laye, 8 mai 1544.

8 mai.

> *Copie du XVIIIe siècle. Arch. nat.*, B. III 43,
> Actes relatifs à la convocation du bailliage de
> Caux aux États généraux, p. 31. 6 pages.

13831. Lettres portant prolongation du délai d'une
année accordé au maître particulier de la

8 mai.

Monnaie de Tours pour la fabrication de tes- 1544.
tons, jusqu'à concurrence de 6,000 marcs
d'argent. Saint-Germain-en-Laye, 8 mai 1544.

> *Enreg. à la Cour des Monnaies, le 1er octobre
> 1544. Arch. nat., Z1b 63, fol. 193. 2 pages.*

13832. Commission donnée à Martin Fumée, maître 9 mai.
des requêtes de l'hôtel, pour contracter des
emprunts au nom du roi avec les bourgeois
de Tours, jusqu'à concurrence de 15,000 livres. Saint-Germain-en-Laye, 9 mai 1544.

> *Enreg. au Parl. de Paris, le 28 mai 1544. Arch.
> nat., X1a 8614, fol. 243. 3 pages.*

13833. Commission donnée à Martin Fumée, maître 9 mai.
des requêtes de l'hôtel, pour contracter,
moyennant constitution de rentes, un emprunt de 30,000 livres avec les bourgeois
d'Orléans. Saint-Germain-en-Laye, 9 mai
1544.

> *Enreg. au Parl. de Paris, le 28 mai 1544. Arch.
> nat., X1a 8614, fol. 245. 3 pages.*

13834. Lettres autorisant la fabrication en la Monnaie 10 mai.
de Paris de testons et de demi-testons, pour
obvier au transport des lingots et vaisselle
d'argent. Saint-Germain-en-Laye, 10 mai
1544.

> *Original sur parchemin dans les minutes d'ordon-
> nances de la Cour des Monnaies. Arch. nat., Z1b 537.
> Enreg. à la Cour des Monnaies, le 12 mai 1544.
> Arch. nat., Z1b 63, fol. 176. 2 pages.*

13835. Lettres de don à Jean de Longueil, conseiller 10 mai.
au Parlement de Paris, président de la
chambre du domaine érigée en ladite cour,
d'une pension annuelle de 600 livres. Saint-
Germain-en-Laye, 10 mai 1544.

> *Enreg. à la Chambre des Comptes de Paris, le
> 20 mai suivant. Arch. nat., P. 2307, p. 489. (Arrêt
> d'enregistrement.)*

13836. Lettres de don à André Baudry, conseiller au 10 mai.
Parlement de Paris et président en la chambre
du domaine, d'une pension annuelle de

6oo livres. Saint-Germain-en-Laye, 1o mai 1544.

Arrêt d'enregistrement de la Chambre des Comptes de Paris, le 6 juin 1544. Arch. nat., P. 2307, p. 499.

1544.

13837. Lettres évoquant au Conseil privé tous les procès relatifs aux droits d'usage dans les forêts, introduits à la Chambre du domaine, au Parlement et aux sièges de la Table de marbre. Saint-Germain-en-Laye, 11 mai 1544.

Enreg. à la Chambre des Eaux et forêts (siège de la Table de marbre), le 18 juin 1544. Arch. nat., Z¹ᵃ 329, fol. 111 v°. 1 page.

11 mai.

13838. Lettres portant continuation pour six ans des octrois accordés aux habitants de Lyon par lettres du 25 mai 1522 (n° 1562). Saint-Germain-en-Laye, 11 mai 1544.

Original. Arch. de la ville de Lyon, série CC.

11 mai.

13839. Provisions d'un office de conseiller à la Chambre des Comptes de Montpellier pour Claude Mariote, en remplacement de Pierre Delacroix, décédé. Saint-Germain-en-Laye, 13 mai 1544.

Enreg. à la Chambre des Comptes de Montpellier. Arch. départ. de l'Hérault, B. 343, fol. 109 v°. 2 pages.

13 mai.

13840. Lettres autorisant Michel Quélain, conseiller clerc au Parlement de Paris, à contracter mariage, nonobstant les ordonnances et statuts de la cour. Saint-Germain-en-Laye, 13 mai 1544.

Entérinées au Parl., le 16 mai suivant. Arch. nat., X¹ᵃ 1553, Conseil, fol. 45. (Mention.)

13 mai.

13841. Don à Nicolas Boutte, servant en la cuisine du roi, de 5o écus soleil à prendre sur le produit de la vente de l'office de sergent royal au bailliage de Blois. Saint-Germain-en-Laye, 13 mai 1544.

Original. Bibl. nat., ms. fr. 25723, n° 843.

13 mai

13842. Lettres portant que les religieuses de Jarcy en

13 mai.

Brie seront payées de 411 livres 15 sous 6 deniers parisis de rente sur la recette ordinaire de Paris. Saint-Germain-en-Laye, 13 mai 1544.

> *Enreg. à la Chambre des Comptes de Paris, le 16 mai 1544. Archives nat., P. 2307, p. 201. 3 pages 1/2.*

1544.

13843. Lettres portant concession viagère du revenu des châtellenies d'Argilly, Pontailler, Saint-Jean-de-Losne et Ségy, en faveur du duc de Guise, gouverneur de Bourgogne. Saint-Germain-en-Laye, 13 mai 1544.

> *Enreg. à la Chambre des Comptes de Dijon. Arch. de la Côte-d'Or, reg. B. 20, fol. 157.*

13 mai.

13844. Édit portant que les Universités de Toulouse, Cahors et Montpellier viendront plaider devant le Parlement de Toulouse, conservateur de leurs privilèges, pour raison de bénéfices et autres matières. Paris, 13 mai 1544.

> *Enreg. au Conseil du roi, fin juin 1544, et au Parl. de Toulouse, le 21 juillet 1544. Arch. de la Haute-Garonne, Édits, reg. 5, fol. 107. 3 pages.*

13 mai.

13845. Lettres accordant à la veuve d'Antoine de Clerty et à Guillaume de Clerty de Gousseville, moyennant 100 livres par an, le bail de la garde-noble des enfants mineurs dudit de Clerty, échue au roi dans la vicomté de Montivilliers. 13 mai 1544.

> *Enreg. à la Chambre des Comptes de Paris, le 15 mai suivant. Archives nat., invent. PP. 136, p. 532. (Mention.)*

13 mai.

13846. Déclaration interprétative de l'ordonnance du 5 novembre 1543 (n° 13433), touchant les consignations, portant que le roi n'a pas entendu y comprendre les consignations faites pour enchères de décret; ladite déclaration donnée en faveur de Marie de Montchenu, femme de Louis d'Harcourt, dame de la reine. Saint-Germain-en-Laye, 15 mai 1544.

> *Enreg. au Parl. de Paris, le 21 mai 1544. Arch. nat., X¹ᵃ 8614, fol. 168. 1 page 1/4.*
> *Arrêt d'enregistrement. Arch. nat., X¹ᵃ 1553, Conseil, fol. 68 v°.*

15 mai.

13847. Lettres portant don de la jouissance, pendant dix ans, du revenu de la terre de Bagé en Bresse, fait à Théode Mametz, capitaine de deux cents chevau-légers albanais. Saint-Germain-en-Laye, 15 mai 1544.

> *Enreg. à la Chambre des Comptes de Dijon, le 16 juillet suivant. Arch. de la Côte-d'Or, reg. B. 20, fol. 161.*

1544.
15 mai.

13848. Mandement à Jean Laguette, trésorier et receveur général des finances extraordinaires et parties casuelles, de payer des deniers provenant de la vente de l'office de sergent royal en la prévôté de Tours, vacant par la mort de Louis Rotrou, 210 livres tournois à Philippe du Mans, huissier, et à Mathurin Courtet, porteur en la cuisine de bouche du roi, qu'il leur a données en plus de leurs gages, pour récompenser leurs bons services. Saint-Germain-en-Laye, 15 mai 1544.

> *Original. Bibl. nat., Nouv. acquisitions franç., ms. 1483, n° 82.*

15 mai.

13849. Don à Nicolas Bourlemont, archer des toiles de chasse du roi, de 30 écus d'or à prendre sur le produit de la vente de l'office de sergent en la prévôté d'Andelot, au bailliage de Chaumont. Saint-Germain-en-Laye, 15 mai 1544.

> *Original. Bibl. nat., ms. fr. 25723, n° 844.*

15 mai.

13850. Lettres autorisant la fabrication en la Monnaie de Toulouse de testons et de demi-testons, jusqu'à concurrence de 1,200 marcs d'argent, pendant une année. Saint-Germain-en-Laye, 16 mai 1544.

> *Original dans les minutes d'ordonnances de la Cour des Monnaies. Arch. nat., Z¹ᵇ 537.*
> *Enreg. à la Cour des Monnaies, le 24 mai 1544. Arch. nat., Z¹ᵇ 63, fol. 142. 3 pages.*

16 mai.

13851. Lettres données en faveur de François Goyet, avocat du roi au Châtelet de Paris, ayant droit de Jean du Havre, ordonnant au Parlement de Paris d'homologuer un contrat

16 mai.

d'échange conclu entre ledit du Havre et Nicolas Viole, maître des comptes, commissaire
du roi pour les compensations à donner aux
propriétaires de terrains cédés pour l'agrandissement du parc de Chambord. Saint-Germain-en-Laye, 16 mai 1544.

1544.

*Entérinées au Parl. de Paris, le 4 juillet 1544.
Arch. nat., X^{ia} 1553, Conseil, fol. 191. (Mention.)*

13852. Lettres autorisant la fabrication en la Monnaie
de Bordeaux de testons et de demi-testons,
pendant une année, jusqu'à concurrence de
700 marcs d'argent, pour utiliser les lingots
provenant tant des prises faites sur mer que
des mines du pays. Saint-Germain-en-Laye,
17 mai 1544.

17 mai.

*Original sur parchemin dans les minutes d'ordon-
nances de la Cour des Monnaies. Arch. nat., Z^{1b} 537.
Enreg. à la Cour des Monnaies, le 9 juin 1544.
Arch. nat., Z^{1b} 63, fol. 184. 2 pages.*

13853. Lettres attribuant aux six conseillers nouvellement créés au siège de la Table de marbre
des mêmes prérogatives qu'aux lieutenants
général et particulier dudit siège, notamment du droit de faire des enquêtes et tous
actes préparatoires concernant le fait de la
réformation des forêts. Saint-Germain-en-
Laye, 17 mai 1544.

17 mai.

*Enreg. à la Chambre des Eaux et forêts (siège de
la Table de marbre), le 17 décembre 1544. Arch.
nat., Z^{1e} 329, fol. 200 v°. 2 pages.*

13854. Lettres autorisant les consuls de Lyon à imposer sur la ville et ses faubourgs la somme
de 60,000 livres, à titre de remboursement
de pareille somme avancée pour la solde de
cinquante mille hommes. Saint-Germain-en-
Laye, 17 mai 1544.

17 mai.

Original. Arch. de la ville de Lyon. CC. 316.

13855. Lettres accordant exemption d'imposition foraine aux habitants des comtés de Foix, Bigorre et Nébouzan, et permettant au roi de

18 mai.

Navarre de lever ce droit à son profit sur les
marchandises qui sortiront de ces pays pour
entrer en Espagne. Saint-Germain-en-Laye,
18 mai 1544.

> *Enreg. au Parl. de Toulouse. Arch. de la Haute-*
> *Garonne, Édits, reg. 5, fol. 102. 2 pages 1/2.*
> *Copie du xvie siècle, extraite des reg. du Parl.*
> *de Toulouse. Arch. départ. des Basses-Alpes, E. 455.*

13856. Lettres de jussion à la Chambre des Comptes
de Paris, pour l'entérinement du don d'une
pension de 600 livres fait, le 10 mai précédent (n° 13835), à Jean de Longueil, président de la chambre du domaine érigée au
Parlement de Paris. Saint-Germain-en-Laye,
18 mai 1544.

> *Arrêt d'enregistrement de la Chambre des Comptes,*
> *le 20 mai 1544. Arch. nat., P. 2307, p. 490.*

13857. Lettres de jussion à la Chambre des Comptes
de Paris, pour l'entérinement du don fait, le
10 mai précédent (n° 13836), à André Baudry, président en la chambre du domaine,
d'une pension annuelle de 600 livres. Saint-
Germain-en-Laye, 18 mai 1544.

> *Arrêt d'enregistrement de la Chambre des Comptes,*
> *le 6 juin 1544. Arch. nat., P. 2307, p. 499.*

13858. Édit touchant les maladreries et léproseries et
la juridiction du grand aumônier en ce qui
concerne la réforme de ces établissements.
Les jugements et décisions du grand aumônier
seront exécutés par provision, pourvu qu'ils
soient contresignés par quatre conseillers de
cour souveraine ou du Grand conseil. Saint-
Germain-en-Laye, 19 mai 1544.

> *Enreg. au Parl. de Paris, le 26 mai 1544. Arch.*
> *nat., X^{1a} 8614, fol. 267. 3 pages 1/4.*
> *Arrêt d'enregistrement. Idem, X^{1a} 4922, Plai-*
> *doiries, fol. 191.*
> *Bibl. nat., ms fr. 16216, fol. 268. (Mention.)*
> *Imp. Les loix, ordonnances et édictz, etc...*
> *depuis le roy S. Lois... Paris, Galiot du Pré,*
> *1559, in-fol., fol. 193 v°.*
> *P. Rebuffi, Les édits et ordonnances des rois de*
> *France, etc. Lyon, 1573, in-fol., p. 1381.*

A. Fontanon, *Édits et ordonnances, etc.* Paris, 1611, in-fol., t. IV, p. 575.
Recueil des édits et déclarations concernant les hospitaux et maladeries de France, etc. Paris, S. Cramoisy, 1675, in-fol., p. 17. (*Bibl. nat.,* F. 2028.)
J. Le Gentil, *Recueil des actes, titres et mémoires, concernant les affaires du clergé de France...* Paris, 1675, in-fol., t. III, 1re partie, p. 435.

1544.

13859. Lettres de sauvegarde accordées à frère Guillaume Quinon, commandeur de Saint-Jean-de-Latran à Paris. Paris, 19 mai 1544.

Original. Arch. nat., K. 88, n° 2.

19 mai.

13860. Mandement à la Chambre des Comptes pour l'acceptation dans les comptes du trésorier de l'épargne d'une somme de 14,600 livres tournois baillée à Pierre Sanson, commis au payement de l'extraordinaire des guerres, et destinée à la solde, pendant les mois de mars et avril, d'hommes de guerre italiens de la compagnie de Pierre Strozzi. Meudon, 19 mai 1544.

Original. Bibl. nat., ms. fr. 25723, n° 845.

19 mai.

13861. Lettres enjoignant aux capitouls de Toulouse de lever par cotisation la somme de 108,000 livres sur les habitants de la ville et de la sénéchaussée. Meudon, 20 mai 1544.

Expédition originale. Arch. munic. de Toulouse, carton 70, n° 7.

20 mai.

13862. Nouvelles lettres de jussion pour l'exécution des lettres du 25 mai 1526 (n° 2363), données en faveur de Charles de Mouy, s^r de la Meilleraye. Meudon, 21 mai 1544.

Enreg. à la Chambre des Comptes de Paris, le 23 mai 1543. Arch. nat., P. 2307, p. 481. 3 pages.

21 mai.

13863. Provisions en faveur d'Étienne de Poncher, évêque de Bayonne et conseiller au Grand conseil, de l'un des quatre offices de maître des requêtes ordinaires de l'Hôtel nouvellement créés. Meudon, 21 mai 1544.

Reçu au Parl. de Paris, le 5 juin suivant. Arch. nat., X^{1a} 1553, Conseil, fol. 112. (Mention.)

21 mai.

13864. Lettres confiant la garde de la garenne et gruerie de Rouvray, dite *le bois de Boulogne*, à Claude de Lyon, capitaine du pont de Saint-Cloud, le chargeant de constater les délits de chasse et lui attribuant toute juridiction en première instance. Saint-Germain-en-Laye, 22 mai 1544.

1544.
22 mai.

Enreg. à la Chambre des Eaux et forêts (siège de la Table de marbre), le 5 juin 1544. Arch. nat., Z¹ᵉ 329, fol. 104. 2 pages.

13865. Lettres ordonnant à Charles de Pierrevive, sʳ de Lézigny, capitaine et gruyer de la garenne de Rouvray, dite *le bois de Boulogne*, et à Claude de Lyon, son lieutenant, d'instruire le procès de tous ceux qui auront commis des délits de chasse ou coupé du bois et malversé en la garenne et bois de Boulogne. Saint-Germain-en-Laye, 22 mai 1544.

22 mai.

Enreg. à la Chambre des Eaux et forêts (siège de la Table de marbre), le 10 juin 1544. Arch. nat., Z¹ᵉ 329, fol. 107 v°. 2 pages.

13866. Mandement à la Chambre des Comptes de Blois de faire faire l'inventaire de la bibliothèque du roi, qui doit être transférée du château de Blois au château de Fontainebleau. Saint-Germain-en-Laye, 22 mai 1544.

22 mai.

Mentionné dans l'inventaire fait par Jean Grenasie et Nicolas Dux, maîtres des comptes à Blois, commis par ladite Chambre en vertu de ces lettres. Bibl. nat., ms. fr. 5660, fol. 1.

13867. Lettres de surannation pour l'enregistrement de l'édit de juin 1542 (n° 12604), portant création d'un office de sergent au bailliage ancien des Régales des Mauges en Anjou, à la requête de Charles de Launay, sergent dudit bailliage. Saint-Germain-en-Laye, 23 mai 1544.

23 mai.

Enreg. au Parl. de Paris. Arch. nat., X¹ᵃ 8614, fol. 249 v°. 4 pages.
Arrêt d'enregistrement du 29 mai suivant. Idem, X¹ᵃ 4922, Plaidoiries, fol. 215.

13868. Lettres rétablissant en son office de conseiller
au Parlement de Bordeaux Jean Dupont,
que l'évêque de Condom avait frappé d'une
peine spirituelle pour avoir parlé légèrement
des constitutions de l'Église, et qui avait été
suspendu dudit office. Saint-Germain-en-
Laye, 23 mai 1544.

> Enreg. au Parl. de Bordeaux. Arch. de la Gi-
> ronde, B. 31, fol. 345 v°. 5 pages.
> (Voir au 31 août 1543, n° 13296.)

1544.
23 mai.

13869. Lettres de sauvegarde octroyées à Louise de
Bourbon, duchesse de Montpensier, princesse
de la Roche-sur-Yon, pour elle, sa famille et
ses biens. Paris, 24 mai 1544.

> Copie du XVIᵉ siècle, appartenant à M. le duc
> de La Trémoille.

24 mai.

13870. Mandement au Parlement de Bordeaux de
recevoir et d'instituer à nouveau Jean Dupont, conseiller en ladite cour. Saint-Germain-en-Laye, 26 mai 1544.

> Enreg. au Parl. de Bordeaux. Arch. de la Gi-
> ronde, B. 31, fol. 347. 2 pages.

26 mai.

13871. Provisions d'un office de conseiller en la
Chambre des Comptes de Montpellier pour
Guillaume de Bucelly, seigneur de Saint-
Hilaire, sur la résignation de Louis de Lau-
selergie. Saint-Germain-en-Laye, 26 mai
1544.

> Enreg. à la Chambre des Comptes de Montpellier.
> Arch. départ. de l'Hérault, B. 343, fol. 159 v°.
> 3 pages.

26 mai.

13872. Provisions en faveur de Louis de Lauselergie,
maître des comptes à Montpellier, de l'office
de conseiller lai au Parlement de Toulouse,
vacant par la mort de Michel de Pira. Saint-
Germain-en-Laye, 26 mai 1544.

> Vidimus du sénéchal de Toulouse, du 14 février
> 1544. Bibl. nat., Pièces originales, Lauselergie,
> vol. 1666, p. 2.

26 mai.

13873. Lettres contenant des prescriptions pour les fortifications et approvisionnements de la ville

26 mai.

de Lyon. Saint-Germain-en-Laye, 26 mai 1544.

1544.

Archives de la ville de Lyon, Invent. Chappe, t. II, p. 353. (Mention.)

13874. Lettres portant mandement à Martin Fumée, maître des requêtes de l'Hôtel, pour l'exécution de tous les actes nécessaires aux emprunts dont il est chargé pour le roi à Orléans et à Tours. Saint-Germain-en-Laye, 27 mai 1544.

27 mai.

Enreg. au Parl. de Paris, le 28 mai 1544. Arch. nat., X¹ᵃ 8614, fol. 246 v°. 3 pages.

13875. Déclaration concernant les procureurs du roi et greffiers des élections. Paris, 28 mai 1544.

28 mai.

Enreg. à la Chambre des Comptes et à la Cour des Aides de Paris. Arch. nat., Recueil Cromo, U. 665, fol. 311. (Mention.)

13876. Déclaration portant règlement pour les droits du greffier de l'élection de Paris. Paris, 28 mai 1544.

28 mai.

Enreg. à la Chambre des Comptes de Paris, anc. mém. 2 M, fol. 163. Arch. nat., AD.IX 126, n° 12, et PP. 136, p. 532. (Mentions.)

13877. Lettres du roi et commission du Conseil adressées aux commissaires sur le fait des usuriers, à la requête de Philibert de Sassenage, chevalier, et de Jeanne Domont, sa femme, contre Pierre Le Vasseur, marchand clandestin et usurier. Paris, 28 mai 1544.

28 mai.

Original. Arch. nat., K. 2379, n° 21.

13878. Provisions en faveur de Nicolas Dangu, docteur ès droits, évêque de Séez, d'un des offices de maître des requêtes ordinaire de l'Hôtel nouvellement créés. Paris, 28 mai 1544.

28 mai.

Réception au Parl. de Paris, le 5 juin suivant. Arch. nat., X¹ᵃ 1553, Conseil, fol. 112. (Mention.)

13879. Lettres portant union de l'office de garde du

29 mai.

sceau de la prévôté de Troyes à l'office de prévôt de Troyes. Paris, 29 mai 1544.

1544.

> *Enreg. à la Chambre des Comptes de Paris,* anc. mém. 2 M, fol. 166. *Arch. nat.,* AD.IX 126, n° 13, et PP. 136, p. 532. (*Mentions.*)

13880. Lettres portant commission à deux généraux des Monnaies pour assister à la livraison et prisée de la vaisselle d'argent portée à la Monnaie de Paris, pour servir à la fabrication de gros et de demi-gros testons. Paris, 29 mai 1544.

29 mai.

> *Enreg. à la Cour des Monnaies, le 6 juin 1544. Arch. nat.,* Z¹ᵇ 63, fol. 173 v°. 3 pages.

13881. Lettres réglant la juridiction des causes civiles et criminelles à Bayonne. Paris, 29 mai 1544.

29 mai.

> *Original. Bibl. nat.,* ms. fr. 24058, fol. 11.

13882. Provisions en faveur de François de Connan, naguère maître clerc en la Chambre des Comptes de Paris, de l'un des quatre offices de maîtres des requêtes ordinaires de l'Hôtel nouvellement créés. Paris, 29 mai 1544.

29 mai.

> *Original. Bibl. nat., Pièces originales,* Connan, vol. 834, p. 45.
> *Reçu au Parl. de Paris, le 5 juin suivant. Arch. nat.,* X¹ᵃ 1553, Conseil, fol. 112. (*Mention.*)

13883. Provisions en faveur de Conrad de Loumeau, licencié ès lois, de l'office de sénéchal de Saumur, nouvellement créé. Paris, 29 mai 1544.

29 mai.

> *Reçu au Parl. de Paris, le 7 juin suivant. Arch. nat.,* X¹ᵃ 1553, Conseil, fol. 113 v°. (*Mention.*)

13884. Provisions pour Jean Le Vin d'un office d'élu du Lyonnais, en remplacement de Pierre Chollet. Paris, 29 mai 1544.

29 mai.

> *Copie du XVIᵉ siècle. Bibl. nat.,* ms. fr. 2702, fol. 244 v°.

13885. Lettres ordonnant la fonte de la vaisselle d'argent du sᵣ de Châteaubriant, et la fabrication

30 mai.

de testons de 11 sous tournois avec cette vais-
selle. Paris, 30 mai 1544.   1544.

> *Enreg. à la Cour des Monnaies, le 6 juin 1544.*
> *Arch. nat., Z^{1b} 63, fol. 175. 2 pages.*

13886. Lettres notifiant à la Chambre des Comptes de   30 mai.
    Montpellier que Jean de Narbonne, évêque
    de Béziers, a prêté ce jour le serment de
    fidélité, par suite duquel les biens de son tem-
    porel doivent être soustraits à toute saisie.
    Paris, 30 mai 1544.

> *Enreg. à la Chambre des Comptes de Montpellier.*
> *Arch. départ. de l'Hérault, B. 341, fol. 215 v°.*
> *1/2 page.*

13887. Provisions en faveur de Jean Morin, lieutenant   30 mai.
    criminel de la prévôté de Paris et Cour con-
    servatoire des privilèges royaux de l'Univer-
    sité, de l'office de lieutenant civil en la même
    prévôté, vacant par la promotion de Jean-
    Jacques de Mesmes à l'office de maître des
    requêtes de l'Hôtel. Paris, 30 mai 1544.

> *Reçu au Parl. de Paris, le 6 juin suivant. Arch.*
> *nat., X^{1a} 1553, Conseil, fol. 113. (Mention.)*

13888. Provisions en faveur de Pierre Séguier, con-   30 mai.
    seiller au Châtelet de Paris, de l'office de
    lieutenant criminel de la prévôté et vicomté
    de Paris, en remplacement de Jean Morin.
    Paris, 30 mai 1544.

> *Reçu au Parl. de Paris, le 6 juin suivant. Arch.*
> *nat., X^{1a} 1553, Conseil, fol. 113. (Mention.)*

13889. Provisions en faveur de Bertrand Soli de   30 mai.
    l'office de lieutenant du prévôt de Paris,
    comme conservateur des privilèges de l'Uni-
    versité, en remplacement de Jean Morin.
    Paris, 30 mai 1544.

> *Reçu au Parl. de Paris, le 6 juin suivant. Arch.*
> *nat., X^{1a} 1553, Conseil, fol. 113. (Mention.)*

13890. Provisions en faveur de Jean-Jacques de   31 mai.
    Mesmes, docteur ès droits, naguère lieute-
    nant civil de la prévôté de Paris, d'un office
    de maître des requêtes ordinaire de l'Hôtel,
    en remplacement et sur la résignation de

François Errault, s^r de Chemans, créé garde des sceaux. Paris, 31 mai 1544.

> *Reçu au Parl. de Paris, le 6 juin suivant. Arch. nat., X^{1a} 1553, Conseil, fol. 111 v°. (Mention.)*

13891. Provisions de l'office d'huissier sergent des Eaux et forêts au siège de la Table de marbre, pour Jean Gavignon, sur la résignation faite à son profit par Étienne Dynoceau. Paris, 31 mai 1544.

> *Enreg. à la Chambre des Eaux et forêts, le 14 août 1544. Arch. nat., Z^{1e} 329, fol. 150. 1 page 1/2.*

13892. Édit attribuant de nouveau aux vicomtes de Normandie, moyennant une somme de 45,000 livres payable en deux termes, les greffes et sceaux des vicomtés qui avoient été réunis au domaine de la couronne par les lettres du roi, données au Bec-Hellouin, au mois d'avril 1544 (n° 13813). Bonport, mai 1544.

> *Enreg. au Parl. de Normandie, le 8 mai 1544.*
> *Enreg. à la Chambre des Comptes de Paris, le 10 mai 1544, anc. mém. 2 M, fol. 25.*
> *Copie du XVIIIe siècle. Arch. nat., AD.IX. 126, n° 8.*
> *Copie du XVIIIe siècle. Bibl. nat., ms. Moreau 264, fol. 112.*

13893. Édit de création d'un office de lieutenant particulier civil et criminel en la prévôté et vicomté de Paris, ayant rang de premier conseiller en la chambre civile et criminelle du Châtelet. La Roche-Guyon, mai 1544.

> *Enreg. au Parl. de Paris, le 8 mai 1544. Arch. nat., X^{1a} 8614, fol. 197. 3 pages 1/2.*

13894. Édit portant que la ville et le comté de Langres, celui de Montsaugeon, Mussy-l'Évêque et les villages adjacents, les villes de Bar, Ligny et le pays de Barrois ressortiront au bailliage de Sens. Saint-Germain-en-Laye, mai 1544.

> *Enreg. au Parl. de Paris, le 20 mai 1544. Arch. nat., X^{1a} 8614, fol. 162. 5 pages 1/4.*

13895. Édit de suppression des deux offices de conseil-

lers créés au siège de Fontenay-le-Comte par
ordonnance d'août 1543 (n° 13298). Saint-
Germain-en-Laye, mai 1544.

> *Enreg. au Parl. de Paris, le 23 mai 1544. Arch.
> nat., X¹ᵃ 8614, fol. 167. 3 pages.*
> *Arrêt d'enregistrement. Idem, X¹ᵃ 4922, Plai-
> doiries, fol. 177 v°.*

13896. Édit de création d'un office de contrôleur général des traites dans les pays, gouvernements
et sur les côtes de Bretagne, de Normandie et de Picardie, pour les traites des blés,
grains, vins, toiles, et autres denrées et marchandises d'importation ou d'exportation, et
don dudit office à Toussaint de Commaillé.
Saint-Germain-en-Laye, mai 1544.

> *Enreg. au Parl. de Paris, le 29 mai 1544. Arch.
> nat., X¹ᵃ 8614, fol. 173. 6 pages 1/2.*
> *Arrêt d'enregistrement. Idem, X¹ᵃ 4922, Plai-
> doiries, fol. 215.*

13897. Édit de création d'un office de président et de
deux offices de conseillers aux Requêtes du
Palais à Paris. Saint-Germain-en-Laye, mai
1544.

> *Enreg. au Parl. de Paris, le 26 mai 1544. Arch.
> nat., X¹ᵃ 8614, fol. 207. 5 pages.*
> *Arrêt d'enregistrement. Idem, X¹ᵃ 1553, Conseil,
> fol. 69, et X¹ᵃ 4922, Plaidoiries, fol. 191.*
> *Enreg. à la Chambre des Comptes de Paris, anc.
> mém. 2 M, fol. 249. Arch. nat., AD IX 126,
> n° 7, et PP. 136, p. 532. (Mentions.)*

13898. Édit de suppression de l'office de receveur des
deniers communs de la ville de Troyes. Saint-
Germain-en-Laye, mai 1544.

> *Enreg. au Parl. de Paris, le 29 mai 1544. Arch.
> nat., X¹ᵃ 8614, fol. 213. 6 pages.*
> *Arrêt d'enregistrement. Idem, X¹ᵃ 4922, Plai-
> doiries, fol. 215 v°.*

13899. Édit de création de trois nouveaux offices de
maîtres des requêtes ordinaires de l'Hôtel du
roi. Saint-Germain-en-Laye, mai 1544.

> *Enreg. au Parl. de Paris, le 29 mai 1544. Arch.
> nat., X¹ᵃ 8614, fol. 229. 3 pages.*
> *Arrêt d'enregistrement. Idem, X¹ᵃ 4922, Plai-
> doiries, fol. 214 v°.*

13900. Lettres de sauvegarde pour le chapitre Notre-Dame de Paris, et *committimus* des causes des chanoines aux Requêtes du Palais. Saint-Germain-en-Laye, mai 1544.

> Original. Arch. nat., K. 88, n° 1.
> Enreg. au Parl. de Paris, le 29 mai 1544. Arch. nat., X¹ᵃ 8614, fol. 252. 7 pages 1/2.
> Arrêt d'enregistrement. Idem, X¹ᵃ 4922, Plaidoiries, fol. 215.
> Enreg. à la Chambre des Comptes de Paris, anc. mém. 2 M, fol. 227. Arch. nat., AD.IX 126, n° 10, et PP. 136, p. 532. (Mentions.)

13901. Édit portant érection en titre d'offices des clercs des greffes du Parlement de Paris, avec privilèges et *committimus* de leurs causes aux Requêtes du Palais. Saint-Germain-en-Laye, mai 1544.

> Enreg. au Parl. de Paris, le 23 juin 1544. Arch. nat., X¹ᵃ 8614, fol. 259 v°. 4 pages.

13902. Édit de suppression de l'un des deux offices d'enquêteurs en la sénéchaussée de Bourbonnais. Saint-Germain-en-Laye, mai 1544.

> Enreg. au Parl. de Paris, le 30 mai 1544. Arch. nat., X¹ᵃ 8614, fol. 268 v°. 3 pages.
> Arrêt d'enregistrement. Idem, X¹ᵃ 4922, Plaidoiries, fol. 227.

13903. Édit portant que les huissiers enquêteurs des Requêtes du Palais seront seuls chargés des commissions émanées des Requêtes du Palais dans la ville de Paris et aux environs, dans un rayon de douze lieues. Saint-Germain-en-Laye, mai 1544.

> Enreg. au Parl. de Paris, le 14 janvier 1546 n. s. Arch. nat., X¹ᵃ 8615, fol. 137. 2 pages.
> Arrêt d'enregistrement. Idem, X¹ᵃ 4926, Plaidoiries, fol. 290.
> Imp. E. Girard et J. Joly, Troisiesme livre des offices de France, etc. Paris, 1647, in-fol., t. I, p. 276.

13904. Édit d'érection de la sénéchaussée de Saumur, des offices qui la composent, et règlement de juridiction. Saint-Germain-en-Laye, mai 1544. 1544.

> *Enreg. au Parl. de Paris, le 5 juin 1544. Arch. nat.*, X¹ᵃ 8614, fol. 274 v°. 3 pages 1/2.
> *Arrêt d'enregistrement. Idem*, X¹ᵃ 4922, Plaidoiries, fol. 234 v°.
> *Enreg. à la Chambre des Comptes de Paris*, anc. mém. 2 M¹, fol. 265. *Arch. nat.*, invent. PP. 136, p. 532. (*Mention.*)
> Imp. Pièce in-4°. *Arch. nat.*, AD.I 26; AD.IX 126, n° 11. 6 pages.
> Autre pièce in-4°. Paris, P. Prault, 1757. *Bibl. nat.*, 4° F. Paquets.

13905. Édit de création du bailliage du Chinon, des offices qui le composeront, et règlement de juridiction. Saint-Germain-en-Laye, mai 1544. Mai.

> *Enreg. au Parl. de Paris, le 5 juin 1544. Arch. nat.*, X¹ᵃ 8614, fol. 209 v°. 4 pages 1/4.
> *Arrêt d'enregistrement. Idem*, X¹ᵃ 4922, Plaidoiries, fol. 234.
> Imp. *Établissement du bailliage et siège royal de Chinon.* Paris, Vᵛᵉ Lottin, 1755, brochure de 23 pages.

13906. Édit de suppression de l'office de receveur et trésorier des deniers communs de la ville de Bayonne. Saint-Germain-en-Laye, mai 1544. Mai.

> *Enreg. au Parl. de Bordeaux, le 26 juin 1544. Arch. de la Gironde*, B. 31, fol. 330. 7 pages.

13907. Édit de création d'un office de greffier des États du duché de Guyenne et règlement de fonctions. Saint-Germain-en-Laye, mai 1544. Mai.

> *Enreg. au Parl. de Bordeaux, sauf réserve, le 26 novembre 1544. Arch. de la Gironde*, B. 32, fol. 1. 5 pages.
> *Enreg. à la Chambre des Comptes de Paris*, anc. mém. 2 N, fol. 80. *Arch. nat.*, AD.IX 126, n° 9, et PP. 136, p. 532. (*Mentions.*)

13908. Édit portant abolition des Grands jours de Bourbon-Lancy, dont les appellations se relevaient au Parlement de Dijon. Saint-Germain-en-Laye, mai 1544. Mai.

> *Enreg. au Parl. de Dijon, le 5 juin suivant. Arch. de la Côte-d'Or, Parl.*, reg. III, fol. 110 v°.

13909. Lettres portant érection d'un office d'avocat du roi en chaque vicomté de Normandie. Saint-Germain-en-Laye, mai 1544.

1544.
Mai.

> Enreg. à la Cour des Aides de Normandie, le 13 juin 1544. Arch. de la Seine-Inférieure, Mémoriaux, 2ᵉ vol., fol. 426 v°. 5 pages.

13910. Permission aux habitants de Vimpelles, au bailliage de Meaux, de clore leur ville de murs et de fossés, et établissement d'une foire annuelle et d'un marché hebdomadaire audit lieu. Saint-Germain-en-Laye, mai 1544.

Mai.

> Enreg. à la Chancellerie de France. Arch. nat., Trésor des Chartes, JJ. 256ᵇ, n° 103, fol. 45 v°. 1 page 1/2.

13911. Lettres de naturalité pour Jean de Turin, capitaine de gens de pied, Diamante de Bernardin, sa femme, et leurs enfants, originaires de Toscane. Saint-Germain-en-Laye, mai 1544.

Mai.

> Copie collat. du XVIIᵉ siècle. Arch. nat., K. 171, n° 21.

13912. Provisions pour Adrien Quinard de l'office de bailli de Chinon nouvellement créé. [Saint-Germain-en-Laye, mai 1544.]

Mai.

> Reçu au Parl. de Paris, le 10 juin 1544. Arch. nat., Xⁱᵃ 4922, Plaidoiries, fol. 261 v°.

13913. Lettres portant ratification de la vente du château de Gilette, situé sur les frontières de la Provence et des comtés de Nice et de Terre-Neuve, faite au roi par Jean de Berre, sʳ de Gilette, moyennant l'abandon perpétuel, que lui fait le roi (sauf la souveraineté) des droits seigneuriaux et de la haute, basse et moyenne justice des ville et bailliage de Castellane, estimés à un revenu annuel de 420 livres tournois, et des droits seigneuriaux appartenant au roi dans la ville d'Aups et dont le revenu annuel est estimé 180 livres tournois. Saint-Germain-en-Laye, mai 1544.

Mai.

> Original. Bibl. nat., ms. lat. 9241, n° 81.

13914. Confirmation en faveur des consuls de Mont-

Mai.

auban du droit de «souquet» sur la vente
du vin dans les tavernes. Saint-Germain-en-
Laye, [mai] 1544.

*Enreg. au siège du sénéchal de Montauban. Arch.
départ. de Tarn-et-Garonne, invent. de 1662,
liasse H, n° 3. (Mention.)*

1544.

13915. Édit de création d'un office d'huissier aux Requêtes du Palais, et règlement pour ses fonctions. Paris, mai 1544.

*Enreg. au Parl. de Paris, le 9 juin 1544. Arch.
nat., X¹ᵃ 8614, fol. 211 v°. 2 pages.*
*Arrêt d'enregistrement. Idem., X¹ᵃ 4922, Plai-
doiries, fol. 253.*

Mai.

13916. Lettres de règlement des privilèges du Havre-
de-Grâce. Paris, mai 1544.

*Enreg. à la Cour des Aides de Normandie, le
4 août 1544. Arch. de la Seine-Inférieure, Mémoriaux, 2ᵉ vol., fol. 487 v°. 3 pages.*

Mai.

13917. Lettres octroyant des privilèges aux commissaires des salpêtriers. Paris, 1ᵉʳ juin 1544.

*Enreg. à la Cour des Aides de Paris. Arch. nat.,
Recueil Cromo, U. 665, fol. 306. (Mention.)*

1ᵉʳ juin.

13918. Lettres de révocation du privilège accordé à
Jean-Baptiste Bernardini de Lucques, et à
Jean-François Vini, Florentin, marchands
établis à Lyon, d'importer seuls, pendant dix
ans, les soies étrangères en France. Paris,
1ᵉʳ juin 1544.

*Enreg. au Parl. de Paris, le 9 juin 1544. Arch.
nat., X¹ᵃ 8614, fol. 256. 4 pages 1/3.*
*Arrêt d'enregistrement. Idem, X¹ᵃ 4922, Plai-
doiries, fol. 253.*

1ᵉʳ juin.

13919. Provisions en faveur de Nicolas Hennequin,
élu en l'élection de Paris, d'un office de conseiller maître clerc en la Chambre des Comptes
de Paris, en remplacement et sur la résignation de François de Connan. Paris, 1ᵉʳ juin
1544.

*Enreg. à la Chambre des Comptes, le 11 juillet
1544. Arch. nat., P. 2307, p. 521. 2 pages.*
*Bibl. nat., ms. Clairambault 782, p. 308. (Men-
tion.)*

1ᵉʳ juin.

13920. Déclaration portant exemption en faveur des   1544.
quatre chauffe-cires de la Chancellerie de   2 juin.
France de tous subsides, aides, contributions,
emprunts, mis et à mettre, même pour la
solde de cinquante mille hommes de pied.
Paris, 2 juin 1544.

> Inp. A. Tessereau, *Hist. de la grande Chan-*
> *cellerie de France.* Paris, 1710, in-fol. t. I,
> p. 106.

13921. Lettres portant restriction des pouvoirs de   2 juin
Martin Fumée, commissaire pour l'aliénation
du domaine dans l'Orléanais et la Touraine.
Il lui est interdit d'hypothéquer les domaines,
aides et tailles de l'apanage du duc d'Orléans.
Paris, 2 juin 1544.

> Enregi. au Parl. de Paris, le 13 juin suivant.
> Arch. nat., X¹ª 86 14, fol. 196, n. page 1/2.
> Arrêt d'enregistrement. Arch. nat., X¹ª 1553,
> Conseil, fol. 124 v°.
> Enreg. à la Chambre des Comptes et à la Cour
> des Aides de Paris. Arch. nat., Recueil Cromo,
> U. 665, fol. 311. (Mention.)

13922. Lettres autorisant la fabrication à la Monnaie   2 juin.
de la Rochelle de testons et demi-testons,
pendant une année, jusqu'à concurrence de
500 marcs d'argent, pour utiliser les lingots
d'argent provenant des prises faites sur mer.
Paris, 2 juin 1544.

> Original dans les minutes d'ordonnances de la Cour
> des Monnaies. Arch. nat., Z¹ᵇ 537.
> Enreg. à la Cour des Monnaies, le 14 juin 1544.
> Arch. nat. Z¹ᵇ 63, fol. 178. 3 pages.

13923. Lettres de confirmation des privilèges, fran-   3 juin.
chises et libertés de la ville de Bayonne.
Paris, 3 juin 1544.

> Enreg. au Parl. de Bordeaux, le 26 juin 1544.
> Arch. de la Gironde, B. 31, fol. 333 v°. 6 pages.

13924. Mandement au Parlement pour l'enregistre-   4 juin.
ment de l'édit de création de la sénéchaussée
de Saumur et des provisions de Conrad de

Loumeau, nommé sénéchal dudit lieu. Paris, 1544 ... 4 juin 1544.

Enreg. au Parl. de Paris, le 5 juin suivant. Arch. nat., X¹ᵃ 8614, fol. 276, 1 page.

13925. Provisions en faveur de Geoffroy de Haute-clère, dit de Caullaud, naguère conseiller au Grand conseil, de l'un des quatre offices de maîtres des requêtes ordinaires de l'Hôtel nouvellement créés. Paris, 5 juin 1544.   5 juin.

Reçu au Parl. de Paris, le 6 juin suivant. Arch. nat., X¹ᵃ 1553, Conseil, fol. 112 v°. (Mention.)

13926. Lettres pour les fortifications et l'approvision-nement de Lyon. Paris, 6 juin 1544.   6 juin.

Archives de la ville de Lyon, Invent. Chappe, t. II, p. 353. (Mention.)

13927. Don de 4,000 livres tournois à Blaise de Par-daillan, sʳ de la Mothe-Gondrin, lieutenant de la compagnie des ordonnances du roi commandée par le sʳ de Maugiron, chevalier de l'ordre, et gentilhomme de la chambre. 6 juin 1544.   6 juin.

Bibl. nat., ms. Clairambault 782, p. 308. (Mention.)

13928. Lettres ordonnant au sénéchal d'Armagnac de lever dans les limites de sa sénéchaussée l'im-position pour la solde de cinquante mille hommes de guerre. Paris, 7 juin 1544.   7 juin.

Copie du XVIᵉ siècle. Archives de la ville de Lyon, CC. 290, n° 59.

13929. Confirmation des lettres de Louis XII du 25 mars 1508, permettant aux habitants de Blois de bâtir des maisons sur leur pont. Paris, 7 juin 1544.   7 juin.

Enreg. à la Chambre des Comptes de Blois, le 26 juin 1544. Arch. nat., KK. 898, fol. 7.

13930. Don de 67 livres 10 sous à Mathurin Courtet, porteur, et à Christophe Petit, fournisseur d'œufs frais de la cuisine royale. Paris, 8 juin 1544.   8 juin.

Original. Bibl. nat., Pièces originales, Courtet, vol. 909, p. 10.

13931. Déclaration touchant la condition des habi- 15441.
tants des Flandres, du Hainaut, de l'Artois, 9 juin.
du comté de Saint-Pol et autres pays patrimoniaux de l'empereur Charles-Quint. Paris,
9 juin 1544.

> *Copie du* xvi *siècle. Bibl. nat., ms. fr. 5024,*
> *fol. 178 v°.*

13932. Mandement à la Chambre des Comptes d'al- 9 juin.
louer aux comptes du trésorier de l'épargne
une somme de 360 livres tournois, qu'il a
payée à Pierre Sanson, commis au payement
de l'extraordinaire des guerres, et destinée à
la solde de deux mois des trente arquebusiers
de la garnison de Bourg-en-Bresse. Paris,
9 juin 1544.

> *Original. Bibl. nat., ms. fr. 25723, n° 846.*

13933. Lettres portant que les receveurs ordinaires des 9 juin.
bailliages de Dijon, d'Autun et d'Auxois n'ont
pas dans leurs attributions la perception des
deniers des dons, octrois et emprunts votés
par les États du duché de Bourgogne. Paris,
9 juin 1544.

> *Original. Arch. de la Côte-d'Or, États, C. 2971.*

13934. Lettres portant règlement pour les fonctions 10 juin.
du correcteur de la Chambre des Comptes
de Grenoble, créé par l'édit de septembre
1543 (n° 13373). Paris, 10 juin 1544.

> *Enreg. à la Chambre des Comptes de Grenoble.*
> *Arch. nat., AD. IX 126, n° 16. (Mention.)*
> Imp., G. Blanchard, *Compilation chrono-*
> *logique, etc. Paris, 1715, in-fol., t. I, col. 580.*
> *(Mention.)*

13935. Provisions en faveur de Nicolas Séguier, con- 10 juin.
trôleur général de l'artillerie, d'un office de
conseiller maître clerc à la Chambre des
Comptes de Paris, en remplacement de feu
Jean de Badonvillier. Paris, 10 juin 1544.

> *Arrêt de réception de la Chambre des Comptes, le*
> *25 juin suivant. Arch. nat., P. 2307, p. 505. (Men-*
> *tion.)*
> *Bibl. nat., ms. Clairambault 782, p. 308.*
> *(Mention.)*

13936. Mandement à la Chambre des Comptes d'al- 1544.
louer aux comptes du trésorier de l'épargne 10 juin.
une somme de 1,800 livres tournois, qu'il a
remise au roi pour « ses plaisirs et affaires ».
Paris, 10 juin 1544.

> *Original. Bibl. nat., ms. fr. 25723, n° 847 [1].*

13937. Mandement à la Chambre des Comptes de 10 juin.
Paris d'accepter, dans les dépenses du trésorier de l'épargne, une somme de 495 livres
tournois qu'il a payée à Marguerite de France
pour « ses plaisirs et affaires ». Paris, 10 juin
1544.

> *Original. Bibl. nat., ms. fr. 25723, n° 848 [2].*

13938. Don à Françoise de Saint-Gelais, dame de Per- 10 juin.
rault, du revenu du péage de Serrières-sur-
Rhône, 10 juin 1544.

> *Bibl. nat., ms. Clairambault 782, p. 308. (Men-*
> *tion).*

13939. Lettres portant commission à Antoine Bohier, 11 juin.
général des finances, à Martin Fumée, maître
des requêtes de l'Hôtel, et à Guillaume Bohier, maître des comptes, de lever les décimes,
tailles et gabelles, et de contracter des emprunts
au nom du roi, dans les diocèses, bailliages
et élections de la Langued'oil, Paris, 11 juin
1544.

> *Enreg. au Parl. de Paris, le 13 juin 1544. Arch.*
> *nat., X^ia 8614, fol. 205, 3 pages.*
> *Enreg. à la Chambre des Comptes de Paris. Arch.*
> *nat., P. 2307, p. 537, 7 pages.*
> *Enreg. à la Cour des Aides de Paris. Arch. nat.,*
> *Recueil Cromo, U. 665, fol. 309. (Mention.)*

13940. Commission à Jean d'Estourmel, général des 11 juin.
finances, et à Amaury Bouchard, maître des
requêtes de l'Hôtel, pour recouvrer les décimes, tailles et autres impôts, aliéner le domaine et contracter des emprunts au nom du

(1) La signature de François Ier dans cette pièce paraît autographe.
(2) Même observation.

roi, dans les pays d'Outre-Seine et Yonne et
en Picardie. Paris, 11 juin 1544.

1544.

Enreg. au Parl. de Paris, le 13 juin 1544. Arch.
nat., X¹ᵃ 8614, fol. 270. 3 pages.
Enreg. à la Chambre des Comptes et à la Cour des.
Aides. Arch. nat., Recueil Cromo, U. 665, fol. 310.
(Mention.)

13941. Commission à Jean d'Estournel, général des
finances, et à Nicolas Dupré, maître des requêtes de l'Hôtel, pour lever les décimes
tailles et autres impôts et contracter des emprunts au nom du roi, dans les pays d'Outre-
Seine, Yonne et Picardie. Paris, 11 juin
1544.

11 juin.

Enreg. au Parl. de Paris, le 2 juillet 1544. Arch.
nat., X¹ᵃ 8614, fol. 261 v°. 4 pages.
Enreg. à la Chambre des Comptes et à la Cour des
Aides de Paris, Arch. nat., Recueil Cromo, U. 665,
fol. 310. (Mention.)

13942. Commission à Nicolas de Poncher, président
des comptes, et à Louis Prudhomme, général
des finances, pour faire des emprunts en
Normandie au nom du roi. Paris, 11 juin
1544.

11 juin.

Enreg. au Parl. de Paris, le 26 juin 1544.
Enreg. à la Chambre des Comptes de Paris, le
30 juin 1544. Archives nat., P. 2807, p. 513.
7 pages.
Enreg. à la Cour des Aides de Normandie.
Arch. de la Seine-Inférieure, Mémoriaux, 2ᵉ vol.,
fol. 452 v°. 5 pages.

13943. Lettres de commission pour recevoir les décimes et autres impôts dans la généralité de
Bourgogne, donnée à Geoffroy de Haute-
clère, maître des requêtes, et à Cluny Thunot, général des finances en Bourgogne. Ils
devaient aussi procéder à la répartition des
sommes formant la quote-part de ladite généralité pour la solde de cinquante mille
hommes de pied. Paris, 11 juin 1544.

11 juin.

Enreg. au Parl. de Paris, le 25 juin 1544. Arch.
nat., X¹ᵃ 8614, fol. 230 v°. 4 pages.
Enreg. au Parl. de Dijon, le 4 juillet suivant.
Arch. de la Côte-d'Or, Parl., reg. III, fol. 111.

Enreg. à la Chambre des Comptes et à la Cour des
Aides de Paris. Arch. nat., Recueil Cromo, U. 665,
fol. 308. (Mention.)

Enreg. à la Chambre des Comptes de Dijon, le
15 juillet suivant. Arch. de la Côte-d'Or, reg. B. 20,
fol. 159. 3 pages.

13944. Lettres de commission à Charles Du Plessis, 11 juin.
général des finances, et à François de Connan,
maître des requêtes de l'Hôtel, pour lever
les décimes, tailles, etc., et contracter des emprunts au nom du roi, dans le Languedoc,
le Lyonnais, le Forez et le Beaujolais. Paris,
11 juin 1544.

Enreg. au Parl. de Paris, le 23 juin 1544. Arch.
nat., X¹ᵃ 8614, fol. 271 v°.

Enreg. au Parl. de Toulouse, le 4 août 1544.
Arch. de la Haute-Garonne, Édits, reg. 5, fol. 114.
4 pages.

Enreg. à la Chambre des Comptes et à la Cour des
Aides de Paris. Arch. nat., Recueil Cromo, U. 665,
fol. 310. (Mention.)

Imp. Dom Vaissète, Hist. générale de Languedoc.
Paris, 1745, in-fol., t. V, Preuves, col. 103.

13945. Commission pour recouvrer les décimes et 11 juin.
autres impôts, aliéner le domaine et con-
tracter des emprunts au nom du roi, dans
la généralité de Guyenne, donnée à Nicolas
Dangu, évêque de Séez, maître des requêtes
de l'Hôtel, et à Pierre Secondat, général des
finances en Guyenne. Paris, 11 juin 1544.

Enreg. au Parl. de Paris, le 2 juillet 1544. Arch.
nat., X¹ᵃ 8614, fol. 240. 5 pages.

Enreg. au Parl. de Bordeaux, le 18 juillet 1544.
Arch. de la Gironde, B. 31, fol. 367. 6 pages.

Enreg. au Parl. de Toulouse, le 1ᵉʳ août 1544.
Arch. de la Haute-Garonne, Édits, reg. 5, fol. 109.
3 pages 1/2.

Enreg. à la Chambre des Comptes, le 5 juillet et
à la Cour des Aides. Arch. nat., Recueil Cromo,
U. 665, fol. 311. (Mention.)

13946. Lettres autorisant la fabrication à la Monnaie 11 juin.
de Marseille de gros testons et de demi-gros
testons, liards doubles et petits deniers tournois noirs, jusqu'à concurrence de 2,800
marcs, pour utiliser l'argent blanc et bas

billon provenant des prises faites sur mer,   1544.
des payements faits par les Turcs aux environs de Nice pour achat de marchandises, et
des mines de Provence. Paris, 11 juin 1544.

> *Original sur parchemin dans les minutes d'ordon-*
> *nances de la Cour des Monnaies. Arch. nat., Z¹ᵇ 53ᵇ.*
> *Enreg. à la Cour des Monnaies, le 4 novembre*
> *1544. Arch. nat., Z¹ᵇ 63, fol. 186 v°. 3 pages.*

13947. Lettres portant à la connaissance des villes des   11 juin.
diocèses de Toulouse, Alet et Limoux, Car-
cassonne, Rieux, Comminges, Montauban,
Saint-Papoul et Narbonne, la commission
donnée à M. de La Voulte, concernant l'administration des vivres fournis, en 1542,
pour l'armée campée sur la frontière de Roussillon et devant Perpignan. Paris, 11 juin
1544.

> *Copie du XVI⁰ siècle, Arch. de la ville de Nar-*
> *bonne, AA. 112, fol. 44 v°.*

13948. Provisions pour Gaucher Rasseteau de l'office   11 juin.
de conservateur des privilèges royaux de
l'Université de Poitiers, en remplacement de
Mathurin Roigne, décédé. Paris, 11 juin
1544.

> *Reçu au Parl. de Paris, le 16 juin suivant.*
> *Arch. nat., X¹ᵃ 4922, Plaidoiries, fol. 279 v°.*
> *(Mention.)*

13949. Don à Zacharie de Plaisance, fourrier ordi-   11 juin.
naire du roi, de 30 écus d'or soleil à prendre
sur le produit de la vente de l'office de sergent des aides et tailles de l'élection de Soissons, vacant par la mort de Philibert Hélye.
Paris, 11 juin 1544.

> *Original. Bibl. nat., ms. fr. 25723, n° 849.*

13950. Provisions pour Ponce Brandon, conseiller au   12 juin.
Parlement de Paris, de l'office de lieutenant
général, civil et criminel de la sénéchaussée
d'Auvergne, en survivance de son père Michel
Brandon. Paris, 12 juin 1544.

> *Entérinées au Parl., à condition que ledit Bran-*

don n'exercera cet office qu'après le décès de son père, 1544,
le 21 juillet 1544. Arch. nat., X¹ª 1553, Conseil,
fol. 270. (Mention.)

13951. Lettres d'exemption de contributions de guerre   13 juin.
données en faveur des chapitres de Saint-
Germain-l'Auxerrois, de Saint-Honoré et de
Sainte-Opportune, à Paris. Paris, 13 juin
1544.

Original scellé. Arch. nat., K. 88, n° 4².

13952. Lettres portant mandement et injonction de   14 juin.
contraindre tout le clergé du diocèse de Lyon
à contribuer aux réparations des fortifications,
suivant sa taxe et cotisation. Paris, 14 juin
1544.

Copie. Arch. du Rhône, Chapitre métropolitain,
arm. Abram, vol. 6, n° 18.

13953. Lettres de seconde jussion pour l'enregistre-   14 juin.
ment de l'édit d'avril 1544 (n° 13814), por-
tant création d'un office de lieutenant du
viguier de Saint-Yrieix. Paris, 14 juin 1544.

Enreg. au Parl. de Bordeaux, s. d. Arch. de la
Gironde, B. 31, fol. 351.

13954. Lettres de don à Armand Daulhon de la Ro-   14 juin.
quette, receveur ordinaire de la sénéchaussée
de Toulouse, de 500 livres de pension pendant dix ans, 14 juin 1544.

Enreg. à la Chambre des Comptes de Paris, le
26 juin suivant, anc. mém. 2 M, fol. 80. Arch.
nat., invent. PP. 136, p. 533. (Mention.)

13955. Provisions en faveur d'Antoine Le Venier de   15 juin.
l'office de receveur des tailles au siège de
Mauléon, en remplacement et sur la résignation de Jacques le Venier, son père. Paris,
15 juin 1544.

Copie collat. du xvi⁰ siècle. Bibl. nat., Pièces
orig., Le Venier, vol. 2959, p. 2.

13956. Provisions d'un office de conseiller au Parle-   16 juin.
ment de Bordeaux pour Jean Le Breton.
Paris, 16 juin 1544.

Enreg. au Parl. de Bordeaux, le 30 juillet 1544.
Arch. de la Gironde. B. 31, fol. 373. 2 pages.

13957. Lettres portant création d'un office d'ouvrier en la Monnaie de Grenoble au profit de Martin Mure. Paris, 16 juin 1544.   1544. 16 juin.

> *Enreg. à la Cour des Monnaies, le 5 juillet 1544. Arch. nat., Z¹ᵇ 63, fol. 153 v°. 2 pages.*

13958. Lettres portant création d'un office d'ouvrier en la Monnaie de Crémieu, au profit de Claude Michel. Paris, 16 juin 1544.   16 juin.

> *Enreg. à la Cour des Monnaies, le 5 juillet 1544. Arch. nat., Z¹ᵇ 63, fol. 164 v°. 2 pages.*

13959. Lettres portant création d'un office de monnayeur en la Monnaie de Romans, au profit de Gaspard Coste. Paris, 16 juin 1544.   16 juin.

> *Enreg. à la Cour des Monnaies, le 5 juillet 1544. Arch. nat., Z¹ᵇ 63, fol. 160. 2 pages.*

13960. Lettres portant création d'un office de monnayeur en la Monnaie de Romans, au profit de François Delacourt. Paris, 16 juin 1544.   16 juin.

> *Enreg. à la Cour des Monnaies, le 5 juillet 1544. Arch. nat., Z¹ᵇ 63, fol. 162. 2 pages.*

13961. Lettres portant création d'un office d'ouvrier en la Monnaie de Romans, au profit de Thomas Prudhomme. Paris, 16 juin 1544.   16 juin.

> *Enreg. à la Cour des Monnaies, le 5 juillet 1544. Arch. nat., Z¹ᵇ 63, fol. 169. 2 pages.*

13962. Lettres portant création d'un office d'ouvrier en la Monnaie de Montélimar, au profit d'Antoine Galland. Paris, 16 juin 1544.   16 juin.

> *Enreg. à la Cour des Monnaies, le 5 juillet 1544. Arch. nat., Z¹ᵇ 63, fol. 166 v°. 2 pages.*

13963. Provisions en faveur de Raymond Golfin de l'office de conseiller clerc au Parlement de Toulouse, vacant par la mort d'Antoine Proly. Paris, 16 juin 1544.   16 juin.

> *Vidimus du sénéchal de Toulouse. Bibl. nat., Pièces orig., Golfin, vol. 1350, p. 2.*

13964. Provisions en faveur d'Armand Daulhon de la Roquette de l'office de receveur ordinaire   16 juin.

de la sénéchaussée de Toulouse et comté de
Comminges. 16 juin 1544.

Enreg. le 26 juin suivant à la Chambre des
Comptes de Paris, anc. mém. 2 M, fol. 80. Arch.
nat., invent. PP. 136, p. 533. (Mention.)

1544.

13965. Commission donnée à Nicole Quélain, président des enquêtes au Parlement de Paris,
pour la réformation du collège du Cardinal-
Lemoine. Paris, 17 juin 1544.

17 juin.

Enreg. au Parl. de Paris, sans date. Arch. nat.,
X¹ᵇ 8615, fol. 82 v°. 2 pages.
Arrêt du Parlement du 15 janvier 1545 n. s.
Arch. nat., X¹ᵃ 1554, Conseil, fol. 599 v°.

13966. Lettres portant exemption de tous décimes,
dons gratuits et emprunts en faveur des
Hôtels-Dieu et hôpitaux du royaume, pourvu
qu'ils ne soient point érigés en titre de bénéfices. Paris, 17 juin 1544.

17 juin.

Enreg. au Parl. de Paris, le 22 mai 1545. Arch.
nat., X¹ᵇ 8615, fol. 99 v° et 101. 3 pages 1/2.
Arrêt d'enregistrement. Idem, X¹ᵃ 4925, Plai-
doiries, fol. 164.
Imp. Plaquette in-8°. Arch. nat., AD.I 27.
6 pages.
Les loix, ordonnances et édictz, etc.... depuis le
roy S. Lois... Paris, Galiot du Pré, 1559, in-fol.,
fol. 200 v°.
P. Rebuffi, Les édits et ordonnances des rois de
France, etc. Lyon, 1573, in-fol., p. 1382.
Les édits, ordonnances et règlements sur l'admi-
nistration du revenu des hospitaux. Paris, 1585,
in-8°, p. 21.
A. Fontanon, Édits et ordonnances, etc. Paris,
1611, in-fol., t. IV, p. 576.
Recueil des édits et déclarations concernant les
hospitaux et maladeries de France, etc. Paris,
S. Cramoisy, 1675, in-fol., p. 7.

13967. Déclaration portant règlement pour l'exécution
de l'édit de création (juin 1544, n° 13989)
d'une chambre du Conseil et d'une seconde
chambre de la Tournelle, de deux nouveaux
offices de présidents et de douze offices de
conseillers au Parlement de Paris. Chaumes,
19 juin 1544.

19 juin.

Enreg. au Parl. de Paris, de expresso manduto

regis, le 26 juin 1544. Archives nat., X¹ᵉ 8614, fol. 336. 5 pages.

Arrêt d'enregistrement. Idem, X¹ᵉ 4922, Plaidoiries, fol. 322.

13968. Déclaration portant que les écus et douzains aux armes de Béarn, récemment émis par le roi de Navarre, auront cours en France. Paris, 20 juin 1544.

Enreg. au Parl. de Paris, le 21 juillet 1544. Arch. nat., X¹ᵉ 8614, fol. 309. 2 pages.

Arrêt d'enregistrement. Idem, X¹ᵇ 4922, Plaidoiries, fol. 428 v°.

Enreg. au Parl. de Bordeaux, le 26 août 1544, Arch. de la Gironde, B. 31, fol. 388 v°. 2 pages 1/2.

13969. Mandement au trésorier de l'épargne de faire payer à Jean-François Bini (aliàs Vini) et à Jean-Baptiste Bernardini, marchands de Lyon, par Martin de Troyes, receveur général des finances dans ladite ville, une somme de 20,000 livres tournois à titre de remboursement d'un prêt fait au roi, et 1,700 livres à titre d'indemnité de l'octroi qui leur avait été d'abord fait de la traite des soies, mais qui avait été ensuite révoqué, sur les réclamations des marchands florentins et lucquois et des habitants de Lyon. Paris, 20 juin 1544.

Original. Bibl. nat., ms. fr. 25723, n° 850.

13970. « Déclaration relative à la translation du siège de Beaumont[-le-Vicomte]. 20 juin 1544. »

Bibl. nat., Inventaire des titres étant au château de Vendôme, par Aug. Galland, conseiller au Conseil d'État, ms. fr. 16902, fol. 5. (Mention.)

13971. Lettres ordonnant au greffier de la Cour des Aides de verser entre les mains de Jean Laguette, receveur général des finances extraordinaires et parties casuelles, la somme de 4,000 livres consignée au greffe par Philibert Babou, seigneur de la Bourdaisière, trésorier de France. 21 juin 1544.

Enreg. à la Cour des Aides de Paris. Arch. nat., Recueil Cramo, U. 665, fol. 313. (Mention.)

13972. Lettres commettant Socin de Vitel, avocat au
Parlement, pour procéder à des enquêtes et
à l'instruction des procès au sujet des fautes
et malversations commises dans les forêts du
comté du Perche, appartenant au roi et à la
reine de Navarre. Paris, 21 juin 1544.

1544.
21 juin

*Enreg. à la Chambre des Eaux et forêts (siège de
la Table de marbre), le 24 décembre 1544. Arch.
nat., Z¹ᵉ 329, fol. 204 v°. 2 pages.*

13973. Lettres ordonnant le remboursement des officiers de la Chambre des Comptes de Rouen
supprimée, sur les deniers provenant des
aliénations du domaine et des aides en Normandie. Paris, 21 juin 1544.

21 juin.

*Enreg. au Parl. de Normandie, le 15 juillet suivant.
Enreg. à la Cour des Aides de Normandie, le
31 juillet 1544. Arch. de la Seine-Inférieure, Mémoriaux, 2ᵉ vol., fo'. 467. 8 pages.
Enreg. à la Chambre des Comptes de Paris, le
19 juillet 1544, anc. mém. 2 M, fol. 105. Copie
du xviii' siècle. Arch. nat., AD.IX 126, n° 17.
8 pages.*

13974. Lettres ordonnant que, si les deniers communs
de la ville de Rouen ne peuvent suffire au
payement de la part de ladite ville dans la
solde de quatre mille hommes de pied, imposée aux villes closes du bailliage pour
quatre mois de la présente année, les officiers
du Parlement de Normandie seront cotisés
pour ce qui est des maisons et héritages roturiers qu'ils peuvent posséder dans la ville
et les faubourgs. Paris, 21 juin 1544.

21 juin.

*Enreg. au Parl. de Normandie. Copie du
xvii' siècle. Arch. nat., U. 757, 2ᵉ partie, p. 214.
2 pages.*

13975. Lettres portant mandement au sᵣ de Saint-
André, gouverneur de Lyon, de contraindre
les pays de Beaujolais, de Dombes, Forez et
Auvergne à fournir le blé et le vin nécessaires
à l'avitaillement de la ville de Lyon, sur laquelle l'empereur menaçait de tenter un coup
de main. Fontainebleau (sic), 21 juin 1544.

21 juin.

Original. Arch. de la ville de Lyon, série GG.

13976. Confirmation en faveur d'Ambroise L'Huillier de l'office de lieutenant particulier au bailliage de Sens, dont il avait été pourvu par la régente le 3 avril 1525 n. s. Paris, 23 juin 1544.

1544.
23 juin.

Réception au Parl. de Paris, le 27 octobre 1544. Arch. nat., X¹ᵃ 1555, Conseil, fol. 565. (Mention.)

13977. Provisions en faveur de François Sédille, conseiller au Parlement de Rouen, d'un office de conseiller lai au Parlement de Paris, en remplacement de feu Charles Quierlavoine. Paris, 24 juin 1544.

24 juin.

Réception au Parl., le 30 juin suivant. Arch. nat., X¹ᵃ 1553, Conseil, fol. 187 v°. (Mention.)

13978. Lettres par lesquelles le roi soustrait à la juridiction des évêques, pour le payement des décimes, les curés et autres bénéficiers de l'ordre de Saint-Jean-de-Jérusalem. Paris, 25 juin 1544.

25 juin.

Original. Arch. nat., K. 88, n° 5.

13979. Provisions en faveur d'Antoine de La Primaudaye d'un office de conseiller général des monnaies, en remplacement et sur la résignation de Pierre Porte. 26 juin 1544.

26 juin.

Réception à la Chambre des Comptes de Paris, le 20 juillet suivant. Arch. nat., P. 2537, fol. 392 v°; P. 2554, fol. 51 v°; AD.IX 126, n° 24; PP. 136, p. 533. (Mentions.)

13980. Mandement au receveur des tailles de Limoges de porter les deniers de sa recette à la recette générale des finances à Poitiers. Paris, 27 juin 1544.

27 juin.

Enreg. à la Chambre des Comptes de Paris, anc. mém. 2 M, fol. 70. Archives nat., AD.IX 126, n° 18, et PP. 136, p. 533. (Mentions.)

13981. Mandement aux élus du Lyonnais, leur faisant savoir qu'ils ont à lever une crue de 2 sous tournois par livre du principal de la taille

27 juin.

de la présente année. Fontainebleau (*sic*),   1544.
27 juin 1544.

> *Copie du XVIe siècle. Bibl. nat., ms. fr. 2702,*
> fol. 245 v°.

13982. Commission donnée par le roi au cardinal de   29 juin.
Tournon, au cardinal de Meudon, à François
Errault et à Antoine Bohier de Saint-Ciergues,
pour la vente des greffes civils et criminels du
bailliage et de la prévôté de Blois, ainsi que
du tabellionage de la ville et châtellenie de
Blois, pour en appliquer le produit aux dépenses de la guerre. Paris, 29 juin 1544.

> *Enreg. au Parl. de Paris, le 24 juillet 1544.*
> *Arch. nat., X^{1a} 8615, fol. 31. 4 pages 1/2.*
> *Arrêt d'enregistrement. Idem, X^{1a} 4922, Plai-*
> doiries, fol. 428.

13983. Provisions en faveur d'Augustin de Thou, pré-   29 juin.
sident aux enquêtes du Parlement de Paris,
de l'un des deux offices de présidents, nouvellement créés en ladite cour. Paris, 29 juin
1544.

> *Reçu au Parl., le 7 juillet suivant. Arch. nat.,*
> X^{1a} 1553, Conseil, fol. 216 v°. (*Mention.*)

13984. Provisions pour Adrien de Canteleu, licencié   30 juin.
ès lois, de l'office de lieutenant général civil
et criminel du bailliage d'Amiens, en remplacement de Nicole Chevalier, créé conseiller
lai au Parlement de Paris. Paris, 30 juin
1544.

> *Reçu au Parl., le 24 juillet suivant. Arch. nat.,*
> X^{1a} 4922, Plaidoiries, fol. 428 v°. (*Mention.*)

13985. Lettres déchargeant les Chartreux de Paris de   30 juin.
la somme de 133 livres 6 sous 8 deniers, à
laquelle ils avaient été cotisés pour leur part
de l'impôt de 80,000 écus demandé à la ville,
pour subvenir aux frais de la guerre. Paris,
30 juin 1544.

> *Arch. nat., H. 1780, fol. 48. (Mention.)*
> *Imp. Registre des délibérations du Bureau de la*
> *ville de Paris. Paris, in-4°, t. III, 1886, p. 34.*
> (*Mention.*)

13986. Provisions en faveur de Claude Tudert, conseiller au Parlement de Paris, de l'office de président clerc en la troisième chambre des enquêtes de ladite cour, en remplacement d'Augustin de Thou. Paris, 30 juin 1544.

1544.
30 juin.

> *Reçu au Parl., le 9 juillet suivant. Arch. nat., X¹ᵃ 1553, Conseil, fol. 217 v°. (Mention.)*

13987. Provisions en faveur d'Antoine Minard de l'un des deux offices de présidents nouvellement créés au Parlement de Paris. [Paris, 30 juin 1544.]

30 juin.

> *Reçu au Parl., le 14 juillet suivant. Arch. nat., X¹ᵃ 1553, Conseil, fol. 245 v°. (Mention.)*

13988. Provisions en faveur de Jacques des Ligneris, conseiller au Parlement de Paris, de l'office de président de la troisième chambre des enquêtes de ladite cour, en remplacement d'Antoine Minard. [Paris, 30 juin 1544.]

30 juin.

> *Reçu au Parl., le 14 juillet 1544. Arch. nat., X¹ᵃ 1553, Conseil, fol. 245 v°. (Mention.)*

13989. Édit portant établissement d'une chambre du Conseil et d'une seconde chambre de la Tournelle au Parlement de Paris, et création de deux offices de présidents et de douze offices de conseillers. Paris, juin 1544.

Juin.

> *Enreg. au Parl. de Paris, de expresso mandato regis, le 13 juin 1544. Arch. nat., X¹ᵃ 8614, fol. 227. 3 pages 1/2.*
> *Arrêt d'enregistrement. Idem, X¹ᵃ 4922, Plaidoiries, fol. 275 v°.*

13990. Lettres portant confirmation des privilèges et règlement des attributions des quatre sergents fieffés du Châtelet de Paris. Paris, juin 1544.

Juin.

> *Enreg. au Parl. de Paris, le 4 août 1544. Arch. nat., X¹ᵃ 8614, fol. 305 v°. 4 pages.*
> *Arrêt d'enregistrement. Idem, X¹ᵃ 4923, Plaidoiries, fol. 8 v°.*
> *Imp. E. Girard et J. Joly, Troisiesme livre des offices de France, etc. Paris, 1647, in-fol., t. II, p. 1625.*

13991. Édit de création d'un nouvel office de maître

Juin.

des requêtes ordinaire de l'Hôtel, outre les trois récemment institués. Paris, juin 1544. 1544.

> *Enreg. au Parl. de Paris, le 5 juin 1544. Arch. nat., X¹ᵃ 8614, fol. 224 (biffé) et fol. 273 v°. 2 pages 1/2.*
> *Arrêt d'enregistrement. Idem, X¹ᵃ 4922, Plaidoiries, fol. 234.*

13992. Édit de création de cinq nouveaux offices d'huissiers au Parlement de Paris. Paris, juin 1544. Juin.

> *Enreg. au Parl. de Paris, le 9 juin 1544. Arch. nat., X¹ᵃ 8614, fol. 258. 2 pages.*
> *Arrêt d'enregistrement. Idem, X¹ᵃ 4922, Plaidoiries, fol. 252 v°.*

13993. Édit de création d'un cinquième office d'enquêteur au bailliage de Chartres et anciens ressorts. Paris, juin 1544. Juin.

> *Enreg. au Parl. de Paris, sauf réserve, le 26 juin 1544. Arch. nat., X¹ᵃ 8614, fol. 239. 2 pages.*
> *Arrêt d'enregistrement. Idem, X¹ᵃ 4922, Plaidoiries, fol. 322.*

13994. Lettres de confirmation des privilèges et exemptions des archers, arbalétriers et arquebusiers de la ville de Paris, et notamment de leur exemption de tous droits d'aides. Paris, juin 1544. Juin.

> *Enreg. au Parl. de Paris, le 10 juillet 1544. Arch. nat., X¹ᵃ 8614, fol. 297. 6 pages.*
> *Arrêt d'enregistrement. Idem, X¹ᵃ 4922, Plaidoiries, fol. 376 v°.*
> *Enreg. à la Chambre des Comptes de Paris. Arch. nat., P. 2307, p. 603. 10 pages.*
> *Enreg. à la Cour des Aides de Paris, le 20 mars 1545 n. s. Lettres patentes de lad. Cour. Arch. nat., Z¹ᵃ 527. (Mention.)*
> *Impr. Les loix, ordonnances et édictz, etc... depuis le roy S. Lois.... Paris, Galiot du Pré, 1559, in-fol., fol. 201 r°.*
> *P. Rebuffi, Les édits et ordonnances des rois de France, etc. Lyon, 1573, in-fol., p. 1345.*
> *A. Fontanon, Édits et ordonnances, etc. Paris, 1611, in-fol., t. I, p. 1121.*
> *M. Hay, Recueil des chartes, créations et confirmations des arbalétriers, archers, etc. de la ville de Paris. Paris, 1770, in-4°, p. 70.*

13995. Lettres portant confirmation des statuts des Juin.

marchands fripiers de la ville et banlieue de 1544
Paris. Paris, juin 1544.

> Enreg. au Parl. de Paris, le 30 avril 1561. Arch.
> nat., X¹ᵃ 8624, fol. 40. 7 pages 1/2.
> Imp. P. Rebuffi, Les édits et ordonnances des rois
> de France, etc. Lyon, 1573, in-fol. p. 1165.
> A. Fontanon, Édits et ordonnances, etc. Paris,
> 1611, t. I, p. 1054.
> Isambert, Anc. lois françaises, etc. Paris, 1827,
> in-8°, t. XII, p. 877.

13996. Lettres portant confirmation de l'institution des Juin.
six gardes du métier de saietterie(1) de la ville
d'Amiens. Paris, juin 1544.

> Enreg. au Parl. de Paris, sauf modifications,
> le 16 février 1545 n. s. Arch. nat., X¹ᵃ 8615,
> fol. 81 v°. 2 pages 1/2.
> Arrêt d'enregistrement. Idem, X¹ᵃ 4924, Plai-
> doiries, fol. 479.

13997. Lettres de ratification du concordat passé entre Juin.
le cardinal de Tournon, abbé de Saint-Ger-
main-des-Prés, d'une part, et son couvent
avec le chapitre général de Chézal-Benoît,
d'autre. Paris, juin 1544.
Précédé du texte de ce concordat, daté du
21 avril 1543.

> Enreg. au Parl. de Paris, sur mandement
> d'Henri II, le 28 août 1556. Arch. nat., X¹ᵃ 8620,
> fol. 322 v°. 15 pages, dont 13 pour le concordat.

13998. Édit de suppression du siège de sénéchal érigé Juin.
en la ville de Libourne au mois de mars pré-
cédent. Paris, juin 1544.

> Enreg. au Parl. de Bordeaux, le 7 juillet 1544.
> Arch. de la Gironde, B. 31, fol. 342. 7 pages.
> Arch. municip. de Libourne, Invent. de 1756,
> n° 48.

13999. Édit de suppression du siège de sénéchal nou- Juin.
vellement érigé en la ville de la Réole. Paris,
juin 1544.

> Enreg. au Parl. de Bordeaux, le 26 juin 1544.
> Arch. de la Gironde, B. 31, fol. 336 v°. 9 pages.

---

(1) Tisserands de saie, étoffe de laine avec une très légère addition de
soie, saiette, formant des lignes de couleur alternées dans le sens de la
longueur.

IMPRIMERIE NATIONALE.

14000. Confirmation des privilèges et exemptions des habitants de Montreuil-sous-Bois. Paris, juin 1544.

1544.
Juin.

> *Copie du xvie siècle. Arch. nat., suppl. du Trésor des Chartes, J. 741, n° 8.*

14001. Édit de règlement pour l'autorité du grand maître de l'artillerie de France sur les salpétriers. Paris, juin 1544.

Juin.

> *Enreg. à la Chambre des Comptes de Paris, anc. mém. 2 M., fol. 54. Arch. nat., AD.IX.126, n° 14, et PP. 136, p. 538. (Mentions.)*

14002. Lettres de ratification des statuts et ordonnances passés entre Jean d'Ancézune, abbé commendataire de Sainte-Colombe de Sens et les religieux de ladite abbaye, pour le maintien de l'observance régulière dans leur monastère. Paris, juin 1544.

Juin.

> *Entérinées au Parl. de Paris, le 30 juillet 1544. Arch. nat., X^{ia} 1553, Conseil, fol. 292. (Mention.)*

14003. Lettres permettant aux habitants de Sermaise de clore leur village de murs, et portant création de trois foires par an et d'un marché chaque semaine. Paris, juin 1544.

Juin.

> *Archives départ. de l'Yonne, H. 149.*

14004. Ordonnance portant confirmation des douze articles fondamentaux du siège de la Connétablie et maréchaussée de France, et attribuant à sa juridiction les fautes, abus et malversations des prévôts et autres officiers des maréchaussées, privativement à tous autres juges. Villemomble, juin 1544.

Juin.

> *Imp. Code Henri III, etc. Paris, Claude Collet, 1622, in-fol., fol. 815.*
> *Pièces in-4°. Arch. nat., AD.I 21, et AD.I 26.*
> *Pinson de La Martinière, La Connestablie et maréchaussée de France, etc. Paris, 1661, in-fol., p. 13.*
> *G. Saugrain, La maréchaussée de France, ou recueil des ordonnances, édits, etc. Paris, 1697, in-4°, p. 35.*

14005. Édit touchant la juridiction des prévôts des ma-

Juin.

réchaux tant sur la punition des voleurs et vagabonds que sur le fait des chasses. Villemomble, juin 1544.

Enreg. au Grand Conseil, le 30 juin 1544. Imp. Pièce in-8°. Paris, V. Sertenas, 1544. Bibl. nat., Inv. Réserve, F. 1927.
E. Girard et J. Joly, Troisiesme livre des offices de France, etc. Paris, 1647, in-fol., t. II, p. 1222.

14006. Édit portant que les jugements criminels et de police du Prévôt de l'Hôtel seront exécutoires nonobstant l'appel. Villemomble, juin 1544.

Juin.

Bibl. nat., Mss. Moreau, t. 1414, fol. 331. (Mention.)
Imp. Pièce in-4°, s. l. n. d. Arch. nat., AD. I 26; Bibl. nat., 4° F. Paquets. 6 pages.
P. de Miraulmont, Le prevost de l'hostel et grand prevost de France, etc. Paris, 1610, in-8°, p. 232. (Bibl. nat., Lf²⁰ 2.)

14007. Lettres portant que Nicole Dupré, créé nouvellement maître des requêtes de l'Hôtel, jouira des mêmes honneurs, prérogatives et privilèges que les anciens maîtres des requêtes. Fontainebleau, juin 1544.

Juin.

Enreg. au Parl. de Paris, le 26 juin 1544. Arch. nat., X¹ᵃ 4922, fol. 321 v°. (Mention.)

14008. Lettres de commission données au cardinal de Tournon, à François Errault, président au Parlement de Piémont, à Antoine Bohier et autres, pour contracter des emprunts au nom du roi en la ville de Lyon. Yerres, 1ᵉʳ juillet 1544.

1ᵉʳ juillet.

Enreg. au Parl. de Paris, le 2 juillet 1544. Arch. nat., X¹ᵃ 8614, fol. 263 v°. 5 pages 1/2.

14009. Provisions de l'office de bailli de Bourbon-Lancy, pour Gacien de Ballore, gentilhomme de la vénerie, en remplacement et sur la résignation de Laurent Le Blanc. Yerres, 2 juillet 1544.

2 juillet.

Enreg. au Parl. de Dijon, le 9 août suivant. Arch. de la Côte-d'Or, Parl., reg. III, fol. 114.
Enreg. à la Chambre des Comptes de Dijon, le 26 août 1546. Arch. de la Côte-d'Or, B. 19, fol. 75.

14010. Don à Pierre de Lestang, dit Pinton, et à Bernard Mabret, sommeliers de l'échansonnerie du commun, de 40 écus d'or soleil à prendre sur le produit de la vente des offices de sergents royaux de la sénéchaussée de Limousin, vacants par la mort de Jean Ortoulle et Pierre de « Chesmes », Yerres, 2 juillet 1544.

    Original. Bibl. nat., ms. fr. 25723, n° 851.

1544.
2 juillet.

14011. Lettres ordonnant que la congrégation de Chézal-Benoît conservera ses privilèges, sauf que les abbayes seront à la nomination du roi et que les abbés ne seront plus triennaux. Paris, 2 juillet 1544.

    Original, Arch. départ. du Puy-de-Dôme, Bénédictins de Saint-Alyre, 384.

2 juillet.

14012. Lettres de surséance pour jugement de procès obtenues par Jean de Lugny, chevalier, seigneur du lieu, en service à l'armée du dauphin. Paris, 2 juillet 1544.

    Enreg. au Parl. de Dijon. Arch. de la Côte-d'Or, Parl., reg. III, fol. 113 v°.

2 juillet.

14013. Lettres de don à Pierre Secondat, général des finances en Guyenne, de la somme de 4,000 livres d'amende, en laquelle ont été condamnés par arrêt du Grand conseil les s^rs d'Armagnac, frères, pour le dédommager de certains frais de voyage. 2 juillet 1544.

    Enreg. à la Chambre des Comptes de Paris, le 4 juillet suivant, anc. mém. 2 M, fol. 165. *Arch. nat.,* invent. PP. 136, p. 534. *(Mention.)*
    Bibl. nat., ms. Clairambault 782, p. 309. *(Mention, sous la date du* 11 juillet.)

2 juillet.

14014. Lettres portant assignation aux Cordelières du couvent de Saint-Marcel-lès-Paris de 494 livres 17 sous 11 deniers parisis de rente sur la recette générale de Paris. Paris, 4 juillet 1544.

    Enreg. à la Chambre des Comptes de Paris, le 18 juillet 1544. Arch. nat., P. 2307, p. 615. 4 pages.

4 juillet.

14015. Lettres ordonnant de faire à nouveau la répar-

4 juillet.

tition d'une somme de 4,000 livres imposée
sur le clergé du diocèse de Nantes, pour sa
quote-part des décimes et don gratuit accordés au roi par le clergé de France, attendu
la perte des rôles de cotisations antérieures,
certifiée par le cardinal de Lorraine, évêque
de Nantes, et ses vicaires. Paris, 4 juillet
1544.

1544.

*Enreg. à la Chambre des Comptes de Paris, le
20 octobre suivant. Arch. nat., P. 2537, fol. 390;
P. 2554, fol. 49. 3 pages.*

14016. Lettres portant augmentation des menues nécessités, jusqu'à concurrence de 700 livres
pour le Parlement et de 500 livres pour la
Chambre des Comptes de Dauphiné. Paris,
6 juillet 1544.

6 juillet.

*Enreg. à la Chambre des Comptes de Grenoble.
Arch. de l'Isère, B. 2911, cah. 45. 5 pages.*

14017. Lettres concernant l'approvisionnement et la
fortification de Lyon, menacé par l'empereur.
Paris, 6 juillet 1544.

6 juillet.

*Arch. de la ville de Lyon, invent. Chappe, t. II,
p. 353. (Mention.)*

14018. Lettres de jussion à la Chambre des Comptes
de Dijon, pour l'enregistrement de l'édit du
mois de mars 1544 n. s. (n° 13741), portant
affranchissement des mainmortables du domaine de Bourgogne. Paris, 7 juillet 1544.

7 juillet.

*Enreg. à la Chambre des Comptes de Dijon, le
19 décembre 1544. Arch. de la Côte-d'Or, B. 20,
fol. 160 v°.*

14019. Provisions en faveur de Claude de Vulcob,
docteur ès droits, d'un office de conseiller
clerc au Parlement de Paris, du nombre des
douze de nouvelle création. Saint-Maur-des-
Fossés, 7 juillet 1544.

7 juillet.

*Présentées au Parl., le 21 juillet suivant. Arch.
nat., X¹ᵃ 1553, Conseil, fol. 270 v°. (Mention.)*

14020. Lettres autorisant la fabrication en la Monnaie
de Nantes de testons et de demi-testons pendant une année, jusqu'à concurrence de

9 juillet.

3,000 marcs d'argent, pour utiliser les lingots et vaisselle provenant des prises faites sur mer. Paris, 9 juillet 1544.

Original sur parchemin dans les minutes d'ordonnances de la Cour des Monnaies, Z¹ᵇ 537.
Enreg. à la Cour des Monnaies, le 11 juillet 1544. Arch. nat., Z¹ᵇ 63, fol. 181 v°. 3 pages.

14021. Lettres de commission données à Martin Fumée, maître des requêtes de l'Hôtel, à Antoine Bohier, général des finances, et à Guillaume Bohier, maître des comptes, pour veiller à la levée des impôts, négocier des emprunts au nom du roi, et au besoin procéder à des aliénations du domaine, dans la généralité de la Langue d'oïl. Saint-Maur-des-Fossés, 10 juillet 1544.

Enreg. au Parl. de Paris, le 21 juillet 1544. Arch. nat., X¹ᵃ 8614, fol. 321. 2 pages 1/2.
Arrêt d'enregistrement. Idem, X¹ᵃ 4922, Plaidoiries, fol. 427.
Enreg. à la Chambre des Comptes de Paris, le 28 juillet suivant, anc. mém. 2 M, fol. 60. Arch. nat., AD.IX 126, n° 23, et PP. 136, p. 534. (Mentions.)
Enreg. à la Cour des Aides de Paris. Arch. nat., Recueil Cromo, U. 665, fol. 312. (Mention.)
Copie collat. du xvɪᵉ siècle. Bibl. nat., ms. fr. 25723, n° 852.
Impr. Placard de parchemin. Arch. nat., Mélanges du Trésor des Chartes, J. 1037, n° 21, et K. 2379, n° 22.
Autres semblables. Bibl. nat., ms. fr. 25723, n° 870, et coll. des Pièces originales, Fumée, vol. 1257, p. 44.

14022. Lettres de commission données à François Dupré, maître des requêtes de l'Hôtel, et à Jean d'Estourmel, général des finances, pour veiller au recouvrement des décimes, tailles, etc., et négocier des emprunts, au nom du roi, dans la généralité d'Outre-Seine. Saint-Maur-des-Fossés, 10 juillet 1544.

Enreg. au Parl. de Paris, le 21 juillet 1544 (double). Arch. nat., X¹ᵃ 8614, fol. 310 et 326. 6 pages 1/2.
Enreg. à la Chambre des Comptes de Paris, le

23 juillet 1544. Arch. nat., P. 2307, p. 545.   1544.
8 pages.

Enreg. à la Cour des Aides de Paris. Arch. nat.,
Recueil Cromo, U. 665, fol. 311. (Mention.)
Vidimus du 28 août 1544. Arch. municip. de
Saint-Quentin, liasse 4.

14023. Lettres de commission données à Nicolas de   10 juillet.
Poncher, président des Comptes, et à Louis
Prudhomme, général des finances, pour lever
les décimes, tailles, etc., et contracter des
emprunts au nom du roi en Normandie.
Saint-Maur-des-Fossés, 10 juillet 1544.

Enreg. au Parl. de Paris, le 21 juillet 1544.
Arch. nat., X¹ᵃ 8614, fol. 277. 3 pages 1/2.
Double, id., fol. 283.
Enreg. à la Chambre des Comptes de Paris, le
23 juillet suivant, anc. mém. 2 M, fol. 74. Arch.
nat., invent. PP. 136, p. 534. (Mention.)
Enreg. à la Cour des Aides de Paris. Arch. nat.,
Recueil Cromo, U. 665, fol. 313. (Mention.)
Enreg. à la Cour des Aides de Normandie, le
14 août 1544. Arch. de la Seine-Inférieure, Mémo-
riaux, 2ᵉ vol., fol. 474. 6 pages.
Copie collat. du xvɪᵉ siècle. Bibl. nat., Pièces
orig., vol. 2326, Poncher, p. 61.

14024. Lettres de commission données à Jean Ber-   10 juillet.
trandi, premier président du Parlement de
Bretagne, et à Charles de Chantecler, conseiller au Parlement de Paris, de veiller au
recouvrement des impôts, d'engager le domaine de la couronne et de négocier des
emprunts pour le roi en Bretagne. Saint-
Maur-des-Fossés, 10 juillet 1544.

Enreg. au Parl. de Paris, le 21 juillet 1544.
Arch. nat., X¹ᵃ 8614, fol. 331. 5 pages 1/2.

14025. Lettres de commission données à Geoffroy de   10 juillet.
Hauteclère, maître des requêtes de l'Hôtel,
et à Clugny Thunot, général des finances
en Bourgogne, pour lever les décimes,
tailles, etc., et contracter des emprunts au
nom du roi dans la généralité de Bourgogne.
Saint-Maur-des-Fossés, 10 juillet 1544.

Enreg. au Parl. de Paris, le 21 juillet 1544.
Arch. nat., X¹ᵃ 8614, fol. 279. 4 pages.

Double, id., fol. 281.
Enreg. à la Chambre des Comptes de Paris.
Enreg. à la Cour des Aides de Paris. Arch. nat.,
Recueil Cromo, U. 665, fol. 312. (Mention.)
Enreg. au Parl. de Dijon, le 26 août 1544. Arch.
de la Côte-d'Or, Parl., reg. III, fol. 131, 133 v°.

14026. Lettres de commission données à François de Conan, maître des requêtes de l'Hôtel, et à Charles du Plessis, seigneur de Savonnières, général des finances, pour veiller au recouvrement des décimes, tailles et autres impôts, et négocier des emprunts au nom du roi, dans la généralité de Languedoc. Saint-Maur-des-Fossés, 10 juillet 1544.

10 juillet.

> *Enreg. au Parl. de Paris, le 21 juillet 1544.*
> *Arch. nat., X¹ᵃ 8614, fol. 324. 4 pages.*
> *Double, id., fol. 328 v°.*
> *Enreg. à la Chambre des Comptes de Paris.*
> *Enreg. à la Cour des Aides de Paris. Arch. nat.,*
> *Recueil Cromo, U. 665, fol. 312. (Mention.)*
> *Enreg. au Parl. de Toulouse, le 7 août 1544.*
> *Arch. de la Haute-Garonne, Édits, reg. 5, fol. 114.*
> *4 pages.*
> *Enreg. à la Chambre des Comptes de Montpel-*
> *lier. Arch. départ. de l'Hérault, B. 343, fol. 168.*
> *7 pages.*

14027. Nouvelle commission adressée à Nicole Dangu, évêque de Séez, maître des requêtes, et à Pierre Secondat, général des finances en Guyenne, touchant l'aliénation du domaine et des aides et les emprunts à contracter au nom du roi dans la généralité de Guyenne. Saint-Maur-des-Fossés, 10 juillet 1544.

10 juillet.

> *Enreg. au Parl., à la Chambre des Comptes et à*
> *la Cour des Aides de Paris. Arch. nat., Recueil*
> *Cromo, U. 665, fol. 312. (Mention.)*
> *Enreg. au Parl. de Bordeaux, le 6 septembre*
> *1544. Arch. de la Gironde, B. 31, fol. 402 v°.*
> *7 pages.*
> *Enreg. au Parl. de Toulouse, le 28 août 1544.*
> *Arch. de la Haute-Garonne, Édits, reg. 5, fol. 119.*
> *4 pages.*

14028. Lettres portant règlement pour l'exécution de l'édit du présent mois de juillet (n° 14058), concernant la réformation des Eaux et forêts

11 juillet.

en Bretagne. Saint-Maur-des-Fossés, 11 juillet   1544.
1544.

Imp. A. Fontanon, *Édits et ordonnances, etc.*
Paris, 1611, in-fol., t. II, p. 285,

14029. Lettres contenant les pouvoirs du dauphin,   11 juillet.
duc de Bretagne, nommé lieutenant général
du roi dans tout le royaume. Saint-Maur-des-
Fossés, 11 juillet 1544.

> *Copie du xvi° siècle. Bibl. nat., ms. fr. 3115,*
> fol. 19.
> *Copie collat. du xvi° siècle. Bibl. nat., ms.*
> fr. 25723, n° 853.

14030. Déclaration en faveur de Jean du Tillet, greffier   12 juillet.
civil du Parlement de Paris, exemptant sa
charge de la mesure générale décrétée par
l'édit d'érection en titre d'offices des clercs des
greffes. Saint-Maur-des-Fossés, 12 juillet
1544.

> *Enreg. au Parl. de Paris, le 14 juillet 1544.*
> *Arch. nat., X¹ª 8614, fol. 300, 2 pages 1/2.*
> *Arrêt d'enregistrement. Idem, X¹ª 4922, Plaidoi-*
> *ries, fol. 384.*

14031. Déclaration en faveur de Nicolas de Neufville   12 juillet.
de Villeroy, greffier civil et criminel du Châ-
telet de Paris, exemptant sa charge de la
mesure générale décrétée par l'édit d'érection
des clercs des greffes en titre d'offices. Saint-
Maur-des-Fossés, 12 juillet 1544.

> *Enreg. au Parl. de Paris, le 14 juillet 1544.*
> *Arch. nat., X¹ª 8614, fol. 301 v°. 3 pages.*
> *Arrêt d'enregistrement. Idem, X¹ª 4922, Plaidoi-*
> *ries, fol. 384.*

14032. Provisions de l'office de lieutenant général au   14 juillet.
bailliage d'Autun pour Lazare Ladoue, en
remplacement et sur la résignation de Nicolas de Montholon. Saint-Maur-des-Fossés,
14 juillet 1544.

> *Enreg. au Parl. de Dijon, le 2 août suivant.*
> *Arch. de la Côte-d'Or, Parl., reg. III, fol. 113.*

14033. Mandement au trésorier de l'épargne de payer   17 juillet.
à Guy Karuel, seigneur de Bourran, com-
missaire ordinaire des guerres, 49 livres.

IV.   82

10 sous tournois, pour porter en toute diligence au duc d'Orléans la réponse que fait le roi à une de ses lettres. Saint-Maur-des-Fossés, 17 juillet 1544.

> Original. Bibl. nat., ms. fr. 25723, n° 854.

14034. Provisions de l'office de juge-mage récemment créé à Sarlat en Périgord, pour Pierre Blanchier. Saint-Maur-des-Fossés, 18 juillet 1544.

18 juillet.

> Enreg. au Parl. de Bordeaux, le 2 septembre 1544. Arch. de la Gironde, B. 31, fol. 399 v°.
> 3 pages.

14035. Lettres de jussion au Parlement de Toulouse, pour l'enregistrement et la publication des lettres du 18 mai 1544 (n° 13855), portant exemption d'imposition foraine pour les habitants des pays de Foix, Bigorre, etc. Saint-Maur-des-Fossés, 19 juillet 1544.

19 juillet.

> Original. Arch. départ. des Basses-Pyrénées, E. 455.
> Enreg. au Parl. de Toulouse. Arch. de la Haute-Garonne, Édits, reg. 5, fol. 119, 2 pages.
> Deux copies du xvi° siècle. Arch. départ. des Basses-Pyrénées, E. 455.

14036. Lettres ampliatives de l'édit d'Angoulême, novembre 1542 (n° 12815), réglementant l'office de notaire, les honoraires dus pour chaque espèce d'acte, la conservation des minutes, etc. Saint-Maur-des-Fossés, 19 juillet 1544.

19 juillet.

> Original. Arch. départ. d'Eure-et-Loir, à Chartres, G. 538, liasse.

14037. Commission à Jacques Brisard, conseiller au Parlement de Paris, d'aller faire exécuter dans les duchés d'Alençon et de Chartres, et dans les baronnies et châtellenies qui en dépendaient, les dispositions de l'édit de novembre 1542 (n° 12815), réglementant les fonctions et droits des notaires et tabellions. Saint-Maur-des-Fossés, 19 juillet 1544.

19 juillet.

> Original. Arch. départ. d'Eure-et-Loir, à Chartres, G. 538, liasse.

14038. Lettres portant défenses aux habitants de Mau- 1544.
guio, Frontignan et autres lieux, de trans- 23 juillet.
porter par mer des marchandises hors du
royaume, sans passer par le port d'Aigues-
Mortes. Paris, 23 juillet 1544.

> *Copie. Arch. départ. de l'Hérault. C. États de*
> *Languedoc, coll. dom Pacotte, t. VII.*

14039. Lettres portant assignation des gages du lieute- 23 juillet.
nant général des Eaux et forêts au siège de la
Table de marbre, sur les deniers de la recette
des exploits et amendes dudit siège. Saint-
Maur-des-Fossés, 23 juillet 1544.

> *Enreg. à la Chambre des Eaux et forêts (siège*
> *de la Table de marbre), le 25 octobre 1544. Arch.*
> *nat., Z¹ᵇ.329, fol. 174. 2 pages.*
> *Enreg. à la Chambre des Comptes de Paris, le*
> *23 octobre 1544. Arch. nat., AD.IX, 116, n° 25,*
> *et PP. 136, p. 534. (Mentions.)*

14040. Mandement au trésorier des parties casuelles 23 juillet.
de payer à Jacques de La Hogue, sergent à
cheval au Châtelet de Paris, une somme de
91 livres 5 sous 10 deniers tournois, qui lui
était encore due pour ses vacations, faites
sur l'ordre de feu Louis Caillaut, président
des enquêtes au Parlement, et du procureur
général de la Cour des Aides, du 7 novembre
1543 au 23 juin 1544, pour mettre à exécution certaines lettres contre les débiteurs de
feu Jacques de Beaune, seigneur de Semblan-
çay. Saint-Maur-des-Fossés, 23 juillet 1544.

> *Original. Bibl. nat., ms. fr. 25723, n° 855.*

14041. Provisions pour Étienne Rieu de l'une des 23 juillet.
vingt-sept charges de mortes-payes, nouvellement créées pour la garde de la ville d'Aigues-
Mortes. (Voir plus bas, n° 14077.) Saint-
Maur-des-Fossés, 23 juillet 1544.

> *Vidimus du XVIᵉ siècle. Bibl. nat., ms. fr. 25723,*
> *n° 898.*

14042. Provisions pour Guillaume Septier de l'une des 23 juillet.
vingt-sept charges de mortes-payes, récem-

ment créées pour la garde de la ville d'Aigues-
Mortes. Saint-Maur-des-Fossés, 23 juillet
1544.

> *Vidimus du sénéchal de Beaucaire et Nîmes, du
> 5 mars 1545. Bibl. nat., Pièces orig., Sextier,
> vol. 2701, p. 4.*

14043. Ordonnance concernant le fait des étapes, le
passage des gens de guerre et l'imposition levée à cet effet. Saint-Maur-des-Fossés, 24 juillet 1544.   24 juillet.

> *Enreg. aux États de Bourgogne. Arch. de la Côte-
> d'Or, C. 2978, reg. des États, fol. 216 v°.*
> *Imp. Recueil des édits et ordonnances des États
> de Bourgogne. In-4°, t. I, p. 470.*

14044. Édit sur le fait des magasins à sel, Saint-Maur-
des-Fossés, 24 juillet 1544.   24 juillet.

> *Enreg. au Parl. de Dijon, le 24 août suivant.
> Arch. de la Côte-d'Or, Parl., reg. III, fol. 156.*

14045. Déclaration portant règlement pour l'exécution
de l'édit de novembre 1542 (n° 12815) et
des déclarations des 16 juillet (n° 13212)
et 11 décembre 1543 (n° 13480), concernant les offices de notaires, tabellions et
gardes des sceaux du royaume. Saint-Maur-
des-Fossés, 24 juillet 1544.   24 juillet.

> *Imp. Blanchard, Compilation chronologique, etc.
> Paris, 1715, in-fol., t. I, col. 583. (Mention.)*

14046. Provisions de l'office de sénéchal de Bazadais
pour Jean de Bourbon, vicomte de Lavedan,
en remplacement de Jean de Montpezat, dit
Carbon. Saint-Maur-des-Fossés, 24 juillet
1544.   24 juillet.

> *Enreg. au Parl. de Bordeaux, le 5 septembre
> 1544. Arch. de la Gironde, B. 31, fol. 401. 2 pages.
> Copie collat. du xvi° siècle. Bibl. nat., Pièces
> orig., vol. 2711, p. 2.*

14047. Mandement au Parlement de Paris pour l'enregistrement des lettres du 2 avril 1543 n. s.
(n° 13756), confirmant la création d'un maître   28 juillet.

de chaque métier dans toutes les villes du royaume. Yerres, 28 juillet 1544.

Enreg. au Parl. de Paris, le 7 août 1544. Arch. nat., X¹ᵃ 8614, fol. 314. 1 page 1/2. Arrêt d'enregistrement. Idem, X¹ᵃ 4923, Plaidoiries, fol. 31.

14048. Mandement au sujet du remboursement à Jean Rouvet d'une somme de 4,000 écus qu'il avait prêtée au roi, et du règlement des affaires auxquelles avait donné lieu l'autorisation accordée audit Jean Rouvet, à Jean Boursier, marchands de Paris, et autres leurs associés, de faire sortir du royaume deux mille tonneaux de vin, moyennant un droit de 3 écus par tonneau, et diverses marchandises, moyennant une redevance de 4 pour 100 de leur valeur. Yerres, 28 juillet 1544.

Original. Bibl. nat., ms. fr. 25723, n° 856.

14049. Mandement aux trésoriers de France de faire payer, par le receveur et payeur des gages du Parlement d'Aix, ses gages à François de La Font, pourvu, le 26 janvier précédent, de l'office de second président en ladite cour, vacant par la promotion du dernier titulaire à l'office de premier président, nonobstant que ledit de La Font n'ait pu encore être institué, étant resté auprès du roi pour son service. Saint-Maur-des-Fossés, 29 juillet 1544.

Original. Bibl. nat., Pièces orig., de la Font, vol. 1180, p. 4.

14050. Lettres nommant une commission pour faire procéder au jugement du procès pendant au Parlement de Toulouse, au sujet de la navigation dans la rivière du Lot. Paris, 30 juillet 1544.

Enreg. au Parl. de Toulouse. Arch. de la Haute-Garonne, Édits, reg. 5, fol. 120.

14051. Édit de suppression de l'office d'enquêteur dans le comté de Chaumont, appartenant à Fran-

1544.

28 juillet.

29 juillet.

30 juillet.

30 juillet.

çois, duc d'Estouteville. Saint-Maur-des- | 1544.
Fossés, 30 juillet 1544.

> *Enreg. au Parl. de Paris, avec des lettres de surannation d'Henri II, en date du 6 mai 1548. Arch. nat., X¹ᵃ 8616, fol. 174 v°, 2 pages.*

14052. Don à François Bohier, dit Macord, hâteur, | 30 juillet.
et à Simon Massiquet, saucier à la cuisine de
bouche, de 50 écus soleil à prendre sur le
produit de la vente de l'office de sergent des
bois de Longaunay et arpenteur ordinaire
dans la sénéchaussée du Maine, vacant par
la mort de François Duval. Saint-Maur-des-
Fossés, 30 juillet 1544.

> *Original. Bibl. nat., ms. fr. 25723, n° 857.*

14053. Don à Christophe Petit et à François Deleanne, | 30 juillet.
enfants de la cuisine de bouche, de 40 écus
d'or soleil à prendre sur le produit de la
vente de l'office de sergent nouvellement
créé à Montdidier. Saint-Prix, 30 juillet
1544.

> *Original. Bibl. nat., ms. fr. 25723, n° 858.*

14054. Mandement à l'évêque de Gap de réunir le | 31 juillet.
clergé de son diocèse et de lui faire consentir
l'octroi au roi de deux décimes montant à
3,842 livres tournois, payables au 1ᵉʳ septembre prochain, pour résister à l'empereur
et au roi d'Angleterre, qui occupent actuellement la Champagne et la Picardie. Saint-
Prix, 31 juillet 1544.

> *Original. British Museum de Londres, add. Char-
ters, 165.*

14055. Mandement à l'évêque de Die de faire accorder | 31 juillet.
par le clergé de son diocèse et lever deux
décimes s'élevant à la somme de 2,424 livres
tournois, qui devra être portée au receveur
général des finances de Grenoble. Saint-Prix,
31 juillet 1544.

> *Expédition authentique. Bibl. nat., ms. fr. 25723,
n° 859.*

14056. Lettres maintenant les conseillers de la Cour | 31 juillet.

des Aides de Normandie dans les mêmes privilèges dont jouissent les conseillers au Parlement, en ce qui concerne la contribution pour la Chambre des Comptes de Rouen abolie. Saint-Cloud, 31 juillet 1544.

Enreg. à la Cour des Aides de Normandie, le 14 août 1544. Arch. de la Seine-Inférieure, Mémoriaux, 2ᵉ vol., fol. 473. 2 pages.

14057. Mandement au trésorier de l'épargne de rembourser la somme de 375 livres avancée par Julien Bonacorsi, commis au payement des cent gentilshommes ordinaires de l'Hôtel, de la compagnie du comte de Canaples. Boulogne-lès-Paris, 31 juillet 1544.

Original. Arch. de la Côte-d'Or, B. 339.

31 juillet.

14058. Édit touchant la réformation des Eaux et forêts de Bretagne, contenant suppression et création nouvelle d'officiers. Paris, juillet 1544.

Juillet.

Enreg. au Parl. de Bretagne, le 6 septembre 1544.
Enreg. à la Chambre des Comptes de Bretagne. Archives de la Loire-Inférieure, B. Mandements royaux, II, fol. 268, 270.
Bibl. nat., Mss. Moreau, t. 1401, fol. 214. (Mention.)
Imp. A. Fontanon, Édits et ordonnances, etc. Paris, 1611, in-fol., t. II, p. 282,
C. Rousseau, Édits et ordonnances des Eaux et forêts. Paris, 1649, in-4°, p. 167.
Durant, Édits et ordonnances des Eaux et forêts, etc. Paris, 1725, in-4°, 5ᵉ partie, p. 215.

14059. Lettres confirmatives des privilèges, libertés et franchises du Languedoc; abolition et suppression des offices de notaires, receveurs de tailles, enquêteurs, contrôleurs et greffiers des maisons consulaires, nouvellement créés, moyennant la somme de 100,000 livres octroyée au roi par les États. Paris, juillet 1544.

Juillet.

Enreg. au Parl. de Toulouse, le 17 juillet 1544. Arch. de la Haute-Garonne, Édits, reg. 5, fol. 103. 9 pages.
Imp. Loix municipales et économiques de Languedoc. Montpellier, Rigaud et Cⁱᵉ, 1787, t. VII, p. 4. (Arch. départ. du Tarn.)

14060. Lettres portant que le notaire garde des archives de la sénéchaussée de Nîmes résidera dans ladite ville et prendra seul les délibérations et conclusions civiles et criminelles. Il aura un substitut qui, sur sa présentation, sera reçu par la cour présidiale. Paris, juillet 1544.

> *Enreg. au Parl. de Toulouse. Arch. de la Haute-Garonne, Édits, reg. 5, fol. 145. 6 pages.*

14061. Édit de création de deux offices de conseillers au bailliage d'Amboise. Paris, juillet 1544.

> *Enreg. au Parl. de Paris, le 12 août 1544. Arch. nat., X¹ᵃ 8614, fol. 319 vº. 2 pages.*
> *Arrêt d'enregistrement. Idem, X¹ᵃ 4923, Plaidoiries, fol. 66 vº.*

14062. Édit de création d'un office de sergent royal ordinaire en la baronnie de l'Isle-Bouchard, bailliage de Chinon, en faveur de René Roy, huissier de cuisine de Marguerite de France. Paris, juillet 1544.

> *Enreg. au Parl. de Paris, le 4 octobre 1544. Arch. nat., X¹ᵃ 8615, fol. 14. 1 page 1/2.*

14063. Édit de création d'un office de langueyeur de porcs en la ville de Tours et au bailliage de Touraine, et provisions de cet office en faveur de Lambert de Vauge. Paris, juillet 1544.

> *Enreg. au Parl. de Paris, le 2 octobre 1544. Arch. nat., X¹ᵃ 8615, fol. 15. 1 page 1/2.*

14064. Édit portant règlement pour les gabelles, les salines et les officiers et receveurs des droits sur le sel. « Premièrement que sur les ysles et marais sallans de Guyenne, Xainctonge, etc. » (58 articles). Saint-Maur-des-Fossés, juillet 1544.

> *Enreg. au Parl. de Paris, de mandato expresso regis, le 31 juillet 1544. Arch. nat., X¹ᵃ 8614, fol. 285. 23 pages.*
> *Arrêt d'enregistrement. Idem, X¹ᵃ 4922, Plaidoiries, fol. 479.*
> *Enreg. au Parl. de Bordeaux, le 5 mars 1545 n. s., sauf réserve. Arch. de la Gironde, B. 32, fol. 46. 32 pages.*

1544.
Juillet.

Juillet.

Juillet.

Juillet.

Juillet.

Enreg. au Parl. de Dijon, le 26 août 1544. Arch.   1544.
de la Côte-d'Or, Parl., reg. III, fol. 115.

Enreg. à la Chambre des Comptes de Paris, le
2 août 1544. Archives nat., P. 2307, p. 553.
48 pages.

Enreg. à la Cour des Aides de Paris, le 2 août
1544. Copie collationnée faite par ordre de ladite
cour, le 19 décembre 1778. Arch. nat., Z¹ª 527.

Imp. Les loix, ordonnances et édictz, etc.
depuis le roy S. Lois... Paris, Galiot du Pré,
1559, in-fol., fol. 204 r°.

P. Rebuffi, Les édits et ordonnances des rois de
France, etc. Lyon, 1573, p. 653.

A. Fontanon, Édits et ordonnances, etc. Paris,
1611, in-fol., t. II, p. 1020.

J. Corbin, Nouveau recueil des édits... de la juris-
diction des Cours des Aides de Paris, Rouen, etc.
Paris, 1623, in-4°, p. 1057.

14065. Lettres portant que les officiers de l'Amirauté   Juillet.
connaîtront de toutes les causes des étrangers,
pour quelque sujet que ce soit, nonobstant
tous privilèges contraires. Saint-Maur-des-
Fossés, juillet 1544.

Enreg. au Parl. de Rouen, le 24 juillet 1544.
Bibl. nat., Mss. Moreau, t. 1340, fol. 16 ;
t. 1401, fol. 213 ; t. 1408, fol. 15. (Mentions.)

Imp. Pièce in-8°. Rouen, Martin Le Mégissier,
1557, (et autres édit., de 1600, 1619 et 1657).
Arch. nat., AD¹ 26, 5 pages.

Idem, Bibl. nat., 8° F, Actes royaux (cartons).

14066. Lettres confirmant les statuts et ordonnances   Juillet.
des horlogers de la ville de Paris, constitués
en métier juré. Saint Maur-des-Fossés, juillet
1544.

Enreg. au Châtelet de Paris. Arch. nat., Livre
jaune grand, Y. 6ᵇ, fol. 110. 7 pages.

Arrêt du Parl. de Paris sur lesdites lettres, le
17 mars 1545 n. s. Arch. nat., X¹ª 1554, Conseil,
fol. 498 v°.

Imp. Recueil des statuts, etc. des orfèvres et joail-
liers de Paris. Paris, 1688, in-4°, p. 812. (Bibl.
nat., F. 13101.)

A. Franklin, La vie privée d'autrefois. Arts et
métiers, modes, mœurs, usages des Parisiens. Paris,
Plon, 1888, p. 179.

14067. Édit de création d'un nouvel office de prési-   Juillet.
dent au Parlement de Bordeaux, outre les

IV.   83

quatre anciens. Saint-Maur-des-Fossés, juillet 1544.

> *Enreg. au Parl. de Bordeaux, le 26 août 1544.*
> *Arch. de la Gironde, B. 31, fol. 387. 3 pages.*

14068. Édit de création de deux nouveaux offices de conseillers au siège de Saumur, outre les quatre anciens. Saint-Maur-des-Fossés, juillet 1544.

> *Enreg. au Parl. de Paris, le 29 juillet 1544.*
> *Arch. nat., X¹ᵃ 8614, fol. 304. 3 pages.*
> *Arrêt d'enregistrement. Idem, X¹ᵃ 4922. Plai-*
> *doiries, fol. 463.*
> *Impr. Pièce in-4°. Arch. nat., AD.I,26. 3 pages.*
> *Autre pièce in-4°. Paris, P. Prault, 1757. Bibl.*
> *nat., 4° F. paquets.*

14069. Édit de création de deux nouveaux offices de conseillers au bailliage d'Amiens, outre les six existant déjà. Saint-Maur-des-Fossés, juillet 1544.

> *Enreg. au Parl. de Paris, le 24 juillet 1544.*
> *Arch. nat., X¹ᵃ 8615, fol. 61, 2 pages 1/2.*
> *Arrêt d'enregistrement. Idem, X¹ᵃ 4922. Plai-*
> *doiries, fol. 439.*

14070. Édit de création d'un office de juge-mage à Sarlat. Saint-Maur-des-Fossés, juillet 1544.

> *Enreg. au Parl. de Bordeaux, le 29 août 1544.*
> *Arch. de la Gironde, B. 31, fol. 391 v°. 7 pages.*

14071. Lettres portant création dans le bourg d'Heyrieux en Dauphiné, de deux foires par an et d'un marché chaque semaine. Saint-Maur-des-Fossés, juillet 1544.

> *Enreg. au Parl. de Grenoble, le 5 novembre 1544.*
> *Arch. de l'Isère, Chambre des Comptes de Grenoble,*
> *B. 2911, cah. 38. 7 pages.*

14072. Édit de création d'un siège d'élection en la ville de Montargis, institution d'offices et règlement de juridiction. Saint-Maur-des-Fossés, juillet 1544.

> *Original. Arch. municip. de Montargis (Loiret),*
> *FF. 1.*
> *Enreg. à la Cour des Aides de Paris, le 2 août*

1544.

Juillet.

Juillet.

Juillet.

Juillet.

Juillet.

1544. Arch. nat., Recueil Cromo, U. 665, fol. 313.   1544.
(Mention.)
Enreg. à la Chambre des Comptes de Paris, anc.
mém. 2 M, fol. 142. *Arch. nat.*, AD.IX 126,
n° 20, et PP. 136, p. 534. *(Mentions.)*

14073. Édit de création d'un office de sergent général   Juillet.
du roi au pays d'Anjou, « oultre et par-dessus
tous les autres sergens y establiz..... avec
pouvoir général et especial de exploicter par
tout icelluy pays ». Boulogne-lès-Paris, juillet
1544.

    Enreg. au Parl. de Paris, le 5 août 1544. Arch.
nat., X¹ᵃ 8614, fol. 307 v°. 3 pages.
    Arrêt d'enregistrement. Idem, X¹ᵃ 4923, *Plai-*
doiries, fol. 14 v°.

14074. Édit de création de quatre nouveaux offices de   Juillet.
contrôleurs ordinaires des guerres, outre les
anciens, et règlement pour leurs fonctions.
Juillet 1544.

    Enreg. à la Chambre des Comptes de Paris, anc.
mém. 2 M, fol. 123. *Arch. nat.*, AD.IX 126,
n° 21 *bis*, et PP. 136, p. 534. *(Mentions.)*

14075. Édit de création d'un siège d'élection en la ville   Juillet.
de Baugé. Juillet 1544.

    Enreg. à la Cour des Aides de Paris, le 22 août
1544. Arch. nat., Recueil Cromo, U. 665, fol. 313.
(Mention.)

14076. Édit de création d'un siège d'élection dans la ville   Juillet.
de Pontoise, détaché de Gisors. Juillet 1544.

    Enreg. à la Cour des Aides de Paris. Arch. nat.,
Recueil Cromo, U. 665, fol. 315. *(Mention.)*
    Enreg. à la Chambre des Comptes de Paris, anc.
mém. 2 M, fol. 207. *Arch. nat.*, AD.IX 126,
n° 21, et PP. 136, p. 534. *(Mentions.)*

14077. Édit portant création de vingt-sept mortes-payes   Juillet.
en la ville d'Aigues-Mortes, outre les trente-
trois anciens. Juillet 1544 [1].

    Enreg. à la Chambre des Comptes de Paris, le
18 novembre 1545, anc. mém. 2 N, fol. 72. *Arch.*
nat., AD.IX 126, n° 32, et invent. PP. 136,
p. 534. *(Mentions.)*

---

[1] Il est daté de juillet 1544 dans PP. 136, et de Saint-Germain-en-
Laye, 14 novembre 1544, dans AD.IX 126 et dans Blanchard, *Compila-*
tion chronologique, t. I, col. 587.

14078. Lettres d'amortissement des biens et terres que le couvent des Frères prêcheurs d'Aix en Provence avait acquis depuis la mort du roi René. Juillet 1544.

> *Bibl. nat.*, coll. de Doat, vol. 5, fol. 158. (*Mention.*)

1544. Juillet.

14079. Mandement au trésorier de l'épargne de payer, pour ses frais et dépenses, une somme de 400 livres tournois à Gabriel de Guzman, jacobin espagnol, chargé d'aller « en certains lieux pour aucuns affaires secretz et d'importance concernans » le service du roi [1] . . . . . Juillet 1544.

> *Original. Bibl. nat.*, ms. fr. 25723, n° 860.

Juillet.

14080. Lettres portant don en faveur d'Antoine Robin, de l'office de général des monnaies de Languedoc et Guyenne, en remplacement d'Étienne Robin, son père. Paris, 1er août 1544.

> *Reçu et prête serment au Parlement de Toulouse, le 2 décembre 1544. Arch. de la Haute-Garonne, Édits, reg. 5, fol. 124. 1 page.*

1er août

14081. Lettres révoquant et annulant toutes les lettres d'évocation qui pourraient avoir été obtenues, et confirmant l'ancien usage du Parlement de Grenoble de subroger des juges en cas d'insuffisance ou de récusation. Saint-Prix, 2 août 1544.

> *Enreg. au Parl. de Grenoble, le 23 septembre 1544. Arch. de l'Isère, Chambre des Comptes de Grenoble, B. 2911. 13 pages.*

2 août.

14082. Provisions de l'office nouvellement créé de cinquième président au Parlement de Bordeaux pour Guillaume Le Comte. Saint-Prix, 2 août 1544.

> *Enreg. au Parl. de Bordeaux, le 27 août 1544. Arch. de la Gironde, B. 31, fol. 390. 2 pages 1/2.*

2 août.

14083. Provisions pour Antoine de Lescure de l'office

---

[1] La pièce est mutilée et la date de lieu et de jour a disparu.

de procureur général au Parlement de Bor-
deaux, vacant par la promotion de Guillaume
Le Comte à la charge de cinquième président.
Saint-Prix, 2 août 1544.

Enreg. au Parl. de Bordeaux, le 1ᵉʳ septembre
1544. Arch. de la Gironde, B. 31, fol. 398 v°.
2 pages.

14084. Déclaration portant que les doyen et chanoines
de l'église de Lyon seront exempts de contribuer et servir au ban et arrière-ban, pour
raison de leurs terres du pays de Bresse.
Saint-Prix, 2 août 1544.

Arch. départ. du Rhône, série G., armoire Elias,
vol. 36, n° 2.

14085. Mandement aux Parlements et autres cours
royales de délivrer au baron de Saint-Blancard, à André de Morsay, capitaine du château d'If, et au sᵉ de Montégu, capitaines
des galères du roi, trois cents hommes pris
parmi les prisonniers accusés de crimes entraînant la peine de mort ou autre grande
peine corporelle, pour être conduits à Marseille, servir comme forçats et ramer sur lesdites galères. Presles, 4 août 1544.

Enreg. au Parl. de Paris, le 8 janvier 1545 n. s.
Arch. nat., X²ᵃ 97, à la date (reg. non folioté).
2 pages.

14086. Mandement au trésorier de l'épargne de payer
une somme de 112 livres 10 sous tournois
à Jean Le Petit, dit la Vauguyon, pour être
venu en diligence du château de « Monte-
cler », d'abord à Saint-Maur-des-Fossés, puis
à Presles, remettre au roi des lettres du seigneur de Boisy, et lui en avoir reporté ensuite
la réponse. Presles, 4 août 1544.

Original. Bibl. nat., ms. fr. 25723, n° 861.

14087. Déclaration portant que la ville, les faubourgs
et la banlieue d'Orléans ne sont point compris dans l'édit général d'institution des tabel-

1544.

2 août.

4 août.

4 août.

6 août.

lions dans le royaume. Nanteuil[-le-Hau-
douin], 6 août 1544.

1544.

> *Enreg. au Parl. de Paris, le 12 août 1544. Arch.*
> *nat., X¹ᵃ 8614, fol. 316. 3 pages.*

14088. Mandement au trésorier de l'épargne de payer
une somme de 225 livres tournois à Jean de
Fontenay, seigneur de Bertheville, pour un
voyage qu'il va faire touchant «aucuns affaires
secretz et d'importance». Nanteuil-le-Haudouin, 6 août 1544.

6 août.

> *Original. Bibl. nat., ms. fr. 25723, n° 862.*

14089. Lettres portant renvoi à la troisième chambre
des enquêtes du Parlement de Paris d'un
procès pendant entre Jacques de Renty,
écuyer, et Miles d'Illiers, évêque de Luçon,
touchant la succession de feu Miles d'Illiers,
évêque de Chartres. Nanteuil-le-Haudouin,
6 août 1544.

6 août.

> *Enreg. au Parl. de Paris, le 11 août suivant.*
> *Arch. nat., X¹ᵃ 1553, Conseil, fol. 337 v°. (Men-*
> *tion.)*

14090. Mandement au Parlement de Bordeaux pour la
publication de l'édit de création d'un office
de greffier des États du duché de Guyenne,
du mois de mai 1544 (n° 13907). Nanteuil-
[le-Haudouin], 7 août 1544.

7 août.

> *Enreg. au Parl. de Bordeaux, le 26 novembre*
> *1544. Arch. de la Gironde, B. 32, fol. 2.*

14091. Mandement au trésorier de l'épargne de payer
une somme de 225 livres tournois à Nicolas
d'Aumont, gentilhomme de la maison du
cardinal de Lorraine, pour un voyage qu'il
va faire à Beaulieu touchant «aucuns affaires
secretz et de grande importance». Nanteuil-
le-Haudouin, 7 août 1544.

7 août.

> *Original. Bibl. nat., ms. fr. 25723, n° 863.*

14092. Mandement aux généraux des finances de faire
payer à Guy Berbignier ses gages de con-

7 août.

seiller clerc au Parlement de Toulouse. Toulouse (sic), 7 août 1544.

> *Original. Bibl. nat., Pièces orig., Berbiguier,*
> vol. 295, pièce 5.

1544.

14093. Mandement aux généraux des finances de faire
payer ses gages à Jacques Sortes, nouvellement créé par le roi conseiller lai au Parlement de Toulouse. Toulouse (sic), 7 août
1544.

> *Vidimus du sénéchal de Toulouse, du 17 sep-*
> *tembre 1544. Bibl. nat., Pièces originales, Sortes,*
> vol. 2717, pièce 2.

7 août.

14094. Mandement à la Chambre des Comptes d'accepter en dépense, dans les comptes du receveur général d'Issoire, une somme de
500 écus d'or qu'il avait prêtée au roi [1].
9 août 1544.

> *Original. Bibl. nat., ms. fr. 25723, n° 864.*

9 août.

14095. Provisions de l'office de gouverneur de la chancellerie de Bourgogne pour Jean Le Marlet,
docteur ès droits, en remplacement de
Jacques Moisson, décédé. Villers-Cotterets,
10 août 1544.

> *Enreg. au Parl. de Dijon, Arch. de la Côte-d'Or,*
> *Parl., reg. III, fol. 155.*

10 août.

14096. Mandement à la Chambre des Comptes d'accepter, dans les dépenses du trésorier de
l'épargne, une somme de 247 livres 10 sous
tournois, payée sur l'ordre du roi à Tristan
de Monnin, capitaine de chevau-légers, qui
a été chargé de porter des lettres du roi au
comte d'Enghien, lieutenant général en Piémont. Villers-Cotterets, 10 août 1544.

> *Original. Bibl. nat., ms. fr. 25723, n° 865.*

10 août.

14097. Lettres déclarant que l'édit de création d'un
second office d'enquêteur en la sénéchaussée de Bourbonnais sortira entièrement son
effet, et que Jean Becquas, licencié ès lois,
pourvu dudit office, devra en jouir pleine-

11 août.

---

[1] La date de lieu manque, la pièce étant mutilée.

ment et paisiblement, nonobstant l'opposition
de Claude Aubert, premier enquêteur de ladite sénéchaussée. Villers-Cotterets, 11 août
1544.

> Enreg. au Parl. de Paris, le 6 septembre 1544.
> Arch. nat., X¹ᵃ 1553, Conseil, fol. 452. (Men-
> tion.)

14098. Mandement au Parlement, de faire remettre au
greffe de la cour par Jean Cottel (alias Coutel), maître des requêtes de l'Hôtel, toutes les
pièces relatives au procès fait, sur l'instance
du procureur général, contre feu l'amiral Philippe Chabot, comte de Buzançais, donné à la
requête de sa veuve. Villers-Cotterets, 11 août
1544.

> Entériné au Parl. de Paris, le 29 août suivant.
> Arch. nat., X¹ᵃ 1553, Conseil, fol. 421. (Arrêt
> d'exécution.)

14099. Provisions en faveur de Guillaume Lesueur
d'un office de clerc auditeur en la Chambre
des Comptes de Paris, en remplacement de
Charles Authouis, nommé général et conseiller sur le fait de la justice des aides à Paris.
Villers-Cotterets, 11 août 1544.

> Enreg. à la Chambre des Comptes, le 7 octobre
> 1544. Arch. nat., P. 2307, p. 623. 2 pages.
> Bibl. nat., ms. Clairambault 782, p. 309.
> (Mention.)

14100. Don à Nicolas d'Arbouville, archer de la garde
du roi, des biens de feu Étienne d'Arbouville, son oncle, bâtard. 11 août 1544.

> Bibl. nat., ms. Clairambault 782, p. 309.
> (Mention.)

14101. Édit de création d'un office de conseiller au
bailliage de Chartres, outre les quatre récemment institués, et union de cet office à celui d'avocat audit bailliage. Villers-Cotterets,
12 août 1544.

> Enreg. au Parl. de Paris, le 2 octobre 1544. Arch.
> nat., X¹ᵃ 8615, fol. 18 v°. 2 pages 1/2.
> Arrêt d'enregistrement. Idem, X¹ᵃ 4923, Plai-
> doiries, fol. 204 v°.

1544.

11 août.

11 août.

11 août.

12 août.

14102. Déclaration portant que les jugements des re-   1544.
quêtes du Parlement de Rouen seront exécu-   12 août.
tés nonobstant l'appel, dans les cas portés par
les ordonnances. Villers-Cotterets, 12 août
1544.

> Imp. *Recueil des édits, déclarations, etc., concer-*
> *nant la Chambre des Requêtes du Parl. de Norman-*
> *die.* Rouen, 1708, in-12, p. 21.

14103. Mandement à la Chambre des Comptes de Pa-   12 août.
ris d'allouer aux comptes de Jean Duval, trésorier de l'épargne, 450 livres tournois qu'il
a remises directement entre les mains du roi.
Villers-Cotterets, 12 août 1544.

> *Original, Bibl. nat.,* nouv. acquisitions fran-
> çaises, ms. 1483, n° 83.

14104. Don à Louis Allemani, gentilhomme florentin   13 août.
de la maison de Madame la Dauphine, de la
terre et seigneurie de Tullins en Dauphiné.
13 août 1544.

> *Bibl. nat.,* ms. Clairambault 782, p. 309.
> (*Mention.*)

14105. Provisions de la charge de lieutenant du comte   14 août.
de Saint-Pol dans le gouvernement de Dau-
phiné et de Savoie, en faveur du seigneur
de Saint-André, chevalier de l'ordre. Villers-
Cotterets, 14 août 1544.

> *Enreg. au Parl. de Grenoble, le 30 août 1544,*
> *et à la Cour de Chambéry, le 26 août 1544. Arch.*
> *de l'Isère, Chambre des Comptes de Grenoble,*
> B. 2911, II, fol. 32. 5 pages.
> *Copie du XVIII⁰ siècle. Bibl. nat.,* Portefeuilles
> de Fontanieu, vol. 254, fol. 48.

14106. Mandement à la Chambre des Comptes d'ac-   14 août.
cepter, dans les dépenses du trésorier de
l'épargne, une certaine somme[1] qu'il a
payée, sur l'ordre du roi, à François de Saint-
Séverin, comte de Capaccio, Napolitain...
14 août 1544.

> *Original. Bibl. nat.,* ms. fr. 25723, n° 866.

[1] La pièce est mutilée et on n'y trouve plus ni indication de la somme
ni date de lieu.

14107. Ordonnance portant que le lieutenant général
de la sénéchaussée d'Anjou pourra connaître
et juger les matières criminelles, en cas d'absence, de récusation, ou autre empêchement
légitime du lieutenant criminel. Villers-Cotterets, 16 août 1544.

> *Enreg. au Parl. de Paris, sauf réserve des droits
> du lieutenant criminel, le 9 juillet 1545. Arch. nat.,
> X¹ᵃ 8615, fol. 93 v°. 2 pages 1/3.*

1544.
16 août.

14108. Ordonnance pour l'établissement d'un impôt de
5 sous tournois par muid de vin entrant à
Paris ou passant par la ville, jusqu'au 31 mai
1546, dont le produit devra être appliqué
aux fortifications et munitions de guerre de la
ville. Villers-Cotterets, 17 août 1544.

> *Original. Arch. nat., K. 955, n° 56.*
> *Enreg. au Parl. de Paris, sauf réserve, le 6 sep-
> tembre 1544. Arch. nat., X¹ᵃ 8615, fol. 9.
> 3 pages 1/2.*
> *Enreg. à la Cour des Aides de Paris, le 3 octobre
> 1544. Lettres patentes de ladite cour. Arch. nat.,
> Z¹ᵃ 527. (Mention.)*
> *Copie collat. du XVIIᵉ siècle. Arch. nat., V² 4,
> n° 1210.*
> ***Imp.** Pièce in-4°. Arch. nat., AD 1 26. 4 pages.*
> *Autre pièce in-4°. Paris, P. Prault, 1734. Bibl.
> nat., 4° F. (paquets.)*

17 août.

14109. Lettres de jussion au Parlement de Bordeaux
pour la publication de l'édit de création d'un
juge-mage à Sarlat (juillet 1544, n° 14070).
Villers-Cotterets, 18 août 1544.

> *Enreg. au Parl. de Bordeaux, le 29 août 1544.
> Arch. de la Gironde, B. 31, fol. 394 v°.*

18 août.

14110. Lettres portant qu'Antoine Bohier, seigneur
de Saint-Ciergues, gouverneur de Touraine,
et en même temps notaire et secrétaire du
roi, jouira des émoluments de ce dernier
office, sans être tenu de fournir un certificat
de service. Villers-Cotterets, 20 août 1544.

> *Enreg. au Parl. de Paris, le 11 septembre 1544.
> Arch. nat., X¹ᵃ 8614, fol. 334. 2 pages 1/2.
> Double, X¹ᵃ 8615, fol. 8. 2 pages.*

20 août.

14111. Mandement au trésorier de l'épargne de rembourser à Berton Gros, marchand de Turin,

20 août.

35,325 livres tournois, valant 15,700 écus   1544.
d'or, que ce marchand avait prêtées au roi
pour ses guerres de Piémont. Villers-Cotterets,
20 août 1544.

> *Original. Bibl. nat., Pièces orig., vol. 2912
> (dossier 64755), p. 8.*

14112. Don à Laurent Soryot, dit Messere, valet de   20 août.
fourrière, de 30 écus d'or à prendre sur le
produit de la vente de l'office de sergent
royal au bailliage d'Autun, vacant par la mort
de Jean Mégrotel. Villers-Cotterets, 20 août
1544.

> *Original. Bibl. nat., ms. fr. 25723, n° 867.*

14113. Mandement au trésorier de l'épargne de rem-   20 août.
bourser à Richard Delbene, marchand à
Paris, une somme de 500 livres tournois
qu'il avait fait prêter au roi. Villers-Cotterets, 20 août 1544.

> *Original. Bibl. nat., ms. fr. 25723, n° 868.*

14114. Mandement aux généraux conseillers des aides   20 août.
de tenir pour valables les provisions de conseiller au Parlement de Toulouse, données le
8 avril 1543 (n° 12968) en faveur de Jean
de Tournoer, bien qu'elles soient surannées.
Toulouse (sic), 20 août 1544.

> *Vidimus du sénéchal de Toulouse, du 1er octobre
> 1544. Bibl. nat., Pièces orig., vol. 2854, Tour-
> noer, p. 18.*

14115. Lettres de jussion adressées au Parlement, par   21 août.
lesquelles, nonobstant les restrictions faites
par l'arrêt d'enregistrement de l'édit d'avril
1544 (n° 13815), concernant les huissiers à
verge et à cheval au Châtelet de Paris, le roi
ordonne qu'il soit exécuté selon sa forme et
teneur. Villers-Cotterets, 21 août 1544.

> *Bibl. nat., Mss. Moreau, t. 1405, fol. 101. (Men-
> tion.)*
> *Imp. Pièce in-8°. Arch. nat., AD.126. 6 pages.*

14116. Lettres confirmatives de la juridiction de la   21 août.
Cour des Aides de Montpellier, conformément

aux lettres du 22 octobre 1542 (n° 12786). 1544.
Passy-en-Valois, 21 août 1544.

Arch. départ. de l'Hérault, B. 455. (Mention.)

14117. Mandement aux habitants de Chalon, leur en- 22 août.
joignant de travailler en toute hâte aux fortifications de leur ville, selon le devis du sieur
de Saint-Rémy, commissaire de l'artillerie, de
lui montrer l'artillerie et les munitions de la
ville et d'y retirer les blés et autres provisions
du plat pays, parce qu'il était bruit de la prochaine entrée de l'armée de l'empereur en
Bourgogne. Coincy-l'Abbaye, 22 août 1544.

Arch. communales de Chalon (Saône-et-Loire),
EE 1.

14118. Mandement au Parlement de Paris d'enregis- 22 août.
trer les lettres révoquant l'édit de suppression
du second office d'enquêteur, récemment
créé en la sénéchaussée de Bourbonnais.
Coincy-l'Abbaye, 22 août 1544.

Enreg. au Parl. de Paris, le 6 septembre 1544.
Arch. nat., X¹ᵃ 1553, Conseil, fol. 452 v°. (Mention.)

14119. Mandement à la Chambre des Comptes d'ac- 22 août.
cepter dans les comptes de dépenses du trésorier de l'épargne, une somme de 16,600 livres
tournois qu'il a payée à Pierre Sanson, commis au payement de l'extraordinaire des
guerres, pour les besoins de sa commission.
Coincy-l'Abbaye, 22 août 1544.

Original. Bibl. nat., ms. fr. 25723, n° 869.

14120. Lettres par lesquelles Lazare de Baïf, maître 24 août.
des requêtes de l'Hôtel, est subrogé com-
missaire en Languedoc, au lieu de Martin Fumée, tombé malade, pour procéder, de con-
cert avec Antoine et Guillaume Bohier, aux
ventes et engagements du domaine, aux négociations d'emprunts, etc. Coincy-l'Abbaye,
24 août 1544.

Enreg. au Parl. de Paris, le 28 août 1544. Arch.
nat., X¹ᵃ 8614, fol. 335 v°. 2 pages 1/2.
Enreg. à la Chambre des Comptes de Paris, le

28 *janvier 1545 n. s. Arch. nat.*, AD.IX 126,
n° 29, et PP. 136, p. 535. (*Mentions.*)
    *Enreg. à la Cour des Aides de Paris. Arch. nat.,
Recueil Cromo*, U. 665, fol. 314. (*Mention.*)
    Imp. Placard de parchemin. *Arch. nat., suppl.,
du Trésor des Chartes*, J. 1037, n° 21, et K. 2379,
n° 22.
    Autres exemplaires. *Bibl. nat., Pièces orig.*,
Fumée, vol. 1257, p. 44, et ms. fr. 25723,
n° 870.

14121. Provisions d'un office de maître ordinaire des   24 août.
comptes nouvellement créé en la Chambre
des Comptes de Grenoble. Coincy-l'Abbaye,
24 août 1544.

    Imp. C.-U.-J. Chevalier, *Ordonnances relatives
au Dauphiné.* Colmar, 1871, in-8°, n° 877. (*Mention.*)

14122. Lettres de dispense accordées à Jean Richomme,   24 août.
pour l'exercice des offices de juge et d'élu à
Baugé, moyennant payement de 500 écus
d'or pour l'office d'élu. 24 août 1544.

    *Enreg. à la Cour des Aides de Paris. Arch. nat.,
Recueil Cromo*, U. 665, fol. 314. (*Mention.*)

14123. Commission donnée à Jean d'Estrées, Claude   29 août.
d'Humières, seigneur de Lassigny, et François
de Bocqueaux, capitaine de Roye, pour diriger l'achèvement des fortifications de Roye
et commander les corvées nécessaires dans
les comté et élection de Clermont et les prévôté et élection de Noyon. Courtagnon,
29 août 1544.

    Copie collationnée du xvie siècle. Bibl. nat., ms.
fr. 25723, n° 871.

14124. Déclaration portant que les appels des sen-   Août.
tences des Grands jours de Bretagne, qui
jusqu'ici ont été portés devant le Parlement
de Paris, ressortiront désormais des Grands
jours, suivant la procédure ordinaire des
appels. Presles près Beaumont, août 1544.

    Original. Bibl. nat., Collection Dupuy, vol. 7,
fol. 57.
    Copie du xviiie siècle. Bibl. nat., ms. fr. 3908,
fol. 61 v°.

                                              1544.

14125. Lettres portant confirmation des privilèges des
vingt-quatre notaires du Châtelet d'Orléans,
tels qu'ils en jouissaient avant le don du duché
d'Orléans en apanage à Charles de France.
Nanteuil[-le-Haudouin], août 1544.

> *Enreg. au Parl. de Paris, le 12 août 1544. Arch.
> nat., X¹ᵃ 8614, fol. 317 v°. 3 pages 1/2.
> Arrêt d'enregistrement. Idem, X¹ᵃ 4923, Plaidoi-
> ries, fol. 66.*

1544.
Août.

14126. Lettres de ratification de la vente faite par les
commissaires du roi à Claude Robertet, baron
d'Alluye, trésorier de France, des greffes civil et criminel du bailliage et de la prévôté
de Blois, ainsi que du tabellionage du comté
et de la châtellenie. Nanteuil[-le-Haudouin],
août 1544.

> *Enreg. au Parl. de Paris, le 11 août 1544.
> Arch. nat., X¹ᵃ 1553, Conseil, fol. 336. (Arrêt
> d'enregistrement.)
> Enreg. à la Chambre des Comptes de Blois, le
> 23 octobre 1544. Arch. nat., KK. 898, fol. 8.
> 10 pages, y compris le contrat de vente.*

Août.

14127. Édit portant règlement pour la juridiction des
maîtres des requêtes ordinaires de l'Hôtel du
roi. Nanteuil-le-Haudoin, août 1544.

> *IMP. P. de Miraulmont, Le prévost de l'hostel et
> grand prévost de France, les édits, arrests, règlemens
> concernant sa jurisdiction. Paris, 1610, in-8°, p. 158.*

Août.

14128. Déclaration portant règlement pour l'exécution
des lettres d'octobre 1543 (n° 13422), par
lesquelles les habitants de Pignerol avaient
été exemptés des droits d'imposition foraine.
Villers-Cotterets, août 1544.

> *Enreg. au Parl. de Paris, le 6 septembre 1544.
> Arch. nat., X¹ᵃ 8615, fol. 4. 7 pages 1/2.
> Enreg. au Parl. de Toulouse, le 22 février 1545
> n. s. Arch. de la Haute-Garonne, Édits, reg. 5,
> fol. 163.*

Août.

14129. Édit d'érection du siège de Baugé en sénéchaussée, distincte de la sénéchaussée d'Anjou. Villers-Cotterets, août 1544.

> *Enreg. au Parl. de Paris, le 16 octobre 1544.
> Arch. nat., X¹ᵃ 8615, fol. 12. 2 pages 1/2.*

Août.

14130. Édit de création d'un nouvel office de commis- 1544.
saire aux Requêtes du Palais, qui sera exercé Août.
par un conseiller au Parlement. Villers-Cotterets, août 1544.

> *Enreg. au Parl. de Paris, le 23 septembre 1544.*
> Arch. nat., X¹ᵃ 8615, fol. 16. 2 pages 1/2.
> *Arrêt d'enregistrement. Idem, X¹ᵃ 4923, Plai-*
> doiries, fol. 169 v°.
> *Enreg. à la Chambre des Comptes de Paris, anc.*
> mém. 2 N, fol. 120. Arch. nat., AD.IX 126,
> n° 26, et PP. 136, p. 535. (*Mentions.*)

14131. Édit de création d'un nouvel office d'enquê- Août.
teur dans chacun des sièges et prévôtés de
Tours, Chinon et Angers. Villers-Cotterets,
août 1544.

> *Enreg. au Parl., ex ordinatione et precepto regis*
> *expresso, iteratis vicibus facto, le 1ᵉʳ décembre 1544.*
> Arch. nat., X¹ᵃ 8615, fol. 20 v°. 5 pages 1/4.
> *Arrêt d'enregistrement. Idem, X¹ᵃ 4924, Plai-*
> doiries, fol. 124 v°.

14132. Lettres d'érection en baronnie de la terre et Août.
seigneurie du Plessis-aux-Brebans (auj. le
Plessis-Tournelles, Seine-et-Marne), en faveur
de René de Luré, seigneur dudit lieu, et de
Jeanne Brinon, sa femme, avec incorporation
à cette baronnie des seigneuries de Vulaines,
Mitry, la Chapelle-Saint-Sulpice, etc. Villers-
Cotterets, août 1544.

> *Enreg. au Parl. de Paris, sauf réserve, le 12 fé-*
> *vrier 1545 n. s. Arch. nat., X¹ᵃ 8615, fol. 55.*
> 6 pages 1/2.
> *Arrêt d'enregistrement. Idem, X¹ᵃ 4924, Plai-*
> doiries, fol. 464 v°.
> *Enreg. à la Chambre des Comptes de Paris, anc.*
> mém. 2 N, fol. 218. Arch. nat., AD.IX 126,
> n° 28, et PP. 136, p. 535. (*Mentions.*)

14133. Lettres de confirmation des privilèges, fran- Août.
chises et exemptions de l'abbaye de Notre-
Dame de Beauvoir, au diocèse de Bourges.
Villers-Cotterets, août 1544.

> *Enreg. au Parl. de Paris, le 14 août 1546. Arch.*
> nat., X¹ᵃ 8615, fol. 286. 3 pages.

14134. Lettres portant création d'un office de maître Août.

des comptes à Grenoble, outre le nombre
ancien et les deux nouvellement créés. Villers-Cotterets, août 1544.

> *Enreg. au Parl. de Grenoble, le 15 janvier 1545
> n. s. Arch. de l'Isère, B. 2334, fol. 282. 3 pages.*

1544.

14135. Lettres annulant le droit que prétend posséder le baile de Montpellier de pourvoir aux
fonctions de greffiers près les juridictions
de Montpellier, et érigeant le greffe civil et
le greffe criminel dit *des enquêtes* en titre
d'office, à la nomination du roi. Villers-Cotterets, août 1544.

> *Enreg. à la Chambre des Comptes de Montpellier,
> Arch. départ. de l'Hérault, B. 343, fol. 175 v°.
> 4 pages.*

Août.

14136. Lettres d'anoblissement accordées à Louis de
La Serre, seigneur de la Rollière, demeurant
en la paroisse d'Écots, élection et bailliage
d'Alençon. Villers-Cotterets, août 1544.

> *Original. Arch. départ. du Calvados (provenant
> de la couverture du registre des Portes et fenêtres
> de la Ville de Caen, section de la Liberté, année
> 1809).*

Août.

14137. Édit de création d'un second office d'enquêteur pour le civil et le criminel, au siège de
Reims. Reims, août 1544.

> *Délibération touchant l'enregistrement au Parl.
> de Paris, le 20 janvier 1545 n. s. Arch. nat., X¹ᵃ
> 4924, Plaidoiries, fol. 346. (Mention.)*

Août.

14138. Déclaration portant prorogation de la session
du Parlement durant les vacations. Étoges,
2 septembre 1544.

> *Enreg. au Parl. de Paris, le 6 septembre 1544.
> Arch. nat., X¹ᵃ 8615, fol. 3. 1 page.
> Double, idem, fol. 62.*

2 septembre

14139. Lettres de don de l'office de greffier au greffe
criminel de la cour royale ordinaire de Montpellier, pour Jean Baraton, notaire de cette
ville. Épernay, 6 septembre 1544.

> *Enreg. à la Chambre des Comptes de Montpellier.
> Arch. départ. de l'Hérault, B. 343, fol. 171 v°.
> 2 pages.*

6 septembre

14140. Pouvoirs d'Antoine Sanguin, dit le cardinal de Meudon, évêque d'Orléans, comme lieutenant général du roi à Paris et dans l'Île-de-France. « Donné au Boc », 7 septembre 1544.

1544.
7 septembre.

> *Copie du XVIIe siècle. Bibl. nat., ms. Clairambault 966, fol. 525.*

14141. Pouvoirs conférés par le roi à Claude d'Annebaut, maréchal et amiral de France, à Charles de Nully, maître des requêtes, et à Gilbert Bayard, contrôleur des guerres, à l'effet de traiter en son nom avec les délégués de l'empereur Charles-Quint (traité de Crépy). Paris, 10 septembre 1544.

10 septembre.

> *Original. Bibl. nat., Mélanges de Colbert, vol. 367, n° 326.*
> *Enreg. au Parl. de Paris, avec le traité. Arch. nat., X^{1a} 8615, fol. 33 v°.*
> *Enreg. à la Chambre des Comptes de Paris. Arch. nat., P. 2307, p. 685. 4 pages.*
> *Enreg. au Parl. de Grenoble. Arch. de l'Isère, B. 2334, fol. 278. 2 pages 1/2.*
> IMP. *Du Mont, Corps universel diplomatique, etc.* Amsterdam, 1726, in-fol., t. IV, 2e partie, p. 287, col. 2.
> (Voir au 18 septembre suivant).

14142. Lettres commettant Jean-François de La Rocque, chevalier, s^r de Roberval, pour veiller à la sûreté de la ville de Senlis, et le chargeant de lever mille hommes de pied dans les lieux voisins, pour y tenir garnison. Paris, 10 septembre 1544.

10 septembre.

> IMP. *Dict. des titres originaux pour les fiefs, le domaine du roi, etc., ou inventaire général du Cabinet du chevalier Blondeau du Charnage.* Paris, 1774, in-12, p. 92. (*Mention.*)

14143. Lettres portant ajournement par-devant les conseillers des Requêtes du Palais des héritiers de feu Louis de Lautur, qui réclament 6 écus que le défunt prétendait avoir prêtés à Jean Régnier, procureur au Châtelet de Paris. Paris, 14 septembre 1544.

14 septembre.

> *Original. Bibl. nat., Pièces originales, Régnier, vol. 2454, pièce 2 (dossier 55173).*

14144. Lettres portant commission à divers personnages pour réformer l'abus de certains officiers de la Chambre des Comptes qui avaient indûment aliéné des biens du domaine royal en Provence. 14 septembre 1544.
1544.
14 septembre.

> Imp. Vallet de Viriville, *Catalogue des archives de la maison de Grignan*. Paris, 1844, in-8°, p. 15. (*Mention.*)

14145. Lettres conférant la charge de lieutenant-général du Dauphiné à Guy de Maugiron, pendant la minorité de François, duc d'Estouteville, nommé gouverneur à la mort de son père. Paris, 17 septembre 1544.
17 septembre.

> *Enreg. au Parl. de Grenoble. Arch. de l'Isère;* B. 2334, fol. 257.

14146. Traité conclu entre François Ier et l'empereur Charles-Quint. [Crépy[(1)]], 18 septembre 1544.
18 septembre.

A la suite se trouvent :

1° Les pouvoirs donnés par l'empereur à Fernand de Gonzague, vice-roi de Sicile, et à Nicolas Perrenot. Du camp, à Vitry, 29 août 1544 ;

2° Les pouvoirs donnés par le roi de France à l'amiral d'Annebaut, à Charles de Nully et à Gilbert Bayard. Paris, 10 septembre 1544 ;

3° La ratification du traité par le roi de France. Fontainebleau, décembre 1544.

> *Enreg. au Parl. de Paris, secundum mandatum speciale a regia majestate datum,* le *9 janvier 1545* n. s. *Arch. nat.*, X[1a] 8615, fol. 33 v°-53. 40 pages.
> *Enreg. au Parl. de Bordeaux,* le *19 janvier 1545* n. s. *Arch. de la Gironde,* B. 32, fol. 11 v°. 41 pages.
> *Enreg. au Parl. de Dijon. Arch. de la Côte-d'Or, Parl.,* reg. III, fol. 178.
> *Enreg. au Parl. de Grenoble. Arch. de l'Isère,* B. 2334, fol. 261 v°.
> *Enreg. au Parl. de Toulouse,* le *22 janvier 1545* n. s. *Arch. de la Haute-Garonne; Édits,* reg. 5, fol. 125. 33 pages.

---

(1) Le nom de lieu où fut signé le traité est en blanc.

Enreg. à la Chambre des Comptes de Paris. Arch. 1544.
nat., P. 2397, p. 635. 58 pages.
Copie. Arch. nat., suppl. du Trésor des Chartes,
J. 805.
Copie collat. sur le registre du Conseil d'État. Arch.
nat., suppl. du Trésor des Chartes, J. 994, n° 8.
Copie. Arch. départ. de l'Hérault, États de Languedoc, C. Recueil des actes des commissaires du roi
aux États, 1544. 29 pages.
Imp. Fr. Léonard, Recueil des traités de paix,
trèves, etc. Paris, Léonard, 1693, 6 vol. in-4°,
t. II, p. 439.
Du Mont, Corps universel diplomatique, etc.
Amsterdam, 1726, in-fol., t. IV, 2° partie, p. 280,
col. 1.

Ratification du traité par Charles-Quint.
Cateau-Cambrésis, 22 septembre 1544.

Original scellé. Arch. nat., Trésor des Chartes,
J. 673, n° 1.

14147. Lettres déléguant comme commissaires le car- 19 septembre.
dinal de Meudon, François d'Escars, seigneur
de la Vauguyon, et Jean Luillier, seigneur
de Boulancourt, président des comptes, pour
engager quelques portions du domaine à
Nicolas de Troyes, trésorier des guerres, et à
Laurent Le Blanc, comptable de Bordeaux,
pour 32,000 livres par eux prêtées au roi,
Meudon, 19 septembre 1544.

Enreg. au Parl. de Paris, le 4 octobre suivant.
Arch. nat., X¹ᵃ 1553, Conseil, fol. 514 v°. (Men-
tion.)
Enreg. à la Cour des Aides de Paris. Arch. nat.,
Recueil Cromo, U. 665, fol. 314. (Mention.)

14148. Confirmation de la paix conclue avec Charles- 19 septembre.
Quint à Crépy, le 18 septembre 1544. Meu-
don, 19 septembre 1544.

Original scellé. Bibl. nat., Mélanges de Colbert,
vol. 367, n° 327.

14149. Provisions de l'office de capitaine châtelain de 26 septembre.
Rouvres pour Alexandre de Fontaines, fau-
connier du roi, en remplacement et sur la
résignation de Jacques Humbert Saint-Fus-
pien, 26 septembre 1544.

Enreg. à la Chambre des Comptes de Dijon.
Arch. de la Côte-d'Or, B, 19, fol. 70 v°.

14150. Pouvoirs des commissaires du roi aux États de Languedoc, convoqués à Béziers pour le 26 novembre suivant. Amiens, 27 septembre 1544.

·1544.
27 septembre.

> *Copie. Arch. départ. de l'Hérault, États de Languedoc, C. Procès-verbaux, 1544. 5 pages.*

14151. Provisions en faveur de François d'Escars, sr de la Vauguyon, sur la présentation du duc d'Orléans, de l'office de sénéchal du duché de Bourbonnais, qu'il exerçait déjà au nom du roi, avant que ledit duché fût donné en apanage au second fils du roi. Amiens, 27 septembre 1544.

27 septembre.

> *Réception au Parlement de Paris, le 7 octobre suivant. Arch. nat., X¹ᵃ 1553, Conseil, fol. 532 v°.* (Mention.)

14152. Mandement aux élus du Lyonnais, leur ordonnant de lever : 1° une somme de 38,207 livres 8 deniers tournois, pour la taille de 1545, sans les frais; 2° une somme de 310 livres 7 sous 10 deniers tournois, pour la part de l'élection dans une somme de 3,000 livres tournois à lever dans les généralités de Languedoc, Lyonnais, Forez et Beaujolais, pour le remboursement de Jean Roussart, Henri de La Vigne et autres marchands de Langres et Vignory, qui avaient fourni des vivres à des lansquenets, Suisses et Italiens passant en Champagne, pour venir se mettre au service du roi; 3° une somme de 628 livres tourn. pour les prévôts et archers, chargés de la garde de l'élection. Amiens, 27 septembre 1544.

27 septembre.

> *Copie du xvɪᵉ siècle. Bibl. nat., ms. fr. 2702, fol. 251 bis.*

14153. Commission à Jean Meynier, premier président, et à Antoine Roulland, conseiller au Parlement d'Aix en Provence, pour la réformation du couvent des religieux de Saint-Barthélemy et des Frères prêcheurs, et leur union à la congrégation de France. 29 septembre 1544.

29 septembre.

> *Bibl. nat., coll. de Doat, vol. 5, fol. 1158.* (Mention.)

14154. Lettres d'union et d'érection en marquisat des
baronnies de Mayenne, Sablé et la Ferté-Ber-
nard, avec les châtellenies d'Ernée et de
Pontmain, en faveur de Claude de Lorraine,
duc de Guise, gouverneur de Bourgogne.
Paris, septembre 1544.

1544.
Septembre.

> *Enreg. au Parl. de Paris, sauf réserves, le 7 sep-*
> *tembre 1546. Arch. nat., X¹ᵃ 8615, fol. 297.*
> *6 pages 1/2.*
> *Arrêt d'enregistrement. Idem, X¹ᵃ 4927, Plaidoi-*
> *ries, fol. 340.*
> *Enreg. de nouveau au Parl., sur mandement de*
> *Henri II, sub modificationibus in registro curiæ con-*
> *tentis et absque prejudicio oppositionum opponentium,*
> *le 8 mai 1553. Arch. nat., X¹ᵃ 8618, fol. 109.*
> *Copie du XVIIᵉ siècle. Bibl. nat., ms. fr. 4586,*
> *fol. 128.*

14155. Lettres déchargeant l'Hôtel-Dieu du payement
des subsides imposés sur le vin entrant à
Paris et en sortant, tant pour le vin de son
cru que pour le vin acheté pour la provision
de cet établissement. Saint-Germain-en-Laye,
1ᵉʳ octobre 1544.

1ᵉʳ octobre.

> *Original et vidimus du Prévôt de Paris, du 20 fé-*
> *vrier 1545 n. s. Arch. de l'Assistance publique,*
> *fonds de l'Hôtel-Dieu, layette 171, liasse 903,*
> *pièce n° 4.*
> *Bibl. nat., Mss. Moreau, t. 1387, fol. 8, et*
> *t. 1405, fol. 6. (Mentions.)*
> *Imp. Dom Félibien. Hist. de la ville de Paris, etc.*
> *Paris, 1725, in-fol., t. III (Preuves, I), p. 266.*

14156. Mandement pour le remboursement de 1,000
écus d'or à Jean Bonnal, juge d'appel au
comté de Rodez, sur les 3,000 écus d'or par
lui prêtés au roi, lors de sa promotion à
l'office de conseiller lai et second président des enquêtes du Parlement de Toulouse.
Ledit Bonnal a résigné son office de conseiller en faveur de son fils, abandonnant au
roi les autres 2,000 écus. Amiens, 1ᵉʳ octobre 1544.

1ᵉʳ octobre.

> *Original. Bibl. nat., Pièces originales, Bonnal,*
> *vol. 405, p. 4.*

14157. Mandement au trésorier de l'épargne de payer

1ᵉʳ octobre.

à Philippe Leconte, chevaucheur de l'écurie 1544.
du roi, 87 livres, 15 deniers tournois pour
plusieurs voyages qu'il a faits, le mois précédent, d'Abbeville à Hardelot et à Boulogne-
sur-Mer, pour porter des dépêches au cardinal Du Bellay, ambassadeur du roi auprès
du roi d'Angleterre. Amiens, 1er octobre
1544.

> Original. Bibl. nat., ms. fr. 25723, n° 872.

14158. Don à François Saiget, huissier de la maison 2 octobre.
du roi, de 40 écus d'or à prendre sur le pro-
duit de la vente de l'office de sergent royal
au bailliage de Gâtine, vacant depuis la mort
d'Étienne Leroy. Amiens, 2 octobre 1544.

> Original. Bibl. nat., ms. fr. 25723, n° 873.

14159. Mandement au sénéchal d'Agénais et de Gas- 2 octobre.
cogne, lui faisant savoir que les chapelains et
fabriques des églises, ainsi que les religieux,
mendiants et hospitaliers du diocèse d'Agen
sont exempts des décimes levées sur le clergé.
Amiens, 2 octobre 1544.

> Copie collationnée du XVIe siècle. Bibl. nat., ms.
> fr. 25723, n° 874.

14160. Lettres en faveur des Frères prêcheurs et mi- 2 octobre.
neurs de Grenoble. Amiens, 2 octobre
1544.

> Bibl. nat., Table des chartes imprimées recueil-
> lies par Bréquigny; mss. Moreau, vol. 1115, fol. 96.
> (Mentionnées comme imp. dans l'ouvrage inti-
> tulé : Justification des privilèges des réguliers, p. 711.)

14161. Édit touchant les gens de guerre tenant les 3 octobre.
champs et pillant le peuple, avec attribution
de juridiction aux prévôts des maréchaux de
France en dernier ressort. Amiens, 3 octobre
1544.

> Enreg. au Parl. de Dijon, le 12 novembre suivant.
> Arch. de la Côte-d'Or, Parl., reg. III, fol. 179.
> Imp. Pièce in-4°. Arch. nat., AD.I 19 et 21.
> 4 pages.
> Autre pièce in-8°. Arch. nat., AD.I 19. 6 pages.
> Les loix, ordonnances et édictz, etc., depuis le

roy, *S. Lois.*... Paris, Galiot du Pré, 1559, in-fol., fol. 192 r°.

    P. Rebuffi, *Les édits et ordonnances des rois de France, etc.* Lyon, 1573, in-fol., p. 240.

    A. Fontanon, *Édits et ordonnances, etc.* Paris, 1611, in-fol., t. I, p. 392.

    E. Girard et J. Joly, *Troisième livre des offices de France, etc.* Paris, 1647, in-fol., t. II, p. 1143.

    Pinson de la Martinière, *La connestablie et mareschaussée de France, etc.* Paris, 1661, in-fol., p. 285 (sous la date d'octobre, sans quantième).

    G. Saugrain, *La maréchaussée de France, ou recueil des ordonnances, édits, etc.* Paris, 1697, in-4°, p. 39.

14162. Lettres autorisant Geoffroy Charpy, lieutenant particulier et assesseur au bailliage de Mâcon, à continuer pendant un an sa résidence à Cluny. Amiens, 3 octobre 1544.   **3 octobre.**

> *Entérinées au Parl. de Paris, le 30 octobre suivant. Arch. nat., X¹ᵃ 1553, Conseil, fol. 566 v°.* (*Mention.*)

14163. Mandement au trésorier de l'épargne de payer à N. d'Ages, seigneur dudit lieu, maître d'hôtel ordinaire du roi, 94 livres 10 sous tournois pour être allé, au mois de septembre dernier, d'Esternay à Troyes et autres localités de Champagne, donner des ordres au sujet des vivres réunis alors dans ce pays pour les besoins de l'armée. Amiens, 4 octobre 1544.   **4 octobre.**

> *Original. Bibl. nat., ms. fr. 25723, n° 875.*

14164. Don à Antoine Escalin, dit Poulin, chevalier, de l'office de capitaine du Château-Dauphin. 4 octobre 1544.   **4 octobre.**

> *Bibl. nat., ms. Clairambault 782, p. 309.* (*Mention.*)

14165. Lettres portant que les appellations en ce qui touche les magasins à sel ressortiront, pour le duché de Bourgogne, à la Chambre des Comptes de Dijon. Amiens, 6 octobre 1544.   **6 octobre.**

> *Enreg. à la Chambre des Comptes de Dijon, Arch. de la Côte-d'Or, reg. B. 19, fol. 59.*

14166. Provisions de l'office d'huissier au Parlement de   **6 octobre.**

Bordeaux pour Jacques Leblanc. Amiens, 1544.
6 octobre 1544.

> *Enreg. au Parl. de Bordeaux, le 13 novembre*
> *1544. Arch. de la Gironde, B. 31, fol. 406, 2 pages.*

14167. Mandement au Parlement d'enregistrer l'édit 7 octobre.
d'août 1544 (n° 14131) portant création de
trois offices d'enquêteurs, l'un à Tours, l'autre
à Chinon et le troisième à Angers, et de procéder à la réception des titulaires de ces offices.
Saint-Fuscien-lès-Amiens, 7 octobre 1544.

> *Enreg. au Parl. de Paris, ex ordinatione et præ-*
> *cepto regis expresso, iteratis vicibus facto, le 1er dé-*
> *cembre 1544. Arch. nat., X¹ᵃ 8615, fol. 23. 4 pages.*
> *Arrêt d'enregistrement. Idem, X¹ᵃ 4924, Plaidoi-*
> *ries, fol. 124 v°.*

14168. Provisions pour Guillaume Deslandes de l'office 7 octobre.
de receveur ordinaire du domaine d'Arques.
7 octobre 1544.

> *Enreg. à la Chambre des Comptes de Paris, le*
> *4 mars 1545 n. s., anc. mém. 2 M, fol. 293. Arch.*
> *nat., invent. PP. 136, p. 587. (Mention.)*

14169. Mandement au trésorier de l'épargne de payer 10 octobre.
112 livres 10 sous tournois à Démétrius Pa-
léologue, grec, sommelier de paneterie du
roi, qui va en Flandres pour y porter des dépêches au seigneur de Morette, ambassadeur
auprès de l'empereur. Saint-Fuscien, 10 octobre 1544.

> *Original. Bibl. nat., ms. fr. 25723, n° 876.*

14170. Lettres portant exemption en faveur des secré- 11 octobre.
taires du roi et de leurs veuves, pendant leur
viduité, du subside de 2 sous 6 deniers par
muid de vin entrant à Paris ou en sortant,
et de tous autres octrois accordés aux prévôt
des marchands et échevins de Paris. Saint-
Fuscien, 11 octobre 1544.

> *Enreg. à la Chambre des Comptes de Paris. Arch.*
> *nat., P. 2307, p. 979; P. 2538, fol. 40; P. 2554,*
> *fol. 88 v°; AD.IX 126, n° 30. 9 pages 1/2.*
> *Enreg. au Bureau de la Ville de Paris, le 17 oc-*
> *tobre suivant. Cinq expéditions collat. du xvıᵉ siècle.*
> *Arch. nat., V² 4, n° 1211.*

14171. Lettres portant permission aux prévôt des marchands et échevins de Paris de contracter des emprunts et de distraire le produit de certains octrois et impôts de leur emploi ordinaire, pour le payement de 25,000 écus, restant dus sur une contribution de 180,000 livres tournois, qu'ils s'étaient engagés à fournir au roi pour l'entretien, pendant quatre mois, de 7,500 hommes de guerre. Gamaches, 14 octobre 1544.

1544, 14 octobre.

> *Original scellé. Arch. nat., K. 955, n° 61ª.*
> *Enreg. au Parl., le 23 octobre 1544. Arch. nat.,*
> X¹ª 8615, fol. 17 v°. 5 pages 1/2.
> *Délibération le 21 octobre, et arrêt d'enregistrement, le 23. Idem, X¹ª 4923, Plaidoiries, fol. 258.*
> *Enreg. à la Cour des Aides de Paris, Arch. nat.,*
> *Recueil Cromo, U. 665, fol. 315. (Mention.)*
> *Vidimus du prévôt de Paris, du 3 décembre 1544.*
> Arch. nat., K. 995, n° 61ᵇ.

14172. Lettres portant mandement aux gens des comptes d'allouer au receveur des deniers communs de la ville de Paris, en son compte particulier des deniers destinés à rendre l'Ourcq navigable, la somme de 3,668 livres tournois qui en a été prise, sur l'ordre du roi, et employée à la mise sur pied d'une troupe de 500 hommes pour la défense de cette ville. Gamaches, 14 octobre 1544.

14 octobre.

> *Original scellé. Arch. nat., K. 955, n° 58ª.*
> *Vidimus du prévôt de Paris, du 12 novembre 1544.*
> *Idem, K. 955, n° 58ᵇ.*

14173. Mandement au trésorier de l'épargne de payer une somme de 36 livres tournois à Oudin de Huret, chevaucheur de l'écurie du roi, pour être allé, sur l'ordre du sieur de Brissac, du lieu « des Hosteux [1] » près Boulogne-sur-Mer, jusques à Fruges et Équire, où était le camp du roi, pour remettre des lettres au dauphin et en rapporter la réponse. Gamaches, 14 octobre 1544.

14 octobre.

> *Original. Bibl. nat., ms. fr. 25723, n° 877.*

[1] Peut-être Zoteux, canton d'Hucqueliers (Pas-de-Calais).

IMPRIMERIE NATIONALE.

14174. Mandement au trésorier de l'épargne de rembourser à Michel Briçonnet, évêque de Nîmes et abbé de Saint-Guilhem-du-Désert, une somme de 1,425 livres tournois qu'il avait prêtée au roi. Gamaches, 14 octobre 1544.

1544.
14 octobre.

Original. Bibl. nat., ms. fr. 25723, n° 879.

14175. Lettres portant défense expresse de recevoir de nouveaux procureurs aux cours de Parlement, bailliages, sénéchaussées, prévôtés et autres juridictions royales. Arques, 16 octobre 1544.

16 octobre.

Enreg. au Parl. de Paris, le 17 novembre 1544. Arch. nat., X¹ᵃ 8615, fol. 63; 2 pages 1/3.

Arrêt d'enregistrement, Idem, X¹ᵃ 4924, Plaidoiries, fol. 20.

Bibl. nat., Mss. Moreau, t. 1391, fol. 112. (Mention.)

Impr. Les loix, ordonnances et édictz, etc... depuis le roy S. Lois... Paris, Galiot du Pré, 1559, in-fol., fol. 192 v°.

Rebuffi, Les édits et ordonnances des rois de France, etc. Lyon, 1573, in-fol., p. 132.

A. Fontanon, Édits et ordonnances, etc. Paris, 1611, in-fol., t. I, p. 73.

E. Girard et J. Joly, Troisiesme livre des offices de France, etc. Paris, 1647, in-fol., t. I, p. 170.

Isambert, Anc. lois françaises, etc. Paris, 1827, in-8°, t. XII, p. 883.

14176. Lettres portant que Jacques des Ligneris, président aux enquêtes du Parlement de Paris, demeurera rapporteur d'un procès pendant entre Charles de Chabannes, seigneur de la Palisse, et Guillaume de Balzac, baron d'Entragues, nonobstant sa promotion audit office de président. Dieppe, 20 octobre 1544.

20 octobre.

Entérinées au Parl. de Paris, le 17 janvier 1545 n. s. Arch. nat., X¹ᵃ 1554, Conseil, fol. 215. (Mention.)

14177. Provisions en faveur de Pierre Ferrandier, de l'office de juge-mage en la sénéchaussée de Rouergue, en remplacement d'Antoine

23 octobre.

Ferrandier, son père. Rouen, 23 octobre 1544.

Reçu et prêté serment au Parl. de Toulouse, le 4 décembre 1544. Arch. de la Haute-Garonne, Édits, reg. 5, fol. 124.

14178. Lettres de jussion au Parlement de Paris pour l'enregistrement de l'édit d'août 1544 (n° 14131), portant création de trois offices d'enquêteurs, l'un à Tours, l'autre à Chinon, le troisième à Angers. Rouen, 24 octobre 1544.
24 octobre.

Enreg. au Parl. de Paris, le 1er décembre 1544. Arch. nat., X¹ª 8615, fol. 25 v°.
Arrêt d'enregistrement. Idem, X¹ª 4924, Plaidoiries, fol. 124 v°.

14179. Mandement au trésorier de l'épargne de payer une somme de 123 livres 15 sous tournois à Antoine Escalin, dit Poulin, capitaine de gens de guerre, et naguère ambassadeur dans le Levant, pour être allé de la part du roi trouver le dauphin à Montreuil-sur-Mer et être venu ensuite à Léry en Normandie rendre compte de son voyage. Vernon-sur-Seine, 26 octobre 1544.
26 octobre.

Original. Bibl. nat., ms. fr. 25723, n° 881.

14180. Mandement au trésorier de l'épargne de payer une somme de 135 livres tournois à André de Nambu, serviteur du seigneur de Boisy, pour différents voyages qu'il a faits à Bruxelles. Mantes, 26 octobre 1544.
26 octobre.

Original. Bibl. nat., ms. fr. 25723, n° 880.

14181. Mandement au trésorier de l'épargne de payer à François Raffin, dit le Jeune, 60 livres 15 sous tournois qui lui étaient encore dus pour le voyage qu'il avait fait de Paris à Limoges, afin de hâter l'arrivée des bandes de gens de pied gascons venant se mettre au service du roi. Saint-Germain en-Laye, 28 octobre 1544.
28 octobre.

Original. Bibl. nat., ms. fr. 25723, n° 882.

14182. Don à Bernard Mabret, sommelier de l'échan-
30 octobre.

86.

sonnerie, de 20 écus d'or à prendre sur le
produit de la vente de l'office de sergent
royal dans la sénéchaussée de Limoges, vacant par la mort de Léonard Mosnier. Saint-
Germain-en-Laye, 30 octobre 1544.

> *Original. Bibl. nat., ms. fr. 25723, n° 883.*

1544.

14183. Mandement aux Parlements de province pour
la publication des lettres portant que les huissiers du Grand conseil pourront faire tous
exploits et exécutions d'arrêts des cours souveraines du royaume. Saint-Germain-en-Laye,
31 octobre 1544.

> *Enreg. au Parl. de Bordeaux, le 15 janvier 1545.*
> *n. s. Arch. de la Gironde, B. 32, fol. 10, 2 pages.*

31 octobre.

14184. Lettres autorisant la fabrication en la Monnaie
de Lyon d'une nouvelle quantité de gros testons et de demi-testons, pendant une année,
jusqu'à concurrence de 12,000 marcs, pour
empêcher d'exportation de l'argent blanc transporté à Milan, Venise et Gênes par les marchands. Saint-Germain-en-Laye, 31 octobre
1544.

> *Original sur parchemin, dans les minutes d'ordon-*
> *nances de la Cour des Monnaies. Arch. nat., Z¹ᵇ 537.*
> *Enreg. à la Cour des Monnaies, le 10 novembre*
> *1544. Arch. nat., Z¹ᵇ 63, fol. 189 v°. 2 pages.*

31 octobre.

14185. Provisions pour Jean Boyer, licencié ès droits,
de l'office de lieutenant général au bailliage
de Mâconnais, en remplacement et sur la
résignation de Jean de Thiart. Saint-Germain-
en-Laye, 31 octobre 1544.

> *Reçu au Parl. de Paris, le 24 novembre suivant.*
> *Arch. nat., X¹ᵃ 4924, Plaidoiries, fol. 69. (Men-*
> *tion.)*

31 octobre.

14186. Provisions pour Pierre Delaporte, avocat au
Parlement, de l'office de bailli de Montfort-
l'Amaury, en remplacement et sur la résignation de Jean Berthomier. Saint-Germain-
en-Laye, 31 octobre 1544.

> *Reçu au Parl. de Paris, le 18 décembre 1544.*
> *Arch. nat., X¹ᵃ 4924, Plaidoiries, fol. 219 v°.*
> *(Mention.)*

31 octobre.

14187. Déclaration interprétative de l'ordonnance du 16 octobre précédent (n° 14175), touchant les procureurs. Le roi n'a pas entendu déroger à la prérogative des cours souveraines de pourvoir aux charges de procureurs, mais seulement restreindre le nombre excessif de ceux-ci. Saint-Germain-en-Laye, 1er novembre 1544. — 1544. 1er novembre.

Enreg. au Parl. de Paris, le 17 novembre 1544. Arch. nat., X¹ᵃ 8615, fol. 65. 2 pages.

Bibl. nat., Mss. Moreau, t. 1391, fol. 112. (Mention.)

Imp. Pièce in-8°. Paris, Jehan André (s. d.). Bibl. nat., 8° F. Actes royaux (cartons).

Les loix, ordonnances et édictz, etc . . . depuis le roy S. Lois . . , Paris, Galiot du Pré, 1559, in-fol., fol. 193 r°.

P. Rebuffi, *Les édits et ordonnances des rois de France, etc.* Lyon, 1573, in-fol., p. 133.

A. Fontanon, *Édits et ordonnances, etc.,* Paris, 1611, in-fol., t. I, p. 74.

E. Girard et J. Joly. *Troisiesme livre des offices de France, etc.* Paris, 1647, in-fol., t. I, p. 171.

Isambert, *Anc. lois françaises, etc.* Paris, 1827, in-8°, t. XII, p. 885.

14188. Provisions en faveur d'Oudard du Biez, maréchal de France, de l'office de sénéchal de Boulonnais, qu'il avait exercé autrefois et depuis résigné au profit de feu Jacques de Fouquesolles, son gendre. Saint-Germain-en-Laye, 1er novembre 1544. — 1er novembre.

Reçu au Parl. de Paris, le 8 avril 1546 n. s. Arch. nat., X¹ᵃ 4926, fol. 693. (Mention.)

14189. Don à Jean Dacier, porteur des coffres de la chambre du roi, de 25 écus d'or soleil à prendre sur le produit de la vente de l'office de sergent royal au bailliage de la Montagne en Bourgogne, vacant par la mort de Corneille Emery. Saint-Germain-en-Laye, 1er novembre 1544. — 1er novembre.

Original. Bibl. nat., ms. fr. 25723, n° 884.

14190. Mandement au trésorier des parties casuelles de rembourser à François Olivier, garde des sceaux de la chancellerie, ancien président — 1er novembre.

au Parlement, une somme de 5,000 livres tournois, qu'il avait prêtée au roi, au mois de mai précédent. Saint-Germain-en-Laye, 1er novembre 1544.

1544.

Original. Bibl. nat., ms. fr. 25723, n° 885.

14191. Don à Jean Godart et à Antoine Roveyre, valets de pied du roi, de 20 écus d'or à prendre sur le produit de la vente de l'office de notaire de Pont-Sainte-Maxence, vacant par la mort de Jean Guérin. Saint-Germain-en-Laye, 2 novembre 1544.

2 novembre.

Original. Bibl. nat., ms. fr. 25723, n° 886.

14192. Don à Pierre de Lestang, sommelier de l'échansonnerie du commun, de 40 écus d'or à prendre sur le produit de la vente de l'une des offices de garde des ports de Lyon, vacant par la mort de Jean Gasteblé. Saint-Germain-en-Laye, 2 novembre 1544.

2 novembre.

Original. Bibl. nat., ms. fr. 25723, n° 887.

14193. Mandement au bailli d'Orléans ou à son lieutenant de procéder à la mainlevée des revenus du prieuré de Boisville en Beauce, appartenant à Lambert d'Eurre, qui avaient été saisis à la requête d'Antoine d'Escars. Saint-Germain-en-Laye, 3 novembre 1544.

3 novembre.

Entériné au Parl. de Paris, le 29 novembre suivant. Arch. nat., X¹ᵃ 1554, Conseil, fol. 41 v°. (Mention.)

14194. Mandement au trésorier de l'épargne de payer à René de La Bretonnière, lieutenant des Eaux et forêts d'Amboise, 36 livres tournois pour dix-huit journées qu'il a employées à l'arpentage de la seigneurie de Durdant et ses appartenances, située près d'Amboise, et à l'estimation de la valeur de cette terre et des droits que prétendaient y avoir les frères et sœurs puînés de Thibault Aucheron. Saint-Germain-en-Laye, 4 novembre 1544.

4 novembre.

Original. Bibl. nat., ms. fr. 25723, n° 888.

14195. Don à Salomon Denis, huissier des chambellans, de 30 écus d'or à prendre sur le produit de la vente de l'office de sergent royal au bailliage de Vitry, vacant par la mort de Laurent Lhuillet. Beynes, 5 novembre 1544.

1544.
5 novembre.

Original. Bibl. nat., ms. fr. 25723, n° 889.

14196. Lettres de confirmation des droits et privilèges des soixante huissiers sergents à cheval du Châtelet de Paris, et particulièrement de l'édit qui leur donne un rang et des attributions au-dessus des deux cent vingt anciens sergents à cheval. Beynes, 6 novembre 1544.

6 novembre.

Enreg. au Parl. de Paris, sauf restrictions, le 29 décembre 1544. Arch. nat., X¹ᵃ 8615, fol. 79. 5 pages.
Délibération sur l'enregistrement, le 16 décembre 1544. Idem, X¹ᵇ 4924, Plaidoiries, fol. 208 v°.

14197. Lettres portant défense de vendre le blé autre part que sur les places publiques, sous peine de confiscation et avec promesse du tiers au dénonciateur. Beynes, 6 ou 7 [1] novembre 1544.

7 novembre.

Publiées au Châtelet de Paris, le 12 novembre suivant.
Imp. P. Rebuffi, Les édits et ordonnances des rois de France, etc. Lyon, 1573, in-fol., p. 1088.
Fontanon, Édits et ordonnances, etc. Paris, in-fol., 1611, t. I, p. 958.
Delamare, Traité de la police. Paris, in-fol., 1710, t. II, p. 712 (livre V, titre 5, chap. IV).
Isambert, Anc. lois françaises, etc. Paris, 1827, in-8°, t. XII, p. 886.

14198. Ordonnance attribuant aux prévôt des marchands et échevins de Paris la surintendance des pauvres de ladite ville. Beynes, 7 novembre 1544.

7 novembre.

Enreg. au Parl. de Paris, le 13 novembre 1544. Arch. nat., X¹ᵃ 8615, fol. 77. 1 page 1/2.
Imp. Dom Félibien, Hist. de la ville de Paris, etc. Paris, 1725, in-fol., t. V (Preuves, III), p. 284.

[1] Ces lettres sont datées du 6 dans Delamare, et du 7 dans Fontanon.

14199. Confirmation dans son office de contrôleur des
gabelles et du mesurage du sel établi au port,
havre et entrée de la rivière de Marans, de
Jean Potier qui a fait don au roi de 500 livres, pour subvenir aux besoins de l'État.
Beynes, 7 novembre 1544.

*Copie collationnée du XVIe siècle. Bibl. nat., Pièces
orig., Potier, vol. 2352, p. 14.*

1544.
7 novembre.

14200. Provisions de l'office de contrôleur des deniers
communs de la ville de Lyon, en faveur de
Gabriel de Russy, sommelier du roi, Saint-
Germain-en-Laye, 9 novembre 1544.

*Copie du XVIe siècle. Arch. de la ville de Lyon,
BB. 394.*

9 novembre.

14201. Lettres adressées à la Chambre des Comptes
de Montpellier, lui ordonnant de cesser les
retards qu'elle apporte à l'expédition des affaires. Fresnes, 9 novembre 1544.

*Enreg. à la Chambre des Comptes de Montpellier.
Arch. départ. de l'Hérault, B. 343, fol. 174 v°.
1 page.*

9 novembre.

14202. Déclaration portant règlement pour les privilèges des quatre chauffecires héréditaires de
la chancellerie de France. Saint-Germain-en-
Laye, 10 novembre 1544.

*Imp. A. Tesséreau, Hist. de la grande Chancel-
lerie. Paris, 1710, in-fol., t. I, p. 106. (Mention.)*

10 novembre.

14203. Lettres portant continuation aux enfants de
François, duc d'Estouteville, comte de Saint-
Pol, de la jouissance des revenus du comté
de Charolais. Saint-Germain-en-Laye, 10 novembre 1544.

*Enreg. à la Chambre des Comptes de Dijon. Arch.
de la Côte-d'Or, reg. B. 20, fol. 162 v°.*

10 novembre.

14204. Mandement au trésorier de l'épargne de rembourser à Louis Prudhomme, général des
finances, 3,000 livres tournois qu'il avait
prêtées au roi, au mois de juin précédent.
Saint-Germain-en-Laye, 10 novembre 1544.

Original. Bibl. nat., ms. fr. 25723, n° 890.

10 novembre.

14205. Mandement du roi au Parlement et aux autres cours pour l'enregistrement des privilèges de l'abbaye de Sainte-Croix de Poitiers. Saint-Germain-en-Laye, 11 novembre 1544. — 1544, 11 novembre.

> *Enreg. au Parl. de Paris, le 6 juin 1545. Arch. nat.*, X¹ª 8615, fol. 135.
> *Arrêt d'enregistrement. Idem*, X¹ª 1555, Conseil, fol. 181 v°.
> (Voir juillet 1515, n° 330.)

14206. Provisions de l'office de conseiller maître à la Chambre des Comptes de Dijon, pour Guillaume Tabourot. Saint-Germain-en-Laye, 11 novembre 1544. — 11 novembre.

> *Enreg. à la Chambre des Comptes de Dijon, le 3 décembre suivant. Arch. de la Côte-d'Or*, B. 19, fol. 43 v° et 57.

14207. Ordonnance pour restreindre le nombre des procureurs et praticiens près les cours souveraines, et autres sièges y ressortissant, portant défense de n'en plus recevoir jusqu'à nouvel ordre. Saint-Germain-en-Laye, 14 novembre 1544. — 14 novembre.

> *Enreg. au Parl. de Bordeaux, le 24 novembre 1544. Arch. de la Gironde*, B. 31, fol. 407 v°. 5 pages.
> *Enreg. au Parl. de Dijon, le 12 décembre 1544. Arch. de la Côte-d'Or, Parl.*, reg. III, fol. 180 v°.
> *Enreg. au Parl. de Grenoble. Arch. de l'Isère, Chambre des Comptes de Dauphiné*, B. 2912, fol. 3. 3 pages 1/2.
> *Enreg. au Parl. de Toulouse, le 2 décembre 1544. Arch. de la Haute-Garonne, Édits*, reg. 5, fol. 123. 2 pages.
> *Copie de l'année 1551. Arch. nat.*, K. 88, n° 8.

14208. Lettres confirmant un contrat passé avec Pierre Pinat, chevalier, pour les droits par lui dus et avancés au roi, à raison de l'achat qu'il a fait de la terre et seigneurie de Saint-Marcellin, et du rachat des terres de Saint-Maurice, Villiers et autres. Saint-Germain-en-Laye, 17 novembre 1544. — 17 novembre.

> *Enreg. au Parl. de Paris, le 31 août 1546. Arch. nat.*, X¹ª 1558, Conseil, fol. 670 v°. (*Mention.*)

14209. Don à Jean Connet, dit La Roche, fourrier ordinaire du roi, de 15 écus d'or à prendre sur le produit de la vente de l'office de sergent royal à la résidence de la Ferté-Avrain (auj. la Ferté-Beauharnais), bailliage de Blois. Saint-Germain-en-Laye, 17 novembre 1544.

Original, Bibl. nat., ms. fr. 25723, n° 891.

1544.
17 novembre.

14210. Provisions de l'office de conseiller lai au Parlement de Bordeaux pour Charles Calmeil, et dispense pour exercer ledit office, nonobstant l'argent qu'il a baillé au roi. Saint-Germain-en-Laye, 18 novembre 1544.

Enreg. au Parl. de Bordeaux, le 18 décembre 1544. Arch. de la Gironde, B. 32, fol. 5. 4 pages.

18 novembre.

14211. Provisions pour Nicole Baron, sr de Boissy, sur la présentation du sr de Canaples, comte de Mantes et Meulan, de l'office de bailli de Mantes et Meulan, en remplacement d'Adrien de Melun, décédé. Saint-Germain-en-Laye, 18 novembre 1544.

Reçu au Parl. de Paris, le 18 décembre 1544. Arch. nat., X¹ª 4924, fol. 219 v°. (Mention.)

18 novembre.

14212. Don à Guillaume Rousselet, dit Montavizard, potager de la cuisine du commun, de 30 écus d'or à prendre sur le produit de la vente de l'office de notaire royal au bailliage de Vitry, vacant par la mort de Nicolas La Queue. Poissy, 18 novembre 1544.

Original, Bibl. nat., ms. fr. 25723, n° 892.

18 novembre.

14213. Mandement au trésorier de l'épargne de faire payer à Renaud-Guillaume d'Ornezan, sr d'Orades, capitaine d'Aigues-Mortes et de la Tour-Carbonnière, tout ce qui lui est dû des gages de ladite capitainerie, depuis la mort du sire de Clermont-Lodève, dernier possesseur de l'office. Poissy, 18 novembre 1544.

Original, Bibl. nat., Pièces orig., Ornesan, vol. 2170, p. 11.

18 novembre.

14214. Don à Antoine Pinain, maître queux de la cuisine de bouche, de 30 écus d'or à prendre

18 novembre.

sur le produit de la vente de l'office de ser-   1544.
gent royal du bailliage de Dijon au siège de
Nuits, vacant par la mort de Jean Maignon.
Poissy, 18 novembre 1544.

> *Original. Bibl. nat., ms. fr. 26723, n° 893.*

14215. Lettres adressées aux prévôt des marchands et   19 novembre.
échevins de Paris, leur ordonnant de faire
achat de quinze milliers de salpêtre et de
l'emmagasiner au grenier de la ville, prêt à
la fabrication de la poudre. Saint-Germain-
en-Laye, 19 novembre 1544.

> *Publié par les carrefours de Paris, le 1er décembre*
> *suivant.*
> *Original. Arch. nat., suppl. du Trésor des Chartes,*
> J. 959.

14216. Lettres portant aveu, approbation et ratifica-   19 novembre.
tion de tout ce qui a été fait à Lagny par le
sr de Lorges, ses capitaines et soldats, le roi
lui ayant ordonné, pour punir les habitants
de leurs désobéissances et rebellions, de
traiter leur ville comme une ville ennemie,
d'y entrer de force et de la mettre à sac, avec
interdiction auxdits habitants d'en faire
aucune poursuite et à tous juges de prendre
connaissance des plaintes qui pourraient en
être faites. Saint-Germain-en-Laye, 19 novembre 1544.

> *Enreg. au Parl. de Paris, sur lettres de jussion,*
> *le 14 août 1545. Arch. nat., X1a 1556, Conseil,*
> *fol. 84. (Mention.)*

14217. Mandement aux baillis et prévôts de Nemours   21 novembre.
et de Châteaulandon, de contraindre les per-
sonnes qui doivent des cens, rentes, foi et
hommages, dîmes, terrages et autres devoirs
seigneuriaux à Nicole Tappereau, contrôleur
des deniers communs de la ville de Melun,
à cause de ses fiefs de Bazoches, « Puyseluy
et Embazoches », de les reconnaître par serment et déclarer par écrit devant notaire.
Paris, 21 novembre 1544.

> *Original appartenant à M. E Thoison, à Paris,*
> *(coll. sur le Gâtinais).*

87.

14218. Provisions en faveur d'Antoine de Crussol de l'office de sénéchal de Quercy. Meudon, 23 novembre 1544.

> 1544.
> 23 novembre.

> *Reçu et prêté serment au Parl. de Toulouse, le 1er juillet 1545. Arch. de la Haute-Garonne, Édits, reg. 5, fol. 151. 1 page.*

14219. Nouveaux pouvoirs donnés à Nicole Quélain, président aux enquêtes du Parlement, pour poursuivre la réformation du collège du Cardinal-Lemoine, en s'adjoignant maître Jacques Spifame, chancelier de l'Université. Paris, 24 novembre 1544.

> 24 novembre.

> *Enreg. au Parl. de Paris, s. d. Arch. nat., X¹ᵃ 8615, fol. 83 v°. 4 pages.*
> *Arrêt du Parl. du 15 janvier 1545 n. s. Arch. nat., X¹ᵃ 1554, Conseil, fol. 599 v°.*

14220. Provisions de l'office de greffier au greffe civil des juridictions de baile, sous-baile et viguier de Montpellier, en faveur de Jean Baraton. Meudon, 24 novembre 1544.

> 24 novembre.

> *Enreg. à la Chambre des Comptes de Montpellier. Arch. départ. de l'Hérault, B. 343, fol. 178. 4 pages 1/2.*

14221. Lettres portant exemption en faveur de l'Université de Paris de l'imposition de 5 sous par muid de vin, établie à Paris par ordonnance du 17 août précédent (n° 14108). Paris, 25 novembre 1544.

> 25 novembre.

> *Enreg. au Parl. de Paris, le 5 février 1545 n. s. Arch. nat., X¹ᵃ 8615, fol. 68. 3 pages.*
> *Arrêt d'enregistrement. Arch. nat., X¹ᵃ 1554, Conseil, fol. 321.*
> *Imp. Titres, chartes, lettres patentes, etc., concernant l'Université de Reims. Reims, 1620, in-4°, p. 79.*
> *C.-E. Du Boulay, Hist. Universitatis Parisiensis, Paris, 1673, in-fol., t. VI, p. 393.*
> *Recueil des privilèges de l'Université de Paris, depuis sa fondation jusqu'à Louis XIV. Paris, Vᵉ Cl. Thiboust, 1674, in-4°, p. 122.*

14222. Lettres accordant à Jean d'Aussone, conseiller au Parlement de Toulouse, la permission

> 25 novembre.

d'avoir un secrétaire. Paris, 25 novembre 1544. 1544.

> *Enreg. au Parl. de Toulouse. Arch. de la Haute-Garonne, Édits, reg. 5, fol. 152. 1 page.*

14223. Lettres accordant à Pierre de Lagarde, conseiller au Parlement de Toulouse, la permission d'employer un secrétaire. Paris, 25 novembre 1544. — 25 novembre.

> *Enreg. au Parl. de Toulouse. Arch. de la Haute-Garonne, Édits, reg. 5, fol. 157. 1 page.*

14224. Lettres de provisions de l'office de sénéchal de Fontenay-le-Comte, accordées à Michel Tiraqueau, qui exerçait précédemment l'office de lieutenant du sénéchal de Poitou au siège de Fontenay, et union de ces deux offices. Paris, 27 novembre 1544. — 27 novembre.

> *Enreg. au Parl. de Paris, le 2 décembre 1544. Arch. nat., X¹ᵃ 8615, fol. 73. 3 pages.*
> *Arrêt d'enregistrement. Idem, X¹ᵃ 4924, Plaidoiries, fol. 139.*
> *Enreg. à la Chambre des Comptes de Paris, le 10 décembre suivant, anc. mém 2 M, fol. 263. Arch. nat., PP. 136, p. 538. (Mention.)*

14225. Lettres portant assignation à l'Hôtel-Dieu de Paris de 686 livres 7 sous 11 deniers, à prendre chaque année sur la recette générale de la ville. Paris, 27 novembre 1544. — 27 novembre.

> *Original. Arch. de l'Assistance publique, fonds de l'Hôtel-Dieu, layette 187, liasse 964.*
> *Enreg. à la Chambre des Comptes de Paris, le 1ᵉʳ décembre 1544. Arch. nat., P. 2307, p. 699, 6 pages 1/2.*
> *Copie du xviiiᵉ siècle. Arch. nat., AD.IX 126, nᵉ 33. 4 pages.*

14226. Mandement à Guy de la Maladière, trésorier des guerres, de payer à Blanchet de Ruberques, homme d'armes de la compagnie du sⁱ de Créquy, 60 livres tournois pour ses gages du quartier de janvier-mars 1544, qu'il n'avait pu toucher parce que, au moment de la montre de sa compagnie, il était assiégé dans Montreuil. Paris, 27 novembre 1544. — 27 novembre.

> *Original. Bibl. nat., ms. fr. 25723, nᵒ 894.*

14227. Don de 450 livres tournois à Adam Deshayes, seigneur de Grosbois, premier barbier et valet de chambre ordinaire du roi. Paris, 27 novembre 1544.

1544.
27 novembre.

Original. Bibl. nat., ms. fr. 25723, n° 895.

14228. Lettres ordonnant aux consuls de Lyon de se munir de huit milliers de salpêtre et de les tenir à la disposition du roi. Corbeil, 29 novembre 1544.

29 novembre.

Original. Arch. de la ville de Lyon, CC. 335.

14229. Lettres adressées au procureur du roi en la sénéchaussée d'Agénais, annonçant l'envoi d'une ordonnance portant réquisition de salpêtre sur le pays d'Agénais. Corbeil, 29 novembre 1544.

29 novembre.

Copie du xvi° siècle. Arch. de l'hôtel de ville d'Agen, BB. 26, fol. 394.

14230. Don à Geoffroy Charruau, saucier à la cuisine du commun, de 20 écus d'or à prendre sur le produit de la vente de l'office de notaire royal de Mâconnais, vacant par la mort de Jean de Rasmont. Melun, 30 novembre 1544.

30 novembre.

Original. Bibl. nat., ms. fr. 25723, n° 896.

14231. Édit de suppression de l'office d'enquêteur au siège de Romorantin et cassation des provisions qui en avaient été octroyées à Étienne Bérault. Saint-Germain-en-Laye, novembre 1544.

Novembre.

Enreg. au Parl. de Paris, le 16 décembre 1544. Arch. nat., X¹ª 8615, fol. 75. 4 pages. Arrêt d'enregistrement. Idem, X¹ª 4924, Plaidoiries, fol. 208 v°.

14232. Édit de suppression de plusieurs offices de judicature récemment créés en Périgord, particulièrement à Sarlat et à Bergerac. Saint-Germain-en-Laye, novembre 1544.

Novembre.

Enreg. au Parl. de Bordeaux, sur mandement d'Henri II, le 19 juillet 1547. Arch. de la Gironde, B. 33, fol. 32 v°. 5 pages.

14233. Lettres données en faveur des habitants de Beaumont en-Rouergue, permettant aux consuls
créés pour traiter des affaires dudit lieu, de
porter chaperons mi-partie de rouge et de
noir; ordonnant l'établissement audit lieu
d'un maître d'école, la construction d'une
maison commune et d'une maison d'école, le
tout à la charge des habitants. Saint-Germain-en-Laye, novembre 1544.

1544.
Novembre.

> *Enreg. suivant l'arrêt sur ce donné par la cour
> tenant les Grands jours au Puy, le 18 septembre 1548.
> Arch. de la Haute-Garonne. Parl. de Toulouse,
> Édits, reg. 6, fol. 49. 2 pages.*

14234. Lettres portant que la maladrerie de Pierrefonds et les biens en dépendant, cédés par les
habitants au couvent des Célestins de Saint-
Pierre-au-Mont, en la forêt de Cuise, seront
compris dans l'amortissement général accordé
à ces religieux par le roi Louis XI. Saint-Germain-en-Laye, novembre 1544.

Novembre.

> *Original. Arch. départ. de l'Oise, série H. Prieuré
> de Saint-Pierre-en-Chastres (Célestins), non in-
> ventorié.
> Entérinées au Parl. de Paris, le 10 janvier 1545
> n. s. Arch. nat., X¹ᵃ 1554, Conseil, fol. 176 v°.
> (Mention.)*

14235. Édit portant séparation du siège de Fontenay-
le-Comte de la sénéchaussée de Poitou, et
création audit lieu d'une nouvelle sénéchaussée. Paris, novembre 1544.

Novembre.

> *Enreg. au Parl. de Paris, le 2 décembre 1544.
> Arch. nat., X¹ᵃ 8615, fol. 71. 5 pages.
> Arrêt d'enregistrement. Idem, X¹ᵃ 4924, Plai-
> doiries, fol. 138 v°.
> Enreg. à la Chambre des Comptes de Paris, le
> 10 décembre 1544, anc. mém. 2 M, fol. 261.
> Arch. nat., AD.IX 126, n° 31, et PP. 136, p. 538.
> (Mentions.)*

14236. Lettres d'abolition accordées à Pierre Spifame,
chevalier de Saint-Jean-de-Jérusalem, commandeur de Castillon (*aliàs* Châtillon), condamné l'an 1535 comme complice de feu
Gaillard Spifame, général des finances, tré-

Novembre.

sorier de l'extraordinaire des guerres, par les
juges de la Tour carrée. Paris, novembre
1544.

> *Enreg. au Parl. de Paris, le 31 janvier 1545
> n. s. Arch. nat., U. 446, fol. 189 v°. 3 pages.
> Arrêt d'enregistrement. Arch. nat., X²ª 97. (à la
> date du 31 janvier).*

14237. Édit de création d'un office de sergent royal
dans la baronnie, terre et seigneurie de Li-
gueil, et règlement pour ses fonctions. Novembre 1544.

> *Imp. Blanchard, Compilation chronologique, etc.
> Paris, 1715, in-fol., t. I, col. 587. (Mention.)*

14238. Don de 6,000 livres tournois à Antoine Escalin, dit Poulin, baron de la Garde, conseiller et chambellan du roi. Fontainebleau,
2 décembre 1544.

> *Original. Bibl. nat., Pièces originales, Escalin,
> vol. 1056, p. 2.*

14239. Provisions pour Gabriel Du Verger, licencié ès
lois, de l'office de lieutenant général et garde
du sceau des bailliage et gouvernement du
comté de Clermont en Beauvaisis, pour ce qui
touche les cas royaux, en remplacement de
François d'Argillières, décédé. Fontainebleau, 3 décembre 1544.

> *Reçu au Parl. de Paris, le 23 du même mois.
> Arch. nat., X¹ª 4924, fol. 234 v°. Plaidoiries,
> (Mention.)*

14240. Lettres de naturalité avec permission de tenir
bénéfices dans le royaume, accordées à frère
Gabriel de Guzman, religieux jacobin. Fontainebleau, 3 décembre 1544.

> *Enreg. au Parl. de Paris, le 16 décembre 1544.
> Arch. nat., X¹ª 8615, fol. 65 v°. 1 page 1/3.*

14241. Mandement au Parlement de Bordeaux et aux
autres cours de justice en Guyenne de livrer
au capitaine Antoine Escalin les prisonniers
condamnés aux galères. Fontainebleau, 4 décembre 1544.

> *Enreg. au Parl. de Bordeaux (s. d.). Arch. de la
> Gironde, B. 32, fol. 32 v°. 5 pages.*

	1544.
	Novembre.
	2 décembre.
	3 décembre.
	3 décembre.
	4 décembre.

14242. Mandement aux baillis de Noyon et de Saint-   1544.
Quentin, leur enjoignant de faire exhiber à   4 décembre.
tous les détenteurs les titres constatant les
droits du chapitre aux terroirs de Grugis et
Urvillers. Paris, 4 décembre 1544.

> *Arch. départ. de l'Oise, G. 1808. (Invent. sommaire, p. 280, col. 1 et 2.)*

14243. Provisions de l'office de maître particulier des   5 décembre.
Eaux et forêts du comté de Beaumont-sur-
Oise, pour Jacques de Marconville, s^r de
Nointel, sur la résignation faite à son profit
par Jean de Rouvroy, dit de Saint-Simon,
s^r de Sandricourt. Fontainebleau, 5 décembre
1544.

> *Enreg. à la Chambre des Eaux et forêts (siège de la Table de marbre), le 10 décembre suivant. Arch. nat., Z^{1e} 329, fol. 195 v°. 1 page 1/2.*

14244. Déclaration portant règlement pour la vente et   6 décembre.
la distribution du sel dans les magasins établis
à cette fin dans chaque généralité. Fontainebleau, 6 décembre 1544.

> *Enreg. à la Cour des Aides de Paris, le 17 décembre 1544. Copie collationnée faite par ordre de lad. cour, le 31 décembre 1778. Arch. nat., Z^{1a} 527.*
> *Enreg. à la Cour des Aides de Normandie, le 23 décembre 1544. Arch. de la Seine-Inférieure. Mémoriaux, 2e vol., fol. 489, 2 pages.*
> *Enreg. à la Chambre des Comptes de Dijon, le 28 janvier 1545 n. s. Arch. de la Côte-d'Or, B. 19, fol. 62.*
> *Bibl. nat., Mss. Moreau, t. 1402, fol. 277. (Mention.)*
> *IMP. Les loix, ordonnances et édictz, etc... depuis le roy S. Lois... Paris, Galiot du Pré, 1559, in-fol., fol. 194 v°.*
> *P. Rebuffi, Les édits et ordonnances des rois de France, etc. Lyon, 1573, in-fol., p. 662.*
> *A. Fontanon, Édits et ordonnances, etc. Paris, 1611, in-fol., t. II, p. 1028.*
> *J. Corbin, Nouveau recueil des édits, etc... de la juridiction des Cours des Aides de Paris, Rouen, etc. Paris, 1623, in-4°, p. 1076.*

14245. Provisions pour Melchior Des Prez, de l'office   8 décembre.
de sénéchal de Poitou, en remplacement

d'Antoine Dés Prez, s^r de Montpezat, son père, décédé. Challeau, 8 décembre 1544.

> *Reçu au Parl. de Paris, le 5 janvier 1545 n. s. Arch. nat., X^{1a} 4924, Plaidoiries, fol. 274. (Mention.)*
>
> *Enreg. à la Chambre des Comptes, le 19 janvier 1545 n. s., anc. mém. 2 M, fol. 279. Arch. nat., invent. PP. 136, p. 539. (Mention.)*

14246. Provisions en faveur de Melchior Des Prez, s^r de Montpezat, de l'office de maître particulier des Eaux et forêts de la sénéchaussée de Poitou, en remplacement d'Antoine Des Prez, s^r de Montpezat, maréchal de France, son père, décédé. Challeau, 8 décembre 1544.

8 décembre.

> *Enreg. à la Chambre des Eaux et forêts (siège de la Table de marbre), le 5 janvier 1545 n. s. Arch. nat., Z^{1a} 329, fol. 209 v°. 1 page 1/2.*

14247. Provisions de l'office de gruyer des Eaux et forêts de Bourbon-Lancy, pour Claude de Thouyn, gentilhomme de la vénerie. Nanteau, 10 décembre 1544.

10 décembre.

> *Enreg. par analyse à la Chambre des Comptes de Dijon, le 26 août 1545. Arch. de la Côte-d'Or, B. 19, fol. 75.*

14248. Mandement au Parlement de Paris de faire délivrer à Pierre d'Aux, chevalier de Saint-Jean-de-Jérusalem, capitaine général des galères sur les côtes de Normandie, des prisonniers pour servir de forçats et ramer sur lesdites galères. Fontainebleau, 10 décembre 1544.

10 décembre.

> *Visé dans un arrêt du Parl. du 10 mars 1545 n. s. Arch. nat., X^{2a} 97, à la date. (Mention.)*

14249. Lettres donnant commission aux consuls, manants et habitants de la ville d'Albi de faire provision, dans le grenier de la ville, de quatre milliers de salpêtre affiné et prêt à entrer dans la composition de la poudre. Le roi prend à sa charge la moitié du prix de ce salpêtre, à raison de 5 écus le cent. Fontainebleau, 11 décembre 1544.

11 décembre.

> *Original. Arch. de la ville d'Albi, EE. 37.*

14250. Lettres donnant commission aux consuls de Nîmes de faire provision, dans le grenier de la ville, de trois milliers de salpêtre affiné, dont le roi prend la moitié du prix à sa charge. Fontainebleau, 11 décembre 1544.

> Imp. Ménard, *Histoire civile, ecclésiastique et littéraire de la ville de Nîmes*. Paris, 1753, in-4°, t. IV, Preuves, p. 187.

14251. Commission de six membres présidée par Robert Danès, président de la Chambre des Comptes, nommée pour vérifier les comptes des seize quarteniers de Paris, en ce qui touche la levée qu'ils ont été chargés de faire de 180,000 livres tournois octroyées au roi par la ville, cette année-là, pour la solde et l'entretien de 7,500 hommes de guerre. Fontainebleau, 12 décembre 1544.

> *Vidimus du prévôt de Paris, du 23 décembre 1544.* Arch. nat., K. 955, n° 60.

14252. Provisions de l'office de lieutenant général du Grand maître enquêteur et réformateur général des Eaux et forêts, en faveur de Jean de Thumery, avocat au Parlement de Paris, au lieu de Pierre Hotman, créé conseiller audit Parlement. Fontainebleau, 12 décembre 1544.

> *Enreg. à la Chambre des Eaux et forêts (siège de la Table de marbre), le 34 décembre suivant.* Arch. nat., Z^{1e} 329, fol. 206 v°, 2 pages.
> *Reçu au Parl. de Paris, le 23 décembre suivant.* Arch. nat., X^{1a} 4924, Plaidoiries, fol. 234 v°. (Mention.)

14253. Lettres portant règlement pour contraindre les receveurs à rendre compte du quart et demi-quart prélevés sur le sel vendu. Fontainebleau, 13 décembre 1544.

> *Enreg. à la Cour des Aides de Paris, le 17 décembre 1544. Lettres patentes de ladite Cour.* Arch. nat., Z^{1a} 527. (Mention.)
> Imp. *Les loix, ordonnances et édictz, etc... depuis le roy S. Lois...* Paris, Galiot du Pré, 1559, in-fol., fol. 195 r°.

1544.
11 décembre.

12 décembre.

12 décembre.

13 décembre.

88.

J. Corbin, *Nouveau recueil des édits, etc... de la juridiction des Cours des Aides de Paris, Rouen, etc.* Paris, 1623, in-4°, p. 1079.

14254. Lettres enjoignant à tous ceux qui se préten- 13 décembre.
dent privilégiés en matière de gabelle d'en-
voyer leurs titres, dans le délai de trois mois,
par-devant les généraux des aides, en exécution de l'édit de juillet 1544 (n° 14064).
Fontainebleau, 13 décembre 1544.

> *Enreg. à la Cour des Aides de Paris, le 17 dé-*
> *cembre 1544. Lettres patentes de ladite cour et*
> *Recueil Cromo. Arch. nat., Z¹ᵉ 527, et U. 665,*
> *fol. 65. (Mentions.)*
> *Bibl. nat., Mss. Moreau, t. 1492, fol. 277.*
> *Mention.)*
> *Imp. Les loix, ordonnances et édictz, etc...*
> *depuis le roy S. Lois... Paris, Galiot du Pré,*
> *1559, in-fol., fol. 195 v°.*
> P. Rebuffi, *Les édits et ordonnances des rois de*
> *France, etc. Lyon, 1573, in-fol., p. 664.*
> A. Fontanon, *Édits et ordonnances, etc. Paris,*
> *1611, in-fol., t. II, p. 1029.*
> J. Corbin, *Nouveau recueil des édits, etc... de la*
> *juridiction des Cours des Aides de Paris, Rouen, etc.*
> *Paris, 1623, in-4°, p. 640.*

14255. Don à Pierre Barbier, écuyer de la cuisine du 13 décembre.
commun, de 35 écus d'or à prendre sur le
produit de la vente de l'office de notaire royal
de la prévôté de Chaumont-en-Bassigny, vacant par la mort de Michel Berrier. Fontainebleau, 13 décembre 1544.

> *Original. Bibl. nat., ms. fr. 25723, n° 897.*

14256. Provisions de l'un des offices de maréchaux de 14 décembre.
France, vacant par le décès du sʳ de Mont-
pezat, en faveur de Jean Caraccioli, prince
de Melphe. Fontainebleau, 14 décembre
1544.

> *Enreg. à la Connétablie et maréchaussée de France.*
> *Arch. nat., Z¹ᵉ 6 (anc. Z. 3502), fol. 54 v°. 1 page.*
> *Imp. J. Le Féron, Hist. des chanceliers, connes-*
> *tables, etc., augm. par Denys Godefroy. Paris,*
> *1658, in-fol., 3° partie, p. 97.*

14257. Lettres enjoignant au Parlement de Toulouse 14 décembre.
de publier les lettres précédemment données,

concernant l'augmentation des gages des pré- 1544.
sidents aux enquêtes. Fontainebleau, 14 décembre 1544.

Enreg. au Parl. de Toulouse. Arch. de la Haute-
Garonne, Édits, reg. 5, fol. 143. 1 page 1/2.

14258. Lettres de renvoi aux Requêtes de l'Hôtel d'un   14 décembre.
appel dévolu au Parlement de Rouen, en ma-
tière de falsification de sceau, les maîtres des
Requêtes de l'Hôtel étant juges naturels et sou-
verains de ces sortes de faux, en l'absence ou
empêchement du chancelier. Fontainebleau,
14 décembre 1544.

Imp. E. Girard, Troisiesme livre des offices de
France, etc., augm. par J. Joly. Paris, 1647,
in-fol., t. I, p. 666.

14259. Provisions en faveur de François de Bourbon,   15 décembre.
comte d'Enghien, de la charge de lieutenant
général et gouverneur de Languedoc, Fontainebleau, 15 décembre 1544.

Enreg. au Parl. de Toulouse. Arch. de la Haute-
Garonne, Édits, reg. 5, fol. 142. 2 pages.
Copie du XVII° siècle. Bibl. nat., ms. Clairam-
bault 957, fol. 181 (sous la date du 11 décembre).
Imp. Dom Vaissète, Hist. générale de Languedoc,
Paris, 1745, in-fol., t. V, Preuves, col. 105.

14260. Déclaration en faveur du couvent des Céles-   15 décembre.
tins de Saint-Pierre-au-Mont, en la forêt de
Cuise, portant qu'ils jouiront des fruits et
revenus de la maladrerie de Pierrefonds, suivant la transaction passée entre eux et les
habitants de la ville, et à la condition de se
conformer aux statuts de la fondation pour
l'entretien des malades et des bâtiments. Fontainebleau, 15 décembre 1544.

Original. Arch. départ. de l'Oise, série H, Prieuré
de Saint-Pierre-en-Chastres (Célestins), non in-
ventorié.
Entérinée au Parl. de Paris, le 10 janvier 1545
n. s. Arch. nat., X¹ᵃ 1554, Conseil, fol. 117.
(Mention.)

14261. Lettres portant injonction de laisser passer par   16 décembre.
la Normandie les blés amenés à Paris, sans

autres péages que ceux que l'on a coutume
de percevoir, et de ne point enlever ceux du
cru dudit pays avant que l'armée de mer que
l'on y équipe soit complètement approvi-
sionnée. Fontainebleau, 16 décembre 1544.

1544.

Expédition originale. Arch. nat., K. 955, n° 62.

14262. Lettres confirmant le don précédemment fait
par le roi Louis XII au chapitre de l'église de
Paris de deux muids de sel à prendre par an,
en payant seulement le droit du marchand.
Fontainebleau, 17 décembre 1544.

17 décembre.

*Enreg. à la Chambre des Comptes de Paris, le
6 janvier 1545 n. s. Arch. nat., P. 2307, p. 719.
4 pages.*
*Enreg. à la Cour des Aides de Paris, le 26 jan-
vier suivant. Copie collationnée faite par ordre de
ladite cour, le 14 août 1777. Arch. nat., Z³ˢ 527.*

14263. Provisions en faveur de Charles de Crussol, de
l'office de lieutenant du roi au pays de Languedoc. Fontainebleau, 19 décembre 1544.

19 décembre.

*Enreg. au Parl. de Toulouse, le 5 février 1545
n. s. Arch. de la Haute-Garonne, Édits, reg. 5,
fol. 143. 1 page.*

14264. Mandement au Parlement de Toulouse de
prononcer l'arrêt qui absout M. de Bellièvre,
premier président au Parlement de Grenoble,
des accusations portées contre lui par le procureur des États du Dauphiné, et lui accorde
10,000 livres de dommages-intérêts. Fontainebleau, 19 décembre 1544.

19 décembre.

*Imp. La Faille, Annales de Toulouse. Toulouse,
1687 et 1701, t. II, Preuves, p. 18.*

14265. Don à Jacques Poussot, enfant de la cuisine du
commun, de 20 écus soleil à prendre sur le
produit de la vente de l'un des deux offices
de notaire royal établis à Lavoûte, au bailliage de Montferrand. Fontainebleau, 19 décembre 1544.

19 décembre.

Original. Bibl. nat., ms. fr. 25723, n° 899.

14266. Don de 30 écus soleil, valant 67 livres 10 sous,
à Salomon Cothereau, sommelier d'échan-

19 décembre.

sonnerie de bouche du roi. Fontainebleau,   1544.
19 décembre 1544.

> *Original. Bibl. nat., Pièces orig., Cotereau,*
> vol. 872, p. 65.

14267. Mandement au Parlement de Paris d'enre-   20 décembre.
gistrer le traité de Crépy. Fontainebleau,
20 décembre 1544.

> *Enreg. au Parl. de Paris, le 9 janvier 1545 n. s.*
> *Arch. nat., X¹ᵃ 8615, fol. 53 v°. 1 page.*
> (Voir 18 septembre 1544, n° 14146.)

14268. Lettres portant commission au procureur géné-   20 décembre.
ral de la Chambre des Comptes de faire en-
tériner le traité de Crépy par ladite Chambre.
Fontainebleau, 20 décembre 1544.

> *Original scellé. Arch. nat., Trésor des Chartes,*
> J. 673, n° 3.
> *Enreg. à la Chambre des Comptes de Paris. Arch.*
> *nat., P. 2307, p. 693. 2 pages.*

14269. Commission donnée à Barthélemy Gaigne, pro-   20 décembre.
cureur général au Parlement de Dijon, pour
faire ratifier et entériner par ledit Parlement
le traité conclu avec l'Empereur, à Crépy.
Fontainebleau, 20 décembre 1544.

> *Original scellé. Bibl. nat., Mélanges de Colbert,*
> vol. 367, n° 328.

14270. Commission donnée à Bertrand Sabatier, pro-   20 décembre.
cureur général au Parlement de Toulouse,
pour faire ratifier et entériner par le Parlement le traité conclu avec l'Empereur à
Crépy, le 18 septembre 1544. Fontainebleau, 20 décembre 1544.

> *Original scellé. Bibl. nat., Mélanges de Colbert,*
> vol. 367, n° 329.

14271. Lettres portant assignation aux religieuses de   20 décembre.
l'abbaye de Longchamp de diverses sommes
à elles dues de rente annuelle, sur la recette
générale de Paris. Fontainebleau, 20 décembre 1544.

> *Original. Arch. nat., K. 88, n° 9.*
> *Enreg. à la Chambre des Comptes de Paris. Arch.*
> *nat., P. 2307, p. 627. 6 pages 1/2.*

14272. Mandement au Parlement de Paris d'entériner
l'édit de création d'un second office d'enquêteur au siège de Reims (août 1544, n° 14137),
donné à la requête d'Emery Pioche, licencié
ès lois, pourvu dudit office. Fontainebleau,
20 décembre 1544.

1544.
20 décembre.

> *Délibération du Parl. touchant l'enregistrement,
> le 20 janvier 1545 n. s. Arch. nat., X¹ᵃ 4924,
> Plaidoiries, fol. 346 v°. (Mention.)*

14273. Lettres portant ordre aux trésoriers généraux
des finances du royaume de retirer des mains
de tous les commissaires nommés pour les
aliénations du domaine, les procès-verbaux et
registres qu'ils en ont tenus, ainsi que leurs
commissions, pour être remis en la Chambre
des Comptes et au Trésor des chartes. Fontainebleau, 22 décembre 1544.

22 décembre.

> *Enreg. à la Chambre des Comptes de Grenoble.
> Arch. de l'Isère, B. 2911, II, fol. 41. 5 pages.*

14274. Déclaration portant que les pays non sujets aux
droits d'aides seront soumis à l'imposition
foraine, avec un délai de trois mois pour
leur option. Fontainebleau, 22 décembre
1544.

22 décembre.

> *Enreg. à la Cour des Aides de Paris, le 4 janvier
> 1545 n. s. Arch. nat., Recueil Cromo, U. 665,
> fol. 65. (Mention.)
> Impr. Les loix, ordonnances et édictz, etc...
> depuis le roy S. Lois... Paris, Galiot du Pré,
> 1559, in-fol., fol. 196 r°.*

14275. Règlement pour les droits de rêve et de haut
passage, avec commission aux trésoriers de
France. Fontainebleau, 22 décembre 1544.

22 décembre.

> *Enreg. à la Cour des Aides de Paris. Arch. nat.,
> Recueil Cromo, U. 665, fol. 316. (Mention.)
> Enreg. à la Cour des Aides de Normandie, le
> 29 janvier 1545 n. s. Arch. de la Seine-Inférieure,
> Mémoriaux, 2° vol., fol. 505 v°. 3 pages.*

14276. Mandement au bailli de Vermandois et au capitaine de Saint-Quentin d'exempter les nobles
du bailliage de se présenter au ban et à

22 décembre.

l'arrière-ban, parce qu'ils sont plus aptes et si 1544.
plus intéressés à défendre leur pays que des
étrangers, mais à condition qu'ils seront prêts
à se rendre au guet de la ville, en cas de pé-
ril imminent. Fontainebleau, 22 décembre
1544.

> Original. Arch. municipales de Saint-Quentin,
> liasse 4.

14277. Lettres adressées au Parlement de Toulouse,   22 décembre.
ordonnant l'enregistrement des lettres de pro-
visions de lieutenant général en Languedoc,
en faveur du seigneur d'Enghien, nonobstant
l'absence de celui-ci, retenu à la cour. Fontainebleau, 22 décembre 1544.

> Enreg. au Parl. de Toulouse. Arch. de la Haute-
> Garonne, Édits, reg. 5, fol. 142. 1 page.

14278. Lettres nommant une commission pour faire   22 décembre.
rendre compte tant des chevaux de l'artillerie,
que des munitions fournies pour les camps
du roi, depuis dix ans. Fontainebleau, 22 décembre 1544.

> Enreg. à la Cour des Aides de Paris. Arch. nat.,
> Recueil Cromo, U. 665, fol. 316. (Mention.)
> Imp. Les loix, ordonnances et édictz, etc.,
> depuis le roy S. Lois... Paris, Galiot du Pré,
> 1559, in-fol., fol. 195 v°.

14279. Lettres de jussion pour l'enregistrement de   23 décembre.
l'édit du mois d'août 1544 (n° 14134), por-
tant création d'un office de maître ordinaire
de la Chambre des Comptes de Grenoble.
Fontainebleau, 23 décembre 1544.

> Enreg. à la Chambre des Comptes de Grenoble, le
> 15 janvier suivant.
> Imp. Blanchard, Compilation chronologique, etc.
> Paris, 1715, in-fol., t. I, col. 589. (Mention.)
> C.-U.-J. Chevalier, Ordonnances des rois de
> France, etc., relatives au Dauphiné. Colmar, 1871,
> in-8°, n° 880. (Mention.)

14280. Provisions pour Pierre Pignart, avocat au Par-   23 décembre.
lement, d'un office de clerc et auditeur en la
Chambre des Comptes de Paris, vacant par

la résignation de Pierre Raynaut. Fontainebleau, 23 décembre 1544.

Enreg. à la Chambre des Comptes, le 2 janvier
1545 n. s. Arch. nat., P. 2307, p. 727. 2 pages.
Bibl. nat., ms. Clairambault 782, p. 310.
(Mention.)

14281. Mandement à la Chambre des Comptes de
porter aux comptes du trésorier de l'épargne
7,887 livres 2 sous 6 deniers, que le roi lui
a ordonné de payer aux personnes qui suivent : aux héritiers de François Errault,
1,359 livres 15 sous tournois, pour sa pension
du 1er janvier 1543 au 3 septembre 1544,
date de sa mort; à François Olivier, Jean Bertrand et Pierre Rémon, 6,000 livres tournois,
soit 2,000 livres à chacun, pour leur pension
de la présente année; et à Gilbert Bayard,
527 livres 7 sous 6 deniers, pour sa pension
de conseiller depuis le jour de son institution
(25 septembre) jusqu'au 31 décembre prochain. Fontainebleau, 23 décembre 1544.

Bibl. nat., Nouv. acquisitions franç., ms. 895,
fol. 25. (Mention.)

14282. Lettres portant création d'un office d'ouvrier
en la Monnaie de Grenoble, au profit d'Antoine Vial. Fontainebleau, 24 décembre
1544.

Enreg. à la Cour des Monnaies, le 11 mars 1545
n. s. Arch. nat., Z¹ᵇ 63, fol. 198 v°. 2 pages.

14283. Commission du roi au duc de Guise, gouverneur de Bourgogne, d'assembler les États
du pays, pour leur faire ratifier le traité de
Crépy, conclu le 18 septembre avec l'Empereur. Fontainebleau, 24 décembre 1544.

Imp. Recueil des édits et ordonnances des États
de Bourgogne. In-4°, t. I, p. 473.

14284. Commission à Charles de Crussol, lieutenant
pour le roi en Languedoc, d'assembler les
États du pays à Pezénas, le 8 février 1545
n. s., pour leur faire ratifier le traité de paix

1544.

23 décembre.

24 décembre.

24 décembre.

24 décembre.

conclu entre le roi et l'Empereur. Fontainebleau, 24 décembre 1544.　　　　　　　　1544.

*Arch. départ. de l'Hérault, C. États de Lan-
guedoc, Procès-verbaux, 1544. (Mention.)*

14285. Mandement au Parlement de Paris de recevoir　　24 décembre.
Melchior Des Prez, sr de Montpezat, en qua-
lité de sénéchal de Poitou, de sénéchal de
Châtellerault et de maître des Eaux et forêts
de Poitou, et de le mettre en possession et
jouissance desdits offices. Fontainebleau,
24 décembre 1544.

*Reçu au Parl. de Paris, le 5 janvier 1545 n. s.
Arch. nat., X¹ᵃ 4924, Plaidoiries, fol. 274. (Mention.)*

14286. Lettres assignant aux religieux du couvent des　　26 décembre.
Chartreux de Paris 216 livres parisis à
prendre chaque année sur la recette générale
d'Outre-Seine et Yonne. Fontainebleau,
26 décembre 1544.

*Enreg. à la Chambre des Comptes de Paris, le
5 janvier 1545 n. s. Arch. nat., P. 2307, p. 711,
5 pages.*

14287. Mandement au receveur des amendes et exploits　　26 décembre.
du Grand conseil de payer à Guy Breslay,
président dudit Conseil, 200 livres tournois
dont le roi lui a fait don. Fontainebleau,
26 décembre 1544.

*Copie du xvıᵉ siècle. Bibl. nat., ms. fr. 5124,
fol. 135 vᵒ.*

14288. Lettres autorisant les Jacobins de Bayonne à　　28 décembre.
acheter dans cette ville divers terrains et mai-
sons, nécessaires pour achever la reconstruc-
tion de leur couvent qui avait été démoli en
1522, par ordre du sr de Lautrec, lieutenant
général et gouverneur pour le roi en Guyenne,
et dont les matériaux avaient servi à réparer
les fortifications de Bayonne. Fontainebleau,
28 décembre 1544.

*Original. Arch. départ. des Basses-Pyrénées,
H. 75.*

14289. Mandement au Parlement de Paris pour l'enre-　　29 décembre.

gistrement de lettres du 25 novembre 1544   1544.
(n° 14221), exemptant l'Université de l'imposition de 5 sous par muid de vin, établie à
Paris. Fontainebleau, 29 décembre 1544.

> *Enreg. au Parl. de Paris, le 5 février 1545 n. s.*
> *Arch. nat., X¹ᵃ 8615, fol. 70. 1 page 1/2.*
> *Imp. Recueil des privilèges de l'Université de*
> *Paris, accordez par les rois, depuis sa fondation*
> *jusqu'à Louis XIV. Paris, Vᵉ Cl. Thiboust, 1674,*
> *in-4°, p. 122.*

14290. Ordonnance prescrivant à la Chambre des   29 décembre.
Comptes de Dijon de procéder à la déli-
vrance du fournissement des greniers à sel
de Bourgogne, en se conformant aux priviléges du pays. Fontainebleau, 29 décembre
1544.

> *Enreg. à la Chambre des Comptes de Dijon, le*
> *26 janvier suivant. Arch. de la Côte-d'Or, reg. B. 20,*
> *fol. 171.*
> *Imp. Recueil des édits et ordonnances des États*
> *de Bourgogne. In-4°, t. I, p. 475.*

14291. Mandement au Parlement de Paris de faire dé-   29 décembre.
livrer aux porteurs trente-deux prisonniers,
vingt du Petit Châtelet et douze de la Conciergerie, qui avaient été désignés trois mois
auparavant pour servir de forçats et ramer
sur les galères commandées par les capitaines
de Saint-Blancard, de Marsay et de Montégu.
Fontainebleau, 29 décembre 1544.

> *Enreg. au Parl. de Paris, le 8 janvier 1545 n. s.*
> *Arch. nat., X²ᵃ 97, à la date. 1 page 1/2.*

14292. Lettres de ratification par François 1ᵉʳ du traité   Décembre.
de Crépy, conclu avec l'Empereur, le 18 sep-
tembre 1544. Fontainebleau, décembre
1544.

> *Enreg. au Parl. de Paris, à la Chambre des*
> *Comptes, etc., avec le texte du traité.*
> *Arrêt d'enregistrement. Idem, X¹ᵃ 4924, Plai-*
> *doiries, fol. 295.*
> (Voir pour les renvois aux sources, au 18 sep-
> tembre 1544, n° 14146.)

14293. Édit de suppression de l'office de second en-   Décembre.
quêteur au siège de Loches, dépendant du

bailliage de Touraine. Fontainebleau, décembre 1544.

1544.

> *Enreg. au Parl. de Paris, le 5 février 1545 n. s. Arch. nat., X¹ᵃ 8615, fol. 66 v°. 3 pages. Arrêt d'enregistrement. Idem, X¹ᵃ 4924, Plaidoiries, fol. 422 v°.*

14294. Édit de création de quatre nouveaux offices de sergents dans les quatre bailliages de Vihiers-les-Maulges, de Chantoceaux, de Craon, et d'entre Sarthe et Mayenne, en Anjou. Fontainebleau, décembre 1544.

Décembre.

> *Enreg. au Parl. de Paris, ex mandato expressissimo regis, iteratis vicibus facto, le 25 juin 1545. Arch. nat., X¹ᵃ 8615, fol. 112 v°, et 114 v°. 5 pages 1/2.*
> *Arrêt d'ajournement du Parl. de Paris, le 26 mars 1545 n. s. Arch. nat., X¹ᵃ 1554, Conseil, fol. 538 v°.*
> *Arrêt d'enregistrement. Idem, X¹ᵃ 1555, Conseil, fol. 280, et X¹ᵃ 4925, Plaidoiries, fol. 286.*

14295. Lettres de confirmation et vidimus des privilèges accordés par les rois de France aux chanoines, chapelains et autres officiers de la Sainte-Chapelle du Palais. Fontainebleau, décembre 1544.

Décembre.

Les lettres vidimées sont : 1° de Charles V. Paris, 18 juillet 1363; 2° du même. Paris, juillet 1369; 3° du même. Paris, 4 mars 1376; 4° de Charles VI. Paris, 31 décembre 1380; 5° du même. Paris, 19 mai 1389; 6° du même. Paris, 30 mai 1400; 7° de Charles VII. Amboise, 14 octobre 1438; 8° de Louis XI. Tours, 4 décembre 1462; 9° de Charles VIII. 24 février 1483; 10° de François I⁰ʳ. Paris, mars 1515 n. s. (ci-dessus, n° 185); 11° du même. Paris, 8 février 1519 n. s.

> *Enreg. au Parl. de Paris, le 8 juillet 1546. Arch. nat., X¹ᵃ 8615, fol. 253 bis. 57 pages, dont 52 pour les lettres des prédécesseurs de François I⁰ʳ.*
> *Arrêt d'enregistrement. Idem, X¹ᵃ 4927, Plaidoiries, fol. 143.*

14296. Déclaration révoquant les lettres de jussion du

Décembre.

19 janvier 1544 n. s. (n° 13555) et portant 1544.
que la juridiction des élus au sujet des tailles
et de la ferme des aides restera ce qu'elle
était auparavant. Fontainebleau, décembre
1544.

> *Enreg. à la Cour des Aides de Paris, le 14 jan-*
> *vier 1545 n. s. Copie collationnée faite par ordre de*
> *ladite cour, le 3 juillet 1778. Arch. nat., Z¹ᵃ 527.*
> *Enreg. à la Cour des Aides de Normandie, le*
> *29 janvier 1545 n. s. Arch. de la Seine-Inférieure,*
> *Mémoriaux, 2ᵉ vol., fol. 502. 2 pages.*
> *Imp. Charles Du Lys, Recueil des ordonnances,*
> *édits, etc., concernant l'origine et création des élus.*
> *Paris, 1635, in-8°, p. 59.*

14297. Édit de création d'un second office d'enquêteur   Décembre.
au bailliage et prévôté d'Amboise, et provi-
sions de ce nouvel office pour François Fro-
mont, lieutenant général audit bailliage.
Fontainebleau, décembre 1544.

> *Enreg. au Parl. de Paris, le 23 décembre 1544.*
> *Arch. nat., X¹ᵃ 4924, Plaidoiries, fol. 234 v°.*
> *(Arrêt d'enregistrement.)*

14298. Provisions pour maître Nicolas de Sancey, li-   Décembre.
cencié ès lois, de l'office de lieutenant général
du bailli de Bar-sur-Seine, en remplacement
et sur la résignation de Jean Massier. Fontainebleau, [décembre 1544].

> *Reçu au Parl. de Paris, le 16 décembre 1544.*
> *Arch. nat., X¹ᵃ 4924, Plaidoiries, fol. 208. (Men-*
> *tion.)*

14299. Lettres autorisant les Lyonnais à lever sur eux   1544.
et les étrangers, possesseurs dans leur ville,
les deniers qu'ils jugeront nécessaires pour les
fortifications et le remboursement de leur
emprunt de 60,000 livres... 1544.[1]

> *Original. Arch. de la ville de Lyon, série EE.*

1545. — Pâques, 5 avril.

1545.

14300. Déclaration portant attribution au siège de la   1ᵉʳ janvier.
Connétablie et maréchaussée de France de la

---

[1] Les dates de lieu, de mois et de jour sont restées en blanc.

connaissance des abus commis par les prévôts des maréchaux et leurs lieutenants, sur le fait de leur charge. Fontainebleau, 1er janvier 1544.

1545.

Imp. Recueil de quelques édits, déclarations et arrêts pour la juridiction des Connétables et maréchaux de France, etc. Paris, Collet, 1635, in-4°, p. 13.
J. Pinson de la Martinière, La Connestablie et maréchaussée de France, ou recueil de tous les édits, déclarations et arrêts, etc. Paris, P. Rocolet, 1661, in-fol., pl. 16.

14301. Lettres portant établissement d'un magasin à sel au Tréport. Fontainebleau, 1er janvier 1544.

1er janvier.

Enreg. à la Cour des Aides de Normandie, le 13 mai 1545. Arch. de la Seine-Inférieure, Mémoriaux, 2e vol., fol. 519 v°. 3 pages.

14302. Provisions de l'office de conseiller lai au Parlement de Bordeaux pour Odet Mathieu. Fontainebleau, 1er janvier 1544.

1er janvier.

Enreg. au Parl. de Bordeaux, le 11 février 1545 n. s. Arch. de la Gironde, B. 31, fol. 410 v°. 3 pages.

14303. Mandement pour l'assignation au Conseil du général des finances de Bourgogne, à la requête des élus des États et des officiers de la Chambre des Comptes de Dijon, pour répondre de ce que, contrairement aux défenses contenues dans la déclaration du 12 avril 1544 n. s. (n° 13781), aux privilèges de la province et aux prérogatives des gens des comptes, il s'était permis d'adjuger seul la fourniture de plusieurs greniers à sel. Fontainebleau, 5 janvier 1544.

5 janvier.

Original. Arch. de la Côte-d'Or, États de Bourgogne, C. 2971.

14304. Ordonnance réglant le cours des écus soleil, du poids de 2 deniers 15 grains, à 45 sous tournois, et des ducats à 48 sous tournois. Fontainebleau, 6 janvier 1544.

6 janvier.

Original sur parchemin dans les minutes d'or-

donnances de la Cour des Monnaies. Arch. nat.,
Z¹ᵇ 537.
Enreg. à la Cour des Monnaies, le 16 janvier
1545 n. s. Arch. nat., Z¹ᵇ 63, fol. 196. 3 pages.

14305. Lettres accordant aux États de Bourgogne un 6 janvier.
délai de trois mois pour justifier des titres en
vertu desquels la province est exempte des
droits de traite foraine, rêve et hauts passages.
Fontainebleau, 6 janvier 1544.

Mention dans des lettres du 30 avril 1545. Arch.
de la Côte-d'Or, États de Bourgogne, C. 5348.

14306. Nouveau mandement au Parlement de Paris 7 janvier.
pour l'enregistrement du traité de Crépy
(18 septembre 1544, n° 14146). Fontainebleau, 7 janvier 1544.

Enreg. au Parl. de Paris, le 9 janvier suivant.
Arch. nat., X¹ᵃ 8615, fol. 54. 1 page.
Arrêt d'enregistrement. Arch. nat., X¹ᵃ 1554,
Conseil, fol. 174.

14307. Provisions de l'office de greffier au magasin à 7 janvier.
sel d'Auxerre, pour Claude Ferroul. Fon-
tainebleau, 7 janvier 1544.

Enreg. par analyse à la Chambre des Comptes de
Dijon, le 13 novembre 1546. Arch. de la Côte-d'Or,
B. 19, fol. 75.

14308. Lettres concernant la manière d'asseoir les 8 janvier.
étapes en Normandie. Fontainebleau, 8 jan-
vier 1544.

Enreg. à la Cour des Aides de Normandie, le
29 janvier 1545 n. s. Arch. de la Seine-Inférieure,
Mémoriaux, 2ᵉ vol., fol. 507 v°. 5 pages.
Bibl. nat., Mss. Moreau, t. 1420, fol. 88. (Men-
tion.)
Imp. Pièce in-8°. Rouen, Martin Le Mégissier,
imp., 1615. Bibl. nat., 8° F. Actes royaux
(cartons).

14309. Commission au capitaine Antoine Escalin, pour 8 janvier.
se faire délivrer par le Parlement de Bordeaux
et les autres cours de justice de Guyenne les
prisonniers condamnés aux galères. Fontainebleau, 8 janvier 1544.

Enreg. au Parl. de Bordeaux. Arch. de la Gi-
ronde, B. 32, fol. 33. 2 pages.

14310. Édit sur le fait des munitions et de l'artillerie du roi. Fontainebleau, 15 janvier 1544.

> *Enreg. à la Cour des Aides de Normandie. Arch. de la Seine-Inférieure, Mémoriaux, 2ᵉ vol., fol. 505. 2 pages.*

1545.
15 janvier.

14311. Don à Pierre Bon, gentilhomme de l'hôtel du roi et capitaine de ses galères, du revenu de la seigneurie de Merlon. 15 janvier 1544.

> *Bibl. nat., ms. Clairambault 782, p. 310.* (*Mention.*)

15 janvier.

14312. Conventions accordées entre les députés du roi de France et ceux de l'empereur Charles-Quint, en exécution du traité de Crépy, concernant les limites entre le royaume de France, le comté de Bourgogne et les Pays-Bas. Cambray, 16 janvier 1544.

> *Imp. Fr. Léonard, Recueil des traités de paix, trèves, etc. Paris, Léonard, 1693, 6 vol. in-4°, t. II, p. 450.*
> *Du Mont, Corps universel diplomatique, etc. Amsterdam, 1726, in-fol., t. IV, 2ᵉ partie, p. 292, col. 2.*

16 janvier.

14313. Provisions de l'office nouvellement créé de sénéchal de robe longue à Saint-Jean-d'Angély, pour Bonaventure de Laurière. Fontainebleau, 16 janvier 1544.

> *Enreg. au Parl. de Bordeaux, le 29 mai 1545. Arch. de la Gironde, B. 32, fol. 73 v°. 2 pages 1/2.*

16 janvier.

14314. Provisions de l'office de lieutenant général au bailliage de Nemours, pour Pierre Delon, licencié ès lois, en remplacement de Pierre Delon, son père, décédé. Fontainebleau, 16 janvier 1544.

> *Reçu au Parl. de Paris, le 12 février suivant. Arch. nat., X¹ᵃ 4924, Plaidoiries, fol. 464 v°.* (*Mention.*)

16 janvier.

14315. Commission adressée à Jacques Spifame, président des enquêtes, et à Eustache du Bellay, conseiller au Parlement, pour prononcer définitivement sur une requête présentée au nom d'Antoine Caracciolo, abbé de Saint-

17 janvier.

Victor de Paris. Fontainebleau, 17 janvier 1545.
1544.

Original. Arch. nat., K. 88, n° 10.

14316. Provisions de l'office de conseiller clerc au Par- 18 janvier.
lement de Bordeaux pour Jacques Massiot.
Fontainebleau, 18 janvier 1544.

Enreg. au Parl. de Bordeaux, le 21 avril 1545.
Arch. de la Gironde, B. 31, fol. 414. 2 pages 1/2.

14317. Déclaration touchant l'exécution des ordon- 19 janvier.
nances du 19 décembre 1543 (n° 13497) et
19 mai 1544 (n° 13858), relatives à l'administration des maladreries et léproseries. Fontainebleau, 19 janvier 1544.

Enreg. au Parl. de Paris, le 22 janvier 1545 n. s.
Arch. nat., X¹ª 8615, fol. 27. 3 pages.
Arrêt d'enregistrement. Arch. nat., X¹ª 4924,
Plaidoiries, fol. 362.

14318. Lettres en faveur des habitants de Bordeaux, 19 janvier.
interdisant à quiconque d'y amener les vins
du haut pays au-dessus de Saint-Macaire.
Fontainebleau, 19 janvier 1544.

Enreg. au Parl. de Bordeaux, le 17 février 1545
n. s. Arch. de la Gironde, B. 32, fol. 44. 3 pages.

14319. Provisions de l'office de lieutenant et juge cri- 21 janvier.
minel au bailliage de Touraine, en faveur de
René Bourgeau, conformément à l'édit du
14 janvier 1523 n. s. (n° 1727), portant
création de ces offices près les bailliages et
sénéchaussées du royaume. Il n'y avait pas
encore été pourvu au bailliage de Touraine.
Fontainebleau, 21 janvier 1544.

Enreg. au Parl. de Paris, le 28 avril 1545, avec
la réception de R. Bourgeau. Arch. nat., X¹ª 8615,
fol. 89. 2 pages.
Délibération du 5 février 1545 n. s. Arch. nat.,
X¹ª 4924, Plaidoiries, fol. 422.
Arrêt d'enregistrement du 28 avril, X¹ª 4925,
Plaidoiries, fol. 74, et X¹ª 1555, Conseil, fol. 41 v°.

14320. Lettres portant renvoi devant les maréchaux 21 janvier.
de France, de François de La Voulte et de

Jacques Agasse, poursuivis pour malversations. Fontainebleau, 21 janvier 1544.

> *Imp. Pièce in-4°. Arch. nat.; ADI. 21. 2 pages.*
> J. Pinson de la Martinière, *La Connestablie et
> mareschaussée de France, ou recueil de tous les édits,
> déclarations et arrêts, etc.* Paris, P. Rocolet, 1661,
> in-fol., p. 304.
> G. Saugrain, *La maréchaussée de France, ou
> recueil des ordonnances, édits, etc.* Paris, 1697,
> in-4°, p. 31.

1545.

14321. Lettres de survivance de l'office de juge-mage
et lieutenant général de la sénéchaussée de
Périgord pour Pierre de Marquesac, office
alors exercé par son beau-père, Jean de Belcier. Paris, 22 janvier 1544.

> *Enreg. au Parl. de Bordeaux, le 27 mars 1545
> n. s. Arch. de la Gironde, B. 32, fol. 67. 3 pages 1/2.*

22 janvier.

14322. Mandement au Grand conseil pour l'enregistrement des lettres de décembre 1544 (n° 14295),
portant confirmation des privilèges accordés
aux chanoines, chapelains et autres officiers
de la Sainte-Chapelle du Palais à Paris. Fontainebleau, 23 janvier 1544.

> *Enreg. au Parl. de Paris, le 8 juillet 1546. Arch.
> nat., X¹ᵃ 8615, fol. 253 bis. 2 pages.*

23 janvier.

14323. Don à Jean Amyot, sommelier de l'échansson-
nerie du commun, de 90 livres tournois à
prendre sur le produit de la vente de l'office
de notaire royal au siège de Beaune, vacant
par la mort de Jean Chenansot. Fontainebleau, 25 janvier 1544.

> *Original. Bibl. nat., ms. fr. 25723, n° 901.*

25 janvier.

14324. Commission adressée à la Chambre des Comptes
pour informer sur les droits réclamés par les
religieuses de Longchamp dans les bois, ber-
geries et pâturages de Boulogne; suivie de
l'arrêt de la Chambre des Comptes. Fontainebleau, 27 janvier 1544.

> *Original. Arch. nat., K. 88, n° 11.*

27 janvier.

14325. Don à Nicolas Leroy, enfant de la cuisine du
commun, de 40 écus soleil à prendre sur le

30 janvier.

produit de la vente de l'office de notaire royal
au bailliage de Mâcon, vacant par la mort
d'Imbert Lappiart. Fontainebleau, 3o janvier
1544.

> *Original. Bibl. nat., ms. fr. 25723, n° 902.*

14326. Lettres de jussion au siège de la Connétablie,
pour l'entérinement des lettres de rémission
accordées à Antoine d'Anglars. Paris, 3o janvier 1544.

> *Imp. J. Pinson de la Martinière, La Connestablie
> et mareschaussée de France, ou recueil de tous les
> édits, déclarations et arrêts, etc. Paris, P. Rocolet,
> 1661, in-fol., p. 275.*

14327. Édit de suppression de l'office de tabellion au
tabellionage nouvellement créé dans la ville
et châtellenie de Niort. Fontainebleau, janvier 1544.

> *Enreg. au Parl. de Paris, le 27 janvier 1545 n. s.
> Arch. nat., X¹ᵃ 8615, fol. 29. 4 pages.
> Arrêt d'enregistrement. Idem, X¹ᵃ 4924, Plai-
> doiries, fol. 383.*

14328. Édit de création de douze nouveaux offices de
sergents aux foires de Champagne et de Brie,
outre les douze existant déjà. Fontainebleau,
janvier 1544.

> *Enreg. au Parl. de Paris, le 3 décembre 1545.
> Arch. nat., X¹ᵃ 8615, fol. 187 v°. 2 pages.
> Arrêt d'enregistrement. Idem, X¹ᵃ 4926, Plai-
> doiries, fol. 104 v°.*

14329. Édit de création d'un office de sénéchal de robe
longue à Saint-Jean-d'Angély. Fontainebleau,
janvier 1544.

> *Enreg. au Parl. de Bordeaux, le 17 février 1545
> n. s. Arch. de la Gironde, B. 32, fol. 35. 4 pages.*

14330. Lettres portant abolition de l'imposition de six
deniers pour livre sur les marchandises entrant dans la ville de Lyon. Fontainebleau,
janvier 1544.

> *Original. Arch. de la ville de Lyon, CC. 316.*

14331. Lettres portant confirmation des privilèges octroyés par les rois de France aux bourgeois et habitants de la ville de Lyon. Fontainebleau, janvier 1544. **1545.**

> *Enreg. au Parl. de Paris, le 18 mars 1545 n. s., sauf modifications. Arch. nat., X¹ᵃ 1554, Conseil, fol. 500 v°, et X¹ᵃ 4924, Plaidoiries, au 19 mars, fol. 643 v°. (Arrêt d'enregistrement.)*
> *Enreg. à la Chambre des Comptes de Paris, le 19 mars suivant. Arch. nat., P. 2307, p. 759. 3 pages.*
> *Copie du xvıᵉ siècle. Arch. de la ville de Lyon, AA. 6, fol. 28 v°.*
> *Imp. D. Rubis, Les privilèges, franchises et immunitez des consuls de Lyon. Lyon, 1574, in-fol., p. 9.*
> *Recueil des privilèges des prévost des marchans, échevins et habitants de la ville de Lyon. Lyon, 1649, in-4°, p. 24.*

14332. Lettres accordant aux professeurs, bacheliers, **Janvier.** licenciés et maîtres en chirurgie de la ville de Paris, mariés ou non mariés, les mêmes privilèges, franchises et immunités qu'aux écoliers, régents, gradués et suppôts de l'Université. Fontainebleau, janvier 1544.

> *Enreg. au Châtelet de Paris, avec une confirmation de Charles IX, de mars 1567. Arch. nat., Bannières, Y. 12, fol. 175 v°.*
> *Copie du xvıᵉ siècle. Arch. nat., Cartulaire de l'Hôtel-de-Ville de Paris, KK. 1012, fol. 296.*
> *Imp. Pièce in-4°. Arch. nat., ADI. 26. 3 pages.*
> *Statutz, privilèges et règlemens du collège de chirurgie de la ville de Paris. Paris, 1743, in-4°, 1ʳᵉ partie, p. 82-86.*
> *C. Jourdain, Index chronol. chartarum Universitatis. Paris, 1862, in-fol., p. 355.*

14333. Provisions en faveur de Germain de Marle, li- **2 février.** cencié ès lois, de l'un des quatre offices de notaires du Parlement de Paris, vacant par le décès de Jean de Vignolles. Fontainebleau, 2 février 1544.

> *Reçu au Parl., le 6 du même mois. Arch. nat., X¹ᵃ 1554, Conseil, fol. 322. (Mention.)*

14334. Lettres portant engagement du roi de restituer **3 février.** au duc de Lorraine la terre et seigneurie de Stenay, ainsi qu'il est prévu par le traité de

Crépy, et de lui rendre les lettres de transport
que lui en fit le feu duc de Lorraine, actuellement égarées, dès qu'elles seront retrouvées.
Fontainebleau, 3 février 1544.

> *Copie du XVIIIe siècle. Bibl. nat., ms. fr. 8122,*
> n° 16.
>
> IMP. Dom Calmet, *Hist. ecclésiastique et civile
> de Lorraine*, Nancy, 1728, 4 vol. in-fol., t. IV,
> Preuves, 2e partie, p. 404, col. 2.

1545.

14335. Mandement aux élus du Lyonnais, leur ordonnant de lever dans leur élection une crue de
5,731 livres 1 sou 1 denier tournois, sans
les frais, payable par égale portion le 15 mars
et le 15 juin 1545. Fontainebleau, 3 février
1544.

> *Copie du XVIe siècle. Bibl. nat., ms. fr. 2702,*
> fol. 252.

3 février.

14336. Pouvoirs des commissaires du roi aux États de
Languedoc, convoqués à Nîmes pour le
13 mars 1545 n. s. Fontainebleau, 3 février
1544.

> *Copie. Arch. départ. de l'Hérault, C. États de
> Languedoc, Procès-verbaux, 1544. 7 pages.*

3 février.

14337. Lettres portant assignation à Jean Milet, lieutenant particulier des Eaux et forêts au siège de
la Table de marbre, de 100 livres de gages
sur la recette des exploits et amendes dudit
siège. Fontainebleau, 3 février 1544.

> *Enreg. à la Chambre des Eaux et forêts (siège de
> la Table de marbre), le 19 janvier 1546 n. s. Arch.
> nat., Z^{1e} 330, fol. 72 v°. 2 pages.*
> *Enreg. à la Chambre des Comptes de Paris, le
> 3 février 1545 n. s. Arch. nat., P. 2307, p. 849.*
> *2 pages.*

3 février.

14338. Lettres accordant dispense à Jacques Reguier,
conseiller au Parlement de Toulouse, et permission d'employer un secrétaire. Fontainebleau, 3 février 1544.

> *Enreg. au Parl. de Toulouse. Arch. de la Haute-
> Garonne, Édits, reg. 5, fol. 160. 1 page.*

3 février.

14339. Lettres portant permission à Pierre Grassin,
seigneur d'Ablon, de faire construire un

4 février.

moulin à blé sur la Seine, à l'usage des habitants d'Ablon, à la charge de 12 deniers de cens. Fontainebleau, 4 février 1544.

> *Enreg. au Parl. de Paris, sur mandement de Henri II, le 18 mars 1554. Arch. nat., X¹ᵃ 8619, fol. 454. 1 page 1/2.*

1545.

14340. Lettres de règlement pour l'enregistrement et l'exécution d'un indult accordé par le pape au cardinal Pierre Caraffa. Fontainebleau, 5 février 1544.

5 février.

> *Enreg. au Parl. de Paris, le 17 mars suivant, Arch. nat., X¹ᵃ 8615, fol. 86.*

14341. Édit portant révocation de celui de mars 1544 n. s. (n° 13741), portant affranchissement des mainmortables du domaine du roi en Bourgogne. Fontainebleau, 5 février 1544.

5 février.

> *Enreg. à la Chambre des Comptes de Dijon, le 18 février suivant. Arch. de la Côte-d'Or, reg. B. 20, fol. 172 v°.*
> *Imp. J. Garnier, Chartes de communes et d'affranchissements en Bourgogne. Dijon, in-8°, t. III, p. 97.*

14342. Lettres ordonnant de faire rechercher dans les archives de la Chambre des Comptes de Dijon les titres, lettres et papiers concernant le comté de Bourgogne et d'en dresser un inventaire scellé pour être remis à l'empereur. Ferrières, 7 février 1544.

7 février.

> *Imp. Gachard, Archives de Dijon. Bruxelles, 1843, in-8°, p. 94.*

14343. Provisions en faveur de Jacques Gobelin d'un office de correcteur ordinaire en la Chambre des Comptes de Paris, en remplacement et sur la résignation de Clérambaut Leclerc. Montargis, 7 février 1544.

7 février.

> *Enreg. à la Chambre des Comptes, le 19 février suivant; anc. mém. 2 M, fol. 292. Arch. nat., P. 2307, p. 731. 2 pages 1/2.*
> *Bibl. nat., ms. Clairambault 782, p. 310. (Mention.)*

14344. Mandement à la Chambre des Comptes et aux trésoriers de France, leur faisant savoir qu'une diminution de 350 livres tournois est

11 février.

accordée à Guillaume Alexandre, fermier de
la paisson et glandée de la forêt de Belle-
poule, entre les rivières de Loire et d'Au-
thion, pour les mois de septembre à décembre
1544, sur les 920 livres tournois qu'il aurait
dû payer. Montargis, 11 février 1544.

> *Original. Bibl. nat., ms. fr. 25723, n° 903.*

14345. Lettres mettant une imposition de 48,000 livres sur Lyon et les villes closes de la sénéchaussée. Montargis, 12 février 1544.

> *Copie du xvi° siècle. Arch. de la ville de Lyon,*
> CC. 316.

14346. Mandement au prévôt de Paris de faire répartir
et lever sur les villes closes de la prévôté et
vicomté de Paris la somme de 120,000 livres
tournois, montant de leur quote-part des
800,000 livres imposées sur le royaume,
pour la solde des gens de pied pendant la
présente année. Montargis, 12 février 1544.

> *Enreg. au reg. des Délibérations du Bureau de la*
> *ville de Paris, le 6 mars 1545 n. s. Arch. nat.,*
> H. 1781, fol. 14. 4 pages.
> *Présenté au Parl. de Paris par Jean Morin,*
> *lieutenant civil de la prévôté de Paris, le 6 mars*
> *suivant. Arch. nat., X¹ᵃ 1554, Conseil, fol. 439 v°.*
> (Mention.)
> Imp. *Registres des Délibérations du Bureau de la*
> *ville de Paris. Paris, 1886, in-4°, t. III, p. 47.*

14347. Mandement au cardinal de Givry, évêque de
Langres, de faire accorder par son clergé et
lever ensuite un don gratuit de 23,782 livres
équivalant à quatre décimes. Montargis, 12 février 1544.

> *Expédition authentique. Bibl. nat., ms. fr. 25723,*
> n° 904.

14348. Mandement à l'évêque de Périgueux de faire
accorder par son clergé et lever ensuite un
don gratuit de 16,562 livres tournois équivalant à quatre décimes. Montargis, 12 février 1544.

> *Copie collat. du xvi° siècle. Bibl. nat., ms,*
> fr. 25723, n° 905.

1545.

12 février.

12 février.

12 février.

12 février.

14349. Mandement à l'archevêque de Rouen de faire 1545.
accorder par son clergé et de lever ensuite 12 février.
un don gratuit de 62,812 livres tournois
équivalant à quatre décimes. Montargis, 12 février 1544.

> *Expédition authentique. Bibl. nat., ms. fr. 25723,*
> n° 906.

14350. Mandement à l'évêque de Troyes de faire 12 février.
accorder par le clergé de son diocèse et lever
un don gratuit, pour contribuer à la reprise
de Boulogne projetée par le roi. Montargis,
12 février 1544.

> *Arch. dép. de l'Aube*, G. 162 (liasse).
> *Imp. Revue de Champagne et de Brie*, vol. XVIII,
> p. 402.

14351. Lettres annonçant aux consuls de Nîmes la 17 février.
tenue dans leur ville de l'assemblée des États,
dont l'ouverture est fixée au 12 mars, avec
ordre de faire le nécessaire. Orléans, 17 février 1544.

> *Copie. Arch. départ. de l'Hérault*, C. États de
> Languedoc, coll. dom Pacotte, t. VI.

14352. Lettres de règlement des exemptions de péages 18 février.
accordées aux munitionnaires qui ont fait
marché avec le roi pour l'approvisionnement
de Montreuil-sur-Mer pendant dix ans. Cléry,
18 février 1544.

> *Vidimus du prévôt de Paris, du 22 février 1545
> n. s. Copie collationnée. Arch. nat.*, K. 956, n° 14.

14353. Commission adressée aux généraux des finances 18 février.
et des aides, au sénéchal et aux élus de Poi-
tou, pour procéder à la publication et entérinement des lettres de confirmation des
privilèges accordées aux contres de l'église
de Poitiers, en 1514, malgré la surannation de ces lettres. Cléry, 18 février 1544.

> *Copie du xviii° siècle. Bibl. municip. de Poitiers*,
> coll. dom Fonteneau, t. II, p. 421.

14354. Provisions pour Jacques de Grisolles, écuyer 21 février.
d'écurie du roi, de l'office de bailli de Saint-

IV. 91

Pierre-le-Moustier, en remplacement de Fran-   1545.
çois de Saint-Quentin, décédé. Saint-Laurent-
des-Eaux, 21 février 1544.

> *Reçu au Parl. de Paris, le 6 août 1545. Arch.*
> *nat., X¹ᵃ 4925, Plaidoiries, fol. 425. (Mention.)*
> *Bibl. nat., ms. Clairambault 782, p. 311.*
> *(Mention, sous la date du 26 février.)*

14355. Lettres portant permission et pouvoir à la Cour   25 février.
des Aides de Montpellier de prendre connais-
sance des malversations commises par les
fournisseurs des vivres et munitions. Chambord, 25 février 1544.

> *Arch. départ. de l'Hérault, B. 455. (Mention.)*

14356. Lettres portant permission aux officiers royaux   25 février.
d'exercer les charges consulaires. Chambord,
25 février 1545.

> *Copie. Arch. municip. de Montpellier, Grand*
> *Thalamus, fol. 275, 1 page.*

14357. Lettres de procuration royale pour faire des   26 février.
emprunts en la ville de Lyon. Sont nommés
commissaires et procureurs du roi : le cardinal de Tournon, l'amiral d'Annebaut, François Olivier, garde des sceaux, Antoine Bohier,
Gilbert Bayard, Jean Duval, Jean du Peyrat,
lieutenant général en Lyonnais, et Martin de
Troyes. Chambord, 26 février 1544.

> *Enreg. au Parl. de Paris, le 2 mars 1545 n. s.*
> *Arch. nat., X¹ᵃ 8615, fol. 165. 6 pages 1/2.*

14358. Commission de lieutenant général en Guyenne   27 février.
pour le sʳ de Burie, en l'absence du roi de
Navarre, gouverneur. Chambord, 27 février
1544.

> *Enreg. au Parl. de Bordeaux, le 1ᵉʳ avril 1545*
> *n. s. Arch. de la Gironde, B. 32, fol. 72 v°.*
> *1 page 1/2.*

14359. Permission aux habitants de Sergines, bailliage   Février.
de Sens, de fortifier leur bourg, de s'imposer
extraordinairement pour faire face aux dépenses de cette clôture, et d'y établir un
marché, le mardi de chaque semaine, et une

foire trois fois par an. Fontainebleau, février   1545.
1544.

> *Original. Arch. communales de Sergines (Yonne),*
> *AA. 2.*
> *Copie du xviii* siècle. Arch. départ. de l'Yonne,*
> *E. 617.*

14360. Lettres en faveur de Jean d'O, chevalier, s[r] de   Février.
Maillebois et de Blévy, échanson ordinaire
du roi. Paris, février 1544.

> *Bibl. nat., ms. Clairambault 782, p. 309.*
> *(Mention.)*

14361. Permission à Florentin Fortin, sommelier de   Février.
paneterie du roi, de faire construire deux
moulins sur bateaux à Nouan-sur-Loire, dans
le Blésois. Chambord, février 1544.

> *Enreg. à la Chambre des Comptes de Blois. Arch.*
> *nat., KK. 898, fol. 14 v°, 1 page.*

14362. Commission adressée aux prévôts des maré-   2 mars.
chaux pour la poursuite des infracteurs aux
édits sur le fait de la gabelle. Chambord,
2 mars 1544.

> *Enreg. au Parl. de Bordeaux, s. d. Arch. de la*
> *Gironde, B. 32, fol. 62, 1 page 1/2.*

14363. Provisions pour Jean Thenon, avocat au Par-   2 mars.
lement, de l'office de lieutenant criminel du
bailliage de Berry au siège d'Issoudun, auquel
il n'avait pas été pourvu encore depuis la
création de cet office. Chambord, 2 mars
1544.

> *Présentées au Parl. de Paris, le 7 mai 1545.*
> *Opposition du lieutenant général d'Issoudun[1]. Arch.*
> *nat., X[1a] 4925, Plaidoiries, fol. 116. (Mention.)*

14364. Provisions en faveur de Jacques de Varade   2 mars.
d'un office de conseiller lai au Parlement de
Paris, en remplacement de feu Robert Ber-
ziau. Chambord, 2 mars 1544.

> *Reçu au Parl., le 4 mars suivant. Arch. nat.,*
> *X[1a] 1554, Conseil, fol. 435. (Mention.)*

---

[1] Cet office de lieutenant criminel à Issoudun fut supprimé par édit
de mai 1545 (ci-dessous, n° 14460).

14365. Lettres portant restitution de la ville de Stenay au duc de Lorraine, conformément à une clause du traité de Crépy. Chambord, 3 mars 1544.

> Imp. Dom Calmet, *Hist. ecclésiastique et civile de Lorraine.* Nancy, 1728, 4 vol. in-fol., t. IV, Preuves, 2ᵉ partie, p. 404, col. 2.

1545.
3 mars.

14366. Don à Louis Lemaire et à Jean Tissart, valets de fourrière du roi, de 40 écus d'or à prendre sur le produit de la vente de l'office de sergent royal au bailliage d'Auxois, vacant par la mort de Pierre Jarberon. Chambord, 6 mars 1544.

> Original. Bibl. nat., ms. fr. 25723, n° 907.

6 mars.

14367. Mandement à Nicole Hurault, conseiller au Parlement de Paris, et à Jean Le Clerc, procureur général au Conseil privé et à la Cour des Aides, commis à faire l'inventaire des papiers des chanceliers Du Prat, Du Bourg et Poyet, et des gardes des sceaux de Montholon et Errault, de rechercher les titres communiqués par le chapitre de l'église de Paris auxdits chanceliers et gardes des sceaux, pour justifier des amortissements de leurs biens et autres privilèges, et de les restituer au trésor de ladite église. Chambord, 8 mars 1544.

> Original. Arch. nat., S. 80.

8 mars.

14368. Lettres accordant une nouvelle prorogation de trois ans des privilèges accordés à la ville de Joigny, par lettres du 13 mars 1531 n. s. (n° 3890) et du 9 janvier 1539 n. s. (n° 10637). Chambord, 10 mars 1544.

> Original. Arch. communales de Joigny (Yonne).

10 mars.

14369. Don à Robert Bourdon, chantre de la chambre du roi, de 35 écus d'or à prendre sur le produit de la vente de l'office de mesureur du sel à Pont-de-l'Arche. Montfranc, 11 mars 1544.

> Original. Bibl. nat., ms. fr. 25723, n° 908.

11 mars.

14370. Provisions de l'office de lieutenant criminel au

13 mars.

bailliage de la Montagne pour Jean Régnier, licencié ès lois, lieutenant particulier et enquêteur audit bailliage. Chambord, 13 mars 1544.

1545.

> *Enreg. au Parl. de Dijon, le 24 mars suivant. Arch. de la Côte-d'Or, Parl., reg. III, fol. 181.*

14371. Mandement au bailli de Vermandois de remettre, en exécution du traité de paix récemment conclu avec Charles-Quint, l'abbaye de Saint-Amand en possession de la prévôté de Barisis, au diocèse de Laon. Chambord, 14 mars 1544.

14 mars.

> *Copie du xviiie siècle. Bibl. nat., coll. Moreau, vol. 264, fol. 137.*

14372. Lettres enjoignant de nouveau au Parlement de Provence d'envoyer chaque année, au mois de mai, un président et six conseillers à Marseille, pour y tenir les Grands jours. Blois, 15 mars 1544.

15 mars.

> *Enreg. au Parl. de Provence. Arch. de ladite cour à Aix, reg. pet. in-fol. de 253 feuillets, fol. 241. (Voyez ci-dessus, 21 octobre 1538, n° 10366.)*

14373. Provisions en faveur de Philippe de Lévis, maréchal de la Foi, seigneur de Mirepoix, de l'office de sénéchal de Carcassonne et capitaine du château de Giroussens, en remplacement du s^r de Clermont. Blois, 15 mars 1544.

15 mars.

> *Reçu et prêté serment au Parl. de Toulouse, le 20 mai 1545. Arch. de la Haute-Garonne, Édits, reg. 5, fol. 149. 1 page 1/2.*

14374. Lettres permettant à Christophe de Roffignac, conseiller clerc au Parlement de Paris, de contracter mariage et de continuer nonobstant à exercer son office. Blois, 15 mars 1544.

15 mars.

> *Entérinées au Parl. de Paris, le 24 mars suivant. Arch. nat., X^{1a} 1554, Conseil, fol. 534 v°. (Mention.)*

14375. Déclaration relative aux privilèges des foires de Champagne et de Brie, et spécialement aux

16 mars.

obligations contractées sous le sceau desdites 1545.
foires. Blois, 16 mars 1544.

> *Enreg. au Parl. de Paris, le 22 juin 1545. Arch.*
> *nat., X¹ᵃ 8615, fol. 110. 3 pages.*

14376. Lettres de seconde et tierce jussion au Parle- 18 mars.
ment de Paris, pour l'enregistrement de la
déclaration du 19 novembre précédent
(n° 14216), avouant et ratifiant la prise et la
mise à sac de Lagny par le sᵣ de Lorges,
pour punir les habitants de leur rébellion
aux ordres du roi. Blois, 18 mars 1544.

> *Enreg. au Parl. de Paris, le 14 août 1545.*
> *Arch. nat., X¹ᵃ 1556, Conseil, fol. 84 v°. (Men-*
> *tion.)*

14377. Don par le roi, administrateur des biens du 19 mars.
dauphin, comte de Blois, à Nicolas Girard,
huissier du Grand conseil, de 67 livres
10 sous tournois, montant des lods et vente
d'une maison acquise par lui à Blois. Blois,
19 mars 1544.

> *Original. Bibl. nat., Pièces originales, Girard*
> *(doss. 30104), vol. 1330, p. 10.*

14378. Lettres de relief de surannation des lettres de 19 mars.
naturalité données à Paris, le 15 décembre
1538 (n° 10532), en faveur de Noffry Mellin,
natif de Ferrare, et mandement au Parlement
de les entériner. Paris (sic), 19 mars 1544.

> *Enreg. au Parl. de Paris, le 14 juillet 1545.*
> *Arch. nat., X¹ᵃ 1555, Conseil, fol. 363 v°. (Men-*
> *tion.)*

14379. Lettres portant ratification du jugement rendu 19 mars.
par la Faculté de théologie contre Pierre
Ramus et sa doctrine. Paris, 19 mars 1544.

> *Imp. C.-E. Du Boulay, Hist. Universitatis Pari-*
> *siensis. Paris, 1665-1673, 6 vol. in-fol., t. VI,*
> *p. 394.*

14380. Provisions de l'office de contrôleur au magasin 19 mars.
à sel de Beaune, pour Louis de Genève.
19 mars 1544.

> *Enreg. par analyse à la Chambre des Comptes de*
> *Dijon. Arch. de la Côte-d'Or, B. 20, fol. 211 v°.*

14381. Déclaration portant que Jean Cléberg (*alias* Cléberger), dit le bon Allemand, pourra instituer
des juges, procureurs et greffiers dans les seigneuries du Châtelard et de Villeneuve, au
bailliage de Dombes, qu'il avait récemment
acquises des commissaires royaux chargés de
l'aliénation du domaine. Blois, 20 mars 1544.

> *Enreg. au Parl. de Paris, sauf réserve, le 12 juin
> 1545. Arch. nat., X¹ᵃ 8615, fol. 104 v°. 5 pages.*

1545.
20 mars.

14382. Lettres réintégrant Antoine Postel, seigneur et
patron des Minières-Postel, en son office de
conseiller lai au Parlement de Rouen, dont
l'entrée lui avait été interdite, ainsi qu'aux
présidents et conseillers de cette cour, par
décision royale du 10 septembre 1544, maintenue et confirmée le 16 décembre suivant,
avec mandement pour être payé de ses gages.
Blois, 20 mars 1544.

> *Original. Bibl. nat., Pièces originales, Postel,
> vol. 2348, p. 25.*

20 mars.

14383. Provisions de l'office de conseiller lai au Parlement de Bordeaux, pour Jacques Robert de
Lineyrac. Blois, 20 mars 1544.

> *Enreg. au Parl. de Bordeaux, le 10 décembre
> 1545. Arch. de la Gironde, B. 32, fol. 89. 2 pages.*

20 mars.

14384. Provisions de l'office de concierge du Parlement de Bordeaux, pour Pierre Templier,
dit Perraive. Blois, 20 mars 1544.

> *Enreg. au Parl. de Bordeaux, le 30 mars 1545
> n. s. Arch. de la Gironde, B. 32, fol. 71 v°.
> 1 page 1/2.*

20 mars.

14385. Lettres prescrivant de faire évaluer les *carolus*
de Besançon et d'en publier l'estimation,
avant de les admettre comme monnaie courante. Blois, 21 mars 1544.

> *Enreg. à la Chambre des Comptes de Dijon. Arch.
> de la Côte-d'Or, reg. B. 20, fol. 173.*

21 mars.

14386. Commission donnée au duc de Guise, gouverneur de Bourgogne, à M. de Châteauvilain,
lieutenant général, à Claude Patarin, premier

21 mars.

président du Parlement, au sr de Villers-les-
Pots, bailli de Dijon, à Clugny Thunot, général des finances, et à Girard Sayve, receveur général, pour assister à l'assemblée des
États du comté d'Auxonne et en obtenir une
aide de 20,000 livres. Blois, 21 mars 1544.

1545.

> Original. Arch. de la Côte-d'Or, États de Bour-
> gogne, C. 7484.

14387. Provisions de l'office de regrattier au grenier
à sel d'Arnay-le-Duc, pour Clugny Thunot.
Amboise, 22 mars 1545.

22 mars.

> Copie du XVII siècle; Bibl. nat., ms. fr. 5124,
> fol. 131 v°.

14388. Lettres accordant à Antoine Vincent, libraire
de Lyon, privilège pour trois ans de faire
imprimer et vendre, à l'exclusion de tous autres, dans le royaume et les pays soumis au
roi, « six volumes de la glose ordinaire faicte
sur la Bible... avec les annotations de Saint
Jherosme, etc. » Amboise, 25 mars 1544.

25 mars.

> Entérinées au Parl. de Paris, le 30 juillet 1545.
> Arch. nat., X¹ª 1555, Conseil, fol. 418. (Men-
> tion.)

14389. Mandement aux sénéchaux de Toulouse,
d'Agénais, de Bazadais, de Gascogne, de
Périgord et de Limousin, de s'informer si le
roi de Navarre et ses prédécesseurs ont joui
réellement du droit de créer des offices de
notaires et de sergents, et de pourvoir à ces
offices, dans leurs terres et seigneuries mouvant de la couronne, et dans ce cas de laisser
Henri d'Albret user librement de ce droit à
l'avenir. Amboise, 27 mars 1544.

27 mars.

> Original. Archives départ. des Basses-Pyrénées,
> E. 114.

14390. Lettres portant remise, en faveur de Jean d'Ancézune, abbé de Saint-Ruf-lès-Valence, des
droits de lods et ventes dus par lui, à raison
de l'acquisition de la seigneurie de « Bigonnet »,

27 mars.

qu'il a faite de François de Tardes, seigneur
de Mézières. Amboise, 27 mars 1544.

Enreg. à la Chambre des Comptes de Grenoble, le
22 mai 1546. Arch. de l'Isère, B. 2912, fol. 82.
2 pages.

1545.

14391. Provisions pour Geoffroy Luillier, docteur ès
droits, d'un office de conseiller maître clerc
en la Chambre des Comptes de Paris, en
remplacement et sur la résignation de Nicolas
Hennequin. Amboise, 28 mars 1544.

Enreg. à la Chambre des Comptes, le 22 avril
1545, anc. mém. 2 M, fol. 318. Arch. nat.
P. 2307, p. 749. 2 pages.

28 mars.

14392. Lettres assignant aux enfants de feu Antoine
de Raincon, une somme de 25,692 livres, en
dédommagement des pensions et concessions
de terres faites à leur père. La Bourdaisière,
31 mars 1544.

Enreg. à la Chambre des Comptes de Dijon, le
1er juin 1545. Arch. de la Côte-d'Or, reg. B. 20,
fol. 174.

31 mars.

14393. Lettres de suppression de l'office de contrôleur
de la bourse commune des marchands fréquentant les rivières de Garonne, Gironde,
Dordogne, Tarn, Lot, etc. Chambord, mars
1544.

Enreg. au Parl. de Bordeaux, le 4 mars 1546
n. s. Arch. de la Gironde, B. 32, fol. 98. 4 pages.

Mars.

14394. Lettres de vente à Jean Byais du greffe et du
sceau de la sénéchaussée de Limousin au
siège de Limoges, moyennant 3,000 livres,
avec faculté de rachat perpétuel. Blois, mars
1544.

Enreg. au Parl. de Bordeaux s. d. Arch. de la
Gironde, B. 32, fol. 95. 5 pages.

Mars.

14395. Don pour dix ans à François de Vendôme, vidame de Chartres, des droits de tiers et
danger qui sont levés dans la forêt de Halatte.
La Bourdaisière, 1er avril 1544.

Original. Bibl. nat., ms. fr. 25723, n° 910.

1er avril.

14396. Lettres réformant l'adresse du mandement du 12 février précédent (n° 14346), imposant une somme de 120,000 livres sur les villes closes de la prévôté et vicomté de Paris pour la solde des gens de pied, et les adressant aux prévôt des marchands et échevins au lieu du prévôt de Paris. Le Plessis-lès-Tours, 4 avril 1544. — 1545, 4 avril.

Expédition originale. Arch. nat., K. 955, n° 40. Arch. nat., H. 1781, fol. 26. (Mention.) IMP. *Registres des Délibérations du Bureau de la ville de Paris. Paris, 1886, in-4°, t. III, p. 53. (Mention.)*

14397. Mandement au trésorier des guerres de payer pour sa solde à Louis de Fontenay, homme d'armes de la compagnie du sieur de Montlieu, 90 livres tournois, bien qu'il n'ait pas, à cause d'une blessure qu'il avait reçue au bras, au siège de Landrecies, assisté aux montres des quartiers de juillet-septembre et octobre-décembre 1544. Tours, 7 avril 1545. — 7 avril.

Original. Bibl. nat., ms. fr. 25723, n° 912.

14398. Lettres portant concession de droits d'usage dans la forêt de Blois, en faveur de Christophe de Viviers, sous-doyen de l'église collégiale de Saint-Sauveur de Blois. Tours, 7 avril 1545. — 7 avril.

Enreg. à la Chambre des Eaux et forêts (siège de la Table de marbre), le 24 novembre 1545. Arch. nat., Z¹ᵉ 330, fol. 34, page.

14399. Lettres renvoyant au Parlement la cause entre l'évêque, le chapitre, les gens d'église du diocèse de Senlis et les gouverneurs et échevins de Senlis, sur le fait de la taxe imposée par ceux-ci aux premiers pour les fortifications de la ville. Tours, 8 avril 1545. — 8 avril.

Arch. départ. de l'Oise, G. 2643. (Invent. somm., p. 405, col. 2.)

14400. Lettres portant confirmation des privilèges des — 11 avril.

habitants de Manosque en Provence, 1 avril   1545.
1545.

> *Original. Arch. municip. de Manosque (Basses-*
> *Alpes), A. 66.*

14401. Lettres adressées au Parlement de Paris, lui   13 avril.
ordonnant de procéder sans délai au juge-
ment du chancelier Guillaume Poyet[1]. Chenonceaux, 13 avril 1545.

> *Présentées au Parl., le 23 avril 1545. Arch.*
> *nat., X¹ᵃ 1555, Conseil, fol. 21. (Mention.)*

14402. Lettres portant exemption, en faveur des secré-   14 avril.
taires du roi et de leurs veuves, de tous droits
seigneuriaux, devoirs et finances de francs-
fiefs, nouveaux acquêts, lods et ventes, quints
et requints, à raison de leurs terres nobles
et en roture, mouvantes du domaine engagé
ou non engagé. Chenonceaux, 14 avril 1545.

> *Enreg. à la Chambre des Comptes de Paris, le*
> *20 juin 1545. Archives nat., P. 2307, p. 793;*
> *P. 2538, fol. 11; P. 2554, fol. 62. 7 pages.*
> *Copie collat. du xviiᵉ siècle. Arch. nat., V⁵ 4,*
> *n° 1465.*
> *Copie moderne. Arch. nat., K. 88, n° 15¹.*
> *Imp. Pièce in-4°, s. d. Arch. nat., AD.I 26, et*
> *AD.IX 126, n° 45; Bibl. nat., F¹ Actes royaux*
> *(cartons). 4 pages.*
> *Autre pièce pet. in-fol. Arch. nat., K. 2379,*
> *n° 23.*
> *A. Tessereau, Hist. de la Chancellerie de France.*
> *Paris, 1710, in-fol., t. I, p. 107.*

14403. Lettres portant que Pierre Rémon jouira des   17 avril.
100 livres de rente sur la recette générale de
Rouen, affectées à son office de premier président du Parlement de Normandie, au lieu
d'un droit de coupe de deux arpents de bois
dans les forêts du roi, 17 avril 1545.

> *Enreg. à la Chambre des Comptes de Paris, anc.*
> *mém. 2 N, fol. 132. Arch. nat., invent. PP. 136,*
> *p. 543. (Mention.)*

14404. Lettres confirmatives de l'indult en date de fé-   18 avril.
vrier 1545 n. s., accordant au cardinal d'Ar-

---

[1] Par ces lettres le roi demande que Poyet soit emprisonné à la Bastille.

magnac la collation et libre disposition des 1545.
bénéfices dépendant de son évêché. Romorantin, 18 avril 1545.

*Enreg. au Parl. de Toulouse, le 15 mai 1545.
Archives de la Haute-Garonne, Édits, reg. 5,
fol. 156, 1 page.*

14405. Lettres portant attribution des criées et décrets   20 avril.
à la chambre des requêtes du Parlement de
Rouen. Romorantin, 20 avril 1545.

*Imp. Recueil des édits, déclarations, etc..., con-
cernant la Chambre des requêtes du Parl. de Normandie. Rouen, 1708, in-12, p. 25.*

14406. Lettres de commission pour ajourner le séné-   21 avril.
chal et les échevins de Lyon, et procéder sur
l'appel interjeté par le clergé de Lyon d'une
sentence concernant l'exemption de l'entrée
du pied fourché. Paris (sic), 21 avril 1545.

*Original. Arch. du Rhône, Chapitre métropoli-
tain, Arm. Abram, vol. 6, n° 21.*

14407. Commission adressée à la Cour des Aides de   22 avril.
Montpellier, lui mandant de reprendre la
procédure commencée par M. de Montpezat,
à l'effet d'établir le montant exact des charrois
faits par les habitants de Narbonne et par
ceux du diocèse pour les fortifications de la
ville. Blois, 22 avril 1545.

*Copie du XVI siècle. Arch. de la ville de Nar-
bonne, AA. 112, fol. 52 v°.*

14408. Lettres d'évocation au Conseil du roi du procès   23 avril.
pendant au Parlement de Toulouse entre l'hô-
telier de *la Pomme* et le fermier de l'équivalent, avec interdiction en général au Parlement de Toulouse et à la Cour des Aides de
Montpellier de toute connaissance des affaires
de l'équivalent. Blois, 23 avril 1545.

*Expédition en parchemin, signée Bollioud.
Autre signée de Maro. Arch. municipales de Toulouse, carton 71.*

14409. Édit touchant le jugement des différends qui se-   24 avril.
ront du ressort de la chambre neutre, obtenu

par les gens de la Chambre des Comptes de 1545.
Dijon, Romorantin, 24 avril 1545.

Enreg. au Parl. de Dijon, le 16 juin 1545. Arch.
de la Côte-d'Or, Parl., reg. IV, fol. 5 v°.
Enreg. à la Chambre des Comptes, le 13 novembre
suivant, Arch. de la Côte-d'Or, reg. B. 84, fol. 29.

14410. Lettres portant cession à Guillaume de Balzac,   24 avril.
s′ d'Entragues, gentilhomme de la maison du
dauphin, du droit de justice haute, moyenne
et basse de la seigneurie de Rumont, dépendant de la châtellenie de Châteaulandon,
bailliage de Nemours, droit réservé au roi
par les commissaires chargés d'aliéner certaines portions du domaine dans la généralité
d'Outre-Seine, Yonne et Picardie, lorsqu'ils
vendirent, l'an 1536, ladite seigneurie de Rumont à Antoine de Montiard, Romorantin,
24 avril 1545.

Original. Appartenant à M. E. Thoison, à Paris
(collection de documents relatifs au Gâtinais).

14411. Lettres confirmant les privilèges des mesureurs   25 avril.
de sel de Rouen. Romorantin, 25 avril 1545.

Enreg. à la Cour des Aides de Normandie, le
3 juin 1545. Arch. de la Seine-Inférieure, Mémo-
riaux, 2° vol., fol. 324 v°, 2 pages.

14412. Don à François Dupuy, sommelier de l'échan-   25 avril.
sonnerie, de 30 écus d'or à prendre sur le
produit de la vente de l'office de notaire
royal au bailliage de Châlons, vacant par le
décès de Samson Perrin. Romorantin, 25 avril
1545.

Original. Bibl. nat., ms. fr. 25723, n° 914.

14413. Lettres d'évocation d'un procès criminel in-   25 avril.
tenté à Crépin Couppé, Nicolas Leclerc et
leurs complices, « pour raison de la destrousse
et vollerye par eulx faictes » à Jean de Soutie
et à ses compagnons, du pays de Valais en
Suisse. 25 avril 1545.

Visé dans un arrêt du Parl. de Paris, du 8 mai
1545. Arch. nat., X²ᵃ 99, à la date. (Mention.)

14414. Lettres annulant les provisions de second enquêteur au siège de Montmorillon, accordées
par surprise au nommé Jean Luillier, et portant que Laurent Royer demeurera seul enquêteur près ce siège, qui n'en comporte pas
un plus grand nombre. Romorantin, 26 avril
1545.

1545.
26 avril.

> Enreg. au Parl. de Paris, sans préjudice de l'in-
> stance pendante entre les parties, le 12 juin 1545.
> Arch. nat., X¹ᵃ 8615, fol. 163. 3 pages.
> Arrêt d'enregistrement. Idem, X¹ᵃ 4915. Plai-
> doiries, fol. 231. v°.)

14415. Lettres contenant les prescriptions relatives
aux propriétaires ou détenteurs d'héritages
sujets à la dîme, au diocèse d'Auch. Romorantin, 26 avril 1545.

26 avril.

> Enreg. avec modifications au Parl. de Toulouse,
> le 15 mai 1545. Arch. de la Haute-Garonne, Édits,
> reg. 5, fol. 148. 1 page.

14416. Ordonnance sur le fait des forêts, portant défense aux particuliers d'y commettre des gardes
ou sergents, droit qui n'appartient qu'au roi
et aux princes du sang, et règlement de juridiction des gruyers et des capitaines fores-
tiers. Romorantin, 27 avril 1545.

27 avril.

> Enreg. au Parl. de Paris, de mandato regis ex-
> presso et iteratis vicibus facto, le 22 janvier 1546
> n. s. Arch. nat., X¹ᵃ 8615, fol. 235. 4 pages 1/2.
> Bibl. nat., Mss. Moreau, t. 1401, fol. 214.
> (Mention.)
> Impr. Pièce in-8°. Arch. nat., AD.I 26. 5 pages.
> Autre pièce in-8°. Paris, Pierre Charpentier,
> 1525 (sic). Bibl. nat., 8° F. Actes royaux (car-
> tons).
> Recueil des édits et déclarations des roys, depuis
> François Iᵉʳ jusques à présent, pour la juridiction et
> fonctions des capitaines des chasses... Paris, 1654,
> in-12, p. 1.

14417. Provisions de l'office de garde-marteau des
forêts du bailliage de Châlon et de la conciergerie de la Loge, pour Claude du Buisson,
écuyer. Romorantin, 27 avril 1545.

27 avril.

> Enreg. par analyse à la Chambre des Comptes de
> Dijon, le 7 décembre 1546. Arch. de la Côte-d'Or,
> B. 19, fol. 75.

14418. Déclaration portant que l'édit du 6 juillet 521 1545. (n° 1377), relatif à l'érection des greffes 28 avril. royaux en offices sera mis en vigueur en Bretagne comme dans les autres provinces, et ordonnant aux maîtres des comptes de Bretagne, comme aux conseillers de la chancellerie et au général des finances, de procéder à l'enregistrement et de veiller à son exécution. Romorantin, 28 avril 1545.

Enreg. à la Chambre des Comptes de Bretagne. Archives de la Loire-Inférieure, B. Mandements royaux, II, fol. 275.

14419. Provisions en faveur de François Olivier, pré- 28 avril. sident au Parlement, de l'office de chancelier de France, vacant par la révocation de Guillaume Poyet. Romorantin, 28 avril 1545.

Enreg. au Parl. de Paris, le 14 juillet 1545. Arch. nat., X¹ᵃ 8615, fol. 117 v°. 1 page 1/2. Arrêt d'enregistrement. Idem, X¹ᵃ 4925, Plaidoiries, fol. 380 v°. Copie du XVIII° siècle. Bibl. nat., ms. fr. 7544, fol. 354 v°. Copie du XVIII° siècle. Bibl. nat., Portefeuilles de Fontanieu, vol. 254, fol. 160.

14420. Provisions en faveur de Pierre Rémon, con- 28 avril. seiller au Conseil privé et premier président du Parlement de Rouen, d'un office de président au Parlement de Paris, en remplacement de François Olivier, créé chancelier de France. Romorantin, 28 avril 1545.

Enreg. au Parl. de Paris, le 18 mai 1545. Arch. nat., X¹ᵃ 1555, Conseil, fol. 133. 1 page 1/2.

14421. Déclaration en faveur de Pierre Rémon, pourvu 28 avril. d'un office de président au Parlement de Paris, portant qu'il tiendra le rang occupé par François Olivier, son prédécesseur, sans tenir compte de l'édit de création de deux nouveaux offices de présidents en cette cour, leur promettant qu'ils prendraient rang parmi les quatre anciens, vacance advenant. Romorantin, 28 avril 1545.

Enreg. au Parl., le 18 mai suivant. Arch. nat., X¹ᵃ 1545, Conseil, fol. 133 v°. 1 page 1/2.

14422. Exemption de tailles et subsides durant vingt
années, accordée à la ville de Vitry-le-François
construite au lieu de Montcourt, en remplacement de la ville de Vitry-en-Perthois, brûlée
par les Impériaux. Romorantin, 29 avril
1545. — 1545, 29 avril.

> *Enreg. à la Chambre des Comptes de Paris, le
> 29 août 1545. Archives nat., P. 2307, p. 809.
> 2 pages 1/2.*
> *Enreg. à la Cour des Aides de Paris, le 9 juillet
> 1545. Arch. nat., Recueil Cromo, Q. 665, fol. 317.*
> *(Mention.)*

14423. Lettres portant défense aux gardes, receveurs
et contrôleurs du magasin à sel de Cognac,
de faire payer aux habitants de ladite ville les
droits de gabelles, dont ils sont dispensés
par leurs privilèges confirmés par le roi, au
mois de février 1545 n. s. (n° 115). Romorantin, 29 avril 1545. — 29 avril.

> *Extrait du Livre rouge. Archives de la ville de
> Cognac (Charente).*

14424. Déclaration touchant l'office de trésorier de l'é-
pargne et ses détenteurs, depuis la création
(18 mars 1523 n. s., n° 1780). Le roi entend
qu'il ne soit point considéré comme vénal.
Romorantin, 30 avril 1545. — 30 avril.

> *Enreg. au Parl. de Paris, le 4 mai 1545. Arch.
> nat., X¹ª 8615, fol. 99 v°. 1 page 1/4.*
> *Arrêt d'enregistrement. Idem, X¹ª 1555, Conseil,
> fol. 72.*
> *Enreg. à la Chambre des Comptes de Paris. Arch.
> nat., P. 2307, p. 739. 2 pages.*
> *Bibl. nat., Mss. Moreau, t. 1397, fol. 18. (Men-
> tion.)*
> *Impr. Pièce in-4°. Archives nat., AD.I. 26, et
> AD.IX. 126, n° 47, 2 pages.*
> *Autre pièce in-4°. Paris, V° Saugrain et
> P. Prault, 1731. Bibl. nat., 4° F. Paquets.*

14425. Prorogation jusqu'après la prochaine tenue des
États du délai de trois mois accordé aux gens
de trois États de Bourgogne, pour justifier
des titres en vertu desquels la province se
prétend exempte des droits de traite foraine, — 30 avril.

rêve et hauts passages. Romorantin, 30 avril   1545.
1545.

> Original. Arch. de la Côte-d'Or, États de Bour-
> gogne, C. 2971.

14426. Permission à Arthur de Nezement, archer de la   Avril.
garde française, d'édifier un moulin à vent
dans sa terre de Bourichard, près la Made-
leine-Villefrouin dans le Blésois. Tours, avril
1545.

> Enreg. à la Chambre des Comptes de Blois, le
> 14 janvier 1546 n. s. Arch. nat., KK. 898, fol. 16 v°.
> 2 pages.

14427. Édit de suppression des trois nouveaux offices   Avril.
de mesureurs de charbon de Paris outre les
neuf anciens, créés par lettres du mois d'août
1544. Romorantin, avril 1545.

> Expédition originale. Arch. nat., K. 956, n° 15.

14428. Édit de création d'un office de sergent à Bray-   Avril.
sur-Seine, et règlement de ses attributions.
Romorantin, avril 1545.

> Enreg. au Parl. de Paris, le 6 août 1545. Arch.
> nat., X¹ᵃ 8615, fol. 94 v°. 2 pages.
> Arrêt d'enregistrement. Idem, X¹ᵃ 4925, Plai-
> doiries, fol. 425.

14429. Édit de suppression de l'office de conseiller   Avril.
nouvellement créé au siège de Limoges.
Romorantin, avril 1545.

> Enreg. au Parl. de Bordeaux, le 9 juin 1545.
> Arch. de la Gironde, B. 32, fol. 77 v°. 3 pages 1/2.

14430. Édit portant limitation du pouvoir des gouver-   Avril.
neurs du Dauphiné et de leurs lieutenants, à
l'instar des autres gouverneurs du royaume.
Romorantin, avril 1545.

> Enreg. à la Chambre des Comptes de Dauphiné, le
> 5 juin 1545. Arch. de l'Isère, B. 2911, II, fol. 41.
> 5 pages.

14431. Lettres confirmant les privilèges accordés aux   Avril.
comtes de Laval en matière judiciaire, données

en faveur des officiers du présidial du Mans.   1545.
Avril 1545.

Indication fournie par M. l'archiviste de la
Mayenne.

14432. Mandement à la Chambre des Comptes d'ac-   1er mai.
cepter en dépense dans les comptes de Pierre
Sanson, trésorier de l'extraordinaire des
guerres, une somme de 1,000 livres tournois qu'il a employée aux besoins de sa
charge, suivant les ordres du maréchal Du
Biez, lieutenant général en Picardie. Romorantin, 1er mai 1545.

Original. Bibl. nat., ms. fr. 25723, n° 915.

14433. Lettres portant exemption de contribution de   5 mai.
guerre en faveur des chapitres de Saint-Ger-
main-l'Auxerrois, de Saint-Honoré et de
Sainte-Opportune de Paris. Blois, 5 mai
1545.

Original scellé. Arch. nat., K. 84, n° 18.

14434. Lettres accordant la permission à Étienne Sa-   5 mai.
calay, conseiller au Parlement de Toulouse,
d'employer un secrétaire. Blois, 5 mai 1545.

Enreg. au Parl. de Toulouse, Arch. de la Haute-
Garonne, Édits, reg. 5, fol. 152. 1 page.

14435. Déclaration portant qu'il n'y aura désormais de   6 mai.
lieutenants généraux que dans les provinces
frontières, c'est-à-dire en Normandie, Bretagne, Guyenne, Languedoc, Provence, Dauphiné, Bresse, Savoie, Piémont, Bourgogne,
Champagne, Picardie et dans l'Île-de-France,
et révocation de toutes autres provisions.
Blois, 6 mai 1545.

Enreg. au Parl. de Paris, le 12 mai 1545. Arch.
nat., X1a 8615, fol. 91. 1 page 1/3.
Bibl. nat., ms. fr. 20873, fol. 428 v°. (Men-
tion).
Imp. Isambert, Anc. lois françaises, etc. Paris,
1827, in-8°, t. XII, p. 892.

14436. Commission au vicomte de Joyeuse, seigneur   6 mai.
d'Arques, capitaine gouverneur de Narbonne,

de tenir la main à ce que les habitants de cette ville fassent à l'avenir le guet en personne, sans aucune exception. Blois, 6 mai 1545.

1545.

> *Copie du xvɪᵉ siècle. Arch. de la ville de Narbonne, AA. 112, fol. 47.*

14437. Don à Pierre Ribou, de la cuisine du commun, d'une somme de 30 écus d'or à prendre sur le produit de la vente de l'office de notaire royal de la châtellenie du Louroux, ressort de Loches, vacant par la mort de Pierre Barnabé. Blois, 6 mai 1545.

6 mai.

> *Original. Bibl. nat., ms. fr. 25723, n° 916.*

14438. Mandement à toutes les cours de Parlement pour l'enregistrement des lettres d'exemption de décimes et emprunts en faveur des hôpitaux, maladreries, léproseries et aumôneries du royaume, datées du 7 juin 1544 (n° 13966). Blois, 7 mai 1545.

7 mai.

> *Enreg. au Parl. de Paris, le 22 mai 1545. Arch. nat., X¹ᵃ 8615, fol. 101. 1 page 1/2.*
> *Arrêt d'enregistrement. Idem, X¹ᵃ 1555, Conseil, fol. 103 v°, et X¹ᵃ 4925, Plaidoiries, fol. 164.*
> *Iмᴘ. Les loix, ordonnances et édicts des rois de France... depuis S. Lois, etc... Paris, Galiot du Pré, 1559, in-fol., fol. 201 r°.*
> *Les édits, ordonnances et règlements sur l'administration du revenu des hospitaux... Paris, 1585, in-8°, p. 6.*
> *Recueil des édits et déclarations concernant les hospitaux et maladeries de France... Paris, Cramoisy, 1675, in-fol., p. 9.*

14439. Lettres de confirmation des privilèges de la ville de Blaye, en ce qui touche principalement le droit de police des officiers municipaux. Blois, 7 mai 1545.

7 mai.

> *Original, Arch. municipales de Blaye, AA. 3.*

14440. Mandement à Clugny Thunot, général des finances en Bourgogne, d'inviter les habitants des villes de son ressort où il y a un grenier à sel, d'avoir à s'assembler pour aviser à la

7 mai.

fourniture de ces greniers, ou bien à en charger des marchands. Blois, 7 mai 1545.

1545.

Arch. municip. de Dijon, A. Chambre des Comptes.

14441. Lettres enjoignant aux trésoriers de France de recevoir Jean Garsonnet au serment de l'office de contrôleur du domaine de Romorantin, dont il avait été pourvu le 4 septembre 1543. Blois, 8 mai 1545.

8 mai.

Original. Arch. du Loiret, Apanage, châtellenie de Romorantin, A. 709.

14442. Provisions de l'office de grènetier au grenier à sel de Marseillan, en faveur de Jean Dumas. Blois, 8 mai 1545.

8 mai.

Enreg. à la Chambre des Comptes de Montpellier. Archives départ. de l'Hérault, B. 343, fol. 235. 1 page 1/2.

14443. Mandement au Parlement de Grenoble de défendre aux juges des seigneurs de connaître des cas royaux réservés aux cours souveraines. Suit le dénombrement desdits cas. Bury, 9 mai 1545.

9 mai.

Enreg. au Parl. de Grenoble. Arch. de l'Isère, Chambre des Comptes de Grenoble, B. 2912, fol. 4. 3 pages.

14444. Lettres de jussion pour l'exécution des lettres en date du 14 avril 1545 n. s. (n° 14402), relatives aux secrétaires du roi. Bury, 12 mai 1545.

12 mai.

Enreg. à la Chambre des Comptes de Paris, le 10 juin 1545. Archives nat., P. 2307, p. 800. 5 pages 1/2.
Bibl. nat., Mss. Moreau, t. 1302, fol. 270, et t. 1394, fol. 17. (Mentions.)

14445. Provisions pour Pierre Marentin de l'office de clerc auditeur en la Chambre des Comptes de Paris, en remplacement et sur la résignation de Nicolas Papillon. Morée, 12 mai 1545.

12 mai.

Enreg. à la Chambre des Comptes, le 28 juillet

suivant, anc. mém. 2 N, fol. 32. *Arch. nat.*,   1545.
P. 2307, p. 819. 2 pages.
Bibl. nat., ms. Clairambault 782, p. 311.
(*Mention* [1].)

14446. Déclaration portant que François Olivier, pré-   18 mai.
sident au Parlement et chancelier de France,
jouira des droits et émoluments de ces deux
charges. Morée, 18 mai 1545.

> *Original. Bibl. nat., Pièces orig.,* vol. 2143
> (dossier 48669), p. 78.

14447. Provisions en faveur de James de Saint-Julien   18 mai.
de l'office de sénéchal de Toulouse, et de
capitaine des châteaux et places de Puicelcy,
Buzet, Cintegabelle et châtellenie de Mon-
toussé, en remplacement d'Antoine de Rochechouart, décédé. Morée, 18 mai 1545.

> *Enreg. au Parl. de Toulouse, le 20 mai 1546.*
> *Arch. de la Haute-Garonne, Édits, reg. 5, fol. 187.*
> 2 pages.

14448. Don à Jacques de Caux, écuyer de la cuisine de   18 mai.
bouche, de 40 écus d'or à prendre sur le pro-
duit de la vente d'un office de notaire royal
au bailliage d'Autun, vacant par la mort de
Jean Achard. Morée, 18 mai 1545.

> *Original. Bibl. nat., ms. fr.* 25723, n° 918.

14449. Lettres permettant à Arnoul Boucher, con-   18 mai.
seiller clerc au Parlement de Paris, de se
marier et de continuer à exercer ledit office,
nonobstant les constitutions et règlements de
ladite cour, en attendant la vacance d'un
office de conseiller lai. Morée, 18 mai 1545.

> *Présentées au Parl., le 7 juillet et le 31 août*
> *1545. Arch. nat., X¹ᵃ 1555, Conseil, fol. 326 v°;*
> X¹ᵇ *1556, fol. 176 v°. (Mentions.)*

14450. Provisions en faveur de Louis Lebeau, licencié   19 mai.
ès droits, de l'office de sénéchal de Mont-

[1] Sous la date : « Mons, 16 mai 1545 ».

morillon, nouvellement créé. Morée, 19 mai 1545.

Reçu et institué au Parl. de Paris, le 7 septembre 1545. Arch. nat., X¹ᵃ 1556, Conseil, fol. 184. (Mention.)

14451. Lettres confirmant l'abolition de l'imposition de six deniers pour livre sur les marchandises entrant dans la ville de Lyon. Cloyes, 21 mai 1545.

Original. Archives de la ville de Lyon, CC. 316.

14452. Déclaration appliquant au Dauphiné les ordonnances forestières du royaume et conférant au maître réformateur des Eaux et forêts de la province les mêmes pouvoirs et attributions dont jouit le grand maître des Eaux et forêts du royaume, en matière de réformation et de juridiction. Cloyes, 21 mai 1545.

Enreg. à la Chambre des Eaux et forêts (siège de la Table de marbre), le 23 février 1546 n. s. Arch. nat., Z¹ᵉ 339, fol. 94 v°. 3 pages.

14453. Lettres portant relief d'adresse aux généraux des monnaies et aux échevins de Tours, pour l'enregistrement de la déclaration du 5 juin 1524 (n° 2015), confirmant les privilèges des ouvriers et des monnayeurs de la Monnaie de Tours. Châteaudun, 22 mai 1545.

Enreg. à la Cour des Monnaies, le 4 août 1545. Arch. nat., Z¹ᵇ 63, fol. 200 v°. 2 pages.

14454. Lettres de règlement en faveur des marchands, concernant leurs débiteurs et les intérêts dus. Châteaudun, 22 mai 1545.

Enreg. au Parl. de Toulouse. Arch. de la Haute-Garonne, Édits, reg. 5, fol. 161. 2 pages.

14455. Lettres enjoignant au sénéchal de Carcassonne de faire jouir les frères Prêcheurs de Saint-Dominique d'Albi du privilège à eux accordé par le pape Sixte IV et par les rois Philippe VI et Jean II, de tenir quarante-cinq sommes de blé de rente ou revenu, sans fief ni justice,

1545

21 mai.

21 mai.

22 mai.

22 mai.

22 mai.

pour leur nourriture et entretien. Château- 1545.
dun, 22 mai 1545.

*Original. Arch. départ. du Tarn, fonds des
frères Prêcheurs d'Albi, HH.*

14456. Mandement aux baillis et sénéchaux pour la 23 mai.
convocation du ban et de l'arrière-ban, qui
devra être réuni à Amiens, le 25 juin suivant,
avec le règlement qui devra être suivi. Châteaudun, 23 mai 1545.

*Imp. Les loix, ordonnances et édicts.... depuis le
roy S. Loÿs... Paris, Galiot du Pré, 1550, in-fol.,
fol. 181 v°.*
*A. Fontanon, Édits et ordonnances, etc. Paris,
1611, in-fol., t. III, p. 62, 63.*
*Maurice Roy, Le ban et l'arrière-ban du bailliage
de Sens au XVI° siècle. Sens, 1885, in-8°*
(Mandement au bailli de Sens, sans le règlement.)

14457. Mandement aux élus de l'élection de Moutain 23 mai.
de lever, avec le principal de la taille due au
terme de juillet, l'aide de 2 sous par livre du
principal de la taille, qui a été imposée en
Normandie pour subvenir aux frais de transport des vivres destinés à l'armée de Champagne. Châteaudun, 23 mai 1545.

*Copie collat. du XVI° siècle. Bibl. nat., ms.
fr. 25723, n° 920.*

14458. Don à Balthasar Lecaron, valet de chambre du 23 mai.
s' d'Annebaut, amiral de France, de 60 écus
d'or à prendre sur le produit de la vente de
l'office de notaire royal au bailliage de Touraine, vacant par la mort de Guillaume Pan-
zeau. Châteaudun, 23 mai 1545.

Original. Bibl. nat., ms. fr. 25723, n° 919.

14459. Lettres accordant à François duc de Nevers, 26 mai.
comte d'Eu et seigneur de Saint-Valery, la
pleine et entière administration et gouvernement du comté d'Eu et des autres terres
et seigneuries à lui appartenant, sujettes au
droit de garde noble, avec continuation du
droit de présenter à tous les offices royaux

desdits comté, terres et seigneuries. Bonne- 1545.
val, 26 mai 1545.

> *Enreg. à la Chambre des Comptes de Paris, le
> 26 juin 1545, anc. mém. 2 N, fol. 22. Arch.
> nat., invent. PP. 136, p. 544. (Mention.)*
> Imp. L'abbé de Marolles, *Inventaire des titres
> de Nevers*, publ. par le comte de Soultrait. Nevers,
> 1873, in-4°, col. 29. (Mention.)

14460. Édit de suppression de l'office de lieutenant   Mai.
criminel au siège d'Issoudun, bailliage de
Berry, créé en faveur d'un « nommé Jean
Thenon, par importunité et faux donné à
entendre ». Romorantin, mai 1545.

> *Enreg. au Parl. de Paris, le 8 juin 1545. Arch.
> nat., X¹ᵃ 8615, fol. 101 v°. 3 pages.
> Arrêt d'enregistrement. Idem, X¹ᵃ 4925, Plai-
> doiries, fol. 204 v°.*

14461. Déclaration en faveur des bourgeois et mar-   Mai.
chands de Lyon qui ont prêté de l'argent au
roi, portant que les dons qui leur ont été ou
leur seront faits par les commissaires royaux
leur seront acquis, sans préjudice du remboursement intégral des sommes prêtées.
Blois, mai 1545.

> *Enreg. au Parl. de Paris, le 15 mai 1545. Arch.
> nat., X¹ᵃ 8615, fol. 97. 5 pages 1/2.
> Arrêt d'enregistrement. Idem, X¹ᵃ 1555, Conseil,
> fol. 109 et 111 v°.*

14462. Édit de création de la ville de Vitry-le-François,   Mai.
en un lieu nommé Moncourt, voisin de
l'emplacement de celle de Vitry-en-Perthois,
qui avait été détruite pendant les dernières
guerres, et rétablissement des juridictions
royales qui avaient leur siège dans l'ancienne
ville. Blois, mai 1545.

> *Enreg. au Parl. de Paris, le 22 juin 1545. Arch.
> nat., X¹ᵃ 8615, fol. 107. 2 pages 2/3.
> Arrêt d'enregistrement. Idem, X¹ᵃ 4925, Plai-
> doiries, fol. 272.*

14463. Création d'un siège d'élection à Vitry-le-Fran-   Mai.
çois, érection d'offices et règlement de juridiction. Blois, mai 1545.

> *Enreg. à la Cour des Aides de Paris, le 5 mars*

*1546 n. s. Arch. nat., Recueil Cromo, U. 665,
fol. 318. (Mention.)
Enreg. à la Chambre des Comptes de Paris, anc.
mém. coté 2 N, fol. 28. Arch. nat., AD.IX 126,
n° 50, et PP. 136, p. 544. (Mentions.)*

14464. Établissement d'un magasin à sel à Vitry-le-François, et création des offices dont il doit être composé. Blois, mai 1545.

*Enreg. à la Chambre des Comptes de Paris, anc.
mém. 2 N, fol. 30. Arch. nat., AD.IX 126,
n° 51, et PP. 136, p. 544. (Mentions.)*

14465. Édit pour l'établissement de trois foires franches par année et d'un marché, chaque semaine, dans la nouvelle ville de Vitry-le-François. Blois, mai 1545.

*Enreg. au Parl. de Paris, le 22 juin 1545. Arch.
nat., X1a 8615, fol. 108 v°, 2 pages 1/2.
Arrêt d'enregistrement. Idem, X1a 4925, Plaidoiries, fol. 272.
Enreg. à la Chambre des Comptes de Paris, anc.
mém. 2 N, fol. 113. Arch. nat., AD.IX 126,
n° 49, et PP. 136, p. 544. (Mentions.)
Enreg. à la Cour des Aides de Paris, le 9 mars
1546 n. s. Arch. nat., Recueil Cromo, U. 665,
fol. 318. (Mention.)*

14466. Lettres portant que les dons faits à Jean Cléberger, dit le bon Allemand, et à d'autres marchands étrangers, sur les foires de Lyon et autrement, en récompense des prêts qu'ils avaient faits au roi pour ses guerres, seront considérés comme des obligations régulières et des payements d'intérêts pour les sommes prêtées, sans que lesdits marchands puissent être inquiétés à ce sujet pour le passé et dans l'avenir. Morée, mai 1545.

*Enreg. au Parl. de Paris, le 21 mai 1545. Arch.
nat., X1a 8615, fol. 92, 3 pages 1/2.
Arrêt d'enregistrement. Idem, X1a 1555, Conseil,
fol. 143, et X1a 4925, Plaidoiries, fol. 153 v°.*

14467. Édit d'érection du siège de Montmorillon en sénéchaussée, ayant à sa tête un sénéchal de robe longue, outre les lieutenants général,

1545.

Mai.

Mai.

Mai.

Mai.

IMPRIMERIE NATIONALE.

civil, criminel et assesseurs qui y étaient d'an- 1545.
cienneté. Morée, mai 1545.

> *Enreg. au Parl. de Paris, sans préjudice d'un*
> *procès pendant en la cour sur ce sujet, le 6 août*
> *1545. Arch. nat., X¹ᵃ 8615, fol. 118 v°. 3 pages.*
> *Délibération du 22 juin 1545. Idem, X¹ᵃ 4925,*
> *Plaidoiries, fol. 272 v°.*
> *Copie du XVIII° siècle. Bibl. municip. de Poitiers,*
> *coll. dom Fonteneau, t. XXIV, p. 579.*

14468. Lettres données en faveur des habitants de   Mai.
Troyes [1]. Morée, mai 1545.

> *Arrêt d'enregistrement, à condition que l'adresse*
> *des lettres sera réformée, le 22 juin 1545. Arch.*
> *nat., X¹ᵃ 4925, Plaidoiries, fol. 272 v°.*

14469. Édit de suppression des offices d'élus, procu-   Mai.
reurs et greffiers, récemment érigés dans les
pays, recettes et jugeries de Rivière et Verdun, Agénais, Comminges, les Lannes, Condomois et Armagnac. Châteaudun, mai 1545.

> *Enreg. au Parl. de Bordeaux, le 9 juin 1545.*
> *Arch. de la Gironde, B, 32, fol. 75. 5 pages.*
> *Enreg. au Parl. de Toulouse, le 6 juillet 1545.*
> *Arch. de la Haute-Garonne, Édits, reg. 5, fol. 153.*
> *3 pages.*
> *Enreg. à la Chambre des Comptes de Paris, anc.*
> *mém. 2 N, fol. 97. Arch. nat., AD.IX 126, n° 52,*
> *et PP. 136, p. 544. (Mentions.)*

14470. Lettres de naturalité en faveur de Marie Col-   Mai.
linet, native du diocèse de Liège. Château-
dun, mai 1545.

> *Copie du XVI° siècle. Arch. départ. de la Marne,*
> *série A, Terrier de Sainte-Menehould, fol. 506.*

14471. Lettres de confirmation de l'union à la ba-   Mai.
ronnie du Lude des seigneuries de Bareil,
le Plessis-au-Manceau, Dissay, Pontigné, Aubigné, Luché et Savigné, faite par Françoise
d'Alençon, duchesse de Vendôme, en faveur

---

[1] Plusieurs lignes réservées à l'analyse de cet acte sont restées en
blanc.

de Jean de Daillon, baron du Lude, sénéchal
d'Anjou. Pezou, mai 1545.

Enreg. au Parl. de Paris, sauf réserves, le 6 août
1545. Arch. nat., X¹ª 8615, fol. 1220. 4 pages.
Arrêt d'enregistrement, Idem, X¹ª 1556, Conseil,
fol. 39, et X¹ª 4925, Plaidoiries, fol. 424 v°.
Enreg. à la Chambre des Comptes de Paris, le
19 mars 1546 n. s. Arch. nat., P. 2307, p. 1051.
7 pages.

14472. Provisions de l'office de premier président du 1ᵉʳ juin.
Parlement de Bordeaux, vacant par la mort
de François de Belcier, accordées à François
Delaage, président ès enquêtes du Parlement
de Paris. Mortagne, 1ᵉʳ juin 1545.

Enreg. au Parl. de Bordeaux, le 31 août 1545.
Arch. de la Gironde, B. 32, fol. 81. 2 pages 1/2.
Bibl. nat., ms. fr. 20878, fol. 703. (Mention.)

14473. Lettres de survivance de l'office de procureur 4 juin.
général du roi au Parlement de Dijon, exercé
par Barthélemy Gagne, au profit de Barthélemy Gagne, son fils. Argentan, 4 juin 1545.

Enreg. au Parl. de Dijon, le 24 juin suivant.
Arch. de la Côte-d'Or, Parl., reg. IV, fol. 4 v°.

14474. Lettres de dispense en faveur de François Boi- 5 juin.
lève, pourvu d'un office de conseiller clerc
au Parlement de Paris, en remplacement de
François Delaage, promu à la charge de premier président au Parlement de Bordeaux,
enjoignant à la cour de lui permettre d'exercer
cet office, bien qu'il soit laïque. Argentan,
5 juin 1545.

Présentées au Parl., le 1ᵉʳ septembre 1545. Arch.
nat., X¹ª 1556, Conseil, fol. 178 v°. (Mention.)

14475. Provisions pour Jacques Luillier, notaire et 5 juin.
secrétaire du roi, d'un office de clerc et auditeur ordinaire en la Chambre des Comptes
de Paris, vacant par le décès de Pierre Mi-
chon. Argentan, 5 juin 1545.

Enreg. à la Chambre des Comptes, le 26 juin
suivant, anc. mém. a N, fol. 31. Arch. nat.,
P. 2307, p. 817. 2 pages.
Bibl. nat., ms. Clairambault 782, p. 311.
(Mention.)

14476. Mandement au duc de Nevers, comté d'Eu, ou
à ses officiers, de répartir sur les habitants
de la ville et du comté d'Eu la somme de
1,500 livres, montant de leur quote-part de
celle de 800,000 livres imposée cette année
sur les villes closes du royaume, pour l'entretien des gens de guerre à pied, sans tenir
compte de la répartition faite par le bailli de
Caux, prétendant à tort que le comté d'Eu
était de son ressort. Argentan, 6 juin 1545.

> Copie du xviiie siècle. Arch. nat., B. III, 43.
> (Actes relatifs à la convocation du bailliage de
> Caux aux États généraux), p. 38. 8 pages.

1545.
6 juin.

14477. Provisions de l'office de chevalier d'honneur
de la cour du Parlement de Dijon, pour
Guillaume de Saulx, seigneur de Villefrancon, en remplacement de Gérard de Vienne,
seigneur de Ruffey, décédé. Argentan, 6 juin
1545.

> Enreg. au Parl. de Dijon, le 11 décembre 1545.
> Arch. de la Côte-d'Or, Parl., reg. IV, fol. 7.
> Enreg. à la Chambre des Comptes de Dijon, le
> 11 juin. Arch. de la Côte-d'Or, B. 19, fol. 67.

6 juin.

14478. Déclaration portant règlement pour les fonctions des notaires du bailliage de Touraine
et de ceux des seigneurs haut justiciers du
même bailliage. 8 juin 1545.

> Impr. Blanchard, Compilation chronologique, etc.
> Paris, 1715, in-fol., t. I, col. 593. (Mention.)

8 juin.

14479. Déclaration explicative et ampliative des pouvoirs donnés au cardinal de Tournon, à l'amiral
d'Annebaut, au chancelier François Olivier et
autres, procureurs du roi pour faire des emprunts aux marchands et bourgeois de Lyon.
Argentan, 8 juin 1545.

> Enreg. au Parl. de Paris, le 12 juin 1545. Arch.
> nat., X1a 8615, fol. 171. 2 pages p/4.
> Arrêt d'enregistrement. Idem, X1a 1555, Conseil,
> fol. 215 v°.

8 juin.

14480. Lettres ordonnant aux abbés, chapitres, prieurs,
curés, et autres bénéficiers du diocèse de
Mende, de payer sans délai leur quote-part

8 juin.

au receveur du don gratuit équivalent à
quatre décimes, que le roi fait lever cette
année sur les gens d'église du royaume,
pour la guerre contre l'Angleterre. Argentan,
8 juin 1545.

> Original. Arch. départ. de la Lozère, série G,
> supplément.

14481. Mandement au Parlement de Paris de recevoir Jérôme Groslot en qualité de juge des
exempts et cas royaux du bailliage d'Orléans,
en remplacement de son père Jacques Groslot, et de le mettre en possession dudit office.
Argentan, 10 juin 1545.

> Reçu au Parl., le 13 juillet suivant. Arch. nat.,
> X¹ᵃ 4925, Plaidoiries, fol. 369. (Mention.)

14482. Déclaration portant règlement pour les greffiers
des bailliages, sénéchaussées et autres juridictions royales, érigées en titre d'offices par
ordonnance du 6 juillet 1521 (n° 1377).
Argentan, 11 juin 1545.

> Enreg. au Parl. de Paris, sauf réserves, le 23 no-
> vembre 1545. Arch. nat., X¹ᵃ 8615, fol. 182 v°.
> 5 pages.
> Arrêt d'enregistrement. Idem, X¹ᵃ 4926, Plai-
> doiries, fol. 49 v°.

14483. Mandement au prévôt de Paris et autres de
laisser passer les vins que les marchands de
Flandre voudront acheter en France, sans
leur faire payer les nouveaux droits, mais seulement les anciens, et de leur restituer les
deniers qui leur ont été réclamés en plus des
anciens subsides, depuis la publication du
traité de Crépy. Argentan, 11 juin 1545.

> Arch. nat., H. 1781, fol. 28. (Mention.)
> Imp. Registres des délibérations du Bureau de la
> ville de Paris. Paris, 1886, in-4°, t. III, p. 56.
> (Mention.)

14484. Lettres permettant à René Barault, prieur de
la Chapelle-Vicomtesse au Maine, dépendant
de l'abbaye de Tiron, de vendre des bois
appartenant à la communauté, pour faire

1545.

10 juin.

11 juin.

11 juin.

11 juin.

faire les réparations nécessaires à son prieuré. 1545.
11 juin 1545.

Visées dans un arrêt du Parl. de Paris, du 26 octobre 1545. Arch. nat., X²ª 99 (à la date).

14485. Mandement au Parlement de Paris pour l'enregistrement de l'édit de décembre 1544 (n° 14294), portant création de quatre nouveaux offices de sergents dans les quatre bailliages de Vihiers-les-Maulges, de Chanteceaux, de Craon et d'entre Sarthe et Mayenne, en Anjou. Argentan, 15 juin 1545.   15 juin.

Enreg. au Parl. de Paris, le 25 juin 1545. Arch. nat., X¹ª 8615, fol. 114 v°. 2 pages.

14486. Déclaration portant règlement pour la fourniture des vivres des gendarmes dans les garnisons du royaume. Falaise, 16 juin 1545.   16 juin.

Impr. Les loix, ordonnances et édictz, etc., depuis le roy S. Loÿs. Paris, Galiot du Pré, 1559, in-fol., fol. 133 r°.
P. Rebuffi, *Les édits et ordonnances des rois de France.* Lyon, 1573, in-fol., p. 956.
A. Fontanon, *Édits et ordonnances*, etc. Paris, 1611, in-fol., t. III, p. 97.

14487. Mandement à la Chambre des Comptes d'accepter en dépense dans les comptes de Pierre Sanson, trésorier de l'extraordinaire des guerres, une somme de 16,708 livres tournois qu'il a, suivant les ordres du maréchal Du Biez, lieutenant général en Picardie, employée au payement de deux mille lansquenets. Falaise, 16 juin 1545.   16 juin.

Original. Bibl. nat., ms. fr. 25723, n° 922.

14488. Provisions pour Guy Arbaleste, sʳ de La Borde, notaire et secrétaire du roi, d'un office de conseiller maître clerc en la Chambre des Comptes de Paris, en remplacement et sur la résignation de Guillaume Bohier, sʳ de Panchien. Falaise, 16 juin 1545.   16 juin.

Enreg. à la Chambre des Comptes, le 11 juillet 1545, anc. mém. sʳ N, fol. 36 v°. Arch. nat., P. 2307, p. 815. 2 pages.

14489. Nouvelle confirmation et accroissement des privilèges et exemptions d'impôts accordés en juin 1544 (n° 14000), aux habitants de Montreuil-sous-Bois. Falaise, 20 juin 1545.

1545.
20 juin.

> *Copie du xvie siècle. Arch. nat., suppl. du Trésor des Chartes, J. 741, n° 8.*
> *Enreg. à la Chambre des Comptes de Paris, anc. mém. 2 N, fol. 32. Arch. nat., AD IX 126, n° 55, et invent. PP. 186, p. 545. (Mentions.)*

14490. Lettres autorisant Philippe de Sarrebruck, baronne et vicomtesse de Louvois, Guillemette de Sarrebruck, comtesse de Braine, et Charles de Roye, comte de Roucy, à désigner un commissaire pour faire l'enquête ordonnée par le Parlement dans leur procès contre Guillaume et Thomas de Balzac. Falaise, 20 juin 1545.

20 juin.

> *Présentées au Parl. de Paris, le 29 juillet suivant. Arch. nat., X^{1a} 1555, Conseil, fol. 416. (Mention.)*

14491. Mandement au Prévôt de Paris, lui ordonnant de faire publier dans sa juridiction l'ordonnance pour la fourniture des gens d'armes, du 16 juin précédent (n° 14486), et de faire retirer les hommes d'armes du dauphin, du duc d'Orléans et d'autres seigneurs en Picardie. Barbery, 21 juin 1545.

21 juin.

> *Imp. Les loix, ordonnances et édictz... depuis le roy S. Loïs... Paris, Galiot du Pré, 1559, in-fol., fol. 183 r°.*

14492. Commission à Étienne de Montmirail, conseiller au Parlement de Paris, de se transporter promptement dans les bailliages de Berry et d'Orléans, pour « informer souverainement des prédicateurs et dogmatisans favorisant la faulse doctrine d'heresye ». Abbaye de Thoart (lisez Troarn), 23 juin 1545.

23 juin.

> *Présentée au Parl., le 23 juillet 1545. Arch. nat., X^{1a} 1555, Conseil, fol. 412 v°. (Mention.)*

14493. Commission semblable à Claude Desasses, conseiller au Parlement de Paris, pour la séné-

23 juin.

chaussée d'Anjou et le bailliage de Touraine. 1545.
Abbaye de Troarn, 23 juin 1545.

Présentée au Parl., le 23 juillet suivant. Arch.
nat., X¹ᵃ 1555, Conseil, fol. 412 v°. (Mention.)

14494. Commission semblable à Guillaume Bourgeing, 23 juin.
conseiller au Parlement de Paris, pour la
sénéchaussée de Poitou et les provinces voisines. Abbaye de Troarn, 23 juin 1545.

Présentée au Parl., le 23 juillet suivant. Arch.
nat., X¹ᵃ 1555, Conseil, fol. 412 v°. (Mention.)

14495. Permission à Guillaume de Saulx, seigneur de 24 juin.
Villefrancon, chevalier d'honneur du Par-
lement, d'entrer et d'opiner à la Chambre
des Comptes de Dijon, comme les maîtres.
Troarn, 24 juin 1545.

Enreg. au Parl. de Dijon, le 12 décembre sui-
vant. Arch. de la Côte-d'Or, Parl., reg. IV, fol. 9 v°.
Enreg. à la Chambre des Comptes de Dijon, le
13 décembre 1545. Arch. de la Côte-d'Or, Parl.,
B. 20, fol. 201.

14496. Mandement au Parlement de Dijon de rece- 26 juin.
voir Guillaume de Saulx, seigneur de Villefrancon, dans son office de chevalier d'honneur du Parlement, nonobstant l'opposition
de François de Vienne, fils du dernier possesseur, prétendant que son père avait résigné
en sa faveur. Troarn, 26 juin 1545.

Enreg. au Parl. de Dijon. Arch. de la Côte-d'Or,
Parl., reg. IV, fol. 10.

14497. Mandement au Parlement de faire défenses à tous 28 juin.
graveurs, imprimeurs et architectes de gra-
ver, contrefaire, publier ou mettre en vente,
pendant trois ans, les ouvrages et figures
d'architecture, etc., que Jacques Androuet
[dit du Cerceau] a fait ou fera graver et es-
tamper. Touques, 28 juin 1545.

Entériné au Parl. de Paris, le 20 août 1545.
Arch. nat., X¹ᵃ 1556, Conseil, fol. 124. (Mention.)

14498. Lettres d'exemption, en faveur des munition- 30 juin.
naires et marchands qui mèneront des vivres
et approvisionnements au camp du roi, en

Boulonnais, des droits, aides et subsides, notamment des droits d'entrée et d'issue, naguère octroyés aux prévôt des marchands et
échevins de Paris. Touques, 30 juin 1545.

Original scellé. Arch. nat., K. 956, n° 3².

14499. Lettres de naturalité et permission de tenir bénéfices en France, octroyées à Guillaume de
La Marck, abbé de Saint-Basle, originaire du
pays de Liège. Argentan, juin 1545.

Enreg. au Parl. de Paris, sauf réserve, le 27 juin
1545. Arch. nat., X¹ª 8615, fol. ɪɪɪ v°. 2 pages.
Arrêt d'enregistrement. Idem, X¹ª 1555, Conseil,
fol. 284 v°.

Juin.

14500. Édit de suppression de l'office de sénéchal de
robe longue, récemment créé à Saint-Jean-
d'Angély. Argentan, juin 1545.

Enreg. au Parl. de Bordeaux, le 1ᵉʳ décembre
1545. Arch. de la Gironde, B. 32, fol. 83 v°.
6 pages.

Juin.

14501. Édit de suppression de l'office de sergent sur
le fait des tailles, aides et gabelles de Verneuil. Argentan, juin 1545.

Enreg. à la Chancellerie de France. Arch. nat.,
Trésor des Chartes, JJ. 257¹, n° 62, fol. 29 v°.
2 pages 1/2.

Juin.

14502. Édit de création d'un office d'auneur de drap
et de deux offices de commissaires des bou-
langeries à Étampes. Argentan, juin 1545.

Enreg. à la Chancellerie de France. Arch. nat.,
Trésor des Chartes, JJ. 257¹, n° 64, fol. 31. 1 page.

Juin.

14503. Provisions de l'office de chevalier d'honneur de
la cour du Parlement de Dijon, pour Hélion
de Mailly, en remplacement et sur la résignation d'Africain de Mailly, son oncle, bailli de
Dijon. Essay, juin 1545.

Enreg. au Parl. de Dijon, le 16 juin suivant.
Arch. de la Côte-d'Or, Parl., reg. IV, fol. 4.

Juin.

14504. Lettres portant permission à Guillaume de
Vèze, s' du Teil-d'Ardèche, «de tenir port
traversier» sur le Rhône, pour passer et re-

Juin.

passer les habitants moyennant certains droits. **1545.**
Trouard (auj. Troarn), juin 1545.

> Enreg. au Parl. de Toulouse. Arch. de la Haute-
> Garonne. Édits, reg. 5, fol. 166.

14505. Lettres portant exemption de droits en faveur **Juin.**
des religieuses du couvent de Saint-Corantin
près Mantes, pour le vin et le cidre de leur
cru vendu en détail. Juin 1545.

> Enreg. à la Cour des Aides de Paris. Arch. nat.,
> recueil Cromo, U. 665, fol. 317. (Mention.)

14506. Lettres portant que les présidents, conseillers **1er juillet.**
et autres officiers du Parlement de Nor-
mandie ne payeront que les deux tiers des
2,000 livres que les échevins de Rouen leur
ont taxées, pour leur quote-part de la somme
de 89,000 livres imposée à la ville pour la
solde de quatre mille hommes de pied, et ce
à titre de prêt seulement, remboursable sur
les deniers communs de ladite ville, lesdits
officiers devant être exempts de ces impositions. Touques, 1er juillet 1545.

> Enreg. au Parl. de Normandie.
> Copie du XVIIe siècle. Archives nat., U. 757,
> 2e partie, p. 216, 3 pages.

14507. Mandement au Parlement de Paris de remettre **4 juillet.**
entre les mains de Claude Bourgeois, prési-
dent des requêtes au Parlement de Dijon,
toutes les procédures et actes produits au
procès de l'amiral Chabot et à celui du chancelier Guillaume Poyet. Touques, 4 juillet
1545.

> Suit l'inventaire des procédures et actes
> produits pour le procès de l'amiral, et la
> décharge donnée par Claude Bourgeois au
> greffier du Parlement, le 21 août 1545.

> Enreg. au Parl. de Paris. Arch. nat., X¹ª 8615,
> fol. 174. 4 pages.
> Arrêt d'enregistrement. Arch. nat., X¹ª 1556,
> Conseil, fol. 104.
> Copie du XVIIIe siècle. Bibl. nat., Portefeuilles
> de Fontanieu, vol. 252.

14508. Lettres ordonnant au grand maître des Eaux et **4 juillet.**

forêts au siège de la Table de marbre, de 1545.
procéder à la réformation des forêts com-
prises dans les terres et seigneuries de Précy et
Cudot, appartenant à Antoine Du Prat, sʳ de
Nantouillet, et à Anne d'Alègre, sa femme,
et à la vérification des droits d'usage prétendus par les habitants de ces seigneuries.
Touques, 4 juillet 1545.

> *Enreg. à la Chambre des Eaux et forêts (siège de*
> *la Table de marbre), le 31 juillet 1545. Arch. nat.,*
> *Z¹⁶ 330, fol. 6 v°. 2 pages.*

14509. Mandement au Parlement de Paris de recevoir   10 juillet.
Jérôme Burgensis à l'office de conseiller clerc
en ladite cour, dont il a été pourvu en remplacement de Jacques de Varade, nonobstant
le prêt de 3,000 écus fait au roi par Louis
Burgensis, son père. Harfleur, 10 juillet
1545.

> *Présenté au Parl., le 3 août suivant. Arch. nat.,*
> *X¹ª 1556, Conseil, fol. 39. (Mention.)*

14510. Mandement aux prévôt des marchands et éche-   12 juillet.
vins de Paris d'exempter Louis Guillart,
évêque de Chartres, aumônier du roi, de la
contribution de 120,000 livres imposée cette
année à la ville, pour la solde des gens de
guerre. Harfleur, 12 juillet 1545.

> *Original. Arch. nat., K. 956, n° 4.*

14511. Lettres de don à Guillaume de Saulx, seigneur   13 juillet.
de Sully et de Villefrancon, chevalier d'hon-
neur et conseiller au Parlement de Dijon,
d'une pension de 500 livres destinée à lui
tenir lieu de gages. Harfleur, 13 juillet 1545.

> *Enreg. à la Chambre des Comptes de Dijon, le*
> *5 août 1545. Arch. de la Côte-d'Or, B. 19, fol. 69 v°.*

14512. Provisions d'un office d'huissier au Parlement   17 juillet.
de Bordeaux, pour Bernard de Berneix. Har-
fleur, 17 juillet 1545.

> *Enreg. au Parl. de Bordeaux, le 12 août 1545.*
> *Arch. de la Gironde, B. 32, fol. 79 v°. 2 pages.*

14513. Lettres par lesquelles le roi relève la dame de   17 juillet.
Castelpers de la surannation des lettres du

6 février 1544 n. s. (n° 13597), portant que
la terre de Gontaut, donnée par le roi à
ladite dame, n'est point comprise dans l'édit
de révocation des aliénations du domaine.
Harfleur, 17 juillet 1545.

1545.

*Enreg. à la Chambre des Comptes de Paris, le
22 août 1545. Arch. nat., P. 2307, p. 823. 1 page.*

14514. Provisions pour Pierre Soulasson du quatrième
office d'élu, récemment créé dans l'élection
du Lyonnais. Vatteville, 20 juillet 1545.

20 juillet.

*Copie du XVI° siècle. Bibl. nat., ms. fr. 2702,
fol. 263 v°.*

14515. Déclaration portant que les maîtres des requêtes
ordinaires de l'hôtel du roi jouiront des
mêmes privilèges et exemptions dont jouissent les officiers domestiques et commensaux
de la maison du roi. Nantouillet (*sic*), 22 juillet 1545.

22 juillet.

*Imp. E. Girard et J. Joly, Troisiesme livre des
offices de France, etc. Paris, 1647, in-fol., t. I,
p. 667.*

14516. Lettres pour le jugement du procès de Jean du
Tillet, greffier du Parlement de Paris, et de
Jean du Tillet, son frère, contre Geoffroy du
Barry et Jean du Barry, seigneur de la Re-
naudie, son frère, et leurs complices. Vatte-
ville, 22 juillet 1545.

22 juillet.

*Enreg. au Parl. de Dijon. Arch. de la Côte-d'Or,
Parl., reg. III, fol. 182.*

14517. Lettres restreignant, en faveur des gens de mainmorte, le rachat des rentes constituées, et
portant que les rentes amorties ne seront pas
rachetables. Vatteville, 27 juillet 1545.

27 juillet.

Original scellé. Arch. départ. de la Gironde.

14518. Commission donnée à Jean du Peyrat, lieutenant général en la sénéchaussée de Lyon, et
à Martin de Troyes, receveur général des
finances dans ladite sénéchaussée, pour examiner les comptes des receveurs de l'aide de
2 écus sur chaque pièce de velours de Gênes
entrant dans le royaume, dont le produit

31 juillet.

avait été abandonné aux habitants de Lyon, en remboursement du prêt de 60,000 livres tournois, qu'ils avaient fait au roi en 1542. Jumièges, 31 juillet 1545.

> *Expédition authentique. Bibl. nat., ms. fr. 25723, n° 923.*

1545.

14519. Mandement au trésorier de l'épargne de rembourser à Jérôme « Beaquis » une somme de 12,332 livres 17 sous 11 deniers tournois qu'il avait prêtée au roi. Jumièges, 31 juillet 1545.

31 juillet.

> *Original. Bibl. nat., ms. fr. 25723, n° 924.*

14520. Édit de démembrement de Châteaugontier du ressort de la Flèche, et création dans cette première ville d'un siège particulier dépendant du sénéchal de Beaumont. Vatteville, juillet 1545.

Juillet.

> *Enreg. au Parl. de Paris, le 25 janvier 1546 n. s. Arch. nat., X¹ª 8645, fol. 194 v°. 2 pages.*
> *Arrêt d'enregistrement. Idem, X¹ª 4926, Plaidoiries, fol. 344.*

14521. Lettres accordant à Florentin Fortin le droit de chasse des grains pour les deux moulins qu'il lui a été permis, par lettres de février 1545 n. s. (n° 14366), d'édifier sur la Loire, à Nouan. Vatteville, juillet 1545.

Juillet.

> *Enreg. à la Chambre des Comptes de Blois, le 13 août 1545. Archives nat., KK. 898, fol. 15. 2 pages.*

14522. Édit de création d'un quatrième office d'élu au siège de l'élection du Lyonnais, et règlement pour ses fonctions. Vatteville, juillet 1545.

Juillet.

> *Enreg. à la Chambre des Comptes de Paris, anc. mém. 2 N, fol. 33. Arch. nat., AD.IX 126, n° 56, et PP. 136, p. 546. (Mentions.)*
> *Copie du XVI° siècle. Bibl. nat., ms. fr. 2702, fol. 253.*

14523. Lettres de légitimation pour Jacques Raymond, fils naturel d'Antoine Raymond, prêtre, natif

Juillet.

de Saint-Étienne (Vallée-Française). Vatte-   1545.
ville, juillet 1545.

> Enreg. à la Chambre des Comptes de Montpellier.
> Arch. départ. de l'Hérault, B. 343, fol. 205 v°.
> 3 pages.

14524. Édit de suppression des deux nouveaux offices   Juillet.
de présidents au Parlement de Paris, récem-
ment institués, vacants, l'un par la mort
d'Augustin de Thou, l'autre par l'élévation
d'Antoine Minard au poste de quatrième président. Jumièges, juillet 1545.

> Enreg. au Parl. de Paris, le 6 août 1545. Arch.
> nat., X¹ᵃ 8615, fol. 95 v°. 1 page 1/4.
> Arrêt d'enregistrement. Idem, X¹ᵃ 4925, Plaidoi-
> ries, fol. 425.

14525. Édit portant établissement d'une chancellerie   Juillet.
près le Parlement de Dauphiné à Grenoble.
Jumièges, juillet 1545.

> Enreg. au Parl. de Grenoble, le 4 septembre 1545.
> Arch. de l'Isère, B. 2334, fol. 300 v°. 3 pages.
> Impr. A. Tessereau, Histoire de la Chancellerie
> de France. Paris, 1710, in-fol., t. I, p. 89 (avec
> la date inexacte de « juillet 1535 »).

14526. Lettres en forme de commission pour obliger   1ᵉʳ août.
les conseillers et habitants de Lyon d'envoyer
à la Chambre des Comptes, à Paris, leurs
comptes des deniers par eux levés sur l'imposition des cinq espèces et celle du pied fourché.
Jumièges, 1ᵉʳ août 1545.

> Copie. Arch. du Rhône, Chapitre métropolitain,
> Arm. Abram, vol. 6, n° 19.

14527. Don à Jacques Delahaye, dit Croixmare, ma-   1ᵉʳ août.
réchal des logis du roi, de 30 écus d'or à
prendre sur la vente de l'office de mesureur
de blé à la halle de Rouen. Jumièges, 1ᵉʳ août
1545.

> Original. Bibl. nat., ms. fr. 25723, n° 925.

14528. Don à André Dubois, valet de pied du roi, de   1ᵉʳ août.
40 écus d'or à prendre sur le produit de la
vente de l'office de sergent royal à Saint-

Yrieix-la-Perche, vacant par la mort de François Beaupez. Jumièges, 1ᵉʳ août 1545.

Original. Bibl. nat., ms. fr. 25723, n° 926.

1545.

14529. Lettres permettant à Louis de Crevant, abbé
de la Trinité de Vendôme, de Tiron, et de
Massay, de faire des coupes et des ventes dans
les bois dépendant de sesdites abbayes. Jumièges, 2 août 1545.

2 août.

*Présentées au Parl. de Paris, le 3 septembre
1545. Arch. nat., Xᴵᵃ 1556, Conseil, fol. 151.
(Mention.)*

14530. Lettres portant renvoi aux enquêtes du Parlement d'un procès en matière de spoliation,
intenté par Robert Leloup, seigneur de Men-
netou, l'un des cent gentilshommes de
l'hôtel, subrogé aux droits de Claude de Châteauneuf, dit de Vaudenay, contre François
et Charles de Bar. Jumièges, 2 août 1545.

2 août.

*Entérinées au Parl. de Paris, le 17 novembre
1545. Arch. nat., Xᴵᵃ 1557, Conseil, fol. 4 v°.
(Mention.)*

14531. Lettres de commission donnée à Claude Desasses, conseiller au Parlement, député en
Anjou, Touraine et pays voisins, pour s'en-
quérir des prédicateurs des nouvelles doctrines et fauteurs d'hérésies, et instruire leurs
procès. Jumièges, 5 août 1545.

5 août.

*Enreg. au Parl. de Paris, sans date. Arch. nat.,
Xᴵᵃ 8615, fol. 122, 2 pages.*

14532. Commission donnée à Jacques Le Roux, conseiller au Parlement, envoyé par le roi au
bailliage de Sens, pour y rechercher les prédicateurs et fauteurs d'hérésies, et instruire
leurs procès. Jumièges, 5 août 1545.

5 août.

*Enreg. au Parl. de Paris, le 5 août 1545. Arch.
nat., Xᴵᵃ 8615, fol. 124. 1 page 2/3.*

14533. Commission donnée à Nicole Sanguin, conseiller au Parlement, envoyé par le roi dans
les bailliages de Meaux et de Provins, pour y

5 août.

rechercher les prédicateurs et fauteurs d'hérésies, et instruire leurs procès. Jumièges,
5 août 1545.

Enreg. au Parl. de Paris, le 11 août 1545. Arch.
nat., X¹ᵃ 8615, fol. 168 v°. 2 pages.

1545.

14534. Commission donnée à Guillaume Bourgoing,
conseiller au Parlement, envoyé par le roi
dans le Bourbonnais, le Nivernais et le Berry,
pour y rechercher les prédicateurs et fauteurs
d'hérésies, et instruire leurs procès. Jumièges,
5 août 1545.

Enreg. au Parl. de Paris, le 11 août 1545. Arch.
nat., X¹ᵃ 8615, fol. 169 v°. 2 pages.

5 août.

14535. Commission donnée à Louis Gayant, conseiller
au Parlement, envoyé par le roi dans le duché d'Orléans et le comté de Blois, pour y
rechercher les prédicateurs et fauteurs d'hérésies, et instruire leurs procès. Jumièges,
5 août 1545.

Enreg. au Parl. de Paris, le 11 août 1545. Arch.
nat., X¹ᵃ 8615, fol. 173. 2 pages.

5 août.

14536. Commission donnée à Étienne de Montmirail,
conseiller au Parlement de Paris, envoyé en
Poitou pour y rechercher les prédicateurs et
sectateurs de l'hérésie luthérienne, et instruire
leurs procès. Jumièges, 5 août 1545.

Enreg. au Parl. de Paris. Arch. nat., U. 446,
fol. 191. 2 pages.

5 août.

14537. Ordonnance en faveur de l'archevêque et du
clergé de Bordeaux, touchant la recollection
des dîmes et les mesures prescrites contre
ceux qui cherchent à se soustraire à cette
obligation. Jumièges, 5 août 1545.

Enreg. au Parl. de Bordeaux, le 7 septembre
1545. Arch. de la Gironde, B. 32, fol. 82, et
B. 33, fol. 47 v°. 2 pages 1/2.
Copie du xvi⁰ siècle. Bibl. nat., Nouv. acquisi-
tions franç., ms. 3550, n° 17.

5 août.

14538. Lettres en faveur de l'archevêque et du clergé
du diocèse de Lyon, ordonnant de payer les

5 août.

dîmes avant de déplacer les fruits des terres
sujettes à la dîme. Jumièges, 5 août 1545.

1545.

> *Copie. Arch. départementales du Puy-de-Dôme,*
> *fonds de Saint-Alyre, A. 277, layette 1.*

14539. Lettres portant ratification par le roi de l'échange
de la châtellenie de Rouvres-lès-Dijon contre
celle de Sagy, toutes deux appartenant au roi,
entre Françoise de Longwy, veuve de l'amiral
Chabot, remariée à Jacques d'Escars, et le
duc de Guise, tous deux usufruitiers du domaine. Paris, 8 août 1545.

8 août.

> *Enreg. à la Chambre des Comptes de Dijon, le*
> *14 novembre suivant. Arch. de la Côte-d'Or, reg.*
> *B. 20, fol. 212.*

14540. Don à Regnaut Du Hayet, enfant de la cuisine
du commun, de 40 écus d'or à prendre sur
le produit de la vente de l'office de notaire
royal au bailliage de Mâcon, vacant par la
mort de Jean Palain. Saint-Wandrille, 8 août
1545.

8 août.

> *Original. Bibl. nat., ms. fr. 25723, n° 927.*

14541. Lettres portant cassation de toutes chartes et
autres documents relatifs à la cession, faite
ci-devant au roi par le duc de Lorraine, des
ville, terre et seigneurie de Stenay. Bacqueville, 10 août 1545.

10 août.

> *Imp. Ch. Weiss, Papiers d'État du cardinal de*
> *Granvelle. Documents inédits, Paris, in-4°, t. III,*
> *p. 181.*

14542. Lettres de jussion au Parlement de Paris, lui
enjoignant de laisser jouir François Boilève,
conseiller clerc en ladite cour, de la dispense
qui lui a été accordée le 5 juin précédent
(n° 14474). Bacqueville, 10 août 1545.

10 août.

> *Présentées au Parl., le 1er septembre 1545. Arch.*
> *nat., X¹ᵃ 1556, Conseil, fol. 178. (Mention.)*

14543. Déclaration ampliative de l'édit de juillet 1544
(n° 14058), pour la réformation des Eaux

12 août.

IV.

96

et forêts en Bretagne (27 articles). Arques, 1545. 12 août 1545.

IMP. A. Fontanon, *Édits et ordonnances des rois, etc.* Paris, 1611, in-fol., t. II, p. 287.
Cl. Rousseau, *Édits et ordonnances des Eaux et forêts.* Paris, 1649, in-4°, p. 179.
Isambert, *Anc. lois françaises, etc.* Paris, 1827, in-8°, t. XIII, p. 894.

14544. Lettres de jussion au Parlement de Paris, lui enjoignant de faire jouir Arnoul Boucher, conseiller de ladite cour, de la dispense qui lui a été accordée, le 18 mai précédent (n° 14449). Arques, 12 août 1545. — 12 août.

Présentées au Parl., le 31 août suivant. Arch. nat., X¹ᵃ 1556, Conseil, fol. 176 v°.

14545. Provisions pour Georges Cochet d'un office d'huissier sergent en la chambre des Eaux et forêts, vacant par la résignation pure et simple de Jacques Cordier. Arques, 13 août 1545. — 13 août.

Enreg. aux Eaux et forêts (siège de la Table de marbre), le 27 août suivant. Arch. nat., Z¹ᵉ 330, fol. 19, 1 page.

14546. Lettres ordonnant au grand maître des Eaux et forêts de parachever la réformation des bois connus sous le nom d'usages de Vénizy au bailliage de Sens, commencée par le maître particulier des Eaux et forêts de Champagne et Brie. Paris, 14 août 1545. — 14 août.

Enreg. à la Chambre des Eaux et forêts (siège de la Table de marbre), le 14 novembre 1545. Arch. nat., Z¹ᵉ 330, fol. 31 v°. 1 page.

14547. Provisions de l'office de garde des prisons de Coutances, en faveur de Robert Bouchet. 15 août 1545. — 15 août.

Enreg. à la Chambre des Comptes de Paris, le 19 juillet 1546, anc. mém. 2 N, fol. 168. Arch. nat., invent. PP. 136, p. 547. (Mention.)

14548. Mandement aux sénéchaux de Toulouse et de Carcassonne, et aux maîtres des ports et passages de ces deux sénéchaussées, de laisser les habitants des pays de Foix, Bigorre et Né- — 17 août.

bouzan user librement du privilège d'exemption des droits de traite foraine, à eux accordée par les lettres patentes des 18 mai et
19 juillet 1544 (nᵒˢ 13855 et 14035), véri-
fiées et enregistrées par le Parlement de Toulouse. Arques, 17 août 1545.

1545.

> *Original. Archives départ. des Basses-Pyrénées,*
> E. 455.

14549. Lettres permettant à l'abbesse de Port-Royal
au diocèse de Paris, pour lui procurer la
somme nécessaire aux réparations de ladite
abbaye, de vendre la coupe de trois arpents
de bois de haute futaie, appartenant audit
Port-Royal, au sʳ de Sourdis qui en a besoin
pour achever les bâtiments de sa maison de
Jouy. Arques, 18 août 1545.

18 août.

> *Entérinées au Parl. de Paris, le 7 septembre*
> *1545. Arch. nat., X¹ᵃ 1556, Conseil, fol. 186.*
> *(Mention.)*

14550. Lettres ordonnant à la Chambre des Comptes
de Montpellier de passer sur certains détails
des états présentés par Étienne Dumoys,
commis aux réparations des villes et places
fortes de Languedoc. Longueville, 20 août
1545.

20 août.

> *Enreg. à la Chambre des Comptes de Montpellier.*
> *Arch. départ. de l'Hérault, B. 343, fol. 231 vᵒ.*
> *2 pages 1/2.*

14551. Mandement au Parlement de Paris de désigner
un commissaire pour aller en Poitou procéder
contre les sectateurs des doctrines de Luther,
en remplacement d'Étienne de Montmirail,
nommé le 5 août précédent (nᵒ 14536),
mais qui est retenu par les affaires du dauphin, dont il est maître des requêtes. Saint-
Saens, 21 août 1545.

21 août.

> *Enreg. au Parl. de Paris. Arch. nat., U. 446,*
> *fol. 192. 1 page.*

14552. Ordonnance confirmant la suppression des tabellions de Bourbonnais, faite par Charles
duc d'Orléans, fils du roi, et permettant aux

23 août.

notaires de ce pays de grossoyer tous les contrats et actes par eux reçus ou passés. Aumale, 23 août 1545.

Enreg. au Parl. de Paris, le 7 septembre 1545. Arch. nat., X¹ª 8615, fol. 115 v°. 2 pages. *Arrêt d'enregistrement. Idem,* X¹ª 1556, Conseil, fol. 186.

14553. Don à Jean Gadeau, serviteur des tapissiers du roi, de 30 écus d'or à prendre sur le produit de la vente de l'office de notaire royal au mandement de Quirieu en Dauphiné, vacant par la mort d'Amblard Vassal. Aumale, 24 août 1545.

Original. Bibl. nat., ms. fr. 25723, n° 928.

14554. Lettres portant commission au bailli de Rouen d'examiner les statuts des marchands merciers grossiers de ladite ville. Senarpont, 26 août 1545.

Impr. Statuts, ordonnances et règlements des merciers drapiers de Rouen, etc., Rouen, 1732, in-4°, p. 12.

14555. Provisions de l'office de maître des Eaux et forêts au pays de Languedoc, en faveur de Pierre de Bernery, seigneur de Saint-Liaix, office précédemment tenu par Jean de Beauvoir. Senarpont, 27 août 1545.

Reçu et prêté serment au Parl. de Toulouse, le 3 octobre 1545. Arch. de la Haute-Garonne, Édits, reg. 5, fol. 158. 2 pages.

14556. Lettres autorisant la continuation de la fabrication de testons et de demi-testons en la Monnaie de Lyon, durant une année, jusqu'à concurrence de 2,000 marcs d'argent. Senarpont, 29 août 1545.

Original sur parchemin dans les minutes d'ordonnances de la Cour des Monnaies. Arch. nat., Z¹ᵇ 537. *Enreg. à la Cour des Monnaies, le 2 décembre 1545. Arch. nat.,* Z¹ᵇ 63, fol. 203 v°. 3 pages.

14557. Mandement au procureur général près la Chambre des Comptes de Dijon de faire procéder à la revision des comptes des receveurs de la ville de Dijon, depuis trente ans,

1545.

24 août.

26 août.

27 août.

29 août.

31 août.

et de tenir les officiers du Parlement et de la
Chambre des Comptes exempts de toutes
charges, impôts et contributions. Pont-Remy,
31 août 1545.

1545.

> *Enreg. à la Chambre des Comptes de Dijon. Arch.*
> *de la Côte-d'Or, B. 20, fol. 178.*
> *Imp. G. Blanchard, Compilation chronolo-*
> *gique, etc. Paris, 1715, in-fol., t. I, col. 595.*
> *(Mention.)*

14558. Ratification par le roi des lettres de Charles de
France, duc d'Orléans, son fils, confirmant
les privilèges des bouchers d'Orléans, et portant règlement pour la police dudit métier et
des marchands de bestiaux, donnés à Vatteville, le 23 juillet précédent. Jumièges, août
1545.

Août.

> *Enreg. au Parl. de Paris, le 21 juin 1572. Arch.*
> *nat., X¹ᵃ 8630, fol. 20 vᵒ et 29. 19 pages, y*
> *compris les lettres du duc d'Orléans.*
> *Arrêt d'enregistrement. Idem, X¹ᵃ 1636, Conseil,*
> *fol. 260 vᵒ.*
> *Enreg. de nouveau au Parl., avec une confirma-*
> *tion de Louis XIV, le 27 février 1688, X¹ᵃ 8682,*
> *fol. 103.*

14559. Édit d'institution de deux foires chaque année
en la ville de Tours, la première du 8 au
22 mars et la seconde du 15 au 30 septembre.
Senarpont, août 1545.

Août.

> *Enreg. au Parl. de Paris, sauf réserve, conditions*
> *et modifications, le 1ᵉʳ décembre 1545. Arch. nat.,*
> *X¹ᵃ 8615, fol. 185. 4 pages 1/4.*
> *Arrêt d'enregistrement. Idem, X¹ᵃ 4926, Plai-*
> *doiries, fol. 84.*
> *Enreg. à la Chambre des Comptes de Paris, le*
> *25 septembre 1546. Arch. nat., P. 2307, p. 955.*
> *7 pages.*
> *Double, idem, p. 963. 6 pages 1/2.*
> *Enreg. au Châtelet de Paris. Arch. nat., Y. 10,*
> *fol. 123.*

14560. Don à Jean d'Escoubleau, sʳ de la Chapelle-Bellouin, gentilhomme ordinaire de la chambre
et maître de la garde-robe du roi, de la terre
du Coudray et du fief de la Bretonnerie qui

Août.

avaient appartenu au chancelier Poyet. Se   1545.
narpont, août 1545.

> *Copie du* XVII*e siècle. Bibl. nat., coll. Dupuy,
> t. 846, fol. 127.*
> *Copie du* XVII*e siècle. Bibl. nat., coll. de Tou-
> raine, t. IX, n° 4251.*
> *Bibl. nat., ms. Clairambault 782, p. 312.*
> (*Mention.*)
> *Impr. E. Mabille, Catalogue des chartes de dom
> Housseau. Paris, in-8°, p. 491. (Mention.)*

14561. Déclaration permettant aux prévôt des mar-   1er septembre.
chands et échevins de Paris de constituer des
rentes sur la ville au denier 12, pour en employer le capital au payement des 120,000 livres tournois qu'ils ont accordées au roi pour
l'année courante. Pont-Remy, 1er septembre
1545.

> *Original. Arch. nat., K. 955, n° 40.*
> *Enreg. au Parl. de Paris, sauf restrictions et mo-
> difications, le 12 septembre 1545. Arch. nat.,
> X¹ᵃ 8615, fol. 177. 7 pages.*
> *Arrêt d'enregistrement. Idem, X¹ᵃ 1556, Conseil,
> fol. 230 v°.*
> *Vidimus du Prévôt de Paris, du 20 septembre
> 1545. Arch. nat., K. 956, n° 10.*

14562. Lettres portant attribution de juridiction à la   1er septembre.
grand'chambre des enquêtes du Parlement
de Paris, pour les causes de Françoise d'Alençon, duchesse de Beaumont, touchant spécialement la réformation des forêts de son
duché de Beaumont. Pont-Remy, 1er septembre 1545.

> *Enreg. au Parl. de Paris. Arch. nat., X¹ᵃ 8615,
> fol. 195 v°. 2 pages.*

14563. Lettres touchant l'office de maître des Eaux et   1er septembre.
forêts de Languedoc, donné à Pierre de Ber-
nery le 27 août 1545 (n° 14555). Pont-
Remy, 1er septembre 1545.

> *Enreg. au Parl. de Toulouse. Arch. de la Haute-
> Garonne, Édits, reg. 5, fol. 158.*

14564. Lettres relatives au payement des gages de deux   1er septembre.
maîtres des comptes nouvellement créés à

Montpellier: Saint-Fulcrand [1], 1er septembre 1545.
1545.

Arch. départ. de l'Hérault, B. 455. (Mention.)

14565. Mandement à la Chambre des Comptes de 3 septembre.
Paris, lui faisant savoir que le trésorier de
l'épargne a remis au roi pour ses « plaisirs et
affaires », une somme de 460 livres tournois.
Forestmontiers, 3 septembre 1545 [2].

Original. Bibl. nat., ms. fr. 25723, n° 929.

14566. Confirmation du privilège accordé par Louis XI, 4 septembre.
en 1465, aux prévôt des marchands et éche-
vins de Paris, d'être exempts, durant le temps
de leur administration, de tous subsides,
tailles, aides et subventions quelconques.
Forestmontiers, 4 septembre 1545.

Original scellé. Arch. nat., K. 956, n° 8.

14567. Mandement au Parlement de mettre sur le 4 septembre.
champ en liberté Loup Corrard, marchand
de Strasbourg, envoyé prisonnier à la Conciergerie du Palais à Paris par les officiers de
Troyes, « pour avoir dict plusieurs parolles
scandaleuses et contraires à nostre foy ».
Forestmontiers, 4 septembre 1545.

*Visé dans l'arrêt conforme donné au Parl., le
7 du même mois. Arch. nat., X²ᵃ 99, à la date.
(Mention.)*

14568. Déclaration portant règlement pour l'exécution 5 septembre.
de l'édit de juillet 1544 (n° 14072), por-
tant création de l'élection de Montargis.
5 septembre 1545.

*Enreg. à la Chambre des Comptes de Paris, anc.
mém. 2 N., fol. 75. Arch. nat., AD.IX 126, n° 58,
et PP. 136, p. 548. (Mentions.)*

14569. Lettres portant que Girard Acarie, contrôleur 7 septembre.
général des finances en Normandie, sera payé
de 2,400 livres sur la recette générale de Paris
pour ce qui lui était dû de ses gages, et pen-

(1) *Sic.* Peut-être Saint-Vulfran, à Abbeville.
(2) La signature de François Ier au bas de cette pièce paraît autographe.

sions, et de 1,200 livres de rente, sa vie durant. Forestmontiers, 7 septembre 1545.

*Enreg. à la Chambre des Comptes de Paris, le
14 décembre 1545. Arch. nat., P. 2307, p. 835.
4 pages.*

14570. Don à Emery d'Orléans, aide à la fruiterie du
roi, de 60 écus d'or à prendre sur le produit
de la vente de l'office de sergent à cheval au
bailliage d'Épernay, vacant par la mort de
Nicolas Leroy. Abbaye du Gard, 11 septembre 1545.

Original. Bibl. nat., ms. fr. 25723, n° 930.

14571. Don à Jean du Francatel, maître queux, et à
Nicolas Guichard, potager à la cuisine du
commun, de 50 écus d'or à prendre sur le
produit de la vente de l'office de « moulleur
et compteur » de bois à Pontoise, vacant par
la mort de Dimanche Labbé. Abbaye du
Gard, 15 septembre 1545.

Original. Bibl. nat., ms. fr. 25723, n° 931.

14572. Provisions en faveur de Jean Gressin, licencié
ès lois, de l'office de lieutenant général, civil
et criminel, au bailliage de Senlis, vacant
par le décès de Jacques Maupin. Picquigny,
18 septembre 1545.

*Présentées au Parl. de Paris, le 8 octobre sui-
vant. Arch. nat., X¹ᵃ 1556, Conseil, fol. 250.
(Mention.)*

14573. Provisions en faveur d'Hector de Nançay, notaire et secrétaire du roi, de l'office de receveur des tailles et équivalents au pays et élection de la basse Auvergne, en remplacement
de feu Pierre Thierry. Picquigny, 20 septembre 1545.

*Copie collat. du xvɪᵉ siècle. Bibl. nat., Pièces
orig., Nançay, vol. 2089, p. 2.*

14574. Provisions pour Étienne Chevreul de l'office de
sergent à cheval en la forêt de Loches, vacant
par la mort de Jean Guenon. Picquigny,
20 septembre 1545.

Bibl. nat., ms. fr. 5127, fol. 12. (Mention.)

14575. Lettres portant ordre au s^r de Maugiron, lieutenant général en Dauphiné, aux s^{rs} de Bellièvre et Fléard, premiers présidents du Parlement et de la Chambre des Comptes de Grenoble, d'assembler les États et de faire ordonner une levée de 20,000 livres pour l'année 1546. Saint-Fuscien, 21 septembre 1545.

> Copie du XVIe siècle. Chambre des Comptes de Grenoble. Arch. de l'Isère, B. 3190. 9 pages.

1545.
21 septembre.

14576. Lettres de seconde jussion au Parlement de Bordeaux, pour l'enregistrement de l'édit de juin 1545 (n° 14500), portant suppression de l'office de sénéchal de robe longue, récemment créé à Saint-Jean-d'Angély. Abbaye de Saint-Fuscien, 21 septembre 1545.

> Enreg. au Parl. de Bordeaux, le 1er décembre 1545. Arch. de la Gironde, B. 32, fol. 85.

21 septembre.

14577. Lettres ordonnant de délivrer aux trésoriers les provisions de salpêtre. Saint-Fuscien, 21 septembre 1545.

> Copie du XVIe siècle. Arch. de la ville de Lyon, CC. 335.

21 septembre.

14578. Pouvoirs des commissaires du roi aux États de Languedoc, convoqués à Montpellier pour le 25 novembre 1545. Saint-Fuscien, 21 septembre 1545.

> Copie. Arch. départ. de l'Hérault, C. États de Languedoc, Recueil des lettres et actes des commissaires du roi aux États, 1545. 2 pages (incomplet).

21 septembre.

14579. Lettres adressées aux commissaires du roi aux États de Languedoc, concernant le bail à ferme du droit d'équivalent. Saint-Fuscien, 21 septembre 1545.

> Arch. départ. de l'Hérault, C. États de Languedoc, Procès-verbaux, 1545. (Mention.)

21 septembre.

14580. Mandement à Gaspard de Saillans, trésorier des salpêtres, de presser l'envoi des salpêtres demandés aux villes de sa circonscription.

21 septembre.

IMPRIMERIE NATIONALE.

Abbaye de Saint-Fuscien, 21 septembre 1545.

Original. Arch. de la ville de Dijon, H. 124.

14581. Mandement aux élus du Lyonnais de lever une somme de 38,207 livres 8 deniers tournois sans les frais, pour la taille de 1546, et une somme de 5,731 livres 1 sou 1 denier sans les frais, pour la part de l'élection dans la crue de 600,000 livres mise sur tout le royaume. Saint-Fuscien, 21 septembre 1545. — *21 septembre.*

Copie du XVI⁰ siècle. Bibl. nat., ms. fr. 2702, fol. 255.

14582. Lettres portant homologation des concordats et accords passés entre l'abbé de Saint-Victor-lès-Paris, Antoine Caracciolo, et ses religieux, au sujet de la répartition du temporel et des revenus de ladite abbaye. Le texte de ces actes, 26 mars 1544, s'y trouve inséré. Paris (sic), 22 septembre 1545. — *22 septembre.*

Enreg. au Parl. de Paris, le 29 octobre 1545. Arch. nat., X¹ᵃ 8615, fol. 138 v°. 51 pages.

14583. Lettres relatives à l'envoi des forçats aux galères. Lihons, 23 septembre 1545. — *23 septembre.*

Enreg. au Parl. de Dijon, Arch. de la Côte-d'Or, Parl., reg. IV, fol. 12.

14584. Don à Jean Le Picart, hâteur à la cuisine du commun, de 25 écus d'or, à prendre sur le produit de la vente de l'office de notaire royal de «Tancau et Concuncourt», bailliage de Vermandois, vacant par le décès de Baudesson Le Sains. Saint-Fuscien, 25 septembre 1545. — *25 septembre.*

Original. Bibl. nat., ms. fr. 25723, n° 932.

14585. Lettres subrogeant Christophe de Harlay, conseiller au Parlement de Paris, à Louis Gayant, conseiller en la même cour, en qualité de commissaire député dans le duché d'Orléans et le comté de Blois, pour la recherche et la — *27 septembre.*

répression des hérétiques. Saint-Fuscien,   1545.
27 septembre 1545.

> *Enreg. au Parl. de Paris, le 2 octobre 1545.*
> *Arch. nat., X¹ᵃ 8615, fol. 123 v°. 1 page.*
> *Arrêt d'enregistrement. Idem, X¹ᵃ 1556, Conseil,*
> *fol. 247.*

14586. Lettres d'affranchissement de tailles accordées   29 septembre.
aux habitants du Tréport. Amiens, 29 sep-
tembre 1545.

> *Enreg. à la Cour des Aides de Normandie, le*
> *5 février 1546 n. s. Arch. de la Seine-Inférieure,*
> *Mémoriaux, 2ᵉ vol., fol. 546 v°. 7 pages.*

14587. Provisions pour Josse Delalande de l'office de   29 septembre.
contrôleur des aides et tailles de l'élection
de Caen, 29 septembre 1545.

> *Enreg. à la Chambre des Comptes de Paris, le*
> *20 octobre suivant, anc. mém. 2 N, fol. 46. Arch.*
> *nat., PP. 136, p. 548. (Mention.)*

14588. Lettres ordonnant que tous les habitants du   30 septembre.
diocèse de Lyon sujets à la dîme seront tenus,
avant d'enlever les fruits, de le notifier aux
décimateurs ecclésiastiques et d'en payer les
droits. Amiens, 30 septembre 1545.

> *Copie. Arch. du Rhône, série G, armoire Elias,*
> *vol. 30, n° 9.*

14589. Privilèges accordés par François Iᵉʳ aux écoliers   30 septembre.
allemands, étudiant dans les universités de
France. Paris, 30 septembre 1545.

> *Copie du xviᵉ siècle. Bibl. nat., ms. fr. 4055,*
> *fol. 32.*

14590. Lettres ratifiant les statuts des marchands mer-   Septembre.
ciers grossiers de la ville de Rouen. Forest-
monstiers, septembre 1545.

> *Impr. Statuts, ordonnances et règlements des mer-*
> *ciers drapiers de Rouen, etc. Rouen, 1732, in-4°,*
> *p. 28.*

14591. Lettres portant substitution, pour cause de   Septembre.
mauvais gouvernement, de Joachim de La
Baume, seigneur de Châteauvilain, lieutenant
général en Bourgogne, aux héritiers Moreau,
pour la possession à titre d'engagement de la

châtellenie royale de Saint-Euphrône, proche 1545.
Semur-en-Auxois. Abbaye du Gard, septembre 1545.

> *Enreg. à la Chambre des Comptes de Dijon. Arch.*
> *de la Côte-d'Or, reg. B. 20, fol. 176.*

14592. Édit de suppression des quatre offices de con-   Septembre.
seillers créés par le roi en la sénéchaussée de
Bazadais. Saint-Fuscien, septembre 1545.

> *Enreg. au Parl. de Bordeaux, sauf réserve, le*
> *3 décembre 1545. Arch. de la Gironde, B. 32,*
> *fol. 86 v°. 4 pages 1/2.*

14593. Donation à Anne de Pisseleu, duchesse   Septembre.
d'Étampes, femme de Jean de Bretagne-Pen-
thièvre, des baronnie, châtellenie, terre et
seigneurie de Beynes, fiefs de Carcassonne,
du Petit-Mesnil et autres. Abbaye de Saint-
Fuscien, septembre 1545.

> *Copie collationnée du xvi° siècle. Arch. nat.,*
> *suppl. du Trésor des Chartes, J. 737, n° 30.*

14594. Édit portant suppression du duché de Châtelle-   Septembre.
rault, et le déclarant réuni au comté de Poi-
tou. Saint-Fuscien, septembre 1545.

> *Imp. Thibaudeau, Abrégé de l'hist. du Poitou,*
> *in-12, t. III, p. 446.*

14595. Édit de suppression du comté de Civray, formé   Septembre.
des châtellenies de Civray, Melle, Chizé,
Saint-Maixent et Aulnay, après la mort du duc
d'Orléans, fils de François I°, en faveur de
qui il avait été érigé en 1541. Saint-Fuscien,
septembre 1545.

> *Original scellé. Arch. municipales de Poitiers,*
> *C. 29.*

14596. Édit de suppression d'un office d'enquêteur en   Septembre.
la prévôté de Laon, nouvellement créé en
faveur de Louis Du Cloistre. Amiens [1], septembre 1545.

> *Enreg. au Parl. de Paris, le 17 novembre 1545.*
> *Arch. nat., X¹ᵃ 8615, fol. 180 v°. 3 pages 1/3.*
> *Arrêt d'enregistrement. Idem, X¹ᵃ 4926, Plai-*
> *doiries, fol. 19.*

---

[1] Le registre porte « Angers », erreur évidente.

14597. Lettres de naturalité accordées à messire An-   1545.
toine Trot (Trotti), natif d'Alexandrie au   Septembre.
duché de Milan, ancien homme d'armes des
ordonnances, capitaine et châtelain de Mon-
tréal-en-Auxois. Amiens, septembre 1545.

> *Enreg. à la Chambre des Comptes de Dijon, le*
> *11 mai 1546. Arch. de la Côte-d'Or, B. 72*
> *fol. 189 v°.*

14598. Permission aux habitants du bourg de Sain-   1er octobre.
ville en Beauce de le clore de murailles,
fossés, tourelles et ponts-levis pour le défendre et le protéger. 1er octobre 1545.

> *Vidimus. Archives du notaire de Sainville (Eure-*
> *et-Loir).*

14599. Provisions de la charge de lieutenant général et   3 octobre.
gouverneur de Champagne et de Brie, en
faveur de François de Clèves, duc de Nevers,
charge vacante depuis la mort de Charles
duc d'Orléans, fils du roi. Corbie, 3 octobre
1545.

> *Enreg. au Parl. de Paris, sauf certaines modifica-*
> *tions, le 17 novembre 1545. Arch. nat., X¹ª 8615,*
> *fol. 124 v°. 2 pages.*
> *Arrêt d'enregistrement. Idem, X¹ª 1556, Conseil,*
> *fol. 262, et X¹ª 4926, Plaidoiries, fol. 19.*
> *Copie du xvi° siècle. Bibl. nat., ms. Clairam-*
> *bault 953, p. 445.*

14600. Commission donnée à Louis Prudhomme,   3 octobre.
général des finances en Normandie, pour
fixer et liquider les dépenses faites ou à faire
pour le transport du sel amené par mer des
marais salants de Brouage au Havre et à
Rouen d'abord, et par terre ensuite dans les
magasins de la généralité de Normandie, et
pour les frais de vente et de distribution.
Corbie, 3 octobre 1545.

> *Copie collat. du xvi° siècle. Bibl. nat., ms.*
> *fr. 25723, n° 933.*

14601. Déclaration portant que, dans un délai de trois   4 octobre.
mois, les habitants des provinces où les aides
n'ont pas cours seront tenus de déclarer s'ils
préfèrent se soumettre aux aides ou payer

l'imposition foraine, faute de quoi faire, ils 1545.
seront d'office assujettis aux aides. Corbie,
4 octobre 1545.

*Enreg. au Parl. de Grenoble, le 4 juin 1546.
Arch. de l'Isère, Chambre des Comptes de Grenoble,
B. 2911, II, fol. 44. 4 pages 1/2.*

14602. Provisions en faveur du prince de Melphe de   4 octobre.
la charge de gouverneur et lieutenant du roi
en Piémont. Corbie, 4 octobre 1545.

*Copie du XVIe siècle. Bibl. nat., ms. fr. 3115,
fol. 23.
Copie du XVIIIe siècle. Bibl. nat., Portefeuilles
de Fontanieu, vol. 248.*

14603. Provisions de l'office de conseiller au Parlement   4 octobre.
de Toulouse en faveur d'Arnaud Ferrier (avec
lettres missives du roi à ce sujet adressées au
Parlement, datées de Compiègne, le 28 novembre 1545). Corbie, 4 octobre 1545.

*Enreg. au Parl. de Toulouse. Arch. de la Haute-
Garonne, Édits, reg. 5, fol. 159. 3 pages.*

14604. Don à Marin de Neufville, aide de l'échansson-   4 octobre.
nerie du roi, de 25 écus d'or à prendre sur
le produit de la vente de l'office de sergent
royal au bailliage de Saint-Pierre-le-Moustier,
vacant par la mort de Guillaume Morin. Corbie, 4 octobre 1545.

Original. Bibl. nat., ms. fr. 25723, n° 934.

14605. Lettres adressées aux conseillers du Trésor pour   9 octobre.
la cassation de certains baux de portions du
domaine, faits contre les formes et à vil prix,
et portant réunion desdites portions au domaine. La Fère-sur-Oise, 9 octobre 1545.

*Bibl. nat., Mss. Moreau, t. 1419, fol. 128.
(Mention.)
IMP. Recueil de plusieurs édicts, lettres patentes,
déclarations, etc., concernant la juridiction de la
Chambre du Trésor. Paris, P. Métayer, 1641,
in-fol., p. 122.
Jean Bacquet, Œuvres. Lyon, Duplain, 1744,
2 vol. in-fol., t. II, p. 592.*

14606. Mandement au Parlement et pouvoir donné à   11 octobre.

la chambre des vacations pour l'enregistre-   1545.
ment des provisions de gouverneur de Champagne données en faveur du duc de Nevers,
le 3 octobre précédent (n° 14599). La Fère,
11 octobre 1545.

Enreg. au Parl. de Paris, le 16 octobre 1545.
Arch. nat., X¹ᵃ 8615, fol. 126. 1 page.

14607. Provisions de la charge de prévôt des maré-   12 octobre.
chaux en Anjou, pour Simon Brichard, et de
la Verdelaye, en remplacement de Simon de
Messac, avec règlement de juridiction. La
Fère-sur-Oise, 12 octobre 1545.

Imp. Pièce grand in-4°. *Arch. nat.,* AD.I 26.
3 pages.
G. Pinson de La Martinière, *La Connestablie et*
la mareschaussée de France. Paris, Rocolet, 1661,
in-fol. p. 826.
G. Saugrain, *La mareschaussée de France, ou*
recueil des ordonnances, édits, déclarations, etc.
Paris, 1697, in-4°, p. 46.

14608. Lettres au sujet des gages des présidents et   12 octobre.
conseillers au Parlement de Toulouse, lors-
qu'ils vaqueront aux affaires du roi, portant
qu'ils auront un salaire semblable à celui des
officiers du Parlement de Paris, outre leurs
gages ordinaires. La Fère-sur-Oise, 12 octobre
1545.

Enreg. au Parl. de Toulouse, Arch. de la Haute-
Garonne, Édits, reg. 5, fol. 185. 1 page.

14609. Lettres portant qu'il sera rendu compte de   12 octobre.
leur administration par ceux qui ont été
chargés de la gestion des blés portés à Marseille par le Languedoc, pour l'entretien de
la marine du Levant. La Fère-sur-Oise, 12 octobre 1545.

Enreg. à la Chambre des Comptes de Montpellier.
Arch. départ. de l'Hérault, B. 343, fol. 201 v°.
2 pages.
Idem, C. *États de Languedoc,* Procès-verbaux,
1545. *(Mention.)*

14610. Provisions pour Thomas Thiboust, avocat, d'un   15 octobre.
office de conseiller lai au Parlement de Paris,

en remplacement et sur la résignation de
Gabriel Lesueur. Folembray, 15 octobre
1545.

Présentées au Parl., le 31 octobre suivant. Arch.
nat., X¹ᵃ 1556, Conseil, fol. 292; et ledit Thiboust
reçu le 20 novembre, X¹ᵃ 1557, fol. 6 v°.

1545.

14611. Don à Guillaume Rousselet, dit Montavisant,
potager à la cuisine du commun, de 40 écus
d'or à prendre sur le produit de la vente
de l'office de sergent royal en la prévôté de
Grand, au bailliage de Chaumont-en-Bassigny, vacant par la mort de Simon Buretel.
Marchais, 16 octobre 1545.

Original. Bibl. nat., ms. fr. 25723, n° 935.

16 octobre.

14612. Don à Mathieu Cucuret, écuyer à la cuisine
du commun, et à Simon Viel, maître queux,
de 60 écus d'or à prendre sur le produit de
la vente de l'office de mesureur de sel de la
ville de Rouen, vacant par la mort de Jacques
Assenart. Marchais, 16 octobre 1545.

Original. Bibl. nat., ms. fr. 25723, n° 936.

16 octobre.

14613. Lettres portant confirmation des privilèges, immunités et exemptions de charges et subsides
extraordinaires, en faveur des présidents et
conseillers au Parlement de Toulouse. Folembray, 20 octobre 1545.

Enreg. au Parl. de Toulouse, le 9 janvier 1546
n. s. Arch. de la Haute-Garonne, Édits, reg. 5,
fol. 162, 2 pages.

20 octobre.

14614. Provisions de l'office de maître particulier des
forêts de Mehun-sur-Yèvre pour Jean Roy,
sur la résignation faite en sa faveur par
Jacques Bochetel. Folembray, 20 octobre
1545.

Enreg. aux Eaux et forêts (siège de la Table de
marbre), le 6 mai 1546. Arch. nat., Z¹ᵉ 330,
fol. 127. 1 page.

20 octobre.

14615. Don à Jacques de Monchy, sr d'Inxent, de la
capitainerie, bailliage et gouvernement des

20 octobre.

ville et château de Ligny-en-Barrois. 20 oc-   1545.
tobre 1545.

> *Bibl. nat.*, ms. Clairambault 782, p. 313.
> (*Mention.*)

14616. Mandement au bailli de Vitry de saisir les   25 octobre.
terres et seigneuries de son ressort, appar-
tenant aux hommes d'armes et archers qui
ont abandonné le service du roi. Folembray,
25 octobre 1545.

> *Copie du xvi* siècle. Arch. départ. de la Marne,*
> série A, Terrier de Sainte-Menehould, fol. 523.

14617. Lettres autorisant les Lyonnais à acheter en   26 octobre.
Bourgogne, Auvergne, Dauphiné et Pro-
vence le blé qui sera nécessaire pour l'approvisionnement de leur ville, à condition
de payer les droits accoutumés. Folembray,
26 octobre 1545.

> *Vidimus du xvi* siècle. Arch. de la ville de Lyon,*
> série GG.

14618. Provisions pour Michel Boudet d'un office de   28 octobre.
conseiller lai au Parlement de Paris, en remplacement de Léon Lescot, décédé. Folembray, 28 octobre 1545.

> *Ledit Boudet reçu au Parl., le 30 octobre sui-*
> *vant. Arch. nat.,* X¹ᵃ 1556, Conseil, fol. 273.
> (*Mention.*)

14619. Lettres portant règlement pour la perception   29 octobre.
des dîmes en Dauphiné. Folembray, 29 oc-
tobre 1545.

> *Enreg. au Parl. de Grenoble, le 7 décembre 1545,*
> *Arch. de l'Isère,* B. 2334, fol. 299 v°; 2 pages.
> *Copie. Arch. du Rhône, fonds de Malte ; Privilèges.*

14620. Lettres de jussion pour l'enregistrement du   30 octobre.
mandement du 9 mai 1545 concernant les
cas royaux (n° 14443), nonobstant les oppositions du procureur des États du Dauphiné.
Folembray, 30 octobre 1545 [1].

> *Enreg. à la Chambre des Comptes du Dauphiné.*
> *Arch. de l'Isère,* B. 2912, fol. 4. 2 pages 1/2.

---

[1] Blanchard mentionne ces lettres sous la date de Corbie, 3 octobre
1545. (*Compilation chronologique, etc.,* t. I, col. 595.)

14621. Mandement au Parlement de délivrer au sr de 1545.
Villegagnon, capitaine de deux galères, che- 30 octobre.
valier de l'ordre de Saint-Jean-de-Jérusalem,
des prisonniers détenus dans le ressort de la
cour, pour crimes entraînant une grave peine
corporelle, afin de les faire servir comme
forçats sur lesdites galères. Folembray, 30 octobre 1545.

Enreg. au Parl. de Paris, le 16 avril 1546 n. s.
Arch. nat., X²ᵇ 100, à la date. Add. sub fine.
(Mention.)

14622. Déclaration portant règlement pour les rece- 30 octobre.
veurs et officiers des magasins à sel, qui ressortissent à la Chambre des Comptes de Blois.
30 octobre 1545.

Enreg. à la Chambre des Comptes de Paris, anc.
mém. 2 N, fol. 131. Arch. nat., AD.IX 126,
n° 61, et PP. 136, p. 549. (Mentions.)

14623. Édit portant que tous les grènetiers ou leurs Octobre.
commis porteront à la recette générale tous
les deniers qu'ils auront reçus, aussitôt que le
quartier sera échu, et que le receveur général
les portera à l'épargne dans la quinzaine.
Corbie, octobre 1545.

Enreg. à la Chambre des Comptes de Paris, le
27 novembre 1545. Arch. nat., AD.IX 126, n° 60,
et PP. 136, p. 549. (Mentions.)
Enreg. à la Cour des Aides de Montpellier, le 4 dé-
cembre 1545. Arch. départ. de l'Hérault, B. 343,
fol. 203. 2 pages 1/2.
Imp. A. Fontanon, Édits et ordonnances, etc.
Paris, 1611, in-fol., t. II, p. 794.
J. Corbin, Nouveau recueil des édits de la
juridiction des Cours des Aides de Paris, Rouen, etc.
Paris, 1623, in-4°, p. 216.

14624. Lettres confirmant les priviléges octroyés aux Octobre.
maieur, prévôts et échevins d'Amiens, par
Philippe de Valois, en juin 1332, et particulièrement de leur droit de donner des statuts
aux gens de métier. Corbie, octobre 1545.

Enreg. au Parl. de Paris, par provision, le
10 avril 1546 n. s. Arch. nat., X²ᵃ 1557, Conseil,
fol. 389 v°. (Arrêt d'enregistrement.)

1545.

Copies. Arch. de l'hôtel de ville d'Amiens, reg. aux Chartes, coté E., fol. 280, et P, fol. 10.
Copie du XVIII° siècle. Bibl. nat., coll. dom Grenier (1er paquet, n° 4), p. 28.
Imp. Aug. Thierry, Recueil des monuments inédits de l'histoire du Tiers-État. Paris, 1853, in-4°, t. II, p. 622.

14625. Lettres portant que les juges ordinaires connaîtront des affaires criminelles en concurrence avec les consuls, ayant juridiction et attributions respectives, sans comprendre dans ce règlement et cette limitation les capitouls de Toulouse. La Fère-sur-Oise, octobre 1545.

Octobre.

En marge du registre, il y a arrêt de modification de ces lettres, prononcé le 13 septembre 1546, au Parl. de Toulouse. Arch. de la Haute-Garonne, Édits, reg. 5, fol. 195. 2 pages 1/2.
Copies. Arch. municipales de Toulouse, ms. 4116, et ms. 8508, fol. 264.

14626. Édit de suppression de l'office de grand chambrier de France, vacant par le décès de Charles duc d'Orléans, de sa juridiction et de tous les offices qui en pouvaient dépendre, à l'exception des visiteurs des merciers. Folembray, octobre 1545.

Octobre.

Enreg. au Parl. de Paris, sauf réserve, le 16 novembre 1545. Arch. nat., X1a 8615, fol. 126 v°. 2 pages 1/4.
Arrêt d'enregistrement. Idem, X1a 4926, Plaidoiries, fol. 9 v°.
Enreg. à la Chambre des Comptes de Paris. Arch. nat., P. 2307, p. 831; P. 2538, fol. 15; AD. IX 126, n° 59. 4 pages.
Enreg. au Châtelet de Paris. Arch. nat., Y. 6e, fol. 156 v°.

14627. Don à Joachim Rollant, menuisier ordinaire du roi, de 120 écus d'or à prendre sur le produit de la vente de l'office de sergent à verge au Châtelet de Paris, vacant par la mort de Thibaut Berthelin. Folembray, 9 novembre 1545.

9 novembre.

Original. Bibl. nat., ms. fr. 25723, n° 937.

14628. Provisions de l'office de lieutenant du maître particulier des Eaux et forêts du duché de

12 novembre.

Bourbonnais, pour Guillaume Quénart, en remplacement de François Descourtilz, décédé. Compiègne, 12 novembre 1545.

1545.

> *Enreg. aux Eaux et forêts, avec des lettres de relief d'adresse au Grand maître, en date du 5 juin 1546, le 7 juin 1546. Archives nat., Z¹ᵉ 330, fol. 137 v°. 1 page 1/2.*

14629. Lettres contenant dispense en faveur de Gaspard Molinier, conseiller au Parlement de Toulouse, et permission d'avoir un secrétaire. Compiègne, 13 novembre 1545.

13 novembre.

> *Enreg. au Parl. de Toulouse. Arch. de la Haute-Garonne, Édits, reg. 5, fol. 166. 1 page.*

14630. Don à Jean Gadeau, serviteur des tapissiers du roi, de 20 écus d'or à prendre sur le produit de la vente de l'office de sergent royal à la Ferté-Alais, vacant par la mort de Pierre Oyseau. Compiègne, 13 novembre 1545.

13 novembre.

> *Original. Bibl. nat., ms. fr. 25723, n° 938.*

14631. Don à Jean Le Poulcre, écuyer à la cuisine de bouche, de 45 écus d'or à prendre sur le produit de la vente d'un office de sergent du guet à pied de Paris. Compiègne, 16 novembre 1545.

16 novembre.

> *Original. Bibl. nat., ms. fr. 25723, n° 939.*

14632. Provisions pour Philibert Carpentin, licencié ès lois, de l'office de lieutenant général de la sénéchaussée de Ponthieu, en remplacement de Jacques de Groselliers, décédé. Compiègne, 18 novembre 1545.

18 novembre.

> *Reçu au Parl. de Paris, les 15 et 23 décembre 1545. Arch. nat., X¹ᵃ 4926, Plaidoiries, fol. 158 et 210 v°. (Mentions.)*

14633. Don à Oudin Regnault, joueur d'instrument à la chambre du roi, de 70 écus d'or à prendre sur le produit de la vente d'un office de sergent royal au bailliage de Fontenay-le-Comte, dans la sénéchaussée de Poitou. Compiègne, 23 novembre 1545.

23 novembre.

> *Original. Bibl. nat., ms. fr. 25723, n° 940.*

14634. Don à Pierre Raoullin de 40 écus d'or, à prendre sur le produit de la vente de l'office de sergent royal au bailliage et duché de Nemours, vacant par la mort de Jean Dreat, dit Gamache. Compiègne, 24 novembre 1545.

Original. Bibl. nat., ms. fr. 25723, n° 941.

1545.
24 novembre.

14635. Mandement au Parlement de faire délivrer à Léon Strozzi, capitaine des galères, un certain nombre de prisonniers détenus dans le ressort de la cour, pour crimes entraînant une grave peine corporelle, afin de les faire servir comme forçats sur lesdites galères. Compiègne, 26 novembre 1545.

Présenté au Parl. de Paris, le 25 février 1546 n. s. Arch. nat., X²ᵃ 100, à la date. Add. sub fine. (Mention.)

26 novembre.

14636. Don à Claude Portier, Jean de Caen, Antoine du Rouvre, valets de pied du roi, de 60 écus à prendre sur le produit de la vente de l'office de courtier de vins en la ville de Pontoise, vacant par la mort de Nicolas Prévost. Compiègne, 30 novembre 1545.

Original. Bibl. nat., ms. fr. 25723, n° 942.

30 novembre.

14637. Mandement au Parlement de Dijon de faire défense expresse à la Chambre des Comptes et aux closiers des vignes du roi, à Chenove et à Talant, de ne délivrer aucun tonneau du vin de ces crus, sans sa permission, et de leur enjoindre de faire rapporter ce qui en aurait été enlevé ou d'en restituer la valeur. Villers-Cotterets, 4 décembre 1545.

Enreg. au Parl. de Dijon. Arch. de la Côte-d'Or, Parl., reg. IV, fol. 8 v°.

4 décembre.

14638. Don à Jacques du Mans, hâteur à la cuisine de bouche du roi, de 45 écus d'or à prendre sur le produit de la vente de l'office de sergent du guet à pied de Paris, vacant par la mort de Pierre Maton. Villers-Cotterets, 4 décembre 1545.

Original. Bibl. nat., ms. fr. 25723, n° 943.

4 décembre.

14639. Lettres de réception du serment de fidélité prêté au roi par Nicolas Dangu, évêque de Mende. Villers-Cotterets, 6 décembre 1545. — 1545. 6 décembre.

Original. Arch. départ. de la Lozère, série G. 39.

14640. Don à Oudart Druot, sommelier de l'échansonnerie du commun, de 60 écus d'or à prendre sur le produit de la vente d'un office de sergent royal au bailliage de Chalon-sur-Saône. Villers-Cotterets, 6 décembre 1545. — 6 décembre.

Original. Bibl. nat., ms. fr. 25723, n° 944.

14641. Don à François Saiget, huissier de la cuisine de bouche du roi, de 25 écus d'or à prendre sur le produit de la vente de l'office de notaire royal dans la ville de « Cropière » (Glospierre, aux Grospierres, Ardèche), vacant par la mort de Godefroy Dupuy. Villers-Cotterets, 7 décembre 1545. — 7 décembre.

Original. Bibl. nat., ms. fr. 25723, n° 945.

14642. Déclaration portant que le roi n'entend devoir faire à Pierre Spifame, chevalier de l'ordre de Saint-Jean-de-Jérusalem, commandeur de Châtillon, aucune restitution des revenus de la commanderie de Châtillon, pour le temps de la fuite et absence dudit Spifame. Villers-Cotterets, 9 décembre 1545. — 9 décembre.

Présentée au Parl. de Paris, le 22 décembre suivant. Arch. nat., X¹ᵃ 4926, Plaidoiries, fol. 198. (Mention.)

14643. Mandement au Parlement de Piémont et à tous les officiers du roi dans ce pays, leur signifiant que le prince de Melphe a été nommé gouverneur de Piémont, avec les mêmes pouvoirs que le comte d'Enghien et le sʳ d'Annebaut. Villers-Cotterets, 11 décembre 1545. — 11 décembre.

Copie du xviᵉ siècle. Bibl. nat., ms. fr. 3115, fol. 27.
Copie du xviiiᵉ siècle. Bibl. nat., Portefeuilles de Fontanieu, vol. 255, fol. 172.

14644. Lettres d'évocation et renvoi au Parlement de Paris des procès commencés contre Louis et Jean-Baptiste de Castellane, à raison du — 11 décembre.

meurtre de Gaucher de Quiquerant, baron   1545.
de Beaujeu, à la poursuite d'Anne de Solliers,
mère dudit Gaucher et tutrice d'Antoine de
Quiquerant, son fils mineur, et de demoiselle
Catherine d'Oraison. Villers-Cotterets, 11 décembre 1545.

> *Arch. nat., X²ᵃ 105, reg. criminel du Parl.*
> *de Paris, à la date du 12 août 1548, sub fine.*
> *(Mention.)*

14645. Lettres ordonnant à Pierre Papillon, commis-   12 décembre.
saire chargé de la réformation des forêts de
Loches, Rigny, Chinon, Châtillon-sur-Indre
et autres au duché de Touraine, d'instruire
et juger les procès au sujet des abus, vols et
dégâts commis dans lesdites forêts. Villers-
Cotterets, 12 décembre 1545.

> *Enreg. à la Chambre des Eaux et forêts (siège de*
> *la Table de marbre), le 16 décembre 1545. Arch.*
> *nat., Z¹ᵉ 336, fol. 49, 5 pages.*

14646. Lettres permettant à Jacques et Jean Senneton,   12 décembre.
frères, marchands à Lyon, de faire imprimer
et vendre les « Lectures de Barthole », avec
privilège pour cinq ans. Villers-Cotterets,
12 décembre 1545.

> *Entérinées au Parl. de Paris, le 19 décembre sui-*
> *vant. Arch. nat., X¹ᵇ 1557, Conseil, fol. 77. (Men-*
> *tion.)*

14647. Lettres permettant à Catherin Jehan, chevau-   12 décembre.
cheur de l'écurie du roi, tenant la poste à
Lyon, de poursuivre le recouvrement de ce
qui lui était encore dû pour la ferme du vin
vendu au détail à Lyon, pendant l'année
commencée le 1ᵉʳ octobre 1539 et finie le
30 septembre 1540, et qu'il n'avait pas
encore pu toucher, à cause du procès qu'il
venait de soutenir contre son associé, Benoît
Coursaud. Villers-Cotterets, 12 décembre
1545.

> *Copie du xvıᵉ siècle. Bibl. nat., ms. fr. 2702,*
> *fol. 256.*

14648. Lettres renvoyant au siège de la Table de marbre   13 décembre.

toutes les appellations interjetées en procédant au fait de la réformation des bois connus sous le nom d'usages de Vénizy, au bailliage de Sens, faisant partie du domaine de l'abbaye de Pontigny. Villers-Cotterets, 13 décembre 1545.

> *Enreg. à la Chambre des Eaux et forêts (siège de la Table de marbre), le 19 décembre 1545. Arch. nat., Z¹ᵉ 330, fol. 58 v°. 3 pages.*

14649. Lettres adressées à Roger de Barrau, relatives à la réunion de la compagnie de M. de Montpezat, décédé, à celle du prince de Melphe, et à la conduite de ladite compagnie en Piémont. Villers-Cotterets, 14 décembre 1545.

> *Copie collat. du xvⁱᵉ siècle. Arch. de la ville d'Albi, EE. 38.*

14650. Mandement du roi à la Chambre des Comptes de Paris, lui faisant savoir qu'il s'est fait donner par le trésorier de l'épargne, pour ses « plaisirs et affaires », 450 livres tournois. Villers-Cotterets, 14 décembre 1545 [1].

> *Original. Bibl. nat., ms. fr. 25723, n° 946.*

14651. Provisions d'un office d'huissier sergent en la chambre des Eaux et forêts pour Jean Jauroy, en remplacement de Jean Gavignon, décédé. Villers-Cotterets, 14 décembre 1544.

> *Enreg. aux Eaux et forêts (siège de la Table de marbre), le 22 décembre suivant. Archives nat., Z¹ᵉ 330, fol. 60. 1 page.*

14652. Don à Jacques Collette, valet de chambre du sʳ de Sourdis, de 60 écus d'or à prendre sur le produit de la vente de l'office de maître du pont de Creil, vacant par la mort de Pierre Anguellin. Villers-Cotterets, 15 décembre 1545.

> *Original. Bibl. nat., ms. fr. 25723, n° 947.*

14653. Don à Pierre Dumoulin, sommelier de l'échansonnerie de bouche du roi, de 50 écus d'or

[1] La signature de François Iᵉʳ paraît autographe.

à prendre sur le produit de la vente de l'office de mesureur du grenier à sell de Beaucaire, vacant par la mort d'Antoine Jourdain. Villers-Cotterets, 15 décembre 1545.

1545.

Original. Bibl. nat., ms. fr. 25723, n° 948.

14654. Don à François Leudière, dit Mardi-gras, de 30 écus d'or à prendre sur le produit de la vente de l'office de sergent royal en la prévôté de Pont-Sainte-Maxence, vacant par la mort de Jacques Harondel. Villers-Cotterets, 15 décembre 1545.

15 décembre.

Original. Bibl. nat., ms. fr. 25723, n° 949.

14655. Lettres portant que les châtellenies de Bellac, Rançon et Champagnac, qui avaient été incorporées au duché de Châtellerault en faveur du duc d'Orléans, font retour à leur premier ressort, la sénéchaussée de Limousin, ledit duc, fils du roi, étant décédé. Villers-Cotterets, 17 décembre 1545.

17 décembre.

Enreg. au Parl. de Bordeaux, le 16 février 1546 n. s. Arch. de la Gironde, B, 32, fol. 93 v°. 3 pages.

14656. Lettres confirmant les dons, exemptions et privilèges octroyés par le roi au Parlement et à la Chambre des Comptes de Dijon et autres officiers, nonobstant l'opposition de la mairie de Dijon. Villers-Cotterets, 17 décembre 1545.

17 décembre.

Enreg. au Parl. de Dijon, le 1er février 1546 n. s. Arch. de la Côte-d'Or, Parl., reg. IV, fol. 15.

14657. Don à François Du Theil, sommelier de l'échansonnerie de bouche, de 80 écus soleil à prendre sur le produit de la vente de l'office de sergent royal au bailliage de Meaux, vacant par la mort de Laurent Legay. Villemomble, 22 décembre 1545.

22 décembre.

Original. Bibl. nat., ms. fr. 25723, n° 950.

14658. Don à Jacques Collette, valet de chambre du sr de Sourdis, de 25 écus d'or à prendre sur le produit de la vente de l'office de sergent

25 décembre.

royal en la prévôté de la ville de Compiègne, 1545.
vacant par la mort de Michel Flobin. Paris,
25 décembre 1545.

> *Original. Bibl. nat., ms. fr. 25723, n° 951.*

14659. Don à François Regnard, sommelier de l'échansonnerie de bouche du roi, de 80 écus d'or à
prendre sur le produit de la vente de l'office
de garde des archives de la cour du sénéchal
de Nîmes, vacant par la mort de François
Leblanc. Paris, 26 décembre 1545.

26 décembre.

> *Original. Bibl. nat., ms. fr. 25723, n° 952.*

14660. Don à François Deleaulne, potager à la cuisine
de bouche, de 60 écus d'or à prendre sur le
produit de la vente de l'office de geôlier des
prisons de l'élection de Gisors, vacant par la
mort de Jean Hallier. Paris, 27 décembre
1545.

27 décembre.

> *Original. Bibl. nat., ms. fr. 25723, n° 953.*

14661. Don à Jean de Nancré, potager, et à François
Bohier, dit Macard, hâteur à la cuisine de
bouche, de 80 écus d'or à prendre sur le
produit de la vente de l'office de garde du
poisson salé des halles de Paris, vacant par
la mort de Nicolas Rome. Paris, 27 décembre 1545.

27 décembre.

> *Original. Bibl. nat., ms. fr. 25723, n° 956.*

14662. Mandement aux contrôleurs et receveurs des
magasins à sel de la généralité d'Outre-Seine
et Yonne de payer à Jean Hénard, receveur
du Parlement de Paris, les gages des officiers
de la cour sur la crue de 15 livres tournois
par muid de sel imposé à cet effet. Paris,
28 décembre 1545.

28 décembre.

> *Enreg. au Parl. de Paris. Arch. nat., X¹ᵃ 8615,
> fol. 188 v°. 1 page.*

14663. Don à Jeannot Marandel, sommelier de l'échansonnerie du commun, de 30 écus d'or à
prendre sur le produit de la vente de l'office

28 décembre.

de notaire royal à Breteuil, prévôté de Mont-   1545.
didier, vacant par la mort de Martin Badier.
Paris, 28 décembre 1545.

> *Original. Bibl. nat., ms. fr. 25723, n° 954.*

14664. Don à René Hérault, aide du pâtissier du roi,   28 décembre.
de 20 écus d'or à prendre sur le produit de
la vente de l'office de sergent royal dans la
sénéchaussée du Lyonnais, vacant par la mort
d'André Chollet. Paris, 28 décembre 1545.

> *Original. Bibl. nat., ms. fr. 25723, n° 955.*

14665. Provisions de l'office d'huissier et concierge en   30 décembre.
la Chambre des Comptes de Montpellier pour
Jacques Boysset, en remplacement de Gaspard Bastide. Paris, 30 décembre 1545.

> *Enreg. à la Chambre des Comptes de Montpellier.*
> *Archives départ. de l'Hérault, B. 343, fol. 211.*
> *2 pages.*

14666. Édit maintenant les habitants de Mâcon en   Décembre.
possession du droit de confier à l'un des
syndics la recette des deniers patrimoniaux
de la ville, et supprimant l'office de receveur
de ces deniers récemment créé. Villers-Cotterets, décembre 1545.

> *Original. Arch. de la Côte-d'Or, États de Bour-*
> *gogne, C. 7535.*

14667. Lettres portant commission à Jean d'Estourmel,   Décembre.
général des finances, pour l'aliénation, au pro-
fit du domaine, de quatorze maisons sises à
Abbeville et louées à des orfèvres. Villers-
Cotterets, décembre 1545.

> *Enreg. au Parl. de Paris, le 2 avril 1546 n. s.*
> *Arch. nat., X¹ᵃ 8615, fol. 203. 6 pages.*

14668. Lettres portant ratification de la vente faite   Décembre.
par Jean d'Estourmel, commissaire du roi
sur le fait des aliénations du domaine, ou
son délégué, à Isabeau de Longueville, Nicolas Cordier, Antoine Delafosse et autres,
demeurant à Abbeville, de certaines maisons

et terrains sis dans ladite ville. Villers-Cot-terets, décembre 1545.

Entérinées au Parl. de Paris, le 2 avril 1546.
Arch. nat., X¹ᵃ 1557, Conseil, fol. 357 v°. (Mention.)

1545.

14669. Lettres de ratification de la vente du péage de Beaucaire, faite par les commissaires sur le fait des aliénations du domaine à Pierre de Bourdic, écuyer, valet de chambre ordinaire du roi, et à ses héritiers, le droit de rachat réservé à perpétuité. Paris, décembre 1545.

Décembre.

Entérinées au Parl. de Paris, le 10 février 1546
n. s. Arch. nat., X¹ᵃ 1557, Conseil, fol. 208. (Mention.)

14670. Don à Jérôme Dangleterre, tapissier du roi, de 30 écus d'or soleil. 1545, 31ᵉ année du règne[1].

1545.

Original. Bibl. nat., ms. fr. 25723, n° 957.

---

[1] La pièce étant déchirée, les dates de lieu et de mois manquent; on ne voit pas non plus sur quel revenu cette somme de 30 écus doit être prise.